Gramática
COMENTADA COM
INTERPRETAÇÃO DE TEXTOS PARA CONCURSOS

ADRIANA
FIGUEIREDO

Gramática COMENTADA COM INTERPRETAÇÃO DE TEXTOS PARA CONCURSOS

8ª edição

gen | saraiva jur

- A autora deste livro e a editora empenharam seus melhores esforços para assegurar que as informações e os procedimentos apresentados no texto estejam em acordo com os padrões aceitos à época da publicação, *e todos os dados foram atualizados pela autora até a data de fechamento da obra*. Entretanto, tendo em conta a evolução das ciências, as atualizações legislativas, as mudanças regulamentares governamentais e o constante fluxo de novas informações sobre os temas que constam do livro, recomendamos enfaticamente que os leitores consultem sempre outras fontes fidedignas, de modo a se certificarem de que as informações contidas no texto estão corretas e de que não houve alterações nas recomendações ou na legislação regulamentadora.

- Data do fechamento do livro: 05/06/2025

- A autora e a editora se empenharam para citar adequadamente e dar o devido crédito a todos os detentores de direitos autorais de qualquer material utilizado neste livro, dispondo-se a possíveis acertos posteriores caso, inadvertida e involuntariamente, a identificação de algum deles tenha sido omitida.

- Direitos exclusivos para a língua portuguesa
  Copyright ©2025 by **SRV Editora Ltda.**
  Publicada pelo selo **Saraiva JUR**
  Uma editora integrante do GEN | Grupo Editorial Nacional
  Travessa do Ouvidor, 11
  Rio de Janeiro – RJ – 20040-040
  www.grupogen.com.br

- **Atendimento ao cliente: https://www.editoradodireito.com.br/contato**

- Capa: Lais Soriano

- **CIP-BRASIL. CATALOGAÇÃO NA PUBLICAÇÃO**
  SINDICATO NACIONAL DOS EDITORES DE LIVROS, RJ

F488
8. ed.
Figueiredo, Adriana
Gramática comentada com interpretação de textos para concursos / Adriana Figueiredo. – 8. ed. – Rio de Janeiro : Saraiva Jur, 2025.

Inclui bibliografia
ISBN 9788553625581

1. Serviço público - Brasil - Concursos. 2. Língua portuguesa - Gramática. I. Título.

CDD 265-98131-0 CDD: 469.5
CDU: 811.134.3'36

Meri Gleice Rodrigues de Souza – Bibliotecária – CRB-7/6439

Agradecimentos

Aos meus pais amados, cuja separação recebi com fé em Deus, entendendo que um dia nos reencontraremos em uma vida maior.

Aos meus filhos, Fernanda, Guilherme e Nicholas, luzes da minha vida.

Aos pais dos meus filhos, Fernando e Marcelo, com o verdadeiro reconhecimento do apoio que ambos me proporcionaram. Sempre grata a eles.

À memória de minha orientadora Maria Helena de Moura Neves, uma das principais linguistas do mundo, que nos ensinou que é no exercício da linguagem que os alunos entendem verdadeiramente a gramática.

Aos meus alunos-amigos, que sempre serão a razão da minha constante busca pela melhor maneira de ensinar.

Comigo, tenho, acima de tudo, Deus e Nossa Senhora, para enfrentar as batalhas da vida.

Apresentação

Imagine-se aprendendo português de uma maneira lógica, com clareza, entendendo o porquê das regras, aprendendo de fato, não simplesmente decorando regrinhas sem nenhuma aplicabilidade.

Agora, imagine que, além de aprender com lógica, ao estudar português na *Gramática Comentada*, da professora Adriana Figueiredo, você não só dominará conceitos básicos de Língua Portuguesa para resolver questões de concursos e gabaritar essa disciplina, mas também conquistará os pré-requisitos mais importantes para uma comunicação correta e precisa, por meio da metodologia exclusiva do **Português com Lógica**®.

Esta é uma obra que resulta de anos de experiência em sala de aula e traz todo o conteúdo programático constante dos editais dos grandes concursos públicos do Brasil, dividido em quatro partes: **Ortografia e Semântica**; **Morfologia**; **Sintaxe**; e **Interpretação de Textos**.

Ao longo dos capítulos, cada assunto será estudado por meio de três etapas que consideramos essenciais para assegurar o aprendizado do aluno.

A **primeira etapa é a apresentação da teoria**, que é ensinada de maneira lógica e na "medida certa", para que o aluno não se perca em meio a informações amontoadas e desnecessárias e se prepare da melhor forma para as provas. Em cada capítulo, além da teoria, há uma grande variedade de exemplos comentados — frases que ilustram a teoria — seguidos de suas respectivas explicações.

Na segunda etapa, para cada item da teoria, **expandem-se os conceitos aprendidos** por meio de questões de concursos minuciosamente comentadas. A cada questão, comentam-se todas as alternativas, contrapondo-se as alternativas erradas às corretas, para que o aluno adquira também a "malícia" para resolver provas.

A última etapa objetiva o aprofundamento do aprendizado do aluno, por meio do treinamento de questões das principais bancas organizadoras dos grandes concursos públicos do país, seguidas de resumos, que sistematizam todo o conteúdo estudado.

Em todas as etapas, procurou-se utilizar uma linguagem com certa dose de informalidade, sem preciosismos, que facilitasse a compreensão do leitor, e com muita lógica, como deve ser o aprendizado de nossa língua.

Tudo isso faz que esta gramática tenha este **grande diferencial**: ela é completa, com gramática e interpretação de textos. Teoria, inúmeros exemplos, exercícios de fixação e muitas questões de concursos. E comentada. Tudo isso em um único livro.

Aproveite e conheça o Português Completo, um curso de português em videoaulas com a professora Adriana Figueiredo, que tem esta *Gramática comentada* como livro de referência e segue a sua sequência lógica, o que pode acelerar ainda mais o seu aprendizado.

Utilize o cupom[1] **GRAMATICA10** e será concedido um desconto de 10% na compra do seu Português Completo, um curso que vem aprovando milhares de alunos por todo o Brasil!

---

1 O cupom é de iniciativa da autora Adriana Figueiredo. A Saraiva Jur não tem qualquer responsabilidade acerca do cupom e do desconto fornecidos pela autora.

Prefácio

Altíloqua, **b**enévola, **c**élebre, **d**escomunal, **e**minente... **z**elosa – mesmo buscando todas as letras do alfabeto ainda continua impossível encontrar aquele vocábulo que sintetize todas as características de Adriana Figueiredo. Mas encontramos ao menos uma palavra perfeita para adjetivar a **f**abulosa e **g**enerosa mestre: **h**eroica, na conjugação da maternidade com o magistério.

Ao longo de vinte anos de magistério, Adriana foi seguidas vezes **l**aureada pelos alunos, e vários se tornaram seus discípulos, consagrando-se, ela, sem exagero, a **m**elhor professora de Língua Portuguesa do segmento de concursos públicos e, como consequência natural, **n**otável autora.

Paulo Freire frisa que todo professor, ao passar pela vida de um aluno, deixa sua marca. A marca de Adriana é fazer crer que todos são capazes de aprender e compreender a Língua Portuguesa, que não existe mistério, fórmula mágica ou estrutura pré-moldada. O que há: compreensão. Adriana transforma cada aluno em protagonista do aprendizado – técnica dominada por poucos – propiciando o raciocínio para a descoberta dos segredos da Língua Portuguesa. Isso se materializa nesta obra.

É muito difícil a um professor não desejar ensinar. Peço licença, portanto, para uma singela lição. Fórmulas, bússolas, macetes, nada disso é eficaz e perpétuo. A preparação para concursos públicos sofreu uma profunda transformação nos últimos anos. As bancas, cada vez mais, exploram questões valorativas do raciocínio. A famigerada decoreba desacompanhada da compreensão perde espaço com celeridade. É preciso que o candidato tenha materiais propiciadores do aprendizado profundo, com qualidade e objetividade. Desse modo, *Gramática comentada com interpretação de textos para concursos* cumpre sua função com maestria, sendo **o**portuna e **p**recisa.

Afirmo, sem receio, que a **q**uerida Adriana, no exercício do magistério e nesta obra, une a morfologia com a sintaxe de forma reluzente, desmitificando a Língua Portuguesa, tornando-a acessível a todos e, com isso, aniquilando todas as dificuldades.

Gramática comentada com interpretação de textos para concursos é, nesse sentido, um marco no segmento de concursos públicos, transformando a Língua Portuguesa, uma das disciplinas temidas pelos candidatos e exploradas com afinco pelas bancas, uma matéria acessível e, por conseguinte, fácil de ser compreendida.

A obra compõe-se de 26 capítulos, estruturados em duas etapas. A primeira, destinada à teoria, é apresentada de forma objetiva e profunda, não causando perda de tempo ao candidato. A segunda etapa destina-se aos exercícios de fixação. São testes diretos e sucintos, todos comentados. Dessa maneira, o aluno revê a teoria e a fixa, estando, ao final, apto a encarar a última etapa, que são as questões de concursos anteriores. É o método ideal, que deveria ser utilizado em todas as disciplinas: teoria, fixação por meio de exercício e provas anteriores.

Ao cumprir todos os ciclos nos diversos capítulos, o leitor verificará ser o livro **s**imples – dom dos sábios –, **t**eórico – raridade no mundo contemporâneo – e, por conseguinte, **ú**nico.

Atualmente, o candidato não pode perder tempo com materiais complexos e oblíquos – características inexistentes nesta obra. *Gramática comentada com interpretação de textos para concursos* propicia ao leitor aquilo de que ele mais necessita: um aprendizado **v**ertiginoso da Língua Portuguesa num ritmo **w**agneriano. A dualidade simplicidade/aprofundamento teórico conduz ao **X** da questão. A união de estruturas opostas é algo difícil; para muitos, impossível e, contudo, perfeita. Utilizando os ensinamentos orientais, Adriana realizou uma obra ***y**in-**y**ang*.

Ao final do livro, o leitor verificará que este trabalho não agrada apenas a Fernanda, Guilherme, Nicholas, Marcelo, alunos, discípulos e amigos da Adriana, mas a todos.

Caro leitor, uma excelente obra está em suas mãos. Delicie-se.

Rio de Janeiro, fevereiro de 2015.

Carlos Eduardo Guerra de Moraes

Renomado professor e autor de livros e artigos jurídicos. Com mais de 30 anos de experiência no magistério, lecionou desde 1988 para concursos públicos em diversos cursos preparatórios no Rio de Janeiro e em São Paulo. Membro de banca examinadora de Concurso Público, Carlos Eduardo é formado em Direito pela Universidade do Estado do Rio de Janeiro (UERJ), doutor e mestre na área. Atualmente, é professor nas Faculdades de Direito da UERJ, do IBMEC Rio e da Mackenzie Rio.

Sumário

Parte I
Ortografia e Semântica

Parte II
Morfologia

Parte IV
Interpretação de Textos

Parte I

Ortografia e Semântica

Estudo da Sílaba 1

Uma sílaba é um som ou um grupo de sons (fonemas) pronunciados em uma única emissão de voz. Quando eu digo "casa", perceba, eu pronuncio /ca/sa/. Lembra quando éramos crianças e tínhamos que separar as sílabas de uma palavra?

A sílaba é a base da pronúncia, e a base da sílaba é a vogal — não existe sílaba sem vogal. Isso significa, portanto, que uma consoante não pode ficar sozinha formando sílaba. Por fim, é importante saber que não pode haver duas vogais em uma mesma sílaba.

1.1. SÍLABA TÔNICA

Você sabe o que significa sílaba tônica? **Sílaba tônica** é a sílaba da palavra pronunciada com maior intensidade. Quanto à posição da sílaba tônica, as palavras classificam-se em:

a) **oxítonas** — a sílaba tônica é a última da palavra:

maracu**já**, ca**fé**, recom**por**

b) **paroxítonas** — a sílaba tônica é a penúltima da palavra:

ca**dei**ra, ca**rá**ter, **me**sa

c) **proparoxítonas** — a sílaba tônica é a antepenúltima da palavra:

sílaba, meta**fí**sica, **lâm**pada

Para o estudo das regras de acentuação gráfica, também será preciso que você entenda a diferença de um monossílabo átono para um monossílabo tônico. **Monossílabos átonos** são aqueles pronunciados com pouca intensidade no interior da frase. Veja um exemplo:

O menino **me** perguntou quando **lhe** entregarei **o** pedido.

Observe que os monossílabos grifados acima são pronunciados de forma tão fraca que muitos, por exemplo, pronunciariam o **me** como /**mi**/, o **lhe** como /**lhi**/, o **o** como /**u**/. São tão *fracos* que se descaracterizam ao serem pronunciados.

Já os **monossílabos tônicos** são aqueles pronunciados com bastante intensidade no interior da frase. Veja:

No **mês** passado, **tu** disseste a **mim** que sentias **dor** de dente.

1.2. ENCONTROS VOCÁLICOS

Você sabe a diferença entre encontros vocálicos, encontros consonantais e dígrafos? **Encontros vocálicos** são agrupamentos de vogais ou de vogais e semivogais sem consoante intermediária. Há três tipos de encontros vocálicos: o ditongo, o tritongo e o hiato.

Ditongo é o encontro de uma vogal e uma semivogal, ou vice-versa, na mesma sílaba. Há quatro tipos de ditongo: no ditongo **crescente**, a semivogal vem antes da vogal (lír**io**, q**ua**ndo, freq**ue**nte). É quando se vai do som mais fraco para o mais forte. Há também o ditongo **decrescente**, em que a vogal vem antes da semivogal (p**ai**, p**õe**). Aqui, ocorre o contrário: vai-se do som mais forte para o mais fraco, por isso ele é *decrescente*. Além desses dois tipos, o ditongo pode ser **oral**, quando a vogal é oral (mág**oa**), ou **nasal**, quando a vogal é nasal (m**ão**).

Além do ditongo, há outros dois tipos de encontros vocálicos: o **tritongo**, que é o encontro de semivogal + vogal + semivogal, nessa ordem, na mesma sílaba. Veja:

Parag**uai**, q**uão**.

Por fim, lembra que dissemos anteriormente que não pode haver duas vogais em uma mesma sílaba? Então, quando há o encontro de duas vogais, uma seguida da outra, formam-se duas sílabas. Assim, o encontro de duas vogais em sílabas distintas forma um hiato. Dessa forma:

R**ai**z, s**aú**de.

1.3. ENCONTROS CONSONANTAIS

Além dos encontros vocálicos, existem os **encontros consonantais**, que são grupos formados por mais de uma consoante sem vogal intermediária. Observe:

Blusa, **pr**ata, a**ft**a, a**pn**eia.

Repare que as consoantes vêm uma seguida da outra, na mesma sílaba, ou em sílabas distintas. Separe as sílabas e você verá: **bl**u-sa, **pr**a-ta, a**f**-**t**a, a**p**-**n**eia.

1.4. DÍGRAFO

Agora, o grande cuidado que você deve ter é para não confundir encontro consonantal com dígrafo. No encontro consonantal, as duas consoantes são pronunciadas, já no dígrafo, as duas letras possuem um único som, ou seja, uma delas não é pronunciada. Observe atentamente o conceito de dígrafo:

Dígrafo é o encontro de duas letras para representar um único fonema. Podem ser consonantais ou vocálicos. **Dígrafos consonantais** são aqueles em que as duas consoantes representam um único som (ch, lh, nh, rr, sc, sç, ss, xc, gu, qu). As gramáticas dizem que são dois grafemas para um único fonema. Veja os exemplos:

Chave, te**lh**a, ni**nh**o, ca**rr**o, cre**sc**er, na**sç**o, e**xc**eto, **gu**erra, **qu**ilo.

Entenda que aqui não temos um encontro consonantal *porque uma das consoantes não é pronunciada*. Trata-se, portanto, de dígrafo consonantal.

Já os **dígrafos vocálicos** são aqueles em que a vogal é nasalizada por um **m** ou um **n** que venha na sequência (am, an, em, en, im, in, om, on, um, un). Observe:

T**am**pa, t**em**po, t**in**ta, b**om**ba, c**on**ta, b**um**bo, f**un**do.

Atenção: As letras **m** e **n** não representam consoantes, apenas indicam que a vogal anterior é nasal.

Então, vamos sistematizar o que vimos agora?

ENCONTROS VOCÁLICOS

- Hiato: vogal + vogal em sílabas distintas.
  Ex.: baú, moeda, fiel
- Ditongo: vogal + semivogal OU semivogal + vogal na mesma sílaba.
  Ex.: rei, sítio, mãe
- Tritongo: semivogal + vogal + semivogal na mesma sílaba.
  Ex.: iguais, Uruguai

ENCONTRO CONSONANTAL X DÍGRAFO

- Encontro consonantal: as duas consoantes são pronunciadas.
  Ex.: Brasil, *afta*, bloco
- Dígrafo: as duas letras possuem um único som.
  Ex.: chato, alho, que, anta

Devidamente entendidos quanto à diferença entre encontros vocálicos, encontros consonantais e dígrafos? Vamos fazer um exercício para cada conceito, antes de estudarmos as regras de acentuação gráfica. Aproveitaremos os exercícios também para você relembrar como se separam as sílabas das palavras. Tempos bons aqueles...

1. Identifique os encontros vocálicos das palavras a seguir.

a) saguao

Gabarito: sa-g**uão** – **tritongo**

b) ruim

Gabarito: r**u**-**i**m – **hiato**

c) séria

Gabarito: sé-r**ia** – **ditongo crescente**

d) seria

Gabarito: se-r**i**-**a** – **hiato**

e) enxaguais

Gabarito: en-xa-g**uais** – **tritongo; en**-xa-guais – **dígrafo vocálico**

f) álcoois

Gabarito: ál-c**o**-**o**is – **hiato**; ál-co-**oi**s – **ditongo decrescente**

g) minguou

Gabarito: min-g**uou** – **tritongo**; m**in**-guou – **dígrafo vocálico**

h) quieto

Gabarito: q**ui**-e-to – **dígrafo**; qu**i**-**e**-to – **hiato**

i) voo

Gabarito: v**o**-**o** – **hiato**

2. Identifique os encontros consonantais a seguir.

a) Castro

Gabarito: Cas-**tr**o

b) flecha

Gabarito: **fl**e-cha

c) ritmo

Gabarito: ri**t-m**o

d) trabalho

Gabarito: **tr**a-ba-lho

3. Reconheça os dígrafos.

a) prorromper

Gabarito: pro**rrom**per (**rr** / **om**)

b) digníssimo

Gabarito: digní**ss**imo (**ss**)

c) aquele

Gabarito: a**qu**ele (**qu**)

d) triunfo

Gabarito: tri**un**fo (**un**)

e) quem

Gabarito: **qu**em (**qu**)

1.5. QUESTÕES DE CONCURSOS COMENTADAS

1. **(Instituto Consulplan - 2024 - Prefeitura de Pitangueiras - SP - Recepcionista)** As palavras podem ser classificadas quanto ao seu número de sílabas. Das palavras transcritas, podem ser consideradas paroxítonas, EXCETO:

A) discurso.

B) perspicaz.

C) duplicidade.

D) apaixonados.

Comentários: Paroxítonas são as palavras que possuem tonicidade na penúltima sílaba. Nos vocábulos das opções A, C e D, a sílaba tônica é a penúltima (dis-cur-so / du-pli-ci-da-de / a-pai-xo-na-dos). Na B, a sílaba tônica é a última (pers-pi-caz), sendo, portanto, um vocábulo oxítono.

Gabarito: B

2. **(Instituto Consulplan - 2024 - SEMOB de Olinda - PE - Agente de Trânsito)** Assinale a alternativa CORRETA a respeito da palavra "trânsito".

A) Possui duas sílabas e é paroxítona.

B) Possui duas sílabas e é proparoxítona.

C) Possui três sílabas e é oxítona.

D) Possui três sílabas e é paroxítona.

E) Possui três sílabas e é proparoxítona.

Comentários: Na separação, teríamos: trân-si-to (três sílabas). Quanto à tonicidade, como a sílaba tônica é a antepenúltima, classifica-se como proparoxítona.

Gabarito: E

3. **(IDECAN - 2024 - Prefeitura de Mossoró - RN - Assistente Social)** Considerando a classificação das palavras de acordo com sua sílaba tônica, sabe-se que há três tipos distintos: oxítona, paroxítona e proparoxítona. Diante de tal, o conjunto de palavras em que todas apresentam a mesma classificação tônica que o termo "Mitologia" é:

A) Heroico – narrativas – publicado – naturalista.

B) Nórdicas – artística – república – estudo.

C) Tratando – ocidental – periódicos –livros.

D) Épocas – bibliográfico – símbolos – blog.

E) Heróis – analíticos – século – recurso.

Comentários: No vocábulo "mitologia", a sílaba tônica é a penúltima (mi-to-lo-gi-a). Paroxítona, portanto. Na opção A, a tonicidade de todas recai na penúltima sílaba também (he-roi-co / nar- ra-ti-vas / pu-bli-ca-do / na-tu-ra-lis-ta). Na letra B: nór-di-cas / ar-tís-ti-ca / re-pú-bli-ca (proparoxítonos) / es-tu-do (paroxítono). Na letra C: tra-tan-do / li-vros (paroxítonos); o-ci-den-tal (oxítono); pe-ri-ó-di-cos (proparoxítono). Na letra D: é-po-cas / bi-bli-o-grá-fi-cos / sím-bo-los (proparoxítonos); blog (monossílabo tônico). Na letra E: he-róis (oxítono); a-na-lí-ti-cos / sé-cu-lo (proparoxítonos); re-cur-so (paroxítono).

Gabarito: A

4. **(APICE - 2024 - Prefeitura de Salgado de São Félix - PB - Cargos de Nível Fundamental)** Assinale, a seguir, a alternativa que apresenta palavras com hiato, ditongo e tritongo, nessa ordem:

A) Rio; fluido; averiguou.

B) Deságuam; saguão; rainha.

C) Saúde; saída; item.

D) Enquanto; sêmen; boquiaberta.

E) Zoológico; tríduo; ruim.

Comentários: Na opção A, respectivamente, aparecem hiato (ri-o), ditongo (flui-do) e tritongo (a-ve-ri-guou). Na letra B, de-sá-guam apresenta tritongo (o último fonema é U), sa-guão apresenta tritongo (o último fonema é U); ra-i-nha apresenta hiato. Na letra C, sa-ú-de e sa-í-da apresentam hiatos; í-tem apresenta ditongo (o último fonema é o I). Na letra D, en-quan-to e sê-men apresentam ditongos (o último fonema é o I); bo-qui-a-ber-ta apresenta hiato. Na letra E, zo-o-ló-gi-co e ru-im apresentam hiato; trí-duo apresenta ditongo.

Gabarito: A

5. **(IDESG - 2024 - CONSPNOR - RJ - Almoxarife)** Sobre a formação do vocábulo "conscientização", assinale a alternativa CORRETA.

A) Apresenta somente um dígrafo vocálico.

B) Apresenta um hiato.

C) Apresenta um encontro consonantal perfeito.

D) É constituído por sete sílabas.

Comentários: Ao separar em sílabas, ocorre hiato em I-E (cons-ci-en-ti-za-ção). Correta, portanto, a opção B. A letra A está incorreta, pois há dois dígrafos vocálicos (ON e EN). A letra C está incorreta, pois, no encontro consonantal SC, essas consoantes não ficam na mesma sílaba, então não é perfeito (encontro consonantal perfeito ocorre quando duas ou mais consoantes estão juntas numa mesma sílaba). Por fim, a letra D está incorreta, pois na palavra destacada há seis sílabas (cons-ci-en-ti-za-ção).

Gabarito: B

6. **(APICE – 2024 – Prefeitura de Salgado de São Félix – PB – Cargos de Nível Fundamental)** Assinale, a seguir, a alternativa cujas palavras apresentam apenas dígrafo vocálico.

A) Descendente, campo, carro.

B) Exceto, entrada, guerreiro.

C) Sessão, secção, bicho.

D) Untar, anta, umbigo.

E) Carpintaria, carqueja, enrodilhar.

Comentários: Na opção D, nos três vocábulos, há dígrafos vocálicos: UN, AN, UM. Na opção A, "carro" possui dígrafo consonantal. "Descendente" e "campo", dígrafos vocálicos. Na opção B, só "entrada". "Exceto" e "guerreiro", dígrafos consonantais. Na C, só dígrafos consonantais (SS, CÇ, CH). Na opção E, "Carpintaria" e "enrodilhar" possuem dígrafos vocálicos, mas em carqueja, dígrafo consonantal.

Gabarito: D

7. **(MS CONCURSOS – 2024 – Prefeitura de Adustina – BA – Analista Licenciador)** Em se tratando de encontros vocálicos, as palavras *muito*, *saudades*, *noite* são respectivamente:

A) Hiato, hiato, hiato.

B) Ditongo, ditongo, ditongo.

C) Ditongo, ditongo, hiato.

D) Hiato, hiato, ditongo.

E) Hiato, ditongo, ditongo.

Comentários: Separando em sílabas: mui-to / sau-da-de / noi-te. A letra B é a opção correta, portanto.

Gabarito: B

8. **(IVIN – 2024 – Prefeitura de São Domingos do Capim – PA – Recepcionista)**

"Nasci na Itália e vim pequena para o Brasil. Meu pai era lavrador e trabalhou duro nas fazendas de café." De acordo com a Gramática Normativa da Língua Portuguesa, há encontro consonantal também na palavra destacada da alternativa:

A) Nasci na Itália e vim pequena para o Brasil.

B) Nasci na Itália e vim pequena para o Brasil.

C) Nasci na Itália e vim pequena para o Brasil.

D) Nasci na Itália e vim pequena para o Brasil.

E) Nasci na Itália e vim pequena para o Brasil.

Comentários: Na opção E, BR, em "Brasil", caracteriza encontro consonantal. Na opção A, não ocorre encontro consonantal em "Nasci", já que o S não é pronunciado, é sim um dígrafo (duas letras, um só fonema). Da mesma forma, há um dígrafo consonantal em "pequena" (letra B) e um dígrafo vocálico em "vim" (letra C).

Gabarito: E

9. **(APICE – 2024 – Prefeitura de Salgado de São Félix – PB – Cargos de Nível Fundamental)** No título da fábula acima, temos, nas palavras "cigarra" e "formiga", respectivamente:

A) um dígrafo consonantal e um encontro consonantal.

B) um dígrafo vocálico e um encontro consonantal.

C) um encontro vocálico e um dígrafo consonantal.

D) um encontro consonantal e um encontro vocálico.

E) um dígrafo consonantal e um dígrafo vocálico.

Comentários: Em "cigarra", temos duas letras e um só fonema (dígrafo). Em "formiga", encontro de duas consoantes.

Gabarito: A

10. **(CESPE/CEBRASPE – 2023 – SME do Recife – PE – Professor)** Os vocábulos "pontes" e "condições" apresentam dígrafos vocálicos, e os vocábulos "pessoas" e "possível" apresentam dígrafos consonantais.

CERTO

ERRADO

Comentários: Em "pontes" e em "condições", há união de duas letras, ON, que formam um som vocálico – dígrafo vocálico. Nós vocábulos "pessoas" e "possíveis", há o encontro de duas letras, SS, que representam um som consonantal – dígrafo consonantal.

Gabarito: CERTO

1.6. QUESTÕES DE CONCURSOS PROPOSTAS (COM GABARITO NO FINAL)

1. **(FUNDEP – 2023 – Prefeitura de Acaiaca – MG – Operador de Máquinas)** Releia este trecho.

"Parabéns, Cb PM Figueiredo e toda a organização da Polícia Militar de Paulo Afonso!"

A palavra destacada, devido à sua acentuação, pode ser classificada como:

A) proparoxítona.

B) oxítona.

C) paroxítona.

D) dissílaba.

2. **(FADESP - 2024 - Prefeitura de Igarapé-Miri - PA)** A posição da sílaba tônica da palavra Verônica é a mesma em:

   A) toneladas.

   B) décadas.

   C) líder.

   D) lavoura.

3. **(CETREDE - 2023 - Prefeitura de Santana do Acaraú - CE - Agente Administrativo)** São monossílabas tônicas as seguintes palavras:

   A) "rio" e "tia".

   B) "sopa" e "sebo".

   C) "mar" e "seu".

   D) "pais" e "país".

   E) "correio" e "tropeço".

4. **(OBJETIVA - 2023 - Prefeitura de Esperança do Sul - RS - Tesoureiro)** Em relação à posição da sílaba tônica, as palavras podem ser classificadas como oxítonas, paroxítonas e proparoxítonas. Assim, sobre a posição da sílaba tônica, analisar os itens abaixo:

   I. A palavra "amigo" é uma palavra paroxítona, pois apresenta a sílaba tônica em "mi".

   II. A palavra "rubrica" é uma palavra proparoxítona, pois apresenta a sílaba tônica em "ru".

   III. A palavra "cateter" é uma palavra oxítona, pois apresenta a sílaba tônica em "ter".

   Estão CORRETOS:

   A) Somente os itens I e II.

   B) Somente os itens I e III.

   C) Somente os itens II e III.

   D) Todos os itens.

5. **(FUNDATEC - 2024 - Prefeitura de Alegria - RS - Cozinheiro)** O dígrafo das palavras está identificado corretamente em:

   A) Satisfação (sf).

   B) Adulto (lt).

   C) Organização (rg).

   D) Abrigos (br).

   E) Pessoa (ss).

6. **(FUNDATEC - 2024 - Prefeitura de Água Santa - RS - Professor de Língua Portuguesa)** Quanto a encontros vocálicos, especificamente sobre os ditongos, segundo nos ensina Bechara, são feitas as seguintes afirmações:

   I. Ditongo é o encontro de uma vogal e de uma semivogal, ou vice-versa, na mesma sílaba. Sendo a vogal a base da sílaba ou o elemento silábico, é ela o som vocálico que, no ditongo, se ouve distintamente.

   II. Os ditongos podem ser crescentes e decrescentes (dependendo da posição da vogal e da semivogal), orais e nasais (dependendo se fechados ou abertos).

III. Os ditongos, como os demais encontros vocálicos, podem ocorrer no interior da palavra (ditos intraverbais) ou pela aproximação, por fonética sintática, de duas ou mais palavras (ditos interverbais).

Quais estão corretas?

A) Apenas I.

B) Apenas III.

C) Apenas I e II.

D) Apenas II e III.

E) I, II e III.

7. **(IVIN - 2023 - Prefeitura de Canto do Buriti - PI - Auxiliar de Serviços Gerais)** Sobre a palavra "grogues" é correto afirmar:

A) Há dois encontros vocálicos.

B) Possui um ditongo e um hiato.

C) Possui um dígrafo.

D) Possui três sílabas.

E) Possui dois encontros consonantais.

8. **(MS CONCURSOS - 2024 - Prefeitura de Adustina - BA - Técnico em Enfermagem)** Tratando-se de encontros vocálicos, as palavras *céu*, *meu*, *outra* são respectivamente:

A) Hiato, hiato, hiato.

B) Ditongo, ditongo, ditongo.

C) Ditongo, ditongo, hiato.

D) Hiato, hiato, ditongo.

E) Hiato, ditongo, ditongo.

9. **(AMAUC - 2024 - Prefeitura de Ipira - SC - Fiscal de Tributação)** Assinale a opção que contenha encontro consonantal e vocálico, simultaneamente, em pelo menos um dos vocábulos.

A) aplicativo - plataforma.

B) um - que.

C) de - ou.

D) tecnologia - dessas.

E) motorista - trabalhador.

10. **(Itame - 2024 - Prefeitura de Indiara - GO - Vigia)** Marque a alternativa correta a respeito das palavras "carroça" e "agulha".

A) Ambas possuem dígrafo.

B) Apenas "carroça" possui dígrafo.

C) Ambas possuem encontro vocálico.

D) Apenas "agulha" possui encontro consonantal.

11. **(ADVISE - 2024 - Prefeitura de Sertãozinho - PB - Auxiliar de Serviços Diversos)** Assinale a alternativa em que ambas as palavras apresentam encontros consonantais.

A) Amigos - Amigo.

B) Outro - Tem.

C) Teu - Possui.
D) Também - Discrição.
E) Não - Abras.

12. (INSTITUTO AOCP - 2023 - SESA - BA - Técnico Administrativo) Assinale a alternativa que apresenta, respectivamente, os mesmos encontros vocálicos presentes em "saúde" e "poluídas".

A) Rios / Reações.
B) Inadequado / Leitos.
C) Maneira / Portuguesa.
D) Perfeito / Orgânico.
E) Água / Outras.

13. (IDESG - 2024 - COREN - ES - Auxiliar Administrativo) A palavra "Deixando" possui:

A) Um dígrafo nasal e um hiato.
B) Um dígrafo nasal e um ditongo.
C) Um dígrafo nasal e um dígrafo comum.
D) Três sílabas, oito letras e oito fonemas.

14. (CONTEMAX - 2024 - Prefeitura de Barra de São Miguel - PB - Auxiliar de Serviços Gerais) Há dígrafo em apenas uma das alternativas abaixo. Identifique-a.

A) trouxemos.
B) terminou.
C) tarde.
D) perdemos.
E) fosse.

15. (OBJETIVA - 2024 - Prefeitura de Jaguariaíva - PR - Fonoaudiólogo) Qual das palavras abaixo NÃO apresenta dígrafo consonantal?

A) Carroceiro.
B) Comoção.
C) Cambalhota.
D) Cirrose.

GABARITO:

1. B	2. B	3. C	4. B	5. E
6. E	7. C	8. B	9. D	10. A
11. D	12. A	13. B	14. E	15. B

Acesse o material suplementar

uqr.to/20vgk

Acentuação Gráfica (sob o Novo Acordo Ortográfico) 2

O Novo Acordo Ortográfico, tornado obrigatório em 2016, teve como objetivo unificar a nossa escrita e a das demais nações de língua portuguesa. Ainda que ele tenha recebido muitas críticas no que diz respeito à acentuação gráfica, os números são claros: a teoria hoje está mais simples. Antes dele, havia onze regras de acentuação gráfica, agora são oito, sabia?

Destacamos aquelas que mudaram com o Novo Acordo Ortográfico no que se refere à acentuação gráfica, mantendo aquelas em que não houve alteração. Toda vez que apresentarmos uma regra modificada segundo o Novo Acordo, vamos avisar, ok? Assim, você aprende as regras de acentuação ao mesmo tempo em que fica por dentro de tudo o que mudou desde então.

2.1. REGRAS GERAIS

1. **Oxítonos:** são acentuados os terminados em **a(s), e(s), o(s), em(ens)**.

   Ex.: sofá(s), cajá(s), encontrá-lo, café(s), obtê-la, avô, avó, dispô-lo, alguém, também, ele contém, ele intervém, armazéns, tu intervéns...

   Desses exemplos supracitados, quero que você preste especial atenção a "encontrá-lo", "obtê-la", "dispô-lo". Você sabia que temos duas palavras nesses casos? Temos os verbos ("encontrar", "obter", "dispor"), que se uniram aos pronomes "o" ou "a". Por isso, em vez de pensar que tudo isso é uma palavra só, entenda que temos as oxítonas terminadas em "a", "e" e "o" – "encontrá", "obtê", "dispô" – (por esse motivo essas formas verbais foram acentuadas) e monossílabos átonos – "lo" e "la".

2. **Paroxítonos:** são acentuados os não terminados em **a(s), e(s), o(s), em(ens)**

   Ex.: cáqui, ônix, túnel, hífen, açúcar, bônus, ímã...

   Essa regra é fácil de ser memorizada – os paroxítonos são acentuados pela regra inversa dos oxítonos e monossílabos tônicos, ou seja, acentuam-se todos os paroxítonos menos aqueles com os finais a(s), e(s), o(s), em(ens), que são os finais dos oxítonos acentuados!

3. **Proparoxítonos:** todos são acentuados.

   Ex.: lâmpada, médico, álibi, ínterim, álcool, alcoólicos...

4. **Monossílabos tônicos:** terminados em **a(s), e(s), o(s)**.

   Ex.: pá, gás, fé, mês, dó, pôs, pô-lo...

> Para ajudar na memorização, note que a regra dos oxítonos é bem parecida com a dos monossílabos tônicos, o único diferencial é o final em(ens).
>
> **Oxítonos:** acentuados os terminados em a(s), e(s), o(s), **em(ens).**
>
> **Monossílabos tônicos:** a(s), e(s), o(s).

Para fixarmos essas regras iniciais, procure testar seus conhecimentos resolvendo esta questão do Cebraspe/UnB:

Em relação à acentuação gráfica, julgue os itens seguintes:

1) "Previsíveis" e "úteis" acentuam-se pela mesma razão.
2) Em "más", há emprego de acento diferencial.
3) Em "biquíni" e "ônus" o emprego do acento nas duas palavras tem a mesma justificativa.
4) Em "mantém", o acento se justifica para estabelecer a diferença com a forma da 3ª pessoa do plural.

Comentários: Em (1), os dois vocábulos são paroxítonos terminados em ditongo.

Gabarito: assertiva certa.

Em (2), o acento ocorre por ser palavra monossílaba terminada em *a(s)*, e não acento diferencial.

Gabarito: assertiva errada.

Em (3), as duas palavras são paroxítonas e terminam em *i* e *us*.

Gabarito: assertiva certa.

Em (4), o acento aparece por esse vocábulo ser oxítono terminado em *em*. Na 3ª pessoa do plural é que seria acentuado para estabelecer diferença com o singular (eles mantêm).

Gabarito: assertiva errada.

2.2. OUTROS CASOS

1. **Ditongos abertos (éi, éu, ói):** acento agudo nas palavras **oxítonas** e **monossílabos tônicos**.

   Ex.: anéis, papéis, hotéis, pastéis, troféu, céu, réu, herói, dói, mói...

> **Atenção:** Pelo Novo Acordo, não são acentuados os ditongos **EI** e **OI** de palavras paroxítonas terminadas em **A**, **O**.
>
> Ex.: as-sem-bl**ei**-a, he-r**oi**-co, i-d**ei**-a.

A maneira mais fácil de você memorizar esse caso especial é lembrar que esses ditongos abertos só são acentuados agora, com o Novo Acordo Ortográfico, no final da palavra, nunca no meio. É por isso que "i-dei-a" e "as-sem-blei-a" não recebem mais acento. Entendeu?

2. Quando a **2**a **vogal do hiato** for **"i"** ou **"u"**, **tônica**.

   Ex.: saída, saíste, caí, juíza, reúno, saúde, baú, Grajaú...

Por que "saída" é acentuada e "saideira", não?

Em sa-í-da, a 2ª vogal do hiato (i) é tônica e vem sozinha (mesmo que viesse acompanhada de S, pela regra, seria acentuada); já em sa-i-dei-ra, note que a 2ª vogal do hiato (i) é átona, ou seja, a vogal tônica, a vogal que "manda" nessa palavra, não é o primeiro "i", e sim o "e" de "dEi". E, como a regra diz que a segunda vogal do hiato, para ser acentuada, tem que ser tônica, e como só pode haver uma vogal tônica na palavra, esse primeiro "i" de "saideira" não é acentuado.

Observação 1: Se após a 2ª vogal do hiato aparecer **nh** ou outra letra, sem ser o **s**, na mesma sílaba, não haverá acento:

Ex.: rainha, bainha, juiz, cairdes.

Observação 2: Não se acentua a 2ª vogal do hiato em letras repetidas; não se acentua o primeiro **o** de palavras paroxítonas terminadas em **oo**:

Ex.: vadiice, voo, perdoo, abençoo.

Atenção 1: Pelo Novo Acordo, não se acentua o primeiro **e** das formas verbais terminadas em **eem** (verbos **ler, ver, crer, dar** e derivados). Observe: Eles veem, reveem, leem, releem, creem, deem.

Atenção 2: Pelo Novo Acordo, não se acentuam **i** e **u** quando formam hiato com um ditongo anterior.

Ex.: feiura, baiuca...

Exceção: as vogais tônicas **i** e **u**, em posição final, das palavras oxítonas precedidas de ditongo levam acento.

Ex.: Piauí, teiú...

3. Paroxítonos terminados em **ditongo**.

Ex.: Méier, destróier, bênção, órfão, túneis...

Atenção: Pelo Novo Acordo, entram na regra dos proparoxítonos os chamados ocasionais, eventuais relativos ou aparentes terminados em ditongo crescente (história, série...). Isso ocorre porque o **ditongo crescente** pode também ser considerado **hiato**.

4. **Acentos diferenciais:** quanto aos acentos diferenciais, após o Novo Acordo Ortográfico, só permaneceram os seguintes:
   a) ter, vir e derivados na **3ª pessoa do plural** do presente do indicativo: eles têm, retêm, vêm, intervêm;
   b) de intensidade (que é o acento que diferencia um vocábulo átono do tônico): pôr (verbo no infinitivo), para diferenciar da preposição por;

c) de timbre, que é o acento que diferencia o timbre fechado do timbre aberto: pôde (3ª pessoa do singular do pretérito perfeito), para diferenciar da forma pode (3ª pessoa do singular do presente do indicativo).

Observação: O Novo Acordo Ortográfico determinou também que:

1) O acento do substantivo *fôrma* seria facultativo, para diferenciar tal vocábulo do substantivo *forma*. Assim, o que se entende é que ele só seria utilizado nas situações em que se pudesse encontrar alguma dificuldade de intelecção. Por exemplo:

A *forma* da *fôrma* do bolo é criativa.

Aqui, se não usássemos o acento, o leitor poderia ter dificuldades para entender a essência da informação.

2) Eliminação do acento na forma verbal *para* (anteriormente acentuada para se diferenciar da preposição *para*). Acompanhe o exemplo:

Ele *para* o carro *para* ver o pássaro.

O que se entende é que, pelo contexto, é possível não se confundir o verbo com a preposição.

Veja agora dois exercícios que tratam desses outros casos de acentuação. Procuramos, aqui, adaptá-los ao Novo Acordo.

1. Assinale a frase incorreta quanto à acentuação gráfica.

A) A funcionária remeterá os formulários até o início do próximo mês.

B) Ninguém poderia prever que a catástrofe traria tamanho ônus para o país.

C) Este vôo está atrasado: os senhores tem que embarcar pela ponte aerea e fazer conexão no Rio para Florianópolis.

D) O pronunciamento feito pelo diretor na assembleia revestia-se de caráter inadiável.

E) Segundo o regulamento em vigor, o órgão competente tomará as providências cabíveis.

Comentários: Na letra A, *funcionária*, *formulários* e *início* são acentuados pela mesma regra. Pelo Novo Acordo, a tendência seria incluir essas palavras terminadas em ditongo crescente (*ia*, *io(s)*) na regra dos proparoxítonos. *Remeterá* e *até* são exemplos de oxítonos terminados em *a* e *e*. A palavra *próximo* é acentuada por ser proparoxítona. Em *mês*, temos um caso de monossílabo tônico terminado em *es*.

Na letra B, a palavra *ninguém* é acentuada por ser oxítona terminado em *em*; *catástrofe* é proparoxítona; *ônus* é paroxítona terminada em *us* e *país* entra na justificativa da 2ª vogal do hiato, *i*, tônica, seguida ou não de *s*.

Na letra C, pelo Novo Acordo, paroxítonas que dobram a vogal *o* não recebem mais acento. O verbo *ter*, na 3ª pessoal do plural, recebe acento circunflexo ("Este voo está atrasado: os senhores têm...").

Na letra D, o ditongo *ei*, em palavras paroxítonas terminadas em *a*, não recebe mais acento agudo. Em *caráter* e *inadiável*, temos palavras paroxítonas terminadas em *r* e *l*.

Na letra E, *órgão* e *cabíveis* estariam na justificativa dos paroxítonos terminados em ditongo (ór-gão; ca-bí-veis). *Tomará*, oxítono terminado em *a*, e *providências*, pelo Novo Acordo, seria proparoxítona em ditongo crescente (proparoxítonas aparentes).

Gabarito: C

2. Quanto à acentuação, marque a(s) forma(s) correta(s):

a) Itaipú / Icaraí

Comentários: Não se acentua oxítono terminado em **u**. Em Icaraí, temos a vogal **i** como 2ª do hiato, tônica, acentuada.

Gabarito: Icaraí.

b) Bocaiúva / chapéu

Comentários: A palavra Bocaiuva não recebe acento porque, embora a vogal **u** seja a 2ª do hiato, vem antecedida de ditongo (regra 2 – atenção 2). Os ditongos **éi**, **éu** e **ói** continuam a receber acento quando forem **oxítonos** e **monossílabos**.

Gabarito: chapéu.

c) pôr (verbo) / pára (verbo)

Comentários: Dos acentos diferenciais de intensidade, só o verbo **pôr** será acentuado, para diferir da preposição **por**. Os outros caíram (para, pelo, polo, pera...).

Gabarito: pôr.

d) gratuíto / eu traí

Comentários: Embora na oralidade algumas pessoas pronunciem **gratuito** com o *i* tônico, isso não ocorre. A pronúncia correta é como ditongo (gra-tui-to) e não grã-tu-í-to. **Traí** recebe acento porque o **i** aparece como 2ª vogal do hiato, tônica.

Gabarito: traí.

e) enjôo / eles provêm

Comentários: O acento no 1º **o** de vocábulos paroxítonos em **oo** caiu. Já nos verbos *ter*, *vir* e *derivados*, na **3ª pessoa do plural** do presente do indicativo, o acento se mantém, não houve alteração dessa regra (eles têm, retêm, vêm, intervêm...).

Gabarito: eles provêm (= provir, derivado de *vir*).

f) eles prevêem / ele prevê

Comentários: O acento no primeiro **e** dos verbos *ler*, *ver*, *crer*, *dar* e *derivados* não se usa mais. Agora fica: eles leem, veem, creem, deem etc. Em **ele prevê** temos a regra do oxítono terminado em **e**.

Gabarito: ele prevê.

g) destróier / heróico

Comentários: Os ditongos **ei** e **oi**, em palavras **paroxítonas** com pronúncia aberta, não recebem mais acento, à exceção dos terminados em *r*, pois entram na regra geral (paroxítono terminado em **r** é acentuado: açúcar, caráter, destróier...). Em **heroico** temos paroxítono terminado em *o*, daí não receber acento.

Gabarito: destróier.

h) eu apóio / o apoio

Comentários: Os ditongos *oi* e *ei*, paroxítonos com pronúncia aberta, deixam de receber acento quando terminam em *o(s)*, *a(s)* (heroico, europeia, ideia...). Em *o apoio*, este *o* tem pronúncia fechada, é o substantivo.

Gabarito: o apoio.

i) ele detém / eles detêem

Comentários: O verbo **deter** na 3ª pessoa do singular recebe acento por ser um oxítono terminado em **em** (armazém, ninguém, ele detém...). Esse verbo, na 3ª pessoa do plural, **não** dobra a letra **e**: eles detêm (verbos **ter**, **vir** e **derivados**, na 3ª pessoa do plural, um **e** e acento circunflexo).

Gabarito: ele detém.

j) pêra (subst.) / pôneis

Comentários: O substantivo **pera**, com a nova reforma, perdeu o acento circunflexo. Em **pôneis**, o acento se dá por ser esse vocábulo um paroxítono terminado em ditongo.

Gabarito: pôneis.

k) "Ele reconstrói a imagem colocando sobre ela elementos de uso cotidiano, como molho de tomate, geleia de amora e soldadinho de plástico em forma de mosaico."

Comentários: Nessa frase, aparecem os ditongos **oi** e **ei**. Em *reconstrói*, usaremos o acento, pois esse vocábulo é oxítono. Já em *geleia* isso não ocorrerá, já que essa palavra é paroxítona, casos em que esse ditongo não é mais acentuado. Plástico é proparoxítono.

Gabarito: geleia / reconstrói / plástico.

E o **trema**? Foi totalmente abolido. A pronúncia, porém, continua a mesma. Ninguém por aí vai deixar de falar **linguiça** e **pinguim** como falava anteriormente, só porque o trema desapareceu.

Ex.: questão, tranquilo, iniquidade, consequência, pinguim, sequestro, frequência, cinquenta, aguentar, arguir, averiguemos, quinquênio, antiguidade, liquidação, sanguíneo...

2.3. QUESTÕES DE CONCURSOS COMENTADAS

1. **(VUNESP - 2023 - EPC - Assistente)** Assinale a alternativa em que ambas as palavras estão acentuadas em conformidade com a norma-padrão: .

A) Solicitamos que os técnicos que **lêem** as provas em braile sejam alocados nas salas do segundo andar, onde **há** mais espaço.

B) As **seqüências** de leitura permitiram que os jovens tivessem uma ampliação de conhecimentos sobre a literatura **romântica**.

C) O **rítmo** dos trabalhos era tranquilo e, por essa razão, a produtividade da **fábrica** não exauria a capacidade física de seus funcionários.

D) Era comum nos romances o amor proibido entre uma **plebéia** e um **príncipe**, o que implicava muitas reviravoltas até o final feliz do casal.

E) A **saúva** é formiga presente em quase todos os **países** da América. Costuma cortar folhas e carregá-las para dentro de seus ninhos.

Comentários: Na letra E, os vocábulos destacados são acentuados com base na mesma regra de acentuação: segunda vogal do hiato (I ou U, tônica). Na letra A, o acento em "leem" está incorreto, pois não se acentuam mais os verbos ler, ver, crer, dar (e derivados) na terceira pessoa do plural. "Há" é monossílabo tônico terminado em A. Na letra B, não se usa mais trema em palavras, como "sequências", mas "romântica" é acentuado pela regra das proparoxítonas. Na letra C, não se acentua "ritmo", e "fábrica" é acentuado pela regra das proparoxítonas. Por fim, na letra D, "plebeia" perdeu o acento, já que não se acentuam mais os ditongos abertos EI, OI de vocábulos paroxítonos terminados em A e O, e "príncipe" também é acentuado pela regra das proparoxítonas.

Gabarito: E

2. **(CESGRANRIO - 2024 - Casa da Moeda - Técnico de Segurança)** De acordo com a norma-padrão da língua portuguesa, a palavra corretamente acentuada está no seguinte trecho:
   A) Todos **crêem** na mudança de postura do público.
   B) É preciso que todos **dêem** as mãos para que os objetivos sejam alcançados.
   C) Eu sempre **perdôo** os meus amigos.
   D) O **vôo** foi cancelado devido a problemas técnicos.
   E) Eles **vêm** sendo apontados como favoritos nas pesquisas.

Comentários: São acentuados (acento circunflexo) os verbos ter, vir e derivados na terceira pessoa do plural (acento diferencial de número). Correta a opção E. Os verbos ler, ver, crer, dar e derivados, na terceira pessoa do plural, não são mais acentuados. Também não recebe mais acento circunflexo o hiato OO.

Gabarito: E

3. **(Instituto Consulplan - 2024 - Prefeitura de Iúna - ES - Operador de Máquinas Pesadas)** Assinale a alternativa em que as palavras são acentuadas graficamente pelo mesmo motivo.
   A) melô / difícil / você.
   B) álibi / música / poética.
   C) mágica / gênio / alguém.
   D) paciência / psíquica / está.

Comentários: Na opção B, todos os vocábulos são acentuados com base na mesma justificativa: todo proparoxítono é acentuado. Na letra A, "melô" e "você" são oxítonos terminados em A, E, O, EM (e plurais), e "difícil" é paroxítono que não termina em A, E, O, EM (e plurais). Na letra C, "mágica" é acentuado pela regra dos proparoxítonos, "gênio" é paroxítono terminado em ditongo, e "alguém" é oxítono terminado em EM. Na letra D, "paciência" é paroxítono terminado em ditongo, "psíquica" é acentuado pela regra dos proparoxítonos, e "está" é oxítono terminado em A.

Gabarito: B

4. **(Instituto Consulplan - 2024 - Prefeitura de Governador Valadares - MG - Agente Comunitário de Endemias)** Considere as duplas e os trios de palavras sublinhadas nas reproduções de trechos dispostos nas alternativas a seguir. É correto afirmar que todas as alternativas dispõem, quando analisadas em conjunto, apenas palavras que se acentuam pela mesma razão, EXCETO:
   A) *"A renúncia permanece até hoje encoberta por uma aura de mistério."*
   B) *"Mas o padre Antônio Delicado, que no século XVII reuniu os Adágios portugueses, registra este: [...]"*

C) *"Em 1954, onze anos antes, a suprema prova dos maus eflúvios de agosto veio com o suicídio de Getúlio Vargas."*

D) *"Sete anos depois, em 1961, o Brasil era sacudido por outro abalo de dramáticas consequências — a renúncia de Jânio Quadros."*

Comentários: Na opção D, uma das palavras destacadas — "dramáticas" — não segue a justificativa de acentuação das demais. Nas opções A, B e C, todos os vocábulos destacados são acentuados pela mesma regra: paroxítonos terminados em ditongo (assim como "consequências" e "renúncia" na opção D). Mas "dramáticas" pertence à regra dos proparoxítonos.

Gabarito: D

5. **(FGV - 2024 - Prefeitura de Vitória - ES - PEB III - Língua Portuguesa)** Assinale a opção em que as duas palavras nela apresentadas recebem acento gráfico corretamente.

A) azíago / porém.

B) rêfrega / décano.

C) leucemía / protótipo.

D) álcali / aerólito.

E) tótens / Fênix.

Comentários: Os vocábulos da opção D estão corretamente acentuados, pois a sílaba tônica de ambos é a antepenúltima. Proparoxítonos, portanto. E todo proparoxítono é acentuado. Nas outras alternativas, a forma correta de grafar as palavras é: aziago (letra A), refrega, decano (letra B), leucemia (letra C) e totens (letra E).

Gabarito: D

6. **(FGV - 2024 - Prefeitura de São José dos Campos - SP - Agente de Serviços Gerais)** Assinale a opção que mostra duas palavras que recebem acento gráfico pelo mesmo motivo.

A) difícil / números.

B) músculos / além.

C) negócios / ciências.

D) porém / políticos.

E) está / é.

Comentários: Os vocábulos "negócios" e "ciências", na letra C, são acentuados pela mesma regra: são paroxítonos terminados em ditongo. Na letra A, "difícil" é paroxítono não terminado em A, E, O, EM (e plurais). Terminou em L. O vocábulo "números" é proparoxítono (todo proparoxítono é acentuado). Na letra B, "músculos" é proparoxítono, e "além" é oxítono terminado em EM. Na letra D, "porém" é oxítono terminado em EM, e "políticos", proparoxítono. Na letra E, "está" é oxítono terminado em A e "é", monossílabo tônico em E.

Gabarito: C

7. **(FGV - 2024 - Câmara de Fortaleza - CE - Analista de Revisão)** Em cada opção abaixo há duas palavras propositalmente sem os acentos gráficos.
Assinale a opção em que os dois vocábulos mostram acentuação tônica diferente.
   A) interim / prototipo.
   B) orgão / ponei.
   C) decano / orfão.
   D) rubrica / extase.
   E) onibus / alibi.

   Comentários: Na opção D, a sílaba tônica de "rubrica" é a penúltima (BRI). Assim, é uma paroxítona e, como termina em A, não recebe acento. Já "êxtase" é proparoxítono (todo proparoxítono é acentuado). A acentuação TÔNICA é diferente, portanto. Na letra A, "ínterim" e "protótipo" são proparoxítonos. Na letra B, "órgão" e "pônei" são paroxítonos. Na letra C, "decano" e "órfão" são paroxítonos. Por fim, na letra E, "ônibus" e "álibi" são proparoxítonos.

   Gabarito: D

8. **(CESPE/CEBRASPE - 2024 - ITAIPU BINACIONAL - Profissional de Nível Universitário Júnior)** O vocábulo "eólica" acentua-se devido à mesma regra de acentuação que determina o emprego do acento na palavra:
   A) renovável.
   B) elevará.
   C) pássaros.
   D) carvão.
   E) ruído.

   Comentários: "Eólica" é acentuado com base na mesma regra de "pássaros", na letra C: ambos são proparoxítonos. O vocábulo "renovável", na letra A, é paroxítono terminado em L (não terminados em A, E, O, EM [e plurais]). Na letra B, "elevará" é oxítono terminado em A. No vocábulo "carvão", na letra D, o til não é acento. É sinal de nasalização. Na letra E, "ruído" é acentuado pela regra da segunda vogal do hiato (I, tônica).

   Gabarito: C

9. **(Instituto Consulplan - 2024 - MPE - SC - Promotor de Justiça Substituto)** Os vocábulos "países" e "excluídos" são acentuados graficamente de acordo com a mesma justificativa gramatical, assim como sua forma no singular, em que é preservado o acento.

   CERTO

   ERRADO

   Comentários: Correta a afirmação, pois os dois vocábulos destacados são acentuados pela mesma justificativa: segunda vogal do hiato (I ou U, tônica).

   Gabarito: CERTO

10. **(ADAPTADA - CESPE/CEBRASPE - 2024 - PC - PE - Agente de Polícia)** As palavras "possíveis" e "panorâmica" são acentuadas graficamente pela mesma regra de acentuação gráfica.

    CERTO

    ERRADO

Comentários: A regra de acentuação de "possíveis" é a do paroxítono terminado em ditongo. A de "panorâmica", regra do proparoxítono. Errada, portanto, a afirmação.

Gabarito: ERRADO

2.4. QUESTÕES DE CONCURSOS PROPOSTAS (COM GABARITO NO FINAL)

1. (IDECAN - 2024 - Prefeitura de João Pessoa - PB - Guarda Civil Municipal) Na sentença "tocou ao piano uma peça clássica" o item que apresenta a mesma regra de acentuação gráfica da palavra em destaque é

A) Olimpíada.

B) Álbum.

C) Cafeína.

D) Revólver.

2. (Instituto Consulplan - 2024 - Prefeitura de Pitangueiras - SP - Técnico em Enfermagem) Um dos aspectos mais importantes quanto à ortografia da língua portuguesa consiste na acentuação, essencial para a grafia adequada das palavras e a comunicação plena. Considere, portanto, o termo "benefício". É correto dizer que ele é acentuado, uma vez que é:

A) Proparoxítono.

B) Terminado em ditongo oral átono.

C) Oxítono terminado em ditongo aberto.

D) Forma verbal terminada em "o" tônico.

3. (FEPESE - 2024 - Prefeitura de Palhoça - SC - Professor de Anos Finais) Abaixo palavras foram reunidas em três grupos:

1. notório • distância • calúnia

2. físico • adorável • hálito

3. está • têm • perfeição

Assinale a alternativa correta relacionada às regras de acentuação gráfica:

A) No grupo 1, todas as palavras são acentuadas pela mesma regra.

B) No grupo 2, todas as palavras são acentuadas pela mesma regra.

C) No grupo 2, temos apenas uma palavra proparoxítona.

D) No grupo 3, todas as palavras são acentuadas pela mesma regra.

E) No grupo 3, há duas palavras que recebem acento diferencial.

4. (Instituto Consulplan - 2024 - Prefeitura de Santa Maria de Jetibá - ES - Trabalhador Braçal) Assinale a alternativa em que todas as palavras são acentuadas pelo mesmo motivo.

A) está – já.

B) pé – atrás.

C) através – glória.

D) esplêndido – máquina.

5. **(FUNATEC - 2024 - Câmara de Alexânia - GO - Assistente Administrativo)** Assinale a palavra que deve receber acentuação por ser uma palavra paroxítona (as palavras estão propositalmente sem acento):
   A) esfincter.
   B) aneis.
   C) mausoleu.
   D) tatica.

6. **(Instituto Consulplan - 2024 - Prefeitura de Iúna - ES - Motorista)** As palavras a seguir possuem a mesma classificação quanto à acentuação; no entanto, apenas uma se diferencia; assinale-a.
   A) Única.
   B) Fanático.
   C) Impossível.
   D) Características.

7. **(Instituto Consulplan - 2024 - Prefeitura de Espera Feliz - MG - Auxiliar Administrativo)** "Se eu morrer antes de <u>você</u>, faça-me um favor." A mesma regra de acentuação que equivale para "você" vale também para:
   A) céu.
   B) verá.
   C) lágrima.
   D) demônio.

8. **(Instituto Ágata - 2024 - Prefeitura de Anajás - PA - Professor)** Observe o excerto: "O <u>período</u> da ditadura civil-militar brasileira (1964-1985) foi um dos períodos mais deletérios da história do <u>país</u>, tanto por ter desmanchado a <u>dinâmica</u> do período democrático anterior quanto pelos severos <u>déficits</u>". As palavras destacadas recebem acento gráfico, pelas mesmas regras, em qual alternativa, respectivamente?
   A) Órgão – dínamo – baú – açaí.
   B) Saída – açaí - médico – fórceps.
   C) Píton – história – míni – tríceps.
   D) Glória – estádio – móvel – assembleia.
   E) Médico – saúde – anáfora – ginástica.

9. **(MS CONCURSOS - 2024 - Prefeitura de Adustina - BA - Assistente Social da Saúde)** Com base na aplicação adequada das regras de acentuação gráfica, assinale a alternativa correta.
   A) A palavra "balaústre" é acentuada por ser uma proparoxítona terminada em "e".
   B) "Fiéis", "papéis" e "herói" são acentuados por serem oxítonas com ditongos abertos grafados com "-éis", e "-óis".
   C) Os vocábulos "juíz" e "raíz" recebem acento gráfico por serem oxítonas terminadas em "z".

D) A palavra "epopéico" recebe acento gráfico por ser paroxítona com ditongo aberto "ei".

E) O vocábulo "tuiuiu" não é acentuado por terminar com a vogal tônica "u" em uma palavra oxítona.

10. (FGV - 2024 - Prefeitura de Caraguatatuba - SP - Ajudante de Mecânico) Entre as palavras abaixo, assinale aquela que tem acentuação errada.

A) Café.

B) Cipó.

C) Cajú.

D) Pará.

E) Açaí.

11. (FGV - 2024 - TJ - AP - Técnico Judiciário) A opção em que as duas palavras nela apresentadas recebem acento gráfico corretamente, é:

A) dócil / maquinária.

B) autóctone / rúbrica.

C) hífen / táctil.

D) barbária / têxtil.

E) éter / cíclope.

12. (CESPE/CEBRASPE - 2024 - Prefeitura de Joinville - SC - Auxiliar de Educador) Assinale a opção em que as palavras apresentadas são acentuadas graficamente porque são paroxítonas em que a vogal i ou u tônica forma hiato com a vogal da sílaba anterior.

A) "incluído" e "inúmeros".

B) "países" e "prejuízos".

C) "heróis" e "países".

D) "prejuízos" e "heróis".

E) "inúmeros" e "conteúdos".

13. (CESPE/CEBRASPE - 2024 - Prefeitura de Camaçari - BA - Professor) São acentuadas devido à mesma regra ortográfica as palavras:

A) bebês e cães.

B) também e direções.

C) identificável e telegráfico.

D) propósito e inteligíveis.

E) linguística e indígena.

14. (CESPE/CEBRASPE - 2024 - Prefeitura de Cachoeiro de Itapemirim - ES - Guarda Municipal) Os vocábulos "homicídios" e "caíram" são acentuados graficamente de acordo com a mesma regra de acentuação gráfica.

CERTO

ERRADO

15. (ADAPTADA - CESPE / CEBRASPE - 2024 - Prefeitura de Joinville - SC - Professor Bilíngue - Letras/Libras)

As palavras "usuários" e "fictício" são acentuadas graficamente de acordo com a mesma regra de acentuação gráfica.

CERTO

ERRADO

GABARITO:

1. A	2. B	3. A	4. D	5. A
6. C	7. B	8. E	9. B	10. C
11. C	12. B	13. E	14. ERRADO	15. CERTO

Para memorizar as regras de acentuação gráfica, é necessário... resumir o que você estudou! Vamos?

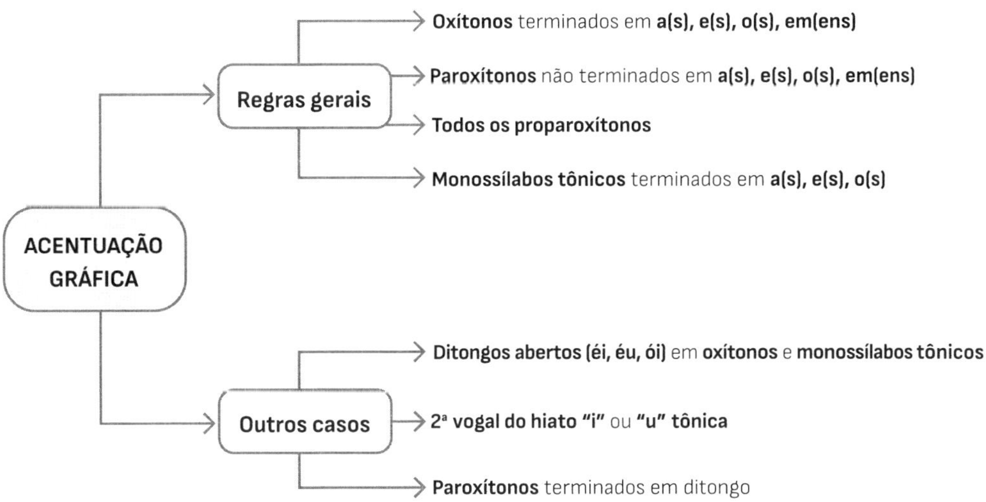

O acento diferencial dos verbos ter, vir e derivados é o circunflexo (de plural).

O Novo Acordo Ortográfico aboliu o acento dos ditongos ei, oi nas paroxítonas, os acentos do hiato oo e dos verbos crer, dar, ler, ver e derivados.

Acesse o material suplementar

uqr.to/20vgl

Hífen 3

Agora, vamos ao estudo do hífen. Como muita coisa não se explica, procuramos preparar um material bem prático, principalmente para que você possa consultá-lo, já que a maioria dos materiais que temos visto por aí não agrupa as regras, dificultando, assim, até a consulta por parte do usuário da língua. Após observar as novas orientações, faça o exercício, consultando-as, e, aos poucos, você vai internalizá-las. Vamos lá?

3.1. PREFIXOS

1. Com os prefixos **ante, anti, arqui, auto, circum, contra, entre, extra, hiper, infra, intra, semi, sobre, sub, ultra**...; ou falsos prefixos **aero, agro, anfi, audio, bio, eletro, foto, geo, hidro, macro, maxi, mega, micro, mini, multi, neo, orto, proto, pseudo, poli, retro, tele**...:

Emprega-se o hífen quando o 1º elemento termina por **vogal igual à que inicia o 2º elemento** e nas formações em que o 2º elemento começa por **h**:

Ex.: anti-inflamatório, arqui-inimigo, semi-interno, poli-insaturado, pseudo-occipital, eletro-óptico, sobre-estimar, auto-observação, contra-arrazoado, bio-história, poli-hidroxila, sub-horizonte, ultra-hiperbólico, neo-helênico etc.

Mas: coobrigação, coerdeiro (com o prefixo **co**, este se aglutina em geral com o 2º elemento).

Observação 1:

a) Se o 1º elemento terminar por vogal diferente daquela que inicia o 2º elemento, escreve-se junto, **sem hífen**.

Ex.: antiético, anteontem, agroindustrial, aeroespacial, eletroemissão, extraescolar, coeducação...

b) Quando o **1º elemento terminar por vogal** e o 2º elemento começa por **r** ou **s**, devemos **dobrar as consoantes**, sem hífen.

Ex.: biorritmo, infrassom, microssistema, antessala, antirrepublicano, contrarréplica, minissubmarino, cossenhor...

c) Com os prefixos **hiper**, **inter** e **super**, usaremos hífen se o 2º elemento iniciar por **h** ou **r**.

Ex.: hiper-hedonista, inter-hemisfério, super-homem, hiper-requintado, inter-resistente, super-revista...

d) Haverá hífen com os prefixos **circum** e **pan**, quando o 2º elemento começar por vogal, **m** ou **n** (além de **h**, como aparece na regra 1).

Ex.: circum-escolar, circum-navegação, pan-africano, pan-negritude, pan-helenismo...

As mudanças que ocorreram relativas ao uso do hífen se concentram, em sua quase totalidade, nessa 1ª regra e nas observações 1.***a*** e 1.***b***. No restante, as regras são aquelas que já existiam. Daí a intenção de começar logo por elas, para efeito de memorização, já que, infelizmente, esse assunto requer muita prática para assimilar todas as regras.

Observação 2:

a) Se não houver perda do som da vogal final do 1º elemento e o elemento seguinte começar com **h**, serão usadas as duas formas gráficas:

Ex.: cardi-hepático ou cardiepático; aero-hidropatia ou aeroidropatia.

b) Havendo perda do som da vogal do 1º elemento ou se as palavras já são de uso consagrado, deve ser escrita **sem hífen**.

Ex.: clorídrico, reidratar, reumanizar, reabilitar, reaver...

c) Com os prefixos **des** e **in** não se emprega o hífen quando o 2º elemento perde o **h** inicial; se a palavra não aparecer com função prefixal, não se emprega o hífen.

Ex.: desumano, desidratar, inábil, inumanidade; não violência, não alinhado...

2. Emprega-se o hífen nos compostos em que o 1º elemento é representado pelas formas **além**, **aquém**, **bem**, **ex, recém**, **sem**, **grão**, **grã**, **bel**, **soto**, **sota**, **vice**, **vizo**, **pré**, **pró**, **pós** (tônicos).

Ex.: além-mar, aquém-mar, bem-querer, bem-humorado (mas, benfazejo, benfeitor), recém-casado, sem-número, grã-cruz, ex-presidente, sota-capitão, sota-vento, vice-cônsul, vizo-rei, pré-escolar, pós-graduação, pró-germânico...

Observação 3:

a) **Pre**, **pro**, **pos**, átonos, se aglutinam com o 2º elemento.

Ex.: precondicionamento, propor, pospor...

b) Emprega-se o hífen com a forma **mal**, quando forma com o 2º elemento uma unidade semântica e tal elemento começa por **vogal** ou **h**.

Ex.: mal-estar, mal-humorado etc.

3. Com os prefixos **ab**, **ob**, **sob**, **sub**, se o 2º elemento iniciar por **r** ou **b**, será empregado o hífen.

Ex.: sub-base, ab-reptício, ob-rogar, sub-reitor...

Observação 4:

Com o prefixo **ad,** se o 2º elemento começar por **r** ou **d**, usaremos o hífen.

Ex.: ad-referendar, ad-digital...

3.2. SUFIXOS

O hífen emprega-se nos vocábulos terminados pelos sufixos **açu**, **guaçu**, **mirim**.

Ex.: capim-açu, Ceará-mirim...

3.3. NOMES COMPOSTOS

Emprega-se o hífen nos compostos representados por substantivos, adjetivos, numerais e verbos; elementos repetidos; reduções; gentílicos derivados de topônimos compostos; compostos que designam espécies botânicas, zoológicas.

Ex.: decreto-lei, primeiro-ministro, alto-relevo, porta-aviões, tico-tico, grão-mestre, belo-horizontino, erva-doce, couve-flor, bem-me-quer...

Observação 5:

Em geral, nas locuções de qualquer tipo não se usa o hífen, exceto em alguns casos que o uso já legitimou. Aqui mora um problema: o Novo Acordo fala que o hífen permanece nos vocábulos que o uso validou, mas até você memorizar todos aqueles consagrados pelo uso...

Ex.: café com leite, sala de jantar, pé de chinelo, disse me disse, bumba meu boi, dia a dia, comum de dois, ponto e vírgula...

Mas (consagrados pelo uso): água-de-colônia, cor-de-rosa, à queima-roupa, pé-de-meia, dois-pontos, mais-que-perfeito...

Vamos treinar?

EXERCÍCIOS DE FIXAÇÃO

I. Marque a forma correta.

1. contra-atacar / contraatacar

   Comentários: Com o prefixo **contra**, usaremos hífen se a vogal do 2º elemento iniciar por essa mesma vogal.

   Gabarito: contra-atacar.

2. anti-sociável / antissociável

   Comentários: Ainda com relação à 1ª regra, o prefixo **anti** receberá hífen se a palavra seguinte começar pela mesma letra com que esse prefixo termina **i** ou começar por **h**. Logo, não recebe hífen. Se as letras que iniciarem o 2º elemento forem **s** ou **r**, dobramos essas consoantes (obs.: b).

   Gabarito: antissociável.

3. mini-saia / minissaia

   Comentários: O mesmo comentário. O prefixo termina por vogal e a palavra seguinte começa por **s**. Dobra-se essa letra.

   Gabarito: minissaia.

4. contra-balançar / contrabalançar

   Comentários: Esse prefixo (**contra**) pertence à regra 1. Se o 2º elemento não começa pela mesma vogal com que esse prefixo termina (**a**), não há hífen.

   Gabarito: contrabalançar.

5. contra-regra / contrarregra

   Comentários: Agora, esse mesmo prefixo vem seguido de palavra que começa por **r** (regra 1, obs.: b). Dobra-se essa consoante.

   Gabarito: contrarregra.

6. anti-imperialismo / antiimperialismo

   Comentários: O prefixo **anti** termina em **i**. O 2º elemento (imperialismo) inicia por **I** (pela mesma vogal). Quando isso acontece, pelo Novo Acordo, há hífen.

   Gabarito: anti-imperialismo.

7. anti-horário / antiorário

   Comentários: A regra 1 mostra o uso do hífen em alguns prefixos que terminarem na mesma letra com que se inicia o 2º elemento ou se este começar por **h**.

   Gabarito: anti-horário.

8. mini-retrospectiva / minirretrospectiva

   Comentários: Ainda a regra 1. O 2º elemento começa por **r**. Dobra-se essa consoante.

   Gabarito: minirretrospectiva.

9. co-seno / cosseno

   Comentários: Prefixo **co** seguido da palavra que inicia por **s** (regra 1, obs.: b).

   Gabarito: cosseno.

10. micro-onda / microonda

    Comentários: O prefixo **micro** termina em **o** e a palavra **onda** inicia por **o**, portanto há hífen.

    Gabarito: micro-onda.

11. hiper-realista / hiperrealista

    Comentários: Agora, temos o prefixo **hiper**. A regra 1, obs.: c, diz que os prefixos **hiper**, **inter** e **super** recebem hífen se o 2º elemento começar por **h** ou **r**.

    Gabarito: hiper-realista.

12. sub-região / subrregião
13. sub-braquial / subraquial

    Comentários: Na regra 3, aparece o prefixo **sub**. Será empregado o hífen se o 2º elemento iniciar por **r** ou **b**.

    Gabarito: sub-região / sub-braquial.

14. pré-gravação / pregravação
15. pré-estabelecido / preestabelecido
16. pré-eminente / preemininte
17. pró-britânico / probritânico
18. pró-romper / prorromper
19. pré-fixado / prefixado

    Comentários: Com os prefixos **pré**, **pró** e **pós**, haverá o uso do hífen se esses prefixos forem tônicos (acentuados). Se forem átonos, eles se aglutinam com o 2º elemento. No entanto, em relação à pronúncia de algumas palavras com esses prefixos, ocorrem vacilações. Afinal é pré-fixado ou prefixado? Vamos então às pronúncias corretas de alguns desses vocábulos:

    Gabarito: pré-gravação (tônica) / preestabelecido (átona) / preeminente (átona) / pró-britânico (tônica) / prorromper (átono) / prefixado (átono).

20. poli-híbrido / poliíbrido

    Comentários: Voltando à regra 1, o prefixo **poli** receberá hífen se a palavra seguinte começar por **i** ou por **h**.

    Gabarito: poli-híbrido.

21. contra-indicação / contraindicação

    Comentários: O prefixo **contra** termina em **a**, porém o 2º elemento não inicia por **a**, mas, sim, por outra vogal (regra 1, obs.: a).

    Gabarito: contraindicação.

22. contra-senso / contrassenso

    Comentários: Se aparecerem as letras **r** ou **s** após os prefixos da regra 1, dobram-se essas consoantes.

    Gabarito: contrassenso.

23. infra-estrutura / infraestrutura

    Comentários: Após o prefixo **infra**, usaremos o hífen se o 2º elemento iniciar por **a** ou **h**. Como a palavra **estrutura** inicia por **e**, o correto é sem hífen.

    Gabarito: infraestrutura.

24. auto-análise / autoanálise

    Comentários: A explicação da anterior vale também para essa palavra. O prefixo **auto** termina em **o** e **análise** se inicia por **a**. Sem hífen, portanto.

    Gabarito: autoanálise.

25. ante-estreia / anteestreia

    Comentários: Agora, a vogal que inicia o 2º elemento (**e**) é a mesma que finaliza o prefixo (**e**). Pelo Novo Acordo, há hífen.

    Gabarito: ante-estreia.

26. ante-sala / antessala

    Comentários: Após o prefixo **ante**, se o 2º elemento iniciar por **r** ou **s**, dobram-se essas consoantes. Se o 2º elemento iniciar por **e** ou **h**, usamos o hífen.

    Gabarito: antessala.

27. mal-assombrado / malassombrado

    Comentários: Com o prefixo **mal**, se o 2º elemento iniciar por **vogal** ou **h**, formando uma unidade semântica, há hífen.

    Gabarito: mal-assombrado.

28. multi-racial / multirracial

    Comentários: O prefixo **multi** é seguido de palavra iniciada por **r**. Dobra-se essa consoante.

    Gabarito: multirracial.

29. vice-imperador / viceimperador

    Comentários: A regra 2 fala desse prefixo. Com as formas **além**, **aquém**, **bem**, **ex...**, **vice...**, emprega-se o hífen, independentemente da vogal que inicia o 2º elemento.

    Gabarito: vice-imperador.

3.4. QUESTÕES DE CONCURSOS COMENTADAS

1. **(FEPESE - 2024 - Prefeitura de Concórdia - SC - Agente Administrativo)** Assinale a alternativa em que o hífen foi corretamente empregado.

A) Co-piloto.

B) Ultra-sonoro.

C) Pai-de-família.

D) Anti-higiênico.

E) Extra-sensorial.

Comentários: O hífen está corretamente empregado na letra D: usa-se hífen em palavras formadas com prefixos como *anti, auto, contra, micro, ultra, extra*... quando o segundo elemento começa com *h*. Nas letras B e E, quando o primeiro elemento termina em vogal e o segundo elemento é iniciado por R e S, a letra R ou S é dobrada para se unir ao prefixo, não havendo hífen (ultrassonoro, extrassensorial). Na letra A, o prefixo *co* junta-se à palavra, sem hífen (coordenar, copiloto...). Por fim, na letra C, as locuções substantivas, adjetivas, adverbiais não levam mais hífen em sua forma (fim de semana, dia a dia, pai de família...).

Gabarito: D

2. **(Instituto Consulplan - 2024 - Prefeitura de Nova Iguaçu - RJ - Auxiliar de Serviços)** No trecho "Agora que você pintou o apartamento, ganhou um porta-retratos [...]", temos o emprego do hífen unindo os termos. Assinale, a seguir, a palavra que está corretamente grafada com este sinal gráfico.

A) má-fé.

B) dia-a-dia.

C) mão-de-obra.

D) passo-a-passo.

Comentários: O hífen é usado em palavras compostas (beija-flor, segunda-feira, guarda-chuva, azul-claro...), como é o caso de má-fé. Nas demais alternativas, as locuções substantivas, adjetivas, adverbiais não levam mais hífen (fim de semana, dia a dia, mão de obra, passo a passo...).

Gabarito: A

3. **(Instituto Consulplan - 2024 - Câmara de Belo Horizonte - MG - Consultor Legislativo)** Algumas palavras podem apresentar dúvida em relação ao registro de acordo com a ortografia oficial. Em "Já a violência psicológica, talvez menos evidente, é igualmente devastadora, minando a autoestima e o bem-estar emocional da vítima por meio de humilhações, xingamentos e ameaças constantes", observa-se o emprego e registro correto de vocábulo em que o uso do hífen é evidenciado. Indique, a seguir, a alternativa que apresenta INCORREÇÃO de acordo com a norma-padrão da língua.

A) micro-ondas; sem-terra; contra-ataque.

B) além-túmulo; aquém-mar; bem-nascido.

C) inter-racial; sub-bibliotecário; sub-região.

D) auto-conhecimento; anti-derrapante; semi-reta.

Comentários: Não se usa hífen quando o 1º elemento termina por vogal e o 2º elemento começa por vogal diferente ou consoante (aeroespacial, agroindustrial, socioeconômico, semiárido, autoconhecimento, antiderrapante). Além disso, não se usa hífen quando o 1º elemento termina por vogal e o 2º elemento começa por R ou S, devendo estas consoantes duplicar-se (semirreta).

Gabarito: D

4. **(VUNESP - 2023 - DPE-SP - Oficial de Defensoria)** Assim como "arranha-céu", estão corretamente grafados com hífen os termos:

A) infra-estrutura; para-quedas; sul-africano.
B) recém-nascido; manda-chuva; médico-cirurgião.
C) bem-aventurado; arco-íris; decreto-lei.
D) ultra-romântico; ponta-pé; guarda-noturno.
E) guarda-sol; fim-de-semana; anti-depressivo.

Comentários: Como prefixo, *bem* exige hífen sempre (bem-arrumado, bem-afortunado, bem-aceito...). Como regra geral, nas palavras compostas, o hífen é usado quando o primeiro termo, por extenso ou reduzido, está representado por forma substantiva, adjetiva, numeral ou verbal: decreto-lei, arco-íris, mesa-redonda, arco-íris, tio-avô, conta-gotas, porta-aviões, guarda-noturno, boa-fé, má-fé... Portanto, correta a letra C. Na letra A, as formas corretas são "infraestrutura" e "paraquedas". Na letra B, "mandachuva". Na letra D, "ultrarromântico" e "pontapé". Na letra E, "fim de semana" e "antidepressivo".

Gabarito: C

5. **(FUNDATEC - 2024 - Prefeitura de Venâncio Aires - RS - Oficial Administrativo)** Qual palavra é escrita corretamente sem hífen, assim como "autossabotagem"?

A) Microondas.
B) Semterra.
C) Antihigiênico.
D) Précandidato.
E) Infraestrutura.

Comentários: Não se usa hífen quando o 1º elemento termina por vogal e o 2º elemento começa por vogal diferente (infraestrutura). Portanto, correta a alternativa E. Usa-se hífen quando a palavra seguinte começar com H ou com vogal igual à última do prefixo (micro-ondas, anti-higiênico). Usa-se hífen com os prefixos PRÉ, PRÓ, PÓS (pré-candidato). *Sem* leva hífen quando formar nome composto (sem-terra).

Gabarito: E

6. **(FUNDATEC - 2023 - IF - RS - Técnico de Laboratório)** A palavra "autoboicote" foi corretamente grafada sem hífen, conforme o Acordo Ortográfico vigente. Qual das palavras abaixo está corretamente grafada sem hífen?

A) Microondas.
B) Antiinflamatório.

C) Anticoncepcional.
D) Antiinflacionário.
E) Posgraduação.

Comentários: Não se usa hífen quando o 1º elemento termina por vogal e o 2º elemento começa por vogal diferente ou consoante (anticoncepcional). Usa-se hífen quando a palavra seguinte começar com H ou com vogal igual à última do prefixo (micro-ondas, anti-inflamatório, anti-inflacionário). Usa-se hífen com os prefixos PRÉ, PRÓ, PÓS (pós-graduação).

Gabarito: C

7. **(FEPESE - 2024 - Prefeitura de Palhoça - SC - Agente de Serviços Operacionais)** Assinale a alternativa em que o hífen foi corretamente utilizado.
A) anti-racista.
B) anti-infeccioso.
C) semi-analfabeto.
D) mão-de-obra.
E) ultra-radical.

Comentários: Usa-se hífen quando a palavra seguinte começar com H ou com vogal igual à última do prefixo (anti-inflamatório, anti-infeccioso...). Correta a letra B. Quando o primeiro elemento termina em vogal e o segundo elemento é iniciado por R, a letra R é dobrada para se unir ao prefixo (antirracista, ultrarradical). Não se usa hífen quando o 1º elemento termina por vogal e o 2º elemento começa por vogal diferente (semianalfabeto). As locuções substantivas não levam mais hífen em sua forma (mão de obra).

Gabarito: B

8. **(CESPE / CEBRASPE - 2024 - Prefeitura de Camaçari - BA - Agente Comunitário de Saúde)** O emprego do hífen na palavra "bem-estar" justifica-se pela mesma regra que determina o emprego do hífen em:
A) mal-humorado.
B) super-ricos.
C) sem-teto.
D) auto-organização.
E) cana-de-açúcar.

Comentários: *Sem* leva hífen quando formar *nome composto*: sem-cerimônia, sem-família, os sem-terra, os sem-teto, os sem-vergonha... Como prefixo, *bem* exige hífen sempre em *nomes compostos*: bem-arrumado, bem-afortunado, bem-aceito, bem-sucedido, bem-humorado, bem-estar... Correta a letra C. O prefixo *mal* exige hífen antes de *vogal* e *h* (mal-acabado, mal-agradecido, mal-humorado). Com os prefixos *super, hiper, inter*, usa-se o hífen quando o segundo elemento começa por *h* ou *r* (hiper-humano, inter-racial, super-ricos...). Usa-se hífen quando a palavra seguinte começar com *h* ou com *vogal igual* à última do prefixo (anti-inflamatório, auto-organização...). Nomes das espécies animais e vegetais continuam com hífen, estejam ou não ligados por preposição ou outro elemento (louva-a-deus, bem-te-vi, joão-de-barro, cana-de-açúcar, pimenta-do-reino...).

Gabarito: C

9. **(CESPE/CEBRASPE - 2023 - MPE - SC - Promotor de Justiça Substituto)** A substituição de "antidireito" por anti-direito faria a palavra ficar em desacordo com a ortografia oficial vigente no Brasil.

CERTO

ERRADO

Comentários: Não se usa hífen quando o 1º elemento termina por vogal e o 2º elemento começa por vogal diferente ou consoante (antidireito). Usa-se hífen quando a palavra seguinte começar com H ou com vogal igual à última do prefixo (anti-higiênico, anti-inflamatório).

Gabarito: CERTO

10. **(CESPE/CEBRASPE - 2023 - MPE-SC - Promotor de Justiça Substituto)** No último período do primeiro parágrafo, o emprego do hífen em "ético-jurídicos" é facultativo, razão por que estaria igualmente correta a grafia eticojurídicos.

CERTO

ERRADO

Comentários: O vocábulo "ético-jurídico" é um nome composto. Portanto, deve ser grafado com hífen.

Gabarito: ERRADO

3.5. QUESTÕES DE CONCURSOS PROPOSTAS (COM GABARITO NO FINAL)

1. **(Instituto Consulplan - 2024 - Prefeitura de Governador Valadares - MG - Agente Comunitário de Endemias)** Considere o termo sublinhado em "A 13 de agosto de 1965, na TV Globo recém-inaugurada, que era então apenas o Canal 4 do Rio de Janeiro, [...]". É correto afirmar que o termo "recém", quando usado como elemento de composição, tal como no exemplo em comento, se dá hifenizado:

A) Em qualquer situação.

B) Quando anteceder vogais, apenas.

C) Quando anteceder termos polissílabos, apenas.

D) Quando anteceder termos paroxítonos, apenas.

2. **(FUNDATEC - 2023 - Prefeitura de Espumoso - RS - Agente de Combate às Endemias)** A palavra "ar-condicionado" está hifenizada corretamente, o que NÃO se verifica na escrita da palavra:

A) Pós-escolar.

B) Recém-nascido.

C) Pan-americano.

D) Radio-atividade.

E) Bem-estar.

3. **(FEPESE - 2024 - Prefeitura de São José - SC - Administrador)** Considere dois vocábulos: **autocontrole** e **autossuficiência** que, segundo o Novo Acordo Ortográfico de 2009, passaram a não usar mais o hífen.

   Assinale a alternativa em que o uso do hífen está correto.

   A) semi-eixo.
   B) anti-realista.
   C) extra-escolar.
   D) rabo-de-cavalo.
   E) anti-intelectual.

4. **(FUNDATEC - 2024 - SAAE de Coqueiral - MG - Técnico em Química)** Qual palavra está corretamente grafada com hífen, assim como "bem-estar"?

   A) Auto-escola.
   B) Pré-vestibular.
   C) Infra-estrutura.
   D) Anti-social.
   E) Ultra-som.

5. **(FEPESE - 2024 - Prefeitura de São José - SC - Cuidador)** Assinale a alternativa em que o uso do hífen está de acordo com o Novo Acordo Ortográfico de 2009.

   A) Aquele rapaz era **semi-analfabeto!**
   B) Comprei um novo **micro-ondas** ontem.
   C) O cofre do banco tinha um alarme **anti-roubo.**
   D) O gabarito anunciado ontem era **extra-oficial.**
   E) O **mestre-de-obras** chegou pela entrada de serviço.

6. **(FEPESE - 2023 - Prefeitura de Caxambu do Sul - SC - Agente Comunitário de Saúde)** Em relação à ortografia das palavras sublinhadas, assinale a alternativa em que o hífen foi **corretamente** empregado.

   A) Tomou o <u>anti-inflamatório</u> e foi para a cama.
   B) O médico pediu também uma <u>ultra-sonografia.</u>
   C) Ele era mesmo um <u>cara-de-pau</u>.
   D) Decidiu fazer logo uma <u>auto-escola</u> para tirar sua Carteira de Motorista.
   E) O palhaço era o <u>co-apresentador</u> do espetáculo!

7. **(FUNDATEC - 2024 - Prefeitura de Alpestre - RS - Técnico em Informática)** Qual palavra está corretamente grafada sem hífen, assim como "autorretratos"?

   A) Bemestar.
   B) Antissocial.
   C) Microondas.
   D) Semteto.
   E) Maleducado.

8. **(CESGRANRIO - 2024 - CNU - Bloco 8 - Nível Intermediário)** Em "Vários fenômenos sociais recentes, como o movimento **antivacinas**", a palavra destacada em negrito é

formada pelo prefixo "anti" e o substantivo "vacina", sem emprego do hífen, segundo o Novo Acordo Ortográfico.

De acordo com as regras de emprego do hífen, esse sinal gráfico foi utilizado corretamente, em todas as palavras, de acordo com a norma-padrão da língua portuguesa, em:

A) anti-concepcional, contra-ataque, pré-escolar.
B) anti-inflamatório, auto-hipnose, micro-ondas.
C) anti-social, semi-aberto, sem-terra.
D) extra-oficial, auto-conhecimento, anti-caspa.
E) pré-história, inter-racial, anti-depressivo.

9. (IBFC - 2023 - CET-Santos - Assistente Administrativo) Em relação à ortografia correta das palavras, assinale a alternativa correta.

A) O pósgraduado é co-autor do livro escrito.
B) Os pré-escolares fizeram um passeio de micro-ônibus.
C) O superhomem contaatacou os inimigos.
D) Depois do ultra-som, tomou um antinflamatório.

10. (Quadrix - 2024 - CRO - RR - Agente de Contratação) Estaria de acordo com a ortografia oficial a grafia da palavra "microorganismo" sob a forma microrganismo.

CERTO
ERRADO

11. (Quadrix - 2024 - CRMV - CE - Agente Fiscal) Nas linhas 5 e 8, há duas ocorrências do mesmo termo, "médico-veterinário", as quais apresentam a grafia de maneira incorreta. Nesse caso, a utilização de hífen está equivocada, pois a palavra "veterinário" classifica-se como substantivo.

CERTO
ERRADO

12. (Quadrix - 2023 - CRT - BA - Agente de Atendimento) A palavra "metroferroviários" pode, também, ser grafada como **metro-ferroviários**.

CERTO
ERRADO

GABARITO:

1. A	2. D	3. E	4. B	5. B
6. A	7. B	8. B	9. B	10. CERTO
11. ERRADO	12. ERRADO			

Agora, vamos esquematizar tudo sobre o hífen!

HÍFEN → **Prefixos**

- **REGRA 1**
  Com os prefixos ante, anti, arqui, auto, circum, contra, entre, extra, hiper, infra, intra, semi, sobre, sub, ultra...; ou falsos prefixos aero, agro, anfi, audio, bio, eletro, foto, geo, hidro, macro, maxi, mega, micro, mini, multi, neo, orto, proto, pseudo, poli, retro, tele...
  Emprega-se o hífen quando:
  - 1º elemento termina por VOGAL IGUAL à que inicia o 2º elemento; OU
  - 2º elemento começa por H.

  → Escreve-se junto, sem hífen:
  - 1º elemento terminar por VOGAL DIFERENTE daquela que inicia o 2º elemento;
  - 1º elemento terminar por vogal e o 2º elemento começar por r ou s, dobrando as consoantes.

  → OBSERVAÇÕES:
  - prefixos hiper, inter e super: usa-se hífen se o 2º elemento iniciar por H ou R;
  - prefixos circum e pan: usa-se hífen quando o 2º elemento começar por vogal, M ou N.

- **REGRA 2**
  Emprega-se o hífen em nomes compostos em que o 1º elemento seja: além, aquém, bem, ex, recém, sem, grão, grã, bel, soto, sota, vice, vizo, pré, pró, pós (tônicos).

  → Escreve-se junto, sem hífen:
  - pre, pro, pos, átonos.

  → OUTROS CASOS
  - prefixo mal: usa-se hífen quando o 2º elemento começa por vogal ou H.

- **REGRA 3**
  Emprega-se o hífen com os prefixos ab, ob, sob, sub, se o 2º elemento iniciar por r ou b.

  → OUTROS CASOS
  - prefixo ad: usa-se hífen se o 2º elemento começar por R ou D.

HÍFEN

- **Sufixos** → Emprega-se o hífen com sufixos açu, guaçu, mirim.
- **Nomes compostos** → Emprega-se o hífen nos compostos representados por
  - substantivos, adjetivos, numerais e verbos;
  - elementos repetidos; reduções;
  - gentílicos derivados de topônimos compostos;
  - espécies botânicas, zoológicas.

Acesse o material suplementar

uqr.to/20vgm

Semântica 4

Vamos falar de semântica?

A semântica é a área da linguística que estuda os sentidos, ou seja, os significados dos vocábulos e as relações de sentidos entre as palavras. É importante notar que o sentido das palavras deve ser sempre analisado em contexto. Isso vai ajudá-lo a resolver quaisquer questões de semântica.

Como é um campo de estudo muito vasto, neste capítulo de Semântica, vamos ater-nos ao que costuma cair nas provas de concursos, que são as relações semânticas entre vocábulos: sinonímia e antonímia, hiperonímia e hiponímia, paronímia e homonímia.

4.1. SINÔNIMOS E ANTÔNIMOS

Sinônimos são vocábulos que possuem significados iguais ou semelhantes.

Exemplos: Garota feliz; garota contente / Carro rápido; carro veloz.

É importante destacar que não existem sinônimos perfeitos, ou seja, nenhuma palavra substitui outra perfeitamente quanto ao sentido em qualquer situação. Isso acontece, em primeiro lugar, pois sempre há pequenas gradações de sentido entre os vocábulos. Além disso, a relação de sinonímia é sempre analisada **em contexto**. Ora, uma palavra pode ser sinônima de outra em determinado contexto, mas não em outra situação:

O acidente foi sério.

Aqui, "sério" é sinônimo de *grave*, *crítico*. Contudo, em:

Paulo é um homem sério, pois não gosta de piadas.

O vocábulo "grave" já não é sinônimo, pois, nesse contexto, *sério* quer dizer um homem *que não ri, carrancudo, fechado*.

Antônimos são vocábulos que possuem significados opostos ou contrários.

Exemplos: Garota feliz; garota triste / Carro rápido; carro lento.

Antes de ir às questões, vamos treinar com frases de fixação.

Leia as frases a seguir e identifique se as palavras sublinhadas são sinônimas ou antônimas das palavras ao lado.

1. As letras de música não têm preocupação com "erros" de português. / atenção

   Comentários: Nessa frase, "preocupação" e "atenção" podem ser consideradas sinônimos, pois ambas envolvem o cuidado com algo.

   Gabarito: sinônimos

2. Em suma, a proposta é inócua. / ineficaz

   Comentários: Os vocábulos "inócua" e "ineficaz" são sinônimos nesse contexto, pois os doissugerem algo que não produz efeito ou não atinge o propósito.

   Gabarito: sinônimos

3. Um dos motivos para as mudanças é o avanço da tecnologia. / recuo

   Comentários: Os vocábulos "avanço" e "recuo" são antônimos, já que "avanço" implica progresso e desenvolvimento, enquanto "recuo" significa retrocesso ou diminuição.

   Gabarito: antônimos

4. Devia aprender a não fazer comentários indelicados. / grosseiros

   Comentários: Aqui, "indelicados" é sinônimo de "grosseiros", já que ambos os vocábulos indicam falta de gentileza ou cortesia nos comentários.

   Gabarito: sinônimos

5. Pessoas comuns convenceram os guardiões dos portais. / persuadiram

   Comentários: As formas verbais "convenceram" e "persuadiram" são sinônimas, uma vez que ambas estão empregadas no sentido de influenciar alguém a aceitar uma ideia ou posição.

   Gabarito: sinônimos

6. A leitura pode ser uma mania prazerosa. / amarga

   Comentários: Nesse contexto, "prazerosa" e "amarga" são antônimos, pois uma leitura "prazerosa" traz satisfação, enquanto uma leitura "amarga" sugere algo desagradável.

   Gabarito: antônimos

7. O acesso às cavernas é traiçoeiro. / seguro

   Comentários: Os termos "traiçoeiro" e "seguro" são antônimos aqui, uma vez que "traiçoeiro" implica risco ou perigo, e "seguro" indica proteção ou ausência de perigo.

   Gabarito: antônimos

8. A desigualdade alcançou o nível mais alto em trinta anos. / atingiu

   Comentários: Os termos "alcançou" e "atingiu" são sinônimos, pois ambos transmitem a ideia de chegar a certo ponto ou nível.

   Gabarito: sinônimos

9. As mulheres simplesmente me apavoram. / tranquilizam

   Comentários: As formas verbais "apavoram" e "tranquilizam" são antônimas nesse caso, pois "apavorar" é provocar medo, enquanto "tranquilizar" é trazer calma e conforto.

   Gabarito: antônimos

10. Se o Brasil não <u>acelerar</u> o ritmo das mudanças, haverá impactos no setor. / retardar

Comentários: Por fim, "acelerar" e "retardar" são antônimos, porque "acelerar" significa aumentar a velocidade, enquanto "retardar" significa diminuir ou atrasar o progresso.

Gabarito: antônimos

Agora, veja como as bancas costumam cobrar esse assunto:

1. (VUNESP - 2024 - APS - SP - Especialista Portuário) Assinale a alternativa que reescreve os trechos da passagem – Por essas e outras, **persevero no trivial,** que, contrariando sua natureza, passou a ser **o inusitado** da vida. – empregando, com correção e respectivamente, antônimos dos termos destacados.

A) persisto no comum ... o inútil.

B) considero o banal ... o típico.

C) abandono o vulgar ... o essencial.

D) renuncio ao regular ... insustentável.

E) desisto do incomum ... o ordinário.

Comentários: "Perseverar" significa "ter perseverança, persistir numa empresa, ser constante; permanecer". O antônimo seria "desistir" (não prosseguir em um intento, abdicar, renunciar). "Trivial" significa "que é do conhecimento de todos"; "corriqueiro", "vulgar". Teria como antônimo "incomum" (extraordinário, fora do comum, invulgar). "Inusitado" significa "o que ocorre poucas vezes"; "que foge aos padrões correntes"; "inabitual", "incomum", "raro". Já "ordinário" significa "o que se repete regularmente, ou se faz presente a todo instante".

Gabarito: E

2. (CESPE/CEBRASPE - 2024 - SEBRAE-NACIONAL - Analista Técnico)

O discurso empresarial e corporativo também está repleto desses enunciados carregados de expressões tomadas de empréstimo a outras línguas. Nesse quesito, o inglês é o campeão de audiência nas interações verbais de uma parte considerável das profissões urbanas. Palavras e expressões como briefing, workshop, call, mindset e deadline já se tornaram corriqueiras no vocabulário de muitos profissionais brazucas.

No último período do parágrafo anterior, o vocábulo "corriqueiras" é empregado com o mesmo sentido de

A) prescindíveis.

B) hodiernas.

C) esporádicas.

D) triviais.

Comentários: Questões que envolvem sinonímia / antonímia, em geral, têm de ser analisadas de acordo com o contexto de que fazem parte. Nessa passagem, o vocábulo "corriqueiro" significa o "que é usual", "comum", "trivial".

Gabarito: D

4.2. HIPÔNIMOS E HIPERÔNIMOS

Hiperônimos são vocábulos de sentido amplo, que abrangem outros vocábulos mais específicos. Representa uma categoria ou grupo de palavras.

Exemplo: Animal é hiperônimo de cão, gato, pássaro...

Hipônimos são vocábulos de sentido mais específico, que fazem parte de uma categoria representada pelo hiperônimo.

Exemplo: Maçã é hipônimo de fruta e de comida.

Agora vamos treinar com frases para fixar os conceitos. Encontre, nas sentenças a seguir, os termos hiperônimos.

1. O gato estava prestes a pular da janela. O animal gostava de aventuras.

   Comentários: Nessa frase, "animal" tem sentido mais amplo que "gato". Por isso, "animal" é o hiperônimo de "gato".

2. A mulher plantou a amoreira, na esperança de poder descansar embaixo da árvore.

   Comentários: Aqui, "amoreira" é um tipo de "árvore". Desse modo, "árvore" é hiperônimo de "amoreira".

3. Comprei um velho Chevrolet. O carro ainda está bom.

   Comentários: Aqui, "carro" tem sentido amplo em relação a "Chevrolet", que é um modelo de carro. Assim, "carro" é hiperônimo de "Chevrolet".

4. A nutricionista recomendou a gelatina, que é um alimento com poucas calorias.

   Comentários: "gelatina" é um tipo de alimento. Por isso, "alimento" é hiperônimo de "gelatina".

5. O time de futebol que mais se destacou este ano foi o Corinthians.

   Comentários: "Corinthians" é um dos times de futebol, por isso "time de futebol" é hiperônimo.

6. A Universidade de São Paulo (USP) é a instituição de ensino superior que mais fomenta o empreendedorismo.

   Comentários: "Universidade de São Paulo (USP)" é uma instituição de ensino superior, ou seja, "instituição de ensino superior" é hiperônimo de "Universidade de São Paulo (USP)".

7. Decência e seriedade são os requisitos exigidos de homens dedicados à coisa pública.

   Comentários: Nesse caso, "decência" e "seriedade" são tipos de "requisito". Portanto, pode-se dizer que "requisitos" é o hiperônimo de "decência" e "seriedade".

A seguir, algumas questões comentadas sobre esse assunto:

1. (IMPARH – 2023 – Prefeitura de Pedra Branca – CE – Professor) Em "Assim, ensinar Literatura via recursos tecnológicos não quer meramente colocar o aluno na frente do computador", o primeiro termo sublinhado, com relação ao segundo, constitui um exemplo de:

A) hiperonímia.

B) hiponímia.

C) paronímia.

D) sinonímia.

Comentários: Hiperônimos são palavras de sentido genérico, ou seja, palavras cujos significados são mais abrangentes do que os hipônimos (por exemplo, "animais" é hiperônimo de "cachorro" e "cavalo". Hipônimos são palavras de sentido específico, ou seja, palavras cujos significados são hierarquicamente mais específicos do que de outras (por exemplo, "maçã" e "morango" são hipônimos de "fruta"). Logo, "computador" é hipônimo em relação a "recursos tecnológicos" (hiperônimo).

Gabarito: A

2. **(FGV - 2024 - TJ - RJ - Programa de Residência - Áreas de Tecnologia da Informação)** Assinale a frase em que o termo sublinhado está retomado por um hiperônimo, e não por um sinônimo.

A) Todos reclamam de mudanças na Constituição, pois, na verdade, ninguém quer saber de reformas.

B) O contentamento do artista era imenso e sua alegria contaminou todos os presentes.

C) Há quem compre muitas frutas por preço baixo e há quem pague por esses produtos sete vezes mais.

D) Os quadros dos artistas populares ficaram expostos por toda a manhã, mas poucas pinturas foram vendidas.

E) O abajur era antigo, de modelo francês, e a luminária tinha ficado esquecida no porão por anos.

Comentários: Na opção C, "produtos" (significado mais abrangente - hiperônimo) se refere a "frutas" (significado mais específico). Nas outras opções, aparecem sinônimos retomando termos anteriores (reformas/mudanças; alegria/contentamento; pinturas/quadros; luminária/abajur).

Gabarito: C

Agora você já sabe identificar as relações semânticas de sinonímia, antonímia, hiperonímia e hiponímia. Além de saber diferenciar e identificar essas relações, é importante também saber usá-las para evitar a repetição de vocábulos dentro de um texto. Logo, os sinônimos e os hiperônimos, por exemplo, podem ser usados como estratégia de substituição de palavras, contribuindo para a coesão e a coerência textuais.

Os alunos solicitaram uma revisão da matéria, e o professor atendeu aos estudantes.

O primeiro vocábulo (alunos) é substituído por outro de sentido semelhante (estudantes). Há, portanto, substituição por sinônimos.

O Canadá é um exemplo em educação, pois o país tem boas notas em avaliações.

Nesse caso, a substituição foi feita por meio de hiperônimos, pois o primeiro vocábulo (Canadá) é substituído por outro de sentido mais amplo (país).

4.3. HOMÔNIMOS E PARÔNIMOS

Homônimos são vocábulos iguais (na pronúncia, na grafia ou em ambos), mas de sentido diferente. Subdividem-se em:

a) **homônimos homógrafos**: a grafia é igual, mas a pronúncia é diferente.

Ex.: colher (verbo) / colher (substantivo)

b) **homônimos homófonos**: a pronúncia é igual, mas a grafia é diferente.

Ex.: seção / sessão / cessão etc.

c) **homônimos perfeitos**: a pronúncia e a grafia são iguais.

Ex.: lima (fruta) / lima (ferramenta)

Já os **parônimos** são vocábulos semelhantes na pronúncia e na grafia, mas de sentidos diferentes. Ex.: eminente ≠ iminente; inflação ≠ infração etc.

Segue agora uma lista das palavras que mais geram dúvidas sobre seu significado. Achamos melhor sistematizar aqueles vocábulos que aparecem nas provas de concursos públicos e depois levar você logo aos exercícios, para que memorize os principais naturalmente, sem muito esforço, ok?

Quadro 4.1 – Homônimos e parônimos

Absolver (inocentar)	Absorver (sorver, aspirar)
Acender (pôr fogo)	Ascender (elevar-se, subir)
Acessório (secundário)	Assessório (relativo a assessor)
Apreçar (colocar o preço)	Apressar (correr, acelerar)
Arrear (pôr os arreios)	Arriar (abaixar, descer)
Asado (que tem asas, alado)	Azado (marcado, determinado)
Brocha (prego de cabeça larga e chata)	Broxa (pincel grande)
Caçar (perseguir animais)	Cassar (anular)
Cavaleiro (que cavalga)	Cavalheiro (homem cortês)
Cela (quarto pequeno)	Sela (arreio)
Censo (recenseamento)	Senso (juízo)
Cerrar (fechar)	Serrar (cortar)
Cesta (guarda objetos)	Sesta (descanso após o almoço)
Chá (bebida)	Xá (soberano do Irã)
Cheque (ordem de pagamento)	Xeque (lance de jogo de xadrez)
Cumprimento (saudação)	Comprimento (medida)
Concerto (apresentação musical)	Conserto (arrumação)
Coser (costurar)	Cozer (cozinhar)
Deferir (despachar)	Diferir (divergir, discordar)
Descrição (enumeração)	Discrição (prudência, recato)
Descriminar (inocentar)	Discriminar (separar, distinguir)
Despercebido (sem ser notado)	Desapercebido (desatento)

Destratar (maltratar)	Distratar (anular, rescindir)
Dilatar (alargar, aumentar)	Delatar (denunciar)
Discente (relativo a alunos)	Docente (que ensina, professor)
Eminente (elevado, sublime)	Iminente (ameaça acontecer)
Esbaforido (ofegante)	Espavorido (apavorado)
Espectador (que assiste a algo)	Expectador (que permanece na expectativa)
Esperto (inteligente, ativo)	Experto (experiente)
Espiar (observar)	Expiar (cumprir pena)
Esterno (osso do peito)	Externo (lado de fora)
Estrato (nuvem, camada)	Extrato (resumo)
Flagrante (evidente)	Fragrante (perfumado)
Fluir (correr em estado fluído)	Fruir (aproveitar, desfrutar)
Fusível (aquilo que funde)	Fuzil (arma de fogo)
Incerto (impreciso)	Inserto (introduzido)
Incipiente (inexperiente)	Insipiente (ignorante)
Infestado (invadido)	Enfestado (empinado, dobrado)
Inflação (desvalorização do dinheiro)	Infração (violação)
Infringir (transgredir, violar)	Infligir (aplicar a pena)
Intercessão (intervenção)	Interseção (corte, cruzamento)
Intimorato (destemido)	Intemerato (íntegro, puro)
Mandado (ordem judicial)	Mandato (procuração, incumbência)
Pleito (eleição, debate)	Preito (homenagem)
Prescrever (determinar, ordenar)	Proscrever (banir, expulsar)
Remissão (perdão, clemência)	Remição (libertação, resgate)
Retificar (corrigir)	Ratificar (confirmar)
Sortir (abastecer)	Surtir (produzir efeito)
Taxa (imposto)	Tacha (prego pequeno)
Tráfego (trânsito)	Tráfico (comércio ilegal)
Vultoso (volumoso)	Vultuoso (congestão na face)

Julgue as frases a seguir, marcando como erradas aquelas em que ocorre a troca entre parônimos e certas aquelas em que o vocábulo está bem empregado.

1. Não estou feliz aqui; vou <u>imigrar</u>.

   Comentários: o sentido da frase exige o uso da palavra "emigrar" (SAIR de um país para viver em outro), e não "imigrar" (ENTRAR em um país).

   Gabarito: errado

2. O aumento era tão pequeno que passou <u>despercebido</u>.

   Comentários: o vocábulo "despercebido" significa "não notado", por isso está correto o emprego nessa frase.

   Gabarito: certo

3. Ela trabalhava na <u>sessão</u> de perfumes da loja.

   Comentários: a palavra "sessão" significa "tempo durante o qual se realiza uma atividade". Nesse contexto, o correto seria usar "seção", que equivale a "departamento", "divisão".

   Gabarito: errado

4. Pensou em <u>auferir</u> grandes lucros.

   Comentários: está correto o uso de "auferir", pois equivale a "conseguir", "obter"; "aferir" significa "conferir", "avaliar".

   Gabarito: certo

5. O motorista causador do acidente teve sua carteira <u>aprendida</u>.

   Comentários: o contexto pede "apreender", que equivale a "fazer a apreensão", "pegar". "Aprender" é "adquirir conhecimento".

   Gabarito: errado

6. Todo o time recebeu <u>comprimentos</u> pela conquista do título.

   Comentários: O sentido é do "cumprimentar", ou seja, saudar alguém. "Comprimento" quer dizer "dimensão", "tamanho".

   Gabarito: errado

7. O juiz decidiu <u>absolver</u> todo o grupo já que todas as provas eram circunstanciais.

   Comentários: o vocábulo "absolver" está bem empregado, pois significa "inocentar", perdoar"; "absorver" é "consumir", "esgotar".

   Gabarito: certo

8. O delegado resolveu <u>delatar</u> o prazo da investigação a fim de ajudar o trabalho dos agentes.

   Comentários: o correto seria "dilatar", ou seja, "alargar", "ampliar", e não "delatar" (denunciar).

   Gabarito: errado

Veja algumas questões comentadas:

1. **(FGV - 2023 - DPE - RS - Analista)** A frase que mostra um problema de construção por haver trocado o emprego entre dois parônimos é:

A) Houve uma enorme afluência de público no dia da inauguração (afluência / influência).

B) O fogo consumiu todos os produtos do galpão (consumiu / consumou).

C) O reitor da universidade é considerado uma pessoa eminente (eminente / iminente).

D) O médico, pela infeção, lhe havia prescrito antibióticos (prescrito / proscrito).

E) Havia dormido mal e estava com humor pouco social (social / sociável).

Comentários: Na opção E, pelo sentido da frase, o correto seria usar "sociável" (que convive bem socialmente; comunicativo, dado, amistoso). "Social" caberia em construções como "O homem é um ser social" (propenso a viver em sociedade; gregário). O "humor" não seria "social", não tem sentido. Nas outras opções, tudo certo:

Letra A: afluência: concorrência em grande quantidade (de pessoas ou coisas) / influência: ação ou efeito de influir.

Letra B: consumir: nesse contexto, significa "destruir totalmente" / consumar: levar a termo (algo); concluir.

Letra C: eminente: que se destaca por sua qualidade ou importância; excelente, superior / iminente: que está a ponto de acontecer; próximo, imediato.

Letra D: prescrever: nesse contexto, significa "dar ordem ou determinação para que se faça (algo)"; "estabelecer, determinar, preceituar" / proscrever: decretar o banimento de; banir, exilar, degredar, deportar.

Gabarito: E

2. **(FGV - 2024 - Prefeitura de Caraguatatuba - SP - Agente de Apoio Escolar)** Parônimos são vocábulos de forma semelhante, mas com distintos significados; assim, as palavras destacadas são parônimas de outras bem semelhantes.

Assinale a frase em que a palavra destacada está bem empregada.

A) O despertador é um acidente de tráfego do sono.

B) O motorista não pagou a inflação de trânsito.

C) O tráfego de drogas está ficando muito frequente.

D) O juiz não diferiu o pedido de revogação da prisão.

E) O paciente não conseguia aspirar direito no quarto abafado.

Comentários: Na opção A, "acidente" (qualquer acontecimento, desagradável ou infeliz) está bem empregado, pois o despertador interrompe o sono. É desagradável, portanto. Na B, seria "infração" (transgressão das regras; ato ou efeito de infringir). Na C, seria "tráfico" (negócio clandestino, ilícito, ilegal). Na D, "deferiu" (atender (a)o que é solicitado). Na E, a forma mais adequada, pelo contexto, seria "respirar" (fazer entrar (oxigênio) nos pulmões). "Aspirar" significa "cheirar com força"; "absorver, inalar".

Gabarito: A

4.4. QUESTÕES DE CONCURSOS COMENTADAS

1. (VUNESP – 2024 – Prefeitura de Lins – SP – Professor de Educação Básica)

O estado americano da Flórida se tornou nesta segunda-feira (25.03) o primeiro estado a efetivamente proibir cidadãos com menos de 14 anos de terem contas em serviços como TikTok e Instagram, promulgando ***um rígido projeto de lei de mídia social que provavelmente vai revolucionar a vida de muitos jovens****.*

Na passagem realçada do parágrafo anterior – ... um **rígido** projeto de lei de mídia social que provavelmente vai **revolucionar** a vida de muitos jovens –, os termos destacados são, correta e respectivamente, sinônimos de:

A) tolerante; agitar.

B) rigoroso; alvoroçar.

C) severo; apaziguar.

D) organizado; mudar.

Comentários: No sintagma "rígido projeto", o adjetivo "rígido" tem o sentido de o "que denota severidade, austeridade", "austero", "rigoroso". E "revolucionar", significa, nesse contexto, "revolver", "agitar", "alvoroçar".

Gabarito: B

2. (VUNESP – 2024 – Prefeitura de Lins – SP – Diretor Escolar)

Quando as informações conflitam com as nossas crenças, reinterpretamos os fatos de acordo com nossas convicções. Se uma previsão falha, em vez de abandonarmos a crença, buscamos explicações, muitas vezes, irracionais para justificar ou ***atenuar*** *o erro e alimentar a crença na previsão. É como desenhar o alvo em torno da flecha e acreditar na pontaria do arqueiro.*

(...)

Mas tudo isso é muito antigo. "Uma vez que o entendimento de um homem se baseia em algo, seja porque é uma crença já aceita ou porque o agrada, isso atrai tudo a sua volta para apoiar e concordar com a opinião adotada. Mesmo que um número maior de evidências contrárias seja encontrado, ele as ignora ou desconsidera, ou faz distinções ***sutis*** *para rejeitá-las, preservando a autoridade de suas primeiras concepções" (Bacon, 1620).*

As palavras **atenuar** e **sutis** , destacadas nos parágrafos anteriores, têm, correta e respectivamente, antônimo e sinônimo adequados aos contextos em:

A) exagerar e engenhosas.

B) desfigurar e hábeis.

C) reformular e fúteis.

D) exacerbar e fáceis.

Comentários: Um sinônimo para "atenuar" seria "tornar(-se) menos intenso", "suavizar". Logo, um antônimo adequado nesse contexto seria "exagerar", "algo feito com excesso ou fora dos limites cabíveis". Já "sutil" significa "feito com arte, delicadeza"; "primoroso". Sendo assim, "engenhoso" é uma forma adequada, sinônima.

Gabarito: A

3. (FCC - 2024 - TRF - 3ª Região - Técnico Judiciário)

As três pessoas que estavam comigo no elevador se recusavam a devanear. Assim como as pessoas do vagão do metrô. Foram duas rápidas observações que me levaram a respirar aliviado por ter percebido que ainda preservava a ***autoindulgência*** *tanto do devaneio quanto da inspeção de atitudes alheias. A crítica de "ninguém mais conversa; todo mundo anda e até come com a fuça no celular" nunca me convenceu, pois se a pessoa não está prejudicando ninguém, que faça o que bem entender. No meu conceito, porém, ela está deixando de existir como indivíduo, pois é no devaneio, na contemplação e na troca que se imprime identidade no mundo.*

O termo "autoindulgência" (realçado) pode ser substituído, sem prejuízo de sentido ao texto, por

A) autoironia.

B) autoexigência.

C) autopreconceito.

D) autocomplacência.

E) autoperseverança.

Comentários: Mais uma questão que envolve sinonímia. "Autoindulgência" significa "tendência de pessoa que busca desculpar os próprios erros ou que aceita facilmente os próprios defeitos; autocomplacente (= aceita facilmente os próprios defeitos).

Gabarito: D

4. (IBFC - 2023 - SEC - BA - Professor) A partir das afirmativas, assinale a alternativa que indique a relação de sentido da palavra "veiculo" com as demais:

Veículo → carro, motocicleta, bicicleta, ônibus, automóvel.

I. "Carro" e "ônibus" são antônimos do vocábulo "veículo".

II. "Veículo" é hiperônimo e as demais palavras são hipônimas.

III. Veículo é hipônimo e as demais são hiperônimos.

A) Apenas a afirmativa I está correta.

B) Apenas a afirmativa II está correta.

C) Apenas a afirmativa III está correta.

D) Apenas as afirmativas I e II estão corretas.

E) Apenas as afirmativas II e III estão corretas.

Comentários: Como já foi dito em questão anterior, "hiperônimos" são palavras de sentido genérico, ou seja, palavras cujos significados são mais abrangentes. "Hipônimos" são palavras de sentido específico. No item II, afirma-se corretamente que "veículo" (sentido mais abrangente) é hiperônimo de carro, motocicleta, bicicleta, ônibus, automóvel (sentidos mais específicos).

Gabarito: B

5. (FGV - 2024 - TCE - PA - Auxiliar Técnico de Controle Externo) Assinale a frase que apresenta adjetivos de valor semântico oposto (antônimos), num jogo de palavras.

A) O homem consequente crê no destino; o volúvel, no azar.

B) Comece fazendo o que é necessário, depois o que é possível.

C) Um parente pobre é sempre um parente distante.
D) Os parentes distantes sempre estão próximos demais.
E) Chamar alguém de presunçoso é chamar-lhe louco em bom estilo.

Comentários: Na opção D, "distantes" (situado a grande distância; longínquo, afastado), e "próximos" (a pequena distância) são antônimos (há oposição de sentidos). Nas outras opções, não há casos de antonímia. São vocábulos com sentidos distintos apenas.

Gabarito: D

6. **(FGV - 2024 - Prefeitura de Caraguatatuba - SP - Procurador)** Entre as frases a seguir, assinale a que mostra um termo sublinhado que, como *hiperônimo*, retoma um termo anterior.

A) Bernardo mostra atualmente um grande entusiasmo por seu novo trabalho. Tal <u>engajamento</u> favorecerá sem dúvida seu progresso na companhia.
B) Célia acaba de nos contar uma história estranha. Essa <u>história</u> se passa no início do século passado.
C) A censura classifica os filmes apresentados pelos distribuidores. Esses <u>profissionais</u> nem sempre estão de acordo com as decisões tomadas sobre isso.
D) A neve começou a cair e, algumas horas mais tarde, tudo estava coberto. Um imenso <u>tapete branco</u> se estendia a perder de vista.
E) A escrita data de vários séculos. Você sabe de quando é o <u>primeiro alfabeto</u>?

Comentários: Na opção C, o vocábulo "profissionais" (sentido genérico, amplo - hiperônimo) se refere a "distribuidores" (sentido específico - hipônimo). Nas opções A e D, o processo é de sinonímia ("engajamento" estaria no mesmo campo semântico de "grande entusiasmo"; "tapete branco" no de "neve"). Na opção B, o processo é de repetição. Na opção E, são sentidos distintos.

Gabarito: C

7. **(FGV - 2023 - Câmara dos Deputados - Consultor Legislativo)** Nos segmentos a seguir, a retomada de um termo anterior por um hiperônimo, ambos sublinhados, que foi realizada de forma adequada ao contexto é:

A) A <u>Arqueologia</u> foi algo refinado durante certo tempo, fonte de emoções estéticas para alguns privilegiados e hoje <u>o estudo do passado da humanidade</u> é uma técnica de pesquisa praticada por alguns especialistas.
B) Nas civilizações ditas primitivas, as <u>festas</u> duram várias semanas, vários meses, cortadas por períodos de repouso de quatro ou cinco dias e geralmente essas <u>comemorações</u> terminam em orgias.
C) Geralmente os <u>viajantes</u> têm uma impressão superficial das coisas que veem nos lugares que visitam; os <u>turistas</u> nem sempre possuem informações sobre lugares que visitam.
D) A <u>estrutura familiar</u> modificou-se bastante na sociedade contemporânea; <u>ela</u> viu nascer novos modos de organização.
E) A <u>explosão</u> de um veículo no quarteirão muçulmano de Beirute fez 30 vítimas; infelizmente <u>o fato</u> está se tornando comum nessa região.

Comentários: O enunciado fala de uso de hiperônimo adequado ao CONTEXTO. Na opção E, "explosão de um veículo" (específico) foi um "fato", ocorreu realmente. Esse vocábulo é abrangente. Na opção A, "estudo do passado da humanidade" estaria ligado à história. Nesse contexto, talvez a banca tenha considerado sinônimos. Mas certamente não é hiperônimo. Nas opções B e C, o processo é de sinonímia. Na D, pronominalização.

Gabarito: E

8. **(FGV - 2023 - Prefeitura de São José dos Campos - SP - Professor)** Em quatro das frases abaixo há um vocábulo inadequadamente empregado; assinale a frase em que todos os vocábulos estão bem selecionados.
   A) A atriz ficou inerme ante a adversidade.
   B) O motorista havia infringido algumas leis de trânsito.
   C) A lei proscreve penas importantes para delitos graves.
   D) Os serviços secretos têm por função expiar o mundo.
   E) Os treinamentos absolveram todas as semanas de férias.

Comentários: Na opção B, o vocábulo "infringido" está corretamente usado, pois traz o sentido de "transgredir", "desobedecer".

Na letra A, pelo contexto da frase, o correto seria "inerte" (desprovido de movimento, que não dá sinal de vida; imóvel, inanimado), e não "inerme" (desarmado, indefeso, inofensivo). Na letra C, seria "prescreve" (ficar sem efeito por ter decorrido certo prazo legal; caducar) e não "proscreve" (banir, expulsar). Na D, "espiar" (observar), e não "expiar" (redimir seus atos, pagar seus pecados). Na E, "absorvem" (fazer desaparecer por incorporação ou assimilação, recolher (algum líquido) em si, empapar-se de; embeber), e não "absolvem" (inocentar).

Gabarito: B

9. **(FGV - 2024 - Prefeitura de São José dos Campos - SP - Analista em Gestão Municipal)** Um dos problemas da língua escrita é a troca indevida entre palavras semelhantes na forma, mas de significados distintos (parônimos). Entre as frases abaixo, retiradas de um romance de Machado de Assis, assinale aquela em que houve uma troca equivocada entre COSTUMAR e ACOSTUMAR.
   A) "Eu estava **costumada** a admirá-lo de longe. Conhecia-o pouco, mas meu irmão falava-me muita vez a seu respeito nas cartas que me escrevia para Minas, e Raquel fazia coro com ele."
   B) "— Seu irmão tem certo entusiasmo por mim, disse Félix; é natural que exagere os meus méritos. Quanto à filha do coronel, é uma criança, que se **acostumou** a ver-me com olhos de irmã mais moça."
   C) "Lívia tratou-o com a **costumada** afabilidade, talvez com afabilidade maior. Como a confiança de Félix não se havia alterado, Lívia usava assim uma dissimulação honesta, por simples motivo de piedade e gratidão."
   D) "Anoitecera; Moreirinha estava mais alegre que nunca, e pagava a hospitalidade do médico com as suas galhofas **costumadas**."

E) "O tom decidido do rapaz abalou o escravo, cujo espírito, **acostumado** à obediência, não sabia quase distingui-la do dever."

Comentários: Na opção A, o correto seria "acostumada" (que age de determinada maneira, por regularidade; habitual; hábito em construção), e não "costumada" (aquilo que se tornou corriqueiro; costume; tem o sentido de ter um hábito consolidado). Pelos sentidos explicados, nas outras opções os vocábulos estão bem empregados.

Gabarito: A

10. (CESPE/CEBRASPE – 2024 – Prefeitura de Cachoeiro de Itapemirim – ES – Cuidador)

A crise durou minutos. Fiquei encolhido, trêmulo, com a testa gelada, o corpo retesado, os músculos das costas contraídos e a boca ***cerrada*** *para não bater os dentes, à espera do calor que as cobertas não traziam.*

No texto, o vocábulo "cerrada" (último período do parágrafo anterior) é sinônimo de **cortada**.

CERTO

ERRADO

Comentários: O vocábulo "cerrada" tem o sentido de "encerrado", "fechado", e não de "cortada". "Serrada" seria o "que se serrou"; "cortada com serra ou serrote".

Gabarito: ERRADO

4.5. QUESTÕES DE CONCURSOS PROPOSTAS (COM GABARITO NO FINAL)

1. (VUNESP – 2024 – SPTrans – Analista de Comunicação Pleno)

Ao escritor cabe sobretudo o medo. Deve temer os termos longos e abstratos, cada um passível de se tornar um peso morto sobre a página, a assombrar os leitores também assustados. ***Deve temer as palavras incomuns, as estranhas, as antigas, maculadas pela poeira dos séculos****. Deve temer o olhar dos críticos, encarados como fiscais da clareza,* ***e fugir de seu juízo definitivo de pretensão excessiva, de vaidade ou pedantismo.*** *Ao escritor cabe a dieta da língua: ingerir apenas palavras magras e nutritivas, que não suscitem qualquer risco de resultarem indigestas aos estômagos sensíveis.*

Considere os trechos do parágrafo anterior:

- Deve temer as palavras incomuns, as estranhas, as antigas, <u>maculadas</u> pela poeira dos séculos.
- ... e fugir de seu juízo definitivo de <u>pretensão</u> excessiva, de vaidade ou pedantismo.

As palavras destacadas podem ser corretamente substituídas, respectivamente, por:

A) desgastadas ... avaliação.

B) encobertas ... crítica.

C) alteradas ... modéstia.

D) transformadas ... previsão.

E) manchadas ... presunção.

2. (VUNESP - 2024 - Prefeitura de Lins - SP - Fiscal de Tributos)

Essa atitude demonstra uma humildade peculiar e um olhar para o outro que gera confiança, respeito e influência. Seu jogo supre a necessidade alheia, pois é desapegado do objetivo primordial do basquete que normalmente glorifica o jogador: o ponto. ***Pode-se pensar que a especialização nas assistências seja um subterfúgio para escamotear uma habilidade precária****. Nada disso! Nikola Jokic compreende o jogo plenamente. Quando é preciso, ele marca pontos de várias maneiras. A sua polivalência lhe rendeu o apelido The Joker (o coringa).*

Na frase do parágrafo anterior — Pode-se pensar que a especialização nas assistências seja um subterfúgio para escamotear uma habilidade precária —, os termos em destaque têm como sinônimos, correta e respectivamente:

A) ludibriar; estável.

B) acobertar; contínua.

C) esconder; insuficiente.

D) ocultar; assídua.

3. (FUNCERN - 2024 - Prefeitura de Guamaré - RN - Professor) Em algumas partes do texto, para evitar a repetição do substantivo "lesma", essa palavra poderia ser substituída pelo:

A) hipônimo "bicho".

B) hiperônimo "animal".

C) parônimo "criatura".

D) sinônimo "molusco".

4. (FCC - 2024 - TRT - 11ª Região (AM e RR) - Técnico Administrativo)

Estranharam quando, no funeral do avô Sicrano, a viúva Entrelua proclamou:

— Uma televisão!

— Uma televisão o que, avó?

— Quero que me comprem uma televisão.

Aquilo, assim, de rompante, em plenas orações. Dela se esperava mais ajustado desejo, um ensejo solene de tristeza, um suspiro anunciador do fim. Mas não, ela queria naquele mesmo dia receber um aparelho novo.

— Mas o aparelho que vocês tinham avariou?

— Não. Já não existe.

Como é isso, então? Foi roubado?

— Não, foi enterrado.

— Enterrado?

— Sim, foi junto com o corpo do vosso falecido pai.

Tudo havia sido congeminado junto com o coveiro*. A televisão, desmontada nas suas quantas peças, tinha sido embalada no caixão. Era um requisito de quem ficava, selando a vontade de quem estava indo.*

(...)

No trecho *Tudo havia sido congeminado junto com o coveiro* (parágrafo 12), o significado da palavra congeminado no contexto é:

A) "irmanado, harmonizado".
B) "multiplicado, propagado".
C) "representado no espírito ou na imaginação".
D) "unido a outro para formar um par".
E) "muito discutido, ponderado".

5. (IBFC – 2022 – TJ – MG – Analista Judiciário)

__Pesquisadores da Universidade de Edimburgo__, na Escócia, descobriram uma ligação entre aprender um instrumento musical na infância ou adolescência e ter uma mente mais "jovem" quando a idade já está bem avançada. Quanto mais extensa em anos a experiência em tocar um instrumento, mais as habilidades cognitivas permanecem bem conservadas na velhice.

Esse estudo teve uma peculiaridade incomum: aproveitou dados de outra pesquisa, esquecida, feita em 1947. À época, todas as crianças nascidas na Escócia em 1936 foram obrigadas a fazer uma bateria de testes de inteligência. No total, 70.805 crianças participaram. Esse trabalho foi redescoberto há alguns anos por um grupo de acadêmicos escoceses, liderados pelo professor Ian Deary, diretor do Centro de Envelhecimento Cognitivo e Epidemiologia Cognitiva da universidade, que pretendia estudar a mente. E os dados daquela época vieram a calhar. __Os estudiosos do presente__ foram atrás dos voluntários do passado para avaliar sua saúde mental hoje, e que hábitos influenciaram nos aspectos positivos e negativos.

As expressões "Pesquisadores da Universidade de Edimburgo" e "Os estudiosos do presente" , destacadas nos parágrafos anteriores, estabelecem, no texto, a seguinte relação semântica:

A) a segunda é hipônima da primeira.
B) são estruturas polissêmicas.
C) a segunda é hiperônima da primeira.
D) a primeira é parônima da segunda.
E) são estruturas sinônimas entre si.

6. (IBFC – 2024 – IMBEL – Advogado Empresarial) Assinale a alternativa que classifique ambos os termos em destaque diante da significação das palavras: "(...) a possibilidade de uma rede que nos conecta (...)" e "comprei uma rede para dormir".

A) Sinônimos.
B) Antônimos.
C) Homônimos – homófonos heterográficos.
D) Homônimos – homófonos homográficos.
E) Parônimos.

7. (FGV – 2024 – SEAP – BA – Agente Penitenciário) A frase abaixo que apresenta adjetivos de valor semântico oposto (antônimos) é:

A) Os jovens brasileiros são semelhantes aos jovens americanos.
B) As lágrimas dos velhos são tão terríveis como as das crianças são naturais.

C) Eu não sou rico. Eu sou um pobre homem com dinheiro, o que não é a mesma coisa.

D) Somente a riqueza faz o avarento ser pobre.

E) A mãe corajosa não admite filho covarde.

8. (FGV - 2024 - Câmara Municipal de São Paulo - SP - Consultor Técnico Legislativo) Em cada item abaixo há um conjunto de três palavras, seguido de um hiperônimo, ou seja, uma palavra que abrange todas as anteriormente citadas. Assinale a opção em que o hiperônimo indicado é inadequado.

A) livro — estátua — quadro / obra.

B) engenheiro — químico — enfermeiro / profissão.

C) rua — praça — avenida / logradouro.

D) estudantada — enxame — rebanho / conjunto.

E) conto — romance — novela / estilo.

9. (FGV - 2023 - Prefeitura de São José dos Campos - SP - Agente Educador) Assinale a frase em que houve troca **indevida** entre parônimos.

A) Os emigrantes em Paris são numerosos.

B) O time entrou em campo com o moral alto.

C) O conserto do carro custou caro.

D) Nessa conjuntura atual, todos se prejudicam.

E) Foi feito o acerto de contas.

10. (FGV - 2023 - AGENERSA - RJ - Analista Técnico) Assinale a opção que indica a frase em que ocorreu a troca **indevida** de uma palavra por seu parônimo.

A) Fazei grande provisão de papel e tinta que te proporcionarei oportunidade de escrever grandes façanhas.

B) Aquilo que pensamos saber com frequência nos impede de aprender.

C) Como todas as outras pessoas, historiadores são mais perceptivos depois que as coisas obedecem.

D) Graves incidentes ocorrem nas rodovias nos finais de semana, alguns deles com vítimas.

E) Costureira decente não perde a linha.

11. (FGV - 2023 - SME - SP - Professor) Um dos problemas mais comuns da escrita é a troca entre parônimos.

Assinale a opção em que isso ocorre com a palavra sublinhada.

A) A sobremesa estava boa, mas a calda poderia estar um pouco menos doce.

B) Os deputados, reunidos extraordinariamente na Câmara, decidiram não apreciar o projeto.

C) Todos os recrutas fizeram a marcha em movimento acelerado.

D) O Prefeito decidiu deferir a solicitação dos moradores.

E) Naquela conjetura socialmente problemática, o melhor era evitar o combate.

12. (CESPE/CEBRASPE - 2024 - TCE - PR - Auditor de Controle Externo — Área: Administrativa)

"Pode-se transformar a ferramenta em um plugin [ferramenta que apresenta recursos adicionais ao programa principal] compatível com algumas redes sociais. E, a partir do momento em que você usa a rede social, o plugin vai poder indicar não que a notícia é falsa, de maneira **assertiva**, mas que ela pode ser falsa, de acordo com alguns parâmetros, como erros de português. Também existe a possibilidade de fazer uma aplicação na própria Web, onde você cola o texto da notícia e essa aplicação vai te dizer se aquilo se assemelha ou não a uma notícia falsa", explica Rodrigues.

No texto, a palavra "assertiva" (segundo período do parágrafo anterior) está empregada com o mesmo sentido de:

A) pungente.
B) suspeita.
C) equivocada.
D) ambígua.
E) categórica.

13. (CESPE/CEBRASPE - 2024 - Prefeitura de Cachoeiro de Itapemirim - ES - Cuidador)

O termômetro marcou 40,2 graus. Os calafrios eram o ***prenúncio*** *de uma doença que por pouco não me levou desta para outra melhor, como diria minha avó. Tomei um comprimido de dipirona e dormi novamente. Às sete, levantei indisposto, com o corpo moído e as pernas combalidas, para ir a uma reunião na faculdade de medicina.*

O vocábulo "prenúncio" (segundo período do parágrafo anterior) está empregado com o mesmo sentido de sinal.

CERTO
ERRADO

14. (CESPE/CEBRASPE - 2022 - SEE-PE - Professor)

A discussão sobre um gênero neutro na linguagem deriva do uso do gênero gramatical masculino para ***denotar*** *homens e mulheres (Todos nessa sala de aula devem entregar o trabalho.) e do feminino específico (Clarice Lispector é incluída pela crítica especializada entre os principais autores brasileiros do século 20.).*

No parágrafo anterior, o verbo "denotar" apresenta o mesmo sentido de demonstrar, por isso é correto afirmar que são vocábulos homônimos.

CERTO
ERRADO

GABARITO:

1. E	2. C	3. B	4. E	5. C
6. D	7. E	8. E	9. A	10. D
11. E	12. E	13. CERTO	14. ERRADO	

Agora vamos sistematizar o que você aprendeu sobre semântica?

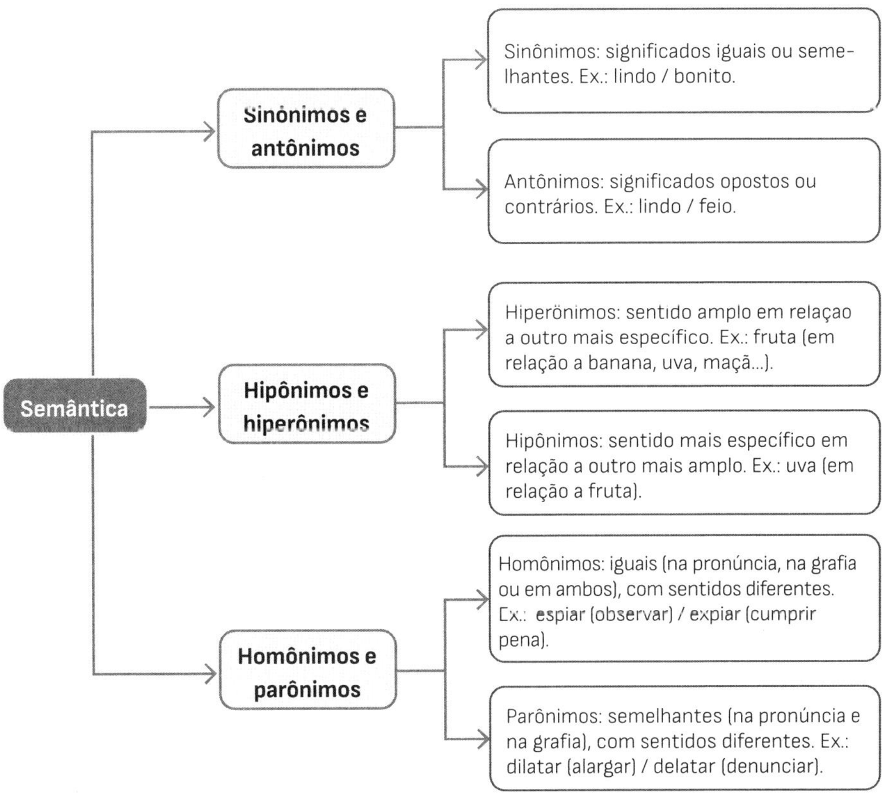

Acesse o material suplementar

uqr.to/20vgn

Uso de *Por que*, *Por quê*, *Porque* e *Porquê* 5

Em linhas gerais, podemos dizer que o "por que" separado e sem acento é usado nas seguintes situações:

1. Quando for pronome relativo, ou seja, quando retomar um substantivo ou um pronome substantivo. Nesse caso, equivale a *pelo qual*, *pela qual*.

   Ex.: É o caminho **por que** costuma passar.

2. Como pronome indefinido, referindo-se a substantivo e indicando ideia vaga, indeterminada. Pode ser substituído por *por qual*.

   Ex.: Sei **por que** caminhos passastes.

3. Em frases interrogativas diretas ou indiretas (com ou sem ponto de interrogação), sendo pronome interrogativo ou advérbio interrogativo.

   Ex.: Não sei **por que** caminho passastes. / **Por que** não foi à festa?

A diferença para o pronome indefinido é que o pronome interrogativo vem inserido em frases interrogativas, diretas ou indiretas.

Será separado e com acento ("por quê"), se vier em final de período, sendo pronunciado, portanto, com tonicidade.

Ex.: Vocês não foram à festa, **por quê**?

O uso do "porque", junto sem acento, se dá quando o vocábulo for conjunção

a) causal (= pois).

Ex.: Ela foi elogiada **porque** chegou cedo ao trabalho.

b) explicativa (= pois).

Ex.: Chegue cedo, **porque** temos muito trabalho.

c) final (= para que).

Ex.: Siga o regulamento, **porque** tudo funcione como o esperado.

Por fim, o "porquê" junto e com acento é substantivo, vem determinado (antecedido de artigo ou de qualquer outro determinante).

Ex.: Ele deve ter os seus **porquês**.

Complete as frases a seguir com a forma adequada.

1. ________ chegas sempre atrasado? (Por que / Por quê / Porque)

   Comentários: A frase é interrogativa direta, vem com o ponto de interrogação.

   Gabarito: Por que.

2. As dificuldades ________ passamos são muitas. (por que / por quê / porque)

   Comentários: Nessa frase, o "por que" equivale a *pelas quais* (As dificuldades pelas quais passamos...).

   Gabarito: por que.

3. Você saiu ________? (por que / por quê / porque)

   Comentários: Agora, a frase é interrogativa e o vocábulo aparece em *final* de período. Separado e com acento.

   Gabarito: por quê.

4. Não entendi o ________ de tua bronca. (por que / porque / porquê)

   Comentários: A presença do artigo antecedendo essa palavra tem a finalidade de substantivá-la.

   Gabarito: porquê.

5. Não sabemos ________ ele sai tão cedo. (por que / porque / por quê)

   Gabarito: Talvez essa construção seja a mais sutil no caso do uso dos "porquês". A frase é interrogativa *indireta*. Uma forma prática é transformá-la em direta. (Por que ele sai tão cedo? Não sabemos). Com isso você comprovou que a frase é interrogativa.

   Resposta: por que.

6. Faltei ________ estava com febre (por que / porque / por quê)

   Gabarito: Nesse período, esse vocábulo vai funcionar como conectivo causal (Faltei por este motivo, por esta razão). É conjunção.

   Resposta: porque.

5.1. QUESTÕES DE CONCURSOS COMENTADAS

1. (OBJETIVA – 2024 – Prefeitura de Gentil – RS – Médico) Com base nas normas de uso dos porquês, relacionar as colunas e assinalar a sequência correspondente.

(1) por que

(2) por quê

(3) porque

(4) porquê

( ) Lembrei-me da história ______ ela era engraçada.

( ) Gostaria de saber o ______ dessa algazarra toda.

( ) O professor não corrigiu as provas ______?

( ) Não sei ______ ele está tão triste.

A) 3 - 4 - 2 - 1.

B) 2 - 1 - 4 - 3.

C) 1 - 2 - 3 - 4.

D) 3 - 4 - 1 - 2.

Comentários: Por que: utilizado em perguntas (diretas ou indiretas) no início ou no meio do período; quando equivale a "pelo qual" e flexões. Ex.: Por que não voltamos para casa? / Não entendi por que não voltamos para casa. / As dificuldades por que (= pelas quais) passamos são muitas.

Porque: é uma conjunção. Dá início a orações com valor de explicação ou causa. Ex.: Entre, porque vai chover. / Faltei porque estava com febre.

Por quê: utilizado no fim das frases. Ex.: Você não gosta dessa matéria, por quê?

Porquê: possui o valor de substantivo e indica o motivo, a razão. Vem sempre determinado (por artigo, pronome...) Ex.: Gostaria de saber *o* porquê dessa pergunta.

A primeira lacuna será preenchida pela forma "porque" (conjunção); a segunda, por "porquê" (substantivo, veio determinado pelo artigo *o*); a terceira, por "por quê" (final de período, frase interrogativa); a quarta, "por que" (frase interrogativa, no início).

Gabarito: A

2. **(VUNESP - 2024 - Prefeitura de Santo André - SP - Técnico de Informática)** No trecho "No dia seguinte, o administrador da fazenda perguntou para meu tio Paulo **por que** os americanos não tinham ido na lua cheia" (último parágrafo), a expressão destacada foi corretamente empregada assim como em:

A) Os americanos tiveram sucesso na missão **por que** investiram uma quantia considerável no programa espacial.

B) Os Estados Unidos propagandearam o feito que haviam conquistado **por que** estavam competindo com os soviéticos.

C) É difícil para muitos entender **por que** era tão importante para os Estados Unidos levar um ser humano à Lua.

D) Animais eram enviados para o espaço **por que** os cientistas deveriam fazer os devidos testes antes de enviar humanos.

E) **Por que** havia uma necessidade de mostrar poder, a corrida espacial foi uma disputa acirrada e dura até os dias de hoje.

Comentários: Na opção C, a frase é interrogativa indireta. Correto, portanto, o uso de "por que". A) porque: conjunção; B) porque: conjunção; D) porque: conjunção; E) porque: conjunção (frase invertida).

Gabarito: C

3. **(IBFC - 2024 - TRF - 5ª Região - Analista Judiciário)** Na passagem "Sim, por que não na Suíça?", ocorre o emprego de uma das formas do "porquê".

Assinale a alternativa cuja lacuna deveria ser preenchida por essa mesma forma.

A) O motivo _______ trabalho é que desejo organizar minha vida.

B) Faltou o evento administrativo e não explicou _______.

C) Chegou atrasado ao compromisso _______ confundiu o horário.

D) Deve haver algum _______ para essa transferência ter ocorrido.

Comentários: Na opção A, tem de ser usada a forma "por que", já que equivale a "pelo qual". B) por quê: final de frase interrogativa; C) porque: conjunção; D) porquê: substantivo (veio determinado pelo pronome "algum").

Gabarito: A

4. **(FGV - 2024 - Prefeitura de Caraguatatuba - SP - PEB II - Língua Portuguesa)** Assinale a frase em que a grafia do porquê está incorreta.

   A) Se os homens escalam montanhas só porque estão ali, por que não lavam a louça?
   B) Meus antepassados vagaram 40 dias pelo deserto, porque mesmo em tempos bíblicos os homens tinham vergonha de perguntar o caminho.
   C) O porquê de tanta gente não conhecer a letra de nosso hino é a sua extensão e o seu vocabulário erudito.
   D) Por que tanta gente deixa de votar em eleições importantes?
   E) Os russos atacaram a Ucrânia por que?

   Comentários: Em final de frase interrogativa (direta ou indireta), escreve-se "por quê". A) conjunção; B) conjunção; C) substantivo; D) advérbio interrogativo (início de frase interrogativa).

   Gabarito: E

5. **(FGV - 2024 - Prefeitura de São José dos Campos - SP - Técnico Tributário)** Assinale a frase em que a grafia do "porquê" está correta.

   A) Você certamente sabe por que acreditar num deus.
   B) Gostaria de saber porque as pessoas boas dormem melhor à noite do que as pessoas más.
   C) Muita luz também é ruim por que não deixa ver.
   D) Amaria saber por quê não acreditar em Deus.
   E) Deus criou o homem porquê ficou desapontado com o macaco.

   Comentários: Frase interrogativa indireta, no meio do período. Correta, portanto, a opção A. B) por que (frase interrogativa indireta); C) porque (conjunção); D) por que (frase interrogativa indireta); E) porque (conjunção)

   Gabarito: A

6. **(FGV - 2023 - DPE - RS - Analista)** A frase abaixo que mostra uma forma inadequada do termo sublinhado é:

   A) Trabalho duro nunca matou ninguém, mas por que arriscar?
   B) Se disserem que o crime não compensa, você tem que lembrar que é porque, quando compensa, não é crime.
   C) É de justiça, e não de caridade, que o mundo precisa, mas por quê?
   D) Tem gente que se acha honesta só porque não sabia da mamata.
   E) Não sei porque dizem que a justiça é cega.

   Comentários: Na opção E, a frase é interrogativa indireta. Então, escreve-se "por que". Em início ou no meio do período, separado e sem acento. A) frase interrogativa direta; B) conjunção; C) frase interrogativa direta, em final de período; D) conjunção.

   Gabarito: E

7. **(CESPE/CEBRASPE - 2024 - Prefeitura de Cachoeiro de Itapemirim - ES - Professor de Educação Básica)**

   Na França, o illettrisme surgiu para caracterizar jovens e adultos do chamado Quarto Mundo (expressão que designa a parte da população desfavorecida) que nos países revelavam desenvolvidos, precário mais domínio das competências de leitura e de escrita, o que dificultava sua inserção no mundo social e no mundo do trabalho. Partindo do fato de que toda a população domina o sistema de escrita, ***porque*** *passou pela escolarização básica, as discussões sobre o illettrisme se fazem sem relação com a questão do apprendre à lire et à écrire (a alfabetização escolar) e com a questão da alphabétisation (termo em geral reservado às ações desenvolvidas junto aos trabalhadores imigrantes, analfabetos na língua francesa).*

Estaria mantida a correção ortográfica, mas não as relações sintáticas estabelecidas no segundo período do parágrafo anterior caso o vocábulo "porque" fosse reescrito como **por que**.

CERTO

ERRADO

Comentários: Nessa passagem, o vocábulo em destaque é uma conjunção. Logo, escreve-se junto e sem acento. Não se pode reescrever como "por que", usado em frases interrogativas indiretas.

Gabarito: ERRADO

5.2. QUESTÕES DE CONCURSOS PROPOSTAS (COM GABARITO NO FINAL)

1. **(OBJETIVA - 2024 - Prefeitura de Santa Leopoldina - ES - Auxiliar de Serviços Gerais)** Assinalar a alternativa em que o uso do porquê está CORRETO.

A) João não foi embora ainda por quê?

B) Porque você não foi ao trabalho ontem?

C) Eu quero saber por quê Ana saiu mais cedo.

D) Escolhi este livro por quê achei o tema interessante.

2. **(VUNESP - 2023 - Prefeitura de Pindamonhangaba - SP - Agente de Trânsito)** Assinale a alternativa em que a expressão **por que** foi empregada segundo a norma-padrão.

A) As crianças brasileiras desconhecem a neve **por que** vivem em um país tropical.

B) A neve deve ser retirada com frequência do telhado **por que** pode ficar muito pesada.

C) Só **por que** o nosso Natal cai no verão, não podemos ter uma ceia como nos filmes?

D) As cidades **por que** passamos tinham decorações de Natal belíssimas em suas praças.

E) Não conseguimos entender o **por que** de se trocarem presentes em certas datas.

3. **(Instituto Consulplan - 2024 - Prefeitura de Pouso Alegre - MG - Auxiliar de Biblioteca)** É fato que o uso correto dos porquês é essencial para a coerência e coesão textuais. Considere, portanto, o trecho "Além de tudo, era amiga da mãe, por que faria isso?" e suas possíveis reescritas. A alternativa que corretamente dispõe uma reescrita adequada da frase de modo a contemplar o uso correto do "porquê" se dá em:

A) Além de tudo, era amiga da mãe, faria isso porque?

B) Além de tudo, era amiga da mãe, faria isso porquê?

C) Além de tudo, era amiga da mãe, faria isso por quê?
D) Além de tudo, era amiga da mãe, faria isso por que?

4. **(IBFC - 2023 - SEC - BA - Professor da Educação Profissional)** Mantenha o foco na compreensão e interpretação do texto. Leia o fragmento: "Talvez esta seja uma das razões do seu sucesso". Assinale a alternativa que substitui a expressão destacada sem perda de sentido.
A) um dos porquês.
B) um dos por quês.
C) um dos porques.
D) um dos por ques.
E) Os porquês.

5. **(FGV - 2023 - Prefeitura de Jaboatão dos Guararapes - PE - Professor)** Assinale a frase em que a grafia do termo sublinhado está correta.
A) Um megalômano é um homem que pensa que, se ele não tivesse nascido, o mundo precisaria saber porquê.
B) Apenas por que tudo é diferente não significa que algo mudou.
C) Conheço muitos que não puderam quando deviam, por que não quiseram quando podiam.
D) Quem perde e não sabe o por quê também não sabe porque ganha.
E) O caminho por que andamos foi aberto por nossas vontades.

6. **(FGV - 2023 - TJ - SE - Técnico Judiciário)**
"Por que a pontuação nos jogos de tênis segue a ordem 15, 30 e 40?"
Neste trecho, vemos a grafia "Por que", que está em conformidade com a ortografia oficial do português.
A alternativa em que um "porquê" está grafado de forma INCORRETA é:
A) O motivo porque a pontuação nos jogos de tênis segue a ordem 15, 30 e 40 tem a ver com o jogo de palma.
B) Os estudiosos explicaram por que a pontuação nos jogos de tênis segue a ordem 15, 30 e 40.
C) A pontuação nos jogos de tênis segue a ordem 15, 30 e 40 porque, no antigo jogo de palma, os atletas se aproximavam gradualmente da rede.
D) A pontuação nos jogos de tênis segue a ordem 15, 30 e 40, mas poucos sabem por quê.
E) Os historiadores do esporte explicaram o porquê de a pontuação nos jogos de tênis seguir a ordem 15, 30 e 40.

7. **(FGV - 2023 - SEE-MG - Técnico da Educação)** Assinale a frase em que houve confusão entre "porque", "por que", "porquê" e "por quê", provocando o aparecimento de um **erro** de norma culta.
A) A razão porque a preocupação mata mais pessoas do que o trabalho é que as pessoas se preocupam mais do que trabalham.
B) Não declares que as estrelas estão mortas só porque o céu está nublado.

C) Teoria é quando se sabe tudo e nada funciona. Prática é quando tudo funciona e ninguém sabe por quê.

D) Esse é o verdadeiro motivo por que ele não compareceu.

GABARITO:

1. A	2. D	3. C	4. A	5. E
6. A	7. A			

Agora, para esquematizar o que você aprendeu, veja o esquema a seguir.

Uso dos porquês

- **Por que**
  - Pronome relativo (= pelo qual, pela qual). Ex.: Eis a estrada **por que** passou.
  - Pronome indefinido (= por qual). Ex.: Sei **por que** caminho passou.
  - Frases interrogativas diretas ou indiretas. Ex.: **Por que** ela disse isso?/ Não sei por que ela disse isso.
- **Por quê**
  - Ao final de períodos. Ex.: Brigaram de novo, **por quê**?
- **Porque**
  - Conjunção explicativa ou causal. Ex.: Não venha, **porque** está chovendo. / Ela foi elogiada **porque** chegou cedo ao trabalho.
- **Porquê**
  - Substantivo. Ex.: Ele deve ter os seus **porquês**.

Acesse o material suplementar

uqr.to/20vgo

Uso de Expressões Cotidianas 6

Há palavras ou expressões que suscitam muitas dúvidas. A seguir, temos os pares mais questionados e frequentemente abordados em provas de concursos.

6.1. USO DE *HÁ* E *A*

Usaremos **há** quando houver ideia de tempo passado ou com sentido de existir. Já a preposição **a** ocorre quando aparece ideia de distância ou futuro. Para praticar, complete as frases a seguir.

1. Não o via ________ três semanas. (há / a)

   Comentários: Nessa construção, percebe-se a ideia de tempo passado, decorrido.

   Gabarito: há.

2. ________ muitas pessoas na sala. (Há / A)

   Comentários: Aqui, o sentido é de existir (Existem muitas pessoas na sala).

   Gabarito: Há.

3. Daqui ________ três semanas estarei chegando. (há / a)

   Comentários: Percebe-se, agora, que não há ideia de tempo decorrido nem de existir. O sentido é de tempo futuro.

   Gabarito: a.

4. São Paulo fica ________ cem quilômetros daqui. (há / a)

   Comentários: Aqui há ideia de distância.

   Gabarito: a.

6.2. USO DE *MAU* E *MAL*

Mal pode aparecer como substantivo, advérbio (geralmente de modo) e conjunção (com valor temporal). **Mau** é adjetivo.

1. O seu ________ é não prestar atenção nas coisas. (mal / mau)

   Comentários: Nesse caso, a palavra é um substantivo, haja vista os vocábulos determinantes "o" e "seu".

   Gabarito: mal.

2. O estagiário foi __________ treinado. (mal / mau)

   Comentários: Agora, trata-se de advérbio de modo que está se referindo ao verbo da oração.

   Gabarito: mal.

3. O menino não era __________ aluno, mas tinha dificuldade com a escrita. (mal / mau)

   Comentários: Nessa frase, o vocábulo é adjetivo, pois se refere ao substantivo "aluno".

   Gabarito: mau.

4. __________ chegou à praia, começou a chover. (mal / mau)

   Comentários: Percebe-se agora que há uma ideia temporal (Logo que chegou...).

   Gabarito: Mal.

6.3. USO DE *ACERCA DE, HÁ CERCA DE* E *CERCA DE*

A expressão **acerca de** equivale a **a respeito de**, **sobre**. **Há cerca de** indica tempo transcorrido e **cerca de** equivale a **aproximadamente**.

1. Conversávamos __________ música. (acerca de / há cerca de)

   Comentários: Aqui, a ideia é de assunto (Conversávamos sobre música).

   Gabarito: acerca de.

2. __________ cinquenta mil candidatos se inscreveram no concurso. (Há cerca de / Cerca de)

   Comentários: Nessa frase, há ideia de valor aproximado.

   Gabarito: Cerca de.

3. Estuda __________ cinco anos. (acerca de / há cerca de)

   Comentários: Agora, percebe-se que a ideia é de tempo decorrido (estuda há/faz cinco anos).

   Gabarito: há cerca de.

4. __________ cem alunos na sala. (Acerca de / Há cerca de)

   Comentários: Novamente, a ideia é de "aproximadamente". Perceba que, nesse caso, o vocábulo "Há" não faz parte da expressão, mas é o verbo "haver" no sentido de "existir" (Existem aproximadamente cem alunos...).

   Gabarito: Há cerca de.

6.4. USO DE *SENÃO* E *SE NÃO*

Usamos **senão** como conjunção alternativa (= ou) ou adversativa (= mas) e também com o valor de **exceto**. **Se não** é conjunção condicional (= caso) ou integrante se seguida de advérbio de negação.

1. __________ houver engarrafamento, chegarei na hora. (Senão / Se não)

   Comentários: Aqui, há ideia de condição ("Caso não haja engarrafamento...").

   Gabarito: Se não.

2. Entregue o trabalho no prazo __________ cancelo o contrato. (se não / senão)

   Comentários: Nessa frase, a ideia é de alternância ("Entregue o trabalho no prazo ou cancelo o contrato").

   Gabarito: senão.

3. Ninguém, ________ um santo, seria capaz de tamanho sacrifício. (se não / senão)

   Comentários: Aqui temos o valor de exceto, a não ser ("Ninguém, exceto um santo...").

   Gabarito: senão.

4. Ela indagou-me ________ compareceria à reunião. (se não / senão)

   Comentários: Agora, há um caso de conjunção integrante "se" seguida do advérbio de negação "não".

   Gabarito: se não.

6.5. USO DE *AO ENCONTRO DE* E *DE ENCONTRO A*

A expressão **ao encontro de** significa **a favor de**, **na direção de**. Já **de encontro a** indica **contrariedade**, em **oposição**.

1. Assim que chegou, foi ________ pais. (ao encontro dos / de encontro aos)

   Comentários: A ideia aqui é de direção (foi na direção dos pais).

   Gabarito: ao encontro dos.

2. Aquela atitude ia ________ minhas opiniões, por serem semelhantes. (ao encontro das / de encontro às)

   Comentários: O fato de as ideias serem "semelhantes" indica que há ideia de "em favor de".

   Gabarito: ao encontro das.

3. Há um conflito, pois as ideias dele vão ________ minhas. (ao encontro das / de encontro às)

   Comentários: Agora, há um conflito, ou seja, contrariedade entre ideias.

   Gabarito: de encontro às.

4. A sustentabilidade é um tema polêmico, pois vai ________ atual cultura de consumo. (ao encontro de / de encontro à)

   Comentários: Há novamente uma ideia de contrariedade.

   Gabarito: de encontro à.

6.6. USO DE *AO INVÉS DE* E *EM VEZ DE*

Usaremos **ao invés de** para indicar **ao contrário de** e **em vez de**, no sentido de **no lugar de**.

1. ________ ficar triste, alegrou-se com a notícia. (Ao invés de / Em vez de)

   Comentários: O sentido é de contrariedade (Ao contrário de ficar triste...).

   Gabarito: Ao invés de.

2. ________ irmos ao jogo, fomos ao cinema. (Ao invés de / Em vez de)

   Comentários: Agora, há ideia de substituição (em lugar de irmos ao jogo...).

   Gabarito: Em vez de.

3. __________ viajar, optou por descansar. (Ao invés de / Em vez de)

   Comentários: Novamente, a ideia é de substituição (em lugar de viajar...).

   Gabarito: Em vez de.

4. Alguns políticos preferem o retrocesso __________ progresso. (ao invés do / em vez do)

   Comentários: Aqui, o sentido é de oposição.

   Gabarito: ao invés do.

6.7. USO DE *AFIM* E *A FIM DE*

Afim é um adjetivo que indica afinidade, semelhança. **A fim de** é uma locução prepositiva que indica finalidade, propósito (= para).

1. Os pais se sacrificam __________ dar uma vida melhor aos filhos. (afim de / a fim de)

   Comentários: Nessa frase, há ideia de finalidade (Os pais se sacrificam para dar uma vida melhor aos filhos).

   Gabarito: a fim de.

2. João e Ana possuem um gosto musical __________. (afim / a fim)

   Comentários: Agora, há um sentido de semelhança.

   Gabarito: afim.

3. Apesar de serem parentes, não são __________. (afins / a fins)

   Comentários: Percebe-se que o sentido é de "afinidade".

   Gabarito: afins.

4. A revista entrevistou especialistas __________ discutir as soluções para o problema. (afim de / a fim de)

   Comentários: Novamente, a ideia é de propósito (A revista entrevistou especialistas com o propósito de discutir as soluções).

   Gabarito: a fim de.

6.8. USO DE *SOB* E *SOBRE*

A preposição **sob** indica uma **posição inferior**, mas pode ainda ser empregada com sentido de **de acordo com** ou de **submetido a.** Já **sobre** indica uma **posição superior** ou **assunto.**

1. Colocou o vaso de flores __________ a mesa. (sob / sobre)

   Comentários: Nesse caso, o sentido é de que o vaso está em cima da mesa.

   Gabarito: sobre.

2. O gato se escondeu __________ a mesa. (sob / sobre)

   Comentários: Agora a ideia é o contrário da frase anterior: o gato está embaixo da mesa.

   Gabarito: sob.

3. Os homens muito discutem __________ o tempo. (sob / sobre)

   Comentários: Percebe-se que há ideia de assunto (...discutem a respeito do tempo).

   Gabarito: sobre.

4. __________ o meu ponto de vista, o tempo que passa é o que não vivemos. (Sob / Sobre)

   Comentários: Aqui, há uma relação de conformidade (de acordo com o meu ponto de vista...).

   Gabarito: Sob.

5. Tudo estava __________ controle. (sob / sobre)

   Comentários: Por fim, a frase traz noção de "submetido a".

   Gabarito: sob.

Agora, para ver se você aprendeu mesmo, só resolvendo algumas questões de concursos.

6.9. QUESTÕES DE CONCURSOS COMENTADAS

1. (FEPESE - 2024 - CINCATARINA - Analista Técnico) Complete as frases abaixo com **mau** ou **mal**.

Ele estava de .... humor hoje.

.... é o oposto de bem.

Quem tem medo do lobo ....?

Assinale a alternativa que completa correta e sequencialmente as lacunas do texto.

A) mal • Mal • mal.

B) mal • Mal • mau.

C) mal • Mau • mau.

D) mau • Mal • mau.

E) mau • Mau • mal.

Comentários: USO de *mal* e *mau*:

Mal: Eu passei mal essa noite (advérbio) / As queimadas fazem mal ao solo. (substantivo) / Mal chegou de viagem, teve de trabalhar. (conjunção)

Mau: Ele é um homem mau. (adjetivo)

As palavras usadas na opção D preenchem corretamente as lacunas, pois, respectivamente, são adjetivo, substantivo e adjetivo.

Gabarito: D

2. (FGV - 2024 - TRF - 1ª Região - Técnico Judiciário) A frase abaixo em que houve troca indevida entre "afim" e "a fim" é:

A) A gente distorce a forma a fim de criar espaço.

B) O governo não está a fim de recuperar a popularidade.

C) O STF não fica a fim do Palácio do Planalto.

D) O Congresso não parece a fim de aprovar esse projeto.

E) A fim de mudar a lei, todos os partidos se movimentaram.

Comentários: Usa-se "a fim" quando a ideia é de finalidade. "Afim" significa "afinidade", "semelhança"; "proximidade". Nessa passagem da opção C, o valor semântico é de proximidade (afim). Nas outras opções, o sentido é de finalidade (a fim).

Gabarito: C

3. **(FGV - 2024 - TRF - 1ª Região - Técnico Judiciário)** A frase abaixo em que houve ERRO no emprego da forma "há", em lugar de "a", é:

A) Não há nenhuma casa como a nossa.

B) Será que não há nada claro e direto na vida, como veem as crianças?

C) Sem elegância no coração, não há elegância.

D) A casa ficava há uma distância de vinte metros.

E) Ainda não encontrei o homem certo, pois há poucos homens bons para muitas mulheres boas.

Comentários: Nesse confronto, usa-se "há" quando o sentido for de "existir" ou ideia de "tempo decorrido". A preposição A será usada com ideia de tempo futuro ou distância. Na opção D, teria de ser usada a preposição A, pois a ideia é de distância. Nas outras opções, o sentido é de "existir".

Gabarito: D

4. **(FGV - 2024 - Prefeitura de São José dos Campos - SP - Técnico Tributário)** Assinale a frase em que houve troca indevida entre SOB e SOBRE.

A) Sentar-se à sombra, num belo dia, e repousar o olhar sob a verdura é o repouso mais perfeito.

B) Se algo é dito sobre a natureza, então isto já não é mais a natureza.

C) A gente pode ficar conhecendo tudo sobre um povo só pela maneira como ele trata os animais e as praias.

D) A formiga é esperta e sábia, mas não sabe muito sobre férias.

E) Perde o teu dinheiro em favor de teu irmão, não o escondas sob uma pedra para ficar ali escondido.

Comentários: O *sob* é uma preposição utilizada com o sentido de "embaixo de", "por baixo de" e "debaixo de", ou seja, faz referência a algo que esteja numa posição inferior. Além disso, ela pode ser usada com o sentido de "condição" ou "em estado de". Ex.: Passamos sob a ponte essa tarde. / Não consigo trabalhar sob pressão. / A loja de móveis está sob nova direção. / O garoto está sob minha responsabilidade. / A situação dela está sob controle.

O *sobre* é uma preposição utilizada como sinônimo de "em cima de", "por cima de" e "acima de". Ou seja, ela faz referência a algo que esteja numa posição superior. Esse termo também pode ser utilizado com o sentido de "acerca de", "em relação à" e "a respeito de". Ex.: Deixei meus óculos sobre a mesa da sala. / Nunca deixe o celular sobre a pia da cozinha. / Enquanto o cachorro ladrava, o gato permaneceu sobre o muro. / A aula de hoje é sobre animais peçonhentos. / Falamos a tarde toda sobre nossa infância.

Na opção A, o sentido é de "por cima" (sobre).

Gabarito: A

5. **(FGV - 2024 - TJ - AP - Analista Judiciário)** AO ENCONTRO DE / DE ENCONTRO A são expressões semelhantes, mas muito diferentes no significado. A frase abaixo em que uma dessas expressões está empregada em lugar da outra é:

A) O acidente causado pelo motoqueiro fez com que o caminhão se desgovernasse e fosse ao encontro do poste.

B) Todo o mercado ficou excitado com as notícias de alívio econômico que iam ao encontro de suas expectativas otimistas.

C) O novo carro, por seu desempenho e conforto magníficos, ia ao encontro dos desejos do casal, que acabava de adquiri-lo.

D) O horóscopo da semana previa muitas dificuldades, o que ia de encontro às notícias agradáveis que estavam surgindo.

E) Os resultados obtidos pelo time em campo iam de encontro aos sonhos dos torcedores, que já estavam preocupados com a queda da equipe para a série B.

Comentários: *Ao encontro de* tem significado de "estar de acordo com", "em direção a", "favorável a", "para junto de".

De encontro a tem significado de "contra", "em oposição a", "para chocar-se com".

Portanto, pelo sentido, na opção A teria de ser "de encontro a" (de encontro ao poste).

Gabarito: A

6. **(FGV - 2024 - Prefeitura de São José dos Campos - SP - Analista em Gestão Municipal)** AO INVÉS DE / EM VEZ DE são duas expressões que, inicialmente, significavam, respectivamente, "oposição" e "substituição", mas hoje já aparecem como equivalentes. Considerando esses significados originais, assinale a frase em que houve troca indevida entre essas expressões.

A) Em vez de comida japonesa, deram preferência ao tradicional churrasco gaúcho.

B) Ao invés de divertirem-se com o jogo de futebol que haviam organizado, ficaram ao lado do campo conversando.

C) Ao invés de continuarem no trabalho, ficaram descansando no vestiário dos operários.

D) Em vez de literatura policial, os jovens daquela turma davam mais importância à poesia.

E) O grupo de turistas decidiu economizar, almoçando num restaurante popular ao invés de gastar dinheiro no restaurante luxuoso da esquina.

Comentários: Na opção B, a forma adequada a ser usada é "em vez de" (no lugar de, em substituição a), como nas opções A e D. Já nas opções A e E, a ideia é de "ao contrário de", "ao inverso de" (ideia de oposição - ao invés de).

Gabarito: B

7. **(FGV - 2024 - TJ - AP - Técnico Judiciário)** ACERCA DE / CERCA DE / A CERCA DE são três expressões de emprego distinto. A frase em que houve uma troca indevida entre elas, é:

A) Os convidados chegaram cedo e ficaram a cerca de 10 metros do palco principal.

B) Havia cerca de 100 pessoas que tinham assistido ao acidente e poderiam prestar testemunhos.

C) A conferência explorou as hipóteses acerca da localização de Atlântida.
D) Havia acerca de 10m entre o palco e o público.
E) Prometo nunca mais discutir acerca desse tema.

Comentários: A expressão "acerca de" significa "a respeito de", e é usada para indicar o assunto do qual se fala.

A expressão "a cerca de" significa "por volta de", e é usada para indicar valor aproximado de uma distância.

"Cerca de" é uma expressão que significa "aproximadamente" ou "por volta de".

Na opção D, então, teria de ser "cerca de" (aproximadamente).

Gabarito: D

6.10. QUESTÕES DE CONCURSOS PROPOSTAS (COM GABARITO NO FINAL)

1. **(OBJETIVA – 2023 – Câmara de São João do Manhuaçu – MG – Contador)** Considerando-se o uso de "afim" e "a fim", analisar os itens abaixo:

   I. Afim de separar a briga, Aldo pediu socorro.
   II. Baldo estava a fim de comida japonesa.
   III. Caldo estava muito afim de sua vizinha.

   Está(ão) CORRETO(S):

   A) Somente o item I.
   B) Somente o item II.
   C) Somente os itens I e III.
   D) Todos os itens.

2. **(FGV – 2024 – TCE-PA – Auditor de Controle Externo)** Assinale a frase em que houve troca indevida entre A e HÁ.

   A) Os atletas estão há poucos dias das Olimpíadas.
   B) Não há muito o que fazer nessas circunstâncias.
   C) Dentro da caixa há uma série de brinquedos.
   D) O que há de novo na guerra Rússia X Ucrânia?
   E) Sem problemas, pois há dois meses até o pagamento.

3. **(FGV – 2023 – Prefeitura de São José dos Campos – SP – Guarda Civil Municipal)** Assinale a frase em que houve troca indevida entre MAL e MAU.

   A) Ao mesmo tempo direi ao diabo que não tente nos levar para o <u>mal</u> caminho.
   B) Muita gente me chama de caubói, mas nunca compreendi o que há de <u>mau</u> em ser caubói. Tenho orgulho das minhas esporas.
   C) Se a agricultura não for bem, a inflação vai <u>mal</u>.
   D) <u>Mal</u> o governo instalou-se, começaram as cobranças.
   E) Não há <u>mal</u> que dure sempre.

4. **(FGV – 2023 – SMED de Belo Horizonte – MG – Assistente Administrativo Educacional)** Assinale a frase em que houve confusão entre <u>sob</u> e <u>sobre</u>, provocando o aparecimento de um erro de norma culta.

   A) O problema em se preocupar muito <u>sobre</u> a segurança no futuro é que você se sente inseguro no presente.
   B) Aquele que teme algo confere a isso poder <u>sobre</u> ele.

C) Cada pessoa que eu encontro é superior a mim em algum aspecto sobre o qual eu aprendo algo.

D) Todas as pessoas pretendem ser melhores do que outras sobre algum aspecto.

5. **(FGV - 2023 - AL - MA - Consultor Legislativo Especial)** Assinale a frase em que houve troca indevida entre se não / senão.

A) O único senão da prova era a presença de textos muito longos.

B) Só ocorrerá a prova de ciclismo se não chover.

C) Fará a prova senão ficará arrependido.

D) Comprará um carro novo se não tiver problemas econômicos.

E) Ninguém, se não ela, para fazer esse trabalho.

6. **(FGV - 2023 - Prefeitura de São José dos Campos - SP - Analista em Saúde)** A frase abaixo, retirada de um romance de Aluísio Azevedo, em que houve troca **indevida** entre as expressões *ao encontro de / de encontro a* é:

A) Eram Gaspar e Gabriel saídos ao seu encontro.

B) E logo a cidade parecia vir a seu encontro, tal era a rapidez com que o escaler deslargava para a praia.

C) Os homens, que V. Sa. tem defronte de si e que o guardam à vista, são de confiança e estão pagos para não o deixarem fugir; escusa, por conseguinte, tentar qualquer meio que for de encontro ao que determinei.

D) Um velho de longas barbas, estava assentado ao limiar da porta, saiu-lhe ao encontro e perguntou com ar triste: —O senhor naturalmente é o Dr. Gabriel?

E) Enquanto sucedia ao pobre Gabriel o que acabamos de ver, Melo Rosa tomava um carro de praça e mandava tocar à toda para Laranjeiras, correndo de encontro a Ambrosina, que devia estar à sua espera.

7. **(FGV - 2023 - MPE - SP - Oficial de Promotoria)** Assinale a frase a seguir em que houve **erro** na expressão sublinhada.

A) Aos 40 anos, o homem já não sabe mais que trabalhar. Trabalhar é caminhar de encontro a nós mesmos.

B) Havia cerca de 200 candidatos à vaga de porteiro.

C) Somos felizes graças à esperança de ganhar na loteria.

D) Comemos saladas em vez de carne.

E) Fiquei a baixo dela na ordem de chegada.

GABARITO:

1. B	2. A	3. A	4. D	5. E
6. E	7. E			

Acesse o material suplementar

uqr.to/20vgp

Parte II

Morfologia

Classes Gramaticais 7

7.1. ARTIGO

São as palavras **o** e **um**, com suas flexões, que sempre antecedem os substantivos, designando seres determinados ou indeterminados.

Ex.: **O** homem, **um** homem, **a** mulher, **as** mulheres, **uma** mulher etc.

O artigo, em português, tem grande importância na indicação do gênero, permitindo, também, distinguir os substantivos homônimos.

Ex.: **a** mão, **o** pão, **o/a** artista, **o/a** cabeça etc.

7.2. SUBSTANTIVO

É o nome com que designamos os seres em geral (pessoas, animais e coisas) flexionando-se em **gênero** e **número**. O substantivo é classe de palavra que sempre pode ser antecedida de artigo.

7.3. ADJETIVO

"É a expressão modificadora do substantivo que denota **qualidade**, **condição** ou **estado** de um ***ser***." (Evanildo Bechara)

Veja o exemplo:

"... era feito aquela gente *honesta, boa e comovida*

que caminha para a morte

pensando em vencer na vida."

Aqui, os adjetivos *honesta*, *boa* e *comovida* referem-se ao substantivo *gente*, qualificando-o.

Locução adjetiva: formada, geralmente, de preposição + substantivo com valor de adjetivo.

Observe o exemplo:

"... eu quero que o meu caixão

tenha uma forma bizarra

a forma *de coração*

a forma *de guitarra*."

As expressões *de coração* e *de guitarra* são formadas por preposição + substantivo, com valor de adjetivo, pois modificam um substantivo.

Vamos treinar?

Classifique as palavras destacadas como substantivo ou adjetivo.

1. Recebeu uma vaia **monstro**.

   Comentários: Refere-se ao substantivo *vaia*, qualificando-o.

   Gabarito: Adjetivo.

2. Veio fantasiado de **monstro**.

   Comentários: Agora, a palavra monstro nomeia. É *o monstro*.

   Gabarito: Substantivo.

3. O seu **viver** é um exemplo para todos.

   Comentários: O verbo *viver* foi substantivado por meio do artigo definido *o*.

   Gabarito: Substantivo.

4. O **orgulhoso** não se deu por vencido.

   Comentários: *Orgulhoso*, aqui, foi substantivado, está nomeando.

   Gabarito: Substantivo.

5. Era um homem muito **orgulhoso**.

   Comentários: Nesta frase, *orgulhoso* qualifica o substantivo *homem*.

   Gabarito: Adjetivo.

6. Possuía muita **confiança**.

   Comentários: *A confiança* que possuía.

   Gabarito: Substantivo.

7. Estava antes do jogo pouco **confiante**.

   Comentários: Confiante qualifica o sujeito implícito *eu* ou *ele*.

   Gabarito: Adjetivo.

8. "Não sou propriamente um **autor** defunto,

   Comentários: Trata-se de um autor que é defunto.

   Gabarito: *Autor* é substantivo e *defunto* é adjetivo.

9. ... mas um defunto **autor**." (Machado de Assis)

   Comentários: Agora, tem-se um *defunto* que é *autor*.

   Gabarito: *Defunto* passou a ser substantivo e *autor*, adjetivo.

10. Teve muita **calma**.

    Comentários: *A calma* que ele teve. A palavra *calma* nomeia e pode ser antecedida de artigo.

    Gabarito: Substantivo.

11. Extasiou-se com o **azul** do céu.

    Comentários: *Azul*, que é uma cor representada pelo adjetivo, aqui está nomeando. Observe o poder que o artigo tem de substantivar palavras.

    Gabarito: Substantivo.

12. O bicho **homem** precisa evoluir mais.

Comentários: *Homem* qualifica *bicho*. É o bicho que é homem.

Gabarito: Adjetivo.

13. Deu um drible **moleque** no guarda.

Comentários: Trata-se de um *drible* que foi *moleque*. *Moleque* qualifica *drible*.

Gabarito: Adjetivo.

Resumindo:

Substantivo é classe que dá nome. É variável. Pode vir sempre antecedido de artigo.

Adjetivo é classe que se refere ao substantivo. É variável e acompanha a flexão do substantivo.

Agora que você sabe diferenciar um substantivo de um adjetivo, vamos conhecer o advérbio.

7.4. ADVÉRBIO

Palavra invariável que, fundamentalmente, modifica o **verbo** exprimindo uma circunstância (tempo, lugar, modo etc.). O advérbio pode ainda modificar o **adjetivo** ou outro **advérbio**. Observe os exemplos:

Trabalhamos **muito**.

Aqui, o advérbio modifica um verbo, indicando-lhe ideia de intensidade. É o advérbio de intensidade.

Homem **muito** bom.

Nesse caso, o advérbio também traz valor de intensidade, só que, desta vez, modificando o adjetivo bom.

Fala **muito** bem.

Por fim, um exemplo de advérbio que modifica outro advérbio (*bem*), também com valor de intensidade.

Conclusão: embora, na maioria das vezes, o advérbio modifique um verbo, ele pode também se referir a um adjetivo ou a um advérbio.

Locução adverbial: formada, normalmente, de preposição mais substantivo com valor e emprego de advérbio. Veja o exemplo: Ele saiu *às pressas*.

Nesse caso, a expressão *às pressas* refere-se ao verbo *sair* indicando circunstância de *modo*: é a locução adverbial de modo.

Atenção! Não confunda a locução adjetiva com a locução adverbial. Embora as duas tenham, em geral, a mesma estrutura (preposição + substantivo), a primeira se refere a um substantivo e a segunda, a um verbo.

Veja os exemplos a seguir:

A casa *de madeira* foi construída.

A casa foi construída *de madeira*.

A locução *de madeira*, na primeira frase, modifica o substantivo *casa* e, no segundo, a locução verbal *foi construída*. Daí, na primeira frase, ela ser locução adjetiva e na segunda, locução adverbial.

Vamos treinar?

Classifique as expressões em destaque como **adjetivo/locução adjetiva** ou **advérbio/locução adverbial**.

1. As mulheres ganharam dos homens **disparado**.

   Comentários: *Disparado* é o modo como as mulheres ganharam. Refere-se ao verbo. Observe a não variação. Se fosse adjetivo, concordaria com o substantivo.

   Gabarito: Advérbio.

2. Ele é muito **melhor** que você.

   Comentários: *Melhor* refere-se ao pronome *ele*, qualificando-o. Na dúvida, procure colocar a frase no plural (*Eles são melhores*). Se for advérbio, a tendência é não ir ao plural.

   Gabarito: Adjetivo.

3. Você fala **grosso**, mas na hora de mostrar coragem...

   Comentários: *Grosso* é o modo como se fala. Se a frase fosse ao plural, teríamos: "Vocês falam grosso".

   Gabarito: Advérbio.

4. O professor saiu **sério** da sala.

   Comentários: *Sério* é o estado do professor, e não o modo de sair. Se a frase fosse ao plural, teríamos "os professores saíram sérios".

   Gabarito: Adjetivo.

5. O professor falou **sério**, não falou brincando, não.

   Comentários: Aqui, *sério* é o modo como o professor falou, não o estado do professor. Pluralizando a frase, teríamos: "os professores falaram sério". A não variação é uma dica de que é advérbio.

   Gabarito: Advérbio.

6. Os corintianos entravam **duro** nos palmeirenses, que reclamavam.

   Comentários: *Duro* é o modo como os corintianos entravam.

   Gabarito: Advérbio.

7. Ela se mostrava como uma mulher **à toa**.

   Comentários: *À toa* qualifica o substantivo *mulher*.

   Gabarito: Locução adjetiva.

8. Trabalhou **à toa** nos últimos anos.

   Comentários: *À toa* refere-se ao verbo *trabalhou*, dando-lhe circunstância de modo.

   Gabarito: Locução adverbial.

9. As festas **de dezembro** já iniciaram.

   Comentários: *De dezembro* refere-se ao substantivo *festas*, caracterizando-o.

   Gabarito: Locução adjetiva.

10. As festas iniciarão **em dezembro**.

    Comentários: *Em dezembro* refere-se ao verbo *iniciarão*, indicando circunstância de tempo.

    Gabarito: Locução adverbial.

11. Nosso tio vagava pelas ruas **com fome**.

    Comentários: Cuidado! *Com fome* não é modo, jeito, forma de uma pessoa andar pelas ruas. É o estado do tio. Equivale ao adjetivo *faminto*.

    Gabarito: Locução adjetiva.

Resumindo:

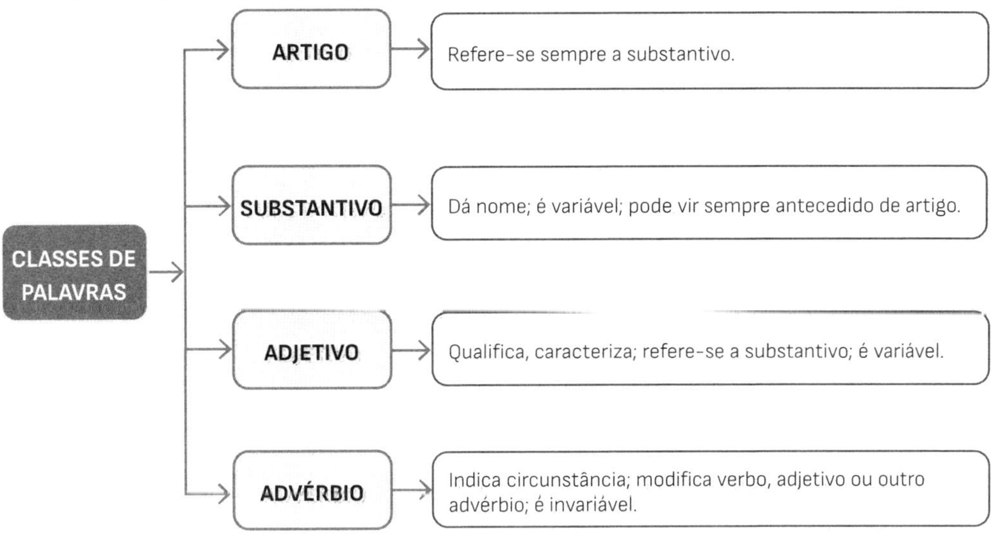

Veja agora duas questões comentadas sobre esse assunto:

1. **(VUNESP - 2024 - Prefeitura de Lins - SP - Merendeira)** Assinale a alternativa em que a palavra destacada atribui uma característica à anterior:

A) ... uma melancolia sem razão **aparente** ...

B) ... vontade de tomar a sopa que a mãe **fazla** ...

C) ... comer aquela **barra** de chocolate ...

D) ... sabor que anda faltando em nossas **vidas** ...

Comentários: Pelo enunciado, eliminamos três opções, pois característica é atribuição dada a adjetivo. Logo, só poderia ser a letra A (aparente é adjetivo, refere-se a substantivo atribuindo uma característica). "Característica" significa "qualidade que permite distinguir uma pessoa ou coisa de outras de sua espécie; aquilo que caracteriza, que é inerente à natureza de uma pessoa ou coisa; marca, peculiaridade, traço". Na B, verbo. Na C e na D, substantivos.

Gabarito: A

2. **(IBFC - 2024 - TRF - 5ª Região - Técnico Judiciário)** Considere o seguinte fragmento para responder à questão seguinte.

   "Com o mesmo desembaraço me apontou a cadeira, abriu a cristaleira para retirar as xícaras, coou o café e me passou os biscoitinhos caseiros, feitos por ela mesma."

   Sobre a expressão "Com o mesmo desembaraço", é correto afirmar que possui caráter:

   A) adverbial, revelando o modo como ações foram realizadas.
   B) adjetivo, indicando a reação da narradora diante das ações.
   C) adverbial, sugerindo uma caracterização atribuída à narradora.
   D) adjetivo, apontando uma característica permanente da personagem.

   Comentários: A expressão destacada se refere às ações dos verbos "apontou", "abriu", "coou" e "passou". Possui, portanto, caráter adverbial, indicando uma circunstância de modo (me apontou, abriu, coou, passou dessa maneira, de modo desembaraçado).

   Gabarito: A

Vimos que os advérbios modificam verbos, adjetivos e outros advérbios exprimindo uma circunstância. Veja, agora, as principais circunstâncias, ou valores semânticos, que os advérbios podem ter:

- **Tempo**: indica o momento em que a ação ocorre.

Ex.: Ela chegou **ontem**. / Ela chegou **de manhã**.

- **Lugar**: aponta o local onde a ação acontece.

Ex.: Os livros estão **ali**. / Ana está **na escola**.

- **Negação**: negam a ação ou característica.

Ex.: Eu **não** concordo.

- **Afirmação**: confirmam a ação ou característica.

Ex.: **Certamente**, estarei lá. / Irei **com certeza**.

- **Dúvida**: expressam incerteza ou possibilidade.

Ex.: **Talvez** ele venha.

- **Intensidade**: Indica o grau ou intensidade de algo.

Ex.: Estava **muito** cansado. / Trabalhava **demais**.

- **Modo**: expressa a maneira, o jeito como a ação é realizada.

Ex.: Ele respondeu **calmamente**. / Ele respondeu **com calma**.

Atenção! É comum ouvir que advérbios terminados em *-mente* exprimem circunstância de modo, mas isso não é uma regra! Nem todo advérbio com essa terminação será de modo. Observe:

Caminhava tranquilamente.

Aqui, "tranquilamente" tem valor de modo, ou seja, "de modo tranquilo".

Atualmente trabalha com crianças.

Agora, "atualmente" não é "de modo atual"; trata-se, na verdade, de uma circunstância de tempo.

Agora, vamos treinar com frases retiradas de provas. Identifique o valor semântico dos advérbios e locuções adverbiais destacados nas frases a seguir:

a) O aluno respondeu **rapidamente** à questão.

Comentários: O advérbio "rapidamente" indica a maneira como a ação foi realizada.

Gabarito: advérbio de modo.

b) **À tarde**, fui à biblioteca estudar.

Comentários: A locução adverbial "à tarde" indica o valor semântico de tempo, situando a ação em um momento específico.

Gabarito: advérbio de tempo.

c) Ele estava **bastante** motivado para o trabalho.

Comentários: O advérbio "bastante" expressa o grau de motivação do sujeito.

Gabarito: advérbio de intensidade.

d) **Não** acredito nessa história.

Comentários: O advérbio "não" tem valor semântico de negação, ou seja, nega a veracidade da afirmação.

Gabarito: advérbio de negação.

e) **Provavelmente**, ele não chegará a tempo.

Comentários: O advérbio "provavelmente" indica incerteza, dúvida em relação ao fato.

Gabarito: advérbio de dúvida.

f) Os amigos estão esperando **na sala.**

Comentários: A locução adverbial "na sala" indica onde os amigos estão esperando.

Gabarito: advérbio de lugar.

g) **Sem dúvida,** a reunião foi um sucesso.

Comentários: O advérbio "sem dúvida" traz valor semântico de afirmação, dando certeza sobre o sucesso da reunião.

Gabarito: advérbio de afirmação.

A seguir, veja dois exemplos de questões de concursos comentadas:

1. **(VUNESP – TJ – SP – Médico Judiciário)**

Até cirurgias podem ser feitas a distância, com o advento da robótica. O tema continua fascinando médicos e pacientes, mas, por enquanto, nada de droides médicos à la Star Wars – quem controla o robô ainda é o ser humano.

No trecho do parágrafo anterior – quem controla o robô **ainda** é o ser humano –, o termo destacado apresenta circunstância adverbial de:

A) afirmação, como em: "tende a recuperar **cada vez mais** sua importância".

B) tempo, como em: "pode discutir, **remotamente**, diversos casos".

C) tempo, como em: "**Hoje** médicos pedem muitos exames".

D) afirmação, como em: "progressão tecnológica, **claro**, mas mais importante".

E) intensidade, como em: "tornando-a **mais** esperta".

Comentários: Nessa questão, a frase do enunciado apresenta a palavra "ainda", que, no trecho "quem controla o robô ainda é o ser humano", é adjunto adverbial de tempo.

A resposta é letra C, que também indica ideia de tempo, como em: "Hoje médicos pedem muitos exames".

Analisando as outras alternativas, vê-se que a letra A está errada porque "cada vez mais" não indica afirmação, e sim intensidade. A letra B não está correta porque "remotamente" não indica tempo, e sim modo. Na letra D, o vocábulo "claro" é advérbio de afirmação, mas o "ainda" da frase do enunciado indicava tempo. A letra E apresenta o "mais" de intensidade, "mais esperta", e não tempo.

Gabarito: C

2. **(VUNESP - Prefeitura de Suzano - SP - Guarda Civil Municipal)** A alternativa que indica corretamente, entre parênteses, a circunstância adverbial presente na expressão destacada é:

A) **Jamais** consegui fazer certas coisas... (intensidade).

B) ... a bela me escapar em volteios e volutas volutuosas **com um pé de valsa** (lugar).

C) ... resolvi tentar seduções em papos de botecos, aí **com alguma vantagem** (modo).

D) **Sem piscina, rio ou mar,** onde bater pernas e braços... (afirmação).

E) ... fui **quase** um afogado no Leblon, em Cabo Frio... (tempo).

Comentários: Nessa questão, busca-se identificar qual a alternativa que indica de forma correta a circunstância da expressão destacada.

A resposta correta é letra C, pois em "... resolvi tentar seduções em papos de botecos, aí com alguma vantagem", "com alguma vantagem" indica o modo de tentar as seduções.

Analisando as outras opções, na letra A, em "Jamais consegui fazer certas coisas...", "jamais" não indica intensidade, pode ter ideia de tempo ou negação. Na letra B, "... a bela me escapar em volteios e volutas volutuosas com um pé de valsa", "com um pé de valsa" indica companhia, e não lugar. Em "Sem piscina, rio ou mar, onde bater pernas e braços...", letra D, com o "sem" tem-se ideia de ausência ou exclusão, não indicando, portanto, afirmação. Na letra E, "... fui quase um afogado no Leblon, em Cabo Frio...", "quase" não indica tempo, mas sim intensidade.

Gabarito: C

Derivação Imprópria

Atenção aos casos de **derivação imprópria**, muito explorados em provas de concursos públicos! A derivação imprópria ocorre quando um vocábulo de uma classe é utilizado em outra classe a que não pertence, ou seja, um vocábulo pode ser classificado como adjetivo em uma frase, mas como substantivo em outra, por exemplo. Veja:

Era um aluno jovem.

Aqui, "jovem" é adjetivo que caracteriza "aluno".

O jovem é sonhador.

Agora, "jovem" é substantivo. Veja que está acompanhado pelo artigo "o".

Ainda,

O atleta era rápido.

Nesse caso, "rápido" é um adjetivo que caracteriza "atleta". Já em

Ele corre rápido.

O vocábulo passa a ser advérbio, pois se refere ao verbo "corre".

7.5. PLURAL DOS NOMES COMPOSTOS

Agora vamos aprender a flexionar no plural os substantivos e os adjetivos compostos.

7.5.1. Plural dos substantivos compostos

1. Variam os dois elementos nos compostos formados por classes variáveis, ou seja, os substantivos compostos por:

   substantivo + substantivo

   substantivo + adjetivo

   adjetivo + substantivo

   Ex.: cirurgiões-dentistas (substantivo + substantivo)

   altos-relevos (adjetivo + substantivo)

2. Varia somente o último elemento:

   - nos compostos em que o primeiro elemento pertence a uma classe invariável, como advérbio:

   Ex.: alto-falantes (advérbio + adjetivo)

   abaixo-assinados (advérbio + adjetivo)

   - nos compostos em que o primeiro elemento é um prefixo:

   Ex.: vice-diretores, contra-ataques...

Observação:

1. O verbo, aqui, não recebe **s**: guarda-roupas, guarda-chuvas, beija-flores, arranha-céus, os leva e traz
2. Varia o primeiro elemento: se houver preposição, clara ou oculta, ou se o segundo elemento exprimir fim, semelhança, qualidade: pés-de-meia, cavalos-vapor, saias-balão, bananas-maçã...
3. Varia o último elemento: com as formas reduzidas **grão**, **grã**, **bel**; palavras repetidas; nos compostos de três ou mais elementos, não sendo o segundo uma preposição: grão-duques, grã-cruzes, bel-prazeres, reco-recos, tique-taques, bem-te-vis...

Atenção: corre-corres ou corres-corres (verbos repetidos: varia o último ou os dois vão ao plural).

7.5.2. Plural dos adjetivos compostos

1. Somente o último se flexiona quando formado de adjetivo + adjetivo ou palavra invariável + adjetivo: amizades luso-brasileiras, unidades médico-veterinárias, parcerias público-privadas, crianças recém-nascidas.
2. Não variam os compostos formados de cor + substantivo: camisas verde-garrafa, vestidos vermelho-sangue, faixas amarelo-ouro.

Observação:

1. azul-marinho e azul-celeste: são invariáveis;
2. surdo-mudo: variam os dois;
3. tecidos palha, sapatos cinza, blusas abóbora, esmaltes gelo: cor, representada por substantivo, não varia.

Vamos treinar?

1. Dê o plural dos substantivos compostos.

criado-mudo:	coautor:	arranha-céu:
escola-modelo:	lança-perfume:	primeira-dama:
guarda-noturno:	amor-perfeito:	contra-ataque:
pão de ló:	obra-prima:	abaixo-assinado:
mal-estar:	grão-mestre:	leva e traz:
pisca-pisca:	tico-tico:	papel-moeda:
segunda-feira:	couve-flor:	vice-diretor:
salvo-conduto:	mula sem cabeça:	batata-doce:
salário-família:	samba-enredo:	caminhão-tanque:
banana-prata:	porta-luvas:	homem-rã:
saca-rolha:	manga-rosa:	salário-mínimo:
guarda-comida:	peixe-espada:	mestre-sala:
quebra-cabeça:	puro-sangue:	porta-bandeira:
sempre-viva:	lugar-comum:	

2. Dê o plural dos adjetivos compostos.

grupo hispano-argentino:
disputa sino-soviética:
remédio anglo-francês:
autoridade administrativo-tributária:
informação econômico-financeira:
menino surdo-mudo:

menina surda-muda:
olho azul-claro:
terno cinza-chumbo:
céu azul-topázio:
blusa amarelo-ouro:
blusa amarelo-dourada:
livro ibero-americano:
poema herói-cômico:
acordo luso-franco-brasileiro:
gravata verde-oliva:
camisa azul-piscina:

Gabarito 1: criados-mudos; escolas-modelo; guardas-noturnos; pães-de-ló; mal-estares; pisca-piscas ou piscas-piscas; segundas-feiras; salvo-condutos ou salvos-condutos; salários-família; bananas-prata; saca-rolhas; guarda-comidas; quebra-cabeças; sempre-vivas; coautores; lança-perfumes; amores-perfeitos; obras-primas; grão-mestres; tico-ticos; couves-flores; mulas-sem-cabeça; sambas-enredo; porta-luvas; mangas-rosa; peixes-espada; puros-sangues; lugares-comuns; arranha-céus; primeiras-damas; contra-ataques; abaixo-assinados; os leva e traz; papéis-moeda; vice-diretores; batatas-doces; caminhões-tanque; homens-rã; salários-mínimos; mestres-sala; porta-bandeiras.

Gabarito 2: grupos hispano-argentinos; disputas sino-soviéticas; remédios anglo-franceses; autoridades administrativo-tributárias; informações econômico-financeiras; meninos surdos-mudos; meninas surdas-mudas, olhos azul-claros; ternos cinza-chumbo; céus azul-topázio; blusas amarelo-ouro; blusas amarelo-douradas; livros ibero-americanos; poemas herói-cômicos; acordos luso-franco-brasileiros; gravatas verde-oliva; camisas azul-piscina.

Veja duas questões comentadas sobre o assunto:

1. **(COPESE/UFPI – 2022 – Prefeitura de Oeiras – PI – Professor)** Dentre os substantivos compostos a seguir, indique o único cuja flexão para o plural é feita da mesma forma que em — cabeças-duras:

A) Beija-flor.
B) Guarda-roupa.
C) Cachorro-quente.
D) Alto-falante.
E) Recém-formado.

Comentários: O substantivo composto "cabeças-duras" é formado por substantivo + adjetivo, ambas classes variáveis. Daí a flexão dos dois elementos. O mesmo ocorre com "cachorro-quente" (substantivo + adjetivo: cachorros-quentes).

A) beija-flores (verbo + substantivo);
B) guarda-roupas (verbo + substantivo);
D) alto-falantes (advérbio + adjetivo);
E) recém-formados (prefixo + adjetivo).

Gabarito: C

2. **(IGEDUC - 2023 - Prefeitura de Tupanatinga - PE - Professor)** Julgue o item subsequente. O adjetivo composto deve permanecer invariável quando o último elemento for um substantivo, como em "paredes branco-neve"; enquanto, nos compostos formados por adjetivo + adjetivo, o segundo termo deve concordar normalmente, a exemplo de "camisas verde-escuras".

   CERTO

   ERRADO

   Comentários: A questão traz em sua afirmação a teoria do plural dos adjetivos compostos, que é exatamente essa. Se aparecer substantivo no adjetivo composto, o adjetivo composto ficará invariável.

   Gabarito: CERTO

Resumindo:

PLURAL DOS SUBSTANTIVOS COMPOSTOS

- 1. Variam os dois elementos:
  substantivo + substantivo
  substantivo + adjetivo
  adjetivo + substantivo
  Ex.: cirurgiões-dentistas, guardas-civis...
- 2. Varia somente o último elemento:
  - se o primeiro pertence a uma classe invariável:
    Ex.: abaixo-assinados, alto-falantes...
  - se o primeiro é um prefixo:
    Ex.: vice-diretores, contra-ataques...
- OBSERVAÇÕES
  - verbo não recebe S:
    Ex.: guarda-roupas, beija-flores...
  - se houver preposição clara ou oculta, varia somente o primeiro:
    Ex.: pés-de-meia
  - se o segundo elemento indicar fim, semelhança, varia somente o primeiro:
    Ex.: saias-balão
  - com palavras repetidas, varia somente o último elemento:
    Ex.: reco-recos

PLURAL DOS ADJETIVOS COMPOSTOS

- 1. Varia somente o último elemento:
  adjetivo + adjetivo
  palavra invariável + adjetivo
  Ex.: público-privadas, recém-nascidos...
- 2. Não variam:
  cor + substantivo
  Ex.: verde-garrafa, vermelho-sangue...

7.6. QUESTÕES DE CONCURSOS COMENTADAS

1. **(Instituto JK - 2024 - Prefeitura de Vargem Grande - MA - Auxiliar Operacional de Serviços Diversos)** O plural do substantivo composto "guarda-florestal" se dá da mesma forma que:

   A) Guarda-roupa.
   B) Guarda-joia.
   C) Guarda-chuva.
   D) Guarda-civil.

   Comentários: O substantivo "guarda-florestal" é formado por substantivo + adjetivo (classes variáveis). Nesse caso, então, variam os dois elementos (guardas-florestais), assim como "guarda-civil" (substantivo + adjetivo - guardas-civis). Nas outras opções, o vocábulo "guarda" é verbo. Aparecendo verbo no substantivo composto, não varia.

   A) guarda roupas;
   B) guarda-joias;
   C) guarda-chuvas.

   Gabarito: D

2. **(VUNESP - 2024 - Prefeitura de Santo André - SP - Técnico de Informática)** No trecho "... 'curta estadia na superfície lunar e <u>exploração humano-robótica</u>'", a expressão destacada tem como forma plural:

   A) exploração humano-robóticas.
   B) exploração humanos-robótica.
   C) exploração humanos-robóticas.
   D) explorações humano-robóticas.
   E) explorações humanos-robóticas.

   Comentários: Na forma plural dessa expressão, o substantivo "exploração" tem de se flexionar, logicamente (explorações). O adjetivo composto que o determina é formado por dois adjetivos. Quando isso ocorre, o primeiro elemento não varia (humano), e o segundo (robóticas) concorda com o substantivo a que se refere (explorações).

   Gabarito: D

3. **(Instituto Access - 2024 - Prefeitura de Cataguases - MG - Fiscal Tributário)** Assinale a alternativa em que o nome de cor composto tenha sido corretamente construído no plural.

   A) planetas azuls-claros.
   B) imagens azuis-claro.
   C) paredes azul-cobalto.
   D) uniformes azuis-piscina.

   Comentários: Quando aparece substantivo no adjetivo composto, nenhum elemento varia. Na opção C, aparece "cobalto" (substantivo). É a mesma explicação da opção D (piscina é substantivo - uniformes azul-piscina). Logo, nenhum termo vai ao plural. Nas opções A e B, os dois elementos são adjetivos. Nesse caso, só o último termo é que se flexiona (em gênero e número): planetas azul-claros; imagens azul-claras.

   Gabarito: C

4. **(IBFC - 2024 - Prefeitura de Fortaleza - CE - Assistente Social)** Escolha a alternativa correta quanto à classe gramatical das palavras em destaque.

A) "Os benefícios advindos dessas relações variam" – adjetivo.
B) "Nosso círculo íntimo engloba amigos muito próximos (...)" – adjetivo.
C) "(...) grupo seguinte inclui pessoas (...)" – advérbio.
D) "(...) o meio para nos ajudar a reviver a amizade" – preposição.
E) "(...) uma verdadeira fonte de felicidade (...)" – advérbio.

Comentários: Adjetivo é classe gramatical que se refere a substantivo (ou pronome substantivo). O vocábulo "advindo" é um adjetivo, significa "proveniente", "originário", "oriundo", refere-se ao substantivo "benefícios".

B) muito (advérbio, se refere ao adjetivo "próximos");

C) grupo (substantivo);

D) nos (pronome oblíquo átono);

E) verdadeira (adjetivo, se refere ao substantivo "fonte").

Gabarito: A

5. **(FCC - 2024 - TRF - 3ª Região - Técnico Judiciário)**

Livrarias e bibliotecas teriam espaço de sobra nas estantes.

No trecho acima, a classe gramatical da palavra sublinhada é:

A) Advérbio.
B) Conjunção.
C) Adjetivo.
D) Substantivo.
E) Verbo.

Comentários: O vocábulo "sobra" significa "abundância, fartura, resto". Nessa passagem, pertence a uma locução adjetiva (de sobra), que se refere a "espaço". No entanto, o que está sublinhado é apenas o vocábulo "sobra", que é substantivo. Essa locução adjetiva é formada de preposição + substantivo.

Gabarito: D

6. **(FGV - 2024 - Prefeitura de Macaé - RJ - Professor)** Assinale a frase que não exemplifica a substantivação de um adjetivo.

A) O permitido não me agrada; o proibido excita o meu desejo.
B) Para conseguir o maravilhoso, faça o impensável.
C) A sorte nem sempre favorece os mais dignos.
D) Não há solidão mais solitária do que a desconfiança.
E) O arranhado da mesa foi causado pela transportadora.

Comentários: Na opção D, o vocábulo "desconfiança" é um substantivo, antecedido pelo artigo definido "a". Nas outras opções, houve substantivação de adjetivos (derivação imprópria) por meio do uso de artigos na determinação desses termos. Originalmente, "permitido", "proibido", "maravilhoso", "impensável", "dignos" e "arranhado" são formas de adjetivo.

Gabarito: D

7. (FGV - 2024 - Prefeitura de Macaé - RJ - Professor de Língua Portuguesa) Assinale a frase que não exemplifica o caso de um adjetivo com valor adverbial.

A) Comecei de cima e trabalhei duro até chegar embaixo.
B) Você não aprende a manter firme sua posição no mundo ficando de guarda, mas atacando e sendo atacado.
C) Por que com tão curta a vida organizamos tantos projetos?
D) Tão rápido foge a vida que toda sorte é boa, em tão breve jornada.
E) As crianças envelhecem mais rápido que a gente.

Comentários: Na opção C, o vocábulo "curta" é adjetivo, pois se refere ao substantivo "vida". Nas outras opções, vocábulos que originalmente são adjetivos viraram advérbios, pois têm relação com verbos: "trabalhar duro"; "manter firme"; "a vida foge rápido"; "envelhecem rápido".

Gabarito: C

8. (FGV - 2024 - Prefeitura de Abreu e Lima - PE - Assistente Social) Assinale a frase abaixo em que o vocábulo melhor mostra uma classe gramatical diferente das demais.

A) Dinheiro é o melhor cosmético.
B) A melhor forma de emagrecer é ser mãe em tempo integral.
C) Se há alguma coisa que queremos mudar em uma criança, devemos primeiro verificar se não é melhor fazer essa mudança em nós mesmos.
D) Não há melhor amigo nem parente do que nós mesmos.
E) As aulas presenciais ensinam melhor que as aulas à distância.

Comentários: O vocábulo "melhor", essencialmente, é adjetivo. Como ocorre nas opções A, B, C e D, pois se referem a substantivos (melhor cosmético; melhor forma; fazer essa mudança não é melhor - refere-se ao sujeito oracional, é predicativo do sujeito, adjetivo, portanto; melhor amigo). Na opção E, a relação de sentido é com o verbo "ensinam". Virou advérbio.

Gabarito: E

9. (FGV - 2024 - Prefeitura de Caraguatatuba - SP - Professor de Língua Portuguesa) A frase em que o advérbio formado com o sufixo -mente mostra uma classificação diferente da de advérbio de modo é:

A) O infiel não é necessariamente um descrente: pode ser um crente com uniforme errado.
B) Graças a Deus, vamos continuar a ser vergonhosamente ricos num país miserável.
C) São as nossas escolhas e não as nossas habilidades que verdadeiramente mostram quem somos.
D) Modernamente Pôncio Pilatos tornou-se mais popular que Jesus Cristo.
E) Os deuses fizeram o campo mais esplendidamente e melhor que tudo.

Comentários: Na letra E, a circunstância é de tempo (modernamente), e não de modo, como nas outras opções em que aparecem advérbios com o sufixo -mente.

Gabarito: D

10. (CESPE/CEBRASPE - 2024 - Prefeitura de Cachoeiro de Itapemirim - ES - Auxiliar Administrativo)

> ***Hoje***, *em boa parte das sociedades modernas, o conceito de povo abrange todos os adultos integrados na sociedade, independentemente de seu gênero, sua raça, sua cor e seu credo religioso. Nesse contexto, todas e todos têm direito a igual participação na produção das leis e na eleição para cargos públicos.*

A palavra "Hoje" (primeiro período do parágrafo anterior) classifica-se como advérbio de tempo.

CERTO

ERRADO

Comentários: O vocábulo em destaque realmente indica circunstância de tempo: "o conceito de povo abrange hoje (nos tempos atuais) todos os adultos...".

Gabarito: CERTO

7.7. QUESTÕES DE CONCURSOS PROPOSTAS (COM GABARITO NO FINAL)

1. **(OBJETIVA - 2024 - Prefeitura de Nonoai - RS - Psicólogo)** Assinalar a alternativa que apresenta a grafia INCORRETA de seu plural.

A) Arco-íris.

B) Primos-irmãos.

C) Peixes-espada.

D) Portas-copos.

2. **(VUNESP - 2024 - Prefeitura de Lins - SP - Fiscal de Tributos)** Assinale a alternativa que apresenta as duas palavras do texto que pertencem à mesma classe gramatical da palavra destacada em: MAIO **AMARELO**.

A) multimídia, sobre.

B) panorama, população.

C) especial, novas.

D) iniciativas, você.

3. **(VUNESP - 2024 - Câmara de Campinas - SP - Técnico de Transcrição)**

> Ao desconcerto do mundo
>
> Os bons vi sempre passar
> No mundo graves tormentos;
> E para mais me espantar,
> Os maus vi sempre nadar
> Em mar de contentamentos.
> Cuidando alcançar assim
> O bem tão mal ordenado,
> Fui mau, mas fui castigado.
> Assim que, só para mim
> Anda o mundo concertado.
>
> (Luís Vaz de Camões. Lírica)

De acordo com a Gramática Normativa da Língua Portuguesa, dois adjetivos empregados no poema são:

A) mais e sempre.

B) bem e mal.

C) bons e tão.

D) maus e mar.

E) graves e mau.

4. (VUNESP - 2024 - Prefeitura de Lins - SP - Professor de Educação Básica) O termo destacado corresponde a um advérbio em:

A) ... que **provavelmente** vai revolucionar a vida de muitos jovens.

B) ... em meio a um **crescente** esforço nacional para proteger os jovens...

C) O estatuto proíbe **certas** redes sociais de conceder contas a crianças...

D) ... "ficar enterrado" em dispositivos o dia todo não é a **melhor** maneira de crescer.

5. (VUNESP - 2024 - Prefeitura de Santo André - SP - Auditor de Controle Interno) No verso — Está de fato completamente mudado. —, as expressões "de fato" e "completamente" exprimem, correta e respectivamente, sentidos de:

A) intensidade e meio.

B) dúvida e modo.

C) lugar e afirmação.

D) afirmação e intensidade.

E) modo e dúvida.

6. (VUNESP - 2024 - Prefeitura de Lins - SP - Contador) Assinale a alternativa em que a circunstância estabelecida pela expressão destacada está corretamente indicada entre colchetes.

A) Quer dizer que sou inimigo, **em parte**. Mas sou. [intensidade].

B) ... minha trabalheira de detetive de laboratório, policiando, farejando **com testes e reações**... [meio].

C) ... às vezes durante dias **a fio**, o que estava errado com uma ou outra droga. [tempo].

D) E logo se seguia um argumento, **com ares** de campeão do bom senso, aposentado... [lugar].

7. (IBFC - 2024 - MGS - Cargos de Nível Médio) Em: (...) Aí estão esses quatro folgados, esquecidos de que a Guanabara enfrenta problemas seríssimos (...)". Nesse fragmento de texto, a palavra — folgados — é adjetivo. Assinale a alternativa que apresenta apenas adjetivos.

A) Confiante, conflito, dourado, esperteza.

B) Astuto, doce, antigo, espelho.

C) Triste, má, inteligente, sentimento.

D) Insensível, ingrato, amargo, maldoso.

8. **(IDECAN - 2024 - Prefeitura de Mossoró - RN - Professor)** O substantivo é classe de palavras responsável por nomear seres, objetos e sentimentos, podendo se flexionar no plural, quando necessário. Nessa perspectiva, indique a alternativa que apresenta corretamente a flexão no plural.

   A) Abaixo-assinado —> abaixos-assinado.
   B) Bem-te-vi —> bem-te-vis.
   C) Furta-cor —> furtas-cores.
   D) Grão-prior —> grãos-priores.
   E) Tique-taque —> tiques-taque.

9. **(INAZ do Pará - 2024 - Prefeitura de Luiz Alves - SC - Técnico em Enfermagem)** A alternativa em que o plural dos nomes compostos está correto é:

   A) beija-flores, obras-primas, pé de moleques, navios-escolas.
   B) beija-flores, obras-primas, pés de moleque, navios-escola.
   C) beija-flores, obras-primas, pés de moleques, navios-escolas.
   D) beija-flores, obras-primas, pé de moleques, navios-escola.
   E) beijas-flores, obra-primas, pé de moleques, navios-escola.

10. **(FCC - 2024 - MPE - AM - Agente de Apoio - Especialidade Administrativo)** É invariável quanto a gênero e a número o termo sublinhado em:

    A) *incerto é o coração do homem.*
    B) *ela que decerto esperava sepultar-se entre areias claras.*
    C) *abraçando toda a água.*
    D) *O caso deu-se aqui na ilha.*
    E) *no meio daquele quase nada apareceu um bicho estranho.*

11. **(FGV - 2024 - Prefeitura de Caraguatatuba - SP - PEB II)** Assinale a frase que mostra um vocábulo substantivado.

    A) Não há prova maior de ignorância do que acreditar que o inexplicável é impossível.
    B) Nenhum espírito é realmente bem-organizado se lhe falta senso de humor.
    C) Quem enriquece o corpo é o espírito.
    D) Você tem que ter fé no seu caminho.
    E) Podem me chamar de louca, mas eu vi duendes em meu quarto.

12. **(FGV - 2024 - Prefeitura de São José dos Campos - SP - Guarda Civil Municipal)** Assinale a frase em que o vocábulo sublinhado desempenha a função de advérbio e não de adjetivo.

    A) O que você faz fala tão alto que não consigo escutar o que você diz.
    B) Ser novo-rico pode ser ridículo, mas deve ser ótimo.
    C) Bom é ter fama, melhor é ter dinheiro.
    D) Eu sou um preguiçoso que trabalha muito.
    E) Tornar-se pai não é difícil. Ser pai é, com toda certeza.

13. **(FGV - 2024 - Prefeitura de São José dos Campos - SP - Analista em Gestão Municipal)** Assinale a frase a seguir em que o advérbio formado com o sufixo-mente não deve ser incluído entre os advérbios de modo.

A) Os deuses fizeram o campo mais esplendidamente e melhor que tudo.
B) A grande invenção polivalente de Deus foi o pato. Ele anda, nada e voa. E faz tudo isso pessimamente.
C) Todas as flores que na terra fazem primavera / Em belíssimas cores gloriosamente surgiram.
D) O cão foi criado especialmente para as crianças. É o deus da brincadeira.
E) Todas as especulações são cinza, meu amigo, mas a árvore de ouro da vida é eternamente verde.

14. (CESPE/CEBRASPE – 2024 – Prefeitura de Cachoeiro de Itapemirim – ES – Auxiliar Administrativo)

O precursor do que viria a ser um jornal foi o romano Acta Diurna (Atos Diários), lançado em 59 a.C. Mas não se parecia com a publicação que você encontra na banca: era esculpido em pedra ou metal, conforme a época, e ficava exposto em locais públicos, como o Fórum de Roma. Todos os dias havia uma edição nova, que apresentava desde avisos oficiais do império, como decretos do imperador, decisões do Senado e de magistrados, até eventos da sociedade: nascimentos, casamentos e óbitos de ***cidadãos notáveis****. Criado por ordem de Júlio César (100 a.C. – 44 a.C.), ele era guardado para fins de pesquisa e também tinha cópias enviadas para partes distantes do Império Romano, de modo que governadores ficassem a par de novas leis. Foi o Acta Diurna que introduziu a expressão latina publicare et propagare, que significa "tornar público e propagar".*

No terceiro período, a palavra "notáveis", que caracteriza o substantivo "cidadãos", é classificada como adjetivo.

CERTO
ERRADO

15. (ADAPTADO – CESPE/CEBRASPE – 2024 – TST – Técnico Judiciário)

Finalmente, os pesquisadores descobriram o óbvio, ou seja, que os seres humanos não vivem só de produtividade, mas valorizam momentos felizes e agradáveis, que ***raramente*** *ocorrem na solidão do trabalho remoto ou nos contatos* ***fortuitos*** *das reuniões virtuais.*

No parágrafo anterior, o vocábulo "fortuitos" tem a mesma classificação gramatical que o vocábulo "raramente" e significa, no contexto em questão, **aquilo que não foi planejado**.

CERTO
ERRADO

GABARITO:

1. D	2. C	3. E	4. A	5. D
6. B	7. D	8. B	9. B	10. B
11. A	12. A	13. E	14. CERTO	15. ERRADO

Artigo, substantivo, adjetivo e advérbio... A diferenciação entre essas classes é assunto que vem sendo muito explorado nas provas. Vamos sistematizar?

7.8. RESUMO

Artigo é classe que se refere sempre a substantivo.

Substantivo nomeia. Sempre pode vir antecedido de artigo.

Adjetivo sempre se refere a substantivo. É classe variável.

Advérbio é classe que modifica verbo, adjetivo ou outro advérbio. É invariável.

Acesse o material suplementar

uqr.to/20vgq

Verbos 8

Os verbos são elementos fundamentais na construção de frases, pois indicam ações, estados, processos ou fenômenos. Eles podem ser flexionados em diferentes tempos e modos, número e pessoas.

8.1. TEMPOS E MODOS VERBAIS

Observe que são três os modos verbais:

1. **Indicativo**: é o modo que assegura algo.
2. **Subjuntivo**: é o modo que indica possibilidade, hipótese.
3. **Imperativo**: é o modo que apresenta ideias de ordem, pedido, convite, súplica.

No indicativo e no subjuntivo, temos, então, os tempos do presente, pretérito e futuro.

No quadro a seguir, foram sistematizados mecanismos para que você identifique os tempos verbais em frases de prova, assim como, caso você tenha muita dificuldade nesse assunto, possa iniciar a conjugação de cada tempo verbal com mais facilidade.

No indicativo

Toda vez que você tiver de conjugar o presente, coloque o "hoje" antes do verbo.

Para conjugar o pretérito imperfeito, use, antes do verbo, o advérbio "antigamente".

Na conjugação do pretérito perfeito, use o "ontem" antes do verbo.

Quanto ao pretérito mais-que-perfeito, a dica é usar "outro**ra**" antes do verbo, até porque isso vai ajudar a conjugar a desinência modo temporal do pretérito mais-que-perfeito, que é a desinência **-ra**.

Para o futuro do presente, use o advérbio "amanhã" antes do verbo e, no caso do futuro do pretérito, use o artifício de começar a frase falando "se eu fosse você, eu...".

Veja como seria, com um verbo de primeira conjugação ("falar"):

Presente: **hoje** eu falo, tu falas, ele fala, nós falamos, vós falais, eles falam.

Pretérito imperfeito: **antigamente** eu falava, tu falavas, ele falava, nós falávamos, vós faláveis, eles falavam.

Pretérito perfeito: **ontem** eu falei, tu falaste, ele falou, nós falamos, vós falastes, eles falaram.

Pretérito mais-que-perfeito: **outrora** eu falara, tu falaras, ele falara, nós faláramos, vós faláreis, eles falaram.

Futuro do presente: **amanhã** eu falarei, tu falarás, ele falará, nós falaremos, vós falareis, eles falarão.

Futuro do pretérito: **Se eu fosse você**, eu falaria, tu falarias, ele falaria, nós falaríamos, vós falaríeis, eles falariam.

No subjuntivo

O subjuntivo é o modo da incerteza, da possibilidade. No presente do subjuntivo, use o "que" antes do verbo. No pretérito imperfeito do subjuntivo, use o "se" e no futuro do subjuntivo acrescente o "quando". Veja, então, os exemplos:

Presente: **que** eu fale, tu fales, ele fale, nós falemos, vós faleis, eles falem.

Pretérito imperfeito: **se** eu falasse, tu falasses, ele falasse, nós falássemos, vós falásseis, eles falassem.

Futuro: **quando** eu falar, tu falares, ele falar, nós falarmos, vós falardes, eles falarem.

A seguir, um quadro com os tempos verbais simples existentes e a 1ª pessoa do singular de cada um deles. O quadro é bom por dois motivos: toda vez que você não souber como começa cada tempo verbal, você recorrerá a ele. Além disso, ajuda você a entender os tempos verbais. É uma boa sistematização.

I – Indicativo	presente – eu falo...	
	pretérito	imperfeito – eu falava...
		perfeito – eu falei...
		mais-que-perfeito – eu falara...
	futuro	do presente – eu falarei...
		do pretérito – eu falaria...

II – Subjuntivo	presente – que eu fale...
	pretérito imperfeito – se eu falasse...
	futuro – quando eu falar...

III – Imperativo	afirmativo – fala tu, fale você, falemos nós, falai vós, falem vocês.
	negativo – não fales tu, não fale você, não falemos nós, não faleis vós, não falem vocês.

Agora que você já sabe como se inicia a conjugação de cada tempo verbal, vamos à análise da estrutura do verbo. Somente entendendo como se forma a estrutura dos verbos, você conseguirá aprender a conjugá-los.

8.2. FORMAÇÃO DOS TEMPOS SIMPLES

8.2.1. Verbo – estrutura (radical, vogal temática e desinências)

Os verbos conjugados apresentam, maioritariamente, a seguinte estrutura:

radical

vogal temática

tema

desinência modo-temporal

desinência número-pessoal

Análise da estrutura dos verbos

Inicialmente, veja um exemplo em que a estrutura de um verbo é analisada:

"Falarão"

Radical: -fal

Vogal temática: -a (1ª conjugação)

Desinência modo-temporal: -ra (futuro do presente do indicativo)

Desinência número-pessoal: -ão (3ª pessoa do plural)

Agora, vamos entender o que significa cada um desses elementos.

O que é o radical? O radical define o significado principal do verbo. Na conjugação de verbos regulares, é a parte que se mantém inalterável. Na conjugação de verbos irregulares, o radical, muitas vezes, sofre alterações. No verbo amar, por exemplo, o radical é *am-*; no verbo estudar, o radical é *estud-*, no verbo fazer, o radical é *faz* , no verbo ser, que é um verbo anômalo (com muitas irregularidades), o radical ora é *s-*, ora é *f-*, ora é *er-*. Com o verbo trazer, por exemplo, o radical também varia, dependendo do tempo em que ele esteja conjugado, e pode ser *trouxe-*, *trag-*, *trar-*.

O que é a vogal temática? A vogal temática é a vogal que define a conjugação do verbo:

Os verbos com a **vogal temática -a-** pertencem à **1ª conjugação** (amar, cantar);

Os verbos com a **vogal temática -e-** pertencem à **2ª conjugação** (beber, vender);

Os verbos com a **vogal temática -i-** pertencem à **3ª conjugação** (partir, digerir).

(Não existe 4ª conjugação. Por exemplo, pôr é um verbo de 2ª conjugação).

O que é tema? É a junção do radical com a vogal temática. As desinências verbais se juntam ao tema para possibilitar a flexão e conjugação verbal.

O que são as desinências? As desinências podem ser entendidas como as terminações dos verbos. Elas permitem a flexão verbal em modo, tempo, número e pessoa.

As desinências modo-temporais indicam o modo e o tempo do verbo.

Por outro lado, as desinências número-pessoais indicam o número e a pessoa verbal.

Por exemplo, na forma verbal "chegarias" (futuro do pretérito do verbo "chegar", 2ª pessoa do singular), o radical é *cheg-*, a vogal temática é *a-*, o tema é *chega-*, a desinência modo-temporal é *ria-* e a desinência número-pessoal é *s-*. Vale lembrar que nem todas as formas verbais apresentam vogal temática e desinências.

No quadro a seguir, estão conjugados verbos regulares de 1ª, 2ª e 3ª conjugações, em todos os tempos simples do Indicativo e do Subjuntivo, com o radical, a vogal temática e as desinências destacadas, segundo o código de cores a seguir:

Vogal temática
Desinência MODO-TEMPORAL
Desinência NÚMERO-TEMPORAL

Tempo/Modo	1ª conjugação -AR	2ª conjugação -ER	3ª conjugação -IR
Presente do indicativo	fal o fal **a** s fal **a** fal **a** mos fal **a** is fal **a** m	vend o vend **e** s vend **e** vend **e** mos vend **e** is vend **e** m	part o part **e** s part **e** part **i** mos part **i** s part **e** m
Pretérito imperfeito do indicativo	fal **a va** fal **a va** s fal **a va** fal **á va** mos fal **á ve** is fal **a va** m	vend **ia** vend **ia** s vend **ia** vend **ía** mos vend **íe** is vend **ia** m	part **ia** part **ia** s part **ia** part **ía** mos part **íe** is part **ia** m
Pretérito perfeito do indicativo	fale i fal **a** ste falo u fal **a** mos fal **a** stes fal **a ra** m	vend i vend **e** ste vend **e** u vend **e** mos vend **e** stes vend **e ra** m	part i part **i** ste part **i** u part **i** mos part **i** stes part **i ra** m
Pretérito mais-que-perfeito do indicativo	fal **a ra** fal **a ra** s fal **a ra** fal **á ra** mos fal **á re** is fal **a ra** m	vend **e ra** vend **e ra** s vend **e ra** vend **ê ra** mos vend **ê re** is vend **e ra** m	part **i ra** part **i ra** s part **i ra** part **í ra** mos part **í re** is part **i ra** m
Futuro do presente do indicativo	fal **a re** i fal **a rá** s fal **a rá** fal **a re** mos fal **a re** is fal **a rã** o	vend **e re** i vend **e rá** s vend **e rá** vend **e re** mos vend **e re** is vend **e rã** o	part **i re** i part **i rá** s part **i rá** part **i re** mos part **i re** is part **i rã** o
Futuro do pretérito do indicativo	fal **a ria** fal **a ria** s fal **a ria** fal **a ría** mos fal **a ríe** is fal **a ria** m	vend **e ria** vend **e ria** s vend **e ria** vend **e ría** mos vend **e ríe** is vend **e ria** m	part **i ria** part **i ria** s part **i ria** part **i ría** mos part **i ríe** is part **i ria** m

Tempo/Modo	1ª conjugação -AR	2ª conjugação -ER	3ª conjugação -IR
Presente do subjuntivo	fal e fal e s fal e fal e mos fal e is fal e m	vend a vend a s vend a vend a mos vend a is vend a m	part a part a s part a part a mos part a is part a m
Pretérito imperfeito do subjuntivo	fal a sse fal a sse s fal a sse fal á sse mos fal á sse is fal a sse m	vend e sse vend e sse s vend e sse vend ê sse mos vend ê sse is vend e sse m	part i sse part i sse s part i sse part í sse mos part i sse is part i sse m
Futuro do subjuntivo	fal a r fal a re s fal a r fal a r mos fal a r des fal a re m	vend e r vend e re s vend e r vend e r mos vend e r des vend e re m	part i r part i re s part i r part i r mos part i r des part i re m
Forma nominal: infinitivo pessoal	fal a r fal a re s fal a r fal a r mos fal a r des fal a re m	vend e r vend e re s vend e r vend e r mos vend e r des vend e re m	part i r part i re s part i r part i r mos part i r des part i re m
Forma nominal: infinitivo impessoal	fal a r	vend e r	part i r
Forma nominal: particípio	fal a do	vend i do	part i do
Forma nominal: gerúndio	fal a ndo	vend e ndo	part i ndo

Agora que você já conhece a estrutura do verbo, vamos começar a conjugar os verbos? Vamos começar pelos tempos simples!

8.2.2. Tempos primitivos e derivados

Tempos simples são aqueles expressos por uma só palavra. Assim que começa o estudo da conjugação dos verbos, inicia-se pelos verbos regulares, que é o que faremos agora. Inicialmente, você precisa entender que os verbos têm origem nos chamados tempos primitivos, que são o presente do indicativo, o pretérito perfeito do indicativo e o infinitivo impessoal. Eles são chamados de primitivos porque formam os outros tempos e modos verbais, segundo o quadro a seguir:

TEMPOS PRIMITIVOS	TEMPOS DERIVADOS
I – Presente do indicativo	Presente do subjuntivo Imperativo negativo Imperativo afirmativo
II – Pretérito perfeito do indicativo	Pretérito mais-que-perfeito do indicativo Futuro do subjuntivo Pretérito imperfeito do subjuntivo
III – Infinitivo impessoal	Infinitivo pessoal Futuro do presente Futuro do pretérito

Com essa visão de tempos primitivos e derivados, você aprende que não precisa memorizar todos os tempos, apenas precisa saber conjugar os primitivos. Isso porque, com essa relação entre tempos primitivos e derivados, você aprende a sair de um tempo primitivo e chegar a um derivado, sem precisar memorizar também os tempos derivados. É simples: se a banca pede o presente do subjuntivo do verbo "digerir", por exemplo, basta que você acesse o presente do indicativo do verbo e você terá o que se pede, pois o presente do subjuntivo é derivado do presente do indicativo. Se o presente do indicativo de "digerir" é "eu digiro", o presente do subjuntivo será "que eu digira, que tu digiras...".

Com isso, temos uma notícia boa e uma ruim. A notícia boa é que não é necessário saber conjugar os tempos derivados. A notícia ruim é que, sem os primitivos, não se chega a lugar algum. Mas eles são apenas três. Assim, você, que estuda para concursos, precisa conhecer os tempos primitivos dos verbos que são comuns nas provas, porque, com eles, você acertará qualquer questão. Vamos, então, conhecer a formação dos tempos simples?

Vamos começar pelo presente do indicativo.

I – Presente do indicativo

O presente do indicativo dá origem ao presente do subjuntivo. E como isso acontece? O presente **do subjuntivo** é formado a partir da primeira pessoa do singular do **presente do indicativo**.

Assim, deve-se ir à 1ª pessoa do singular do presente do indicativo, substituir a desinência **o** pela desinência **e** nos verbos terminados em **-AR** e pela desinência **a** nos verbos terminados em **-ER** e **-IR**. Ah... Vale lembrar que, para começar a conjugar o verbo no presente do subjuntivo, a dica é acrescentar a conjunção "que" antes do verbo. Isso sempre ajuda muito!

Exemplos:

Eu arranh**o** – que eu arranhe **(ARRANHAR)**

Eu caib**o** – que eu caiba **(CABER)**

Eu assum**o** – que eu assuma **(ASSUMIR)**

Veja como ficaria, então, o presente do subjuntivo conjugado do início ao fim, a partir da primeira pessoa do presente do indicativo:

PRESENTE DO INDICATIVO	PRESENTE DO SUBJUNTIVO
eu **am**o	que eu **am** e
	que tu **am** e s
	que ela/ele **am** e
	que nós **am** e mos
	que vós **am** e is
	que elas/eles **am** e m

Agora, vamos ao 2º tempo primitivo, o pretérito perfeito (lembre-se de que são três tempos primitivos).

II – Pretérito perfeito do indicativo

Os tempos derivados do pretérito perfeito do indicativo são o pretérito mais-que-perfeito do indicativo, o pretérito imperfeito do subjuntivo e o futuro do subjuntivo. Nesse caso, esses tempos são formados a partir da eliminação da desinência **-RAM** da terceira pessoa do plural do pretérito perfeito. Dessa forma, entenda como cada um desses tempos derivados é formado:

Para formar o **pretérito mais-que-perfeito** do indicativo, acrescenta-se a desinência modo-temporal -**RA.**

Exemplos:

elas chega**ram** – eu chega**ra (CHEGAR)**

elas vive**ram** – eu vive**ra (VIVER)**

elas dividi**ram** – eu dividi**ra (DIVIDIR)**

Para o **futuro do subjuntivo**, a desinência modo-temporal **-R**.

Exemplos:

elas chega**ram** – quando eu chega**r (CHEGAR)**

elas vive**ram** – quando eu vive**r (VIVER)**

elas dividi**ram** – quando eu dividi**r (DIVIDIR)**

Para o **pretérito imperfeito do subjuntivo**, a desinência modo-temporal **-SSE**.

Exemplos:

elas chega**ram** – se eu chega**sse (CHEGAR)**

elas vive**ram** – se eu vive**sse (VIVER)**

elas dividi**ram** – se eu dividi**sse (DIVIDIR)**

Veja como ficariam, então, o pretérito mais-que-perfeito do indicativo, o futuro do subjuntivo e o pretérito imperfeito do subjuntivo, conjugados do início ao fim, a partir da terceira pessoa do plural do pretérito perfeito do indicativo:

Vogal temática
Desinência número-pessoal
Desinência modo-temporal

Pretérito perfeito do indicativo	Pretérito mais-que-perfeito do indicativo	Futuro do subjuntivo	Pretérito imperfeito do subjuntivo
eles/elas **corre**ram	eu **corr e** ra	quando eu **corr e** r	se eu **corr e** sse
	tu **corr e** ra s	quando tu **corre** r es	se tu **corr e** sse s
	ela/ele **corr e** ra	quando ela/ele **corr e** r	se ele **corr e** sse
	nós **corr ê** ra **mos**	quando nós **corr e** r mos	se nós **corr ê** sse mos
	vós **corr ê** re **is**	quando vós **corr e** r des	se vós **corr ê** sse is
	elas/eles **corr e** ra m	quando elas/eles **corr e** r em	se elas/eles **corr e** sse m

Por fim, vamos ao último tempo primitivo, o infinitivo impessoal, que dá origem ao infinitivo pessoal, ao futuro do presente e ao futuro do pretérito.

III – Infinitivo impessoal

O **infinitivo pessoal** é formado a partir do infinitivo impessoal, acrescentando-se as desinências número-pessoais do infinitivo pessoal.

Exemplos:

começar – para eles começar**em (COMEÇAR)**

crer – para vós crer**des (CRER)**

desistir – para nós desistir**mos (DESISTIR)**

O **futuro do presente** do indicativo é formado a partir do infinitivo impessoal, apresentando-se as desinências número-pessoais **-EI**, **-ÁS**, **-Á**, **-EMOS**, **-EIS** e **-ÃO**.

Exemplos:

começar – eu começa**rei (COMEÇAR)**

crer – vós crer**eis (CRER)**

desistir – nós desistir**emos (DESISTIR)**

O **futuro do pretérito** do indicativo é formado a partir do infinitivo impessoal, apresentando-se as desinências **-IA**, **-IAS**, **-ÍAMOS**, **-ÍEIS** e **-IAM**.

Exemplos:

começar – ele começa**ria (COMEÇAR)**

crer – vós crer**íeis (CRER)**

desistir – nós desistir**íamos (DESISTIR)**

Veja como ficariam, então, conjugados os tempos derivados do infinitivo impessoal, conjugados do início ao fim:

Vogal temática
Desinência número-pessoal
Desinência modo-temporal

Infinitivo impessoal	Infinitivo pessoal	Futuro do presente do indicativo	Futuro do pretérito do indicativo
partir	para eu **part i** r	eu **part i** re i	eu **part i** ria
	para tu **part i** r es	tu **part i** rá s	tu **part i** ria s
	para ela/ele **part i** r	ela/ele **part i** rá	ela/ele **part i** ria
	para nós **part i** r mos	nós **part i** re mos	nós **part i** ría mos
	para vós **part i** r des	vós **part i** re is	vós **part i** ríe is
	para elas/eles **part i** r em	elas/eles **part i** rã o	elas/eles **part i** ria m

Vamos agora treinar? A seguir, algumas questões que tratam de modos e tempos verbais, seguidas dos seus comentários.

1. **(FCC/TRF - 2ª Região)** A segunda novidade **apontava** os pesticidas e herbicidas químicos...

   O verbo flexionado nos mesmos tempo e modo em que se encontra o verbo em destaque acima está na frase:

   A) Mas Ehrlich *errou*.
   B) ... não *existia* terra suficiente para alimentar todas elas.
   C) ... com o que *cresce* em 2 mil metros quadrados...
   D) As algas se *multiplicam* a rodo...
   E) Diante disso, muitos consumidores *partiram* para uma alternativa...

   Comentários: O verbo da frase no enunciado está no pretérito imperfeito do indicativo (desinência -*va*). As letras A e E trazem o verbo no pretérito perfeito do indicativo. A letra B apresenta o verbo no pretérito imperfeito do indicativo, mas, como o verbo é de 3ª conjugação, a desinência é -*a*. A letra C mostra um verbo no presente do indicativo, bem como a letra D.

   Gabarito: B

2. **(FCC/TRF - 2ª Região)** Considere a flexão verbal em *viviam* – *vivem* – *viverão*. A mesma sequência está corretamente reproduzida nas formas:

   A) queriam – querem – quiserão.
   B) davam – dão – dariam.
   C) exigiram – exigem – exigerão.
   D) permitiam – permitem – permitirão.
   E) criam – criavam – criarão.

Comentários: A sequência de verbos do enunciado está, respectivamente, no pretérito imperfeito, presente e futuro do presente do indicativo.

A letra A tem erro só na forma *quiserão*, que não existe: o verbo *querer* no futuro do presente é *quererão* (é só você se lembrar do quadro: o futuro do presente deriva do infinitivo).

Na letra B, há erro só na forma *dariam*, que corresponde ao futuro do pretérito, e não futuro do presente do indicativo.

Na letra C há dois erros: no primeiro verbo (*exigiram* é pretérito perfeito; no imperfeito seria *exigiam*) e no último (*exigerão* não existe: é *exigirão* – lembre-se: o futuro do presente deriva do infinitivo *exigir* e não *exiger*).

A letra D traz a sequência correta: pretérito imperfeito do indicativo, presente do indicativo e futuro do presente.

Já a letra E erra na 1ª forma (*criam* é presente do indicativo, e não pretérito imperfeito – *criavam*) e na 2ª forma (*criavam*, como já vimos, é pretérito imperfeito, e não presente do indicativo).

Gabarito: D

3. **(COSEAC - UFF - Administrador)** No trecho "... acompanhava-o com seu passinho saltitante de volta à casa", a forma verbal destacada encontra-se no mesmo tempo verbal que a seguinte também sublinhada:

   A) "Uma tarde (era inverno), ele lá ficou..."

   B) "A vila inteira já conhecia o cachorro..."

   C) "Pensa que o cachorro deixou de esperá-lo?"

   D) "Os familiares voltaram-se para outros familiares."

   E) "(...) como se tivesse um relógio preso à pata (...)"

Comentários: Observe o que a banca pede: o mesmo tempo verbal de acompanhava. Verificamos que esse verbo é o "acompanhar", que está no pretérito imperfeito do indicativo (antigamente). Agora você vai marcar outra que esteja no pretérito imperfeito do indicativo. Em A, ficou = ficar = ontem. Ontem ele ficou = pretérito perfeito. Letra B: conhecer (coloque o verbo no infinitivo) e comece a pensar: antigamente eu conhecia. É pretérito imperfeito. Achamos a resposta: e a B. Na alternativa C: deixar = ontem deixou = pretérito perfeito. Na letra D, voltar = ontem voltaram = pretérito perfeito. Alternativa E: a presença da conjunção "se" já indica que o verbo está no pretérito imperfeito do subjuntivo.

Gabarito: B

4. **(ITAME - Prefeitura de Avelinópoles - Auxiliar Administrativo)** Marque a alternativa correta considerando o emprego do tempo e modo verbal.

   A) "Em Santos, onde **morávamos**..." (Pretérito imperfeito/ modo indicativo).

   B) "...madrinhas me **davam** de presente." (Pretérito perfeito/ modo indicativo).

   C) "...**constituíam** a geografia romanesca..." (Pretérito mais que perfeito/ modo indicativo).

   D) "...**comecei** a leitura do romance de Visconde de Taunay..." (Presente/ modo subjuntivo).

Comentários: Aqui a banca só quer que você identifique o tempo e o modo verbal de cada alternativa. Em A: morar = antigamente: eu morava / nós morávamos = pretérito imperfeito do indicativo. Letra A, então, é a correta. B: dar = antigamente: eu dava, eles davam = pretérito imperfeito, e não perfeito. Alternativa C: constituir: antigamente eles constituíam = pretérito imperfeito, e não mais-que-perfeito. D: comecei = começar = ontem comecei — não é presente, é pretérito perfeito do indicativo.

Gabarito: A

8.2.3. Formação do Imperativo

Quando aparecem verbos que denotam *ordem, pedido, desejo, súplica,* temos o modo **imperativo**, que se forma da seguinte maneira:

1. **Afirmativo:**

- **tu e vós**: retiradas do presente do indicativo com a supressão do ***S*** final.
  Fala (tu), falai (vós).
- **você, nós e vocês:** retiradas do presente do subjuntivo sem alteração.
  Fale (você), falemos (nós), falem (vocês).

> **Observação:**
>
> 1) Verbo ser: Sê tu / Sede vós.
>
> 2) Terminação -zer / -zir: faze ou faz tu; conduze ou conduz tu.

2. **Negativo:**

- conjugação igual à do presente do subjuntivo, acrescentando-se a negativa antes da forma verbal.
  Não fales tu, não fale você, não falemos nós, não faleis vós, não falem vocês.

Simples, não é? Então, vamos às questões. Há aquelas que só pedem que o candidato reconheça o modo imperativo nas frases, como a que se tem a seguir:

1. **(FCC/TRF – 5ª Região)** ... **respeite** pai e mãe...

O verbo flexionado de modo idêntico ao do destaque acima está também grifado na frase:

A) Todos desejavam que o recém-chegado se comportasse de acordo com os costumes locais.

B) Esperava-se aceitação bem maior das novas determinações estabelecidas pela instituição.

C) Leia este manual com bastante atenção, para conhecimento das normas de convivência da empresa.

D) Sempre se soube que a organização de um grupo depende de regras, respeitadas por seus integrantes.

E) É preciso que se observem as normas, para garantir uma convivência agradável em qualquer ambiente.

Comentários: Na frase retirada do texto apresentado na prova, observamos a presença do verbo "respeitar" (respeite) que denota uma ordem, um pedido. Temos aí a forma do imperativo afirmativo. Quando aparecem verbos no imperativo, o primeiro passo é observar **a pessoa**, porque, como vimos na teoria, as formas tu e vós são retiradas do presente do indicativo sem o S final. As outras formas (você, nós e vocês) são retiradas integralmente do presente do subjuntivo. Isso posto, na frase retirada do texto, o verbo (*respeite*) aparece flexionado na 3ª pessoa do singular (você). Na letra A, o verbo "comportar-se" está flexionado no pretérito imperfeito do subjuntivo. Na letra B, o verbo "esperar" aparece no pretérito imperfeito do indicativo. Na letra C, o verbo "ler" aparece com esse mesmo tom de imperativo (*Leia este manual*...) na 3ª pessoa do singular. Na D, o verbo "depender" aparece no presente do indicativo e, na E, no presente do subjuntivo.

Gabarito: C

Ainda quanto ao imperativo, há aquelas questões que trabalham, na mesma frase, a forma afirmativa, a negativa e o plural. Eis alguns exemplos:

2. (NCE – UFRJ / Ministério Público) "Recuse o convite e não troque o Brasil pela Itália"; se, em lugar da terceira pessoa, o autor do texto empregasse a segunda pessoa do singular, as formas convenientes dos verbos seriam:

a) recusa / não troca.

b) recusas / não trocas.

c) recusa / não troques.

d) recuse / não troca.

e) recuses / não trocas.

Comentários: Na frase retirada do texto, o verbo "recusar" aparece no imperativo afirmativo (3ª pessoa do singular) e o verbo "trocar" no imperativo negativo, antecedido do advérbio de negação *não*. O comando da questão pede para empregar a 2ª pessoa do singular. No imperativo afirmativo, as segundas pessoas (tu e vós) são retiradas do **presente do indicativo** sem o S final. Com o verbo "recusar", então, ficaria recusa. Como o imperativo negativo é retirado integralmente do **presente do subjuntivo**, a 2ª pessoa do singular seria troques.

Gabarito: C

3. (FGV) Quase Nada

(Fábio Moon e Gabriel Bá. *Folha de São Paulo*, 28 de dezembro de 2008.)

Assinale a alternativa com correta passagem da fala do segundo quadrinho para o plural.

A) Acordais, gatos.

B) Acordai, gatos.

C) Acordem, gatos.

D) Acordeis, gatos.

E) Acordei, gatos.

Comentários: Inicialmente, é preciso descobrir em que pessoa foi conjugada a forma de imperativo "acorda", presente no 2º quadrinho. Ora, *acorda* é 2ª pessoa do singular – tu – presente do indicativo, sem o s. Assim, como o enunciado pede que se transponha a fala para o plural – vós –, temos que ir também ao presente do indicativo e extrair o s: *acordai*.

Gabarito: B

4. **(FGV / Senado Federal - Analista Legislativo - Tradução e Interpretação)** "'Mudar para vencer! *Muda, Brasil!*', grita entusiasmado."

Assinale a alternativa em que se tenha a correta passagem para o plural e para a negativa da forma verbal do trecho grifado acima.

A) Não mudas, Brasil!

B) Não mudais, Brasil!

C) Não mudai, Brasil!

D) Não mudeis, Brasil!

Comentários: A forma verbal em destaque no enunciado está no imperativo afirmativo (2ª pessoa do singular – tu). Ao se transportar ao plural – vós –, no imperativo negativo (todo ele retirado do presente do subjuntivo), teremos a forma *não mudeis, Brasil!*

Gabarito: D

8.3. FORMAS NOMINAIS

Ao estudar conjugação verbal, é preciso que se dê especial atenção às **formas nominais** do verbo: infinitivo, gerúndio e particípio. São chamados de formas nominais tais tempos, porque, ao lado do seu valor verbal, podem desempenhar função de nomes (substantivo, adjetivo e advérbio).

Assim, teríamos:

Fumar é proibido.

Aqui, o infinitivo exerce papel de substantivo, pois é sujeito do verbo *ser*.

Tempo **perdido**.

Nesse caso, o particípio exerce papel de adjetivo do substantivo *tempo*.

Amanhecendo, partiremos.

Aqui, o gerúndio apresenta um valor adverbial, pois indica circunstância de tempo à forma verbal *partiremos*.

Vamos, então, estudar as formas nominais do verbo. Aproveite para observar as desinências características dessas formas, destacadas a seguir:

Infinitivo: fala**r**, bebe**r**, parti**r**

Gerúndio: fala**ndo**, bebe**ndo**, parti**ndo**

Particípio: fala**do**, bebi**do**, parti**do**

Importante: O infinitivo pode ser **pessoal** ou **impessoal**.

O infinitivo **pessoal** é dividido em **flexionado** e **não flexionado**.

Infinitivo flexionado: indica o agente da ação – falar, falares, falar, falarmos, falardes, falarem.

Assim, teríamos:

Para **passares** em concurso, é preciso estudo.

Aqui, a desinência do infinitivo – **res** – indica que o agente da ação é **tu**. É um caso de infinitivo com desinência, com flexão.

Infinitivo não flexionado: apresenta uma só forma para as seis pessoas (falar).

É importante que estudemos para **passar** em concurso.

Aqui, não há desinência para a forma de infinitivo, mas inferimos pelo verbo da oração anterior – *estudemos* – que o agente do infinitivo é **nós**. Logo, tem-se um infinitivo pessoal, com sujeito, mas sem flexão. Vale lembrar que a opção por não flexão é apenas uma maneira de enfatizar a ação verbal, tendo em vista que o sujeito está claramente identificado na forma verbal *estudemos*.

Observação: A flexão do infinitivo é assunto que deve ser estudado com mais profundidade em concordância verbal.

O infinitivo **impessoal** enuncia uma ação vaga, indeterminada:

É preciso **acabar** com a miséria no país.

Repare que nessa forma do verbo não há a intenção de mostrar o agente da ação. É o infinitivo com sujeito indeterminado: o infinitivo impessoal.

Atenção: Em relação a esse assunto, o que se vê nas provas é o infinitivo em confronto com o futuro do subjuntivo. Nos verbos regulares, essas formas são idênticas. Exemplo: Infinitivo pessoal do verbo amar: amar, amares, amar, amarmos, amardes, amarem. Futuro do subjuntivo do verbo amar: amar, amares, amar, amarmos, amardes, amarem. Logo, vem a pergunta: como não confundi-los?

Dicas:

1. Com conjunção, será sempre futuro do subjuntivo. Com preposição ou sem conectivo algum, será infinitivo.
2. Na dúvida, troque o verbo em questão por outro irregular, que não apresente tal semelhança. Use, por exemplo, o verbo FAZER, que tem como infinitivo a forma fazer e como futuro do subjuntivo fizer.

A seguir, veremos uma questão, com um índice de erro bastante acentuado, que buscava a distinção entre as duas formas: **futuro do subjuntivo x infinitivo pessoal**.

1. **(NCE / Psicólogo)** ... não se deve *dizer* mal de ninguém...; a frase em que a forma verbal destacada está no mesmo tempo e modo do verbo sublinhado é:

   A) Quando sair para a cidade, irei de táxi.

   B) Ao chegar à exposição, ficarei deslumbrado.

   C) Assim que lanchar, partirei.

   D) Se viajar, será de avião.

   E) Logo que puder, dormirei.

   Comentários: A forma *dizer* está no infinitivo impessoal, até porque, se estivesse no futuro do subjuntivo, seria *disser.*

   Nas letras A, C, D e E, os verbos estão no futuro do subjuntivo: observe a presença de conjunções *quando* (letra A) e *se* (letra D), bem como das locuções conjuntivas *assim que* (letra C) e *logo que* (letra E). Substitua mentalmente tais formas verbais por *fizer* (*quando fizer, assim que fizer, se fizer, logo que fizer*), e você terá a certeza de que elas estão no futuro do subjuntivo. Já na letra B, vemos a preposição **a** em *ao chegar*, o que indica que o verbo está no infinitivo. Basta trocar a forma verbal *chegar* por *fazer* e você terá certeza de que é infinitivo (*ao fazer*).

   Gabarito: B

Além do infinitivo, convém darmos especial atenção ao uso do gerúndio, assunto muito comum nas provas de concursos públicos. Nesse caso, vale observar que o bom uso do gerúndio aconselha que o utilizemos para indicar uma ação que ocorra simultaneamente a outra, a fim de que não produza ambiguidade. Assim, teríamos:

Andava pelas ruas sorrindo.

Aqui, temos duas ações – andar e sorrir – que ocorrem ao mesmo tempo: bom uso do gerúndio.

No entanto, devemos evitar construções do tipo:

Escreveu o relatório, enviando-o ao gerente.

Nesse caso, o gerúndio está sendo utilizado para indicar uma ação posterior a outra, o que é inadequado, por suscitar a seguinte dúvida: escreveu o relatório e, ao mesmo tempo, o enviou ao gerente, ou escreveu e depois o enviou ao gerente? O melhor seria não usar o gerúndio, e sim o pretérito perfeito: *escreveu o relatório e o enviou ao gerente.*

Tal inadequação vem sendo trabalhada em algumas provas. Eis uma questão que nos servirá como exemplo:

2. **(NCE – Corregedoria)** "... que a roubou, ameaçando cortar a garganta do garoto". O bom uso do gerúndio requer que sua ação seja simultânea à do verbo principal, como ocorre nesse segmento do texto. Assim, é exemplo de mau uso do gerúndio a frase:

   A) O assaltante gritou, abrindo a porta...".

   B) O motorista acovardou-se, abaixando o vidro.

   C) O assaltante entrou, sentando-se no banco traseiro.

   D) O marginal ameaçou-o, mostrando a arma.

   E) O motorista obedeceu, acelerando o carro.

   Comentários: Nas letras A, B, D e E, observa-se o uso do gerúndio que indica uma ação concomitante a outra. Na letra A, o assaltante grita e abre a porta ao mesmo tempo; na letra B, o motorista se acovarda e abaixa o vidro simultaneamente; na letra D, ao mesmo tempo em que o marginal ameaça, ele mostra a arma; e na letra E o motorista obedece e acelera o carro simultaneamente. Todas elas indicam um bom uso do gerúndio. Já a letra C apresenta a ação de *sentar* no gerúndio, que não é concomitante, e sim posterior à ação de *entrar*: temos um uso inadequado do gerúndio. Melhor seria dizer: *o assaltante entrou e se sentou no banco traseiro*.

Gabarito: C

Para finalizar o estudo das formas nominais do verbo, vamos falar sobre o particípio. Quanto a esse assunto, vale focar dois pontos importantes:

a) Há verbos que possuem duas formas de particípio: o regular (de terminação *-do*) e o irregular (que não possui terminação *-do*). Eis alguns exemplos:

aceitar: aceitado, aceito;

entregar: entregado, entregue;

limpar: limpado, limpo;

inserir: inserido, inserto;

suspender: suspendido, suspenso;

prender: prendido, preso;

imprimir: imprimido, impresso.

O que convém é usar a forma regular do particípio com os verbos auxiliares *ter* e *haver* e a forma irregular com os auxiliares *ser* e *estar* ou em qualquer outra hipótese. Assim, teríamos como exemplo:

Verbo aceitar: **Duplo particípio**

regular (ter ou haver / tenho aceitado)

irregular (ser ou estar / foi aceito)

b) Em algumas questões, cobra-se o verbo vir e derivados nas formas do gerúndio e do particípio. Isso porque é o único verbo que tem gerúndio e particípio idênticos. Assim, teríamos:

Eu estou vindo para casa.

O verbo *vir* está no gerúndio. Basta substituí-lo por chegar: *eu estou chegando*.

Eu tenho vindo muito a este lugar.

Aqui, o verbo *vir* está no particípio. A troca por outro verbo no particípio pode ajudar você a chegar a tal constatação: *eu tenho chegado*.

Essa coincidência de formas do verbo vir no gerúndio e particípio já foi trabalhada em algumas questões de provas. Observe:

3. (NCE - UFRJ — Ministério Público) *Noticiando* é forma do gerúndio do verbo *noticiar;* a frase em que a forma verbal destacada pode não estar no gerúndio é:

A) As notícias estão <u>chegando</u> da Itália cada vez mais rapidamente.

B) <u>Transformando</u>-se o ódio em amor, acabam-se as guerras.

C) <u>Vindo</u> o resultado, os clientes começaram a protestar.

D) Os jogadores italianos estão <u>reclamando</u> dos estrangeiros.

E) O atleta viajou, <u>completando</u> sua missão.

Comentários: Em todas as alternativas, exceto em uma, temos verbos que estão no gerúndio: chegando, transformando, reclamando e completando. Na letra C, vê-se o caso do verbo "vir" que, na frase em que se encontra, tanto pode estar no gerúndio ("Chegando o resultado...") como pode estar no particípio ("Chegado o resultado..."). Observe que, no enunciado, houve o cuidado de se afirmar que se trata de uma forma que *pode* não estar no gerúndio: a própria frase é ambígua.

Gabarito: C

Agora, vamos a uma questão que não permite ambiguidade e ilustra bem a semelhança das formas de gerúndio e particípio do verbo vir:

4. (NCE - UFRJ – Auxiliar de Cartório) Como sabemos, o morfema -NDO forma gerúndios, de que *fazendo* é um exemplo. O item em que a forma em maiúscula não corresponde a um gerúndio é:

A) CHEGANDO os corpos, será feita a autópsia.

B) Os médicos estiveram REALIZANDO exames.

C) Os poetas tinham VINDO ao sepultamento do colega.

D) TENDO tempo, todos participarão do exame.

E) Ganhará dinheiro, VENDENDO bugigangas.

Comentários: As letras A, B, D e E apresentam verbos no gerúndio. *chegando*, *realizando*, *tendo* e *vendendo*. Na letra C, temos o verbo vir no particípio: basta substituí-lo por **chegar** – *os poetas tinham chegado...*

Gabarito: C

Agora, é necessário que se aprenda a identificar os tempos compostos. Aprender a conjugá-los é simples, pois o que se memoriza para os tempos compostos do indicativo vale também para o subjuntivo. Vamos a eles.

8.4. TEMPOS COMPOSTOS

Formam-se com os auxiliares **TER** ou **HAVER** mais **particípio**.

Na maioria dos casos, o nome do tempo composto quem determina é o verbo auxiliar.

No Indicativo:

Terei falado. **(futuro do presente composto)**

Teria falado. **(futuro do pretérito composto)**

Ter falado. **(infinito composto)**

Tendo falado. **(gerúndio composto)**

No Subjuntivo:

Tiver falado. **(futuro composto)**

No entanto, merecem atenção especial duas formas:

1. **Pretérito perfeito composto:** verbo auxiliar no presente mais o particípio.

   Indica a repetição ou continuidade de um fato iniciado no passado até o presente.

   Tem falado, **tenho** contado...

2. **Pretérito mais-que-perfeito composto:** verbo auxiliar no imperfeito mais particípio.

É empregado como o simples, para expressar um fato já concluído antes de outro também no passado.

Tinha falado, **havia** falado, **tinha** contado...

Repare que, nessas formas, o nome do tempo composto não corresponde ao verbo auxiliar. Em concurso, quando o assunto é tempo composto, esses são os tempos mais pedidos.

Vamos a três questões de concurso que falam do assunto:

1. **(Técnico Judiciário – TJ)** "... que realmente **havia levado** a máquina para casa..."; a forma verbal em destaque equivale a:

   A) levava.

   B) levou.

   C) leva.

   D) levara.

   E) levasse.

   Comentários: A forma verbal havia levado traz o verbo auxiliar (haver) no pretérito imperfeito, caracterizando, assim, o pretérito mais-que-perfeito do indicativo, que equivale à forma simples desse mesmo tempo.

   Gabarito: D

2. **(Auxiliar Judiciário – TJ)** "Publicidade oficial **tem sido**, quase sempre...". O emprego do tempo verbal destacado expressa:

   A) uma ação ou estados permanentes ou assim considerados.

   B) um fato futuro, mas próximo.

   C) uma ação passada habitual ou repetida.

   D) uma ação produzida em certo momento do passado.

   E) a continuidade de um ato até o presente.

   Comentários: A forma destacada no enunciado tem o verbo auxiliar (ter) no presente do indicativo, o que caracteriza o pretérito perfeito do indicativo. Embora o auxiliar esteja no presente, repare que a ideia tem início no passado e vem até o momento presente. Se "Publicidade oficial tem sido, quase sempre...", é porque essa ação *vem ocorrendo*, ou seja, não terminou no passado, se prolonga até o presente.

   Gabarito: E

3. **(FGV – Perito Criminal da Polícia Civil do Estado do Rio de Janeiro)** "O público brasileiro tem ouvido, com alguma frequência, notícias a respeito de possível rebelião de países vizinhos contra aquilo que seus governantes chamam de dívidas ilegítimas."

   No trecho acima, as formas verbais estão, respectivamente, no:

   A) presente do indicativo e presente do indicativo.

   B) presente do indicativo e presente do subjuntivo.

   C) presente do subjuntivo e presente do indicativo.

   D) pretérito perfeito do indicativo e presente do subjuntivo.

   E) pretérito perfeito do indicativo e presente do indicativo.

Comentários: Trata-se de uma questão que busca a identificação dos tempos das formas verbais *tem ouvido* e *chamam*. Muitos alunos que erraram a questão marcaram a letra A, pois não perceberam que o verbo *ter* vinha seguido de particípio, formando, assim, um tempo composto. Ora, se o auxiliar vem no presente do indicativo mais particípio, estamos diante do pretérito perfeito composto do indicativo, enquanto a forma *chamam* está no presente do indicativo. Atente ao fato de que a banca também não menciona pretérito perfeito *composto*, e sim pretérito perfeito, o que torna a questão mais difícil.

Gabarito: E

Resumindo:

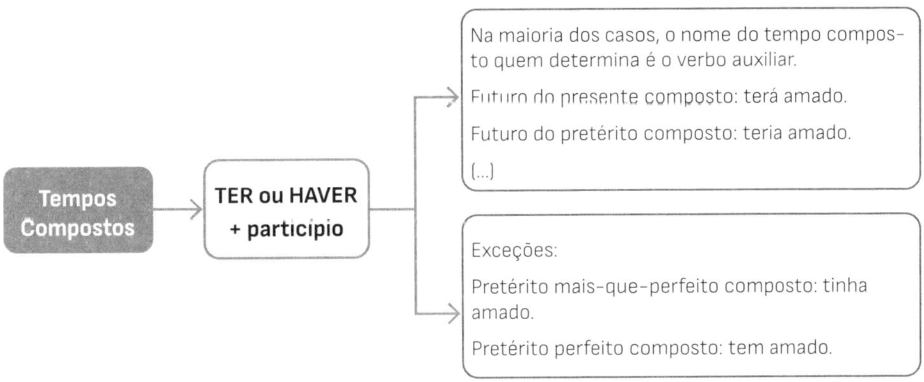

8.5. CONJUGAÇÃO VERBAL

Já sabemos como sair de um tempo primitivo e chegar a um derivado. Agora, você deve estar se perguntando: quantos verbos terei de saber para fazer uma boa prova? Fique tranquilo: não são muitos. Na verdade, você precisa saber conjugar alguns verbos que são *líderes* de outros comuns em concursos. Por exemplo: se aparecer o verbo *advir* em uma questão, basta você conhecer o *vir*, que apresenta o mesmo radical. Daí o verbo *vir* ser um *líder*. Da mesma forma, o *depor*, que vem do *pôr*; o *abster*, que vem do *ter*, e assim sucessivamente.

Preparamos uma lista de verbos conjugados, que servirá como consulta para os exercícios que faremos a seguir.

8.5.1. Líderes e bons amigos

Pôr (líder)

Modo Indicativo:

Presente: ponho, pões, põe, pomos, pondes, põem; **pretérito perfeito:** pus, puseste, pôs, pusemos, pusestes, puseram; **pretérito imperfeito:** punha, punhas, punha, púnhamos, púnheis, punham; **pretérito mais-que-perfeito:** pusera, puseras, pusera, puséramos, puséreis, puseram; **futuro do presente:** porei, porás, porá, poremos, poreis, porão; **futuro do pretérito:** poria, porias, poria, poríamos, poríeis, poriam.

Modo Subjuntivo:

Presente: ponha, ponhas, ponha, ponhamos, ponhais, ponham; **pretérito imperfeito:** pusesse, pusesses, pusesse, puséssemos, pusésseis, pusessem; **futuro:** puser, puseres, puser, pusermos, puserdes, puserem.

Como o verbo pôr, conjugam-se antepor, apor, compor, contrapor, decompor, depor, dispor, entrepor, expor, impor, interpor, justapor, opor, pospor, predispor, pressupor, propor, recompor, repor, sobrepor, supor.

Ter (líder)

Modo Indicativo:

Presente: tenho, tens, tem, temos, tendes, têm; **pretérito perfeito:** tive, tiveste, teve, tivemos, tivestes, tiveram; **pretérito imperfeito:** tinha, tinhas, tinha, tínhamos, tínheis, tinham; **pretérito mais-que-perfeito:** tivera, tiveras, tivera, tivéramos, tivéreis, tiveram; **futuro do presente:** terei, terás, terá, teremos, tereis, terão; **futuro do pretérito:** teria, terias, teria, teríamos, teríeis, teriam.

Modo Subjuntivo:

Presente: tenha, tenhas, tenha, tenhamos, tenhais, tenham; **pretérito imperfeito:** tivesse, tivesses, tivesse, tivéssemos, tivésseis, tivessem; **futuro:** tiver, tiveres, tiver, tivermos, tiverdes, tiverem.

Como o verbo ter, conjugam-se abster-se, ater-se, conter, deter, entreter, manter, obter, reter, suster.

Ver (líder)

Modo Indicativo:

Presente: vejo, vês, vê, vemos, vedes, veem; **pretérito perfeito:** vi, viste, viu, vimos, vistes, viram; **pretérito imperfeito:** via, vias, via, víamos, víeis, viam; **pretérito mais-que--perfeito:** vira, viras, vira, víramos, víreis, viram; **futuro do presente:** verei, verás, verá, veremos, vereis, verão; **futuro do pretérito:** veria, verias, veria, veríamos, veríeis, veriam

Modo Subjuntivo:

Presente: veja, vejas, veja, vejamos, vejais, vejam; **pretérito imperfeito:** visse, visses, visse, víssemos, vísseis, vissem; **futuro:** vir, vires, vir, virmos, virdes, virem.

Como o verbo ver, conjugam-se entrever, antever, prever, rever.

Vir (líder)

Modo Indicativo:

Presente: venho, vens, vem, vimos, vindes, vêm; **pretérito perfeito:** vim, vieste, veio, viemos, viestes, vieram; **pretérito imperfeito:** vinha, vinhas, vinha, vínhamos, vínheis, vinham; **pretérito mais-que-perfeito:** viera, vieras, viera, viéramos, viéreis, vieram; **futuro do presente:** virei, virás, virá, viremos, vireis, virão; **futuro do pretérito:** viria, virias, viria, viríamos, viríeis, viriam.

Modo Subjuntivo:

Presente: venha, venhas, venha, venhamos, venhais, venham; **pretérito imperfeito:** viesse, viesses, viesse, viéssemos, viésseis, viessem; **futuro:** vier, vieres, vier, viermos, vierdes, vierem.

Como o verbo vir, conjugam-se advir, avir-se, convir, desavir-se, intervir, provir, sobrevir.

Dizer (líder)

Modo Indicativo:

Presente: digo, dizes, diz, dizemos, dizeis, dizem; **pretérito perfeito:** disse, disseste, disse, dissemos, dissestes, disseram; **pretérito imperfeito:** dizia, dizias, dizia, dizíamos, dizíeis, diziam; **pretérito mais-que-perfeito:** dissera, disseras, dissera, disséramos, disséreis, disseram; **futuro do presente:** direi, dirás, dirá, diremos, direis, dirão; **futuro do pretérito:** diria, dirias, diria, diríamos, diríeis, diriam.

Modo Subjuntivo:

Presente: diga, digas, diga, digamos, digais, digam; **pretérito imperfeito:** dissesse, dissesses, dissesse, disséssemos, dissésseis, dissessem; **futuro:** disser, disseres, disser, dissermos, disserdes, disserem.

Como o verbo dizer, conjugam-se bendizer, condizer, contradizer, desdizer (assim, se é *eu digo*, será eu *bendigo*...).

Fazer (líder)

Modo Indicativo:

Presente: faço, fazes, faz, fazemos, fazeis, fazem; **pretérito perfeito:** fiz, fizeste, fez, fizemos, fizestes, fizeram; **pretérito imperfeito:** fazia, fazias, fazia, fazíamos, fazíeis, faziam; **pretérito mais-que-perfeito:** fizera, fizeras, fizera, fizéramos, fizéreis, fizeram; **futuro do presente:** farei, farás, fará, faremos, fareis, farão; **futuro do pretérito:** faria, farias, faria, faríamos, faríeis, fariam.

Modo Subjuntivo:

Presente: faça, faças, faça, façamos, façais, façam; **Pretérito imperfeito:** fizesse, fizesses, fizesse, fizéssemos, fizésseis, fizessem; **futuro:** fizer, fizeres, fizer, fizermos, fizerdes, fizerem.

Como o verbo fazer, conjugam-se afazer, benfazer, desfazer, refazer, satisfazer (assim, se é *eu faço*, será eu *benfaço*...).

Querer (líder)

Modo Indicativo:

Presente: quero, queres, quer, queremos, quereis, querem; **Pretérito perfeito:** quis, quiseste, quis, quisemos, quisestes, quiseram; **pretérito imperfeito:** queria, querias, queria, queríamos, queríeis, queriam; **pretérito mais-que-perfeito:** quisera, quiseras, quisera, quiséramos, quiséreis, quiseram; **futuro do presente:** quererei, quererás, quererá, quereremos, querereis, quererão; **futuro do pretérito:** quereria, quererias, quereria, quereríamos, quereríeis, quereriam.

Modo Subjuntivo:

Presente: queira, queiras, queira, queiramos, queirais, queiram; **pretérito imperfeito:** quisesse, quisesses, quisesse, quiséssemos, quisésseis, quisessem; **futuro:** quiser, quiseres, quiser, quisermos, quiserdes, quiserem.

Como o verbo querer, conjugam-se bem-querer, desquerer, mal-querer (assim, se é *eu quero*, será eu *bem-quero*).

Valer (líder)

Modo Indicativo:

Presente: valho, vales, vale, valemos, valeis, valem; **pretérito perfeito:** vali, valeste, valeu, valemos, valestes, valeram; **pretérito imperfeito:** valia, valias, valia, valíamos, valíeis, valiam; **pretérito mais-que-perfeito:** valera, valeras, valera, valêramos, valêreis, valeram; **futuro do presente:** valerei, valerás, valerá, valeremos, valereis, valerão; **futuro do pretérito:** valeria, valerias, valeria, valeríamos, valeríeis, valeriam.

Modo Subjuntivo:

Presente: valha, valhas, valha, valhamos, valhais, valham; **pretérito imperfeito:** valesse, valesses, valesse, valêssemos, valêsseis, valessem; **futuro:** valer, valeres, valer, valermos, valerdes, valerem.

Como o verbo valer, conjugam-se desvaler, equivaler (assim, se é *eu valho*, será eu *equivalho*).

Como dissemos anteriormente, as bancas costumam pedir ao aluno, além da conjugação desses líderes, a dos seus derivados. Um bom exercício seria que você conjugasse os verbos derivados, partindo dos líderes. Exemplo: treine a conjugação do *interpor*, a partir da conjugação do *pôr*.

A seguir, a conjugação de verbos nos quais não se pode confiar. Isso porque, ao conjugar o *requerer*, por exemplo, é muito comum que o aluno faça analogia com o *querer*, não é mesmo? Mas o *requerer* não se conjuga como o *querer*. Da mesma forma, o verbo *prover* não vai seguir o paradigma do verbo *ver* em todos os tempos, só no presente. Daí a importância de sistematizá-los.

8.5.2. Falsos amigos conjugados

Prover

Modo Indicativo:

Presente: provejo, provês, provê, provemos, provedes, proveem; **pretérito perfeito:** provi, proveste, proveu, provemos, provestes, proveram; **pretérito imperfeito:** provia, provias, provia, províamos, províeis, proviam; **pretérito mais-que-perfeito:** provera, proveras, provera, provêramos, provêreis, proveram; **futuro do presente:** proverei, proverás, proverá, proveremos, provereis, proverão; **futuro do pretérito**: proveria, proverias, proveria, proveríamos, proveríeis, proveriam.

Modo Subjuntivo:

Presente: proveja, provejas, proveja, provejamos, provejais, provejam; **pretérito imperfeito:** provesse, provesses, provesse, provêssemos, provêsseis, provessem; **futuro:** prover, proveres, prover, provermos, proverdes, proverem.

> **Resumindo:**
>
> Basta que você pense no PROVER da seguinte forma: ele se conjuga como o VER só nos tempos do presente – presente do indicativo e presente do subjuntivo; nos outros tempos, é regular, como o BEBER. Assim, o grande cuidado que se deve ter é para não conjugá-lo como o VER o tempo inteiro. No pretérito imperfeito do subjuntivo, por exemplo, se ele se conjugasse como o VER, seria *se eu provisse*, enquanto o correto é *se eu provesse* (tal qual o BEBER – *se eu bebesse*).

Requerer

Modo Indicativo:

Presente: requeiro, requeres, requer, requeremos, requereis, requerem; **pretérito perfeito:** requeri, requereste, requereu, requeremos, requerestes, requereram; **pretérito imperfeito:** requeria, requerias, requeria, requeríamos, requeríeis, requeriam; **pretérito mais-que-perfeito:** requerera, requereras, requerera, requerêramos, requerêreis, requereram; **futuro do presente:** requererei, requererás, requererá, requereremos, requerereis, requererão; **futuro do pretérito:** requereria, requererias, requereria, requereríamos, requereríeis, requereriam.

Modo Subjuntivo:

Presente: requeira, requeiras, requeira, requeiramos, requeirais, requeiram; **pretérito imperfeito:** requeresse, requeresses, requeresse, requerêssemos, requerêsseis, requeressem; **futuro:** requerer, requereres, requerer, requerermos, requererdes, requererem.

> **Resumindo:**
>
> Quanto ao REQUERER, pense da seguinte forma: ele recebe a vogal i, após o 2º e do radical, apenas na 1ª pessoa do singular do presente do indicativo. O mesmo ocorre em todo o presente do subjuntivo, que dele deriva. Nos outros tempos, é regular e conjuga-se como o BEBER. Não pense no QUERER. Assim, por exemplo, se ele fosse como o QUERER, no pretérito perfeito do indicativo seria *eu requis*, e não *eu requeri* (tal qual o BEBER: *eu bebi*).

A seguir, apresentamos os verbos defectivos que são campeões em concursos públicos: os verbos REAVER e PRECAVER. Partindo do conceito de que um verbo defectivo é um verbo que não se conjuga em todos os tempos e em todas as pessoas, o primeiro cuidado que você deve tomar é não conjugá-los nos tempos em que eles não existem. Assim, você não deve, por exemplo, dizer *eu me precavejo contra esse tipo de problema*, simplesmente porque essa forma verbal não existe. O jeito é falar *eu tomo as minhas precauções*... Além disso, é preciso sistematizá-los para que você não cometa nenhuma imprudência na flexão das formas em que tais verbos se conjugam. Vamos a eles!

8.5.3. Verbos defectivos

Reaver

Modo Indicativo:

No presente do indicativo só possui *nós* e *vós (reavemos* e *reaveis*). Em razão disso, também não possui o presente do subjuntivo. Nos outros tempos do Indicativo: **pretérito perfeito:** reouve, reouveste, reouve, reouvemos, reouvestes, reouveram; **pretérito imperfeito:** reavia, reavias, reavia, reavíamos, reavíeis, reaviam; **pretérito mais-que-perfeito:** reouvera, reouveras, reouvera, reouvéramos, reouvéreis, reouveram; **futuro do presente:** reaverei, reaverás, reaverá, reaveremos, reavereis, reaverão; **futuro do pretérito:** reaveria, reaverias, reaveria, reaveríamos, reaveríeis, reaveriam.

Modo Subjuntivo:

Pretérito imperfeito: reouvesse, reouvesses, reouvesse, reouvéssemos, reouvésseis, reouvessem; **futuro:** reouver, reouveres, reouver, reouvermos, reouverdes, reouverem.

> **Resumindo:** Com o REAVER, basta pensar da seguinte forma: memorizar em que tempos aparece a sua defectividade – presente do indicativo e presente do subjuntivo; nos outros tempos, lembrar que ele se conjuga como o verbo HAVER.

Precaver

Modo Indicativo:

No presente do indicativo só possui *nós* e *vós (precavemos* e *precaveis*). Em razão disso, também não possui o presente do subjuntivo. Nos outros tempos do Indicativo: **pretérito perfeito:** precavi, precaveste, precaveu, precavemos, precavestes, precaveram; **pretérito imperfeito:** precavia, precavias, precavia, precavíamos, precavíeis, precaviam; **pretérito mais-que-perfeito:** precavera, precaveras, precavera, precavêramos, precavêreis, precaveram; **futuro do presente:** precaverei, precaverás, precaverá, precaveremos, precavereis, precaverão; **futuro do pretérito:** precaveria, precaverias, precaveria, precaveríamos, precaveríeis, precaveriam.

Modo Subjuntivo:

Pretérito imperfeito: precavesse, precavesses, precavesse, precavêssemos, precavêsseis, precavessem; **futuro:** precaver, precaveres, precaver, precavermos, precaverdes, precaverem.

> **Resumindo:** O PRECAVER é ainda mais fácil que o REAVER: memorize em que tempos ele é defectivo (presente do indicativo e presente do subjuntivo) e nos outros tempos observe que ele é um verbo regular. Logo, pense em outro regular: BEBER. Só não confunda o PRECAVER com o VER! Logo, no imperfeito do subjuntivo, por exemplo, será *se eu me precavesse* (como *se eu bebesse*), e não *se eu me precavisse* (seria assim se ele se conjugasse como o verbo VER).

Por fim, imaginamos que seria mais prático para o aluno se ele obtivesse uma lista de outros verbos irregulares que aparecem muito nas provas. Aconselhamos que você os conjugue da seguinte forma:

1. Comece pelo presente do indicativo e vá ao presente do subjuntivo, lembrando que o segundo deriva da primeira pessoa do singular do primeiro.
2. Depois vá ao pretérito perfeito. Partindo da 3ª pessoa do plural, chegue ao pretérito mais-que-perfeito, imperfeito do subjuntivo e futuro do subjuntivo.
3. Por fim, conjugue os que faltaram: pretérito imperfeito do indicativo, futuro do presente e futuro do pretérito. Lembre-se de que eles derivam do infinitivo. Como os verbos que você vai conjugar são os irregulares, vale observar que esses três tempos, ao saírem do infinitivo, apresentarão irregularidades. Quero dizer que muitos deles não apresentarão os radicais exatamente como eram no infinitivo. Então aproveite estas dicas: para conjugar o imperfeito do indicativo, use o advérbio *antigamente* (*antigamente eu dizia, antigamente eu valia*...); para conjugar o futuro do presente, use o advérbio *amanhã* (*amanhã eu direi, amanhã eu valerei*); quanto ao futuro do pretérito, lembre-se de acrescentar a desinência *–ria* (*eu diria, eu valeria*...).

Vamos à lista.

8.5.4. Outros verbos irregulares que merecem um cuidado especial

Agredir

Modo Indicativo:

Presente: agrido, agrides, agride, agredimos, agredis, agridem; **pretérito perfeito:** agredi, agrediste, agrediu, agredimos, agredistes, agrediram; **pretérito imperfeito:** agredia, agredias, agredia, agredíamos, agredíeis, agrediam; **pretérito mais-que-perfeito:** agredira, agrediras, agredira, agredíramos, agredíreis, agrediram; **futuro do presente:** agredirei, agredirás, agredirá, agrediremos, agredireis, agredirão**: futuro do pretérito:** agrediria, agredirias, agrediria, agrediríamos, agredirieis, agrediriam.

Modo Subjuntivo:

Presente: agrida, agridas, agrida, agridamos, agridais, agridam; **pretérito imperfeito:** agredisse, agredisses, agredisse, agredíssemos, agredísseis, agredissem; **futuro:** agredir, agredires, agredir, agredirmos, agredirdes, agredirem.

Como o verbo agredir, conjugam-se – apesar de não se parecerem com ele – cerzir, denegrir, prevenir, progredir, regredir, transgredir (assim, se é *eu agrido*, será *eu cirzo, denigro, previno, progrido, regrido, transgrido*. Observe que, nesses verbos, o *e* do radical vira *i*, em todas as pessoas do presente do indicativo, exceto em *nós* e *vós*, e em todo o presente do subjuntivo. Nos outros tempos, esses verbos são regulares).

Ferir

Modo Indicativo:

Presente: firo, feres, fere, ferimos, feris, ferem; **pretérito perfeito:** feri feriste, feriu, ferimos, feristes, feriram; **pretérito imperfeito:** feria, ferias, feria, feríamos, feríeis, feriam; **pretérito mais-que-perfeito:** ferira, feriras, ferira, feríramos, feríreis, feriram; **futuro do**

presente: ferirei, ferirás, ferirá, feriremos, ferireis, ferirão; **futuro do pretérito:** feriria, feririas, feriria, feriríamos, feriríeis, feririam.

Modo Subjuntivo:

Presente: fira, firas, fira, firamos, firais, firam; **pretérito imperfeito:** ferisse, ferisses, ferisse, feríssemos, ferísseis, ferissem; **futuro:** ferir, ferires, ferir, ferirmos, ferirdes, ferirem.

Como o verbo ferir, conjugam-se – apesar de não se parecerem com ele – aderir, advertir, aferir, aspergir, assentir, auferir, compelir, competir, consentir, deferir, digerir, discernir, divergir, expelir, preferir, prosseguir, vestir, referir, repelir, repetir, ressentir. Assim, se é *eu firo*, será *eu adiro, advirto, afiro, aspirjo, assinto, aufiro, compilo, compito, consinto, defiro, digiro, discirno*... Observe que, com esses verbos, o *e* do radical vira *i*, somente na 1ª pessoa do presente do indicativo e em todo o presente do subjuntivo. Nos outros tempos, esses verbos são regulares.

Fugir

Modo Indicativo:

Presente: fujo, foges, foge, fugimos, fugis, fogem; **pretérito perfeito:** fugi, fugiste, fugiu, fugimos, fugistes, fugiram; **pretérito imperfeito:** fugia, fugias, fugia, fugíamos, fugíeis, fugiam; **pretérito mais-que-perfeito:** fugira, fugiras, fugira, fugíramos, fugíreis, fugiram; **futuro do presente:** fugirei, fugirás, fugirá, fugiremos, fugireis, fugirão; **futuro do pretérito:** fugiria, fugirias, fugiria, fugiríamos, fugiríeis, fugiriam.

Modo Subjuntivo:

Presente: fuja, fujas, fuja, fujamos, fujais, fujam; **pretérito imperfeito:** fugisse, fugisses, fugisse, fugíssemos, fugísseis, fugissem; **futuro:** fugir, fugires, fugir, fugirmos, fugirdes, fugirem.

Como o verbo fugir, conjugam-se – apesar de também não se parecerem com ele – acudir, bulir, consumir, cuspir, desentupir, entupir, escapulir, sacudir, subir, sumir. Assim, se é *eu fujo*, será *eu acudo, eu bulo, eu consumo, eu cuspo*... Observe que, com esses verbos, o *u* do radical vira *o* somente nas 2ª e 3ª pessoas do singular e 3ª pessoa do plural do presente do indicativo; nos outros tempos, esses verbos são regulares.

Crer

Modo Indicativo:

Presente: creio, crês, crê, cremos, credes, creem; **pretérito perfeito:** cri, creste, creu, cremos, crestes, creram; **pretérito imperfeito:** cria, crias, cria, críamos, críeis, criam; **pretérito mais-que-perfeito:** crera, creras, crera, crêramos, crêreis, creram; **futuro do presente:** crerei, crerás, crerá, creremos, crereis, crerão; **futuro do pretérito:** creria, crerias, creria, creríamos, creríeis, creriam.

Modo Subjuntivo:

Presente: creia, creias, creia, creiamos, creiais, creiam; **pretérito imperfeito:** cresse, cresses, cresse, crêssemos, crêsseis, cressem; **futuro:** crer, creres, crermos, crerdes, crerem.

Como o verbo crer, conjugam-se os verbos descrer, ler e reler. Assim, se é *eu creio*, será *eu descreio, eu leio, eu releio*... Observe o pretérito perfeito do verbo *crer*, alguns alunos estranham as formas *eu cri* e *ele creu*.

Ir

Modo Indicativo:

Presente: vou, vais, vai, vamos, ides, vão; **pretérito perfeito:** fui, foste, foi, fomos, fostes, foram; **pretérito imperfeito:** ia, ias, ia, íamos, íeis, iam; **pretérito mais-que-perfeito:** fora, foras, fora, fôramos, fôreis, foram; **futuro do presente:** irei, irás, irá, iremos, ireis, irão; **futuro do pretérito:** iria, irias, iria, iríamos, iríeis, iriam.

Modo Subjuntivo:

Presente: vá, vás, vá, vamos, vades, vão; **pretérito imperfeito:** fosse, fosses, fosse, fôssemos, fôsseis, fossem; futuro: for, fores, for, formos, fordes, forem.

> O verbo **ir** é chamado de anômalo, pois possui mais de um radical quando é conjugado. Daí ele necessitar de um estudo isolado. Quanto a esse verbo, valem três recados:
>
> 1. No presente do indicativo e no presente do subjuntivo, **nós** e **eles** possuem formas idênticas: não estranhe. Assim, no presente do indicativo teríamos uma frase do tipo: *nós sempre vamos à biblioteca*. Da mesma forma, no presente do subjuntivo, seria **nossos pais querem que nós vamos à biblioteca**.
> 2. Não confunda a forma **vós ides** no presente do indicativo com **vós vades** no presente do subjuntivo. Assim, teríamos: **vós ides** à biblioteca sempre? (presente do indicativo); e **desejo que vós vades à biblioteca com mais frequência** (presente do subjuntivo).
> 3. Atenção também com o verbo VIR, para não confundir a 1ª pessoa do plural do presente do indicativo (nós vimos) com a 1ª pessoa do plural do pretérito perfeito (**nós viemos**). A troca de uma forma pela outra é muito comum, como em frases do tipo: **hoje nós "viemos" aqui**, e não **hoje nós vimos aqui**.

Haver

Modo Indicativo:

Presente: hei, hás, há, havemos ou hemos, haveis ou heis, hão; **pretérito perfeito:** houve, houveste, houve, houvemos, houvestes, houveram; **pretérito imperfeito:** havia, havias, havia, havíamos, havíeis, haviam; **pretérito mais-que-perfeito:** houvera, houveras, houvera, houvéramos, houvéreis, houveram; **futuro do presente:** haverei, haverás, haverá, haveremos, havereis, haverão; **futuro do pretérito:** haveria, haverias, haveria, haveríamos, haveríeis, haveriam.

Modo do Subjuntivo:

Presente: haja, hajas, haja, hajamos, hajais, hajam; **pretérito imperfeito:** houvesse, houvesses, houvesse, houvéssemos, houvésseis, houvessem; **futuro:** houver, houveres, houver, houvermos, houverdes, houverem.

> Muitos estranham a conjugação do verbo HAVER, pois não estão acostumados a conjugá-lo. Isso ocorre porque esse verbo é muito usado com o sentido de existir e, com esse sentido, de fato, ele só se conjuga na 3ª pessoa do singular (há, houve, havia, haverá). Assim, teríamos: havia muitas pessoas na festa (haver com sentido de existir).
>
> Entretanto, ele se conjugará normalmente se apresentar outros sentidos. Observe: "Houvemos por bem convidar os amigos para o jantar" (aqui, o haver significa dignar-se, julgar oportuno); "Elas se houveram bem sem empregada" (nesse caso, haver é pronominal e tem sentido de portar-se); "Eles haviam estudado todo o assunto" (aqui, o haver é auxiliar de uma locução verbal, conjugando-se normalmente em todas as pessoas).

Vamos exercitar e juntar todos os conceitos para conjugar os verbos a seguir.

Complete as frases com os verbos solicitados entre os parênteses.

1. Para que todos ____________ bem confortáveis, alugaremos um ônibus. (VIAJAR, presente do subjuntivo)

   Comentários: Vá à 1ª pessoa do presente do indicativo: *eu viajo*, extraia o ***o***, utilize o radical para acrescentar as novas desinências: *que eu viaje, que tu viajes, que ele viaje...*

   Gabarito: viajem.

2. Ontem eles ____________________ todo o dinheiro roubado. (REAVER, pretérito perfeito do indicativo)

   Comentários: Lembre-se de que no pretérito perfeito o REAVER se conjuga como o HAVER. Assim, se é *eles houveram*, será *eles reouveram*, e não *"reaveram"*.

   Gabarito: reouveram.

3. O juiz não ________________ na briga entre os jogadores. (INTERVIR, pretérito perfeito do indicativo)

   Comentários: O verbo intervir é derivado de vir. Portanto, se é ele veio, será ele interveio, e não interviu!

   Gabarito: interveio.

4. Quando ele nos ___________, poderá entregar-nos a encomenda. (VER, futuro do subjuntivo)

   Comentários: Aqui, todo mundo fica na dúvida: quando *ele ver* ou quando *ele vir*? Ora, é só lembrar que o futuro do subjuntivo deriva do pretérito perfeito. O pretérito perfeito é *eu vi, tu viste..., eles viram*; logo, o futuro do subjuntivo será *quando eu vir, quando tu vires, quando ele vir...*

   Gabarito: vir.

5. Eles ficarão felizes quando nós ___________________ esta reformulação. (PROPOR, futuro do subjuntivo)

   Comentários: propor vem do pôr. Logo, se é quando *eu puser, quando tu puseres, quando ele puser*, será *quando eu propuser, quando tu propuseres, quando ele propuser*, e não *quando eu "propor", quando tu "propores", quando ele "propor"...*

   Gabarito: propusermos.

6. Eles não _______________ os fugitivos. (DETER, pretérito perfeito do indicativo)

   Comentários: deter vem do ter. Assim, se é *eu tive, tu tiveste, ele teve*, será *eu detive, tu detiveste, ele deteve*, e não *ele "deteu"*.

   Gabarito: detiveram.

7. O aluno _______________ o adiantamento das provas. (REQUERER, pretérito perfeito do indicativo)

   Comentários: Não pense no querer! Requerer, no pretérito perfeito, se conjuga como o BEBER: *ele bebeu = ele requereu*, e não *ele "requis"*.

   Gabarito: requereu.

8. Eles só _________ paciência com os mais velhos. (TER, presente do indicativo)

   Comentários: Aqui, é só lembrar: no singular, é sem acento – ele tem –, mas o plural, para diferenciar do singular, é com acento circunflexo: o acento diferencial de número.

   Gabarito: têm.

9. Eu não ____________ tanto. (VALER, presente do indicativo)

   Comentários: O verbo valer na 1ª pessoa do singular do presente do indicativo apresenta uma irregularidade: o ***l*** vira ***lh*** (eu valho). O presente do subjuntivo, por ser derivado, herdará a mesma irregularidade (*que eu valha, que tu valhas, que ele valha...*).

   Gabarito: valho.

10. Estes homens _______________ de um lugar distante. (PROVIR, pretérito perfeito do indicativo)

    Comentários: O verbo provir deriva do vir. Logo, se é *eu vim, tu vieste, ele veio*, será *eu provim, tu provieste, ele proveio*.

    Gabarito: provieram.

11. Ele só virá, quando nós lhe _______________ a verdade. (DIZER, futuro do subjuntivo)

    Comentários: Caso você não saiba como é o futuro do subjuntivo do verbo dizer, basta ir ao pretérito perfeito, seu tempo primitivo. Assim, no pretérito perfeito, temos *eles disseram*, logo teremos no futuro do *subjuntivo quando eu disser, quando tu disseres, quando ele disser...*

    Gabarito: dissermos.

12. Seria necessário que eles _________________ o mesmo ritmo. (MANTER, pretérito imperfeito do subjuntivo)

    Comentários: O verbo manter deriva do ter. Assim, o imperfeito do subjuntivo *é se eu tivesse, se tu tivesses, se ele tivesse*, então, com o *manter*, será *se eu mantivesse, se tu mantivesses, se ele mantivesse...*

    Gabarito: mantivessem.

13. Só entendi o que os brasileiros _________________ (EXPOR, pretérito perfeito do indicativo)

    Comentários: O verbo expor deriva do pôr. Logo, se o pretérito perfeito do pôr é *eu pus, tu puseste, ele pôs...*, o pretérito perfeito do expor será *eu expus, tu expuseste, ele expôs*.

    Gabarito: expuseram.

14. Preciso que tu ________ até a minha casa. (IR, presente do subjuntivo)

    Comentários: Lembre-se: *que eu vá, que tu vás, que ele vá...*

    Gabarito: vás.

15. Aqui eu não __________ (CABER, presente do indicativo)

    Comentários: O verbo caber possui uma irregularidade na 1ª pessoa do presente do indicativo e em todo o presente do subjuntivo: o ***a*** do radical recebe um ***i***. Assim, temos: *eu caibo, tu cabes, ele cabe... que eu caiba, que tu caibas, que ele caiba...*

    Gabarito: caibo.

16. Ele quer que nós ________________ outro livro. (LER, presente do subjuntivo)

    Comentários: O verbo ler conjuga-se como o crer: *que eu creia, que tu creias, que ele creia = que eu leia, que tu leias, que ele leia...*

    Gabarito: leiamos.

17. Eu ______________ que todos viriam à reunião. (SUPOR, pretérito imperfeito do indicativo)

    Comentários: supor conjuga-se como o pôr. Como o que se quer é o pretérito imperfeito do indicativo do verbo *supor*, basta conjugarmos o *pôr*: "antigamente" *eu punha, tu punhas, ele punha*. Logo, será "antigamente" *eu supunha, tu supunhas, ele supunha...*

    Gabarito: supunha.

18. Nós ____________ até aqui hoje, pois ontem não foi possível. (VIR, presente do indicativo)

    Comentários: Lembre-se: *hoje nós vimos, ontem nós viemos*. Parece confuso, porque é idêntico ao verbo ver no pretérito perfeito! Veja só: *hoje nós vimos à sua casa* – **vir** no presente do indicativo; *ontem nós vimos o seu irmão na rua* – **ver** no pretérito perfeito.

    Gabarito: vimos.

19. Ontem nós não __________ à aula. (VIR, pretérito perfeito do indicativo)

    Comentários: Não confundir o presente do indicativo do verbo *vir* (vimos) com o pretérito perfeito do verbo *vir* (viemos).

    Gabarito: viemos.

20. Se eles __________ e não te ___________, retornarão chateados. (VIR e VER, presente do indicativo)

    Comentários: O verbo vir na 3ª pessoa do singular do presente do indicativo é *ele vem*, e a 3ª pessoa do plural recebe acento circunflexo: *eles vêm*. Já o verbo ver no presente do indicativo é *ele vê, eles veem* – a 3ª pessoa do plural perdeu o acento circunflexo – antes era *vêem* – em razão do Novo Acordo Ortográfico.

    Gabarito: vêm/veem.

21. Vós ________ com quem desejais. (IR, presente do indicativo)

Comentários: Não confundir o presente do indicativo do verbo *ir* (vós ides) com o presente do subjuntivo do verbo *ir* (vós vades).

Gabarito: ides.

22. Todos esperamos que vós ________ conosco. (IR, presente do subjuntivo)

Comentários: Lembre-se de não confundir o presente do indicativo – *hoje vós ides pelo bom caminho* – com o presente do subjuntivo – *espero que vós vades pelo bom caminho.*

Gabarito: vades.

23. Esperava-se que eles ________ a casa com o necessário. (PROVER, imperfeito do subjuntivo)

Comentários: Atenção, o prover só se conjuga como o ver nos tempos do presente. Nos outros tempos, ele é como o beber. Logo, se é *esperava-se que eles bebessem*, será *esperava-se que eles provessem*, e não "*provissem*", se ele seguisse o verbo *ver*.

Gabarito: provessem.

Agora, algumas questões de concursos comentadas:

1. **(FGV – Oficial de Cartório)** "Se interviessem, implodiriam as contas públicas". Assinale a alternativa que apresente erro em uma das formas verbais.

A) Se o comando reouvesse o prestígio, os criminosos desistiriam.

B) Se os policiais requisessem maiores salários, tudo se arrumaria.

C) Se os criminosos se acovardassem, a polícia os deteria.

D) Se os jornais proviessem de fora, as notícias entreteriam mais.

E) Se as autoridades quisessem, nada disso se faria.

Comentários: Na letra A, temos o verbo **reaver**, que nos tempos em que é conjugado, segue o verbo **haver**. Ora, se fosse o **haver**, seria *se o comando houvesse*, logo, será *se o comando reouvesse.*

A letra B traz o verbo **requerer**, que não segue o **querer**, e sim um verbo regular como o **beber**. Logo, não é *se os policiais requisessem* – seria assim se fosse como o **querer** – e sim *se os policiais requeressem.*

A letra C apresenta um verbo regular – **acovardar-se** – no imperfeito do subjuntivo, 3ª pessoa do plural, corretamente conjugado.

A letra D apresenta o verbo **provir**, que se conjuga como o **vir**. Ora, se fosse o **vir**, seria *se os jornais viessem*; como é o **provir**, será *se os jornais proviessem.*

A letra E apresenta o verbo **querer**, um verbo irregular, corretamente conjugado no imperfeito do subjuntivo, 3ª pessoa do plural.

Gabarito: B

2. **(Cesgranrio – Petrobras)** O verbo grifado está corretamente flexionado na frase:

A) Empresários do agronegócio <u>manteram-se</u> atentos às previsões de escassez de chuvas.

B) Técnicos do governo creem que serão resolvidos os conflitos entre investidores e ambientalistas.

C) O governo, atento às instáveis condições do mercado, interviu na cotação do dólar.

D) Como sobreviram contratempos, foi inevitável a quebra da safra de grãos no ano passado.

E) Técnicos preveram queda na arrecadação, devido às elevadas taxas de juros.

Comentários: A letra A está errada. O verbo **manter** conjuga-se como o **ter**. Ora, se fosse o **ter**, seria *os empresários tiveram*, logo deve ser *os empresários mantiveram-se*.

A letra B está correta. Segundo o Novo Acordo Ortográfico, o 1º **e** dos verbos **crer, dar, ler e ver** perde o acento circunflexo.

A letra C traz o verbo **intervir**, que se conjuga como o **vir**, e não como o **ver.** Logo, é *interveio* e não *interviu*.

A letra D apresenta o verbo **sobrevir**, que também se conjuga como o **vir** e não como o **ver**. Por isso, o correto é *sobrevieram* e não *sobreviram*.

Na letra E, tem-se o verbo **prever**, que se conjuga como o **ver** – *previram*, e não *preveram*.

Gabarito: B

3. **(Cesgranrio – Petrobras)** "Para que se DIGA...", "que o governo GARANTA...". Se em lugar dos verbos destacados tivéssemos, respectivamente, os verbos PROVER e INTERVIR, as formas correspondentes seriam:

A) proveja / intervinha.

B) prove / interveja.

C) provenha / intervisse.

D) proveja / intervenha.

E) provenha / interveja.

Comentários: Nesta questão, busca-se a conjugação dos verbos **prover** e **intervir** no presente do subjuntivo. Ora, neste tempo verbal em questão, o verbo **prover** se conjuga como o **ver**. Se fosse o verbo **ver**, seria *que se veja*; logo, com o **prover** será *que se proveja*. Já o verbo **intervir** conjuga-se como o **vir** em todos os tempos. Assim, se fosse o **vir**, seria *que o governo venha*, logo, com o **intervir**, será *que o governo intervenha*.

Gabarito: D

Agora que você já aprendeu a correlação entre tempos primitivos e derivados, bem como a lógica de verbos que se conjugam como outros, precisamos dar uma especial atenção aos verbos de terminação -ear/-iar, que aparecem muito em concursos. Eles ensejam dúvidas do tipo: eu maqueio ou eu maquio? Eu penteio ou eu pentio? Ele freiou ou freou o carro?

8.5.5. Verbos em -ear

Todos os verbos terminados em -**ear** são **irregulares**, pois recebem um ***i*** nas formas da 1ª, 2ª e 3ª pessoas do singular e 3ª pessoa do plural do **presente do indicativo** e do **presente do subjuntivo.** Nos outros tempos, a conjugação desses verbos terminados em **-ear** é regular.

Exemplo: ARREAR (= pôr os arreios).

Presente do indicativo: arre**i**o, arre**i**as, arre**i**a, arreamos, arreais, arre**i**am.

Presente do subjuntivo: arre**i**e, arre**i**es, arre**i**e, arreemos, arreeis, arre**i**em.

Repare que nas formas **nós** e **vós** não há a presença do **i**.

Por esse modelo conjugam-se cear, passear, recear, semear, macaquear, estrear...

O verbo estrear, **pelo Novo Acordo Ortográfico**, perdeu o acento agudo: estre**i**o, estre**i**as, estre**i**a, estreamos, estreais, estre**i**am / estre**i**e, estre**i**es, estre**i**e, estreemos, estreeis, estre**i**em.

8.5.6. Verbos em -iar

Os verbos terminados em -**iar** são regulares.

Exemplo: arriar (= abaixar-se).

Presente do indicativo: arrio, arrias, arria, arriamos, arriais, arriam.

Presente do subjuntivo: arrie, arries, arrie, arriemos, arrieis, arriem.

Por esse modelo, conjugam-se copiar, adiar, maquiar, negligenciar, premiar...

Há, porém, cinco verbos em -iar que recebem a letra ***e*** nas formas da 1ª, 2ª e 3ª pessoas do singular e 3ª pessoa do plural do **presente do indicativo** e do **presente do subjuntivo.** São eles: **m**ediar, **a**nsiar, **r**emediar, **i**ncendiar, **o**diar.

As letras iniciais desses verbos formam o nome Mario.

O verbo INTERMEDIAR é derivado de MEDIAR, portanto se conjuga por este.

Exemplo: mediar.

Presente do indicativo: med**e**io, med**e**ias, med**e**ia, mediamos, mediais, med**e**iam.

Presente do subjuntivo: med**e**ie, med**e**ies, med**e**ie, mediemos, medieis, med**e**iem.

Nas formas **nós** e **vós** não há a presença do **e**.

Por esse modelo conjugam-se intermediar, ansiar, remediar, incendiar e odiar.

> Todos os verbos terminados em -ear e os cincos verbos em -iar recebem um (EI) nas formas da 1ª, 2ª e 3ª pessoas do singular e da 3ª pessoa do plural nos tempos do PRESENTE.

Veja a seguir um esquema-resumo do paradigma de conjugação de verbos — para, em seguida, resolver as questões de concursos.

CONJUGAÇÃO DE VERBOS

- **Líderes e bons amigos**
  - TER: abster-se, conter, deter, entreter, manter, obter, reter...
  - VER: entrever, antever, prever, rever...
  - VIR: advir, convir, intervir, provir, sobrevir...
  - PÔR: antepor, compor, dispor, impor, opor, propor, supor...
- **Falsos amigos**
  - PROVER
    = VER (nos tempos presentes)
    = BEBER (nos outros tempos)
  - REQUERER
    – EI (1ª pessoa do presente do indicativo e todo o presente do subjuntivo)
    = BEBER (nos outros tempos verbais)
- **Defectivos**
  - REAVER
    - Presente do indicativo: nos reavemos, vós reaveis
    - Presente do subjuntivo: não existe
    - Nos outros tempos = HAVER
  - PRECAVER-SE
    - Presente do indicativo: nós nos precavemos, vós vos precaveis
    - Presente do subjuntivo: não existe
    - Nos outros tempos verbais = BEBER
- **EAR / IAR**
  - EAR = líder = PASSEAR
  - IAR
    - líder = CRIAR
    - Verbos do Mario (mediar, ansiar, remediar, incendiar, odiar e o intermediar) = líder: ODIAR

A seguir, algumas questões de concursos comentadas:

1. **(Fundação Euclides da Cunha – TRF)** Na oração "como o que Bush experimentou ao **nomear** Harvey Pitt", o verbo **nomear** foi usado na forma do infinitivo. Se usado em uma forma finita, este verbo e todos os outros terminados em **-ear**, bem como alguns terminados em **-iar**, apresentam formas ditongadas e não ditongadas, segundo a norma culta da língua. Considerando essa característica de flexão, está incorreta a forma usada na frase:
   A) É conveniente que hasteemos a bandeira da moralidade nos negócios públicos.
   B) Um dirigente que demonstre competência não receia enfrentar problemas de gerenciamento.

C) As sociedades anseiam por dirigentes que primem pela competência e moralidade.

D) O presidente Bush freiou a iniciativa espúria de Harvey Pitt.

E) Uma ação sensata do presidente sempre remedeia possíveis situações constrangedoras.

Comentários: Nas letras A e B, os verbos hastear e recear possuem a terminação -ear. O verbo hastear, por estar na 1ª pessoa do plural do presente do subjuntivo, não recebe a letra ***i***. Já o verbo recear, por estar na 3ª pessoa do singular, recebe essa mesma letra.

Nas letras C e E, aparecem os verbos ansiar e remediar, que terminam em -iar. Esses verbos fazem parte do Mario. Como estão conjugados, respectivamente, na 3ª pessoa do plural e 3ª pessoa do singular do presente do indicativo recebem a letra ***e***.

Na letra D, o verbo frear não está conjugado nos tempos do presente, logo não recebe a letra ***i***. O verbo frear, no pretérito perfeito, se conjuga da seguinte forma: freei, freaste, freou, freamos, freastes, frearam.

Gabarito: D

2. **(NCE - UFRJ – Oficial de Justiça)** "Para outras, é apenas o prazer de saber que a distância não mais **cerceia** a comunicação, por boba que seja."; a frase abaixo em que há uma forma, ligada aos verbos terminados em -ear, grafada erradamente é:

A) É perigoso que passeiemos à noite.

B) A civilização sofre freadas em seu progresso.

C) O homem receoso não luta pela liberdade.

D) Todos nós ceamos no Natal.

E) É injusto que os países totalitários cerceiem a comunicação.

Comentários: A letra A apresenta o verbo passear flexionado na 1ª pessoa do plural do presente do subjuntivo. Nessa forma, vimos que não há a presença da letra ***i***. A forma correta seria passeemos.

Na letra B, o verbo frear não aparece conjugado nos tempos do presente, e sim na forma de particípio. Daí não receber a letra **i**.

Na letra C, receoso é adjetivo. Não confundir com RECEIO, substantivo.

Na letra D, o verbo cear aparece na 1ª pessoa do plural, que não recebe a letra ***i***. Já na letra E, o verbo cercear está flexionado na 3ª pessoa do plural do presente do subjuntivo, que recebe a letra ***i***. Formas corretas, portanto.

Gabarito: A

3. **(Cesgranrio – Petrobras)** A forma verbal em negrito não está conjugada corretamente em:

A) A natureza **premia** com felicidade ou infelicidade.

B) É importante que **nomeiem** logo o diretor.

C) Chegue cedo para que **principiemos** a reunião na hora.

D) O ser humano **anseia** por uma felicidade perene.

E) O professor **incendia** o debate com perguntas polêmicas.

Comentários: Nas letras A, C, D e E, aparecem verbos em -iar. Com essa terminação, vimos que são cinco os verbos que recebem a letra ***e*** nas formas da 1ª, 2ª e 3ª pessoas do singular e 3ª pessoa do plural nos tempos do presente (do indicativo e do subjuntivo). Os verbos premiar e principiar não pertencem ao Mario, portanto, não recebem a letra ***e***.

Nas opções D e E, os verbos ansiar e incendiar pertencem a esse grupo. Logo, o verbo INCENDIAR, na 3ª pessoa do singular, é *incendeia*.

Na letra B, o verbo nomear pertence à terminação -ear, recebendo um ***i*** na 3ª pessoa do plural do presente do subjuntivo.

Gabarito: E

8.5.7. Exercícios de fixação (com gabarito no final)

Complete as frases com a forma verbal solicitada entre parênteses

1. Se __________ verdadeiro em tuas pinturas... (IR – futuro do subjuntivo)
2. Se __________ verdadeiro em vossas pinturas... (IR – futuro do subjuntivo)
3. Os pais não ______ onde deixar suas crianças. (TER – presente do indicativo)
4. Os pais só _______ as crianças quando se dispõem a brincar com elas. (ENTRETER – presente do indicativo)
5. Os pais só ______ as crianças quando voltam para casa. (REVER – presente do indicativo)
6. Os pais ________ as crianças depois que se ________ a voltar para casa. (REAVER – pretérito perfeito do indicativo / DISPOR – pretérito perfeito do indicativo)
7. Os pais não se ______ a ficar com as crianças quando estas lhes ________. (DISPOR – pretérito imperfeito do indicativo / CONTRADIZER – pretérito imperfeito do indicativo)
8. Os pais ________ as crianças quando ________ em seus maus costumes. (DESDIZER – pretérito perfeito do indicativo / INTERVIR – pretérito perfeito do indicativo)
9. Talvez no elevador do prédio não ________ mais do que cinco pessoas. (CABER – presente do subjuntivo)
10. Se outra pessoa ________ o mesmo mar, fará outra descrição. (VER – futuro do subjuntivo)
11. O motor do elevador _______ de São Paulo. (PROVIR – pretérito perfeito do indicativo)
12. Os economistas já ________ ao Governo os mais diversos planos de ação. (PROPOR – pretérito perfeito do indicativo)
13. O gerente só deve procurar-nos quando ________ seus conceitos sobre o mercado. (REVER – futuro do subjuntivo)

14. Ele não trabalhava; apenas se ________ lendo o futuro nas mãos dos amigos. (ENTRETER – pretérito imperfeito do indicativo)
15. Se ________ uma outra crônica, argumente que não há espaço nesta edição. (PROPOR – futuro do subjuntivo.)
16. Com a cooperação de todos, o jornalista ________ que havia condição de escrever a reportagem. (CRER – pretérito perfeito do indicativo)
17. Os candidatos só poderão se inscrever no concurso de crônicas se o ________. (REQUERER – futuro do subjuntivo)
18. Os alunos da minha escola jamais ________ incentivo para redigir textos em crônicas. (OBTER – pretérito perfeito do indicativo)
19. Se o autor ________ na questão, não ocorrerão críticas. (INTERVIR – futuro do subjuntivo)
20. Os burgueses só deixarão o poder quando isto lhes ________. (CONVIR – futuro do subjuntivo)
21. Quem se ________ ao regime não sobreviverá. (CONTRAPOR – futuro do subjuntivo)
22. Se a burguesia não ________ seu modo de vida, acabará arruinada. (REVER – futuro do subjuntivo)
23. Todas trabalhavam para que os nobres se ________ no ócio. (ENTRETER – pretérito imperfeito do subjuntivo)
24. Seria bom que a Igreja ________ o poder que detinha. (REAVER – pretérito Imperfeito do subjuntivo)
25. Essa necessidade ________ da atual carência de recursos nessa área. (ADVIR – presente do indicativo)
26. Essas caixas ________ objetos quebráveis. (CONTER – presente do indicativo)
27. Elas ________ aqui sempre que podem. (VIR – presente do indicativo)
28. Eles se ________ como os donos da verdade. (VER – presente do indicativo)
29. Se o país ________ o clima cultural dos anos 60... (REAVER – futuro do subjuntivo)
30. Se lhe ________ reunir o grupo para discutir, ficaremos contentes. (APRAZER – futuro do subjuntivo)
31. Se os jovens se ________ de votar, perderemos uma chance de mudar o atual quadro. (ABSTER – futuro do subjuntivo)

    Gabarito: 1. fores; 2. fordes; 3. têm; 4. entretêm; 5. reveem; 6. reouveram / dispuseram; 7. dispunham / contradiziam; 8. desdisseram / intervieram; 9. caibam; 10. vir; 11. proveio; 12. propuseram; 13. revir; 14. entretinha; 15. propuser; 16. creu; 17. requerer; 18. obtiveram; 19. intervier; 20. convier; 21. contrapuser; 22. revir; 23. entretivessem; 24. reouvesse; 25. advém; 26. contêm; 27. vêm; 28. veem; 29. reouver; 30. aprouver; 31. abstiverem.

Bem, agora que você já aprendeu a conjugar verbos em seus tempos simples e compostos; entendeu como se conjuga o imperativo; conheceu as formas nominais do verbo e os tempos compostos; compreendeu a lógica de verbos que se conjugam a partir de outros; e estudou os verbos terminados em -ear/-iar (ufa...), vale complementar seus estudos com um breve passeio pela semântica dos verbos. É nesse assunto que vamos aprender como se utilizam os principais tempos verbais e perceber como as bancas trabalham esses conceitos nas provas.

8.6. A SEMÂNTICA DOS VERBOS

8.6.1. Modo indicativo

Expressa um fato real, de maneira definida. Divide-se nos seguintes tempos:

a) Presente

É empregado para expressar um fato que ocorre no momento em que se fala.

Ex.: Guilherme **está** cansado.

Pode ser usado também para exprimir outras ideias:

- Descrever um fato permanente. Ex.: A Terra **gira** em torno do Sol.
- Expressar um hábito. Ex.: Fernanda **estuda** aos domingos.
- Conferir realidade a fatos passados. Ex.: Em 1.500 Cabral **descobre** o Brasil.
- Indicar futuro próximo. Ex.: **Vou** amanhã para Búzios.

b) Pretérito imperfeito

Pode ser utilizado para expressar:

- Fatos repetidos, frequentes, habituais no passado.

  Ex.: Quando **era** pequena, **brincava** de boneca.

Observe que as duas ações que estão no pretérito imperfeito indicam fatos frequentes no passado.

- Uma ação que estava ocorrendo quando outra, geralmente no pretérito perfeito, aconteceu.

  Ex.: Pedro **tomava** banho quando o telefone tocou.

Temos aqui duas ações pretéritas: a ação de *tomar banho* é durativa, enquanto a ação de *o telefone tocar* é instantânea, estando, pois, no pretérito perfeito.

- Uma ação planejada, esperada, e não realizada.

  Ex.: **Pretendíamos** ir até sua casa, mas não foi possível.

c) Pretérito perfeito simples

Expressa um fato que **começou e terminou** no passado, próximo ou distante.

Ex.: Conversei com Andreia hoje. (passado próximo)

Em 1990. (passado distante)

d) Pretérito mais-que-perfeito

É utilizado, em geral, para expressar um fato já terminado antes de outro no passado. Gosto de dizer que ele é o **passado anterior** ao pretérito perfeito.

Ex.: Ele já **estudara** quando sua namorada ligou.

Observe que há duas ações no passado: a ação de *estudar* ocorre antes da ação de *ligar*, daí ela vir no pretérito mais-que-perfeito.

e) Futuro do presente

Em geral, é usado para indicar um fato futuro em relação ao momento em que se fala. É um fato futuro, posterior ao presente.

Ex.: **Viajarei** na próxima semana.

Pode indicar também incerteza, dúvida:

Ex.: **Estaremos** aqui juntos futuramente?

f) Futuro do pretérito

É utilizado nas seguintes situações:

- Para indicar um fato futuro em relação a **outro no passado**.

  Ex.: Ele disse que **faria** todos os deveres.

Esse é o uso mais comum do futuro do pretérito: ele aqui vem combinado ao pretérito perfeito – *disse* – e indica uma ação futura, posterior a outra no passado.

- Para expressar dúvida, incerteza.

  Ex.: Quem **estaria** lá?

Perceba que tanto o futuro do presente quanto o futuro do pretérito podem, portanto, indicar dúvida, incerteza.

- Para denotar desejo, em tom polido.

  Ex.: **Gostaria** de um café?

Observe que, nesse caso, poderíamos até usar um verbo no presente do indicativo – *aceita um café?* – mas a frase perderia seu tom polido, educado.

Vamos resumir, então?

Valores semânticos mais comuns dos tempos do indicativo

Presente

1) expressa um fato que ocorre no momento;

2) confere realidade a fatos passados;

3) indica futuro próximo.

Pretérito imperfeito

1) indica repetição;

2) expressa ação contínua em concomitância a outra que ocorreu;

3) expressa ação planejada não realizada.

Pretérito perfeito

1) expressa fato iniciado e acabado no passado.

Pretérito mais-que-perfeito

1) expressa fato já encerrado antes de outro no passado.

Futuro do presente

1) indica futuro em relação ao momento presente;

2) pode indicar dúvida.

Futuro do pretérito

1) indica fato futuro em relação a outro no passado;

2) expressa dúvidas;

3) indica desejo ou polidez.

8.6.2. Modo subjuntivo

Expressa um fato incerto, duvidoso ou até irreal. Suas principais subdivisões são:

a) Presente

Pode indicar semanticamente presente ou futuro.

Ex.: É pena que eles **estejam** doentes. (possibilidade no presente)

Espero que **chova**. (hipótese no futuro)

b) Pretérito imperfeito

Expressa uma ação posterior a outro fato na oração principal.

Ex.: Duvidei que ele **terminasse** o trabalho.

Gostaria que você **trouxesse** as crianças.

Pode expressar também ideia de condição ou desejo.

Ex.: Se ele **viesse** ao clube, participaria do campeonato.

c) Futuro

Indica uma ação eventual (que pode ocorrer ou não) em um momento futuro.

Ex.: Quando ele **vier** à loja, levará as encomendas.

A seguir, uma sequência de questões de **semântica dos tempos e modos verbais** e seus respectivos comentários.

1. **(TRT – Técn. Judic.)** No período "Em contrapartida, o corajoso que se aventure, hoje, a ler os tratados morais de Santo Agostinho cogitará que a única felicidade possível vem com o assentimento do homem a uma moral objetiva, a qual respeita a natureza de todas as coisas criadas – e que o mal é, sempre, parasitário de algum bem que o transcende...", a forma verbal flexionada para exprimir fato que deve ser entendido como uma conjectura é:

   A) aventure.
   B) cogitará.
   C) vom.
   D) respeita.
   E) transcende.

   Comentários: Nas letras B, C, D e E, as formas verbais indicam fatos, pois os verbos estão no modo indicativo. Como a banca pedia uma forma verbal que indicasse conjectura, teríamos de achar uma que se apresentasse no modo subjuntivo, o que ocorreu com a forma aventure.

   Gabarito: A

2. **(TRF)** A opção em que a explicação dada para o sentido da forma verbal grifada está incorreta é:

   A) No século III a.C. <u>chega</u> o latim à Península Ibérica: presente histórico.
   B) Furacão <u>mata</u> 20 adultos e 3 crianças na Califórnia (manchete de jornal); presente com valor de pretérito.

C) Eu <u>aceitaria</u> um cafezinho: futuro do pretérito indicando momento posterior a um tempo passado.

D) Eu <u>aceitava</u> um cafezinho: pretérito imperfeito para indicar polidez.

E) Eu <u>aceito</u> um cafezinho: presente simultâneo ao ato de fala.

Comentários: Observe que a questão não trata de flexão verbal — aqui, não temos que julgar as formas verbais e verificar se vieram corretamente flexionadas. A questão espera que se julgue a explicação para o sentido da forma verbal grifada: trata-se de semântica dos tempos verbais.

Na letra A, temos o presente do indicativo utilizado no lugar do pretérito perfeito, para atualizar acontecimentos históricos: é o chamado presente histórico.

Na letra B, tem-se o presente do indicativo também substituindo o pretérito perfeito: é o presente no lugar do pretérito. Aqui, também estaria certo dizer "Furacão matou 20 adultos...".

Veja que interessante: é comum, principalmente na linguagem informal, usarmos um tempo em lugar de outro, o que não configura erro.

Nas letras C e D, vemos uma intenção de se fazer um pedido utilizando-se de tom polido, o que nos faz perceber que tanto o futuro do pretérito quanto o pretérito imperfeito podem indicar polidez. Só que a letra C apresentou uma explicação errada para o uso do futuro do pretérito.

A letra E apresenta o presente do indicativo indicando uma ação que ocorre no momento em que se fala.

Gabarito: C

3. (FUNCERN – Prefeitura de Jardim de Piranhas – Assistente Social) Considere o trecho:

*O Conselho Federal de Medicina (CFM) **baixara** resolução, para entrar em vigor em maio, regulamentando o atendimento a distância. Foram tantas as reações contrárias e de questionamento que a norma foi revogada, pois não **haveria** tempo hábil para processar todas as objeções e sugestões.*

Sobre os verbos em destaque, é correto afirmar:

A) o primeiro está flexionado no pretérito mais-que-perfeito, e um de seus usos indica um fato passado anterior a outro também passado; o segundo está flexionado no futuro do pretérito, e um de seus usos indica um fato posterior a um fato no passado.

B) o primeiro está flexionado no futuro do presente, e um de seus usos indica um fato posterior ao momento da fala, mas certo de ocorrer; o segundo está flexionado no futuro do pretérito, e um de seus usos indica um fato posterior a um fato no passado.

C) o primeiro está flexionado no futuro do pretérito, e um de seus usos indica um fato posterior a um fato no passado; o segundo está flexionado no futuro do presente, e um de seus usos indica um fato posterior ao momento da fala, mas certo de ocorrer.

D) o primeiro está flexionado no pretérito mais-que-perfeito, e um de seus usos indica um fato passado anterior a outro também passado; o segundo está flexionado no futuro do presente, e um de seus usos indica um fato posterior ao momento da fala, mas certo de ocorrer.

Comentários: Baixara = pretérito mais-que-perfeito / haveria = futuro do pretérito. A banca pede a correta. Em A, há a menção ao mais-que-perfeito, que indica um fato passando anterior antes de outro fato passado; por outro lado, o futuro do pretérito (haveria) está adequadamente indicando fato posterior a outro no passado (foi).

Gabarito: A

8.7. QUESTÕES DE CONCURSOS COMENTADAS

1. **(VUNESP – 2024 – SPTrans – Analista de Comunicação Pleno)** No trecho — *Digo-o não porque tenha conhecimento privilegiado do porvir...* —, a forma verbal **tenha**, no contexto em que foi empregada, está no mesmo modo e tempo que a destacada em:

A) Não **faça** tanto barulho!

B) Espero que **fiquemos** bem.

C) Seria bom que ele **viesse**.

D) Ele não **tinha** muitos amigos.

E) Não **venha** aqui amanhã.

Comentários: A forma verbal "tenha" está no presente do subjuntivo, assim como "fiquemos".

A) imperativo negativo;

C) pretérito imperfeito do subjuntivo;

D) pretérito imperfeito do indicativo;

E) imperativo negativo.

Gabarito: B

2. **(VUNESP – 2024 – APS – SP – Especialista Portuário)** Assinale a alternativa em que se conjugam, de acordo com a norma-padrão, os verbos "vir" e "ter", que aparecem na tira, bem como seus derivados.

A) Filhos deterão mais conhecimento quando lhes convirem as orientações dos pais.

B) Se se detiver a pensar no que fez o pai, o filho assumirá as consequências que disso advierem.

C) Se nós não intervirmos, o pai não informará ao filho o que a caixa tirada do cofre contém.

D) Todos que virem a ter sucesso se lembrarão dos pais, pois estes detinham o saber.

E) É certo que convirá o sucesso aos que reterem os bons ensinamentos dos pais.

Comentários: Na opção B, os verbos "deter" e "advir" são, respectivamente, derivados de "ter" e "vir". Se, com os verbos "ter" e "vir", no futuro do subjuntivo, teríamos "tiver" e "vierem", "deter" e "advir" ficariam "detiver" é "advierem".

Corrigindo:

A) convierem;

C) interviermos;

D) vierem;

E) retiverem.

Gabarito: B

3. (FCC – 2024 – TRT – 11ª Região (AM e RR) – Técnico Administrativo) Considere a tirinha Bichinhos de jardim.

(Disponível em: https://bichinhosdejardim.com/jfp-inteligencia-artificial/)

O futuro do pretérito, no contexto apresentado, foi usado para referir:

A) uma situação hipotética, associada a uma condição que, se não for cumprida, pode impedir sua realização.
B) um fato passado, anterior a outro fato também ocorrido no passado.
C) um fato futuro em relação ao momento presente.
D) uma situação hipotética que não se realizará no futuro.
E) um fato concluído no passado.

Comentários: Um dos valores semânticos do futuro do pretérito é de estabelecer uma hipótese. No contexto em que aparece, "estariam" e "aceitaria" indicam uma hipótese associada a uma condição. Na passagem "nenhuma IA aceitaria virar uma PJ e ganhar mal na área da criação", entende-se que para uma IA aceitar virar PJ ela teria de ganhar bem nessa área de criação. Então, se a condição estabelecida (ganhar bem) não for cumprida, pode impedir a realização de a IA virar PJ.

B) pretérito mais-que-perfeito;

C) futuro do presente;

D) pretérito imperfeito do subjuntivo + futuro do pretérito;

E) pretérito perfeito.

Gabarito: A

4. (FCC – 2024 – TRT – 7ª Região (CE) – Técnico Judiciário) É adequada a articulação entre os tempos e modos verbais na seguinte frase:

A) Ficamos sem saber por que vem ela se dedicado a atos virtuosos que sua doença lhe impedisse de haver praticado.
B) Quando perdesse a voz, em função da distrofia que lhe acometeria, ela passará a ensinar surdos e mudos.
C) Fora uma mulher em paz consigo mesma, apesar dos sofrimentos que a vida lhe reserve, ao desafiar seus limites.
D) Quando me confessou que se mataria, não me surpreendi e disse que muita gente poderia vir a tomar igual decisão.

E) Segundo meu amigo, a dor maior comparece quando nos convencêssemos de que não sejamos os únicos a sofrer.

Comentários: Na opção D, a correlação verbal (pretérito perfeito - futuro do pretérito) está adequada. As ações de "confessar" e "surpreender" e "dizer" se deram no passado, e as de "se matar" e "poder vir a tomar" uma possibilidade futura em relação às ações passadas.

A) ...se dedicando...lhe impede de praticar.

B) Quando perder...lhe acomete...

C) ...lhe reservou...

E) ...nos convencemos...não somos...

Gabarito: D

5. **(FGV - 2024 - Prefeitura de Macaé - RJ - Professor)** Assinale a frase que, em função da forma de particípio empregada, mostra problema de correção.
   A) O bandido foi morto no confronto com a polícia.
   B) Antes de partir, ele havia pagado as contas.
   C) Todos tínhamos pego o ônibus adequado.
   D) Os meninos foram salvos do mar furioso.
   E) Os alunos tinham feito os trabalhos.

Comentários: Para verbos que possuem duplo particípio (regular e irregular), pode-se usar os verbos auxiliares "ter" ou "haver" com a forma regular (-do), e "ser" ou "estar" com a irregular. O verbo "pegar", da opção C, possui dois particípios (pegado — regular — e pego — irregular) e vem com o auxiliar "ter". Logo, seria "tínhamos pegado". Nas opções A e D, o auxiliar é o certo "ser", daí as formas irregulares (morto/salvos). Na B, o auxiliar é "haver", forma regular (pagado). Na opção E, só existe a forma "feito", particípio de "fazer".

Gabarito: C

6. **(FGV - 2024 - Prefeitura de São Lourenço da Mata - PE - Professor Multidisciplinar)** Leia o poema a seguir:

Começou a rir de si mesma,
de como havia sido inocente
ao pensar que um príncipe a salvaria.

Depois de anos vivendo com um,
percebeu que os príncipes não salvam.
Nem os caminhoneiros, nem os DJs, nem os doceiros...

Perdoou-se e percebeu que
a única capaz de salvá-la
era ela mesma.

SALAMERO, Nunila Lopez. **Cinderela mudou de ideia**. São Paulo: Editora Planeta, 2010.

No poema, os tempos verbais do verbo "salvar" em destaque expressam, respectivamente,

A) injunção e ação contínua.
B) hipótese e constatação.
C) incerteza e injunção.
D) ação contínua e hipótese.
E) constatação e incerteza.

Comentários: O futuro do pretérito pode indicar incerteza, hipótese, polidez. Nessa passagem, indica hipótese (...pensar que um príncipe a salvaria). Na sequência, vem a constatação após sua percepção, representada pelo verbo no presente.

Gabarito: B

7. **(CESPE/CEBRASPE - 2024 - Prefeitura de Mossoró - RN - Auditor Fiscal de Tributos Municipais)**

*De fato, se a expressão **significar** a criação de informação falsa movida pelo propósito de enganar, o conceito está longe de ser novo. Basta pensar na longa história dos tabloides, das fofocas acerca da vida das celebridades, das táticas de estilo das revistas para fisgar seu público. Sabe-se também como as estratégias de sedução e persuasão das revistas sempre funcionaram. Em quaisquer dos casos, são mensagens de forte apelo visual cujas chamadas são tão inacreditáveis que se tornam irresistíveis.*

No primeiro período do parágrafo anterior, a forma verbal "significar" corresponde à terceira pessoa do singular do futuro do subjuntivo, cujo emprego, no caso, se deve ao uso do conectivo "se".

CERTO
ERRADO

Comentários: A conjunção "se" indica uma possibilidade futura em relação à ação de "significar". O futuro do subjuntivo, em geral, vem antecedido das conjunções "se" / "quando".

Gabarito: CERTO

8. **(CESPE/CEBRASPE - 2024 - CNJ - Técnico Judiciário)**

*O Estado não é uma ampliação do círculo familiar e, ainda menos, uma integração de certos agrupamentos, de certas vontades particularistas, de que a família é o melhor exemplo. Não existe, entre o círculo familiar e o Estado, uma gradação, mas antes uma descontinuidade e até uma oposição. A indistinção fundamental entre as duas formas é prejuízo romântico que teve os seus adeptos mais entusiastas durante o século XIX. De acordo com esses doutrinadores, o Estado e as suas instituições **descenderiam** em linha reta, e por simples evolução, da família. A verdade, bem outra, é que pertencem a ordens diferentes em essência. Só pela transgressão da ordem doméstica e familiar é que nasce o Estado e que o simples indivíduo se faz cidadão, contribuinte, eleitor, elegível, recrutável e responsável, ante as leis da Cidade. Há nesse fato um triunfo do geral sobre o particular, do intelectual sobre o material, do abstrato sobre o corpóreo, e não uma depuração sucessiva, uma espiritualização de formas mais naturais e rudimentares.*

O futuro do pretérito empregado na forma verbal "descenderiam", no contexto do quarto período do texto anterior, permite concluir que o autor considera duvidosa a percepção de que Estado e família se confundem, o que se confirma na defesa categórica do exato oposto no período seguinte.

CERTO

ERRADO

Comentários: Correta a afirmação. O autor usa a forma do futuro do pretérito para mostrar o ponto de vista dos "doutrinadores", para, em seguida, dizer que a verdade é bem outra. Ou seja, a intenção ao usar o futuro do pretérito (descenderiam) é a de considerar duvidosa a percepção de que Estado e família se confundem.

Gabarito: CERTO

9. (CESPE/CEBRASPE - 2024 - CODEVASF - Analista em Desenvolvimento Regional)

O racismo estrutural é uma realidade cotidiana no Brasil, e as denúncias de atitudes racistas ***estão se tornando*** *mais visíveis. Porém, o racismo institucional, que acontece dentro de organizações públicas e privadas em diversos setores, ainda é um conceito pouco familiar para muitas pessoas. Mesmo afetando diretamente milhões de brasileiros, esse tipo de racismo é menos conhecido.*

Estariam mantidos os sentidos e a correção gramatical do texto caso se substituísse o segmento "estão se tornando" (primeiro período do parágrafo anterior) por **vêm se tornando.**

CERTO

ERRADO

Comentários: As duas formas mostram uma ação contínua, uma ação em andamento, que se prolonga no tempo.

Gabarito: CERTO

A seguir, você vai ver cinco questões do Cebraspe de reescritura com verbos. Esse tipo de questão é muito comum na banca.

10. (ADAPTADO - CESPE/CEBRASPE - 2024 - SEFAZ - AC - Técnico da Fazenda Estadual)

— Bem, se nós ***formos indagar*** *dos contribuintes quanto é que eles querem pagar, a tesouraria fica sem recursos para comprar um maço de velas quando faltar luz. Seria preferível que eles mesmos fizessem o lançamento.*

O sentido e a correção gramatical do texto seriam mantidos caso a locução verbal "formos indagar", no parágrafo anterior, fosse substituída por **indagarmos**.

CERTO

ERRADO

Comentários: A retirada do auxiliar mantém a ideia de futuro. Seria usado o verbo principal no mesmo tempo do auxiliar retirado, flexionado corretamente no futuro do subjuntivo.

Gabarito: CERTO

11. (CESPE/CEBRASPE - 2024 - TSE - Analista Judiciário)

*Daí a importância de que toda pessoa tenha uma noção básica de quais são os seus direitos e de como exigir a sua observância. Como é possível exigir respeito a sua condição de consumidor se não **houver** uma consciência mínima dos direitos?*

Seria mantida a correção gramatical e a coesão do último período do texto anterior, caso a forma verbal "houver" fosse substituída por **houvesse**.

CERTO

ERRADO

Comentários: Não ocorreria correção gramatical nessa passagem, pois a correlação entre as formas verbais (é / houver) não é a de passado. Para ser usada a forma "houvesse", só se o comando da questão sugerisse usar o verbo "ser" no futuro do pretérito (seria / houvesse).

Gabarito: ERRADO

12. (CESPE/ CEBRASPE - 2024 - ANA - Especialista em Regulação de Recursos Hídricos e Saneamento Básico)

*A mesma declaração complementa o raciocínio, defendendo a necessidade de as culturas que defendem a água como um bem comum serem protegidas e reinventadas. E, nesse ponto, a Declaração da 4.ª Cúpula do P7 e o Comentário Geral n.º 15 do CDESC convergem entre si, pois este último se refere à preocupação com o respeito à cultura e o acesso à água, nas formas tradicionais de uso por comunidades antigas e originárias, o que **valoriza** o componente da independência no conceito de segurança hídrica. O que aqui se chama simplisticamente de independência corresponde na verdade à minimização de uma relação de dependência e sujeição, por meio de mecanismos formais de cooperação, tanto interbacias como intrabacias hidrográficas. O quarto princípio da Declaração da 4.ª Cúpula do P7 afirma que "a água deve contribuir para a solidariedade entre comunidades, países, sociedades, gerações e sexos". Ao mesmo tempo reconhece que a água doce é distribuída de forma desigual em torno da Terra, e afirma que isso não deve ser utilizado como fator de exercício de poder.*

Estariam mantidas a correção gramatical e a coerência do texto caso se substituísse a forma verbal "valoriza" (segundo período) por **valorize**.

CERTO

ERRADO

Comentários: "Valoriza" está no modo indicativo (modo verbal usado para expressar um fato ou ação habitual em sua certeza, quando se refere ao presente, passado e futuro). A substituição por "valorize" (modo subjuntivo, apresenta um fato de maneira incerta, imprecisa ou duvidosa) não mantém a coerência do texto, pois, nessa passagem, essa forma verbal expressa um fato, uma assertiva, e não dúvida.

Gabarito: ERRADO

13. (CESPE/CEBRASPE - 2025 - PC - DF - Analista de Apoio às Atividades Policiais Civis)

Embora as instituições nacionais ligadas à soberania venham atuando nas últimas décadas em suporte às políticas ambientais brasileiras, a relação entre as duas esferas nem sempre se deu em bases cooperativas. Partindo-se de uma compreensão estreita da segurança, a preservação do meio ambiente ***foi*** *vista, durante certo tempo, não como uma precondição para se garantir a segurança nacional e humana, mas como uma ameaça à integridade territorial e aos interesses nacionais brasileiros. Temia-se, nesse sentido, que as inestimáveis riquezas naturais do Brasil despertassem a cobiça internacional, de forma a representar riscos às fronteiras nacionais e ao direito soberano do país de gerenciar seus recursos naturais de maneira autônoma, em busca do desenvolvimento.*

Sem prejuízo da correção gramatical e da coerência das ideias do texto, a forma verbal "foi" (segundo período) poderia ser substituída por **era**.

CERTO

ERRADO

Comentários: Essa substituição não acarretaria prejuízo de correção gramatical nem de coerência das ideias do texto, pois a ideia de passado se manteria. A diferença é que, ao usar a forma do pretérito imperfeito (era), a ideia passa a ser de duração habitual no passado, enquanto o pretérito perfeito indica uma ação que se iniciou e terminou no passado. Contudo, isso não torna o período incoerente. A mudança de sentido mantém a coerência e a correção dessa passagem.

Gabarito: CERTO

14. (CESPE/CEBRASPE - 2024 - CNPQ - Analista em Ciência e Tecnologia Pleno)

No ano seguinte, Lattes voltou a causar impacto após conseguir a produção artificial daquela partícula em um acelerador do tipo circular, em Berkeley, nos Estados Unidos da América. E em 1949, a física no Brasil começou a se institucionalizar com a criação do Centro Brasileiro de Pesquisas Físicas. Junto com ela, a ciência, em geral, também organizava sua entidade representativa, com o surgimento da Sociedade Brasileira para o Progresso da Ciência (SBPC) naquele mesmo ano. Foi nesse caldo cultural que o almirante Álvaro Alberto ganhou mais argumentos para persuadir o governo brasileiro. Segundo seus depoimentos reproduzidos na coletânea 50 anos do CNPq contados pelos presidentes, organizada por Shozo Motoyama, em maio de 1949, após a leitura de relatórios sobre a questão atômica, o presidente Dutra enviou ao Congresso Nacional um anteprojeto para criação do Conselho Nacional de Pesquisas, já prevendo seu papel na política nuclear. Depois de uma longa tramitação na Câmara dos Deputados e no Senado Federal, ***nascia*** *o CNPq, com o almirante como seu primeiro presidente.*

Sem prejuízo da correção gramatical e da coerência das ideias do texto, a forma verbal "nascia" (último período) poderia ser substituída por **nasceu**.

CERTO

ERRADO

Comentários: O raciocínio para se usar nessa questão é o mesmo da anterior, só que de maneira invertida. As duas formas cabem, estão no passado. Depende do que o autor quer enfatizar. Se a intenção é a de mostrar um fato acabado, concluído, usará o pretérito perfeito (nasceu). Se a intenção for a de estender esse fato, mostrá-lo em sua duração, optará pelo pretérito imperfeito (nascia), que, no caso, traz um efeito mais expressivo.

Gabarito: CERTO

8.8. QUESTÕES DE CONCURSOS PROPOSTAS (COM GABARITO NO FINAL)

1. **(VUNESP - 2024 - Prefeitura de Lins - SP - Merendeira)** Nas falas — Este bolo **está** com um gosto horrível! — e — **É** um bolo para quem **quer** emagrecer. —, as três formas verbais destacadas estão no tempo presente. Passando-as para o tempo passado, têm-se:

   A) Este bolo **estará** com um gosto horrível. / **Será** um bolo para quem **quiser** emagrecer.

   B) Este bolo **esteve** com um gosto horrível. / **Seria** um bolo para quem **queria** emagrecer.

   C) Este bolo **estaria** com um gosto horrível. / **Será** um bolo para quem **quis** emagrecer.

   D) Este bolo **estava** com um gosto horrível. / **Era** um bolo para quem **queria** emagrecer.

2. **(OBJETIVA - 2024 - Prefeitura de Castro - PR - Professor)** Em relação à conjugação dos verbos "medir" e "mediar", considerando-se seus significados, aplicados ao contexto, assinalar a alternativa que preenche as lacunas abaixo CORRETAMENTE:

   • Neste momento, o professor ________ o debate sobre mudança climática.

   • Eu espero que você ________ a nossa conversa, porque o meu nível de inglês é mediano e o cliente não entende português.

   • Educado, ele sempre________ suas palavras quando conversava com a avó.

   A) media | medie | media.

   B) medeia | medeie | media.

   C) medeia | medeia | medeia.

   D) media | medie | medeia.

   E) medeie | media | medeia.

3. **(IBFC - 2024 - IMBEL - Cargos de Nível Médio)** Leia a sentença: "Importante: <u>lembre-se</u> de que ninguém é chato porque quer." O modo verbal utilizado é o imperativo. Assinale a alternativa que o justifique corretamente.

   A) Indica um fato certo e/ou concreto.

   B) Indica um fato duvidoso ou hipotético.

   C) Indica uma ordem, proibição ou pedido.

   D) Incide sobre o predicativo verbo-nominal do objeto da oração.

   E) Incide sobre o adjunto adnominal de tempo da oração.

4. **(FCC - 2024 - MPE - AM - Agente de Apoio - Especialidade Administrativo)**

   Na segunda redada nada <u>veio</u>, ou quase nada — <u>fugira</u> a piracema ou fora toda colhida pela rede. Entretanto, no meio daquele quase nada <u>apareceu</u> um bicho estranho: uma tartaruga do mar. Tartaruga diferente daquelas fluviais que a gente <u>conhece</u> tartaruga das profundezas salinas, meio peixe, porque em vez de pernas <u>tem</u> nadadeiras.

   Nesse trecho, a cronista relata uma série de fatos ocorridos no passado. Um fato anterior a esse tempo passado está indicado pela seguinte forma verbal:

   A) conhece.

   B) fugira.

C) tem.

D) veio

E) apareceu.

5. (FCC – 2024 – TJ – AL – Técnico Judiciário – Área Judiciária)

1. Não esperes aquele ano em que, por obra de lua violência, a tua família seja dizimada, para só então descobrires a gravidade indizível de tua infâmia. Para saberes que gozo terias sentido se, em vez de matá-la, a tivesses levado ao peito enquanto vivia.

2. Mergulha, sim, na liturgia do amor e renuncia à tua descabida ira. O amor é e será sempre teu melhor gesto na terra. O único capaz de projetar luz sobre esta precária existência humana.

3. ***Não permitas que, sob o jugo de tua ira, mulher e filhos fiquem ao desabrigo da sorte, ingrata e imprevidente.***

4. ***Defende o teu lar de ti mesmo.*** *Da tua ferocidade, da tua paixão desenfreada, da ânsia de golpear, de mutilar, de maltratar, como se te coubesse este desapiedado e falso exercício da justiça.*

No segmento: *Não permitas que, sob o jugo de tua ira, mulher e filhos fiquem ao desabrigo da sorte, ingrata e imprevidente. Defende o teu lar de ti mesmo.* (3º e 4º parágrafos), o uso do modo imperativo

A) revela a intenção de chamada à consciência e captura sensível de um receptor hipotético.

B) reforça o caráter moralizante do texto, que pretende delimitar o que cabe a cada um dos membros de uma família ideal.

C) descreve uma ação efetiva a ser realizada por todos os membros de uma família.

D) tem a função de destacar a precariedade das relações humanas fora do âmbito familiar.

E) aproxima afetivamente o leitor das ideias expostas, por meio de uma informalidade discursiva.

6. (FCC – 2024 – TRT – 11ª Região (AM e RR) – Analista Judiciário) É adequada a articulação entre os tempos e os modos das formas verbais na seguinte frase:

A) Rousseau dava demonstração de que respeitava o saber das universidades e das academias a cada vez que reconhecia a função útil das ciências.

B) Caso não viesse a glorificar os esforços laboriosos da conquista intelectual verdadeira, Rousseau não terá lutado contra os obstáculos da irracionalidade.

C) Embora nunca tenha pretendido exaltar a animalidade do selvagem, ocorrera que muitos intérpretes de Rousseau houvessem de atribuir-lhe tal intenção.

D) Os abusos da vida social civilizada teriam colocado o homem muito abaixo da vida primitiva, caso ele venha de fato a cometê-los.

E) Para Rousseau, os abusos do estado social centralizar-se-iam na perda da consciência a que o conduzirá o culto dos refinamentos artificiais.

7. **(FGV - 2024 - TJ - RR - Técnico Judiciário)** Verbos abundantes são aqueles que possuem duas ou mais formas equivalentes, o que ocorre predominantemente nos particípios.

Assinale a opção em que o verbo indicado não possui as duas formas apresentadas.

A) aceitar: aceitado e aceito.

B) matar: matado e morto.

C) morrer: morrido e morto.

D) pegar: pegado e pego.

E) chegar: chegado e chego.

8. **(FGV - 2024 - Câmara de Fortaleza - CE - Analista de Revisão)** Assinale a frase que mostra inadequação na forma verbal.

A) Tomara que adquiras consciência da tua situação.

B) Se você a ver por aqui, previna-a do perigo.

C) Tomara que não nos advenham problemas.

D) Ele dirá o que lhe couber dizer.

E) Teremos aula se houver alunos por lá.

9. **(FGV - 2024 - Câmara de Fortaleza - CE - Analista de Redação)** Assinale a frase em que a forma verbal está correta.

A) O deputado reveu todo o texto do projeto.

B) Os seguranças se enterteram com as crianças.

C) O chefe da casa reouve todo o tempo perdido.

D) Os policiais interviram na discussão em plenário.

E) Serão nomeados os que a chefia propor.

10. **(FGV - 2024 - TJ - SC - Analista Administrativo)** O emprego do gerúndio na língua escrita é bastante problemático.

A frase abaixo em que o emprego do gerúndio é criticável é:

A) O político saudava a todos os presentes, sorrindo.

B) Eu me canso muito dirigindo o caminhão.

C) Meu filho, tome banho correndo.

D) O ladrão fugiu, sendo detido pouco depois.

E) Encontraram o velhinho tossindo em sua cama.

11. **(FGV - 2024 - TJ - SC - Técnico Judiciário Auxiliar)** Todas as frases abaixo mostram formas do pretérito imperfeito do indicativo; aquela frase em que esse tempo verbal tem valor de polidez é:

A) O atendente da loja perguntou à cliente o que ela desejava.

B) Se tivesse dinheiro, eu o comprava agora mesmo.

C) Olhe onde estava o livro que tanto procurei ontem.

D) Meu irmão tinha o hábito de falar baixo, sem pressa.

E) Ele pensava ir à Faculdade na próxima segunda-feira.

12. (CESPE/CEBRASPE - 2024 - Prefeitura de Joinville - SC - Professor de Língua Portuguesa)

Acho que foi em 1995 que o então presidente de Portugal me deu uma condecoração que muito me orgulha: a da Ordem do Infante Dom Henrique. No momento em que lhe agradeci a honraria, Mário Soares me convidou a ir a Portugal. Respondi que, não gostando de viajar, nunca ***saíra*** *do Brasil, mas, que, se, um dia, isso viesse a acontecer, minha preferência seria por Portugal, por ser, entre os países da Europa, "o único onde o povo tem o bom senso de falar português".*

No terceiro período do parágrafo anterior, a forma verbal "saíra" está flexionada na:

A) primeira pessoa do singular do pretérito mais-que-perfeito do modo indicativo.

B) primeira pessoa do singular do futuro do presente do modo indicativo.

C) terceira pessoa do singular do futuro do pretérito do modo indicativo.

D) primeira pessoa do singular do pretérito perfeito do modo indicativo.

E) terceira pessoa do singular do presente do modo subjuntivo.

13. (CESPE/CEBRASPE - 2024 - MPE - TO - Técnico Ministerial)

A data passou a ser definitivamente estabelecida a partir do dia 8 de março de 1917, com a realização de uma manifestação de operárias por pão e paz, na atual cidade de São Petersburgo, na Rússia. Nove anos antes, em 8 de março de 1908, já ***havia ocorrido*** *um encontro massivo em Nova Iorque, nos Estados Unidos da América (EUA), em defesa do sufrágio universal, com a presença de um comitê feminino local para apoiar o voto das mulheres.*

No segundo período do parágrafo anterior, a locução verbal "havia ocorrido" poderia ser substituída, sem prejuízo dos sentidos originais e da correção gramatical do texto, por ocorrera.

CERTO

ERRADO

14. (CESPE/CEBRASPE - 2024 - Prefeitura de Mossoró - RN - Analista da Procuradoria)

"[...] Os acordos de 1810 foram firmados contra a garantia da Inglaterra de que nenhum governo imposto por Napoleão em Portugal ***seria*** *reconhecido. [...]"*

O tempo verbal em que se encontra flexionada a forma "seria" (em destaque) indica uma possibilidade futura vislumbrada a partir do passado.

CERTO

ERRADO

15. (CESPE/CEBRASPE - 2024 - CAU - BR - Assistente de Tecnologia da Informação)

Enquanto Singapura e Dublin lançaram suas réplicas digitais usando aprendizado de máquina para prever eventos e tendências futuras, países inteiros ainda não garantiram água potável e eletricidade para seus habitantes. Como a arquitetura reflete as sociedades, a acentuada desigualdade social em que vivemos continuará sendo refletida na arquitetura que construímos: algumas obras totalmente projetadas por inteligência artificial (IA), outras criadas manualmente e com modelos físicos em um escritório de arquitetura boutique, e a grande maioria sendo feita no local com papel e lápis, sem a intervenção direta de arquitetos. Talvez todos esses cenários ***coexistam*** *na mesma cidade.*

Seria mantida a correção gramatical do texto caso a forma verbal "coexistam" (último período do parágrafo anterior) fosse substituída por coexistem.

CERTO

ERRADO

GABARITO:

1. D	2. B	3. C	4. B	5. A
6. A	7. E	8. B	9. C	10. D
11. A	12. A	13. CERTO	14. CERTO	15. ERRADO

Acesse o material suplementar

uqr.to/20vgr

Pronomes 9

O primeiro conceito importante que se deve saber sobre pronomes é que eles podem desempenhar funções adjetivas, quando se referirem a substantivos (pronomes adjetivos), ou funções substantivas, quando ocuparem o lugar do substantivo (pronomes substantivos). É exatamente assim: um pronome, além de ser classificado como relativo, demonstrativo, possessivo etc., pode ser substantivo ou adjetivo.

Exemplo:

Este produto é importado	**Isto** é importado
↑	↑
pronome adjetivo	pronome substantivo

Observe uma questão de concurso que trabalhou essa nomenclatura.

1. **(TRT — RJ)** A alternativa em que o pronome indefinido exerce função substantiva é:
   A) de uma etnia e de uma cultura.
   B) que exterminassem as demais.
   C) depois de vários séculos.
   D) marcada muitas vezes.
   E) nenhum grupo pode.

   Comentários: Na letra A, **uma** refere-se a **etnia** e **cultura, sendo artigo indefinido**; na letra C, **vários** acompanha o substantivo **séculos, classificando-se como pronome indefinido em função adjetiva**; na letra D, **muitas** se refere a **vezes, é pronome indefinido adjetivo também**, na letra E, o pronome indefinido **nenhum** se refere ao substantivo **grupo, e exerce, portanto, função adjetiva.** Apenas na letra B, o pronome indefinido **demais** não acompanha substantivo: aparece no lugar dele, antecedido pelo artigo **as**. Daí exerce uma função substantiva.

   Gabarito: B

Os pronomes podem ser: pessoais, possessivos, demonstrativos, indefinidos, interrogativos e relativos.

9.1. PRONOMES PESSOAIS

Designam as três pessoas do discurso. Classificam-se em **retos** e **oblíquos**.

Pessoa	Caso reto	Caso oblíquo	
		Átono	Tônico
1ª	Eu	me	mim, comigo
2ª	Tu	te	ti, contigo
3ª	Ele	se, o, a, lhe	si, consigo, ele, ela*
1ª	Nós	nos	* nós, conosco
2ª	Vós	vos	* vós, convosco
3ª	Eles	se, os, as, lhes	si, eles, elas*

*__Ele, nós, vós, eles:__ quando oblíquos sempre preposicionados.

Ex.: Ora se dirigia a nós, ora a eles.

9.1.1. Retos

Funcionam, na maior parte dos casos, como sujeito ou predicativo.

Ex.: **Tu** não és **eu**. / O fato de **ele** reconhecer o erro...
suj. p.s. suj.

9.1.2. Oblíquos

Funcionam, geralmente, como complemento (objeto direto, objeto indireto, complemento nominal).

Ex.: Vi-**o** na rua. / Obedeci-**lhe**. / A decisão **lhe** foi favorável.
o.d. o.i. c.n

Observação: Quando os verbos terminam em **r, s, z** e os pronomes pedidos são **o(s), a(s)**, ocorre a queda daquelas terminações, acrescentando-se o **l (lo(s), la(s))**; quando os verbos terminarem em som nasal (**m** ou **til**), acrescenta-se o **n** (no(s), na(s)).

Ex.: Quero comprá-**las**. (= comprar + as) / Expusemo-**la**. (Expusemos + a) / Fê-**los** com rapidez. (Fez + os) / Trouxeram-**no** (Trouxeram + o).

Agora, pense comigo. As formas **põe-no** e **põe-lo** estão corretas? Sim! Por quê?

Observe:

Ele **põe o livro**.

O verbo termina em som nasal e se une ao pronome "o", que substitui a forma "o livro". A forma resultante é, então:

põe + o = põe-no

Por outro lado, caso tenhamos a seguinte estrutura:

Tu pões o livro.

Ao se contrair a forma verbal "pões" com o pronome "o" (que pode substituir o complemento "o livro"), como o verbo termina em "s", a forma verbal resultante será:

pões + o = põe-lo

Observe a seguir o esquema que preparamos para que você memorize mais facilmente a teoria exposta sobre os pronomes pessoais retos e oblíquos. Nas questões de prova, observamos que esse assunto aparece por meio de reescritura, daí a importância de associar a classe à função que ela desempenha na frase.

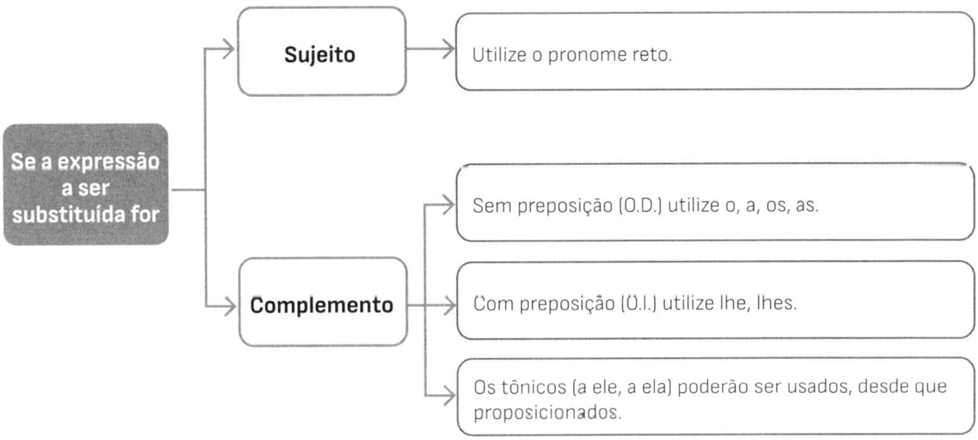

I. Use eu/tu, mim/ti.

EU, TU = **Pronomes retos** = quando funcionam como **sujeito**.

MIM, TI = **Pronomes oblíquos** = quando funcionam como **complementos**.

1. Você só sairá se ________ permitir.

Comentários: aqui aparecem dois verbos. Para todo verbo, temos de achar um sujeito. O sujeito de *sairá* é *Você*. Fica faltando o sujeito para o verbo *permitir*, daí o uso do pronome pessoal reto *eu*.

Gabarito: eu.

2. Nenhum problema surgiu entre ______ e o teu chefe.

Comentários: nesta frase observamos que aparece apenas um verbo – *surgiu* – com seu respectivo sujeito *Nenhum problema*. Logo, teremos de usar o complemento *mim*.

Gabarito: mim.

3. Entre ________ pedir e você atender...

Comentários: neste período aparecem dois verbos: *pedir* e *atender*. O sujeito de *atender* é *você*. Ficaria faltando o sujeito do verbo *pedir*, por isso, teremos de completar a lacuna com o pronome pessoal reto *eu*.

Gabarito: eu.

4. Houve muitos desentendimentos entre _____ e _____.

Comentários: aqui aparece apenas o verbo *Houve*, com o sentido de *existir*. Quando o verbo *haver* aparece com esse sentido, temos um caso de **oração sem sujeito**, logo não poderemos completar as lacunas com sujeito, e sim com complementos *mim* e *ti*.

Gabarito: mim e ti.

II. Substitua o termo em destaque pelo pronome correspondente.

1. O movimento visa encontrar **soluções**.

   Comentários: o termo destacado exerce a função de objeto direto de *encontrar*. Ao se reescrever a frase, o objeto, que é um complemento de verbo, será substituído por um pronome oblíquo correspondente – *las*. Lembre-se de que, quando o verbo termina em *r*, *s* ou *z* e os pronomes pedidos são *o(s)*, *a(s)*, cortam-se aquelas terminações e acrescenta-se o *l*.

   Gabarito: encontrá-las.

2. Deixaram **as chaves** no carro.

   Comentários: outra vez o termo destacado funciona como **complemento** de verbo, portanto usaremos o pronome oblíquo átono correspondente. Como a terminação é em som nasal, acrescenta-se o *n*.

   Gabarito: Deixaram-nas.

3. Faltaram **os aplausos** no fim do espetáculo.

   Comentários: repare que nesta frase a expressão destacada funciona como sujeito do verbo *faltar*. Por isso, o uso do pronome reto correspondente – *eles* – na função de sujeito.

   Gabarito: Faltaram eles ou, na ordem direta, eles faltaram.

4. **A violência** começa a gerar **expectativas**.

   Comentários: nesta frase as expressões destacadas funcionam, respectivamente, como *sujeito* e *objeto direto*. Reescrevendo o sujeito *A violência*, temos o pronome reto *ela*; reescrevendo o objeto direto *expectativas*, o pronome oblíquo correspondente é -*las*.

   Gabarito: Ela e gerá-las.

Veja a seguir quatro questões que trabalham com os conceitos que acabamos de aprender:

1. (Crescer Consultorias - Prefeitura de Lagoa Alegre - Engenheiro Civil Fiscal) A frase em que há erro quanto ao emprego do pronome é:

A) Quando saíres, avisa-me que irei contigo.
B) As deliberações serão determinadas por mim e ti.
C) Entre eu e ti sempre existiu uma grande afinidade.
D) Sempre que viaja, ela leva consigo uma câmera fotográfica profissional.

Comentários: Lembre-se: **eu/tu** são pronomes do caso reto e ocupam o papel de sujeito; já **mim/ti** são pronomes oblíquos e ocupam o papel de complemento.

A questão propõe localizar a alternativa que apresenta erro.

Na alternativa A, ênclise obrigatória em início de frase e emprego de **contigo**, em relação à segunda pessoa do discurso, a quem se dirige. Tudo correto, portanto, na letra A.

Na B, os pronomes mim e ti são adequados, porque ocupam papel de complemento.

Na C, usou-se o pronome eu, que não está na função de sujeito, e sim de complemento. Na ordem direta, a frase ficaria: "sempre existiu uma grande afinidade entre mim e ti". O sujeito de "existiu" é "afinidade", então não se pode usar "eu", e sim "mim". Na letra E, o emprego do pronome **consigo** também está adequado porque concorda com a terceira pessoa do discurso (ela).

Gabarito: C

2. **(Instituto Consulplan - 2020 - Prefeitura de Capanema - PA - Auditor Fiscal Municipal)**

A substituição do sintagma destacado pelo pronome correspondente NÃO foi realizada corretamente em:

A) "abrir **uma gaveta**" = abri-la.
B) "vestindo **regata**" = vestindo-lhe.
C) "Ele organizou **o evento**" = ele o organizou.
D) "assistindo **ao Rodrigo Hilbert**" = assistindo-lhe.
E) "enquanto passam **o som**" = enquanto passam-no.

Comentários: Na opção B, o termo destacado funciona como objeto direto. Os pronomes oblíquos átonos que substituem o objeto direto são "o", "a", "os", "as" e variações (lo, la, los, las/ no, na, nos, nas). O pronome "lhe" substitui termo preposicionado (objeto indireto, complemento nominal). O erro, portanto, está na opção B. Nas opções A, C e E, os termos destacados funcionam como objetos diretos; na D, como objeto indireto.

Gabarito: B

3. **(NC - UFPR — Itaipu Binacional — Profissional de Nível Universitário JR. — Engenharia Civil)** Assinale a alternativa em que a substituição do trecho sublinhado por pronome está correta.

A) Cabe a vocês acatar as decisões tomadas na assembleia geral — ...acatá-las.
B) Denunciaram o mau uso dos espaços públicos — Denunciaram-nos.
C) Informei os enfermeiros sobre o estado da paciente — Informei-lhes.
D) Falta responder o ofício pendente no sistema eletrônico — ...responder-lhe.
E) Venho solicitar a esse departamento que providencie a atualização do sistema — ...solicitá-lo.

Comentários: Observe que o verbo pede complemento sem preposição. Localize o núcleo da expressão: as decisões. O verbo termina em R, então, acatar + as = **acatá-las**. A alternativa correta é a **letra A**.

Na B, o núcleo da expressão a ser substituída é singular (uso), por isso o certo seria dizer "denunciaram-no". Na C, o objeto é direto, portanto, não cabe **lhes**. O mesmo ocorre na alternativa D. Na E, só poderia ser **a ele** ou **lhe**, porque a expressão vem introduzida por preposição.

Gabarito: A

4. **(CESPE/CEBRASPE - 2022 - TCE - RJ - Analista de Controle Externo)**

Talvez a distinção mais clara entre a ciência e a pseudociência seja o fato de que a primeira sabe avaliar com mais perspicácia as imperfeições e a falibilidade humanas do que a segunda. Se nos recusamos radicalmente a reconhecer em que pontos somos propensos a cair em erro, podemos ter quase certeza de que o erro nos acompanhará para sempre. Mas, se somos capazes de uma pequena autoavaliação corajosa, quaisquer que sejam as reflexões tristes que isso possa provocar, as nossas chances melhoram muito.

Carl Sagan. **O mundo assombrado pelos demônios**. Trad. Rosaura Eichemberg. São Paulo: Companhia das Letras, 2016. p. 39-40 (com adaptações).

A respeito dos aspectos linguísticos do texto, julgue o item que se segue. No trecho "podemos ter quase certeza de que o erro nos acompanhará para sempre", o pronome "nos" funciona como complemento da forma verbal "acompanhará".

CERTO

ERRADO

Comentários: Nesse trecho, o verbo "acompanhar" é transitivo direto, não rege preposição. Em "...o erro nos acompanhará...", o pronome "nos" completa o sentido desse verbo transitivo direto na função de objeto direto.

Gabarito: CERTO

9.1.2.1. Colocação dos pronomes oblíquos átonos

me – te – se – o(s) – a(s) – lhe(s) – nos – vos

Próclise: quando o pronome átono aparece **antes** do verbo.

Ex.: Eu **o** ajudei naquela difícil tarefa.

Mesóclise: quando o pronome átono aparece no **meio** do verbo.

Ex.: Ajudá-**lo**-ei naquela difícil tarefa.

Ênclise: quando o pronome átono aparece **após** o verbo.

Ex.: Ajudei-**o** naquela difícil tarefa.

Observamos que a possibilidade de usar o oblíquo átono é muito maior do que a proibição. Portanto, estudaremos aqui os casos em que o uso do pronome átono é proibido.

É proibido:

a) iniciar oração com oblíquo átono;

Ex.: **Me** espere hoje às seis horas. (errado)
Espere-**me** hoje às seis horas. (certo)

b) colocá-los após futuros.

Ex.: Direi-**te** a verdade: (errado)
Dir-**te**-ei a verdade. (certo)

b) colocá-los após o particípio.

Ex.: Havia falado-**me** a verdade. (errado)
Havia-**me** falado a verdade. (certo)

A regra geral é:

Havendo palavra invariável (palavra que não tem feminino nem plural – que, quem, caso, se, em, ninguém, alguém, tudo...) antes do verbo, próclise.

Ex.: **Para** me responder... / **Não** te ouvi.

Observação: Nas frases exclamativas ou optativas (que exprimem desejo).

Ex.: "Como nos alegram essas crianças!"

"Como me maltrataram naquela casa!"

"Deus te abençoe!"

Entretanto, há duas exceções:

1. Após infinitivo, sempre certo o uso do pronome átono.

Ex.: Para **responder**-me...

Ninguém queria **ouvir**-me.

2. Com conjunção coordenativa (e, ou, mas,...): próclise ou ênclise.

Ex.: Chegou **e** se deitou ou Chegou **e** deitou-se.

Preparamos para você uma lista das palavras invariáveis que atuam como atrativas do pronome:

Advérbios: negação – não, jamais, nunca, tampouco; **tempo** – ontem, hoje, amanhã, cedo, tarde, breve, antes, antigamente, diariamente, já; **modo** – bem, mal, somente, devagar, depressa; **afirmação** – sim, realmente, certamente, decerto, deveras, efetivamente, indubitavelmente; **dúvida** – talvez, acaso, porventura, provavelmente, possivelmente, quiçá; **lugar** – aqui, aí, lá, ali, acolá, aquém, abaixo, acima, atrás, dentro, fora, diante; **intensidade** – muito, pouco, demais, quanto, mais, menos, bastante, demasiadamente; **interrogativos** – por que, onde, como etc.

Conjunções subordinativas: integrantes – que, se; **condicionais** – se, caso; **causais** – porque, pois, que (= porque), como, porquanto; **comparativas** – como, que, qual, quanto (após tão, tanto); **conformativas** – conforme, como (= conforme), segundo, consoante; **consecutivas** – que (depois de tal, quanto, tão, tamanho).

Pronomes: relativos (note que alguns são variáveis) – que, quem, o/a qual/quais, cujo(s)/a(s), onde/aonde, quanto/a(s); **indefinidos** – algum/a, nenhum/a, certo, qualquer/quaisquer, cada, todo/a, tudo; **demonstrativos** – este, esta isto, esse, essa, isso, aquele, aquela, aquilo; **interrogativos** – que, quem, qual/quais, quanto/a (s).

Preposições: a, ante, até, após, com, contra, de, desde, em, entre, para, perante, por, sem, sob, sobre, trás.

Observação:

1) Em geral, as palavras atrativas são invariáveis; com exceção dos pronomes indefinidos e relativos que, mesmo variando, são atrativos.

2) Por dedução, a preposição, por ser palavra invariável, pode ser considerada palavra atrativa. Ex.: **Em** se tratando de você, terei muita consideração.

3) Nas orações que exprimem desejo ou em frases exclamativas, a próclise é obrigatória: Que Deus lhe pague! / Quanto se agridem!

Vamos, então, resumir, em seis dicas, o que aprendemos de colocação pronominal?

COLOCAÇÃO PRONOMINAL

- **3 PROIBIÇÕES**
  - – Não iniciar oração com pronome oblíquo átono.
  - – Não colocá-lo depois de futuros.
  - – Não colocá-lo após particípios.
- **1 REGRA**
  - Palavra invariável (que não se flexiona) atrai pronome. Próclise obrigatória.
- **2 EXCEÇÕES**
  - – Se houver palavra invariável e o verbo estiver no infinitivo, podem: próclise e ênclise. Infinitivo sempre aceita ênclise.
  - – Conjunções coordenativas, apesar de serem invariáveis, podem: próclise e ênclise. Tanto faz!

Colocação Pronominal na Locução Verbal:

E como ficam as regras de colocação pronominal na locução verbal? Vale lembrar que locução verbal é um grupo de verbos, formado por um ou mais verbos auxiliares e um verbo principal (que é sempre o último). Quanto à colocação pronominal, valem as mesmas dicas estudadas anteriormente. Entretanto, um detalhe deve ser observado: na locução verbal, se houver palavra **invariável** e o pronome vier preso ao verbo auxiliar por hífen, estará **errada** a construção.

Ex.: **Ninguém** queria-**me** ouvir. (errado: com hífen, o pronome está enclítico ao verbo auxiliar, o que não pode acontecer, pois há uma palavra atrativa)

Ninguém me queria ouvir. (certo: próclise ao verbo auxiliar)

Ninguém queria **me** ouvir. (certo: nesse caso, como está sem hífen, o pronome está proclítico ao verbo principal)

Antes das questões de concursos, vamos fixar as regras de colocação pronominal.

Use o pronome oblíquo átono entre parênteses em todas as posições possíveis. Quando houver caso de mesóclise, escreva ao lado a forma correta.

1. _____ dize _____ com quem andas, _____ direi _____ quem és. (me/te)

   Comentários: observe que nas duas passagens os verbos dão início às orações. Como não podemos iniciar oração com pronome oblíquo átono, usaremos a ênclise no primeiro caso e a mesóclise no segundo.

   Gabarito: Dize-me e dir-te-ei.

2. _____ caberia _____ mostrar patriotismo. (lhe)

   Comentários: neste caso, não podemos usar a próclise por ser início de oração, mas também não podemos usar a ênclise já que o verbo aparece no futuro, o que, nos dois casos, consistiria em erro. Aqui a única possibilidade é a mesóclise.

   Gabarito: Caber-lhe-ia.

3. O dinheiro que _____ entreguei _____ era meu. (lhe)

   Comentários: nesta frase, a palavra *que*, invariável, atrai o pronome oblíquo átono.

   Gabarito: que lhe entreguei.

4. Os falantes de português _____ tornaram _____ maioria no litoral brasileiro. (se)

Comentários: aqui as duas formas estão corretas porque não há nenhuma proibição. Não é início de oração, o verbo não está no futuro nem há palavra invariável antes do verbo que obrigaria uso da próclise. Portanto, próclise ou ênclise.

Gabarito: se tornaram ou tornaram-se.

Agora, algumas questões de concursos anteriores comentadas.

1. **(VUNESP - 2022 - Câmara Municipal de São José dos Campos - SP - Técnico Legislativo)** Considere as frases:

   - Só para começar, estes filhos ou netos nunca viram **um porco, uma vaca, uma galinha.**
   - Há mais de sessenta anos, os jovens europeus não conhecem **guerras**...

   Assinale a alternativa em que as formas pronominais que substituem os termos destacados atendem à norma-padrão de uso dos pronomes e de colocação pronominal.

   A) ... estes filhos ou netos nunca **lhes** viram. / ... os jovens europeus não **lhes** conhecem...
   B) ... estes filhos ou netos nunca **lhes** viram. / ... os jovens europeus não conhecem-**nas**...
   C) ... estes filhos ou netos nunca **os** viram. / ... os jovens europeus não **as** conhecem...
   D) ... estes filhos ou netos nunca viram-**nos**. / ... os jovens europeus não **lhes** conhecem...
   E) ... estes filhos ou netos nunca viram-**lhes**. / ... os jovens europeus não conhecem-**lhes**...

   Comentários: Na primeira ocorrência, os termos destacados funcionam como objetos diretos. Os pronomes oblíquos que substituem objetos diretos são "o", "a", "os", "as". Como nessa enumeração aparece masculino e feminino, plural do masculino (os). Quanto à colocação pronominal, "nunca", por ser palavra invariável, atrai esse pronome, próclise obrigatória. Na segunda ocorrência, "guerras" exerce a função de objeto direto. Será substituída pelo pronome correspondente (as). Aqui também aparece uma palavra invariável (não), que atrai o pronome. Próclise obrigatória.

   Gabarito: C

2. **(VUNESP - 2022 - Câmara de Suzano - SP - Telefonista)** Segundo a norma-padrão da língua portuguesa, o pronome está corretamente empregado em:

   A) E depois o sorriso malandro e aliviado porque "ninguém" zangou-se.
   B) Ao contrário, causaria escândalo e decepção se você não acolhesse-o imediatamente.
   C) Sem ter feito nada para isso, de repente caem-lhe do céu.
   D) Até as coisas negativas viram alegrias quando intrometem-se entre avó e neto.
   E) E o espantoso é que todos reconhecem o seu direito de amá-lo com extravagância.

   Comentários: A opção E traz correção no uso do pronome oblíquo átono, já que após infinitivo estará sempre certo o uso desse pronome átono, mesmo aparecendo palavra invariável antes do verbo. Nas outras opções, a próclise é de uso obrigatório, pois em todas elas aparecem palavras atrativas, palavras invariáveis antes do verbo (ninguém/não/de repente/quando). Esse tipo de vocábulo atrai o pronome átono.

   Gabarito: E

3. **(FCC – TRF - SP)** Devaneios, quem não **tem devaneios**? **Têm devaneios** as crianças e os jovens, **dão aos devaneios** menos crédito os adultos, mas é impossível **abolir os devaneios** completamente.

   Evitam-se as indesejáveis repetições da frase anterior substituindo-se os elementos em destaque, na ordem dada, por:

   A) os tem – Têm-lhes – dão-lhes – abolir-lhes.

   B) tem eles – Têm-nos – dão-lhes – abolir-lhes.

   C) os tem – Têm eles – dão-nos – aboli-los.

   D) tem a eles – Os têm – dão a eles – abolir a eles.

   E) os tem – Têm-nos – dão-lhes – aboli-los.

   Comentários: Vimos na teoria, questões de reescritura por meio de pronome pessoal obedecem a um padrão: o **sujeito** é substituído por pronome pessoal **reto** e o **complemento**, por pronome pessoal **oblíquo**. Além disso, quando os pronomes pedidos são o(s), a(s) (objetos diretos), dependendo das terminações, viram lo(s), la(s) ou no(s), na(s).

   Nesta questão, *devaneios*, em todas as passagens, funciona como objeto dos respectivos verbos. Nas 1ª e 2ª ocorrências, é objeto direto de **tem**. Na 3ª, é objeto indireto de **dão** (veja a presença da preposição) e na 4ª, objeto direto de **abolir**. Como os pronomes usados são os oblíquos átonos, além do uso, temos de atentar para a **colocação**. No primeiro caso, o **não** atrai o pronome (*não os tem*). Nos segundo e terceiro casos, iniciam oração (Têm-nos) e (dão-lhes). Na quarta ocorrência, nada proíbe o uso da próclise ou da ênclise (... *impossível os abolir* ou *aboli-los*).

   Gabarito: E

4. **(FCC – TRT - 18ª Região)** As eleições são importantes, mas não <u>se empreste às eleições</u> um valor absoluto, ainda que muitos ainda <u>vejam as eleições</u> como finalidade última do processo democrático, sem falar nos que <u>consideram as eleições</u> uma aborrecida obrigação.

   Evitam-se as viciosas repetições do texto acima substituindo-se os elementos destacados, respectivamente, por:

   A) se lhes empreste – as vejam – as consideram.

   B) se as empresta – as vejam – lhes consideram.

   C) se empreste-lhes – vejam-nas – lhes consideram.

   D) se empreste a elas – lhes vejam – as consideram.

   E) se lhes empreste – vejam-lhes – consideram elas.

   Comentários: Aqui, logo pela primeira passagem, ao usar o oblíquo átono, por causa da palavra invariável **se**, ficaríamos apenas com duas opções: A e E. Lembre-se de que o pronome átono **lhe**, como complemento de verbo, substitui o **objeto indireto** (*emprestar um valor absoluto <u>às eleições</u>*). Nas outras ocorrências, *eleições* funciona como objeto direto dos respectivos verbos.

   Quanto à colocação, deve haver próclise nos dois casos, pois as palavras invariáveis **ainda** e **que** atraem os pronomes átonos.

Na letra D, estaria correto o uso do oblíquo tônico **a elas**, já que substitui o objeto indireto, com preposição, pois. No entanto, a passagem *lhes vejam* estaria errada.

Gabarito: A

5. **(FCC – PMSAL - Guarda Municipal)** O autor explica ao leitor mais jovem quem eram os guardas-noturnos, como a população admirava os guardas-noturnos, como confiava aos guardas-noturnos a tarefa de velar pelo sono de todos, como tomava os guardas-noturnos como exemplo de dedicação profissional.

   Evita-se o uso abusivo de repetições na frase acima substituindo-se os elementos destacados, respectivamente, por:

   A) admirava eles – confiava neles – os tomava.
   B) os admirava – lhes confiava – os tomava.
   C) lhes admirava – os confiava – tomava a estes.
   D) admirava-os – confiava-lhes – tomava-lhes.
   E) admirava-lhes – lhes confiava – lhes tomava.

   Comentários: Nas primeira e terceira passagens, *guardas-noturnos* aparece como objeto direto (sem preposição) dos verbos **admirar** e **tomar**. Na primeira, como nada proíbe (veja a teoria) a próclise ou a ênclise, caberiam *"... a população os admirava"* ou *"... a população admirava-os"*, mas, na terceira, a palavra **como** (invariável) atrai o pronome átono (*como os tomava*). Na segunda ocorrência, esse mesmo vocábulo aparece como **objeto indireto**, daí a substituição por **lhe**. A próclise se dá por causa da presença da palavra **como** (invariável).

   Gabarito: B

9.1.2.2. Pronomes reflexivos

Referem-se à mesma pessoa, correspondendo a **a mim mesmo, a si mesmo** etc.

Ex.: Eu **me** cortei. / Ele **se** feriu. / Olhou-**se** no espelho. / Trazia **consigo** as lembranças do passado.

9.1.2.3. Pronomes recíprocos

Indicam ideia mútua, recíproca, correspondendo a **um ao outro**.

Ex.: Eles **se** abraçaram.
Os namorados olhavam-**se** apaixonadamente.

Vejamos um exemplo de questão.

1. **(NCE – TJ - Analista Judiciário)** "As verdades filosóficas se contradizem..."

   O item a seguir em que o SE apresenta valor idêntico àquele que possui nesse segmento da frase acima:

   A) Procura-se um meio de fazer o homem menos cético.
   B) Os homens modernos esconderam-se da verdade.
   C) Pascal se declarou irracionalista.
   D) A ciência e a fé se digladiam.
   E) As doutrinas filosóficas queixam-se do ceticismo moderno.

Comentários: A partícula **se** do enunciado funciona como *pronome recíproco* (**uma** verdade contradiz **a outra**).

Na letra A, o **se** é pronome *apassivador* (um meio é procurado). Em vozes verbais falaremos sobre ele. Nas opções B e C, o pronome funciona como *reflexivo* ("esconderam **a si mesmos**" e "declarou **ele mesmo** irracionalista"). Na opção D, é *recíproco*, pois **uma** se digladia com **a outra**. Na E, o verbo em questão é *queixar-se* (pronominal), sendo o pronome parte integrante do verbo.

Gabarito: D

9.2. PRONOMES DE TRATAMENTO

Certos vocábulos ou locuções valem por pronomes pessoais. São os **pronomes pessoais de tratamento**. Referem-se à 2ª pessoa, mas o verbo e os pronomes correspondentes vão para a 3ª pessoa.

Ex. Você, Senhor, Senhora, Vossa Excelência, Vossa Eminência etc.

Veja o quadro a seguir com os pronomes de tratamento e suas situações de uso:

PRONOMES PESSOAIS DE TRATAMENTO	A QUEM SE DIRIGEM
Senhor – Sr. Sres.	Pessoas de respeito – homem
Senhora – Srª Sras.	Pessoas de respeito – mulher
Você – V.	Pessoas próximas: familiares, amigos, colegas
Vossa Alteza – V.A. VV.AA.	Príncipes e princesas
Vossa Eminência – V.Emª V.Emas.	Cardeais (religiosos)
Vossa Excelência – V.Exª V.Exas.	Autoridades: vereadores, prefeitos, deputados, governadores, senadores, generais, presidentes
Vossa Magnificência – V.Magª V. Magas.	Reitores
Vossa Majestade – V.M. VV.MM.	Reis e rainhas
Vossa Meritíssima – não há abreviatura, por extenso	Juízes
Vossa Reverendíssima – V.Revma. V.Revmas.	Sacerdotes, Bispos
Vossa Santidade – V.S. (só singular)	Papa
Vossa Senhoria – V.Sª V.Sas.	Pessoas em cargos importantes: cônsules, coronéis, majores, diretores de escolas

Vejamos um exemplo de questão.

1. **(FCC – TRT - 2ª Região - Téc. Judic.)** Considere o final de uma reivindicação dos moradores de um bairro, dirigida ao prefeito da cidade:

"Esperamos que ________, senhor prefeito, _______ verificar as condições por nós apontadas, e que sejam tomadas as medidas necessárias no sentido de solucionar tais problemas...

A _______ dispor, atentos às providências,

Os moradores."

As lacunas estarão corretamente preenchidas, respectivamente, por:

A) V.Sa. – mandeis – vosso.

B) V.Exa. – mande – seu.

C) V.Exa. – mandeis – seu.

D) V.Sa. – mande – vosso.

E) V.Exa. – mande – vosso.

Comentários: Esta é uma questão que trata do emprego dos pronomes de tratamento. Usamos *V.Exa.* para altas autoridades (presidentes, governadores, ministros, prefeitos...). Além disso, os verbos e os pronomes correspondentes vão para a 3ª pessoa (mande e seu).

Gabarito: B

9.3. PRONOMES POSSESSIVOS

São aqueles que indicam a posse em referência às três pessoas do discurso:

1ª pessoa: meu(s), minha(s), nosso(s), nossa(s)

2ª pessoa: teu(s), tua(s), vosso(s), vossa(s)

3ª pessoa: seu(s), sua(s)

Quanto aos pronomes possessivos, atenção:

Há duas maneiras de indicar a posse no discurso: utilizando-se de um pronome possessivo ou por meio de um pronome oblíquo átono com valor possessivo. Assim, teríamos:

Beijou-**lhe** a face. (Beijou a **sua** face)

Beijou-**me** a face. (Beijou a **minha** face)

À noite, apareceram-**lhe** em casa alguns amigos. (em **sua** casa)

É exatamente isso: um pronome oblíquo átono pode ter o mesmo valor semântico que um pronome possessivo. A seguir, alguns exemplos.

Assinale as opções em que o pronome lhe apresenta o mesmo valor significativo que possui em "uma espécie de riso sardônico e feroz contraía-lhe as negras mandíbulas":

Observe que aqui o que se pede é o pronome oblíquo átono com valor de posse. Nesse caso, ele vai sempre se referir a um substantivo e poderá ser substituído por outro pronome possessivo.

a) A mãe apalpava-lhe o coração.

(Isso é o mesmo que a mãe apalpava o seu coração, o coração dele.)

b) Aconteceu-lhe uma desgraça.
(Aconteceu uma desgraça a ele, e não dele.)
c) Tudo lhe era indiferente.
(Tudo era indiferente a ele.)
d) Afastou-lhe os cabelos.
(Afastou os seus cabelos, os cabelos dele.)
e) Ao inimigo, não lhe nego perdão.
(Não nego perdão a ele, e não o perdão dele.)
f) Não lhe contei o segredo.
(Não contei o segredo a ele.)
g) Apertou-lhe gentilmente a mão.
(Apertou a sua mão, a mão dele.)

Gabarito: as alternativas que apresentam pronomes oblíquos com valor possessivo são A, D e G.

Vejamos como esse assunto aparece nas provas.

1. **(Cebraspe – UnB – MTE)** Assinale a opção em que o pronome "lhe" **não** tem o mesmo sentido que em: "O tempo arrebata-lhe a garganta".

A) Afagou-lhe os cabelos com amor.
B) A luz sempre lhe afugenta o sono.
C) O marido sempre lhe nega a resposta.
D) Ajeitou-lhe o colar e saiu mansamente.

Comentários: O pronome oblíquo da frase do enunciado possui valor possessivo – pode ser trocado por outro possessivo ("O tempo arrebata a *sua* garganta").

Na letra A, o pronome *lhe* equivale a *seus* ("Afagou os *seus* cabelos com amor").

Na letra B, o pronome oblíquo *lhe* pode também ser substituído por um possessivo ("O tempo afugenta o *seu* sono").

A letra C traz um pronome oblíquo que funciona como complemento do verbo, e não possui valor possessivo ("O marido sempre nega a resposta *a ela*").

Já a letra D apresenta um pronome oblíquo com valor possessivo: ajeitou o *seu* colar e saiu...

Gabarito: C

2. **(Cebraspe – UnB)** Assinale a única frase em que o pronome *lhe* **NÃO** tem sentido possessivo.

A) O tempo mudou-lhe o rosto.
B) Não lhe pude conhecer a generosidade.
C) O sabor das balas de tangerina encheu-lhe a boca.
D) O entusiasmo abriu-lhe os olhos.
E) Deram-lhe um emprego perto de casa.

Comentários: Nas letras A, B, C e D, os pronomes oblíquos têm valor possessivo: referem-se a substantivos e podem ser substituídos por outros possessivos. Assim, teríamos: o tempo mudou o *seu* rosto; não pude conhecer a *sua* generosidade; o sabor das balas de tangerina encheu a *sua* boca; o entusiasmo abriu os *seus* olhos. Apenas na letra E o pronome oblíquo não tem sentido possessivo, ele é complemento do verbo: "deram um emprego *a ele* – e não um emprego *dele* – perto de casa".

Gabarito: E

9.4. PRONOMES INDEFINIDOS

Agora, vamos falar sobre os pronomes indefinidos. Estes têm sentido vago ou indeterminado. Aplicam-se à 3ª pessoa: algum, nenhum, todo, outro, muito, certo, vários, tanto, quanto, qualquer, alguém, ninguém, tudo, outrem, nada, cada, algo, mais, menos, que, quem. Veja os exemplos:

"**Todo** dia ela faz tudo sempre igual." (Chico Buarque)

Havia **muita** preocupação no Congresso.

Chegarão **mais** livros na próxima semana.

Observe que os pronomes indefinidos, nas frases acima, referem-se a substantivos (pronomes indefinidos adjetivos), como todos os pronomes fazem, indicando ideia vaga, generalizando: essa é a função de um pronome indefinido. Além dos pronomes indefinidos, existem também **as locuções pronominais indefinidas**, que são um grupo de vocábulos com valor de pronome indefinido: cada um, cada qual, qualquer um etc. Os pronomes indefinidos, muitas vezes, interrogam e, nesse caso, são chamados de pronomes indefinidos interrogativos ou, simplesmente, pronomes interrogativos. Vamos conhecê-los?

9.5. PRONOMES INTERROGATIVOS

São os pronomes indefinidos **que**, **quem**, **qual** e **quanto** usados nas interrogações (diretas ou indiretas). Exemplos:

Quem foi o responsável por aquele tumulto?

Nesse caso, o pronome indefinido *quem* está inserido em uma frase interrogativa direta: com ponto de interrogação.

Desconheço **quem** organizou a festa.

Observe que, aqui, o pronome também é interrogativo, mas se insere em uma frase interrogativa indireta, sem ponto de interrogação.

Aqui, vale um recado:

> Frase interrogativa indireta é aquela que vem sem ponto de interrogação, mas que também espera uma resposta. São as conjecturas. Utilizam informações do tipo: *desconheço, gostaria de saber, não sei...*

Os pronomes indefinidos e interrogativos podem se confundir com adjetivos ou advérbios. Isso porque eles também se referem a substantivos – como os adjetivos fazem. Além disso, muitas palavras que aparecem como adjetivos ou advérbios também podem ser pronomes indefinidos: *muito, vários, todo...*

Falaremos do substantivo, adjetivo e advérbio em concordância, mas já podemos definir essas classes agora, a fim de não confundi-las com os pronomes indefinidos.

Adjetivo é a classe de palavra que se refere ao substantivo, indicando-lhe qualidade, condição ou estado. É classe de palavra variável.

Advérbio é a classe de palavra que modifica verbo, adjetivo ou o próprio advérbio. Indica circunstância (tempo, intensidade, lugar etc.) e é normalmente invariável.

Pronome indefinido modifica substantivo ou entra no lugar dele. Semanticamente, indica ideia vaga. Na maioria das vezes, é classe de palavra variável (algum, qualquer, todo...), ainda que alguns pronomes indefinidos não variem (alguém, ninguém...).

Atenção: Dizer que uma classe de palavra é variável significa que ela se flexiona em gênero (masculino/feminino) e número (singular/plural).

Resumindo:

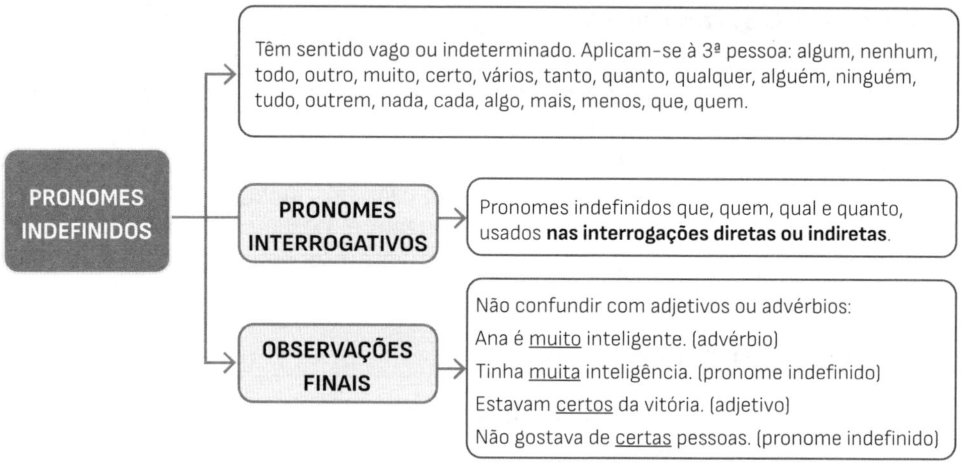

Vamos treinar?

Complete as lacunas de acordo com o código a seguir:

(1) Adjetivo ou locução adjetiva

(2) Advérbio ou locução adverbial

(3) Pronome indefinido

a) ( ) Maria é muito calma.

Comentários: Aqui, a palavra *muito* se refere a *calma*; *calma* é adjetivo; *muito* é advérbio. Observe que ele não se flexionou; o que ratifica que é um advérbio, classe de palavra invariável.

b) ( ) Precisou de muita calma para resolver o impasse.

Comentários: *Calma* agora é substantivo. Ora, se *muita* se refere a um substantivo, indicando ideia vaga, é pronome indefinido.

c) ( ) Precisou de muito dinheiro para comprar a casa.

Comentários: *Muito* se refere ao substantivo *dinheiro*, indicando sentido vago, indeterminado. É pronome indefinido.

d) ( ) Beijo pouco, falo menos ainda.

Comentários: *Menos* modifica o verbo falo, indicando intensidade. É advérbio.

e) ( ) Hoje disponho de pouco tempo para diversão; e o que é pior, de menos disposição.

Comentários: *Pouco* se refere a *tempo*, substantivo; *menos* se refere a *disposição*, também um substantivo. Ambos indicam ideia vaga, generalizam. São pronomes indefinidos.

f) ( ) Cantava bem baixo para ninguém ouvi-lo.

Comentários: *Baixo* modifica o verbo *cantava*, indicando ideia de modo. É advérbio.

g) ( ) Tinha bastante orgulho da irmã.

Comentários: *Bastante* se refere ao substantivo *orgulho*. É o mesmo que *muito orgulho*. Indica valor vago: pronome indefinido.

h) ( ) Era uma pessoa bastante orgulhosa.

Comentários: *Bastante* refere-se ao adjetivo *orgulhosa*, intensificando esse adjetivo. É advérbio de intensidade; tanto é advérbio que, se flexionássemos as informações para o plural, essa palavra se manteria invariável: *eram pessoas bastante orgulhosas*.

i) ( ) Depositava confiança bastante no bom senso da filha.

Comentários: Agora, *bastante*, que se refere a um substantivo, está qualificando-o. É o mesmo que *suficiente*. E, portanto, adjetivo.

j) ( ) Tenha mais paciência.

Comentários: *Mais* se refere ao substantivo *paciência*, indicando ideia vaga, indeterminada. É o mesmo que *muita paciência*. É pronome indefinido.

k) ( ) Seja mais paciente.

Comentários: *Mais* se refere a *paciente*, que é adjetivo, intensificando-o. É advérbio de intensidade.

l) ( ) Sempre leio os jornais da manhã.

Comentários: Essa expressão se refere ao substantivo jornais, caracterizando-o. É uma locução adjetiva. Nesse caso, poderíamos inclusive trocar essa locução por outro adjetivo: *matutinos*.

m) ( ) Sempre leio os jornais de manhã.

Comentários: A expressão se refere ao verbo, dando-lhe ideia de tempo: *leio de manhã, pela manhã*. É locução adverbial de tempo.

Gabarito: a) 2; b) 3; c) 3; d) 2; e) 3; f) 2; g) 3; h) 2; i) 1; j) 3; k) 2; l) 2; m) 1 e 2.

Veja como as bancas cobram esse assunto:

1. **(Cesgranrio)** Na oração: "**Certos** amigos não chegaram a ser jamais amigos **certos**.", os termos em destaque são respectivamente:

A) adjetivo e pronome adjetivo.
B) pronome adjetivo e adjetivo.
C) pronome substantivo e pronome adjetivo.
D) pronome adjetivo e pronome indefinido.
E) adjetivo anteposto e adjetivo posposto.

Comentários: Em sua primeira ocorrência, a palavra certos se refere a um substantivo, indicando ideia vaga, generalizando. É o mesmo que alguns amigos. Logo, é um pronome adjetivo indefinido (adjetivo porque vem ao lado do substantivo). Na sua segunda ocorrência, a palavra certos continua se referindo a um substantivo, só que vem qualificando-o: é o mesmo que amigos corretos, verdadeiros. É, portanto, adjetivo.

Gabarito: B (Observe que, na letra B, a banca teve a "maldade" de não dizer pronome adjetivo indefinido, e sim pronome adjetivo, o que dá no mesmo...).

2. **(COSEAC - 2024 - Prefeitura de Maricá - RJ - Docente I — Língua Portuguesa)** Nos fragmentos (1) "... ensinar português é ensinar a norma culta, que, durante <u>muito</u> tempo, foi até mesmo ditada pelos usos de Portugal."; (2) "... o inglês falado pelos negros passou a ser visto pela ciência linguística como *black English*, uma língua <u>muito</u> bem estruturada..."; (3) "Falar e escrever de acordo com ela é socialmente <u>muito</u> valorizado...", a palavra sublinhada "muito" deve ser classificada, respectivamente, como

   A) (1) advérbio, (2) advérbio, (3) pronome.
   B) (1) advérbio, (2) pronome, (3) advérbio.
   C) (1) advérbio, (2) pronome, (3) pronome.
   D) (1) pronome, (2) advérbio, (3) advérbio.
   E) (1) pronome, (2) advérbio, (3) pronome.

Comentários: O vocábulo "muito" pode aparecer como pronome indefinido (se se referir a substantivo) ou advérbio (se a relação for com verbo, adjetivo ou advérbio). Na primeira ocorrência, esse vocábulo se refere a "tempo" (substantivo). É um pronome indefinido. Na segunda, refere-se a "bem" (advérbio). É um advérbio. Na terceira, refere-se a "valorizado" (adjetivo). É advérbio.

Gabarito: D

3. **(FGV - 2024 - Prefeitura de São José dos Campos - SP - Analista em Gestão Municipal)** Entre as frases abaixo, assinale aquela em que o vocábulo "mais" exemplifica uma classe gramatical diferente da das demais frases.

   A) Os deuses fizeram o campo mais esplendidamente e melhor que tudo.
   B) Em cada coisa criada por Deus, há mais do que se supõe, ainda que seja uma formiguinha.
   C) Lembrai-vos de que as mais belas coisas do mundo são as inúteis: lírios e pavões, por exemplo.
   D) Há boas razões para proteger a Terra. É o modo mais seguro e correto de prolongar a lucratividade.
   E) Turismo rende mais do que madeira.

Comentários: O vocábulo "mais", morfologicamente, pode aparecer como pronome indefinido (quando se refere a substantivo ou pronome substantivo) ou como advérbio (quando se refere a verbo, adjetivo ou a advérbio). Na opção B, esse vocábulo é pronome indefinido, refere-se ao pronome substantivo demonstrativo "o" (aquilo - há mais do que...). Nas outras opções, é advérbio.

A) mais esplendidamente (modifica advérbio);
C) mais belas coisas (modifica adjetivo);

D) mais seguro (modifica adjetivo);

E) rende mais (modifica verbo).

Gabarito: B

Ainda dentro de pronomes indefinidos, é comum que as bancas elaborem questões explorando a diferença entre as expressões "todo..." e "todo o...". Isso porque a inserção do artigo muda o sentido da frase! Veja o exemplo:

Todo mundo gosta de samba.

Nesse caso, "todo mundo" quer dizer "qualquer pessoa".

Todo o mundo gosta de samba.

Agora, "todo o mundo" quer dizer "o mundo inteiro". Percebeu a diferença? Veja a seguir algumas questões que abordam esse ponto:

1. (TRT) A colocação das palavras e das expressões na construção frasal leva o leitor a perceber, em alguns casos, significados diversos. É o caso das expressões assinaladas, nas frases abaixo.

O candidato leu todo o Edital do concurso.

Todo Edital de concursos deve ser lido pelos candidatos.

O significado correto, respectivamente, dessas expressões está em:

A) O Edital inteiro/parte do Edital.

B) Parte do Edital/o Edital inteiro.

C) Qualquer Edital/parte do Edital.

D) O Edital inteiro/qualquer Edital.

E) Parte do Edital/o Edital inteiro.

Comentários: Conforme o enunciado, a inserção de palavras na frase é capaz de modificar por completo o seu sentido. Foi o que ocorreu nas frases do enunciado, em que a inserção do artigo implicou alteração semântica na frase. "Todo Edital", sem artigo, significa qualquer edital. Por outro lado, "Todo o Edital" quer dizer o edital inteiro.

Gabarito: D

2. (Petrobras) "em todas as épocas e em todo o mundo"; a alternativa em que houve troca indevida entre as expressões "todo mundo" e "todo o mundo" é:

A) O jogador percorreu todo o mundo.

B) O atleta falou com todo mundo para pedir desculpas.

C) Ele conhecia todo o mundo na festa.

D) Via todo o mundo em seus filmes.

E) Todo o mundo está poluído.

Comentários: Como vimos, todo o mundo quer dizer o mundo inteiro e todo mundo é o mesmo que todas as pessoas. Na letra A, diz-se que o jogador percorreu o mundo inteiro. Na letra B, o atleta falou com todas as pessoas para se desculpar. Já na letra C não é possível conhecer o mundo inteiro em uma única festa, e sim qualquer pessoa. Na letra D, vê-se o mundo inteiro nos filmes e, na letra E, diz-se que o mundo todo está poluído.

Gabarito: C

Tendo visto os pronomes indefinidos e em que eles diferem dos advérbios e adjetivos, resta-nos falar dos pronomes demonstrativos. É neste assunto que vamos aprender a diferenciá-los e a detectar as funções que eles desempenham no texto.

9.6. PRONOMES DEMONSTRATIVOS

Antes de tudo, é preciso entender que os pronomes demonstrativos podem indicar a posição dos elementos em relação a três hipóteses distintas: tempo, espaço, texto. Assim:

O pronome demonstrativo pode apontar para objetos localizados no **espaço**, perto ou distante do falante.

O pronome demonstrativo pode fazer referência ao **tempo** presente, passado ou futuro.

O demonstrativo pode também retomar informações já mencionadas no **texto** ou que virão a seguir na sequência textual.

Para cada situação, existem regras que farão você optar por qual demonstrativo utilizar. Preparamos um quadro resumido que vai ajudá-lo a organizar esses conceitos:

Pronomes demonstrativos	No espaço	No tempo	No texto
Isto / este(s) / esta(s)	Apontam para o que está perto do falante. Ex.: **Este** material aqui é meu.	Momento presente. Ex.: **Estes** dias têm sido agradáveis. Momento futuro próximo. Ex.: **Nestas** férias viajarei.	Apontam para uma informação que virá adiante no texto. Ex.: **Este** número é a dica do teste – sete.
Isso / esse(s) / essa(s)	Apontam para o que está perto do ouvinte. Ex.: **Esse** material aí é meu.	Passado não distante. Ex.: **Nesse** domingo fui ao Maracanã.	Indicam uma informação que já apareceu no texto. Atenção: se a informação já foi mencionada e está próxima, modernamente, costuma se utilizar Isto/Este/Esta. Ex.: "Dois" – **Esse/Este** número é a dica do teste.
Aquilo / aquele(s) aquela(s)	Apontam ao que está distante de ambos. Ex.: **Aquele** material ali é meu.	Passado ou futuro distante. Ex.: **Aquelas** férias de 2000/2025 foram/serão maravilhosas.	Com dois antecedentes: "este" para o mais próximo; "aquele" para o mais distante. "Esse" traria ambiguidade. Ex.: José e João estudaram. **Este** (João)/**Aquele** (José) foi aprovado.

Mais treinamento! Vamos?

Complete as lacunas com os demonstrativos adequados.

1. ________________ livro que estás lendo é infantil?

   Comentários: Espaço: perto do ouvinte.

   Gabarito: Esse.

2. Não. ________________ livro que estou lendo é sobre política.

   Comentários: Espaço: perto do falante.

   Gabarito: Este.

3. Guilherme, traga-me ________________ CD que ficou lá no seu quarto.

   Comentários: Espaço: distante de ambos.

   Gabarito: Aquele.

4. Um dia ________________ visitarei o seu pai.

   Comentários: Tempo: futuro não distante.

   Gabarito: destes.

5. Guilherme, dê-me ________________ CD que está aí.

   Comentários: Espaço: perto do ouvinte.

   Gabarito: Esse.

6. "Qual é a relação entre dialética e retórica? A ________________ pergunta Aristóteles responde desde a primeira frase do seu livro."

   Comentários: Texto: retomando o que foi dito anteriormente.

   Gabarito: Essa.

7. ________________ é a pergunta que Aristóteles responde desde a primeira frase do seu livro: qual é a relação entre dialética e retórica?

   Comentários: Texto: apontando para o que será dito adiante.

   Gabarito: Esta.

8. Luísa, ________________ é o Eduardo?

   Comentários: Espaço: perto do ouvinte.

   Gabarito: Esse.

9. ________________ ano que passou foi muito proveitoso para mim.

   Comentários: Tempo: passado não distante.

   Gabarito: Esse.

10. ________________ mês que passou choveu muito. Para ________________ mês que começa, porém, a previsão é de tempo bom.

    Comentários: Tempo: passado não distante e futuro próximo.

    Gabarito: Nesse / este.

11. ________________ aqui são meus primos.

    Comentários: Espaço: perto do falante.

    Gabarito: Estes.

12. Ao comparar os diversos rios do mundo com o Amazonas, defendia com azedume e paixão a proeminência ______________ sobre cada um ______________.

    Comentários: Texto: fazendo distinção entre o mais próximo e o mais distante.

    Gabarito: deste / daqueles.

13. Atentem para ______________: o que se guarda no coração jamais se esquece.

    Comentários: Texto: apresentando o que será dito a seguir.

    Gabarito: Isto.

14. Homens e mulheres participaram das festividades. ______________, simpáticas e elegantes. ______________, sérios e tímidos.

    Comentários: Texto: diferenciando o elemento mais próximo – *mulheres* – do mais distante – *homens*.

    Gabarito: Estas e aqueles.

15. O que foi combinado aqui não pode sair ______________ sala.

    Comentários: Espaço: perto do falante.

    Gabarito: desta.

Veja algumas questões comentadas que exigem o conhecimento do emprego dos pronomes demonstrativos:

1. **(NCE – TJ)** "O hábito arraigado de separar o econômico do social, do político, do ético e do legal, de que é o exemplo de contrapor o 'mercado' ao 'social' – quase sempre denegrindo o primeiro e enaltecendo o segundo – é uma das causas..."; mantendo-se o sentido original, os termos sublinhados poderiam ser corretamente substituídos, respectivamente, por:

A) este / aquele.

B) este / esse.

C) aquele / este.

D) aquele / esse.

E) esse / este.

Comentários: O numeral ordinal primeiro retoma o substantivo mercado, que é o elemento mais distante no texto. Já o numeral segundo refere-se ao substantivo social, que é o elemento mais próximo. Lembre-se de que esse, com dois elementos, para fazer diferenciação entre o mais próximo e o mais distante, nunca deve ser utilizado!

Gabarito: C

2. Violência no Campo

José Saramago

No dia 17 de abril de 1996, no estado brasileiro do Pará, perto de uma povoação chamada Eldorado dos Carajás (Eldorado: como pode ser sarcástico o destino de certas palavras...), 155 soldados da polícia militarizada, armados de espingardas e metralhadoras, abriram fogo contra uma manifestação de camponeses que bloqueavam a estrada em ação de protesto pelo atraso dos procedimentos legais de expropriação de terras, como parte do esboço ou simulacro de uma suposta reforma agrária na qual, entre avanços mínimos e dramáticos recuos, se gastaram já cinquenta anos, sem que alguma vez tivesse sido dada suficiente satisfação aos gravíssimos problemas de subsistência (seria mais rigoroso dizer sobrevivência) dos trabalhadores do campo. *Naquele dia, no chão de Eldorado dos Carajás* ficaram 19 mortos, além de umas quantas dezenas de pessoas feridas. (...)

"Naquele dia, no chão de Eldorado dos Carajás...".

O emprego de naquele, neste contexto:

A) indica que o dia referido na frase não deve ser confundido com outro.

B) mostra que o dia referido está distante no tempo.

C) assinala uma distância de lugar.

D) identifica o dia como algo a ser esquecido.

E) refere-se a um dia que o leitor desconhece.

Comentários: Trata-se de uso do pronome demonstrativo que faz referência a uma informação, que está distante no tempo (dia 17 de abril de 1996). Logo, naquele está sendo usado para indicar um passado distante. Muitos alunos, ao errarem, marcariam a letra A, que só caberia se houvesse dois dias anteriormente referidos no texto, o que não foi o caso.

Gabarito: B

3. (FCC – TRT – Técn. Judic.) Assinale, entre as frases abaixo, elaboradas a partir do tema do texto, aquela em que se deveria usar ESTE(A) ou NESTE(A), em vez de ESSE(A) ou NESSE(A):

A) Li a regulamentação publicitária. E, nesse instante, compreendi-a melhor.

B) Ainda repercute aqui, nesse cérebro, a culpa de ter feito o anúncio prejudicial.

C) As leis foram publicadas e contra essa publicação se voltaram os anunciantes.

D) Se vocês, publicitários, conhecessem melhor essa regulamentação que está diante de seus olhos, não teriam errado.

E) As recomendações aí estão e são essas a que devemos obedecer.

Comentários: Na letra A, o pronome demonstrativo nesse está adequadamente retomando o que foi dito anteriormente no texto. Já na letra B o pronome, por apontar para algo que está perto do falante – trata-se do seu cérebro – deveria ser neste, e não nesse. Na letra C, o pronome está adequadamente retomando o que foi dito anteriormente, daí utilizar-se essa. Na letra D, o pronome aponta para o que está perto do ouvinte – essa regulamentação... diante de seus olhos e, na letra E, a mesma situação se repete – as recomendações aí estão.

Gabarito: B

Observações:

a) O pronome **o** (a, os, as) é demonstrativo quando equivale a **aquele(s)**, **aquela(s)**, **aquilo, isso**. Veja o exemplo:

Alguém, antes que Wilson **o** fizesse, teve vontade de falar **o** que foi dito.

Nesse caso, a palavra **o**, em suas duas ocorrências, pode ser substituída por outro demonstrativo.

b) Aparecem ainda como demonstrativos os vocábulos **tal**, **mesmo**, **próprio** e **semelhante**. Veja exemplos:

Tal atitude não se esperava dele. / Ele **mesmo/próprio** fez o pedido.

> Aqui, vale mais um recado: A palavra o – e suas variações – pode ser:
>
> 1. Artigo (quando anteceder um substantivo): "O menino chegou".
> 2. Pronome pessoal oblíquo (quando puder ser substituído por outro pronome pessoal): "Cumprimentei-o na festa". (É o mesmo que se dizer "cumprimentei a ele").
> 3. Pronome demonstrativo (quando puder ser substituído por outro demonstrativo, normalmente antes do pronome relativo QUE ou da preposição DE): "Quero o que você comprou"/ "Prefiro a de tampa azul".

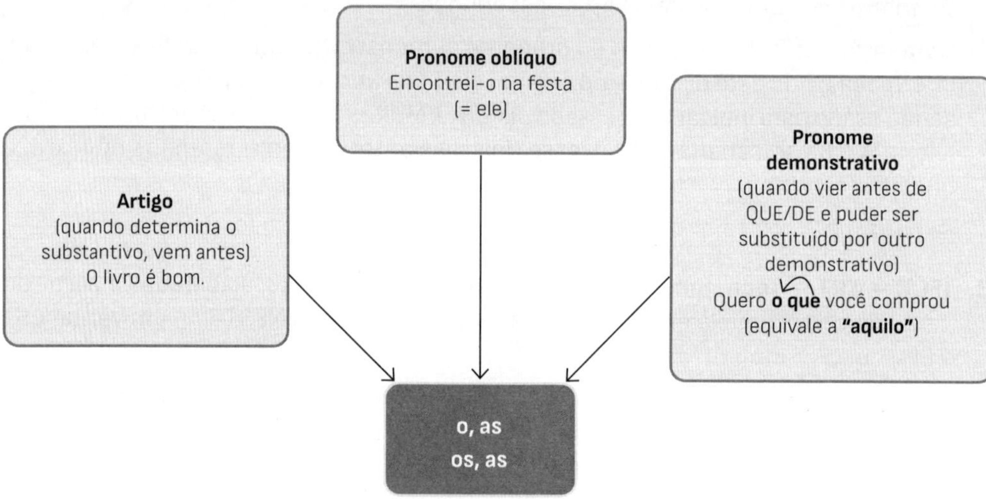

Veja uma questão de prova que abordou tal assunto:

1. (Cebraspe – UnB – TJ - Analista) Assinale a opção em que a partícula "o" sublinhada aparece com o mesmo emprego que se apresenta no seguinte trecho do texto:

"A primeira é **o** que queremos dizer."

A) Eles devem realizar logo o projeto do grupo.

B) Responda-me: o que você tem com isso?

C) Seu sucesso depende de o livro ser aceito.

D) É preciso conhecer a rotina do laboratório.

E) Este livro foi o que você indicou.

Comentários: Preliminarmente, a palavra *o* do enunciado classifica-se como pronome demonstrativo ("A primeira é *aquilo* que queremos dizer"). Nas letras A, C e D, a palavra *o* está antecedendo substantivos, funcionando, portanto, como artigos. Logo, restam as alternativas B e E. Na letra B, observamos um pronome interrogativo antecedido de um artigo perfeitamente dispensável – poderíamos simplesmente perguntar: "que você tem com isso?". No entanto, na letra E, observamos a presença de um *o* que pode ser trocado por outro demonstrativo ("Este livro foi *aquele* que você indicou").

Gabarito: E

9.7. AS FUNÇÕES TEXTUAIS DOS PRONOMES

Como vimos com os demonstrativos, os pronomes podem apontar para algo que já foi ou que ainda vai ser mencionado no texto. Trata-se de uma característica que todos os pronomes têm (pronomes pessoais, possessivos etc.) Com relação aos demonstrativos, como forma mais adequada, pede-se usar **esse(s)/essa(s)/isso** para o que já foi mencionado anteriormente **(anafórico)** e **este(s)/esta(s)/isto** para algo que vai ser mencionado **(catafórico)**. Veja exemplos:

"A previsão do tempo não era muito favorável. O vento aumentara um pouco e decidi reduzir as velas para o primeiro rizo. Conversávamos no convés sobre **esses** problemas."

Nesse caso, o pronome *esses* tem a função de retomar informações citadas anteriormente: **função anafórica**.

"**Isto** é o que mais incomoda os homens honestos: o ciúme. "

Aqui, o pronome exerce o papel de apontar para uma informação que será dita a seguir no texto. Diz-se que ele tem, portanto, **função catafórica**.

Tanto a função anafórica quanto a catafórica indicam, portanto, informações que foram ou serão mencionadas *dentro do texto*, informações que fazem parte do corpo textual. Daí ambas também serem chamadas de **funções endofóricas**. Cada banca organizadora utiliza a nomenclatura que melhor lhe convém.

No entanto, se o pronome se referir a uma informação que não foi mencionada no texto, mas que pode ser deduzida a partir do que foi lido, diz-se que ele tem **função exofórica** (o que, para algumas bancas organizadoras de concursos, é sinônimo de **função dêitica**). O pronome que tem função exofórica, para ser compreendido na sua totalidade, necessita de informações que estão vinculadas à **situação de produção textual**: o local de produção textual, o momento de produção do texto ou o enunciador textual. Observe exemplos:

"**Nesta** casa todos são felizes."

Aqui, o pronome demonstrativo está vinculado ao **local** onde o texto foi produzido.

"**Nessas** férias, encontramos velhos amigos na praia."

Nesse caso, o leitor, para saber de que férias se trata, precisa conhecer o **momento** em que o texto foi produzido.

"**Meu** filho fez algumas tatuagens pelo corpo."

O pronome possessivo em destaque está vinculado ao enunciador do texto: para saber de quem é o filho, é preciso identificar a pessoa que produziu o texto. Ora, se anteriormente no texto o autor tivesse se identificado, o pronome deixaria de ter função exofórica para ter função endofórica/anafórica: "Sou Maria. Meu filho fez algumas tatuagens pelo corpo".

Resumindo: O pronome terá função exofórica toda vez que buscar informações que devem ser deduzidas a partir do texto:

Quem? (autor do texto)

Quando? (quando o texto foi produzido)

Onde? (onde se produziu o texto)

Vamos agora fixar os conceitos estudados. Classifique os pronomes em destaque segundo a função textual que eles desempenham, com a ajuda do código abaixo:

(a) função anafórica

(b) função catafórica

(c) função exofórica

1. "[...] a habitação conjugal, e a **essa** se recusa a voltar." (Art. 234 – Código Civil)

   Comentários: O pronome retoma informação que foi dita anteriormente – a habitação conjugal.

   Gabarito: função anafórica.

2. **Este** sempre foi seu objetivo – a aprovação.

   Comentários: O pronome menciona uma informação que virá adiante no texto – *a aprovação*.

   Gabarito: função catafórica.

3. "Salvo disposição especial **deste** código e não tendo sido ajustado da época para o pagamento, o credor pode exigi-lo imediatamente."

   Comentários: A palavra **deste** está vinculada ao código onde se encontra tal artigo – depende de informação que está fora do texto: função exofórica. Já o pronome **o** (-lo) remete ao vocábulo pagamento.

   Gabarito: função anafórica.

4. "A cessão de crédito não vale em relação ao devedor, senão quando a este notificada [...]"

   Comentários: O pronome retoma o que foi dito anteriormente – *o devedor*.

   Gabarito: função anafórica.

5. Este país não tem mais jeito, é o que repetem usualmente nossos conterrâneos.

   Comentários: O pronome depende do local de produção do texto.

   Gabarito: função exofórica.

6. "Cabe ao juiz suprir a outorga da mulher, quando esta a denegue sem motivo justo, ou lhe seja impossível dá-la (arts. 235, 238 e 239)." (Art. 237 – Código Civil)

   Comentários: O pronome retoma informação do texto – a mulher.

   Gabarito: função anafórica.

7. "... o alerta do Departamento de Estado americano a agências de turismo dos Estados Unidos, divulgado no início deste mês..."

Comentários: A palavra *deste* está vinculada ao momento em que o texto foi produzido.

Gabarito: função exofórica.

Veja algumas questões comentadas sobre esse assunto:

1. **(FGV – AL – RO – Analista Legislativo – Taquigrafia)** Na organização de um texto, há elementos anafóricos e catafóricos; o enunciado abaixo em que o termo sublinhado tem função catafórica é:

   A) A situação atual é de crise, mas é preciso enfrentá-la com coragem.

   B) Cheguei à conclusão de que isto é o mais importante: não perder o emprego.

   C) Trabalhar sempre: esse é o segredo do sucesso.

   D) Novos assaltos ocorreram, pois a polícia não consegue controlar essas ocorrências.

   E) Encontrei amigos durante a viagem, mas eles não ficaram junto conosco.

   Comentários: A anáfora faz referência a um termo ou expressão citado anteriormente no texto, ou seja, ela é utilizada para a retomada de algo.

   Ex.: "O presidente recusou-se a falar com a imprensa. Criticá-lo apenas fez com que a comunicação fosse prejudicada." (o pronome oblíquo "lo" retoma "presidente").

   Já a catáfora faz referência a um termo que será citado posteriormente no texto. Fica mais fácil de entender visualizando os exemplos:

   "A reação da sociedade mediante um possível novo aumento dos preços quer dizer isto: indignação." (o pronome demonstrativo "isto" remete ao termo "indignação").

   Na opção B, o pronome "isto" remete o leitor a uma informação que virá na sequência textual (não perder o emprego). Valor catafórico. Nas outras opções, o termo sublinhado remete a vocábulos anteriormente citados:

   A) lá (situação);

   C) esse (trabalhar sempre);

   D) essas ocorrências (novos assaltos);

   E) eles (amigos).

   Gabarito: B

2. **(FGV – 2024 – TJ – AP – Técnico Judiciário – Área de Apoio Especializado)** A frase abaixo em que a forma sublinhada se refere a um termo anterior (anafórico), e não a um termo seguinte (catafórico), é:

   A) Com fé você vence. Sem fé, passa para trás os que venceram.

   B) O que fiais na roça e no tear teceis / Não encobre de Deus os males que fazeis.

   C) O homem faz o que pode e Deus o que quer.

   D) Dize-me o que pedes a Deus e eu te direi quem és.

   E) A vitória, isso é o que procuro!

   Comentários: Na opção E, o pronome demonstrativo "o" remete a "vitória", um termo anterior (anáfora). Nas outras opções, esse pronome se refere a toda a informação que aparece na sequência representada pela oração adjetiva (catáfora).

   Gabarito: E

3. (FGV – Pol. Civil) Em texto da *Folha de São Paulo*, um morador das margens de uma grande rodovia declarava o seguinte: "Hoje já passaram por aqui milhares de caminhões e automóveis, mas eu e minha família já estamos habituados com isso; os garotos até brincam, jogando pedra nos pneus."

Há, nesse texto, um conjunto de palavras cujo significado depende da enunciação, ou seja, da situação em que o texto foi produzido. Entre as alternativas abaixo, aquela que indica um termo que não está nesse caso é:

A) hoje.

B) aqui.

C) eu.

D) minha família.

E) isso.

Comentários: Pelo que se depreende do enunciado, todas as alternativas – exceto uma – apresentam vocábulos com função exofórica. Na letra A, o advérbio hoje depende do momento de produção textual. Na letra B, o advérbio aqui está vinculado ao local onde o texto foi produzido. Nas letras C e D, eu e minha família dependem do enunciador do texto, logo possuem também função exofórica. Já a letra E apresenta o pronome demonstrativo isso que retoma informação anteriormente mencionada no texto – "hoje já passaram por aqui milhares de caminhões e automóveis", possuindo, portanto, função anafórica, e não exofórica.

Gabarito: E

9.8. PRONOMES RELATIVOS

Os pronomes relativos referem-se a um termo anterior chamado antecedente (um substantivo ou pronome substantivo). Dão início às orações adjetivas – restritivas ou explicativas, assunto que estudaremos mais detalhadamente no Capítulo 15 (Período Composto).

Ex.: O livro **que você ganhou** é novo.

Oração subordinada adjetiva restritiva

"O homem, **que é mortal**, tem alma imortal."

Oração subordinada adjetiva explicativa.

Aparecem como pronomes relativos:

Que, **o qual** (e flexões): quando o antecedente for *coisa* ou *pessoa*. **Que** é "curinga" (pode substituir qualquer relativo, exceto o "cujo", que é o único pronome relativo que indica posse).

Ex.: Eis o *livro* **que** procuro.

Este é o *professor* **que** elogiei.

Quem: quando o antecedente for *pessoa*. Sempre antecedido de preposição.

Ex.: Esta é a *professora* **de quem** falei.

Cujo (e flexões): entre dois substantivos indicando ideia de *posse*.

Ex.: É bom o *livro* **cujo** *autor* elogiaste.

(há entre os dois substantivos ideia de posse: "autor do livro")

A seguir, os cinco "mandamentos" para o bom uso do **cujo**:

1) Sempre relaciona dois substantivos.

   É o **rio** em cujas **águas** nadei.

2) Estabelece ideia de posse: do segundo substantivo para o primeiro.

   É o **rio** em cujas águas nadei.

   rio (1º)

   águas (2º)

   A ideia de posse deve ser identificada de trás para frente: do segundo para o primeiro: *águas* (2º) do *rio* (1º).

3) Concorda com o substantivo que vem depois.

   É o rio em **cujas águas** nadei.

4) Nunca vem seguido de artigo. Pode vir antecedido de preposição se houver um verbo depois que peça preposição. Seria, portanto, erro dizer "**cujas as águas**", porque **cujas** já concorda com o substantivo que vem depois, **águas**.

5) Não pode ser substituído por outro relativo (**que**, **qual**). Ele é o único pronome relativo que indica posse.

Onde: quando o antecedente indica *lugar*;

Diferença entre **ONDE**, **AONDE** e **DONDE**?

Onde: usaremos esse conectivo se a preposição exigida for em.

Ex.: É a praça onde corro.

Aonde: usaremos esse conectivo se a preposição exigida for a.

Ex.: É a praça aonde vou.

Donde ou de onde: usaremos esse conectivo se a preposição exigida for de.

Ex.: É o bairro donde venho

A diferença entre esses pronomes dependerá, portanto, da regência.

Como: quando o antecedente forem as palavras *modo*, *maneira*...

Ex.: É correta a *forma* **como** você procede.

Quando: quando o antecedente dá ideia de *tempo*.

Ex.: Foi a *época* **quando** tudo ocorreu.

Quanto: quando o antecedente dá ideia de *quantidade*.

Ex.: Isso é tudo **quanto** quero.

Importante:

Ao usar os relativos, devemos observar dois pontos importantes:

a) quando usar os relativos *que, quem, cujo* etc. (veja acima);

b) reparar se o termo que vem **após** o relativo pede preposição.

Este é o livro **que** ganhei. (que = o livro; eu ganhei o livro)

Este é o livro **a que** me referi. (que = ao livro; eu me referi ao livro)

Vamos fixar as regras de uso dos pronomes relativos?

Sublinhe a(s) forma(s) que completa(m) a lacuna:

1. O assunto ______________ me referi não foi este. (que – a que – ao qual – o qual – a quem)

   Comentários: O relativo *que* é usado para coisa ou pessoa: "o assunto que...". Como o verbo *referir-se* pede preposição *a*, temos "O assunto **a que me referi**". Lembre-se: *que* e *quem* podem ser trocados por *o qual, a qual, os quais, as quais*. Como o **antecedente** do relativo é masculino singular (*assunto*), usaremos *o qual*. Com a preposição do *referir-se*, **a**o qual. As duas formas estão corretas.

   Gabarito: a que, ao qual.

2. Aí está a pessoa ______________ me apaixonei. (quem – por quem – pela qual – que – a quem)

   Comentários: Como o **antecedente** é pessoa, de preferência usa-se **quem**. O verbo *apaixonar-se* rege preposição *por:* eu me apaixonei **pela** pessoa, **por** alguém.

   Gabarito: por quem, pela qual.

3. Chegou o diretor ______________ relatório ninguém gostou. (que – de que – cujo – o qual – de cujo)

   Comentários: Aqui, aparecem dois substantivos (*diretor* e *relatório*). Há, entre eles, uma ideia de **posse** (o relatório **do** diretor). Com isso, o relativo a ser usado **só pode** ser *cujo*. Como o verbo da oração (*gostar*) pede preposição *de*, temos a forma **de cujo**.

   Gabarito: de cujo.

4. Esta é a cidade ______________ eu morei. (onde – aonde – em que – na qual – donde)

   Comentários: A palavra *cidade* indica o **lugar**. De preferência usaremos *onde*, mas, como esse vocábulo também pode se encaixar em "coisa", e não "pessoa", *que* e *a qual* também respondem à questão. Quanto à regência, o verbo *morar* pede preposição *em*. Nesses casos, quando o relativo a ser usado for *onde* e o verbo da oração pedir essa preposição, usaremos *onde*, e não *aonde*. Repare que, com os relativos *que* e *a qual*, teremos *em que* e *na qual*, já que com esses pronomes o procedimento é igual ao dos exercícios anteriores.

   Gabarito: onde, em que, na qual

5. Esta é a cidade ______________ gosto de ir sempre. (onde – aonde – a qual)

   Comentários: Agora, o verbo *ir* pede preposição *a* (gosto de ir sempre *a*). Como o **antecedente** indica lugar, usaremos *onde* (*a* + *onde* = *aonde*).

   Gabarito: aonde.

6. Esta é a cidade ______________ vêm os visitantes. (onde – aonde – donde – em que)

   Comentários: Nessa construção, teríamos, na ordem direta, "Os visitantes vêm *de*..." (*de* + *onde* = *donde*).

   Gabarito: donde.

Resumindo:

ONDE, AONDE E DONDE

- Onde: se a preposição exigida for em.
  Ex.: É a cidade onde moro.
- Aonde: se a preposição exigida for a.
  Ex.: É a cidade aonde vou.
- Donde ou de onde: se a preposição exigida for de.
  Ex.: É a cidade donde venho.

Veja algumas questões sobre os pronomes relativos:

1. **(TRF - Analista Judiciário)** Dentre as frases a seguir, aquela em que o pronome relativo está mal-empregado é:

   A) A pesquisa histórica é tarefa cuja realização se deve aos grandes historiadores.
   B) O estudo das fontes históricas, o qual tanto atrai os historiadores, é tão importante quanto o da própria História.
   C) Analisou tantos fatos quantos pudessem interessar à pesquisa histórica.
   D) Às vezes, verificam-se fatos históricos que os historiadores não conseguem determinar suas causas.
   E) O modo como a pesquisa histórica evolui às vezes surpreende o próprio historiador.

   Comentários: Ao se usar o pronome relativo, devemos, antes de tudo, observar o antecedente, como vimos na teoria. Na letra A, o relativo **cuja** aparece entre dois substantivos indicando posse (realização da tarefa). Na B, o pronome relativo **o qual** vem antecedido do núcleo estudo (coisa). Na letra C, o pronome relativo **quantos** vem antecedido de tantos (indicando quantidade). Na letra D, o pronome relativo **que** não está adequado ao sentido da frase. Nela observamos a ideia de posse (causas dos fatos). Logo, a frase correta seria: "Às vezes, verificam-se fatos históricos **cujas** causas os historiadores não conseguem determinar". Na letra E, o antecedente do relativo **como** é a palavra modo. Nesses casos, quando os antecedentes são as palavras modo, maneira, forma, o relativo adequado é como.

   Gabarito: D

2. **(VUNESP - Câmara de Serrana - SP - Técnico Legislativo)** Assinale a alternativa em que a variação da frase — "... somos o país que usa cultura como material de combustão." — apresenta versão correta, quanto ao uso do pronome, de acordo com a norma-padrão.

   A) Somos o país do qual usa a cultura como material de combustão.
   B) Somos o país de que usa cultura como material de combustão.
   C) Somos o país no qual a cultura é usada como material de combustão.
   D) Somos o país pelo qual usa a cultura como material de combustão.
   E) Somos o país que a cultura é usada como material de combustão.

Comentários: Eis uma questão de pronome relativo. Dentre as alternativas apenas uma está correta quanto ao uso do pronome.

A opção correta é a letra C. Ao colocar a frase na ordem direta com o antecedente do pronome relativo "... a cultura é usada como material de combustão no país", é possível ver que o uso da preposição que antecede o pronome está correto ("no qual" = em + o qual).

Analisando as outras opções, na letra A não deve haver a preposição em "do qual", o verbo "usar" não pede a preposição "de". O correto é "o qual". A letra B segue a mesma linha, o verbo usar não pede a preposição, por isso "de que" está errado. O correto também é "o que". Na letra D, não é possível usar a preposição "por" (por + o = pelo) em "pelo qual", pois não há termo que peça o uso dessa preposição. Por fim, a letra E está errada porque há na frase dois substantivos com ideia de posse "...o país que a cultura é usada" (cultura do país). Nesse caso, o pronome correto é "cujo", e não "que". O certo seria: "Somos o país cuja cultura é usada como material de combustão."

Gabarito: C

3. **(IBADE – SEE – AC – Professor – Língua Portuguesa)** No período a seguir, o pronome relativo "onde" foi usado corretamente, referindo-se a um antecedente que apresenta uma noção locativa. Entre as frases abaixo há uma alternativa em que o relativo ONDE está sendo utilizado de maneira incorreta, assinale-a.

   "A sala de aula é um local de aprendizagem, onde o discente deve se esforçar ao máximo para extrair do professor os conhecimentos da matéria."

   A) Quero viajar para alguma cidade tranquila, ONDE possa passar alguns dias em paz.
   B) Este é o bairro ONDE morei durante toda a minha infância.
   C) "Minha terra tem palmeiras ONDE canta o sabiá."
   D) Aquela é a ponte ONDE nos encontramos pela primeira vez.
   E) Vivemos uma época muito difícil, ONDE a violência gratuita impera.

   Comentários: É para assinalar o emprego inadequado de onde. Em A, onde retoma lugar / cidade: está certo. Em B, onde se refere a bairro, está correto. Na C também o onde refere-se a palmeiras, lugar. Na D também tem relação de lugar, referindo-se a ponte. Já na E, época é tempo e onde nao pode retomar tempo.

   Gabarito: E

Bom, agora você já sabe tudo sobre pronomes. Para finalizar essa parte dos estudos, vamos treinar com uma miscelânea de exercícios.

9.9. EXERCÍCIOS DE FIXAÇÃO (COM GABARITO NO FINAL)

I. Substitua os termos sublinhados pelos pronomes pessoais adequados. Lembre-se: o pronome **reto** substitui o **sujeito**. Já o **oblíquo** substitui o **complemento**.

1. Entregou <u>os documentos necessários</u>? (os / eles / lhes)
2. Continuam <u>as acusações ao Judiciário</u>. (nas / elas)
3. Os processos muito demorados constituem <u>afastamento da regra geral</u>. (no / ele)
4. De seu esforço e força de vontade emergem <u>os trabalhadores</u>. (nos / eles)
5. Pagaram <u>ao funcionário</u> as suas férias? (lhe / a ele / ele)

6. Encontrou <u>um grupo de desconhecidos</u>. (o / ele / lhe)
7. Pusemos <u>o livro</u> na estante. (lo / ele)
8. Brotam <u>as flores</u> por toda parte. (nas / elas / lhes)
9. É necessário fechar <u>suas fronteiras</u>. (las / elas)
10. O país toma <u>medidas protecionistas</u>. (as / elas)
11. É fundamental defender <u>o contribuinte</u>. (lo / ele / lhe)
12. Estamos obrigados a liquidar <u>a fatura</u>. (la / ela / lhe)
13. <u>A enorme variedade de canções de Noel,</u> quase todas produzidas em cerca de seis anos, havia conferido genialidade ao artista. (ela / a ela)
14. Uma vez que tal medida implica <u>transformações lesivas ao egoísmo do *establishment*</u>. (as / elas)
15. Pobre é <u>a vida de um homem</u>. (ela / a ela)
16. Na favela, tal como está organizada, reproduz-se <u>semelhante estrutura</u>. (na / lhe / ela)
17. Foi então que surgiu <u>o problema</u>. (o / ele / lhe)
18. Esses momentos históricos apresentam <u>facetas negativas</u>. (nas / elas / lhes)
19. Mandei o mordomo entrar. (ele / o)
20. Fez <u>o amigo</u> pagar a conta. (lo / ele)

II. Complete com eu / mim / tu / ti.

1. Para ________ nada mais interessa.
2. Para ________ chegar a tempo, peguei um táxi.
3. Por ________ todos hão de se classificar.
4. Aquele livro é para ________ leres.
5. Entre ________ e você tudo acabou.
6. Entre ________ e os teus amigos, já não há divergências.
7. Entre ________ pedir e você acatar, que distância!
8. Ela é mais aplicada do que ________.
9. Ele chegou antes de ________ sair.
10. Não sei se ela sentiu a mesma estranheza que ________.
11. Isto não é trabalho para ________ fazer.
12. É difícil para ________ acreditar em tuas palavras.
13. As reivindicações chegaram até ________.
14. Até ________ acreditei nas palavras do nosso ministro.
15. Para ________, arranjar patrocinador não será difícil.
16. Para ________ compreender o filme, tive de assistir a uma nova sessão.

III. Supondo-se que você queira se dirigir a um juiz, utilizando uma linguagem correta e adequada, faça as devidas alterações nos trechos a seguir:

1. Meritíssimo Juiz, Sua Excelência deveis saber que o réu é pessoa que goza de merecido prestígio entre empresários, pois já tomastes conhecimento pelos órgãos da imprensa de seus inúmeros empreendimentos.

____

____

____

2. Pelo que dizeis em vossa bem escrita sentença, foram os meus atos que vos deram o discernimento que manifestastes em vossa decisão.

____

____

IV. Classifique os pronomes em destaque como reflexivos ou recíprocos.

1. Olhou-**se** no espelho e assustou-**se** com seu olhar doentio.
2. Os namorados olhavam-**se** apaixonadamente.
3. Eles **se** vestiram rapidamente.
4. Eles **se** cumprimentaram na rua.
5. As mulheres **se** afastaram das mesas.
6. O médico vê-**se** estendido no chão.
7. Os meninos sempre **se** ajudam.

V. Use o pronome oblíquo entre parênteses de todas as formas possíveis. Havendo caso de mesóclise, escreva ao lado a forma correta.

1. A torcida ________ aplaudiu ________ com entusiasmo. (o)
2. Ele ________ trancou ________ no quarto. (se)
3. ________ explicarei ________ todo o serviço. (te)
4. ________ seria ________ muito útil usar esse argumento. (me)
5. Gritei para ________ alertar ________. (os)
6. Não ________ vá ________ tão cedo; ________ custa ________ ficar mais? (se / lhe)
7. Quem ________ chamou ________? (te)
8. Se você chegar agora, ________ encontrará ________ satisfeito. (me)
9. Deus ________ pague ________! (lhe)
10. Se ninguém ________ disse ________ a verdade, e se precisei lutar para ________ encontrar ________, nada ________ falou ________ a respeito. (me / a / se)
11. Maria, ________ diga ________ a verdade. (me)
12. ________ Informaram ________ da decisão. (me)
13. ________ Revelarias ________ o sonho de Maria? (nos)
14. ________ Encontraremos ________ com Maria. (nos)
15. Ninguém ________ falou ________ de Maria. (nos)
16. Quem ________ teria ________ contado ________ o segredo? (lhe)
17. ________ Teriam ________ contado ________ o segredo? (lhe)
18. Se ________ reporta ________ a crimes comuns, o *impeachment* ________ reduz ________ a uma espécie de licença para o julgamento do presidente pelo Supremo Tribunal Federal. (se / se)
19. Não é o PT que ________ vai ________ ensinar ________ oposição. (me)
20. Se eu vou lá na comissão, de visita, garanto que ________ não ________ transmitem ________ informações. (me)
21. No caso do motorista, o senhor não ________ está julgando ________? (o)
22. ________ Diriam ________ vocês a verdade, se ________ perguntasse ________ sobre o procedimento de certos políticos? (me / lhes)

23. Já o mesmo não ______ pode ______ dizer ______ de um serviço de bondes. (se)
24. Já o mesmo não ________ deveria ________ dizer ________ de um serviço de bondes. (se)
25. Ninguém ________ daria ________ bem naquele emprego. (se)

VI. Identifique nas frases a seguir os antecedentes dos pronomes relativos em destaque:

1. Agora mesmo está nas telas uma risonha Regina Duarte grata à confiança **que** a população deposita nos Correios. (____________)
2. O festival de autocongratulação consumiu boa parte dos 120 milhões de reais **que** o governo (só a administração direta) gastou no ano passado. (____________)
3. Há muitas comparações **que** não deixam dúvidas sobre o que produz melhores resultados. (____________)
4. ... ou muito menos para anunciar a existência de uma Ouvidoria **que** acolhe queixas da população contra barbaridades policiais? (____________)
5. Basta dar uma espiada no panorama nacional, em **que** pululam temas para campanhas... (____________)
6. Canudos nasceu com o nome de Belo Monte, fundada por Antônio Conselheiro, a **quem** os sertanejos de toda a região atribuíam poderes de cura, poderes divinos. (____________)
7. A cidade, **cuja** infraestrutura de saneamento era quase inexistente, chegou a abrigar 25 mil pessoas em 5.200 casas, segundo o levantamento do Exército, feito após a guerra. (____________)
8. Formou-se ao seu redor um importante e complexo polo religioso e comercial **que** atraía gente de todas as partes. (____________)
9. "A televisão é a amiga dos entrevados, dos abandonados, dos **que** a vida esqueceu para um canto." (____________)
10. Os fonemas de uma língua costumam ser representados por uma série de sinais gráficos denominados letras, **cujo** conjunto forma a palavra. (____________)
11. "... há no meu corpo um incêndio **que** queima sem esperança / a própria terra **que** piso vira um abismo e me come / corre em meu sangue um veneno, veneno **que** tem teu nome." (Ferreira Gullar)

    1º que – ____________

    2º que – ____________

    3º que – ____________
12. Noel Rosa procurou escrever sobre tudo **quanto** expressasse o jeito de ser carioca. (____________)
13. Não se pode transmitir o **que** a mente não criou. (____________)

VII. Sublinhe a(s) forma(s) que completa(m) a lacuna.

1. "Existe alguém esperando por você ____________ vai comprar sua juventude." (que – a que – ao qual – o qual – a quem)
2. "Recebia em casa dois jornais locais, ____________ leitura demorava mais de uma hora." (cuja – em cuja – em que)

3. "O que lhe movia o coração era o amor, a quase obsessão pelo Brasil e seu povo, ____________ futuro sempre acreditou com veemência e combatividade..." (que – em que – cujo – em cujo – onde)
4. "Tudo é belo naquilo ____________ amamos. Tudo o ____________ amamos tem espírito." (que – quem – quanto – como – cujo) (que – onde – como – quando)
5. Compreendo a maneira ____________ ele se mostra. (em que – onde – quando – cujos – como)
6. "Estava sentado numa mesa ____________ havia uma pilha de livros." (que – onde – sobre a qual – à qual – aonde)
7. Marcelo é o professor ____________ sempre admirei. (que – quem – a quem – a qual – a que)
8. "Na casa dela mora um quadro ____________ eu pintei." (quem – por quem – pela qual – que – a quem)
9. "Tinha entre os dentes um alvíssimo palito ____________ ponta mastigava." (que – de que – cuja – o qual – de cujo)
10. Foi demitido o analista ____________ ideias não concordava. (cujo – cujas – com cujas – cujas as – com cuja as)
11. Aquela é a livraria ____________ Ana trabalhava e ____________ sou cliente. (onde – aonde – em que – na qual – donde) (onde – de que – da qual – cujo)
12. Búzios é a cidade ____________ gosto sempre de ir. (onde – aonde – a qual – para a qual – que)
13. Não se descobriu o esconderijo ____________ os sequestradores escaparam. (onde – aonde – donde – em que – do qual)
14. "O caso que vou relatar comprova, como disse alguém ____________ nome não recordo, que a verdade é mais estranha que a ficção." (onde – o qual – cujo – de cujo)
15. "O caso que vou relatar comprova, como disse alguém ____________ nome não lembro, que a verdade é mais estranha que a ficção." (onde – o qual – cujo – de cujo)
16. "O caso que vou relatar comprova, como disse alguém ____________ nome não me esqueci, que a verdade é mais estranha que a ficção." (onde – o qual – cujo – de cujo)
17. "O crime para Forrester é o silêncio ou o 'discurso lacunar' ____________ se valem os donos do poder para preservar suas riquezas." (de que – de quem – cujo – de cujo)
18. "A prioridade não é o bem-estar ou a sobrevivência das populações, mas sim o 'andamento dos mercados', o lucro e seu horror, ____________ só interessa ou só é 'útil' o homem que for rentável." (no qual – em que – ao qual – onde)
19. Deram-me ontem um novo endereço da loja, ____________ referências não foram boas. (que – cujas – cujas as – a que)
20. "... como em Santa Marta, ____________ quadra ministros das várias religiões e líderes comunitários vão estar reunidos..." (onde – aonde – cuja – em cuja – com cuja)

Gabarito: I – 1. Entregou-os; 2. Continuam elas, ou, na ordem, Elas continuam; 3. constituem-no; 4. emergem eles ou Eles emergem; 5. Pagaram-lhe ou Pagaram a ele; 6. Encontrou-o; 7. Pusemo-lo; 8. Brotam elas ou Elas brotam; 9. fechá-las; 10. tomas-as; 11. defendê-lo; 12. liquidá-la; 13. Ela; 14. Implica-as; 15. Ela; 16. reproduz-se ela ou ela se reproduz; 17. surgiu ele ou ele surgiu; 18. apresentam-nas; 19. Mandei-o; 20. Fê-lo. **II** – 1. mim; 2. eu; 3. mim; 4. tu; 5. mim; 6. ti ou mim; 7. eu; 8. eu; 9. eu; 10. eu; 11. eu; 12. mim; 13. mim; 14. eu; 15. mim; 16. eu. **III** – 1. Vossa Excelência deve saber... já tomou; 2. Pelo que diz em sua... que lhe deram... manifesta em sua. **IV** – 1. pron. reflexivo / pron. reflexivo; 2. pron. recíproco; 3. pron. reflexivo ou recíproco (depende do contexto); 4. pron. recíproco; 5. pron. reflexivo; 6. pron. reflexivo; 7. pron. recíproco. **V** – 1. o aplaudiu ou aplaudiu-o; 2. se trancou (mais adequado. ou... trancou-se; 3. Explicar-te-ei; 4. Ser-me-ia; 5. para os alertar ou alertá-los; 6. Não se vá; custa-lhe; 7. Quem te chamou?; 8. encontrar-me-á; 9. Deus lhe pague! (próclise com expressões que indicam desejo); 10. me disse / para a encontrar ou encontrá-la / nada se falou...; 11. diga-me; 12. Informaram-me; 13. Revelar-nos-ias; 14. Encontrar-nos-emos; 15. Ninguém nos falou; 16. Quem lhe teria ou Quem teria lhe contado; 17. Ter-lhe-iam ou Teriam lhe contado; 18. Se se reporta... / se reduz ou reduz-se; 19. que me vai ou que vai me ensinar ou que vai ensinar-me; 20. que me não ou que não me transmitem; 21. não o está ou não está julgando-o; 22. Dir-me-iam / se lhes perguntasse...; 23. não se pode ou não pode se dizer ou não pode dizer-se; 24. não se deveria ou não deveria se dizer ou não deveria dizer-se; 25. Ninguém se daria. **VI** – 1. confiança; 2. milhões; 3. comparações; 4. Ouvidoria; 5. panorama; 6. Antônio Conselheiro; 7. cidade; 8. polo; 9. os (= pron. demonstrativo); 10. sinais; 11. incêndio / terra / veneno; 12. tudo; 13. o (= pron. demonstrativo). **VII** – 1. que / o qual; 2. em cuja; 3. em cujo; 4. que / que; 5. como; 6. sobre a qual; 7. que / a quem; 8. que; 9. cuja; 10. com cujas; 11. onde / em que / na qual; de que /da qual; 12. aonde / para a qual; 13. donde / do qual; 14. cujo; 15. cujo; 16. de cujo; 17. de que; 18. ao qual; 19. cujas; 20. em cuja.

9.10. QUESTÕES DE CONCURSOS COMENTADAS

1. **(VUNESP - 2024 - Prefeitura de Lins - SP - Fiscal de Tributos)** Assinale a alternativa em que a mudança de colocação do pronome indicada nos parênteses contraria a norma-padrão.

   A) Pode-se pensar que a especialização... (Se pode pensar que a especialização...)

   B) A sua polivalência lhe rendeu o apelido... (A sua polivalência rendeu-lhe o apelido...)

   C) Estou me referindo... (Estou referindo-me...)

   D) ... os ídolos se renovam com o tempo. (... os ídolos renovam-se com o tempo.)

   Comentários: Segundo a norma culta, é proibido iniciar oração com pronome oblíquo átono. Na opção A, a construção que aparece entre parênteses está errada, pois a oração estaria sendo iniciada por pronome átono. Nas outras opções, nada proíbe o uso da próclise ou da ênclise.

   Recordando: 1. é proibido iniciar oração com pronome oblíquo átono; 2. é proibido colocar o pronome átono após verbo no futuro ou particípio; 3. aparecendo palavra invariável (não, sempre, nunca, tudo...) antes do verbo, próclise.

   Gabarito: A

2. **(VUNESP - 2024 - SPTrans - Técnico de Processos Administrativos Júnior)** Considere as passagens:
   - Os filhos raramente visitam os pais.
   - Vou gravar os seus roncos.

   De acordo com a norma-padrão de emprego de pronomes e colocação pronominal, as passagens admitem, respectivamente, as reescritas:

   A) Os filhos raramente visitam-lhes. / Vou gravar eles.
   B) Os filhos os raramente visitam. / Vou gravar-lhes.
   C) Os filhos raramente visitam-nos. / Os vou gravar.
   D) Os filhos raramente visitam eles. / Vou lhes gravar.
   E) Os filhos raramente os visitam. / Vou gravá-los.

   Comentários: Em relação ao USO dos pronomes O/A, LHE e flexões, O(S)/A(S) serão usados para substituir complementos verbais sem preposição (objeto direto). Já LHE(S), complementos com preposição (objeto indireto, complemento nominal). Nas frases apresentadas, os complementos verbais aparecem sem preposição (os pais / seus roncos – objetos diretos). Logo, o pronome a ser usado é OS. Quanto à colocação, na primeira passagem, a palavra "raramente" é um advérbio, atrai o pronome átono (próclise). Na segunda, tanto a próclise quanto a ênclise estariam corretas, pois nada proíbe.

   Gabarito: E

3. **(VUNESP - 2024 - Prefeitura de Lins - SP - Diretor Escolar)** Assinale a alternativa que preenche, correta e respectivamente, as lacunas do trecho, de acordo com a norma-padrão de emprego e colocação dos pronomes.

   Aquela pessoa, ________ propósito era viver sem nunca _________com o amanhã, certamente___________ às voltas com dificuldades. E ________sempre_________ a arrepender-se.

   A) cujo ... se preocupar ... se veria ... estas ... a levariam.
   B) que o ... se preocupar ... veria-se ... aquelas ... a levariam.
   C) o qual ... preocupar-se ... se veria ... estas ... levariam ela.
   D) cujo ... preocupar-se ... ver-se-ia ... elas ... levá-la-iam.

   Comentários: Na primeira lacuna, o pronome relativo a ser usado só pode ser "cujo", já que aparecem dois substantivos (pessoa / propósito) com a ideia de pertencimento, posse (é o propósito DA pessoa). Na segunda, a próclise é obrigatória, a palavra "nunca" atrai o pronome átono, assim como na terceira (a palavra "certamente" atrai). Na quarta lacuna, como o pronome vai se referir a um termo mais próximo (dificuldades), o uso do pronome "estas" é adequado. Na última, o advérbio "sempre" atrai o pronome átono, próclise, portanto.

   Gabarito: A

4. **(VUNESP - 2024 - TRF - 3ª Região - Analista Judiciário)** Assinale a alternativa em que o primeiro termo destacado é um pronome com valor possessivo, e o segundo, um adjetivo.

A) O **mesmo** caso, ajuntou, houve cerca de 15 anos **atrás**...
B) Mandou-**me** um bilhete com a letra **meio** trêmula, falando em reumatismo.
C) Entregou-me a chave, fez **qualquer** observação **sobre** o aquecedor...
D) "Dói-**me** o corpo inteiro, senhor; o corpo **inteiro**."
E) ... já ia **se** conformando em ser chamada de dona Teresa, caiu **doente**.

Comentários: Na opção D, o pronome "me" tem valor possessivo. Em "Dói-me o corpo inteiro", entende-se "Dói o MEU corpo inteiro". E o vocábulo "inteiro" é adjetivo, se refere ao substantivo "corpo".

Gabarito: D

5. **(FCC - 2023 - TRT - 12ª Região - SC)** - Analista Judiciário)

Luís Bernardo Honwana é um dos precursores da literatura moçambicana e um dos maiores intérpretes da moçambicanidade. Quando tinha 22 anos, em 1964, fez publicar uma obra seminal e fundadora da moderna ficção moçambicana - Nós Matamos o Cão Tinhoso. O início desta obra é um dos mais belos que se podem cotejar entre nós: "O Cão Tinhoso tinha uns olhos azuis que não tinham brilho nenhum, mas eram enormes e estavam sempre cheios de lágrimas, ***que lhe escorriam pelo focinho****. Metiam medo aqueles olhos, assim tão grandes, a olhar como uma pessoa a pedir qualquer coisa sem querer dizer."*

O Jovem autor de Nós Matamos o Cão Tinhoso redigira uma nota biográfica igualmente singular: "Não sei se sou realmente escritor. Acho que apenas escrevo sobre coisas que, acontecendo à minha volta, se relacionem intimamente comigo ou traduzam ***fatos que me pareçam decentes.*** *Este livro de histórias é o testemunho em que tento retratar uma série de situações e procedimentos que talvez interesse conhecer."*

A realidade que estas histórias narram ultrapassa, em muito, a circunstância da mera biografia. Estes textos denunciavam, de forma resoluta e corajosa, uma realidade social profundamente injusta e desigual. Textos breves, quase todos, à exceção daquele que nomeia o volume. Este livro é uma surpreendente obra literária e é um libelo acusatório virulento. ***Provavelmente, a grande literatura seja isso mesmo****:* ***a combinação entre as faculdades da arte em si*** *e* ***o poder de esta nos interpelar com a realidade*** *que ilustra ou denuncia.*

(Disponível em: https://opais.co.mz. Adaptado)

No contexto em que se encontra, o pronome que tem valor possessivo está sublinhado em:

A) *que lhe escorriam pelo focinho.*
B) *fatos que me pareçam decentes.*
C) *o poder de esta nos Interpelar com a realidade.*
D) *Provavelmente, a grande literatura seja isso mesmo.*
E) *a combinação entre as faculdades da arte em si.*

Comentários: Entende-se, pelo contexto, que as lágrimas escorriam pelo SEU focinho, pelo focinho DELE (do cão). Na opção A, o pronome oblíquo átono tem valor possessivo.

Gabarito: A

6. **(FGV - 2024 – TCE - GO - Analista de Controle Externo)** Assinale a opção em que houve erro na construção da frase, por troca indevida entre O/LHE.

A) Não há prazer em conseguir-se algo e não o dividir com os demais.

B) A minha vontade é firme, mas a minha disposição de obedecer-lhe é fraca.

C) Se quiser conhecer verdadeiramente um homem, dê-lhe autoridade.

D) Um tolo sempre acha um mais tolo para seguir-lhe.

E) Devemos superar os abismos e nunca aprofundá-los.

Comentários: Como exposto anteriormente, o pronome LHE, como complemento verbal, substitui termo preposicionado (objeto indireto), completa o sentido de um verbo transitivo indireto. Na opção D, o verbo "seguir" aparece com transitivo direto (seguir alguém / algo). Logo, teria de ser "segui-lo".

A) ...o dividir... (objeto direto).

B) ...obedecer-lhe... (objeto indireto).

C) ...dê-lhe autoridade. (objeto indireto).

E) ...aprofundá-los. (objeto direto).

Gabarito: D

7. **(FGV - 2024 - TRF - 1ª Região - Analista Judiciário)** A frase abaixo em que está correto o emprego do pronome demonstrativo sublinhado é:

A) Somos seres muito primitivos, operando a 0,001% da potência espiritual que somos capazes de operar nessa vida.

B) O meu cão não fala e é graças a isso que eu o compreendo.

C) A verdade é essa: todos devemos trabalhar.

D) João e Maria vieram: este de táxi e aquele de ônibus.

E) Na Idade Média todos eram bons cristãos; nesta época, a Igreja era muito poderosa.

Comentários: Os pronomes demonstrativos indicam a posição, no espaço ou no tempo, dos seres em relação às três pessoas do discurso. Além disso, podem aparecer como elementos de coesão (anáfora / catáfora). Na opção B, o pronome demonstrativo foi usado como elemento de coesão, referindo-se a um termo anterior (o cão não falar – anáfora). Nesses casos, pode-se usar "esse", "essa", "isso". Correto, portanto. Nas opções A e E, são usados em relação a "tempo". Na opção A, teria de ser "nesta" (tempo presente, atual). "Nessa" seria para tempo passado próximo. Na E, seria "naquela" (tempo passado longínquo). Na opção C, o pronome remete à informação que virá na sequência (catáfora). Então, seria "esta". Na opção D, para se estabelecer a distinção entre duas coisas ou pessoas anteriormente citadas, usa-se "este(s), esta(s), isto" para o termo mais próximo, e "aquele(s), aquela(s), aquilo" para o mais distante. Então, teria de ser "esta", Maria, feminino, o termo mais próximo, e não "este".

Gabarito: B

8. **(FGV - 2024 - Prefeitura de Niterói - RJ - Analista de Políticas Públicas e Gestão Governamental)** Junte as duas frases a seguir com o auxílio de um pronome relativo.

1. Li o novo romance de Ariano Suassuna.
2. Comprei o novo romance de Ariano Suassuna na livraria do shopping.

Assinale a opção que apresenta a forma adequada.

A) Li o novo romance de Ariano Suassuna, que comprei na livraria do shopping.

B) Li o novo romance de Ariano Suassuna, cujo comprei na livraria do shopping.

C) Na livraria do shopping onde comprei o novo romance de Ariano Suassuna, eu o li.

D) Li o novo romance de Ariano Suassuna, onde o comprei na livraria do shopping.

E) Li o novo romance, comprado na livraria do shopping, a qual é de Ariano Suassuna.

Comentários: Nas frases apresentadas, a expressão "o novo romance de Ariano Suassuna" aparece repetida. O pronome relativo evita a repetição do antecedente. Na opção A, o relativo "que" evita a repetição dessa expressão, adequando-a à norma culta. Nas opções B e D, há erro de construção, pois o relativo "cujo" somente será usado entre dois substantivos, e "onde" só quando o antecedente indicar lugar. O enunciado fala de forma adequada. Pela explicação dada à opção A, a letra C não é adequada. Na opção E, diz-se que a "livraria" é de Ariano Suassuna. Totalmente errada.

Gabarito: A

9. (CESPE/CEBRASPE - 2024 - BACEN - Analista de Economia e Finanças)

> *A emergência de uma grande variedade de plataformas digitais, desde o final da década de 1990, provocou uma mudança econômica radical e uma reorganização de mercados e arranjos de trabalho. A economia de plataforma não está apenas mudando a forma como o trabalho é realizado e remunerado. Os mercados de trabalho também estão se transformando drasticamente, levando a uma situação em que o "emprego padrão" é cada vez mais suplementado ou substituído por trabalho temporário "fora do padrão", mediado por plataformas. Em um contexto de crescente instabilidade macroeconômica, de desregulamentação das relações de trabalho — em função do impacto disruptivo de tecnologias digitais na intermediação dessas relações —,* ***verifica-se*** *a emergência de novas formas de emprego "fora do padrão", que reforçam diversos tipos de "flexibilidade" — temporal, espacial, gerencial e funcional, entre outras. Grande parte dessas novas formas de emprego está vinculada à mediação de plataformas digitais, que conectam ofertantes e demandantes de trabalho.*

Estaria mantida a correção gramatical do quarto período do primeiro parágrafo caso a partícula "se", em "verifica-se", fosse deslocada para a posição proclítica — se verifica.

CERTO

ERRADO

Comentários: O deslocamento do pronome átono para a posição proclítica implicaria erro, pois estaria iniciando oração. A vírgula antes do verbo "verifica" indica o deslocamento de uma expressão adverbial para o início do período, iniciando-se a oração por essa forma verbal.

Gabarito: ERRADO

10. (ADAPTADO - CESPE/CEBRASPE - 2024 - CAGEPA - PB - Técnico em Eletrônica)

O poder da onda verde e o consumo consciente ***manifestam-se*** *também no crescimento de novas marcas que fazem uso de materiais naturais ou com menor impacto sobre o planeta. Além disso, mesmo marcas já estabelecidas podem usar a sustentabilidade para reacenderem a sua relevância, desde que seus produtos e serviços sejam verdadeiramente alinhados a estratégias ecológicas.*

A correção gramatical e o sentido original do texto seriam mantidos caso o pronome "se", em "manifestam-se" (primeiro período do parágrafo anterior), fosse deslocado para imediatamente antes da forma verbal — escrevendo-se **se manifestam.**

CERTO

ERRADO

Comentários: Mostraram-se em questão anterior as proibições para o uso do pronome oblíquo átono. Aqui, nada proíbe o uso da próclise ou da ênclise. Não se iniciaria oração com pronome átono para se proibir a próclise, o verbo não está no futuro para se proibir a ênclise. E não aparece nenhuma palavra invariável antes do verbo para se exigir o uso da próclise.

Gabarito: CERTO

9.11. QUESTÕES DE CONCURSOS PROPOSTAS (COM GABARITO NO FINAL)

1. **(VUNESP - 2024 - Câmara de Campinas - SP - Técnico Legislativo)** A alteração da posição do vocábulo destacado em relação ao trecho original mantém a norma-padrão de colocação pronominal em:

   A) ... afinal, ocorreria à noite, só estenderia-**se** por duas horas e era perto da minha casa.

   B) ... em diferentes instituições e sem poder ir a todas, surpreendi-**me** com uma resposta específica...

   C) A petulância diante do meu "não" seria só uma anedota, se não tivesse percebido-**me** tão irritada.

   D) Daí, claro, já não trata-**se** da falta de sensibilidade do anfitrião, a quem respondi educadamente...

   E) ... assumidos era para aplacar a fúria de alguém que espelha-**se** em um fazer sem descanso.

2. **(VUNESP - 2024 - Prefeitura de Lins - SP - Professor)** Assinale a alternativa em que a colocação pronominal atende à norma-padrão:

   A) No estado da Flórida, não permitirão-se jovens com menos de 14 anos navegando em redes sociais, conforme lei já assinada.

   B) De acordo com DeSantis, as crianças têm prejudicado-se de várias maneiras com o tempo excessivo que dedicam à mídia social.

   C) Se prevê uma revolução na vida de muitos jovens, com a promulgação da lei assinada pelo governador da Flórida, Ron DeSantis.

   D) De acordo com a lei, exige-se que as plataformas obtenham permissão dos pais para conceder contas a jovens de 14 e 15 anos.

3. (IBFC – 2024 – Correios – Agente de Correios – Carteiro)

Seu Manéu era o carroceiro ***da nossa rua*** *e também o único carroceiro que eu conhecia. Quando eu tinha oito, não entendia que quando um pai de família é carroceiro isso quer dizer que ele não tem muita escolha de sustento. Na minha cabeça de oito, ser carroceiro era algo incrível, uma profissão de controle, um ser dono de uma carruagem própria, mas é claro que eu também não pensava na malvadeza que era pro coitado do jumento, que puxava no espinhaço um monte de tijolo, de mudança, de terra, de qualquer coisa empilhada que obrigassem o jumento a puxar.*

O emprego do pronome possessivo, em "da nossa rua", cumpre um efeito linguístico. Assinale a alternativa que apresenta este efeito

A) Reforça a ideia de propriedade individual e exclusiva.

B) Anula o sentido de posse e indefine o sujeito possuidor.

C) Inclui outros agentes possuidores, além do enunciador.

D) Confere valor genérico à rua, tornando-a imprecisa

4. (IBFC – 2024 – Polícia Penal – GO – Policial Penal)

O atleta negro brasileiro que enfrentou o nazismo nas Olimpíadas de 1936

(Itan Cruz)

A poucos dias da abertura dos Jogos Olímpicos de Paris, [...] a competição de 1936 tem muito a nos ensinar. Além de ter sido realizada em Berlim, capital da Alemanha nazista de Adolf Hitler, a competição internacional testemunhou a ascensão de um dos mais brilhantes esportistas de todos os tempos: o atleta negro estadunidense James Cleveland Owens, conhecido como Jesse Owens.

Ele desafiou o nazismo com suas quatro medalhas de ouro no atletismo, derrubando a crença hitlerista na insignificância das habilidades da população negra que apregoaria a sua inferioridade racial. Mas do que pouco se fala é que um brasileiro, também negro, esteve ao lado de Owens nesse confronto.

Seu nome era José Bento de Assis Junior, mais conhecido como Bento de Assis. Nasceu na capital paulista em 28 de fevereiro de 1914. Com muito custo, competindo pelo Vasco da Gama, o velocista e saltador reuniu as credenciais necessárias para integrar a delegação brasileira composta por 73 atletas, que embarcaram com destino às Olimpíadas de Berlim.

Com apenas 22 anos de idade, esse atleta conheceria uma Europa orgulhosa da sua branquitude e do seu empenho colonial instrumentalizado pela violência na África. Certamente, entre as dezenas de competidores brasileiros, Assis não era o único negro a enfrentar esse desafio.

Também corredor como Owen, ***Bento de Assis não conquistou medalha naquela competição*** *– assim como toda a delegação brasileira. No entanto, a sua simples presença na competição, tal qual a de Owen e outros negros, serviria para confrontar Hitler e toda a Alemanha ariana.*

Em "Bento de Assis não conquistou medalha naquela competição", foi destacada a contração de uma preposição com um pronome demonstrativo. Este pronome tem seu emprego justificado por:

A) indicar uma relativa proximidade temporal entre o episódio e o emissor.

B) apontar para uma noção de futuro relativamente próximo.

C) antecipar uma referência textual que ainda seria mencionada.
D) sinalizar a proximidade espacial entre a competição e o emissor.
E) fazer referência a um episódio de um passado distante.

5. **(FCC - 2024 - TRT - 11ª Região - AM e RR - Técnico Administrativo)**

[...]

Ninguém conhecia. Foi o bisneto que esclareceu: Bibito era o personagem da novela brasileira. A das seis, acrescentou ele, feliz por lustrar conhecimento.

— E a Carmenzita que todas as noites nos visita e agora não comparece!

De novo, o bisneto fez luz: mais uma figura de uma telenovela. Só que mexicana. O filho mais velho tentou apaziguar as visões da avó. Mas qual Bibito, qual Carmen?! Então os filhos de osso e alma estavam ali, lágrima empenhada, e ela só queria saber de personagem noveleira?

— Sim, mas esses ao menos nos visitam. Porque a vocês nunca mais os vimos.

***Esses que os demais teimavam em chamar de personagens**, eram esses que adormeciam o casal de velhotes, noite após noite. Verdade seja escrita que a tarefa se tornava cada vez mais fácil. Bastava um repassar de cores e sonos para que as pestanas ganhassem peso. Até que era só ligar e já adormeciam.*

[...]

Em relação ao uso das palavras destacadas no trecho *Esses que os demais teimavam em chamar de personagens*, é correto afirmar que:

A) "Esses" é um pronome demonstrativo que se refere a algo já mencionado anteriormente ou recuperável pelo contexto, e "demais" é um advérbio que se refere a algo que está em excesso.
B) "Esses" é um pronome demonstrativo que se refere a algo já mencionado anteriormente ou recuperável pelo contexto, e "demais" é um pronome indefinido que se refere aos que sobram ou aos que são selecionados.
C) "Esses" é um pronome classificado como indefinido por não ser possível retomar a quem ele se refere, e "demais" é um advérbio, que se refere a algo que está em excesso.
D) "Esses" é um pronome demonstrativo usado para apresentar personagens ainda não mencionados na história, e "demais" é um pronome indefinido, que se refere aos que sobram ou aos que são selecionados.
E) Tanto "Esses" quanto "demais" são pronomes indefinidos usados na frase para se referir a elementos que não podem ser recuperados nem mesmo pelo contexto.

6. **(FGV - 2024 - Prefeitura de Macaé - RJ - Médico Perito)** Assinale a frase em que o pronome pessoal tem valor possessivo.

A) Fazem modernamente constituições para os povos como se fazem roupas para as pessoas: sem lhes tomar a medida.
B) Muitas vezes é melhor perder os vinhedos do que brigar por eles.
C) Mostrou-lhes a experiência e a inutilidade das mesquinhas divisões pelas quais se travam tantas batalhas.
D) Fazem um deserto e chamam-lhe paz.
E) As promessas só comprometem aqueles que a recebem.

7. **(FGV – 2024 – Prefeitura de Macaé – RJ – Médico Perito)** Assinale a opção que apresenta a frase em que o pronome pessoal oblíquo sublinhado não está corretamente empregado.
   A) A melhor maneira de manter a sua palavra é não dá-la.
   B) Quando o pensamento cala-se, as revoluções falam.
   C) Revolto-me: portanto existo.
   D) Os homens não faltam: as revoluções os descobrem sempre.
   E) Só temos paz quando podemos impô-la.

8. **(FGV – 2024 – Prefeitura de São José dos Campos – SP – Agente de Serviços Gerais)**

   "Hão de crescer as crianças, os músculos, os seios, nossos negócios e, obviamente, também a economia. ***Este*** *caso é, porém, o mais transcendental..."*

   O que justifica o emprego do demonstrativo "este" e não "esse" ou "aquele" é que o pronome se refere
   A) ao termo cronologicamente mais moderno.
   B) ao conjunto de termos mencionados anteriormente.
   C) ao termo seguinte, um substantivo abstrato.
   D) ao termo anterior mais distante.
   E) ao termo mais próximo na frase anterior.

9. **(FGV – 2024 – TJ – AP – Técnico Judiciário – Área de Apoio Especializado)** A frase em que a forma do pronome demonstrativo sublinhada está bem empregada é:
   A) Desde quando você tem esta marca de nascença, aí no ombro?
   B) A verdade sobre um homem reside em primeiro lugar nisso que ele esconde.
   C) As almas têm ilusões assim como as aves têm asas. São essas que lhe permitem voar.
   D) "Os sábios dizem que a vossa luz se apagará um dia", disseram os pirilampos às estrelas. Estas, porém, não disseram nada.
   E) Prefiro isso: o paraíso pelo clima e o inferno pelas companhias.

10. **(FGV – 2024 – Prefeitura de São Lourenço da Mata – PE – Professor de Língua Portuguesa)** No trecho "Mas, tanto lhe ouviu falar em morte que teve medo, e um dia correu a pedir à minha mãe que lhe fizesse o favor de ver se lhe salvava o marido que se queria matar", os pronomes átonos destacados estão empregados em posição:
    A) proclítica, pela presença de advérbio, conjunções subordinativas e pronome relativo antes dos verbos.
    B) proclítica, pela presença de pausas, locução adverbial e conjunções subordinativas antes dos verbos.
    C) proclítica, pela presença de pronomes relativos, conjunção coordenativa e pausa antes dos verbos.
    D) enclítica, pela presença de verbos no modo subjuntivo, assim como advérbio e conjunções subordinativas antes dos verbos.
    E) enclítica, pela presença de pronomes relativos, conjunção coordenativa e locução adverbial antes dos verbos.

11. (FGV - 2024 - Prefeitura de Nova Iguaçu - RJ - Auditor Fiscal do Tesouro Municipal)
Assinale a opção em que o uso da próclise é obrigatório.

A) Os convidados que não dançavam se haviam espalhado por várias partes da casa.
B) Não lhe posso contar o que aconteceu depois desse dia.
C) E ele se pôs a caminho, mas a pé, para poupar o tostão do bonde.
D) Em se tratando de música, ele era o especialista.
E) Depois deste feito, Clara se sentiu completamente só no mundo.

12. (ADAPTADA — CESPE/CEBRASPE - 2024 - Prefeitura de Joinville - SC - Professor Bilíngue - Letras/Libras)

> *O conceito de metaverso não é algo novo. Existem videogames online que oferecem ambientes virtuais* ***nos quais*** *já se consegue, além de jogar, interagir com outros usuários, socializar, assistir a shows, ir a exposições, entre outros. Os usuários são representados por avatares, que podem ter características físicas semelhantes às suas na vida real ou podem representar algum personagem fictício, como um monstro ou uma fada, por exemplo.*

A forma pronominal "nos quais" (segundo período do parágrafo anterior) poderia ser substituída por onde sem prejuízo da correção gramatical e dos sentidos do texto.

CERTO
ERRADO

13. (CESPE/CEBRASPE - 2024 - FNDE - Arquiteto e Urbanista)

> *De acordo com a pensadora negra brasileira Tania Pacheco, o racismo ambiental é constituído por injustiças sociais e ambientais que recaem de forma implacável sobre etnias e populações mais vulneráveis. Não se configura apenas por meio de ações que tenham uma intenção racista, mas, igualmente, por meio de ações que tenham impacto "racial",* ***não obstante a intenção que lhes tenha dado origem****.*

No trecho "não obstante a intenção que lhes tenha dado origem" (final do parágrafo anterior), a próclise da forma pronominal "lhes" justifica-se pela presença do vocábulo "não" no início do trecho.

CERTO
ERRADO

14. (CESPE/CEBRASPE - 2024 - Prefeitura de Mossoró - RN - Auditor Fiscal de Tributos Municipais)

> *Sendo um pensamento, o preconceito, a rigor, não é crime. Quando* ***se torna*** *uma ação concreta ou uma afirmação pública, passa a ser discriminação e, a partir daí, é alvo da lei. O preconceito é considerado por nós a matriz que origina o ato discriminatório. Sem preconceito, não existiria discriminação. Ausente de sua expressão concreta discriminatória, o preconceito seria apenas uma fantasmagoria psíquica.*

No segundo período do parágrafo anterior, o pronome "se" poderia ser deslocado para depois da forma verbal "torna", escrevendo-se torna-se, sem prejuízo da correção gramatical do texto, uma vez que a posição do pronome, nesse caso, é mera escolha estilística.

CERTO

ERRADO

15. (CESPE/CEBRASPE - 2024 - Prefeitura de Cachoeiro de Itapemirim - ES - Enfermeiro) [...] Em um complexo amálgama de romance, ciência, profecia e especulação, há nessas obras um componente de cientificismo que se tornou explícito na ficção científica em um recorte mais recente da história humana, quando autores, deliberada e conscientemente, incorporaram modelos racionais de explicação em narrativas que, por serem ficcionais, **poderiam até se valer de um salvo-conduto** que as libertaria dos compromissos técnicos e morais da razão, mas não o fizeram.

Em "poderiam até se valer de um salvo-conduto" (último período), a próclise do pronome "se" é obrigatória, haja vista o emprego do vocábulo "até".

CERTO

ERRADO

GABARITO:

1. B	2. D	3. C	4. E	5. B
6. A	7. B	8. E	9. D	10. A
11. D	12. CERTO	13. ERRADO	14. ERRADO	15. ERRADO

9.12. RESUMO

São muitos os pronomes... Pessoais, possessivos, indefinidos, relativos... Vamos resumir tudo o que é mais relevante sobre pronomes?

Pronome indefinido é classe que se refere a substantivo. Indica ideia vaga, generaliza.

Tanto o pronome indefinido quanto o adjetivo referem-se a substantivo. A diferença entre eles é semântica: o adjetivo qualifica o substantivo e o pronome indefinido indica ideia indefinida, vaga.

Atenção aos vocábulos "certo", "vários", "bastante": quando se referem ao substantivo e vêm antes, são pronomes indefinidos; quando vêm depois do substantivo, são adjetivos.

Pronome pessoal reto (**eu, tu, ele, nós, vós, eles**) substitui sujeito. Para substituir complementos, use o pronome pessoal oblíquo:

- Os pronomes oblíquos **o, a, os, as** substituem objetos diretos, complementos sem preposição.
- Os pronomes oblíquos **lhe** e **lhes** substituem objetos indiretos, complementos com preposição.
- Já os curingas (**me, te, se, nos, vos**) podem ser objetos diretos ou indiretos. Tudo vai depender da regência do verbo.

Pronomes de tratamento são pronomes de 2ª pessoa do discurso (com quem se fala), mas carregam o verbo e os demais pronomes para a 3ª pessoa do discurso (= você).

Em colocação pronominal, lembre-se de que há 3 proibições, 1 regra e 2 exceções. Ao julgar uma frase como certa ou errada, comece pensando nas proibições. Parta do princípio de que o que não é proibido está correto.

Ao utilizar os demonstrativos em frases, não se esqueça de perguntar primeiramente se eles se referem a espaço, tempo ou texto.

Quando o pronome remete o leitor para uma informação que está dentro do texto, diz-se que ele tem função endofórica. Tal função pode se subdividir em anafórica (o pronome retoma) ou catafórica (o pronome avança no texto).

O pronome terá função exofórica quando remeter o leitor para uma informação fora do texto: algo que tem de ser deduzido. É a função do "onde", "quando", "quem".

Pronomes relativos têm sempre função anafórica. Lembre-se de que o pronome **cujo** não pode ser substituído por nenhum outro relativo.

Para saber a preposição que antecederá o relativo, basta colocar a oração que vem após o relativo na ordem direta, verificando se há ali verbo ou nome que peça preposição.

Acesse o material suplementar

uqr.to/20vgs

Preposições 10

É palavra invariável que liga vocábulos ou orações, subordinando um ao outro. Caracteriza-se, assim, por ser um conectivo. Veja os exemplos:

Casa **de** José

Nesse caso, a preposição liga dois termos, dois substantivos.

Correu **para** chegar a tempo.

Já nesse exemplo, a preposição liga duas orações. É exatamente isto: preposição é conectivo que pode ligar termos ou orações.

Classificam-se as preposições em:

a) **essenciais**: apresentam-se sempre como preposição: a, ante, até, após, com, contra, de, desde, em, entre, para, perante, por, sem, sob, sobre, trás.

b) **acidentais**: são aquelas que originalmente pertencem a outra classe gramatical (conjunções, advérbios...), mas, em determinadas frases, passam a usar-se como preposição: como (= na qualidade de), durante (= por), conforme, segundo (= de acordo com) etc. Veja os exemplos:

Tinha-o **como** amigo.

Nesse exemplo, a palavra **como**, que normalmente é conjunção, funciona como **preposição acidental**, pois equivale a outra preposição ("na qualidade de").

Segundo as previsões, teremos sol neste domingo.

Aqui, a palavra **segundo**, que pode ser numeral ou conjunção, funciona como **preposição acidental**. Basta trocá-la por uma locução prepositiva ("de acordo com") e você verá o valor de preposição que ela possui na frase.

Locução prepositiva: conjunto de palavras que funciona como preposição. Termina sempre por preposição.

Ex.: abaixo de, antes de, de acordo com, a respeito de, devido a, apesar de, a despeito de, em virtude de, em razão de, graças a etc.

LOCUÇÕES PREPOSITIVAS	LOCUÇÕES PREPOSITIVAS
a despeito de	diante de
à exceção de	em conformidade com
à mercê de	em face de
a par de	em frente de
a partir de	em função de
à proporção de	em lugar de
a respeito de	em meio a
à volta de	em nível de
abaixo de	em proporção com
acima de	em redor de
além de	em torno de
antes de	em vez de
ao invés de	em via de
ao lado de	em volta de
ao ponto de	fora de
ao redor de	graças a
ao sabor de	junto a
atrás de	junto de
cerca de	longe de
com respeito a	perto de
com vista a	por baixo de
de acordo com	por causa de
de cima de	por cima de
debaixo de	por diante de
defronte de	por meio de
dentro de	por trás de
depois de	quanto a

Note que as locuções prepositivas sempre terminam com preposição: a fim **de**, devido **a**.

É importante você conhecer para não confundir com a locução conjuntiva que vamos estudar mais adiante. Você vai aprender que a diferença entre a locução prepositiva e a locução conjuntiva é o final. Observe:

apesar **de** (locução prepositiva)

apesar **de que** (locução conjuntiva)

São conceitos básicos que farão a diferença. Nos exemplos anteriores, embora as duas expressões apresentem valor semântico de concessão, estruturalmente elas se diferenciam: uma é locução prepositiva e a outra é conjuntiva.

Agora que você já sabe reconhecer uma preposição e uma locução prepositiva, vamos falar dos valores gramatical e semântico que as preposições podem ter. Assunto muito recorrente nas provas de concursos.

10.1. VALOR RELACIONAL E NOCIONAL DA PREPOSIÇÃO

Diz-se que a preposição pode apresentar valor relacional ou nocional. A preposição possui valor relacional quando aparece na frase por uma exigência gramatical do termo anterior. Nesse caso, ela é resultado de regência verbal ou nominal.

Necessito **de** sua ajuda imediata.

Aqui, a preposição aparece na frase em função do verbo *necessitar*, que a exigiu: regência verbal.

Tenho necessidade **de** sua ajuda imediata.

Nesse caso, a preposição veio à frase por solicitação gramatical do substantivo que a antecede. Trata-se de regência nominal (regência do nome).

O que os dois exemplos anteriores têm em comum é o fato de a preposição ter aparecido na frase por exigência gramatical. É o **valor relacional** da preposição, ou, como muitas vezes é chamado nas provas, **valor gramatical**.

No entanto, as preposições, ao ligarem vocábulos ou orações, podem estabelecer valor semântico. Nesse caso, elas aparecem na frase não por serem exigidas gramaticalmente pelo termo anterior, mas para indicar uma nova noção. É o chamado **valor nocional** ou **semântico**. Nos exemplos a seguir, as preposições estabelecem valores semânticos:

Desenho a lápis. (instrumento)

Chegou com a namorada. (companhia)

Estremeceu com a notícia. (causa)

Falar de futebol. (assunto)

Viver de renda. (meio)

Correr de medo. (causa)

Ir para a rua. (direção)

Treina muito para vencer. (finalidade)

Valor gramatical = regência (preposição exigida pelo termo anterior)

- **Regência verbal** (quando o verbo pede complemento)
  Necessito de auxílio
- **Regência nominal** (quando o nome pede complemento)
  Necessidade de auxílio

Valor semântico = valor nocional (preposição introduz valor semântico)

- Preposição não é exigida pelo termo anterior, apenas acrescenta valor semântico.
- Casa de José. (valor semântico de posse)
- Estudar em casa. (valor semântico de lugar)

Como o valor gramatical será estudado em regência, ficaremos neste capítulo apenas com os valores semânticos que as preposições podem estabelecer. É preciso treinar muito para se habituar à nomenclatura utilizada nas provas. Vamos apresentar uma ampla lista de valores nocionais das preposições e, ao longo dos exercícios, você vai se deparar também com outros. Vamos lá?

Numere os parênteses abaixo de acordo com as relações semânticas que as preposições ou locuções prepositivas estabelecem.

1. causa	7. posse	13. tempo
2. companhia	8. assunto	14. acréscimo
3. finalidade	9. direção	15. concessão
4. origem	10. instrumento	16. ausência
5. lugar	11. matéria	17. conteúdo
6. meio	12. modo	

1. ( ) "<u>Para</u> seres amado, ama."

   Comentários: É o mesmo que "*a fim de* seres amado".

   Gabarito: 3.

2. ( ) Viemos <u>de</u> Brasília <u>de</u> avião.

   Comentários: Brasília é a *origem* de onde viemos e avião é o *meio* de transporte utilizado.

   Gabarito: 4 e 6.

3. ( ) Foi direto <u>para</u> a casa <u>de</u> Maria.

   Comentários: Foi *em direção à* casa de Maria; Maria *possui* a casa.

   Gabarito: 9 e 7.

4. ( ) É preciso que, <u>além de</u> uma sólida base filosófica de valores, exista a parceria com os pais.

   Comentários: Precisa-se não só de base filosófica; precisa-se *também* de parceria com os pais.

   Gabarito: 14.

5. ( ) <u>Devido à</u> falta de luz, não haverá aula hoje.

   Comentários: Não haverá aula *em função, por causa da* falta de luz.

   Gabarito: 1.

6. ( ) Fez de tudo para não ser olhado <u>com</u> medo.

   Comentários: Não queria ser olhado *deste modo, desta forma*: com medo.

   Gabarito: 12.

7. ( ) Abriu a porta <u>com</u> a chave.

   Comentários: A chave foi o *instrumento* utilizado para abrir a porta.

   Gabarito: 10.

8. ( ) À tardinha, voltamos ao local combinado.

   Comentários: Voltamos ao local combinado *durante* a tardinha.

   Gabarito: 13.

9. ( ) Conversamos muito sobre política.

   Comentários: Política é o *assunto* sobre o qual conversamos.

   Gabarito: 8.

10. ( ) Para quem mora na favela, o medo é constante.

   Comentários: Favela é *onde* se mora, o *local*.

   Gabarito: 5.

11. ( ) Foi detido por desacato.

   Comentários: Desacato foi a *causa* para sua detenção.

   Gabarito: 1.

12. ( ) "Muitas vezes você é obrigado a amar o Botafogo, apesar do Botafogo."

   Comentários: Amar o Botafogo é uma *concessão* aos problemas que o time traz, é algo *contraditório*.

   Gabarito: 15.

13. ( ) Gostei da sala de visitas.

   Comentários: É uma sala com a *finalidade de* receber visitas.

   Gabarito: 3.

14. ( ) Ela se afastou com um súbito choro.

   Comentários: Chorando foi a *forma*, o *modo* como ela se afastou.

   Gabarito: 12.

15. ( ) Tinha empobrecido com a seca.

   Comentários: A seca foi a *causa* para a sua pobreza.

   Gabarito: 1.

16. ( ) Deve-se rir com alguém, não de alguém.

   Comentários: Deve-se rir *em companhia de* alguém.

   Gabarito: 2.

17. ( ) Ele se confundiu com a minha resposta.

   Comentários: A minha resposta foi a *causa* para a confusão dele, ela fez com que ele se confundisse.

   Gabarito: 1.

18. ( ) Copo de vinho.

   Comentários: Aqui, aceitam-se duas respostas, dependendo do contexto em que essa frase esteja inserida. Ou o vinho é o *conteúdo* do copo, ou se trata de um copo *para* servir vinho, com a *finalidade de*.

   Gabarito: 17 ou 3.

19. ( ) Comprou um chapéu de palha.

Comentários: Palha é a *matéria* com que é feito o chapéu, seu *material*.

Gabarito: 11.

20. ( ) A árvore caiu com o vento.

Comentários: O vento é a *causa* para a queda da árvore.

Gabarito: 1.

21. ( ) O coração batia de alegria.

Comentários: A alegria fazia com que o coração batesse, era a *causa* para tal.

Gabarito: 1.

22. ( ) Óculos sem aro.

Comentários: São óculos que *não possuem* aro: o aro é ausente nos óculos.

Gabarito: 16.

Vamos treinar esse assunto em questões de concursos anteriores.

10.2. QUESTÕES DE CONCURSOS COMENTADAS

1. **(VUNESP – 2024 – Prefeitura de Lins – SP – Diretor Escolar)** Observe as preposições destacadas nas passagens.

- É comum tomarmos decisões baseadas em preferências inconsistentes, com consequências reais, simplesmente **por** rejeitarmos informações ...
- Torturamos os fatos e as evidências contrárias **até** que eles confessem o que pretendemos.

Essas preposições estabelecem, nos respectivos contextos, relações de sentido de

A) condição e inclusão.

B) meio e distância.

C) causa e limite.

D) modo e direção.

Comentários: Na primeira passagem, a preposição destacada introduz a causa do que foi dito anteriormente: é por causa disso (rejeitarmos informações) que tomamos decisões baseadas em preferências inconsistentes (consequência). Na segunda, o limite da tortura dos fatos e das evidências contrárias vai até a confissão (limite).

Gabarito: C

2. **(VUNESP – 2023 — PC – SP – Escrivão)** Considere as passagens:

- ... os agentes fizeram batidas **em** residências e percorreram as empoeiradas ruas de bairros pobres **em** busca de armas, explosivos e drogas.
- O presidente equatoriano [...] acompanhou **com** atenção o início das operações e fez um apelo...
- ... mas que estas diminuíram de 36 a 7 (por semana) **com** a presença da polícia e dos militares.

As preposições destacadas formam expressões que estabelecem, correta e respectivamente, relações de sentidos de:

A) modo, finalidade, meio, causa.

B) lugar, causa, modo, consequência.

C) modo, causa, meio, consequência.

D) lugar, finalidade, modo, causa.

E) meio, modo, assunto, companhia.

Comentários: Na primeira ocorrência, a preposição "em" indica o local das batidas (nas residências). Na segunda, a busca de armas, drogas e explosivos é a finalidade da batida e seu percurso. A primeira ocorrência da preposição "com" indica o modo (com atenção) como o presidente acompanhou o início das operações. Na segunda, a "diminuição" ocorreu por causa da presença da polícia e dos militares.

Gabarito: D

3. **(VUNESP - 2023 - Prefeitura de Pindamonhangaba - SP - Assistente Social)** Em – Se entre vós houver essa criatura, e ela souber **por** mim a notícia... –, o vocábulo foi empregado com o mesmo sentido que possui na frase:

A) Ele ficou admirando as flores do Jardim Botânico **por** muito tempo.

B) O diretor foi premiado **por** seu trabalho na administração do parque.

C) Ficou emocionado **por** ver a flor-de-maio com suas pétalas cor-de-rosa.

D) É importante que as pessoas se informem **por** algum jornal da cidade.

E) Soube que ela fora visitar o Jardim Botânico e ficou feliz **por** ela.

Comentários: A preposição "por" destacada no trecho indica meio (saber a notícia por mim, ele seria o meio da comunicação da notícia). Na opção D, o meio de as pessoas se informarem é o jornal da cidade.

A) tempo;

B) causa;

C) causa;

E) substituição.

Gabarito: D

4. **(FGV - 2024 - ADAB - Técnico em Fiscalização)** As opções abaixo mostram frases com a mesma preposição. Assinale a opção em que as duas preposições sublinhadas são de uso obrigatório.

A) Ele se deparou com o inimigo de repente / Ele se encontrou com a noiva na porta da igreja.

B) Leu todo o livro de cem páginas / Gostava de romances de aventuras.

C) Saiu para o trabalho bem cedo / Pretendia sair para fazer compras.

D) Caminhou até a esquina da rua e voltou / Pretendia chegar até as dez horas da noite.

E) A diferença entre os dois era evidente / Entre o casal não havia segredos.

Comentários: O enunciado da questão envolve o conhecimento da teoria do uso das preposições. A preposição tem valor relacional (gramatical) ou nocional (valor semântico). Quando se diz "uso obrigatório", é porque o termo anterior exige essa preposição, questão de regência (gramatical). Na opção A, os verbos "deparar-se" e "encontrar-se" regem obrigatoriamente a preposição "com". Nas outras opções, o valor das preposições é nocional, trazem valor semântico.

B) restrição (ou posse) nas duas frases;

C) finalidade/finalidade;

D) limite/limite;

E) reciprocidade/reciprocidade.

Gabarito: A

5. **(FGV - 2024 - TCE - GO - Analista de Controle Externo)** Assinale a opção em que a preposição A – sozinha ou combinada – tem valor semântico diferente dos demais.
   A) O Presidente, com sua mulher, acompanhou os convidados à sala de música.
   B) O policial atirou-se ao chão, cobrindo a cabeça com as mãos.
   C) O ministro deverá ir a São Paulo ainda hoje para a recepção dos novos diplomatas.
   D) Os seguranças dirigiram-se aos carros dos ministros e os acompanharam no desfile.
   E) O banqueiro é sócio do empresário em um hotel à Rua Santa Clara, em Copacabana.

Comentários: Na opção A, o valor semântico da preposição A, nesse período, é de lugar estático, localização. Nas outras opções, de movimento, direção.

Gabarito: E

6. **(FGV - 2024 - Câmara de Fortaleza - CE - Analista de Redação)** A preposição DE mostra inúmeros valores semânticos. Assinale a frase em que essa preposição tem seu valor corretamente indicado.
   A) Com o assalto, a casa ficou cercada de policiais / agente.
   B) O bule de chá ficou horas sobre a mesa / continente.
   C) Os quadros de Picasso valem fortunas / propriedade.
   D) Os homens de cultura são educados / assunto.
   E) Chegaram de táxi, mas atrasados / modo.

Comentários: Na opção A, a frase está na voz passiva. "A casa" é o sujeito paciente, e "policiais" é o agente da passiva. Logo, a preposição "de" que encabeça essa expressão tem valor de agente.

B) conteúdo;

C) a finalidade aqui não é a de mostrar que os quadros pertencem, são de propriedade de Picasso, e sim a de apresentar o "autor" dos quadros;

D) característica ou referência;

E) meio.

Gabarito: A

7. **(FGV - 2024 - Câmara Municipal de São Paulo - SP - Técnico Legislativo)** Entre as frases abaixo assinale aquela que mostra a preposição COM no valor semântico de "companhia".

A) O dia, a água, o sol, a lua, a noite — coisas que não tenho de comprar com dinheiro.

B) A morte fala-nos com uma voz profunda para não dizer nada.

C) A primeira lei da natureza é que tudo está relacionado com tudo.

D) Fui passear com as árvores, e o resultado é que fiquei mais alto.

E) Nenhum pássaro voa alto demais se voa com as próprias asas.

Comentários: Na opção D, entende-se que o autor foi passear em companhia das árvores. Não necessariamente a companhia tem de aparecer representada por "alguém", pode aparecer personificada, como é o caso.

A) meio;

B) meio ou modo;

C) referência;

E) meio.

Gabarito: D

8. **(FGV - 2024 - Câmara Municipal de São Paulo - SP - Consultor Técnico Legislativo)** Assinale a frase a seguir que mostra a preposição PARA no valor semântico de "finalidade".

A) A natureza é apenas um nome para um efeito cuja causa é Deus.

B) Há boas razões para proteger a Terra: ela prolonga a lucratividade.

C) Para a pedra atirada, cair não é um mal, nem subir um bem.

D) O melhor exercício para um gato é outro gato.

E) Os galhos são raízes que se estendem para o alto do ar.

Comentários: Na opção B, entende-se que existem boas razões para que (com a finalidade de que) a Terra seja protegida. Nas opções A, C e D, o que prevalece é a ideia de referência. Na E, de direção.

Gabarito: B

9. **(CESPE/CEBRASPE - 2024 - Prefeitura de Cachoeiro de Itapemirim - ES - Enfermeiro)**

> *[...] Em um complexo amálgama de romance, ciência, profecia e especulação, há nessas obras um componente de cientificismo que se tornou explícito na ficção científica em um recorte mais recente da história humana, quando autores, deliberada e conscientemente, incorporaram modelos racionais de explicação em narrativas que,* ***por*** *serem ficcionais, poderiam até se valer de um salvo-conduto que as libertaria dos compromissos técnicos e morais da razão, mas não o fizeram.*

O vocábulo "por", no último período do texto, introduz uma oração interpretada como a causa ou a justificativa para o que se afirma logo em seguida.

CERTO

ERRADO

Comentários: Nessa passagem, o fato de os modelos incorporados pelos autores serem ficcionais (por essa razão, por esse motivo), poderiam se valer de um salvo-conduto.

Gabarito: CERTO

10. (CESPE/CEBRASPE - 2024 - CGE - RJ - Auditor do Estado)

Seguindo uma tendência já percebida na iniciativa privada, os órgãos públicos têm-se preocupado, cada vez mais, com sua imagem organizacional. A imagem organizacional pública tem valor estratégico na medida em que interfere diretamente no relacionamento da organização com diferentes atores, bem como na sua legitimação e credibilidade perante a sociedade. No entanto, ***apesar de*** *sua relevância, ainda há poucos estudos sobre a imagem organizacional no contexto público, tanto nacional quanto internacionalmente.*

A expressão "apesar de" (terceiro período) tem o mesmo sentido da preposição malgrado.

CERTO

ERRADO

Comentários: As locuções prepositivas "apesar de" e "malgrado" são conectivos que trazem ideia de contraste, oposição. Logo, a substituição mantém o sentido inalterado.

Gabarito: CERTO

10.3. QUESTÕES DE CONCURSOS PROPOSTAS (COM GABARITO NO FINAL)

1. (VUNESP - 2023 - Prefeitura de São Paulo - SP - Auditor Fiscal Tributário)

O empreendedor cultural, assim como o empreendedor social, não busca somente resultados financeiros, mas também resultados com missão social-cultural. Esse empreendedor observa oportunidades, ou seja, onde o Estado atua de maneira desigual e insuficiente, lá está esse empreendedor ***investindo recursos financeiros ou não para realização de atividades que fomentem o bem-viver****, a educação e formação de cidadãos.*

Na passagem do parágrafo anterior — ... investindo recursos financeiros ou não para realização de atividades que fomentem o bem-viver... —, a preposição destacada exprime sentido de:

A) direção, equivalendo a "com destino a".

B) utilidade, equivalendo a "em proveito de".

C) finalidade, equivalendo a "como o propósito de".

D) propriedade, equivalendo a "adequados a".

E) avaliação, equivalendo a "com relação a".

2. (VUNESP - 2023 - TRF - 3ª Região - Técnico Judiciário) Considere as passagens:

- A família mudou-se quando a casa foi comprada **para** construção de edifício.
- Disse isso **com** uma certa animação...
- ... a melancolia **de** não ter mais pitangas...

No contexto em que estão empregadas, as preposições destacadas exprimem, correta e respectivamente, sentidos de:

A) instrumento; modo; modo.

B) comparação; meio; consequência.

C) instrumento; intensidade; modo.

D) finalidade; modo; causa.

E) finalidade; assunto; causa.

3. (VUNESP - 2023 - Prefeitura de Jundiaí - SP - Guarda Municipal) Assinale a alternativa em que o vocábulo destacado introduz ideia de **causa**.

A) ... contendo artigos luxuosos como um punhal feito **com** cristal de rocha...

B) ... o corpo sepultado no local perto de Sevilha não era **de** um homem...

C) ... nessa sociedade antiga, anterior às pirâmides do Egito, e talvez **em** outros lugares.

D) A Dama de Marfim, assim apelidada **por** haver objetos de marfim finamente trabalhados...

E) ... a Idade do Cobre, um período de transição **entre** a Idade da Pedra e a Idade do Bronze.

4. (IBFC - 2024 - TRF - 5ª Região - Analista Judiciário)

Para assegurar o credenciamento, solicito a esse órgão a indicação dos servidores que trabalham com o Sidof, até 28 de agosto de 2018, por meio do endereço eletrônico [endereço eletrônico]. [...]

O parágrafo é introduzido por uma preposição que confere à oração em que se encontra o valor semântico de:

A) finalidade.

B) causa.

C) consequência.

D) meio.

5. (IBFC - 2024 - TRF - 5ª Região - Analista Judiciário)

*Ela, que nasceu na França, **foi atacada por não ser considerada "francesa de verdade"**, devido a cor de pele e a origem maliana (sic). É questionada até mesmo pela linguagem das suas letras, incluindo a do hit "Djadja", que usaria palavras que não seriam "francesas de verdade". Isso evidencia a necessidade urgente de políticas públicas para ajudar a evitar a categorização de pessoas. Lembrando que, na França atual, sequer existe a possibilidade de declarar raça e etnia nos levantamentos demográficos, apenas gênero.*

Na passagem "foi atacada <u>por</u> não ser considerada 'francesa de verdade'", a preposição destacada introduz o seguinte valor semântico:

A) consequência.

B) finalidade.

C) concessão.

D) causa.

6. **(INSTITUTO AOCP - 2023 - MPE - MS - Analista)** Assinale a alternativa em que a expressão destacada apresenta o mesmo sentido que em "[...] pode acabar levando a bronca que cabia aos anteriores, justamente <u>por</u> contrariar experiências e expectativas."
   A) "[...] uma ferramenta recém-adquirida <u>pela</u> humanidade [...]".
   B) "[...] o outro nos invade tentando ultrapassar, <u>pela</u> poética, nossa obsessão pelo sentido."
   C) "[...] capturados <u>por</u> excessivas promessas da ciência [...]".
   D) "[...] nunca estamos verdadeiramente acompanhados <u>pela</u> impossibilidade estrutural de compartilhar a experiência."
   E) "[...] com direito a falhas e ao constrangimento de se deixar emocionar e ser visto <u>por</u> quem te emociona [...]".

7. **(FGV - 2023 - SMED de Belo Horizonte - MG - Professor Municipal)** Nas opções a seguir são dadas duas frases com a preposição **<u>de</u>**; assinale a opção em que essa preposição mostra, respectivamente, valor semântico ou nocional e valor gramatical ou relacional.
   A) Viajar **<u>de</u>** avião. / Precisar **<u>de</u>** dinheiro.
   B) Chegar **<u>de</u>** repente. / Sair **<u>de</u>** manhã.
   C) Necessitar **<u>de</u>** mais tempo. / Ter medo **<u>de</u>** escuro.
   D) Vestir-se **<u>de</u>** branco. / Trabalhar **<u>de</u>** terno.

8. **(FGV - 2024 - Prefeitura de São José dos Campos - SP - Guarda Civil Municipal)** Assinale a frase em que a preposição A tem seu valor semântico corretamente indicado.
   A) Ontem <u>à noite</u> tive um sonho fantástico. Surpreendi um político com as mãos nos próprios bolsos. / lugar.
   B) A democracia dispensa um tipo de igualdade <u>a iguais</u> e a desiguais igualmente. / destinação.
   C) A diferença entre o presidente Clinton e mim é que ele tem contra si uma maioria organizada e eu tenho <u>a meu favor</u> uma maioria desorganizada. / tempo.
   D) Às vezes é mais fácil formar um partido do que ascender gradualmente <u>à parte de cima</u> de um partido já formado. / finalidade.
   E) Aqui jaz, muito <u>a contragosto</u>, Tancredo de Almeida Neves.

9. **(FGV - 2024 - Prefeitura de Niterói - RJ - Analista de Políticas Públicas e Gestão Governamental)** Assinale a opção em que a preposição sublinhada tem valor nocional, ou seja, não é exigida por nenhum termo anterior.
   A) O homem honrado representa seu papel o melhor possível, sem se preocupar <u>com</u> a galeria.
   B) Homens há que fogem <u>de</u> alguns trabalhos, mas caem em outros maiores.
   C) Mas homens são homens. E o melhor deles esquece-se, às vezes, <u>de</u> que é humano.
   D) Os relógios <u>de</u> ouro são mais valiosos, mesmo quando estão escangalhados.
   E) A necessidade <u>de</u> dinheiro faz com que pessoas se sacrifiquem.

10. (FGV - 2024 - TJ - RJ - Programa de Residência) Assinale a frase em que a locução prepositiva sublinhada tem seu significado corretamente indicado.

A) Qualquer pessoa desprovida de senso de humor está à mercê de todos. / à disposição de.

B) A vida ensina que jamais somos felizes senão à custa de certa ignorância. / pela existência de.

C) Muitas pessoas que parecem estar lutando contra a adversidade são felizes; muitas outras, em meio a grandes riquezas, são profundamente infelizes. / envolvidas com.

D) É melhor estar entre dois loucos do que perto de um imbecil. / nos arredores de.

E) A liberdade, não sendo fruto de todos os climas, não está ao alcance de todos os povos. / dentro das finalidades.

11. (FGV - 2024 - Prefeitura de Niterói - RJ - Analista de Políticas Públicas e Gestão Governamental) A preposição por apresenta diferentes valores semânticos. Assinale a frase em que o valor semântico dessa preposição está corretamente indicado.

A) Daria todas as minhas posses por uma fração de tempo. / em troca de.

B) A História é escrita por pessoas imparciais. / em nome de.

C) Deixe que os outros elogiem os tempos antigos; estou muito feliz por ter nascido agora. / condição.

D) O show foi cancelado quando por umas cinquenta pessoas já estavam no estádio. / em relação a.

E) A realização do comício está por uma autorização do secretário municipal. / ao lado de.

12. (FGV - 2024 - Câmara de Fortaleza - CE - Analista de Redação) A Morfologia diz respeito à forma e às classes das palavras.

Assinale a frase em que o valor da preposição APÓS é diferente do das demais frases.

A) Após a cerimônia do casamento, todos os convidados foram para o salão de festas.

B) Na última semana do ano, após o Natal, o tempo parece congelado.

C) A procissão parou logo após a igreja, onde o padre fez as últimas orações.

D) Toda a família decidiu viajar a Paris logo após o Carnaval.

E) Após o recreio, os alunos voltaram para as salas de aula.

13. (FGV - 2024 - Prefeitura de Caraguatatuba - SP - Agente de Apoio Escolar) Assinale a frase em que o valor semântico da preposição ANTE é diferente do das demais frases.

A) Ante as dificuldades, preferiu transferir a viagem.

B) Ali estava de pé, ante seus olhos, o assaltante.

C) Ante tamanho esforço, todos ficaram admirados.

D) Ante o ocorrido, preferiu ficar em casa.

E) Decidiu comprar o carro, ante o empenho do vendedor.

14. (CESPE/CEBRASPE - 2024 - CODEVASF - Analista em Desenvolvimento Regional)

Essa dimensão do racismo é frequentemente menos reconhecida do que as formas mais óbvias de preconceito racial, mas seu impacto é duradouro e pode contribuir significativamente para a manutenção de desigualdades com base na raça. O racismo institucional é um conceito-chave para compreender como as estruturas e práticas das organizações podem perpetuar a discriminação racial, mesmo que não haja intenções individuais de discriminar. É um problema complexo que requer atenção, portanto, reconhecer e abordar as maneiras como se manifesta o racismo institucional é fundamental ***para*** *promover a igualdade racial nos espaços de trabalho.*

No último período do texto, a preposição "para" introduz uma oração que expressa finalidade.

CERTO

ERRADO

15. (CESPE/CEBRASPE – 2024 – Prefeitura de Cachoeiro de Itapemirim – ES – Cuidador)

Apesar *da intenção, não consegui sair. Passei a tarde qual cachorro decrépito, caindo em cima do computador enquanto tentava escrever minha coluna de jornal. Afora a falta de energia, no entanto, nenhum sintoma de gripe, resfriado ou outra enfermidade.*

No início do parágrafo anterior, o termo "Apesar" sinaliza uma contrariedade à expectativa do narrador.

CERTO

ERRADO

GABARITO:

1. C	2. D	3. D	4. A	5. D
6. D	7. A	8. B	9. D	10. C
11. A	12. C	13. B	14. CERTO	15. CERTO

Acesse o material suplementar

uqr.to/20vgt

Conjunções 11

11.1. CONJUNÇÕES COORDENATIVAS

As **conjunções coordenativas** são aquelas que ligam orações de sentido completo, independente, que não exercem função sintática entre si: uma não é sujeito, objeto direto... da outra. Essa é a principal diferença entre as conjunções coordenativas e as subordinativas: a relação sintática que não existe entre as primeiras ocorre com as últimas. Contudo, você deve estar se perguntando: vou ter de pensar nisso tudo na hora de classificar as conjunções? Fique tranquilo, a resposta é não. Para identificar as conjunções, não será preciso pensar em análise sintática. Basta entender o que cada conjunção indica: o que é adicionar, opor, o que é causa, concessão, efeito etc.

Assim, comecemos pelas coordenativas, que integram o primeiro bloco, entendendo cada ideia que elas iniciam, aproveitando também para conhecer as conjunções e, se possível, memorizar, ao menos, meia dúzia de cada uma delas, para poupar futuramente seu tempo de resolução de prova. As conjunções coordenativas podem ser: aditivas, adversativas, alternativas, conclusivas ou explicativas.

As **conjunções aditivas** são aquelas que ligam orações ou palavras, expressando ideia de acrescentamento ou adição. São elas: *e, nem* (= e não), além das expressões correlativas, que vêm em pares e também somam: *não só... mas também, não só... como também, bem como, não só... mas ainda.* Veja a frase:

A sua pesquisa é clara *e* objetiva.

Aqui, a conjunção aditiva liga termos (adjetivos), e não orações (sim, porque não se engane achando que a conjunção só pode ligar orações). Tais informações se adicionam, acrescentam.

Observe ainda:

Ele *não só* entrou na sala *como também* dirigiu-se aos pais.

Nesse caso, temos as expressões correlativas, que ligam duas orações, indicando ações que se somam.

As **conjunções adversativas** são aquelas que ligam duas orações ou palavras, expressando ideia de contraste ou compensação. São elas: *mas, porém, todavia, contudo, entretanto, no entanto, não obstante.* Em relação às conjunções adversativas, é interessante frisar que elas nem sempre opõem, mas podem também compensar, ressalvar.

Veja:

Tentei chegar mais cedo, *porém* não consegui.

Aqui, a conjunção adversativa opõe, o que podemos observar pelas expressões "tentei chegar" e "não consegui". Logo, esse exemplo nos traz uma conjunção adversativa com valor de oposição, contraste.

Agora, observe:

Seu discurso foi breve, *mas* violento.

Nesse caso, temos palavras que não se contrastam: *breve* não é contrário de *violento*, mas é sua compensação. Logo, temos aqui conjunção adversativa com valor de ressalva, compensação.

As **conjunções alternativas** são aquelas que ligam orações ou palavras, expressando ideia de alternância ou escolha, indicando fatos que se realizam separadamente. São elas: *ou, ou... ou, ora... ora, já... já, quer... quer, seja... seja.* O que é interessante evidenciar nesse conceito é que elas podem, então, indicar, basicamente, duas ideias:

Ou saio eu, *ou* sai ele desta sala. (exclusão, escolha)

O cavalo avançava *ora* para a esquerda, *ora* para a direita. (alternância)

Você deve estar se perguntando: por que é preciso saber que a conjunção alternativa indica duas ideias (alternância ou exclusão)? Por dois motivos: primeiro, porque assim você não se engana achando que, se a conjunção é alternativa, só pode indicar alternância. Depois, porque, em algumas questões, o examinador pode exigir um conhecimento mais específico: não que se diga apenas o nome da conjunção, mas que se explique o valor semântico que ela traz.

As **conjunções conclusivas** são aquelas que ligam à anterior uma oração que expressa ideia de conclusão ou consequência. São elas: *logo, pois* (dica importante: quando deslocado na oração, depois do verbo), *portanto, por conseguinte, por isso, assim.*

Veja um exemplo:

Ele estava bem preparado para o teste, *portanto* não ficou nervoso.

Aqui, o fato de *não ficar nervoso* é o resultado de *ele ter se preparado bem para o teste*. É a sua conclusão.

Pois só é conclusão se deslocado. Como assim?

Se ele vier após o verbo: **"não ficou, pois,"**, está deslocado porque o lugar da conjunção é no início da oração, antes do verbo.

Quando a conjunção está deslocada, pode vir no meio ou no final do período. Em ambos os casos, a conjunção será conclusiva.

Observe:

POIS deslocado
- → **Intercalado:** Ele estudou muito; passou, **pois**, no concurso.
- → **Final:** Ele estudou muito; passou no concurso, **pois**.

Observação importante: o **pois**, quando vem intercalado, a tendência é vir entre vírgulas, entretanto atenção: ele pode vir entre vírgulas e não estar deslocado.

Veja um exemplo em que isso ocorre:

Ele foi elogiado**, pois, mais do que nunca,** esforçou-se na função. = **pois** está entre vírgulas porque:

– a primeira ocorre em virtude do próprio **pois**;

– a segunda e a terceira vírgulas marcam o deslocamento da expressão intercala: **mais do que nunca**.

Nesse caso, o **pois** está entre vírgulas, mas não está deslocado, portanto não é conclusivo. Entenda que ele só estaria deslocado, se estivesse depois do verbo, como em: **esforçou--se, pois, na função**.

As **conjunções explicativas** são aquelas que justificam a ideia da oração a que se referem. São elas: *que, porque, pois* (dica importante: quando iniciar a oração, antes do verbo), *porquanto*.

Assim, temos:

Venha para casa, *pois* está começando a chover.

Não demore, *que* o filme vai começar.

Interessante observar que as conjunções explicativas normalmente vêm ligadas a orações com verbos no imperativo – ordem, pedido, conselho ("*venha* para casa", "não *demore*"). Isso ocorre, porque é uma questão de educaçao dar a ordem e, na sequência, explicar, justificar o porquê daquele comando. Essa é uma boa dica para reconhecer as conjunções explicativas com mais rapidez nas frases. Eis uma notícia boa: ao ver uma oração com verbo no imperativo, ligada a um *porque, pois, porquanto*, normalmente a conjunção será explicativa. A notícia ruim é que a conjunção explicativa pode vir também ligada a oração sem verbo no imperativo. Entretanto, para identificá-la facilmente, é só se lembrar do seu conceito: ela indica a explicação, a justificativa para o que foi dito anteriormente. Assim,

"Fazia tudo para ser agradável, *pois* não deixava uma pergunta sem respostas." (E. Bechara)

Aqui, a segunda oração explica, justifica aquilo que se disse na primeira. A conjunção é, então, explicativa.

Uma prova que tratou da conjunção explicativa ligada a verbo no imperativo foi a de Perito Criminal da Polícia Civil, Fundação Getulio Vargas, realizada em 2009. Veja:

1. Quase Nada

(Fábio Moon e Gabriel Bá. *Folha de São Paulo*, 28 de dezembro de 2008.)

No quarto quadrinho, a palavra **que** introduz uma:

A) causa.

B) consequência.

C) explicação.

D) condição.

E) concessão.

Comentários: A conjunção *que* aparece ligada a verbo no imperativo – acorda – indicando uma explicação para o que se disse na outra oração. Poderíamos até trocar o *que* por outra conjunção explicativa – *porque, pois*. Observe que a banca não se preocupa tanto se a conjunção é coordenativa ou subordinativa, e sim com o valor semântico que ela indica – *explicação*. É uma tendência das bancas atuais: não cobrar do aluno memorização da nomenclatura, mas compreensão das ideias expressas pelos conectores.

Gabarito: C

Pausa para resumirmos as conjunções coordenativas e seus respectivos valores semânticos:

Conjunções coordenativas

Aditiva = adição

Adversativa = oposição

Alternativa = alternância ou exclusão / escolha

Conclusiva = conclusão / consequência

Explicativa = justificativa (vem, muitas vezes, com verbo no imperativo)

Antes de partirmos à análise de outras questões de concursos, vamos fixar os conceitos por meio de frases curtas, para verificar se você entendeu a teoria.

Classifique as conjunções coordenativas das frases a seguir.

1. Fale baixo, **porque** todos estão dormindo.

   Comentários: Ordem seguida da explicação.

   Gabarito: conjunção explicativa.

2. **Não só** passeia, **mas ainda** cumpre a obrigação.

   Comentários: As duas ações se somam, *ele passeia* e *cumpre a obrigação*: "não só, mas ainda".

   Gabarito: conjunções aditivas.

3. Estudou muito **e** não foi aprovado.

   Comentários: Apesar de a conjunção "e" ser normalmente aditiva, aqui ela contrasta, não segue o esperado: o que se esperava seria *estudar* e *ser aprovado*.

   Gabarito: conjunção adversativa.

4. Estudou muito **e** foi aprovado.

   Comentários: Nesse caso, a conjunção não soma nem opõe, ela indica o resultado, a conclusão.

   Gabarito: conjunção conclusiva.

5. Você leu as cláusulas do contrato; não reclame, **pois**, das dificuldades que surgirem.

   Comentários: Observe que a conjunção *pois* veio após o verbo, entre vírgulas, o que indica o seu deslocamento; além do mais, traz ideia de resultado.

   Gabarito: conjunção conclusiva.

6. **Nem** estuda **nem** deixa os outros estudarem.

   Comentários: Dizer que *nem estuda nem deixa os outros estudarem* é o mesmo que dizer que não se fazem as *duas* coisas: não estuda *e* não deixa os outros estudarem.

   Gabarito: conjunção aditiva. Cuidado para não confundir com as alternativas: não são ações que se alternam, e sim que se somam.

7. Analisamos o projeto com muita atenção, estamos, **pois**, aptos a executá-lo.

   Comentários: Novamente, o *pois* deslocado. As vírgulas são uma preciosa dica. Ideia de resultado, conclusão.

   Gabarito: conjunção conclusiva.

8. O regulamento era bastante claro a esse respeito; **no entanto**, muitas pessoas teimavam em fingir que não sabiam de nada.

   Comentários: Apesar da *clareza do regulamento*, pessoas *fingiam não saber de nada*: oposição, contraste.

   Gabarito: conjunção adversativa. Além do mais, as conjunções *entretanto, porém, no entanto* serão sempre adversativas!

9. **Ou** não entendeu, **ou** fingiu-se de tolo.

   Comentários: Duas opções que se excluem.

   Gabarito: as conjunções são alternativas e o valor semântico é de exclusão. Escolha: uma coisa ou outra.

10. As autoridades levantaram-se **e** aplaudiram o velho professor.

    Comentários: Finalmente um *e* que soma. Há aqui duas ações que se adicionam.

    Gabarito: conjunção aditiva.

11. Saia da varanda, **que** está muito frio.

    Comentários: Aproveite a estruturação da frase. Temos a ordem (verbo no imperativo), seguida da explicação.

    Gabarito: conjunção explicativa.

12. Ele agradeceu a mim **bem como** a todos os presentes pela ajuda recebida.

    Comentários: Ele agradeceu a mim *e* a todos.

    Gabarito: conjunção aditiva.

Vamos resolver algumas questões? Contudo, antes uma dica importante: nas provas atuais de concursos públicos, podemos observar duas tendências de questões em relação ao assunto que estamos abordando. Entenda:

Existem as questões que retiram um trecho do texto e pedem que você classifique a conjunção destacada ou, simplesmente, indique o valor semântico que ela representa.

Há também as questões de reescritura, em que se retira um trecho de um texto, com determinada conjunção em destaque, para que o candidato julgue que outras conjunções seriam capazes de substituí-la, mantendo-se o sentido original da frase.

Para resolver as questões do primeiro tipo, é preciso que você identifique a conjunção na frase em destaque, analisando a ideia que ela indica. Eis um exemplo:

2. **(FCC – TRF - 2ª Região)** O segmento "... podem ora ser consideradas como orientação geral, ora como disposição..." expressa ideias de ações:

   A) opostas.

   B) repetidas.

   C) alternadas.

   D) simultâneas.

   E) concomitantes.

   Comentários: O que temos na frase são ações que se alternam. Os próprios conectivos *ora, ora* confirmam essa ideia. A letra A seria a resposta, caso se tratasse de conjunção adversativa. Quanto à letra B, imaginamos que a banca esteja tratando de ações que se somam (aditivas). Já as letras D e E referem-se às conjunções temporais, que podem indicar ações que ocorrem ao mesmo tempo (simultâneas, concomitantes).

   Conclusão: para resolver uma questão como essa, basta que você leia a frase com cuidado para entender o valor semântico indicado pela conjunção.

   Gabarito: C

3. **(FCC – TRF – SP)** O emprego do elemento sublinhado compromete a coerência da frase:

   A) Cada época tem os adolescentes que merece, pois estes são influenciados pelos valores socialmente dominantes.

   B) Os jovens perderam a capacidade de sonhar alto, por conseguinte alguns ainda resistem ao pragmatismo moderno.

   C) Nos tempos modernos, sonhar faz muita falta ao adolescente, bem como alimentar a confiança em sua própria capacidade criativa.

   D) A menos que se mudem alguns paradigmas culturais, as gerações seguintes serão tão conformistas quanto a atual.

   E) Há quem fique desanimado com os jovens de hoje, porquanto parece faltar-lhes a capacidade de sonhar mais alto.

   Comentários: O enunciado busca a alternativa que apresente uma conjunção mal escolhida, ou seja, que não expresse a ideia que ela deveria indicar.

   A alternativa B traz o conectivo *por conseguinte*, cuja ideia é de conclusão. No entanto, esse conectivo está introduzindo uma oposição: *os jovens perderam a capacidade de sonhar alto, mas alguns ainda resistem ao pragmatismo moderno*. Assim, a conjunção que deveria unir essas duas orações deveria ser adversativa (*mas, porém, contudo, todavia* etc.), e não conclusiva. A letra A apresenta uma afirmativa seguida de sua explicação, confirmada pelo conectivo *pois*. A letra C apresenta duas informações que adicionam, o que se percebe pela conjunção aditiva *bem como*. A letra D introduz uma condição para que a outra oração ocorra, o que estudaremos nas conjunções adverbiais condicionais. Finalmente, a letra E traz um *porquanto*, que estabelece uma explicação para a outra oração.

Gabarito: B

Atenção: não confunda a conjunção **porquanto** com **portanto**. **Porquanto** é o mesmo que **porque**.

Conclusão: nesse tipo de questão, além de entender a ideia que cada conjunção está veiculando, é necessário ter memorizado uma lista básica de conjunções para cada classificação. Isso agiliza o tempo de resolução da questão. De outra forma, além de ler cada frase e entender a sua mensagem, o candidato teria de fazer certo esforço para lembrar o que cada uma das conjunções normalmente indica. Aqui, então, você precisaria entender a ideia estabelecida por cada conjunção e memorizar uma lista mínima de conectores.

São duas questões que necessitam que detectemos em cada frase o valor semântico que a conjunção expressa (oposição, ressalva, explicação etc.).

Há também as questões que buscam reescritura de frases, ou seja, substituições de conjunções por outras que expressem a mesma ideia, entendemos que a memorização da lista das conjunções seja mais importante do que a compreensão do que está escrito na frase.

Veja um item de uma prova para o Ministério das Relações Exteriores, da banca organizadora Cebraspe/UnB, ocorrida no ano de 2009. Nela, esperava-se que o candidato julgasse a assertiva como certa ou errada.

4. "Essas disputas, contudo, podem ter mais relação com o perfil de potência regional do Brasil, **uma vez que** suas empresas multinacionais competem de modo mais agressivo por negócios além das fronteiras brasileiras."

A expressão "uma vez que" pode, sem prejuízo para a correção gramatical do período e sem alteração das informações originais, ser substituída por qualquer uma das seguintes: visto que, já que, pois, porque, porquanto.

Comentários: Nesse caso, o mais importante não era entender a frase do texto, e sim ter memorizado as conjunções. Consulte a lista de conjunções explicativas que você possui e veja se não estão todas lá. Simples, não é? Já para o aluno que não memorizou...

Gabarito: CERTO

Mais uma questão do mesmo concurso: pedia-se o de sempre, ou seja, julgar a alternativa como certa ou errada.

5. "Com isso, a partir de janeiro de 2009, a produção terá redução total de 4,2 milhões de barris diários. A medida, que foi acompanhada por países fora do cartel, não conseguiu, **no entanto**, segurar o preço da *commodity*, que caiu abaixo dos US$ 40." (*O Globo*, 18/12/2008.)

O termo "no entanto" pode, sem prejuízo para a correção gramatical do período e sem alteração das informações originais, ser substituído por qualquer um dos seguintes: porém, contudo, conquanto, contanto que.

Comentários: A conjunção *no entanto* é adversativa. Na lista das coordenativas adversativas só aparecem as duas primeiras: *porém* e *contudo*.

Conquanto é uma conjunção concessiva, que, apesar de indicar a mesma ideia de contrariedade, levaria o verbo para o subjuntivo. Logo, tal conjunção até manteria a ideia da adversativa "no entanto", mas prejudicaria a correção gramatical do período.

Contanto que é conjunção condicional, que nada tem de semelhança com a conjunção adversativa do texto.

Gabarito: ERRADO

Você deve estar se perguntando: então, para resolver as questões de conjunções, basta que eu decore a lista de cada uma delas? Infelizmente, não. Ainda que para algumas questões a memorização baste, entender as relações semânticas que as conjunções estabelecem nas frases é fundamental por alguns motivos:

1. Algumas conjunções estabelecem mais de uma ideia, aparecem em mais de uma lista. Você vai aprender que um *porque* pode ser causal, explicativo ou final. Um *pois* pode ser conclusivo, explicativo ou causal. Além dessas conjunções, há outras que podem ter mais de uma classificação (*desde que*, *que*, *se*...). Assim, só uma leitura cuidadosa da frase permitiria a classificação da conjunção. Nesse caso, ter memorizado as conjunções ajuda, mas não resolve a questão.
2. Há questões que pedem que se identifique o valor semântico da conjunção, e não simplesmente que dê a sua classificação. Vimos, por exemplo, que a conjunção adversativa *mas* pode indicar adversidade ou ressalva: haverá questões que vão buscar que você identifique qual das duas ideias a conjunção indica. Decorar a lista, aqui, resolveria o seu problema?

11.2. CONJUNÇÕES SUBORDINATIVAS

Vamos agora ao estudo das conjunções subordinativas adverbiais, que estatisticamente são aquelas que mais aparecem nas provas de concursos públicos de variadas bancas.

Conjunção subordinativa é a palavra ou locução conjuntiva que liga duas orações, sendo uma delas dependente da outra. A oração dependente, introduzida pelas conjunções subordinativas, recebe o nome de oração subordinada.

Ex.: O baile já tinha começado quando ele chegou.

or. principal → or. subordinada

conj. subord.

As conjunções subordinativas subdividem-se em **adverbiais** e **integrantes**. Vamos a elas...

As **conjunções adverbiais** são aquelas que indicam circunstâncias. Lembre-se de que circunstância é uma ideia que se adiciona à frase sem ser necessária. É a história do fofoqueiro: onde?, como?, por quê?, para quê?... Certa vez, o professor Evanildo Bechara comentou, em uma palestra, que *circunstância é algo que a frase não pede, só a nossa curiosidade*... Pois bem, cabe ao aluno conhecer as ideias circunstanciais que se acrescentam à ideia principal de um texto, desenvolvendo-a. Podem ser causais, consecutivas, concessivas, condicionais, comparativas, conformativas, finais, temporais e proporcionais.

Uma curiosidade: são nove tipos: 6 iniciando com **C**: **C**oncessiva, **C**ondicional, **C**onformativa, **C**omparativa, **C**ausal e **C**onsecutiva + **F F**inal; **T T**emporal e **P P**roporcional. = **6C + FTP**.

Primeiramente, temos as **conjunções causais** (*porque, que, como (= porque), pois que, uma vez que, visto que, porquanto, já que* etc.), que são aquelas que indicam *um fato que faz com que o outro ocorra*. Logo, para cada causa haverá um efeito. Se você não achar o efeito, então não havia causa. Daí o exemplo:

Ele não fez a pesquisa *porque* não dispunha de meios.

O fato de *ele não dispor de meios* é que fez com que *ele não fizesse a pesquisa*. Agora, cuidado! Não confunda a causa com o efeito. Antes de classificar a conjunção, lembre-se de que **a conjunção recebe o nome da ideia que vem depois dela, não antes**. Se o que vem depois do *porque* é que fez com que *ele não fizesse a pesquisa*, então *porque* é uma conjunção causal.

Aqui, valem dois recados:

Atenção:

1. Tenha em mente, ao resolver a questão, o conceito de causa: ela é um fato que faz com que o outro ocorra.
2. Antes de classificar a conjunção, cuidado para não olhar para o lugar errado: a conjunção recebe a classificação do que ela inicia, não do que veio antes dela.

A seguir, sistematizo um passo a passo para você identificar a relação de causa e efeito:

1) Identificar na frase a relação lógica de causa e efeito:

"**O fato de... fez com que**"

Ele não fez a pesquisa porque não dispunha de meios.

fez com que **o fato de**

2) Organizar cronologicamente os acontecimentos: (o que vem antes e o que vem depois, na linha do tempo), entendendo que a causa acontece ANTES do efeito.

Ele não fez a pesquisa **porque** não dispunha de meios.

Não dispunha de meios = **o fato de = causa (antes)**

Não fez a pesquisa = **fez com que = efeito (depois)**

3) Antes de classificar a conjunção, lembre-se de olhar para o lugar certo: a conjunção recebe o nome da ideia que vem DEPOIS dela.

Ele não fez a pesquisa **porque** não dispunha de meios.

causa

Então: **conjunção subordinativa adverbial causal.**

Você deve estar perguntando: e se a conjunção iniciasse a oração *ele não fez a pesquisa*, e não a outra oração? Aí, ela seria *consecutiva*, pois estaria iniciando o efeito, a consequência.

Assim, surge a **conjunção consecutiva**, que é aquela que introduz uma oração que expressa a consequência da principal. São elas: *de sorte que, de modo que, de forma que,* *sem que* (= *que não*), *que* (tendo como antecedente na oração principal uma palavra como *tal, tão, cada, tanto, tamanho*) etc.

Portanto, temos a frase:

Estudou tanto durante a noite *que* dormiu na hora do exame.

O primeiro passo é reconhecer que há, nessa frase, **uma relação de causa e efeito**. Triste é quando a gente nem sequer enxerga isso no texto...

Em seguida, organizar, na frase, o que é causa e o que é o efeito.

> Lembre-se:
>
> 1. Na linha do tempo, a causa antecede o efeito: acontece antes.
> 2. A conjunção recebe o nome da ideia que ela inicia.

Assim, temos:

O fato de *estudar tanto durante a noite* aconteceu antes de *ter dormido na hora do exame*: estudar muito **fez com que** dormisse na prova. Logo, *estudar* é a causa e *dormir* é o efeito. Ora, se a conjunção inicia o fato de *ter dormido na hora do exame*, que é a consequência, ela é consecutiva, e não causal.

A seguir, mais exemplos de frases que expressam relações de causa e efeito, para você treinar com o nosso passo a passo:

> Estudou tanto durante a noite que dormiu na hora do exame.
>
> 1) O fato de ter estudado muito fez com que dormisse. (Relação de causa e efeito)
>
> 2) O que acontece primeiro? Dorme ou estuda?
>
> Estudou... = **causa** Dormiu... = **efeito**
>
> 3) **Que** inicia causa ou efeito?
>
> **Efeito!** Então é **consecutiva**.
>
> A dor era tanta que o ferido desmaiou.
>
> 1) Há relação de causa e efeito?
>
> **O fato de ... fez com que...**
>
> A dor desmaiou
>
> 2) O que aconteceu primeiro?
>
> A dor desmaiou
>
> antes depois
>
> **causa** **efeito**
>
> 3) A conjunção inicia a **causa** ou o **efeito**?
>
> Efeito = **consecutivo**

Agora vamos às conjunções concessivas. **As conjunções concessivas** introduzem uma oração que expressa ideia contrária à da principal, sem, no entanto, impedir sua realização. São elas: *ainda que, apesar de que, embora, mesmo que, conquanto, se bem que, por mais que, posto que* etc. Observe:

Embora fosse tarde, fomos visitá-lo.

O fato de *ser tarde* não impediu que *fôssemos visitá-lo*. São informações contrárias, que não se excluem. Além do mais, o verbo está no subjuntivo (*fosse*), o que acaba sendo uma característica marcante das conjunções concessivas.

Atenção:

1. As conjunções concessivas indicam contrariedade, oposição.
2. A fim de não confundi-las com as coordenativas adversativas, que também contrastam, não deixe de memorizar as conjunções de cada lista e de lembrar que a conjunção concessiva, normalmente, leva o verbo para o subjuntivo, o que não ocorre com as adversativas.

Mais um exemplo para você fixar: Eu não desistirei desse plano *mesmo que* todos me abandonem.

O fato de *todos me abandonarem* não impedirá que *eu desista desse plano*: ideia de concessão. Atenção ao verbo "abandonem", que está no presente do subjuntivo, isso ajuda a ter certeza de que a conjunção é concessiva.

Atenção às conjunções CONQUANTO e PORQUANTO, muito comuns nas provas:

CONQUANTO = EMBORA

Conquanto **fosse** tarde, fomos visitá-lo.

(ideia contrária)

concessiva = verbo fica no **subjuntivo**

PORQUANTO = PORQUE (causal ou explicativa)

Entre, porquanto estamos atrasados. (explicativa)

Choveu, porquanto o dia foi quente. (causal)

As **conjunções condicionais** introduzem uma oração que indica a hipótese ou a condição para a ocorrência da principal. São elas: *se, contanto que, salvo se, desde que, a menos que, a não ser que, caso* etc.

Veja o exemplo:

Se precisar de minha ajuda, telefone-me.

A ação de me telefonar só ocorrerá *caso seja necessária a minha ajuda*. É a **hipótese** para a ocorrência da outra oração. Observe que o verbo está no subjuntivo – *precisar* –, o que enfatiza a ideia hipotética que a oração traz.

As **conjunções conformativas** introduzem uma oração em que se exprime a conformidade de um fato com outro. São elas: *conforme, como (= conforme), segundo, consoante* etc. Pense sempre assim: a conjunção conformativa indica um fato que se realiza *de acordo com outro, em conformidade com outro*. Assim:

Arrume a exposição *segundo* as ordens do professor.

A exposição será arrumada *em conformidade, de acordo com* o que o professor ordenar.

As **conjunções finais** introduzem uma oração que expressa a finalidade ou o objetivo com que se realiza a principal. São elas: *para que, a fim de que, porque (= para que), que* etc. É mais uma conjunção que, por também indicar hipótese, apresenta, em geral, o verbo no subjuntivo. Veja:

Toque o sinal *para que* todos entrem no salão.

A finalidade, o objetivo da primeira oração ("toque o sinal") é de que *todos entrem no salão*. Veja como *a finalidade é uma consequência desejada, almejada, hipotética*.

As **conjunções proporcionais** introduzem uma oração que expressa um fato relacionado proporcionalmente à ocorrência principal. São elas: *à medida que, à proporção que, ao passo que* e as combinações *quanto mais*... (mais), *quanto mais*... (menos), *quanto menos*... (mais), *quanto menos*... (menos) etc. É simples: uma ideia que se realiza proporcionalmente à outra. Assim:

O preço fica mais caro *à medida que* os produtos escasseiam.

Eis o que a conjunção proporcional indica*: quanto mais o preço fica caro, mais os produtos escasseiam*. São ações diretamente proporcionais. Podemos ter até ações inversamente proporcionais:

Quanto mais reclamava, menos atenção recebia.

Atenção: não confunda "à medida que" com "na medida em que":

À MEDIDA QUE = proporcional (à medida que ela cresceu ...)

NA MEDIDA EM QUE = PORQUE (explicativa / causal)

Atenção! À medida em que – **não existe**.

Na sequência, temos as **conjunções temporais**, que são aquelas que introduzem uma oração que acrescenta circunstância de tempo ao fato expresso na oração principal. São elas: *quando, enquanto, assim que, logo que, todas as vezes que, desde que, depois que, sempre que, mal (= assim que)* etc. Essa ideia de tempo pode iniciar um tempo simultâneo, concomitante:

A briga começou *assim que* saímos da festa.

As duas ações ocorrem ao mesmo tempo. É conjunção temporal que indica *tempo simultâneo*. No entanto, não será sempre assim. Veja:

A cidade ficou mais triste *depois que* ele partiu.

A conjunção é temporal, indicando tempo anterior. Que interessante: a locução conjuntiva *depois que* está iniciando uma oração com valor de anterioridade (*ele partiu* aconteceu antes de *a cidade ficar mais triste*), e não de posterioridade. Por isso, é tão importante você lembrar que, antes de classificar a conjunção, deve-se olhar para a oração que **vem depois dela**, não antes!

Agora, vêm as que consideramos mais fáceis: as conjunções comparativas. As **conjunções comparativas** introduzem uma oração que expressa ideia de comparação com referência à oração principal. São elas: *como, assim como, tal como, como se, (tão)... como, tanto como, tanto quanto, tal, qual, tal qual, que* (combinado com *menos* ou *mais*) etc. Assim, temos:

O jogo de hoje será mais difícil *que* o de ontem.

Vemos aqui *ações que se comparam*. Observe que o verbo das orações comparativas normalmente vem implícito, por ser o mesmo da outra oração. É como se eu dissesse: o jogo de hoje será difícil como o de ontem *foi difícil*. Observe mais um exemplo:

Ele é preguiçoso *tal como* o irmão.

É como se disséssemos: *ele é preguiçoso como o irmão é preguiçoso*.

Atenção: A oração comparativa vem com verbo implícito, contando, portanto, como uma oração. Se houver uma questão que pergunte quantos verbos há no período, não deixe de contar com o verbo da oração comparativa, embora ele não esteja explícito.

A seguir, vamos sistematizar os valores semânticos de três conjunções que aparecem em muitas provas de concursos:

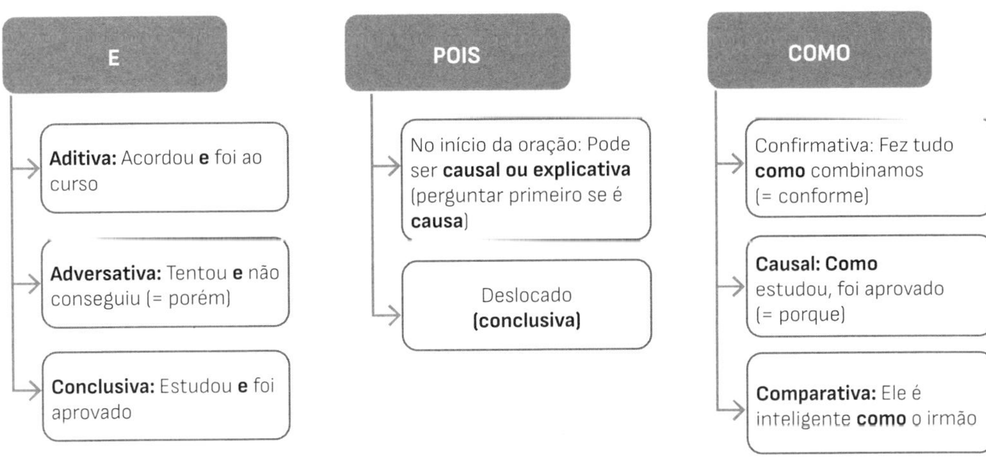

Por fim, temos as **conjunções integrantes**. Deixamos essas conjunções para o final, porque elas não integram o bloco das adverbiais, **não trazem ideia circunstancial**. O seu papel é iniciar oração substantiva, a oração que vale por um substantivo. Lá na escola, a professora nos aconselhava a substituir a oração substantiva por **isto**, que é um pronome substantivo, só para ter certeza de que ela é substantiva. Assim, teríamos:

Espero *que* ele traga os documentos necessários.

A conjunção integrante *que* integra a oração substantiva (*que ele traga os documentos necessários*), oração que vale por um substantivo, que pode ser trocada por **isto (Espero isto)**. Veja que ela não tem nenhum dos valores semânticos que estudamos anteriormente (causa, condição, concessão...), apenas inicia uma oração substantiva. Mais um exemplo:

Não sei *se* José foi aprovado.

Eis um exemplo de conjunção integrante *se:* ela inicia uma oração que vale por um substantivo (*aprovação de João*). É a conjunção integrante.

Atenção:

1. As **conjunções subordinativas** dividem-se em dois blocos: **integrantes** (sem valor semântico) e **adverbiais** (que indicam ideia circunstancial, apresentando os valores de causa, condição, concessão etc.).
2. Reconhecer a **conjunção integrante** é simples: basta trocar a oração que ela inicia por um substantivo, ou, simplesmente, por **isto**.

Que tal treinarmos um pouco antes de encararmos as questões de concursos? A seguir, apresentamos algumas frases para fixarmos os conceitos.

Classifique as conjunções subordinativas destacadas nas frases a seguir:

1. Não vieram **porque** chovia muito.

   Comentários: O fato de *chover muito* fez com que *não viessem*; inicia a causa.

   Gabarito: conjunção causal.

2. **Por mais que** estude, corre o risco de ser reprovado.

   Comentários: O esperado seria que, *estudando muito, fosse aprovado*. Tem-se a ideia de oposição.

   Gabarito: conjunção concessiva. Atenção ao verbo no subjuntivo.

3. **Como** todos sabem, tenho um nome respeitado.

   Comentários: A conjunção *como* tem valor de *conforme, de acordo com*.

   Gabarito: conjunção conformativa.

4. Ninguém sabe **se** ele está vivo ou morto.

   Comentários: Ninguém sabe *isto*.

   Gabarito: a conjunção inicia oração substantiva, integrante.

5. Estava tão cansado, **que** adormeceu na poltrona.

   Comentários: Lá vem a relação de causa e efeito. Organize o seu raciocínio: o fato de *estar cansado* fez com que *ele adormecesse na poltrona*. A causa é *o cansaço*, o efeito é *adormecer na poltrona*.

   Gabarito: a conjunção *que* inicia o efeito, ela é consecutiva. Além do mais, quem já memorizou sabe que um *que* antecedido de *tão* normalmente é consecutivo.

6. Menti **porque** precisava.

   Comentários: O fato de *precisar* fez com que *eu mentisse*. *Precisar* é a causa, *mentir* é a consequência.

   Gabarito: a conjunção inicia a causa, portanto ela é causal.

7. Menti **porque** não fosses punido.

   Comentários: Esse *porque* pode ser trocado por *para que, a fim de que*. O verbo, além disso, está no subjuntivo, indicando hipótese.

   Gabarito: conjunção final.

8. **Ainda que** me ameaces, nada revelarei.

   Comentários: Relação de oposição, contrariedade, um fato que não impede que o outro ocorra. O fato de *me ameaçar* não vai impedir que *eu nada revele*. E o verbo no subjuntivo.

   Gabarito: conjunção concessiva.

9. **Como** ele se despedisse, acompanhamo-lo à porta.

   Comentários: Relação de causa e efeito; o fato de *ele se despedir* fez com que *o acompanhássemos até a porta*.

   Gabarito: inicia a causa, a conjunção é causal

10. **Sempre que** estou estudando, não gosto que façam barulho.

    Comentários: Indica ideia de tempo. Não gosto que façam barulho *quando* estou estudando.

    Gabarito: conjunção temporal.

11. **Caso** ela me beije, pensarei no caso.

    Comentários: A ação de *pensar no caso* só ocorrerá *se ela me beijar*. Valor de hipótese, condição. E verbo no subjuntivo – *beije*.

    Gabarito: conjunção condicional.

12. **Quanto mais** trabalho, **menos** tempo tenho para ganhar dinheiro.

    Comentários: Ações inversamente proporcionais: quanto mais *se trabalha*, menos *se ganha dinheiro*.

    Gabarito: conjunção proporcional.

13. **Se bem que** estude muito, não aprende tudo.

    Comentários: O verbo no subjuntivo – estude – e uma ideia de oposição. O fato de *estudar muito não garante o aprendizado da matéria*.

    Gabarito: conjunção concessiva.

14. **Desde que** saiu, não consigo raciocinar direito.

    Comentários: A ação de *não raciocinar direito* ocorre desde o momento em que *alguém saiu*. Ideia de tempo anterior.

    Gabarito: conjunção temporal.

15. **Como** seu irmão, Mariana sabia se comportar.

    Comentários: A conjunção *como* equivale a *do mesmo modo que*. É como se dissésemos: Mariana sabe se comportar *do mesmo modo que* seu irmão sabe se comportar. O verbo vem implícito, por ser o mesmo da outra oração. São ideias que se comparam.

    Gabarito: conjunção comparativa.

Vejamos agora alguns exemplos de questões sobre esse assunto, no mesmo modelo que vimos anteriormente, lembra? Primeiramente, as questões que perguntam pelo valor semântico da conjunção e, em seguida, as que pedem para substituir por conjunção equivalente.

1. (VUNESP - 2022 - Câmara de Suzano - SP - Telefonista)

(Bill Watterson. *O essencial de Calvin e Haroldo*. 2018.)

No trecho "**Se** quiser continuar sendo 'pai', sugiro grandes mudanças em sua plataforma de governo", o vocábulo em destaque introduz uma relação de:

A) condição.

B) concessão.

C) finalidade.

D) consequência.

E) causa.

Comentários: Essa conjunção claramente estabelece uma relação de condição, uma ideia hipotética sobre a oração principal: "sugiro grandes mudanças, caso queira continuar sendo pai, nessa condição.

Gabarito: A

2. (FCC – METRO) ... *ainda que à custa do sacrifício das finanças das estradas.*

A frase introduz, no período, noção de:

A) temporalidade.

B) consequência.

C) proporcionalidade.

D) ressalva.

E) causa.

Comentários: Nesta frase, a locução conjuntiva *ainda que* é concessiva, portanto a ideia que se tem é de *ressalva*, *exceção*. Lembre-se de que a memorização de alguns conectivos é essencial para a resolução de algumas questões que buscam exatamente o conhecimento de tal assunto por parte do candidato.

Gabarito: D

3. (FCC – TRT - 2ª Região - Tec. Judic.) Identifica-se relação de causa e consequência em:

A) A população rural ainda deve aumentar nos próximos dez anos, antes de entrar em declínio gradativo.

B) Desde cedo, a cidade teve o mérito de dar ao homem a possibilidade de evoluir além da luta pela sobrevivência pura e simples.

C) Sua primeira função foi de local de proteção, de armazenagem de alimentos e de entreposto de trocas.

D) Praticamente todo o crescimento populacional do planeta ocorrerá nas cidades, nas quais viverão sete em cada dez pessoas em 2050.

E) Mas o trânsito pode ser tão congestionado que se torna difícil usufruir as ofertas.

Comentários: Nas opções A e B, os conectivos *antes de* e *desde* estabelecem uma relação de *tempo*. Na letra C, temos a conjunção e adicionando termos na oração (conjunção aditiva). Na letra D, o conectivo que aparece é o pronome relativo *as quais* antecedido de preposição (*nas quais*). Sabemos que o pronome relativo dá início às orações adjetivas. Temos aqui, portanto, uma oração adjetiva explicativa, já que vem antecedida de vírgula. Na letra E, a relação entre as orações é de causa e consequência (o fato de o trânsito ser congestionado leva à dificuldade de se usufruírem as ofertas).

Gabarito: E

4. (CEBRASPE - PC - MA - Escrivão de Polícia)

> Segundo Santos, os canais de denúncia para coibir corrupção nas corporações já recebem queixas de assédio e ajudam a identificar eventuais predadores. Para ele, "o anonimato ajuda, já que as pessoas se sentem mais protegidas para falar".

No texto, a correção gramatical e o sentido do trecho "o anonimato ajuda, já que as pessoas se sentem mais protegidas para falar" (ℓ. 17 e 18) seriam preservados caso se substituísse o termo "já que" por:

A) a fim de que.

B) ainda que.

C) contanto que.

D) uma vez que.

E) logo que.

Comentários: A questão busca fazer a troca do "já que" por outro conectivo equivalente sem alterar a correção gramatical e o sentido do texto. Nesse caso, a locução "já que" deve ser classificada como causal. Assim, precisávamos identificar a única conjunção que fosse causal, que foi o caso de "uma vez que", na letra D. Comentando as outras opções, na letra A, a expressão "a fim de que" indica finalidade. Na letra B, a locução "ainda que" indica concessão. Na letra C, "contanto que" indica condição e a letra E, "logo que", indica tempo.

Gabarito: D

5. (CEBRASPE – TCE – PB – Agente de Documentação)

> O excesso de escrita, multiplica os textos inúteis e abafa o pensamento sob o acúmulo de discursos, foi considerado um perigo tão grande quanto seu contrário. Embora fosse temido, o apagamento era necessário, assim como o esquecimento também o é para a memória. Nem todos os escritos foram destinados a se tornar arquivos cuja proteção os defenderia da imprevisibilidade da história. Alguns foram traçados sobre suportes que permitiam escrever, apagar e depois escrever de novo.

No texto, as relações sintático-semânticas do período "Embora fosse temido, o apagamento era necessário, assim como o esquecimento também o é para a memória" (ℓ. 20 e 21) seriam preservadas caso a conjunção "Embora" fosse substituída por:

A) Por conseguinte.

B) Ainda que.

C) Consoante.

D) Desde que.

E) Uma vez que.

Comentários: A questão busca saber qual conjunção pode substituir "embora", de modo que a frase continue gramaticalmente correta. Para isso, vale lembrar que o "embora" é uma conjunção concessiva e deve ser substituída, portanto, por outra do mesmo valor semântico, que é o que ocorre na expressão "ainda que", da letra B. Analisando as outras opções, na letra A, a expressão "por conseguinte" é conclusiva. Já na letra C, "consoante" é conjunção conformativa. Na letra D, o "desde que" pode ser temporal ou condicional, depende do verbo. Por fim, "uma vez que", na letra E, pode ser causal ou condicional, depende do verbo.

Gabarito: B

Devidamente treinados em relação às conjunções subordinativas? Esperamos que sim. Agora, chegamos ao momento mais importante deste capítulo: a mistura das conjunções coordenativas e subordinativas. O aluno que sabe mesmo não se confunde quando vêm todas juntas. As dicas são muito simples:

Não se preocupe com a nomenclatura *coordenativa* ou *subordinativa*. O mais importante é a ideia que cada conjunção traz. Exemplo: se a conjunção iniciar uma ideia de explicação e não de causa, será coordenativa, e não subordinativa. O mais importante é identificar o valor semântico da oração que a conjunção inicia.

Não deixe de memorizar uma lista mínima para cada bloco de conjunções: isso poupará tempo de resolução de prova. Exemplo: o aluno que não memoriza que *conquanto* será sempre conjunção concessiva, pode perder muito tempo pensando sobre as outras ideias (causal, explicativa, conformativa...).

Não deixe de olhar para o que vem depois da conjunção, não para o que vem antes. Na dúvida, procure também substituir a conjunção por outras que tenham o mesmo sentido, para ter certeza da resposta certa.

E o mais importante: procure lidar com a frase da forma como ela está no texto. Não imagine situações, não extrapole o que está escrito. Exemplo: diante de uma *conjunção condicional*, que é a *hipótese* para a ocorrência da outra oração, não fique imaginando um contexto em que essa hipótese viesse a ocorrer. Se fosse assim, ela seria *causal* e não *condicional*. Dessa forma, você acaba errando porque pensou em outra coisa.

Classifique as conjunções a seguir:

1. Convém **que** tomes cuidado.

   Comentários: Convém *isto*. A conjunção inicia oração substantiva.

   Gabarito: conjunção subordinativa integrante.

2. **Mesmo que** me peça, não atenderei.

   Comentários: Algo que não se espera, contraditório. Verbo no subjuntivo. É o mesmo que *embora, ainda que*.

   Gabarito: conjunção subordinativa adverbial concessiva.

3. Nem canta **nem** assovia.

   Comentários: Não realiza as duas ações: cantar e assoviar. *Nem* é o mesmo que *e não*.

   Gabarito: conjunção coordenativa aditiva.

4. **Ora** canta, **ora** assovia.

   Comentários: Ações que se alternam: algumas vezes canta, outras assovia.

   Gabarito: conjunções coordenativas alternativas.

5. **Quanto mais** canta, mais feliz fica.

   Comentários: Ações diretamente proporcionais. É o mesmo que *à medida que*.

   Gabarito: conjunção subordinativa adverbial proporcional.

6. Vai logo, **que** chegarás atrasado.

   Comentários: Ordem seguida da sua explicação. Atente ao verbo da primeira oração no imperativo. *Que*, aqui, equivale a *pois*.

   Gabarito: conjunção coordenativa explicativa.

7. Ele se complicou, **por isso** foi repreendido.

   Comentários: Ser repreendido é a conclusão de ele ter se complicado. Não confunda com a subordinativa consecutiva: *por isso* pertence à lista das conclusivas. É o mesmo que *logo*, *portanto*.

   Gabarito: conjunção coordenativa conclusiva.

8. Ele falou tanto **que** foi repreendido.

   Comentários: O fato de muito ter falado fez com que ele fosse repreendido. Atenção ao *que* antecedido de *tanto*.

   Gabarito: conjunção subordinativa adverbial consecutiva.

9. Vem, **que** eu te abraçarei.

   Comentários: Pedido seguido de sua explicação. O *que*, aqui, equivale ao *pois*.

   Gabarito: conjunção coordenativa explicativa.

10. Conversa mais **que** trabalha.

    Comentários: Comparam-se as ações de conversar e trabalhar.

    Gabarito: conjunção subordinativa adverbial comparativa.

11. Estudou, **logo** foi aprovado.

    Comentários: Ser aprovado é a conclusão de ter estudado. É o mesmo que *por isso, por conseguinte, portanto.*

    Gabarito: conjunção coordenativa conclusiva.

12. Estava tão cansado, **que** adormeceu na poltrona.

    Comentários: *Que* antecedido de *tão*. Adormecer na poltrona é a consequência de estar muito cansado.

    Gabarito: conjunção subordinativa adverbial consecutiva.

13. **Que** eu saiba, Luís não é casado.

    Comentários: É o mesmo que *conforme eu saiba, de acordo com o que eu sei.*

    Gabarito: conjunção subordinativa adverbial conformativa.

14. **Sem que** eu tenha este documento nas mãos, nada poderei fazer.

    Comentários: Ter o documento nas mãos é a condição para que eu faça algo. Atenção ao verbo *tenha*, no presente do subjuntivo.

    Gabarito: conjunção subordinativa adverbial condicional.

15. Comprei as mangas, verdes **que** estivessem.

    Comentários: O fato de as mangas estarem verdes não impediu que as comprasse. É o mesmo que *embora, ainda que estivessem verdes.*

    Gabarito: conjunção subordinativa adverbial concessiva.

16. No elogio há sempre menos sinceridade **que** na censura.

    Comentários: Ações que se comparam. Observe que o verbo da segunda oração está implícito: "No elogio há sempre menos sinceridade que *há sinceridade* na censura".

    Gabarito: conjunção subordinativa adverbial comparativa.

17. Entre em silêncio **que** as crianças não acordem.

    Comentários: As crianças não acordarem é a finalidade de se entrar em silêncio. Veja o verbo *acordem* no subjuntivo. É o mesmo *que a fim de que, para que as crianças não acordem.*

    Gabarito: conjunção subordinativa adverbial final.

18. Foi ao clube, **porém** não tinha ânimo.

    Comentários: Ideia de adversidade, oposição. É o mesmo que *mas, contudo, todavia.* Não confunda com a conjunção concessiva, que possui a mesma ideia de contrariedade, mas leva o verbo para o subjuntivo.

    Gabarito: conjunção coordenativa adversativa.

19. **Embora** não tivesse ânimo, foi ao clube.

Comentários: Agora sim: o verbo está no subjuntivo. Ideia de oposição, contrariedade. Um fato (*não ter ânimo*) que não impede que o outro (*ir ao clube*) ocorra. É o mesmo que *ainda que não tivesse ânimo*.

Gabarito: conjunção subordinativa adverbial concessiva.

11.3. VALORES SEMÂNTICOS DAS PRINCIPAIS CONJUNÇÕES

Antes de treinarmos as questões de concursos, uma pausa para uma boa sistematização. Pelos exercícios anteriores, você já deve ter percebido que determinadas conjunçoes aparecem em mais de uma lista. Exemplo: o conector *porque*, que você conhecia como causal ou explicativo, pode ser também final. Assim, pensamos que seria didático sistematizar as conjunções que aparecem em mais de uma lista, de modo que você saiba tudo que cada uma pode ser. Fica mais fácil na hora de estudar. Vamos lá?

E: A conjunção **e** pode indicar as seguintes ideias:

Ele trabalha **e** estuda. (aditiva)

Estudou, **e** não passou. (= mas: adversativa)

Estudou, **e** passou em 1º lugar. (= logo: conclusiva)

POIS: Quando inicia a oração pode ser causal ou explicativa. Se deslocada, será sempre conclusiva.

Estude bastante, **pois** tudo correrá bem. (explicativa)

Ele passou em 1º lugar, **pois** muito se esforçou. (causal)

Ele muito se esforçou; passou, **pois**, em 1º lugar. (conclusiva)

OU: Como conjunção alternativa, pode excluir ou retificar. Pode ser também conjunção aditiva.

João **ou** José casará com Maria. (*um ou outro*; alternativa com valor de exclusão)

O professor **ou** os professores dirigiram-se ao departamento. ("os professores" corrige a informação anterior; alternativa com valor de retificação)

O fumo **ou** a bebida fazem mal à saúde. (= *e*: aditiva)

DESDE QUE: Pode ter valor temporal ou condicional.

Desde que acordou, não parou de estudar. (= *desde que*: temporal)

Desde que se esforce, tudo correrá bem. (= *caso*: condicional)

QUE: A conjunção **que** pode ter diversos valores **semânticos.**

Fala, **que** fala, **que** fala, **que** fala. (= *e*: aditiva)

Entre, **que** estamos atrasados. (= *pois*: explicativa)

Sei **que** serei aprovado. (*Sei isto*: integrante)

Choveu, **que** o dia foi muito quente. (= *porque*; causal)

O dia foi tão quente, **que** choveu. (*que* antecedido de *tão*: consecutiva)

Que ele insistisse, eu não iria à festa. (= *embora*: concessiva)

Esforce-se **que** tudo corra bem. (= *para que*: final)

SE: A conjunção **se** também pode representar diversos valores.

Não sei **se** ele foi aprovado. (*Não sei isto*: integrante)

Se ele foi aprovado, não sei. (*Não sei isto*: só houve mudança da ordem da frase: integrante)

Se ele for aprovado, seus pais ficarão contentes. (= *caso ele seja*: condicional)

Se vocês já estão aqui, então vamos começar a reunião. (= *já que*: causal)

Se eles eram felizes, não demonstravam contentamento. (= *embora*: concessiva)

COMO: O **como** pode ser comparativo, causal ou conformativo.

Ele fala **como** o irmão. (= *do mesmo modo que*: comparativa)

Como morava perto do amigo, resolveu visitá-lo. (= *já que*: causal)

Viajaremos **como** combinamos. (= *conforme*: conformativa)

11.4. COMO ESTUDAR AS CONJUNÇÕES

Sabemos que estudar as conjunções é tarefa que compreende as seguintes etapas:

1. Entender o valor semântico que cada conjunção expressa: saber o que é adição, alternância, adversidade etc.
2. Sistematizar as conjunções que podem apresentar mais de uma ideia. A conjunção alternativa, por exemplo, não indica só alternância, mas também escolha ou exclusão.
3. Memorizar uma lista básica de conjunções para cada grupo (aditivas, explicativas...).
4. Apresentar as conjunções que podem aparecer em mais de uma lista. A conjunção *e*, por exemplo, pode ser aditiva, adversativa ou conclusiva. Sistematizar essas conjunções poupará ao aluno tempo de raciocínio para resolução da questão.
5. Treinar, treinar e treinar.

11.5. EXERCÍCIOS DE FIXAÇÃO (COM GABARITO NO FINAL)

I. Classifique as conjunções coordenativas seguindo este código.

(1) aditiva

(2) adversativa

(3) alternativa

(4) conclusiva

(5) explicativa

1. ( ) Foi transferido, <u>logo</u> não nos veremos com muita frequência.
2. ( ) Agora verificamos um trabalho mais efetivo com a palavra não apenas como meta para o desenvolvimento, <u>mas</u> como um trabalho de resgate do próprio homem.
3. ( ) Podem me acusar, <u>pois</u> estou com a consciência tranquila.
4. ( ) "Esforço-me para aproximá-lo de Jesus, <u>no entanto</u> o senhor acerca-se do Papa."
5. ( ) O atleta teve um ótimo desempenho <u>e</u> não conseguiu vencer a prova.
6. ( ) O futebol já é o quarto maior mercado de capitais do mundo, <u>todavia</u> só agora a Receita começa a prestar atenção nos jogadores.
7. ( ) "Tente não se tornar um homem de sucesso, <u>e sim</u> um homem de valores."
8. ( ) Eles merecem perdão <u>ou</u> reparação total?
9. ( ) Sente aqui, <u>que</u> precisamos conversar.
10. ( ) "A água lhe bate nos olhos. Percebe, <u>entretanto</u>, que a água o está levando para o lado das pedras."
11. ( ) Você participou do debate; diga-me, <u>pois</u>, as novidades.

12. ( ) "Já não era a flor do bairro, senão de toda a cidade."
13. ( ) "Você não entendeu meu bilhete, portanto não cumprirá minhas orientações."
14. ( ) "Tanto ele como o irmão são meus amigos."
15. ( ) "Não achou os documentos nem as fotocópias."
16. ( ) Queria estar atento à palestra, contudo o sono chegou.
17. ( ) Peguei um táxi e fui à casa do Wilson.
18. ( ) Conhecemos pessoas materialmente ricas, porém pobres espiritualmente.
19. ( ) "Você se prepara para o futuro corretamente ou fica metade do tempo se preocupando e nada mais?"
20. ( ) Não insista, porque não irei ao jogo.

II. Classifique as conjunções ou locuções subordinativas destacadas usando este código.

(1) causal
(2) concessiva
(3) condicional
(4) conformativa
(5) final
(6) proporcional
(7) temporal
(8) comparativa
(9) consecutiva
(10) integrante

1. ( ) A crise mostra que o Brasil progride enquanto dorme.
2. ( ) Não sabia se voltaria para casa.
3. ( ) "Se você sentir saudade, por favor não dê na vista."
4. ( ) "Como escreveu o divino Dante: 'Percam todas as esperanças. Estamos todos no inferno'."
5. ( ) Como estivesse doente faltei à escola.
6. ( ) Ainda que chova, sairei de casa.
7. ( ) Serás aprovado desde que estudes.
8. ( ) "Como nas novelas, vemos que o Brasil está se dividindo entre babacas e psicopatas."
9. ( ) "A crise ensina que nossa política é tão medíocre, que nos últimos anos bastou a economia."
10. ( ) "Quando terminei a inspeção do que estava feito, eu não me senti bem."
11. ( ) "A roupa tinha certa decência, posto que não fosse absolutamente nova."
12. ( ) "Escrevi este texto enquanto assistia à morte do papa na TV."
13. ( ) Ao perceber o que tinham feito com seus livros, gritou que parecia um louco.
14. ( ) "O poeta é um fingidor. Finge tão completamente que chega a fingir que é dor a dor que deveras sente."
15. ( ) Conquanto os cavalos fossem a trote largo, longa pareceu a viagem ao doutor."

16. ( ) "Os ricos são tão pobres que não percebem a triste pobreza em que usufruem suas malditas riquezas."
17. ( ) "Uma vez que o ser humano olha só a aparência fica preso apenas à forma."
18. ( ) "Ninguém ignora que a corrupção é geral em todos os setores."
19. ( ) "Quanto mais juntamos dinheiro, mais difícil se torna a sua entrada."
20. ( ) Mal a novela teve início, iniciou-se a polêmica.
21. ( ) São dilemas tão rotineiros quanto escolher o que comer.
22. ( ) Oremos porque tudo termine bem.
23. ( ) Foram feitas algumas exigências para que obtivesse crédito.
24. ( ) "A sordidez do que acontece no Brasil é tal que até criticar o governo só serve para legitimá-lo."
25. ( ) "Os olhos de uma pessoa se iluminarem quando ela tem uma percepção nova não é um clichê literário, é a luz deste alvorecer saindo pelos olhos."
26. ( ) "Se permitirmos que o preconceito nos domine, seremos em breve o mais atrasado no círculo dos povos atrasados."
27. ( ) A vida dos deficientes físicos é mais difícil do que a vida da maioria de nós.
28. ( ) "Os lampiões acendiam à medida que a noite aos poucos se acentuava."
29. ( ) Recebemos a notícia de que o melhor jogador do mundo virou espanhol.
30. ( ) A língua, como os costumes, segue uma evolução.

III. Complete as lacunas com o conectivo (conjunção ou locução conjuntiva, preposição ou locução prepositiva) mais adequado.

1. O Botafogo foi o time que fez a melhor campanha do campeonato. Teria, ____________, que ser o campeão este ano. (no entanto / portanto / isto é)
2. ____________ Sabesp estar tratando a água da represa de Guarapiranga, o gosto da água nas regiões sul e oeste não melhorou. (Pela / Apesar de a / Devido a)
3. ____________ não saia de casa, você pode dar grande contribuição à preservação ambiental. (Contanto que / Mesmo que / Uma vez que)
4. Ele não merece crédito ____________ suas mentiras. (apesar de / devido a / não obstante)
5. ____________ os deputados deponham na CPI e ajudem a elucidar os episódios obscuros do caso dos precatórios, a confiança na instituição foi abalada. (Uma vez que / Para que / Mesmo que)
6. ____________ recursos públicos investidos na área, nas últimas décadas vem se formando ali um cinturão de prosperidade. (Graças aos / Apesar dos / De acordo com os)
7. Todo texto está aberto a uma atribuição de significados, que depende da experiência prévia de leitura de quem o lê. ____________, qualquer significado que seja atribuído ao texto, independentemente de quão ambíguo ou provisório, é sempre adequado, ____________ vai ao encontro das expectativas de um leitor específico. (Portanto / No entanto / E) (porém / pois / e)
8. A negociação de acordos bilaterais é suficientemente importante para justificar uma abertura do governo com vistas a discutir essa questão com o setor privado, sobretudo agora, diante da perspectiva da desaceleração das economias desen-

volvidas e do crescimento do comércio mundial, ____________ crise de crédito que vem dos Estados Unidos. (apesar da / não obstante a / em consequência da)

Gabarito: **I** – 1. (4); 2. (1); 3. (5); 4. (2); 5. (2); 6. (2); 7. (2); 8. (3); 9. (5); 10. (2); 11. (4); 12. (2); 13. (4); 14. (1); 15. (1); 16. (2); 17. (1); 18. (2); 19. (3); 20. (5). **II** – 1. (10) (7); 2. (10); 3. (3); 4. (4); 5. (1); 6. (2); 7. (3); 8. (8); 9. (9); 10. (7); 11. (2); 12. (7); 13. (9); 14. (9) (10); 15. (2); 16. (9); 17. (1); 18. (10); 19. (6); 20. (7); 21. (8); 22. (5); 23. (5); 24. (9); 25. (7); 26. (3); 27. (8); 28. (6); 29. (10); 30. (8). **III** – 1. portanto; 2. Apesar de a; 3. Mesmo que; 4. devido a; 5. Mesmo que; 6. Graças aos; 7. Portanto / pois; 8. em consequência da.

11.6. QUESTÕES DE CONCURSOS COMENTADAS

1. **(VUNESP - 2024 - Prefeitura de Lins - SP - Contador)** Assinale a alternativa em que se observa no trecho ideia de concessão.

A) E para ilustrar esta aversao, ainda que de um certo modo prosaico e sem arte, poderia invocar os meus não muito velhos tempos...

B) ... os meus não muito velhos tempos de Farmácia Rosário, quando uma de minhas inveteradas manias era andar investigando...

C) "O que é que você ganha com isso?" – me perguntavam. Pois as despesas também não eram poucas.

D) Pouco me importa, entretanto, que não fizesse. Era o meu hábito de não concordar com descuidos e velhacarias...

Comentários: A locução conjuntiva "ainda que" estabelece valor semântico de concessao. As conjunções ou locuções concessivas são palavras ou expressões que ligam duas orações, indicando que uma delas apresenta uma situação que poderia impedir ou dificultar a realização da outra, mas que não o faz (ainda que, mesmo que, embora...).

B) quando: conjunção subordinativa adverbial temporal;

C) pois: conjunção coordenativa explicativa;

D) entretanto: conjunção coordenativa adversativa.

Gabarito: A

2. **(VUNESP - 2024 - Prefeitura de Lins - SP - Professor de Educação Básica)**

São muitas as pessoas sem coração, sem escrúpulos e sem consciência, que atormentam e destroem quem está ao seu alcance. Disfarçam-se por trás de profissões e nomes respeitáveis e nos enganam até que a mídia denuncie os seus sórdidos malfeitos. Porém, de gente sem sombra não se têm notícias. É contra a lei da Física. Todos os indivíduos, dos melhores aos piores, dos mais ricos aos mais pobres, sem distinção de credo ou cor, todos têm uma sombra. ***Mas*** *eu sei de uma exceção. E foi o próprio homem sem sombra quem me contou a sua incrível história.*

A confidência dele aconteceu por acaso. Éramos dois estranhos sentados lado a lado em um bar. Ele tinha o rosto pálido e olhos que expressavam uma profunda tristeza. Apiedei-me de tamanho desconsolo e perguntei se lhe poderia ser útil. Ele respondeu:

– Gostaria que me concedesse meia hora de seu tempo e ouvisse a triste história da minha vida. Sou um bom avaliador de caráter e sei que posso confiar em sua discrição. Peço-lhe que não faça uso da minha confidência, enquanto eu estiver neste mundo.

Ouvindo-me, você prestará um grande favor, ***pois*** *dividir o meu segredo aliviará o peso que carrego na alma.*

Nas passagens "**Mas** eu sei de uma exceção." (1º parágrafo) e "Ouvindo-me, você prestará um grande favor, **pois** dividir o meu segredo aliviará o peso que carrego na alma." (3º parágrafo), as conjunções destacadas estabelecem, correta e respectivamente, relações de sentido de:

A) oposição e conclusão.

B) conclusão e causa.

C) oposição e explicação.

D) conclusão e conclusão.

Comentários: A conjunção "mas" estabelece valor semântico de contraste, adversidade, oposição. A conjunção "pois", na passagem em que aparece, introduz uma justificativa, uma explicação para o que foi dito anteriormente.

Gabarito: C

3. (FCC - 2024 - TRF - 3ª Região - Técnico Judiciário)

Tudo isso seria lamentável, mas mal arranha a superfície do que seria perdido se a literatura nunca tivesse existido, se as histórias só fossem contadas oralmente e nunca tivessem sido escritas. Um mundo assim é quase impossível de imaginar. Nosso sentido de história, da ascensão e queda de impérios e nações, seria completamente diferente. A maior parte das ideias filosóficas e políticas nunca teria existido, ou teria sido esquecida, ***porquanto*** *a literatura que deu origem a elas não teria sido escrita. Quase todas as crenças religiosas desapareceriam com as escrituras em que foram expressas.*

A relação estabelecida pela oração subordinada *porquanto a literatura que deu origem a elas não teria sido escrita* (parágrafo anterior) em relação à principal é de:

A) finalidade.

B) comparação.

C) causalidade.

D) temporalidade.

E) concessão.

Comentários: A conjunção "porquanto" equivale a "porque". Dá início a orações com sentido de causa ou explicação. Nesse período, essa conjunção introduz a ideia de causa: já que a literatura que deu origem às ideias filosóficas e políticas não teria sido escrita (causa), a maior parte delas nunca teria existido (consequência).

Gabarito: C

4. (FGV - 2024 - TJ - MT - Técnico de Judiciário) As frases abaixo estão divididas em dois segmentos.

Assinale a frase em que a relação entre esses dois segmentos é, respectivamente, de causa e consequência.

A) Todo mundo precisa crer em algo. / Creio que vou tomar uma cerveja.

B) Nem tudo o que se enfrenta pode ser modificado, / mas nada pode ser modificado até que seja enfrentado.

C) O sábio busca a sabedoria; / o tolo a encontrou.

D) Mestre não é quem sempre ensina, / mas quem de repente aprende.

E) Sabedoria é saber o que fazer; / virtude é saber fazê-lo.

Comentários: A ideia que se tem do período da opção A é a de que "como/já que todo mundo precisa crer em algo (causa, motivo), logo/então creio que vou tomar uma cerveja (consequência)".

B) contraste, ressalva;

C) contraste, ressalva;

D) oposição;

E) nessa opção, caberiam as ideias de adição ou ressalva.

Gabarito: A

5. **(FGV - 2024 - TCE - PA - Auditor de Controle Externo)** Assinale a opção em que a frase inicial, introduzida pela conjunção "se", não apresenta valor de condição.

A) Se a voz do povo é a voz de Deus, começo a pressupor que Deus é um sujeito muito calado.

B) Se os homens são tão maus com o auxílio da religião, como seriam sem ela?

C) Se os homens tivessem verdadeiramente convicção de sua fé, seriam todos santos.

D) Se quiserdes saber o que Deus pensa do dinheiro, é só olhar a quem Ele o dá.

E) Se existe Deus, por que há coisas como a fome e os horários políticos na televisão?

Comentários: A conjunção condicional introduz orações subordinadas que indicam uma hipótese ou condição para que o fato da oração principal se realize ou não. Na opção B, não há ideia hipotética. Pode ser sutil, mas há uma afirmação na primeira oração, e não uma hipótese, como nas outras opções. A frase expressa uma constatação sobre a maldade dos homens mesmo com a religião (os homens são maus mesmo com a religião). Na oração seguinte, o questionamento sugere que os homens sem a religião seriam piores.

Gabarito: B

6. **(FGV - 2024 - Prefeitura de Macaé - RJ - Assistente Social)**

Futebol de menino

Esta pracinha sem aquela pelada virou uma chatice completa: agora, é uma babá que passa, empurrando, sem afeto, um bebê de carrinho, é um par de velhos que troca silêncios num banco sem encosto.

E, no entanto, ainda ontem, isso aqui fervia de menino, de sol, de bola, de sonho: "Eu jogo na linha! eu sou o Pelé; no gol, eu não jogo, tô com o joelho ralado de ontem; vou ficar aqui atrás: entrou aqui, já sabe". Uma gritaria, todo mundo se escalando, todo mundo querendo tirar o selo da bola, bendito fruto de uma suada vaquinha.

Oito de cada lado e, para não confundir, um time fica como está; o outro joga sem camisa.

Já reparei uma coisa: bola de futebol, seja nova, seja velha, é um ser muito compreensivo que dança conforme a música: se está no Maracanã, numa decisão de título, ela rola e quiçá com um ar dramático, mantendo sempre a mesma pose adulta, esteja nos pés de Gérson ou nas mãos de um gandula.

Em compensação, num racha de menino ninguém é mais sapeca: ela corre para cá, corre para lá, quica no meio-fio, para de estalo no canteiro, lambe a canela de um, deixa-se espremer entre mil canelas, depois escapa, rolando, doida, pela calçada. Parece um bichinho.

Aqui, nessa pelada inocente é que se pode sentir a pureza de uma bola. **Afinal, trata-se de uma bola profissional, um número cinco, cheia de carimbos ilustres:** "Copa Rio-Oficial", "FIFA – Especial". Uma bola assim, toda de branco, coberta de condecorações por todos os gomos (gomos hexagonais!), jamais seria barrada em recepção do Itamaraty.

No entanto, aí está ela, correndo para cima e para baixo, na maior farra do mundo, disputada, maltratada até, pois, de quando em quando, acertam-lhe um bico, ela sai zarolha, vendo estrelas, coitadinha.

Racha é assim mesmo: tem bico, mas tem também sem-pulo de craque como aquele do Tona, que empatou a pelada e que lava a alma de qualquer bola. Uma pintura.

Nova saída.

Entra na praça batendo palmas como quem enxota galinha no quintal. É um velho com cara de guarda-livros que, sem pedir licença, invade o universo infantil de uma pelada e vai expulsando todo mundo. Num instante, o campo está vazio, o mundo está vazio. Não deu tempo nem de desfazer as traves feitas de camisas.

O espantalho-gente pega a bola, viva, ainda, tira do bolso um canivete e dá-lhe a primeira espetada. No segundo golpe, a bola começa a sangrar.

Em cada gomo o coração de uma criança.

NOGUEIRA, Armando. *Bola na rede*. Ed. José Olympio. Rio de Janeiro. 1996.

Assinale a opção que apresenta o valor semântico do conector corretamente indicado.

A) Afinal, trata-se de uma bola profissional, uma número cinco, cheia de carimbos ilustres: / conclusão.

B) No entanto, aí está ela, correndo para cima e para baixo, na maior farra do mundo / justificativa.

C) ...disputada, maltratada até, pois, de quando em quando, acertam-lhe um bico, ela sai zarolha, vendo estrelas, coitadinha / explicação.

D) Racha é assim mesmo: tem bico, mas tem também sem-pulo de craque como aquele do Tona, que empatou a pelada / adição.

E) O espantalho-gente pega a bola, viva, ainda, tira do bolso um canivete e dá-lhe a primeira espetada / tempo.

Comentários: Na prova, os conectores não vieram destacados, mas deduz-se que seriam:

A) Afinal: nessa construção tem valor explicativo, pois explica a "pureza de uma bola".

B) No entanto: adversidade.

C) pois: nessa passagem, o conector "pois" introduz uma explicação. No contexto de que faz parte, justifica o motivo pelo qual a bola é descrita como "disputada" e "maltratada".

D) mas: adversidade.

E) e: adição.

Gabarito: C

7. (CESPE/CEBRASPE - 2024 - CAGEPA - PB - Analista de Sistemas)

No entanto, o país mantém com seus rios uma relação ambígua: as cidades os abraçam para crescer e se desenvolver, criando importante laço para o desenvolvimento urbano e agrícola, mas também os destroem, ao torná-los o principal meio de escoamento de esgoto. Os rios sofrem com a poluição, o assoreamento, o desvio de seus cursos e a destruição das matas ciliares; a beleza da paisagem fica obstruída por mau cheiro, mudança de coloração da água, incapacidade de uso original de seus recursos.

Seria mantida a coerência do texto caso se empregasse, logo após o ponto e vírgula no segundo período do parágrafo anterior, a expressão:

A) com isso, seguida de vírgula.

B) a despeito disso, seguida de vírgula.

C) por outro lado, seguida de vírgula.

D) entretanto.

E) mas também.

Comentários: A paisagem ficar obstruída por mau cheiro, mudança de coloração da água, incapacidade de uso original de seus recursos é a consequência/conclusão de tudo o que se afirmou na oração anterior (Os rios sofrem com a poluição, o assoreamento, o desvio de seus cursos e a destruição das matas ciliares). A expressão "com isso" estabelece corretamente essa ideia.

Gabarito: A

8. (CESPE/CEBRASPE - 2024 - TCE - AC - Técnico de Controle Externo)

É importante, nesse ponto, definir o que é a IA aplicada na educação — algo que vem sendo estudado no meio acadêmico há mais de três décadas. ***Para*** *os autores da publicação mencionada, IA corresponde a "sistemas de computador que foram projetados para interagir com o mundo por meio de capacidades (por exemplo, percepção visual e reconhecimento de fala) e comportamentos inteligentes (por exemplo, avaliar as informações disponíveis e, em seguida, tomar a ação mais sensata para atingir um objetivo declarado) que seriam considerados essencialmente humanos."*

Estariam mantidas as relações de coesão estabelecidas no texto bem como a sua correção gramatical caso se substituísse o termo "Para" (segundo período do parágrafo anterior) por **Consoante**.

CERTO

ERRADO

Comentários: A IA corresponde a "sistemas de computador que foram projetados para interagir com o mundo...humanos" em conformidade com o que dizem os autores da publicação, segundo (consoante) eles. Ideia de conformidade.

Gabarito: CERTO

9. **(CESPE/CEBRASPE - 2024 - CNJ - Analista Judiciário)**

Confiar nos "nossos olhos" — na nossa percepção pessoal — é um processo natural e compreensível, ***uma vez que*** *essa é a ferramenta com que somos equipados "de fábrica" e que nos ajudou a sobreviver até aqui ao longo da nossa evolução.*

No parágrafo supracitado, a substituição do segmento "uma vez que" por **de modo que** preservaria as relações de sentido estabelecidas no período.

CERTO

ERRADO

Comentários: A locução conjuntiva "uma vez que" estabelece, em geral, ideia de causa. Já a locução "de modo que", consequência. Logo, essa substituição implica alteração de sentido e incoerência no período de que faz parte.

Gabarito: ERRADO

10. **(CESPE/CEBRASPE - 2024 - Câmara de Maceió - AL - Apoio Administrativo)**

A discriminação racial, por sua vez, é a atribuição de tratamento diferenciado a membros de grupos racialmente identificados. ***Portanto****, a discriminação tem como requisito fundamental o poder, ou seja, a possibilidade efetiva do uso da força, sem o qual não é possível atribuir vantagens ou desvantagens por conta da raça. Assim, a discriminação pode ser direta ou indireta.*

O vocábulo "Portanto" (segundo período do parágrafo anterior) introduz uma explicação, por isso substituí-lo por **Pois** manteria a coerência das ideias do texto.

CERTO

ERRADO

Comentários: A conjunção "portanto" inicia o período que traz ideia de conclusão. Manteria a coerência das ideias do texto se fosse substituída por *logo, por conseguinte, então*. A conjunção "pois", nesse caso, indicaria explicação.

Gabarito: ERRADO

11.7. QUESTÕES DE CONCURSOS PROPOSTAS (COM GABARITO NO FINAL)

1. **(IBADE - 2024 - PRODEST - ES - Analista de Tecnologia da Informação)** Qual das alternativas apresenta um conectivo que pode substituir adequadamente a expressão grifada no excerto abaixo, sem, contudo, alterar o sentido do enunciado?

[...]

A palavra "medo" tem origem no latim "metus", que significa "receio", "apreensão" ou "temor". Desde os primórdios da existência humana, o medo tem desempenhado um papel crucial na sobrevivência da espécie, alertando os indivíduos para possíveis ameaças e incentivando a busca por segurança e proteção.

__No entanto,__ essa emoção humana, tão complexa e avassaladora, tece seus labirintos em nossas mentes, aprisionando-nos em teias de insegurança e limitando nosso potencial."

A) Portanto.

B) Se.

C) Ademais.

D) Porque.

E) Todavia.

2. (VUNESP – 2024 – Prefeitura de Santo André – SP – Técnico de Informática)

Planos para bases tripuladas permanentes na Lua também estão sendo considerados por ambos os países, levantando questões sobre direitos e interesses na superfície lunar. A lei dos Estados Unidos restringe fortemente a ***cooperação entre os programas espaciais dos dois países e, embora a China diga que aceita colaborações estrangeiras, até agora elas se limitaram à pesquisa científica****.*

No trecho "... cooperação entre os programas espaciais dos dois países e, **embora** a China diga que aceita colaborações estrangeiras, até agora elas se limitaram à pesquisa científica" (parágrafo anterior), o vocábulo em destaque pode ser substituído, sem prejuízo do sentido e da correção gramatical, por:

A) ainda que.

B) a não ser que.

C) a menos que.

D) sem que.

E) visto que.

3. (VUNESP – 2024 – Prefeitura de Lins – SP – Diretor Escolar) Observe as expressões destacadas neste parágrafo:

__"Uma vez que__ o entendimento de um homem se baseiu em algo, seja porque é uma crença já aceita ou porque o agrada, isso atrai tudo a sua volta para apoiar e concordar com a opinião adotada. __Mesmo que__ um número maior de evidências contrárias seja encontrado, ele as ignora ou desconsidera, ou faz distinções sutis para rejeitá-las, preservando a autoridade de suas primeiras concepções."

É correto afirmar que elas estabelecem, nos respectivos contextos, relações de sentido de:

A) tempo e concessão.

B) tempo e condição.

C) causa e condição.

D) causa e concessão.

4. (FCC – 2024 – TRT – 7ª Região – CE – Analista Judiciário)

Monstro, não tens a minha religião, então não tens religião nenhuma.

A frase acima segue correta e explicita seu sentido coerente nesta outra forma:

A) Foste um monstro, não tendo minha religião, posto que nenhuma outra.

B) Sendo o monstro que és, não tens a minha religião e, portanto, nenhuma outra.

C) Ainda és um monstro, por que não tens minha religião, visto que não tens nenhuma.

D) Por monstro que sejas, ao não teres religião, nenhuma religião virá a ter.

E) Se és um monstro, não terás minha religião, nem terás nenhuma outra.

5. (FGV - 2024 - Prefeitura de Niterói - RJ - Analista de Políticas Públicas e Gestão Governamental) Leia o trecho a seguir.

> *Estêvão murmurou algumas palavras,* ***a que tentou dar um ar de gracejo, mas que eram fúnebres como um cipreste****.* ***Luís viu-lhe então, à luz das estearinas, alguma vermelhidão nos olhos****, e adivinhou, — não era difícil, — que houvesse chorado. Pobre rapaz! suspirou ele mentalmente.* ***Dali foram os dois para o quarto****, que era uma vasta sala, com três camas, cadeiras de todos os feitios, duas estantes com livros e uma secretária, —* ***vindo a ser ao mesmo tempo, alcova e gabinete de estudo****. O chá subiu daí a pouco.*
>
> Machado de Assis. *A Mão e a Luva.*

Uma narrativa se apoia em evolução cronológica, com uma série de elementos linguísticos que participam desse processo. Entre esses elementos, os conectivos temporais são muito importantes, como no seguinte exemplo:

A) "a que tentou dar um ar de gracejo,"

B) "mas que eram fúnebres como um cipreste."

C) "Luís viu-lhe então, à luz das estearinas, alguma vermelhidão nos olhos,"

D) "Dali foram os dois para o quarto,"

E) "vindo a ser ao mesmo tempo, alcova e gabinete de estudo."

6. (FGV - 2024 - Prefeitura de Caraguatatuba - SP - Advogado SUAS) Assinale a opção em que a primeira frase mostra uma ideia de causa.

A) Ela foi aprovada no concurso graças a seus esforços.

B) A transpiração abundante é devida ao calor.

C) Um inquérito foi instaurado na sequência do acidente.

D) Passando a noite preocupada, acordou cansada.

E) Não terminamos o trabalho por absoluta falta de tempo.

7. (FGV - 2024 - Prefeitura de Macaé - RJ - Analista Previdenciário) Os elementos de coesão estão destacados em todas as frases a seguir. Assinale o conector que tem seu valor semântico corretamente indicado.

A) Conforme o noticiário da noite, as reportagens do jornal paulista vão acrescentar novas informações à discussão. / *semelhança.*

B) As mudanças meteorológicas modificarão o sistema de plantio, por conseguinte o país poderá começar a produzir frutos diferentes. / *explicação.*

C) Todos os atletas participaram da competição, exceto os que já tinham sido eliminados nas provas anteriores. / *ressalva.*

D) A polícia chegou imediatamente, pegando os meliantes em flagrante delito. / *duração de tempo.*

E) Os prêmios serão possivelmente pagos ainda esta semana. / *afirmação.*

8. (FGV - 2024 - Prefeitura de Nova Iguaçu - RJ - Analista Tributário do Tesouro Municipal)

"Em meio à pandemia, com empresas fechando postos de trabalho, escolas operando a distância e idosos precisando de cuidados extras, a participação das mulheres no mercado de trabalho alcançou o patamar mais baixo dos últimos 30 anos. Os hábitos e a culturá da sociedade têm impedido muitas mulheres não só de trabalhar, mas até de procurar emprego."

(https://www.estadao.com.br/infograficos/economia,com-pandemia-participacao-das-mulheres-no-mercado-de-trabalho-e-a-menor-em-30-anos).

Assinale a alternativa correta sobre o trecho em destaque.

A) O conectivo mas expressa ideia de adversidade, indicando uma contradição em relação à oração anterior.

B) O par não só / mas até, em conjunto, atribui valor de adição ao período.

C) O uso da vírgula antes do conectivo mas não está de acordo com a norma-padrão da língua portuguesa.

D) O uso de até, depois de mas, compromete o valor argumentativo do período.

E) O uso do advérbio não altera o valor semântico dos demais conectivos.

9. (FGV - 2024 - TCE - GO - Analista de Controle Externo) Todas as frases abaixo estão separadas em dois segmentos.

Assinale a opção em que a relação lógica entre esses segmentos está corretamente indicada.

A) As testemunhas custam muito caro / e não as tem quem quer. / explicação.

B) Quanto mais proeminentes são as leis e a ordem, / mais ladrões e assaltantes haverá. / comparação.

C) A ginástica é vulgar porque faz as pessoas cheirarem mal. / causa e consequência.

D) O jogo foi interrompido porque o chapéu de um dos espectadores voou para a quadra. / relação temporal.

E) A mente, como o lar, é mobiliada pelo proprietário, portanto se sua vida for fria e árida, a culpa será somente dele. / conclusão.

10. (FGV - 2024 - Prefeitura de Macaé - RJ - Assistente Previdenciário) Entre os segmentos de cada opção abaixo há um conector. Assinale a frase em que o sentido desse conector é corretamente expresso.

A) Ande com um caderninho na bolsa / e anote tudo – oposição.

B) Anote tudo o que gasta / para saber para onde está indo seu dinheiro – finalidade.

C) Deixe em casa cartões de crédito / e cheques – alternância.

D) Só compre pela internet ou por telefone / se for algo necessário – modo.

E) Estabeleça um limite em dinheiro / para carregar na carteira – lugar.

11. (ADAPTADO - CESPE/CEBRASPE - 2024 - SEFAZ - AC - Auditor da Receita Estadual)

O desenvolvimento sustentável envolve a necessária harmonização entre interesses econômicos, além da preservação e racionalização dos recursos ambientais e da busca de qualidade de vida por meio de uma justiça social estabelecida a partir da oferta de serviços públicos de qualidade para todos. ***Assim****, aquilo que sempre se buscou ou se deveria buscar como objetivo precípuo de uma sociedade e dos seus gestores, qual seja, o processo de elevação dos níveis de qualidade de vida de uma comunidade, a partir da adoção do conceito de desenvolvimento sustentável, deverá se aliar e se amoldar ao respeito dos limites e da capacidade de suportar demandas dos ecossistemas que a compõem.*

A correção e a coerência das ideias do texto seriam mantidas caso se substituísse "Assim" (segundo período do parágrafo anterior) por **Porquanto**.

CERTO

ERRADO

12. (CESPE/CEBRASPE - 2024 - Prefeitura de Mossoró - RN - Analista de Procuradoria)

O poder manifesta-se em relações de uso do território, materializado ou virtualizado pelas formas de atuação dos atores sociais locais. Sendo assim, poder é uma relação estabelecida entre interesses divergentes com fins específicos de utilização do território. Os conflitos gerados pelo uso do território também são formas de poder, ***embora*** *muitas vezes o poder esteja em risco. O poder é a objetivação política do território utilizado para se atingir determinado objetivo, e um de seus recursos é o convencimento do outro.*

No terceiro período do parágrafo anterior, o termo "embora" introduz uma oração que expressa, em relação à oração anterior, sentido explicativo.

CERTO

ERRADO

13. (CESPE/CEBRASPE - 2024 - TSE - Técnico Judiciário)

"No prestimoso volume Correspondência, em que reuniu cartas e documentos de Rui Barbosa, publica o Sr. Homero Pires uma circular de Rui dirigida aos eleitores do 3.º Distrito, datada de 4 de outubro de 1875, e à qual pôs o Dr. Homero Pires a seguinte nota: 'Somente em 1878 Rui Barbosa teve ingresso na Assembleia Legislativa Provincial da Bahia'. De fato, a circular existe em facsímile no arquivo da Fundação Casa Rui Barbosa. Entretanto, ***uma vez que*** *essa nota pode suscitar equívoco, deve ser esclarecido que, na realidade, Rui, candidato em 1878, o foi nesse ano pela primeira vez. Até porque, em 1875, estava o Partido Liberal afastado das lides eleitorais, atitude que só foi modificada em 19 de março de 1876."*

A expressão "uma vez que" (terceiro período do parágrafo anterior) poderia ser substituída, sem prejuízo da correção gramatical e do sentido original do texto, por **vez que**.

CERTO

ERRADO

14. (CESPE/CEBRASPE - 2024 - Instituto Rio Branco - Terceiro Secretário)

*Mas, **se** a visão idílica de Rousseau foi a mais fecunda, é impossível deixar de falar das vertentes mais negativas de interpretação. As imagens que detratam o Novo Mundo se intensificaram, simetricamente correspondentes ao maior conhecimento e colonização desses novos territórios. É o momento em que se passa da projeção da inocência à inata maldade do selvagem.*

No primeiro período do parágrafo anterior, a conjunção subordinativa "se" introduz uma condição real, o que é evidenciado pelo modo verbal empregado na oração em que ocorre.

CERTO

ERRADO

15. (CESPE/CEBRASPE - 2024 - FNDE - Arquiteto e Urbanista)

*Um projeto de lei que determina critérios mínimos de qualidade para escolas públicas de educação básica foi aprovado na Comissão de Constituição e Justiça (CCJ) do Senado Federal, em abril deste ano. **Conforme** estabelece o projeto de lei, o poder público deverá equipar todas as unidades do ensino básico com bibliotecas, laboratórios de ciências e informática, acesso à Internet, quadras poliesportivas cobertas, instalações com condições adequadas de acessibilidade, energia elétrica, abastecimento de água potável, esgoto sanitário e manejo de resíduos sólidos.*

O termo "Conforme" (segundo período do parágrafo anterior) poderia ser substituído por Consoante, sem prejuízo da correção gramatical e do sentido do texto.

CERTO

ERRADO

GABARITO:

1. E	2. A	3. D	4. B	5. C
6. D	7. C	8. B	9. E	10. B
11. ERRADO	12. ERRADO	13. ERRADO	14. CERTO	15. CERTO

11.8. RESUMO

Conjunções é assunto certo em qualquer que seja a prova. É importante também para a interpretação e produção textual, pois dá ao texto coesão e coerência. Vamos resumir o que foi estudado no capítulo?

Agora vamos esquematizar tudo o que vimos neste capítulo.

CONJUNÇÕES

- **COORDENATIVAS** → Relacionam orações, podendo indicar cinco ideias: aditivas, adversativas, alternativas, conclusivas e explicativas.
- **SUBORDINATIVAS**
  - → Integrantes: sem valor adverbial (= isto).
  - → Adverbiais: podem indicar nove valores semânticos (6 Cs + FTP): causais, concessivas, condicionais, conformativas, consecutivas, comparativas, finais, temporais, proporcionais.

OBSERVAÇÕES FINAIS

- → Na hora de classificar a conjunção, lembre-se de olhar a oração que vem após ela, não antes.
- → A causa e o efeito são ideias que sempre caminham juntas. Se a conjunção iniciar a causa, será causal. Se iniciar a consequência, será consecutiva. Lembre-se de que, na linha do tempo, a causa antecede a consequência.
- → As conjunções consecutivas e conclusivas, bem como as adversativas e concessivas, são paráfrases: indicam a mesma ideia. Para não confundi-las, é essencial memorizar suas listas.

Acesse o material suplementar

uqr.to/20vgu

Parte III
Sintaxe

Predicação Verbal 12

Predicação Verbal é a relação de dependência entre o verbo e seus complementos.

Os verbos *transitivos* e *intransitivos* exprimem, normalmente, *ação*, *fenômeno* e *movimento*.

12.1. VERBO INTRANSITIVO

Não necessita de um termo (objeto) que complete o seu sentido.

Ex.: a) Correm os dias, os meses, os anos.

b) O outono chegou.

c) O marido desapareceu entre as ruelas.

d) O rapaz chegou gravemente ferido ao hospital.

e) Falei bastante ontem.

f) Estudou bastante.

Comentários: Em A, a frase está invertida. Na ordem, seria: "Os dias, os meses, os anos correm". O verbo não pede complemento (= objeto). Na B, o verbo encerra o período, também sem pedir *objeto*.

Nas frases de C a F, aparecem adjuntos adverbiais e predicativo após os respectivos verbos, e não objeto:

c) "entre as ruelas" (= adjunto adverbial de lugar);

d) "ferido" (= predicativo do sujeito); "ao hospital" (= adjunto adverbial de lugar);

e) "bastante" (= adjunto adverbial de intensidade); "ontem" (= adjunto adnominal de tempo);

f) "bastante" (= adjunto adverbial de intensidade).

Portanto, para a gramática, verbo **intransitivo** é aquele que denota *ação*, *movimento*, e não pede *complemento* (= objeto).

12.2. VERBO TRANSITIVO

O sentido do verbo é completado por um termo (objeto).

O objeto direto completa o verbo sem preposição obrigatória (amar, ajudar, adorar, namorar etc.).

Ex.: a) Essa atitude implicou sua demissão.

b) Falei a verdade.

Comentários: Agora, aparecem verbos que pedem complemento direto (= objeto direto), *sem preposição* (*verbos transitivos diretos*):

"sua demissão" (= objeto direto)

"a verdade" (= objeto direto)

Já o objeto indireto completa o verbo com preposição obrigatória (obedecer, desobedecer, aludir, anuir, referir-se etc.).

Ex.: a) Obedece **a**os mais velhos.

b) Gostava **de** música.

c) Falei **a**os filhos.

Comentários: Verbos como *obedecer* e *gostar* regem, obrigatoriamente, preposição. São *transitivos indiretos*.

Em "Falei aos filhos", o verbo falar, nessa frase, pede preposição a. Não teria sentido dizer "Falei os filhos".

"aos mais velhos." (= objeto indireto)

"de música." (= objeto indireto)

"aos filhos." (= objeto indireto)

O verbo pode pedir dois complementos. Trata-se do objeto direto e indireto. Um sem preposição e o outro com preposição (avisar, comunicar, certificar, informar, proibir etc.).

Ex.: a) Comuniquei o ocorrido aos pais.

b) Falei a verdade aos filhos.

Comentários: Quando o verbo pede dois complementos, é chamado de *transitivo direto e indireto* (um termo sem preposição, o outro, com preposição):

"*o ocorrido* (= objeto direto) *aos pais* (= objeto indireto)"

"*a verdade* (= objeto direto) *aos filhos* (= objeto indireto)"

12.3. VERBO DE LIGAÇÃO

O verbo estabelece uma ligação entre o sujeito e seu atributo ou característica (= predicativo).

Ex.: a) Eu sou **feliz**. (predicativo do sujeito)

b) Estava **cansado**. (predicativo do sujeito)

c) Ele acha-se **triste**. (predicativo do sujeito)

Comentários: O *verbo de ligação*, diferentemente dos transitivos e intransitivos — que denotam *ação, movimento* —, traz uma ideia de *estado*. Geralmente são os verbos *ser, estar, ficar, parecer, continuar, achar-se* etc.

Fundamentalmente, o seu papel é o de ligar o sujeito a sua *característica*, *qualidade*, a seu *atributo* (= predicativo do sujeito). Logo, *se o verbo é de ligação*, não temos objeto na frase, e sim *predicativo do sujeito*.

Nas frases A, B, C, *feliz*, *cansado* e *triste* são adjetivos que caracterizam o sujeito, e os verbos ser, estar e achar-se indicam estado; são verbos de ligação.

> **Importante:** Na maioria das vezes, a predicação do verbo só pode ser determinada na frase, e não isoladamente. O mesmo verbo que, em um contexto, possui uma determinada transitividade, em outro, vem com transitividade diferente.
>
> Observe que mostramos isso com o verbo falar:
>
> Falei bastante ontem. (verbo intransitivo)
>
> Falei a verdade. (verbo transitivo direto)
>
> Falei aos filhos. (verbo transitivo indireto)
>
> Falei a verdade aos filhos. (verbo transitivo direto e indireto)

Resumindo:

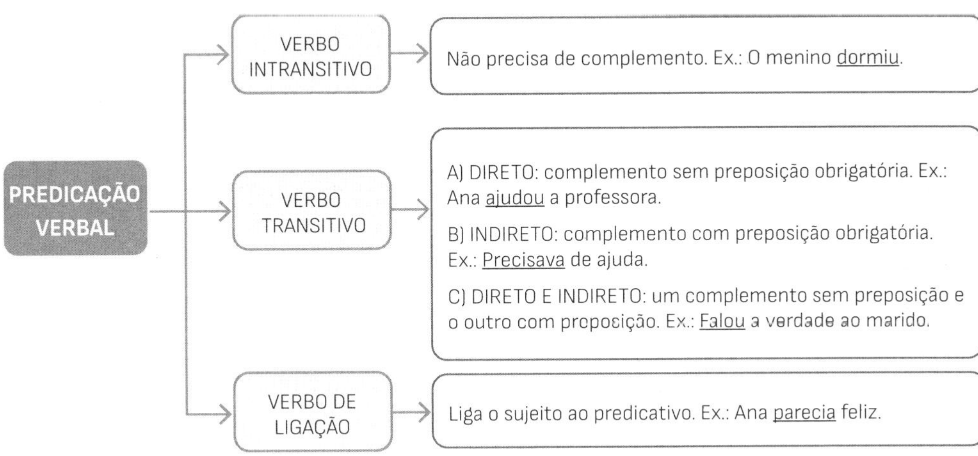

Vamos fixar os conceitos? Dê a predicação dos verbos nas frases seguintes.

1. As crianças **brincavam** alegremente no pátio.

   Comentários: O verbo *brincar*, nesta frase, não pede complemento. Após esse verbo aparecem circunstâncias (adjuntos adverbiais) de modo – *alegremente* – e de lugar – *no pátio*.

   Gabarito: verbo intransitivo.

2. Muitos amigos **chegaram** cedo.

   Comentários: A palavra cedo indica o tempo da chegada, adjunto adverbial. Não há objeto (= complemento).

   Gabarito: verbo intransitivo.

3. O salão **estava** todo pintado.

   Comentários: O verbo *estar* liga o sujeito (*salão*) a seu predicativo (*pintado*), indicando *estado*.

   Gabarito: verbo de ligação.

4. Márcia **deu** um brinde a cada participante.

   Comentários: Nessa frase, o verbo <u>dar</u> pede dois complementos:

   "... deu um brinde..." (sem preposição – objeto direto)

   "... deu a cada participante" (com preposição – objeto indireto)

   Gabarito: verbo transitivo direto e indireto.

5. Muitas pessoas **receberam** donativos.

   Comentários: O vocábulo *donativos* completa o sentido do verbo sem preposição, é objeto direto.

   Gabarito: verbo transitivo direto.

6. **Confiei** em suas palavras.

   Comentários: Repare que, nesse período, se retirarmos a preposição *em*, a frase fica sem sentido. É porque o verbo *confiar* pede obrigatoriamente essa preposição ("Confiei em suas palavras").

   Gabarito: verbo transitivo indireto.

7. **Ficamos** contentes com seu retorno.

   Comentários: Em "Ficamos <u>contentes</u>", o termo destacado não é objeto, porque mostra um estado do sujeito (*Nós*). Palavra que indica *estado*, *qualidade*, *característica* do sujeito é *predicativo*.

   Além disso, o verbo *ficar* mostra uma *mudança de estado*, e não uma *ação*, um *movimento*.

   Gabarito: verbo de ligação.

8. **Ofereci** uma recompensa aos funcionários.

   Comentários: Mais um verbo que pede, na frase em que se encontra, dois complementos: um sem preposição, o outro com preposição:

   "Ofereci uma recompensa..." (sem preposição – objeto direto)

   "Ofereci aos funcionários..." (com preposição – objeto indireto)

   Gabarito: verbo transitivo direto e indireto.

9. **Pedi** a conta e **saí** do restaurante.

   Comentários: Esse período traz dois verbos com transitividades diferentes: "Pedi a conta...", "... saí do restaurante". Na primeira passagem, o complemento do verbo aparece sem preposição (*a conta* – objeto direto); na segunda, temos uma ideia circunstancial (*do restaurante* – adjunto adverbial de lugar), e não objeto indireto.

   Gabarito: verbo transitivo direto e verbo intransitivo.

10. O mar **parecia** traiçoeiro naquela manhã.

    Comentários: Mais um verbo cuja finalidade é ligar o sujeito a sua característica (predicativo). O vocábulo *traiçoeiro* é um adjetivo que se refere ao sujeito, é, portanto, um predicativo do sujeito. Como o verbo não indica ação nem movimento, não pode ser transitivo nem intransitivo.

    Gabarito: verbo de ligação.

11. **Trouxe** a lembrança de Natal.

    Comentários: Aqui, temos um complemento do verbo *trazer* sem preposição (*a lembrança*) e uma locução que indica o lugar, a origem (*de Natal*), que funciona como adjunto adverbial.

    Gabarito: verbo transitivo direto.

12. Não **existem** mais sentimentos verdadeiros.

    Comentários: Observe, primeiro, que a frase está invertida. Na ordem, teríamos: "Sentimentos verdadeiros não existem mais". Com isso, nos certificamos de que o verbo *existir* não pede complemento (= objeto), já que *mais* acrescenta ao verbo uma ideia de tempo, adjunto adverbial, pois.

    Gabarito: verbo intransitivo.

13. A moça **vivia** preocupada.

    Comentários: O verbo *vivia*, nesta construção, indica um *estado* permanente, ligando o sujeito (*A moça*) ao seu predicativo (*preocupada*).

    Gabarito: verbo de ligação.

14. Ela **ficou** esperançosa.

    Comentários: Mais um verbo que tem o papel de *ligar* o sujeito a seu estado, característica, qualidade (predicativo).

    Gabarito: verbo de ligação.

15. Ela **ficou** no escritório.

    Comentários: Veja agora a diferença. *No escritório* indica o *lugar* onde *ela ficou*. Nesse caso, o verbo não *liga* nada. Não há predicativo nem objeto, e sim adjunto adverbial de lugar.

    Gabarito: verbo intransitivo.

16. **Fomos** a Fortaleza.

    Comentários: Outra frase que mostra uma expressão (*a Fortaleza*) cuja finalidade é se referir ao verbo indicando uma circunstância (adjunto adverbial).

    Gabarito: verbo intransitivo.

17. **Lembrou-se** dos amigos.

    Comentários: Quem se lembra se lembra de alguém.

    Gabarito: verbo transitivo indireto.

18. **Lembrei** a data do seu aniversário.

    Comentários: Em regência, veremos que o verbo *lembrar* pode aparecer com ou sem o pronome. Se vier *com* o pronome (*lembrar-se*) pede preposição; *sem* o pronome (*lembrar*), não pede preposição.

    Gabarito: verbo transitivo direto.

19. **Surgem** os primeiros raios de sol.

    Comentários: Assim como na frase 12, essa também mostra uma inversão dos termos. Na ordem, seria: "Os primeiros raios de sol surgem". Logo, não pede nenhum tipo de complemento, o sentido fica completo.

    Gabarito: verbo intransitivo.

20. Ninguém **reparou** nos maus modos daquela menina.

    Comentários: Quem repara repara em alguma coisa.

    Gabarito: verbo transitivo indireto.

21. O pedreiro **reparou** o muro parcialmente destruído.

    Comentários: Esses períodos são exemplos de verbos que, dependendo do sentido, mudam a predicação. Na frase 20, o *reparar* (= *dar atenção, dar importância*) pede preposição.

    Já na 21, esse mesmo verbo equivale a *restaurar*, *fazer conserto*. Nesse caso, não pede preposição.

    Gabarito: verbo transitivo direto.

    Já que você consegue detectar a classificação de um verbo, o próximo passo é aprender os tipos de predicado.

A seguir, observe como são trabalhadas as questões de predicação verbal nas provas de concursos públicos.

1. **(Avança SP - 2023 - Prefeitura de Americana - SP - Professor de Educação Básica)** Analise, sintaticamente, as orações e assinale a alternativa correta em relação à regência verbal:

   I. Mamãe gosta de pudim de chocolate.
   II. A menina está belíssima.
   III. Choveu intensamente.

   A) Verbo Transitivo Indireto – Verbo de Ligação – Verbo Intransitivo.
   B) Verbo de Ligação – Verbo Transitivo Indireto – Verbo Transitivo Direto.
   C) Verbo Transitivo Indireto – Verbo Intransitivo – Verbo de Ligação.
   D) Verbo Intransitivo – Verbo Transitivo Indireto – Verbo Transitivo Direto.
   E) Verbo Transitivo Direto – Verbo Transitivo Direto – Verbo Intransitivo.

   Comentários: No item I, o verbo **gostar** rege preposição **de**, verbo transitivo indireto. No item II, o verbo **estar** é de ligação, pois indica *estado* (geralmente, os verbos de ligação são *ser*, *estar*, *ficar*, *continuar*, *parecer*, *tornar-se* etc.). No item III, **choveu** é verbo intransitivo, não pede complemento, *intensamente* é adjunto adverbial.

   Importante: Os verbos **transitivos** e **intransitivos**, em geral, denotam *ação, movimento*. Os verbos de **ligação** denotam *estado*.

   Gabarito: A

2. **(MPU - FCC)** ... *elas também* ***causam*** *impactos significativos na agricultura e na saúde humana.*

   O verbo que exige o mesmo tipo de complemento que o do grifado acima está na frase:

   A) ... grandes pinheiros brotam por toda parte.
   B) ... mas que chegaram ao Brasil...
   C) ... e aqui encontraram espaço...
   D) ... o búfalo e o pinus são apenas espécies exóticas.
   E) ... e competindo com elas por alimento.

Comentários: O verbo da frase do enunciado é transitivo direto, vem seguido de seu objeto direto *impactos significativos*. Observe que a expressão *na agricultura e na saúde humana* não pode ser considerada objeto do verbo, é seu adjunto adverbial de lugar (responde à pergunta *onde?*).

Na letra A, tem-se um verbo intransitivo, seguido de um adjunto adverbial de lugar (*por toda parte*). Na letra B, o mesmo acontece: o verbo *chegar* é intransitivo, porque não vem seguido de complemento, e sim de circunstância de lugar (*ao Brasil*), que, na sintaxe, é chamada de adjunto adverbial de lugar. É na letra C que encontramos outro verbo transitivo direto, seguido de seu objeto direto *espaço*. Na letra D, temos um verbo de ligação, que liga o sujeito *o búfalo e o pinus* ao seu predicativo *espécies exóticas*. Por fim, a letra E, que traz um verbo transitivo indireto, com seu objeto indireto *com elas* e seu adjunto adverbial de causa *por alimento*.

Gabarito: C

12.4. TIPOS DE PREDICADO

Predicado: é o que se declara acerca do sujeito. Divide-se em **verbal**, **nominal** e **verbo-nominal**.

Verbal: não tem predicativo. O verbo **não** indica estado.

Ex.: O funcionário chegou.

Nominal: tem **predicativo**. O verbo indica **estado**.

Ex.: O funcionário estava contente.

Verbo-nominal: o verbo **não** indica estado. Tem **predicativo** (do sujeito ou do objeto).

Ex.: O funcionário chegou contente.

Vamos treinar?

Separe o sujeito e classifique o predicado.

1. Os jovens cantavam uma bela canção.

   Sujeito: Os jovens.

   Predicado: cantavam uma bela canção.

   Comentários: O predicado não possui predicativo. Quando isso ocorre, o predicado só pode ser verbal.

   Gabarito: predicado verbal.

2. Os jovens pareciam felizes.

   Sujeito: Os jovens.

   Predicado: pareciam felizes.

   Comentários: Agora, temos no predicado a presença de um verbo de ligação (indica estado) e de predicativo (*felizes*).

   Gabarito: predicado nominal.

3. Os jovens cantavam uma bela canção felizes.

   Sujeito: Os jovens.

   Predicado: cantavam uma bela canção felizes.

Comentários: Nesse período, há um verbo que não indica estado (*cantavam*) e predicativo (*felizes*). Se o verbo *não* indica estado, o predicado é *verbal*; se há predicativo, o predicado é *nominal*. Como nessa construção há as duas ocorrências, o predicado é verbo-nominal.

Gabarito: predicado verbo-nominal.

4. Achei-o competente.

   Sujeito: (*Eu*).

   Predicado: Achei-o competente.

   Comentários: Observe que o adjetivo *competente* se refere ao objeto direto (*o*), qualificando-o. Esse adjetivo, sintaticamente, funciona como *predicativo do objeto*. Aparecendo predicativo do objeto no predicado, só pode ser classificado como verbo-nominal.

   Gabarito: predicado verbo-nominal.

5. O desenvolvimento depende da produtividade.

   Sujeito: O desenvolvimento.

   Predicado: depende da produtividade.

   Comentários: O verbo *depende não* indica estado e *não há predicativo* na frase.

   Gabarito: predicado verbal.

6. O desenvolvimento é um processo complexo.

   Sujeito: O desenvolvimento.

   Predicado: é um processo complexo.

   Comentários: Agora temos um verbo de *ligação* (*é* — indicando estado) e predicativo do sujeito.

   Gabarito: predicado nominal.

Veja agora uma questão comentada sobre esse assunto.

1. **(Crescer Consultorias - Prefeitura de Jiroca de Jericoacoara - CE - Procurador do Município)** Possui predicado verbal a oração:

   A) "No primeiro dia de aula fui indagado por uma aluna".

   B) "Essa caminhada é infinita".

   C) "A vida não é padronizada".

   D) "Aquilo é verdade?".

   Comentários:

   A) locução verbal: fui (verbo auxiliar) indagado (verbo principal). Se fui é auxiliar, não é verbo de ligação. Indagado não é adjetivo, é verbo no particípio e é o principal nessa locução verbal. Predicado verbal.

   B) Verbo ser = verbo de ligação, ligando sujeito a predicativo. Predicado nominal.

   C) Vida: sujeito. É = verbo de ligação. Padronizada: adjetivo que qualifica vida, não é ação de padronizar, trata-se de predicativo do sujeito. Predicado nominal.

   D) Aquilo: sujeito. É: verbo de ligação. Verdade: predicativo do sujeito. Predicado nominal.

   Gabarito: A

Vou fazer um esquema para resumir os conteúdos que aprendemos até agora.

Predicado verbal – verbos de ação
• Intransitivo, transitivo direto, transitivo indireto, transitivo direto e indireto
Predicado nominal – verbos de estado
• Verbos de ligação + predicativo do sujeito
Predicado verbo-nominal – verbos de ação + predicativo
• Intransitivo, transitivo direto, transitivo indireto + predicativo do sujeito ou do objeto

12.5. EXERCÍCIOS DE FIXAÇÃO (COM GABARITO NO FINAL)

Dê a predicação dos verbos sublinhados seguindo este código:

(1) verbo intransitivo
(2) verbo transitivo direto
(3) verbo transitivo indireto
(4) verbo transitivo direto e indireto
(5) verbo auxiliar (usado na locução verbal)
(6) verbo de ligação:
(6a) estado permanente
(6b) estado passageiro
(6c) mudança de estado
(6d) continuidade de estado
(6e) aparência

1. ( ) Ela ligou o ferro silenciosa.
2. ( ) Impecável, transitava o marido pelo tempo.
3. ( ) Paulo está adoentado.
4. ( ) Paulo está no hospital.
5. ( ) As discussões continuaram pela noite.
6. ( ) Permaneciam abertas as listas de adesão às emendas.
7. ( ) Um congressista compareceu à sessão preocupado.
8. ( ) Deve chover bastante.
9. ( ) Eu sou sempre a estrela matutina
10. ( ) Surgiu, pela esquina, assobiando.
11. ( ) Os operários perfuravam a rocha com suas brocas e picaretas.
12. ( ) Existe em Nova Lima uma importante mina de ouro.
13. ( ) Contou-me um amigo uma história exemplar.
14. ( ) Uma das janelas vivia aberta.
15. ( ) Estava, naquele dia, em Friburgo.
16. ( ) Ela parece triste.
17. ( ) Distribuímos as cartas na mesa.
18. ( ) Chegamos alegres.

19. ( ) José caiu doente.
20. ( ) "Aquela estrela no peito é uma predestinação, símbolo ao mesmo tempo de fulgor e solidão."

Gabarito: 1. (2) ferro: objeto direto / silenciosa: predicativo do sujeito; 2. (1) impecável: predicativo do sujeito / pelo tempo: adjunto adverbial; 3. (6b) adoentado: predicativo do sujeito; 4. (1) no hospital: adjunto adverbial; 5. (1) pela noite: adjunto adverbial; 6. (6d) abertas: predicativo do sujeito; 7. (1) à sessão: adjunto adverbial / preocupado: predicativo do sujeito; 8. (5); 9. (6a) estrela: predicativo do sujeito; 10. (5); 11. (2) rocha: objeto direto / com suas brocas e picaretas: adjunto adverbial (instrumento); 12. (1) em Nova Lima: adjunto adverbial; 13. (4) história: objeto direto / me: objeto indireto; 14. (6a) aberta: predicativo do sujeito; 15. (1) naquele dia: adjunto adverbial / em Friburgo: adjunto adverbial; 16. (6e) triste: predicativo do sujeito; 17. (2) as cartas: objeto direto / na mesa: adjunto adverbial; 18. (1) alegres: predicativo do sujeito; 19. (6c) doente: predicativo do sujeito; 20. (6a) predestinação/símbolo: predicativo do sujeito.

12.6. QUESTÕES DE CONCURSOS COMENTADAS

1. **(MS Concursos - 2024 - CRIS - SP - Médico)** Citando-se predicado, leia os itens, marque (V) verdadeiro ou (F) falso e assinale a alternativa correta.

I- O predicado verbal tem um verbo como núcleo.
II- O predicado nominal possui um nome (substantivo ou adjetivo) como núcleo.
III- O predicado verbo-nominal possui dois núcleos: um verbo e um nome.
IV- Predicativo do sujeito é o termo que atribui características ao sujeito por meio de um verbo.

A) Apenas os itens I e III estão corretos.
B) Todos os itens estão corretos.
C) Apenas os itens II e IV estão corretos.
D) Apenas os itens I e II estão corretos.

Comentários: Pelas opções apresentadas, a letra B responde, de certa forma, satisfatoriamente ao enunciado. O predicado verbal tem como núcleo um verbo de ação. O nominal, um nome (adjetivo ou substantivo), na função de predicativo do sujeito. O verbo-nominal possui dois núcleos: um verbo de ação e um nome (predicativo do sujeito). Já a melhor teoria de predicativo do sujeito é a do termo que se refere ao sujeito caracterizando-o, qualificando-o, separando-os por meio de um verbo de ligação.

Gabarito: B

2. **(Objetiva - 2024 - Prefeitura de Pato Bragado - PR - Técnico em Enfermagem)** Sobre a estruturação do pensamento "Nasce um otário a cada minuto.", de Barnum, analisar os itens abaixo:

I. Temos um predicado verbo-nominal.
II. Temos um verbo intransitivo.
III. Temos um sujeito simples: "um otário".
IV. Temos uma oração em ordem inversa.

Estão CORRETOS:

A) Somente os itens I e II.

B) Somente os itens I e III.

C) Somente os itens I, III e IV.

D) Somente os itens II, III e IV.

Comentários: Nesse período, há inversão dos termos. Na ordem direta, teríamos: Um otário (sujeito simples) nasce (verbo intransitivo) a cada minuto (adjunto adverbial). O predicado, então, seria classificado como verbal (o núcleo é o verbo "nasce").

Gabarito: D

3. **(IBFC - 2024 - IMBEL - Cargos de Nível Médio)** Observe a transitividade dos verbos:

I. Ninguém é chato. – Verbo de ligação.

II. Reagimos de maneira automática. – Verbo transitivo direto.

III. Como se trata de uma estratégia primitiva – Verbo transitivo indireto.

IV. Sentimos frio, calor, medo ou nojo. – Verbo transitivo direto.

De acordo com as frases acima, assinale a alternativa incorreta.

A) I apenas.

B) II apenas.

C) III apenas.

D) IV apenas.

E) I, III e IV apenas.

Comentários: Os verbos de ligação indicam "estado" (ser, estar, ficar...). Correta a afirmação do item I. No item II, o verbo é intransitivo, não há complemento verbal, e sim adjunto adverbial (de maneira automática). Errada a afirmação desse item. No III, o verbo "tratar-se" pede preposição "de", é transitivo indireto. No IV, o verbo "sentimos" é transitivo direto, não rege preposição obrigatória, os termos seguintes são objetos diretos.

Gabarito: B

4. **(Instituto Consulplan - 2024 - Prefeitura de Pitangueiras - SP - Médico)** O verbo sublinhado em "No campo da psicologia, o narcisismo foi descrito pela primeira vez por Sigmund Freud, no século XIX, e <u>faz</u> referência ao jovem e belo Narciso, [ ]" apresenta a seguinte regência:

A) Intransitivo.

B) Bitransitivo.

C) Transitivo direto.

D) Transitivo indireto.

Comentários: Nessa passagem, o verbo "fazer" pede dois complementos: faz referência (objeto direto) ao jovem e belo Narciso (objeto indireto), introduzido pela preposição A (Ao jovem).

Gabarito: B

5. **(IBFC - 2024 - Prefeitura de Fortaleza - CE - Médico)** Assinale a alternativa correta em relação à função sintática dos termos da oração: "O país / reconhece / a importância dos bens arqueológicos".

   A) Sujeito simples / verbo intransitivo / predicativo.
   B) Sujeito composto / verbo transitivo indireto / predicativo do objeto.
   C) Sujeito simples/ verbo transitivo direto / objeto direto.
   D) Sujeito indeterminado / verbo intransitivo / objeto indireto.
   E) Sujeito inexistente/ verbo bitransitivo / complemento nominal.

   Comentários: Os termos da frase anterior aparecem na ordem direta: sujeito + verbo + complemento. O termo "O país", portanto, funciona como sujeito do verbo "reconhece", que não rege preposição (transitivo direto). Seu complemento (a importância dos bens arqueológicos) é objeto direto.

   Gabarito: C

6. **(Instituto Consulplan - 2024 - Prefeitura de Além Paraíba - MG - Supervisor Pedagógico)** Considere a regência do verbo em *"A vida é um mundo de possibilidades."*. É correto afirmar que a alternativa que apresenta sublinhado um verbo de mesma classificação quanto à predicação se dá em:

   A) *"<u>Está</u> difícil flanar nas ruas de hoje."*
   B) *"O acaso, o destino, quanta coisa <u>passa</u> por uma cabeça vadia!"*
   C) *"De repente, os aposentados <u>saíram</u> da toca e estão na rua [...]"*
   D) *"A gente <u>sabe</u> que o endereço da felicidade é no passado e é mentira."*

   Comentários: O verbo da oração apresentada é de ligação, indica estado (ser, estar, ficar, parecer, continuar...). Das opções apresentadas, na letra A também aparece esse tipo de verbo (estar).

   B) verbo intransitivo;

   C) verbo intransitivo;

   D) verbo transitivo direto.

   Gabarito: A

7. **(Instituto Consulplan - 2023 - MPE - BA - Assistente Técnico-Administrativo)**

   TÍTULO: **A vida é um eterno amanhã**

   De acordo com as funções sintáticas exercidas pelos termos da oração, pode-se afirmar que a estrutura linguística do título do texto apresenta:

   A) Linguagem mista em que a forma verbal reflete um estado do sujeito.
   B) A composição de uma frase nominal em que a principal informação é uma característica.
   C) A composição de uma frase verbal em que a ação verbal expressa é o centro do predicado.
   D) Predicado verbo-nominal indicando a intenção do enunciador de apresentar duas informações importantes.
   E) Predicado nominal em que o predicativo do sujeito é responsável por expressar informação relacionada ao sujeito.

Comentários: No período desse título, aparece o verbo "ser", de ligação. Logo, o termo seguinte (um eterno amanhã) só pode ser predicativo do sujeito. Se há verbo de ligação, há predicativo. O predicado só pode ser nominal.

Gabarito: E

8. **(FEPESE - 2023 - EPAGRI - Analista Administrativo e Financeiro)** Assinale a frase com predicado verbo-nominal e predicativo do objeto direto.

A) Diga aos vendedores que eles foram muito competentes e que superaram a meta previamente estabelecida.

B) Parece que o diretor do hospital está finalmente decidido a investir na ampliação do ambulatório central.

C) Apesar dos processos e condenações por corrupção e lavagem de dinheiro, elegeram-no deputado federal para um quarto mandato.

D) O herói e sua façanha de salvar a criança afogada estavam nas páginas de todos os jornais e nas redes sociais.

E) Fique certo, nobre colega deputado, que entre mim e o prefeito não existem nem existirão questões e desavenças pessoais.

Comentários: No predicado verbo-nominal, aparecem verbos que NÃO indicam estado (normalmente indica ação, movimento) e predicativo (do sujeito ou do objeto). Na opção C, essa estruturação ocorre: verbo "eleger", objeto direto (o) e a expressão "deputado federal", que determina, caracteriza o objeto direto, funcionando como predicativo do objeto.

Gabarito: C

9. **(FGV - 2023 - SEE - MG - Professor de Educação Básica)** Os verbos de ligação indicam estados (estado permanente, estado transitório, aparência de estado, continuidade de estado e mudança de estado).

Assinale a frase em que o verbo ESTAR é classificado como verbo de ligação.

A) Na realidade, não conhecemos nada, pois a verdade <u>está</u> no íntimo.

B) O resultado <u>está</u> nas mãos de Deus.

C) Ideias genéricas e presunção <u>estão</u> sempre perto de causar uma terrível desgraça.

D) O espaço mescla-se com o tempo assim como o corpo <u>está</u> misturado com a alma.

Comentários: Na opção D, o verbo "estar" está ligando o predicativo do sujeito (misturado) ao sujeito dessa forma verbal (corpo), indicando estado passageiro, transitório. É um verbo de ligação. Nas outras opções, não há predicativo, e sim adjuntos adverbiais. Os verbos são intransitivos.

Gabarito: D

10. **(FGV - 2023 - AL - MA - Consultor Legislativo Especial)** O verbo *ficar* pode ser empregado como verbo de ligação, com o sentido de "mudança de estado", equivalente a "tornar-se".

Assinale a frase que serve de exemplo para esse emprego.

A) Nossos corpos são onde nós <u>ficamos</u>, nossos espíritos são o que nós somos.

B) Os homens não podem <u>ficar</u> parados no mesmo lugar.

C) Onde <u>fica</u> o bairro da Prainha nesta cidade?

D) Os livros mais caros <u>ficam</u> nas prateleiras mais altas.

E) A justiça pode <u>ficar</u> cega, mas tem dispositivos de escuta muito sofisticados.

Comentários: Na opção E, ao dizer que "A justiça pode ficar cega", entende-se que ela pode "passar a ser, transformar-se" em algo, nisso (ficar cega).

A) nessa frase, é intransitivo;

B) estado passageiro;

C) intransitivo;

D) intransitivo.

Gabarito: E

12.7. QUESTÕES DE CONCURSOS PROPOSTAS (COM GABARITO NO FINAL)

1. **(AMEOSC - 2024 - Prefeitura de Anchieta - SC - Monitor de Creche)** Assinale a alternativa que possua o emprego de um predicado verbo-nominal:

A) O ambiente estava tranquilo.

B) Os alunos saíram da prova felizes com o resultado.

C) Eles construíram uma casa no campo.

D) Ela correu para chegar a tempo.

2. **(IBADE - 2023 - RBPREV - AC - Técnico Previdenciário)** No texto "Pureza é ao mesmo tempo um filme emocionante e vigoroso.", o predicado é classificado:

A) verbal.

B) nominal.

C) verbo-nominal.

D) há dois tipos de predicado.

E) na frase não é predicado.

3. **(Instituto JK - 2024 - Prefeitura de Vargem Grande - MA - Agente Administrativo)** Relacione a segunda coluna de acordo com a primeira, associando os tipos de predicado.

A – Os jogadores deixaram o estádio.

B – Pablo andava preocupado.

C – A moça considerou a atitude inexplicável.

D – O poeta é um fingidor.

1. PREDICADO VERBAL

2. PREDICADO VERBO-NOMINAL

3. PREDICADO NOMINAL

A) A1 – B1 – C3 – D2.

B) A1 – B1 – C2 – D3.

C) A1 – B3 – C2 – D3.

D) A1 – B3 – C3 – D2.

4. **(FUNDATEC - 2024 - Prefeitura de Santa Rosa - RS - Médico Veterinário)** Considerando o fragmento adaptado "Os produtores dependem do corante índigo", analise as seguintes asserções e a relação proposta entre elas:

I. O predicado é classificado como nominal.

PORQUE

II. O predicado apresenta verbo de ligação e predicativo do sujeito.

A respeito dessas asserções, assinale a alternativa correta.

A) As asserções I e II são proposições verdadeiras, e a II é uma justificativa da I.

B) As asserções I e II são proposições verdadeiras, mas a II não é uma justificativa da I.

C) A asserção I é uma proposição verdadeira, e a II é uma proposição falsa.

D) A asserção I é uma proposição falsa, e a II é uma proposição verdadeira.

E) As asserções I e II são proposições falsas.

5. **(Instituto Consulplan - 2024 - Câmara de Itajubá - MG - Contador Público)**

"[...] o guia <u>enfatiza</u> a complexidade do enfrentamento àquela que o compositor Paulinho da Viola tão acertadamente classificou como 'lava que cobre tudo'."

Conforme a regência verbal, o verbo "enfatizar", neste contexto, é classificado como:

A) Intransitivo.

B) Transitivo direto.

C) Transitivo indireto.

D) Transitivo direto e indireto.

6. **(IBFC - 2024 - Prefeitura de Fortaleza - CE - Técnico em Enfermagem)** Analise a função sintática dos termos da oração: "ela / fica / temerosa" e assinale a alternativa correta em relação à classificação.

A) Ela: sujeito indeterminado / fica: verbo transitivo direto / temerosa: objeto direto.

B) Ela: sujeito simples / fica: verbo transitivo indireto / temerosa: predicativo do objeto.

C) Ela: sujeito simples / fica: verbo de ligação/ temerosa: predicativo do sujeito.

D) Ela: sujeito indeterminado / fica: verbo de ligação / temerosa: predicado verbal.

E) Ela: sujeito inexistente / fica: verbo de ligação / temerosa: predicado nominal.

7. **(Instituto Consulplan - 2024 - Prefeitura de Campos dos Goytacazes - RJ - Contador)** Sobre a regência do verbo responder em: "Só o tempo e o próprio ser humano responderão a essa indagação.", assinale a alternativa correta.

A) Intransitivo.

B) Transitivo direto.

C) Transitivo indireto.

D) Transitivo direto e indireto.

8. **(Instituto Consulplan - 2024 - Prefeitura de São João Nepomuceno - MG - Auxiliar de Aprendizagem)** "[...] nós <u>dependemos</u> delas para a nossa sobrevivência.". Quanto à regência do verbo sublinhado, assinale a alternativa correta.

A) Bitransitivo.

B) Intransitivo.

C) Transitivo direto.
D) Transitivo indireto.

9. **(IBFC - 2024 - IMBEL - Cargos de Nível Médio)** Analise o fragmento referente à regência verbal: "Esqueça a necessidade de querer agradar a todo mundo". Agora analise as afirmativas abaixo.

I. Apresenta-se como verbo transitivo indireto com o significado de "fazer carinho".
II. Apresenta-se como verbo transitivo direto com o significado de "fazer carinho".
III. Apresenta-se como verbo transitivo indireto com o significado de "ser agradável".
IV. Apresenta-se como verbo intransitivo com o significado de "ser agradável".

Estão corretas as afirmativas:

A) I apenas.
B) II apenas.
C) III apenas.
D) IV apenas.
E) II e III apenas.

10. **(Instituto Consulplan - 2024 - Prefeitura de Nova Iguaçu - RJ - Orientador Educacional)** Quanto à regência do verbo "limitar" em "No entanto, limitar esse problema à tecnologia seria uma ideia equivocada, [...]", assinale a alternativa correta.

A) Intransitivo.
B) Transitivo direto.
C) Transitivo indireto.
D) Transitivo direto e indireto.

11. **(Instituto Consulplan - 2024 - Prefeitura de Santa Maria de Jetibá - ES - Assistente Social)** Em relação à regência dos verbos "dedicar" e "estudar" em "Nos anos seguintes, Freudenberger se dedicou a estudar o fenômeno.", assinale a afirmativa correta.

A) Os dois verbos são intransitivos.
B) "Dedicar" é transitivo indireto e "estudar" é transitivo direto.
C) O primeiro é transitivo direto e o segundo é transitivo indireto.
D) Os dois verbos recebem a mesma classificação: transitivo direto.

12. **(IBFC - 2024 - IMBEL - Agente de Apoio Operacional)** Assinale a alternativa incorreta em relação aos termos essenciais da oração na divisão entre sujeito e predicado.

A) A ginástica / estreou nos Jogos de Atenas 1896.
B) Os atletas / competiram em quatro aparelhos.
C) As mulheres também passaram / a competir.
D) A última delas / foi conquistada nos Jogos de Roma 1960.
E) Arthur Zanetti / superou o chinês Chen Yibing.

13. **(IBFC - 2023 - SEAD - GO - Analista Ambiental)** Analise o fragmento com vistas à análise sintática, especificamente, predicação: "Uma das características mais marcantes dos COEs é a sua flexibilidade (...)" e assinale a alternativa correta.

A) predicado verbal.
B) predicado nominal.
C) predicado verbo nominal.
D) predicativo do objeto.
E) predicativo do advérbio.

14. (IBFC - 2023 - Prefeitura de Cuiabá - MT - Enfermeiro) Considere a última oração do texto "ainda que à distância pareçam iguais" para responder a questão seguinte.

Ao analisar o predicado dessa oração, pode-se afirmar, a respeito de sua construção que:
A) possui dois núcleos, sendo um verbo e um advérbio.
B) classifica-se como nominal e tem um adjetivo como núcleo.
C) é um predicado verbal, pois possui um só núcleo verbal.
D) apresenta um verbo impessoal seguido de adjetivo.

15. (FGV - 2023 - Câmara dos Deputados - Consultor Legislativo) Os verbos de estado podem apresentar o valor de estado permanente, estado transitório, aparência de estado, continuidade de estado ou mudança de estado.

Assinale a frase em que o verbo sublinhado mostra valor *diferente* dos demais.
A) Ele andava maluco com tantas preocupações.
B) Ele já estava bem, mas teve novo acesso e ficou louco.
C) A festa começou bem, mas terminou em bagunça.
D) A conferência estava com muita gente, mas virou um deserto.
E) A liquidação da loja tornou-se uma confusão enorme.

GABARITO:

1. B	2. B	3. C	4. E	5. B
6. C	7. C	8. D	9. C	10. D
11. B	12. C	13. B	14. B	15. A

Acesse o material suplementar

uqr.to/20vgv

Termos da Oração 13

Primeiramente, vamos conhecer os termos essenciais da oração.

13.1. TERMOS ESSENCIAIS

São termos essenciais da oração o sujeito e o predicado, este já abordado.

Existem três tipos de sujeito: determinado – identificado na oração; indeterminado – o sujeito não é identificado na oração; e oração sem sujeito – quando as orações são construídas com verbos impessoais, os quais não admitem agentes de ação. Antigamente, a oração sem sujeito era conhecida como sujeito inexistente.

Núcleo do sujeito: é o termo principal, palavra mais **especificada** do sujeito; e tudo o que vem ao redor se refere a esse núcleo. Não se trata da palavra "mais importante" do sujeito, definição vista em muitos livros, mas que, a meu ver, deve ser questionada, em razão de sua subjetividade (o que é mais importante para mim pode não ser para você). O melhor é entender que núcleo do sujeito é a palavra mais especificada do sujeito. O núcleo do sujeito pode ser substantivo, pronome substantivo ou numeral substantivo, nunca será um adjetivo.

1) Sujeito determinado

Quando o sujeito é identificado na oração. Pode ser simples, composto, oculto ou oracional.

a) Simples: formado por um núcleo, ou seja, um termo principal.

Ex.: O **funcionário** da casa comprou um carro.

> Para localizar o sujeito na oração: primeiro, encontre o verbo. Depois, siga o passo a passo: ir ao verbo e perguntar: **quem é que comprou?** Identificado o sujeito, destacar o predicado – o que sobra exceto o sujeito. Isolar o sujeito e identificar o termo principal, o núcleo. Em [O funcionário da casa] qual é o núcleo: **funcionário**. Sujeito simples porque só tem um núcleo.

Elas estão sempre falando a verdade.

1 núcleo: sujeito simples – Classe: pronome substantivo pessoal reto.

O **barco** afundou.

1 núcleo: sujeito simples – Classe: substantivo.

b) Composto: formado por dois ou mais núcleos.

[Maria Carla e Pedro] terminaram o casamento.

Maria Carla / Pedro = 2 núcleos = Sujeito composto.

Eu, você e o nosso amigo chegamos atrasados mais uma vez.

Quem chegou atrasado? Eu, você e nosso amigo.

Núcleos: eu / você / amigo = 3 núcleos = Sujeito composto.

c) Oculto: o nome dos termos vai mudando de acordo com a época. O sujeito oculto, também chamado de elíptico, desinencial ou implícito, é aquele que não está declarado na oração.

Na ida para o trabalho, encontrei um velho amigo de infância.

Quem é que encontrou? EU (= encontr**ei**) = 1ª pessoa do singular = sujeito: EU

O sujeito não aparece expresso na frase, mas é identificado pela desinência do verbo: 1ª pessoa do singular; o sujeito é EU. Como não aparece, pode ser chamado de oculto, elíptico, implícito, desinencial.

Há inclusive autores que consideram esse tipo de sujeito como simples, o que também está correto, pois o fato de ele estar implícito não faz com que deixe de ser **simples**: só tem um núcleo. Depende do que a banca perguntar, por isso preste atenção ao que é solicitado.

d) Sujeito Oracional: possui um verbo, ou seja, é uma oração.

Aparece em certas construções, como:

– Verbos do tipo **convém, basta, falta, parece, importa**... Em geral, quando o período começa com esse tipo de estrutura, há uma tendência de ser sujeito oracional.

Parece **que ela chega hoje**. SUJEITO é uma ORAÇÃO = Substitua por: ISSO

Parece [**que ele chega hoje**.] = ISSO

– Verbo de ligação + predicativo do sujeito: **é bom, está claro**...

Está claro **que todos reconhecerão o erro**. VL + Predicativo do sujeito + ISSO

2) Sujeito Indeterminado

O sujeito indeterminado é aquele em que não podemos identificar o agente da ação, nem pelo contexto, nem pela terminação verbal.

No indeterminado, mesmo olhando a desinência do verbo não se sabe quem é:

Chegaram cedo.

Quem chegou cedo?

Não se sabe! Elas / eles? = **Sujeito indeterminado**

> O sujeito indeterminado, quando vem com o verbo na 3ª pessoa do plural, pode ser confundido com o sujeito oculto. Por que o sujeito é indeterminado, e não oculto? Porque sujeito oculto é um sujeito determinado, que se sabe quem é, só não aparece na frase. Por outro lado, sujeito indeterminado não se consegue determinar quem é.

Há três formas de indeterminar o sujeito:

– com verbo na 3ª pessoa do plural que não se refere a nenhum substantivo citado anteriormente na oração.

Falaram que ele venceu.

Quem é que falou? Alguém, não se sabe quem. = Sujeito indeterminado (sem referência a sujeito anteriormente).

– com pronome "se" e verbo intransitivo, transitivo indireto ou de ligação na 3ª pessoa do singular (de modo que não se consegue identificar quem pratica a ação).

Note a diferença das estruturas de SE como pronome apassivador e SE como índice de indeterminação do sujeito:

SE + VTD / VTDI	SE + VI / VTI / VL na 3ª pessoa do singular
• Voz passiva sintética • Partícula apassivadora • Sujeito é paciente, determinado	• Índice de indeterminação do sujeito (pronome indeterminador do sujeito): não se sabe quem é • Sujeito indeterminado

Veja os exemplos:

Desperta-**se** feliz.

VI na 3ª pessoa do singular. SE = índice de indeterminação do sujeito.

Quem desperta feliz? Alguém, não se sabe quem = Sujeito indeterminado.

Necessita-**se** de mulheres corajosas.

VTI na 3ª pessoa do singular. SE = índice de indeterminação do sujeito.

Quem necessita? Não se sabe = Sujeito indeterminado.

Nem sempre **se** é bondoso o tempo todo.

VL na 3ª pessoa do singular. SE = índice de indeterminação do sujeito.

Quem é que é bondoso o tempo todo? Não se sabe quem é, qualquer um.

– com verbo no infinitivo impessoal (verbo que não tem pessoa).

É difícil **contentar** uns e outros.

Verbo no infinitivo impessoal

Quem vai contentar? Alguém, não se sabe = Sujeito indeterminado.

Seria útil **estudar** mais sobre a matéria.

Era bom **correr** pelo gramado!

A seguir, exemplos para você aprender a diferenciar o infinitivo impessoal (sujeito indeterminado) com infinitivo pessoal (sujeito determinado, simples):

Infinitivo impessoal com infinitivo pessoal (que é conjugado)

Para **aprender**, é necessário dedicação.

Verbo no infinitivo impessoal sem sujeito

Quem é que vai aprender? Qualquer um = sujeito indeterminado.

Para **aprenderes**, é necessário dedicação.

Sujeito TU = desinência do verbo = infinitivo pessoal   TU = Sujeito oculto, simples, determinado

Para **aprender**, ele precisa de suporte.

Infinitivo pessoal sem marca da desinência, mas contextual: ELE = Sujeito oculto, simples, determinado.

Note que, no último exemplo, não bastou olhar a desinência do verbo, porque a desinência, nesse caso, é "zero". Então, nesse caso, é preciso verificar o contexto para identificar o sujeito.

Resumindo:

Sujeito indeterminado:

– verbo na 3ª pessoa do plural sem referência anterior;

– verbo na 3ª pessoa do singular + SE (índice de indeterminação do sujeito);

– infinitivo impessoal.

3) Oração sem sujeito

A oração sem sujeito é diferente das anteriores.

Nas orações sem sujeito, o sujeito é inexistente, uma vez que elas são constituídas por verbos impessoais, ou seja, que não admitem agentes da ação, como é o caso de:

– Verbos que indicam fenômenos da natureza: **amanheceu, anoiteceu, choveu, nevou, ventou, trovejou** etc.

Choveu durante dia.

– Verbo haver quando empregado com sentido de **existir, acontecer** e indicando **tempo passado**.

No sentido de existir:

Há bons livros na biblioteca do colégio = verbo **haver** impessoal

Indicação de passado:

Há dois anos não o vejo = verbo **haver** indicando tempo passado

– Verbos **ser, fazer, haver, estar, ir** e **passar** indicando tempo ou distância

Tempo: **Está** na hora do almoço.

Passa de duas horas.

Vai para três anos.

Distância: **São** dois quilômetros daqui.

Não tem sujeito, mas o verbo concorda com a expressão que vem depois que é adjunto adverbial.

O verbo SER possui uma concordância especial, por isso que empregado no sentido de tempo e distância nas orações sem sujeito faz a concordância com a expressão numérica que vem depois, ou seja, com predicativo, que é um adjunto adverbial.

São dois quilômetros = Predicativo / expressão numérica

São duas horas = Predicativo / expressão numérica

Resumo

Podem-se resumir os tipos de sujeito em três grupos:

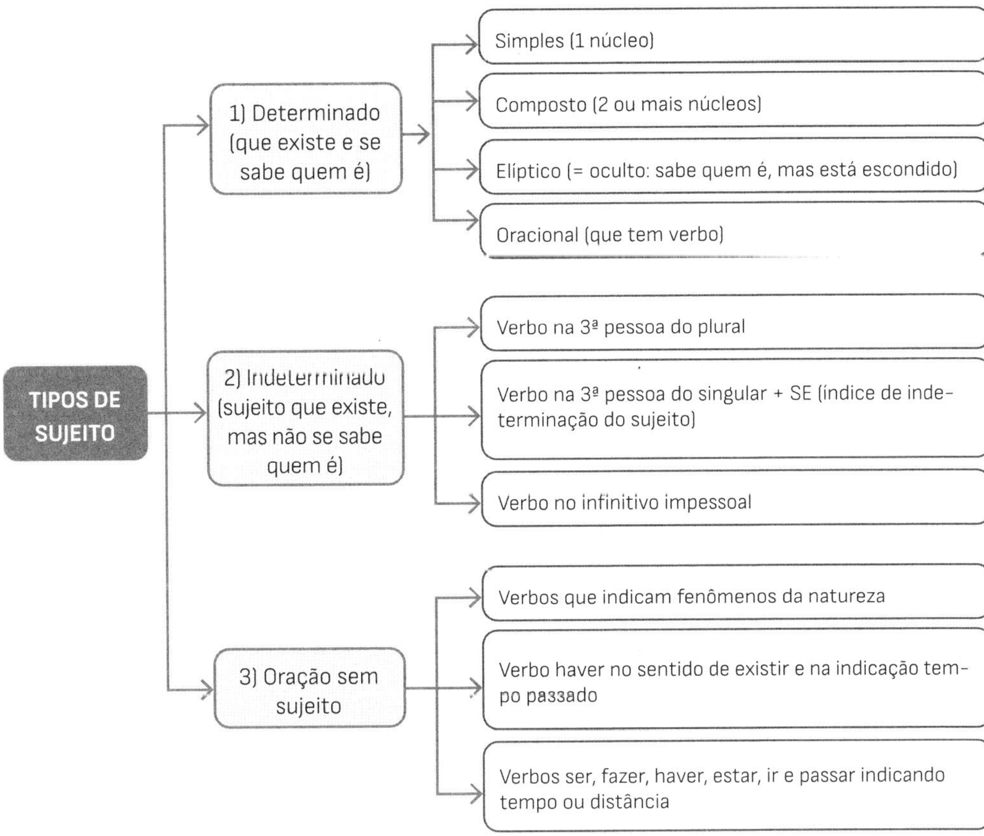

Classifique o sujeito dos verbos sublinhados usando o seguinte código:

a) sujeito simples
b) sujeito composto
c) sujeito indeterminado
d) oração sem sujeito

1. Ficaram para trás os debates. (   )

Comentários: É preciso localizar o sujeito, fazendo a pergunta ao verbo: o que é que ficou para trás? [Os debates]. Sujeito só tem um núcleo. Simples.

Gabarito: A

2. "Desenvolveram-lhe o gérmen que a natureza lhe pusera no coração a viveza da imaginação e a leitura de certos livros." (   )

Comentários: Ao perguntar ao verbo pelo sujeito: **o que é que desenvolveu**? encontra-se o sujeito [A **viveza** da imaginação e a **leitura** de certos livros]. Sujeito tem dois núcleos. Composto.

Gabarito: B

3. "Não há sinal de paz, mas tudo me acalma em seu olhar." ( ) ( )

   Comentários: Verbo haver no sentido de existir é impessoal. Oração sem sujeito (**D**). No segundo verbo: o que é que ne acalma? [tudo]. Sujeito simples. (**A**).

   O pronome ME que está entre o **tudo** e o **acalma** é objeto direto. Nem tudo o que vem antes do verbo é sujeito. Para saber a função sintática do pronome, troque-o pela expressão "o menino": mas tudo acalma o menino. Veja que dessa forma fica mais evidente perceber que é objeto direto.

   Gabarito: D / A

4. Quem roubou toda minha alegria? ( )

   Comentários: ao ir ao verbo: **quem é que roubou?** [Quem] = pronome indefinido interrogativo na classe gramatical e sujeito na sintaxe. Mesmo sem saber semanticamente quem é a pessoa "que roubou toda minha alegria", o pronome substantivo está expresso na oração. Sujeito simples.

   Gabarito: A

5. Assiste-se hoje a momentos de superação do conceito de Estado-Nação. ( )

   Comentários: Quem é que assiste? Alguém, não se sabe quem. Continue olhando para o verbo: **quem assiste, assiste A**: note que há preposição: VTI. O verbo está na 3ª pessoa do singular, é intransitivo e está acompanhado do SE = índice de indeterminação do sujeito. Sujeito indeterminado.

   Gabarito: C

6. Não se vai falar aqui dos grandes transtornos urbanos. ( )

   Comentários: não é porque o SE fica antes do verbo que vai mudar a função dele! SE é igual ao da frase anterior: está ligado ao verbo, índice de indeterminação do sujeito. É preciso focar o último verbo locução verbal: falar. **Quem fala fala DE** = VTI. Essa oração traz duas situações difíceis: o SE antes do verbo e a locução verbal. Lembre-se de sempre olhar para o verbo principal, pois é ele que tem a transitividade. SE + VTI.

   Gabarito: C

7. Parecem-me eles mais felizes do que nunca. ( )

   Comentários: Quem é que parece? [eles]. Verbo na 3ª pessoa do plural nem sempre é sujeito indeterminado. O sujeito: eles.

   Gabarito: A

8. Certamente lhes ocorrerão ideias melhores do que esta. ( )

   Comentários: Pergunte pelo sujeito. **Que é que ocorrerá?** [ideias melhores do que esta]. O núcleo é a palavra mais especificada: substantivo **ideias**. Esse sujeito só tem um núcleo.

   Gabarito: A

9. Ouviram vozes. ( )

   Comentários: Quem é que ouviu? Alguém, não se sabe quem. Verbo na 3ª pessoa do plural e o sujeito não está expresso: sujeito indeterminado.
   Percebeu a diferença entre esta frase e a frase 7?

Frase 7: [parecem-me eles...] o verbo está na 3ª pessoa do plural, mas o sujeito está expresso; aqui o verbo está na 3ª pessoa do plural e o sujeito não está no contexto, por isso é sujeito indeterminado.

Gabarito: C

10. Amanheceu rapidamente. ( )

Comentários: **Quem é que amanheceu?** Não há sujeito.

Gabarito: D

11. Havia marcas da passagem do tempo em todos os rostos. ( )

Comentários: Verbo haver no sentido de existir é impessoal. Oração sem sujeito.

Gabarito: D

12. Existiam marcas da passagem do tempo em todos os rostos. ( )

Comentários: O verbo **existir** é pessoal! **O que é que existia?** [marcas da passagem do tempo em todos os rostos]. Núcleo: marcas – palavra mais especificada. Sujeito simples.

Gabarito: A

13. Choveu muito confete na comemoração. ( )

Comentários: Preste atenção aqui. **Choveu** está no sentido figurado, conotativo, ou seja, não está no sentido usual e literal. Não é chover indicando fenômeno da natureza, caracterizando oração sem sujeito. Aqui foi o "confete que choveu". [Muito confete] sujeito; núcleo: confete. Sujeito simples.

Gabarito: A

14. Zezé faz 20 anos hoje. ( )

Comentários: Observe com atenção. **Quem faz 20 anos?** [Zezé]. Aqui o sujeito apareceu. Se a frase fosse: **Faz 20 anos hoje**, a oração seria sem sujeito porque o verbo **fazer** indicando tempo é impessoal e não tem sujeito. Veja a diferença: Zezé faz 20 anos hoje [Zezé – sujeito simples] – Faz vinte anos que Zezé nasceu (fazer no sentido de tempo: oração sem sujeito).

Gabarito: A

15. Eles haviam feito o trabalho. ( )

Comentários: Verbo **haver** somente no sentido de existir que é impessoal. Note que o verbo **haver** é o auxiliar na locução verbal e é conjugado; o verbo principal fica no particípio e é o que tem a transitividade. **Quem é que faz o trabalho?** [Eles]. Sujeito simples. Na locução verbal, quem manda é o verbo principal e quem obedece é o auxiliar.

Gabarito: A

16. Pode haver briga e discussão. ( )

Comentários: Note que esta frase é diferente da anterior. Compare:

[Eles] haviam feito.... sujeito / **haviam** (auxiliar) **feito** (principal) – Pode haver... / **pode** (auxiliar) **haver** (principal com sentido de existir). Oração sem sujeito.

Gabarito: D

17. Ainda fazia frio em setembro. ( )

Comentários: Quem é que fazia? Ninguém fazia. Verbo fazer indicando tempo. Oração sem sujeito.

Gabarito: D

A seguir, esse assunto é cobrado pelas bancas de concursos:

1. **(Instituto Consulplan – 2024 – Prefeitura de Além Paraíba – MG – Agente Comunitário de Saúde)** Sobre o sujeito do verbo "fazer" no excerto "O caminho natural, porém, é a ciência vencer essa luta novamente, como fez antes.", é correto afirmar que é:

A) Desinencial.

B) Indeterminado.

C) Composto, pois é "caminho natural".

D) Simples, pois é o substantivo "ciência".

Comentários: O responsável pela flexão dos verbos "fazer" e "vencer" é "ciência". Pelo sentido, ela (a ciência) vence a luta como já fez (ela, a ciência) antes.

Gabarito: D

2. **(FGV – 2024 – Prefeitura de São Lourenço da Mata – PE – Professor de Língua Portuguesa)** Assinale a alternativa que contém uma oração com sujeito oculto.

A) Se vocês estão bem lembrados, ao aproximar-se o Ano Mil...

B) Tanto que, para adiantar serviço, muitos se mataram antes.

C) Como exemplo, eis um ponto em que hoje todos estão concordes...

D) E a transformação da face do mundo é como a transformação da cara da gente...

E) Deixemos, pois, o Ano Dois Mil chegar imperceptivelmente...

Comentários: Na opção E, a desinência verbal (-mos) indica que o sujeito só pode ser "nós", facilmente subentendido. Logo, o sujeito é classificado como oculto, ou desinencial.

A) Vocês;

B) muitos;

C) todos;

D) transformação.

Gabarito: E

3. **(FEPESE – 2024 – Prefeitura de Palhoça – SC – Auxiliar de Sala)** Assinale a alternativa em que temos o sujeito indeterminado.

A) Choveu muito ontem.

B) Precisa-se de pedreiros.

C) Pedimos ajuda para a professora.

D) Há muita gente na sala de espera.

E) Mariana, Nara e seus filhos chegaram cedo para a cerimônia.

Comentários: Basicamente, há duas maneiras de indeterminar o sujeito:

1. verbo na terceira pessoa do plural, sem sujeito expresso na frase (Falaram de você);

2. verbo na terceira pessoa do singular mais a partícula "se" (Falou-se do aquecimento global).

Na opção B, aparece uma dessas estruturas. Sujeito indeterminado.

A) oração sem sujeito;

C) sujeito oculto/ desinencial;

D) oração sem sujeito;

E) sujeito composto.

Gabarito: B

Agora vamos conhecer os termos integrantes da oração, e, logo depois, os acessórios.

13.2. TERMOS INTEGRANTES

a) **Objeto direto:** complemento que integra a significação do verbo **sem o auxílio de preposição obrigatória.**

Ex.: A crise financeira estimulou a crença no intervencionismo do Estado. (estimulou-a)

Em uma locução verbal, quem manda é o verbo principal e quem obedece é o verbo auxiliar. Ao se buscar, portanto, a transitividade da locução verbal, olhe para o principal, que é o verbo que tem a transitividade, não o auxiliar.

Ex.: Vais encontrar o mundo. (= Vais encontrá-lo)

Vais encontrar = locução verbal

verbo auxiliar + verbo principal

o mundo = OD (sem preposição) = LO

Quem vai encontrar? TU, sujeito elíptico. Encontrar o quê? O mundo: sem preposição = objeto direto.

Para substituir um objeto direto por pronome: encontrá-lo.

Vamos entender a diferença entre objeto direto, objeto direto preposicionado e objeto indireto?

Não confunda:

Objeto preposicionado x Objeto indireto

Como saber? Veja a regência do verbo!!!

Amar a Deus = Preposição: OD preposicionado ou OI?

Quem ama ama alguém. O verbo não pede preposição = VTD. Preposição facultativa = OD preposicionado.

O objeto preposicionado vem, muitas vezes, com preposição por uma questão de ênfase, com verbos que indicam sentimentos: amar a Deus, adorar aos deuses, adore a seus pais... quem adora adora alguém, sem preposição. O verbo adorar não rege preposição. No caso do objeto direto preposicionado, a supressão da preposição não gera, portanto, erro gramatical nem mudança de sentido.

> Outros casos em que ocorre objeto direto preposicionado:
> – evitar ambiguidade: O sócio traiu a parceira;
> – realçar o complemento: Cumprimos com o acordado;
> – realçar parte de um todo: Bebia do vinho com satisfação.

b) Objeto indireto: complemento que integra a significação do verbo, ligando-se a este por meio de **preposição obrigatória**.

Ex.: As alunas responderam ao professor. (responderam-lhe)

Sintaxe dos pronomes pessoais oblíquos e átonos

PRONOMES	EMPREGOS
O, A, OS, AS	Complementos sem preposição, em geral, objeto direto
LHE, LHES	Complementos com preposição, em geral, objeto indireto
*ME, TE, SE, NOS, VOS ("curingas")	Podem ser tanto objetos diretos como indiretos (ver regência do verbo)

* No caso dos pronomes curingas, eu os chamo assim porque eles tanto podem atuar como objetos diretos como podem atuar como objetos indiretos, sua classificação dependerá da regência do verbo. Um bom artifício é trocar o pronome ME por um substantivo no masculino para ver se ele vem ou não antecedido de preposição. Eu faço sempre essa troca, utilizando O MENINO.

Ex.: Aguardavam-**me** desde cedo. = O verbo aguardar é transitivo direto. Quem aguarda aguarda [o menino] = OD

Ousas desobedecer-**me**.

Nesse caso, o verbo obedecer é transitivo indireto: quem desobedece desobedece [ao menino] =VTI. ME = OI

c) Complemento nominal: complemento **preposicionado** de um substantivo, de um adjetivo ou de um advérbio.

Observação: Quando esse termo preposicionado completa o substantivo, tem valor passivo. Se o termo preposicionado completar adjetivo ou advérbio, só pode ser complemento nominal.

Ex.: Venda de armas.

(subst. abstr.) (ideia passiva – as armas foram vendidas)

Estou certo da vitória.

(adj.)

Favoravelmente aos empresários.

(adv.)

d) Agente da passiva: termo preposicionado que **exerce a ação verbal** na voz passiva.

Na voz passiva analítica, há a seguinte estrutura:

Sujeito PACIENTE (que sofre a ação) + Verbo SER / ESTAR / FICAR + verbo no PARTICÍPIO

Ex.: Ela está sendo conquistada **por mim**.

locução verbal = verbo SER (auxiliar) + PARTICÍPIO (verbo principal)

Ela está sendo **conquistada por mim**.

Sujeito paciente	Verbo SER + particípio	**Agente da passiva**

A oração está na voz passiva analítica e o elemento que exerce a ação é o agente da passiva. Normalmente, vem com preposição POR, mais raramente também pode vir introduzido por DE.

Ele foi cercado **de curiosos**.
Ele = sujeito paciente
Foi cercado = verbo SER (auxiliar) + PARTICÍPIO (verbo principal) = Locução verbal
De = POR
De curiosos = exerce a ação na voz passiva = agente da passiva

Ele foi reconhecido **pela mulher**.
Ele = sujeito paciente
Foi reconhecido = verbo SER (auxiliar) + PARTICÍPIO (verbo principal) = Locução verbal
Pela mulher = exerce a ação na voz passiva = agente da passiva

Vamos resumir o que é necessário saber sobre objeto direto e objeto indireto pleonásticos?

Objeto pleonástico:
* Pode ser OD / OI.
* Vem sempre sob a forma pronominal.
* Tem sempre função anafórica.
* Reforça / dá ênfase ao objeto direto / indireto.

Veja os exemplos:

O livro, eu não **o** li.
OD **OD pleonástico**
Coloque a frase em ordem direta:
Eu não li o livro.
Eu = sujeito.
O livro = objeto direto.
O = objeto direto pleonástico.
Ao regulamento, eu não lhe obedeço.
Quem obedece obedece ao regulamento.
Ao regulamento = objeto indireto.
LHE = objeto indireto pleonástico.

Vamos resumir os termos integrantes?

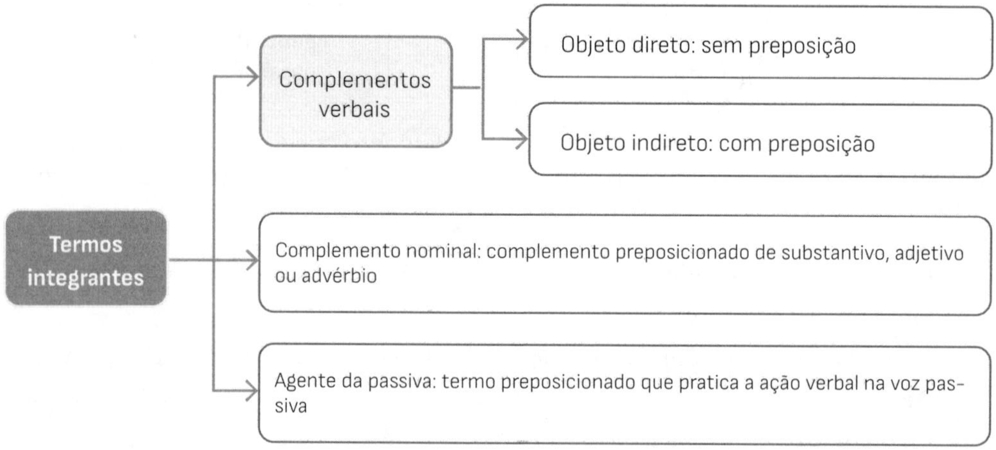

Classifique os termos sublinhados usando (1) para objeto direto; (2) objeto indireto; (3) complemento nominal; e (4) agente da passiva.

1. ( ) Precisávamos de tua ajuda.

   Comentários: A expressão *preposicionada* completa o sentido do *verbo* transitivo indireto.

   Gabarito: 2.

2. ( ) Tinha certeza de sua chegada.

   Comentários: O vocábulo certeza é substantivo (nome) seguido de expressão preposicionada.

   Gabarito: 3.

3. ( ) Estava certo de sua chegada.

   Comentários: A expressão destacada completa um adjetivo (nome) com preposição.

   Gabarito: 3.

4. ( ) Comemoramos a sua promoção.

   Comentários: Agora, o *complemento do verbo* vem sem preposição.

   Gabarito: 1.

5. ( ) Sua promoção foi comemorada pelos familiares.

   Comentários: Observe que nesse período o sujeito recebe a ação verbal ("A promoção *foi comemorada*"), é um sujeito paciente. A expressão sublinhada é o termo que age na voz passiva.

   Gabarito: 4.

6. ( ) Necessito de um favor seu.

   Comentários: Mais uma frase em que a preposição aparece por exigência de um verbo.

   Gabarito: 2.

7. ( ) Tinha necessidade de sua presença.

   Comentários: Confronte essa frase com a anterior. Aqui, o termo preposicionado completa um *nome substantivo* (necessidade), e não um verbo.

   Gabarito: 3.

8. ( ) Demoliram aquele prédio antigo.

   Comentários: O verbo *demolir* não pede preposição, é transitivo direto. Logo, no complemento, não aparece preposição.

   Gabarito: 1.

Veja três questões comentadas sobre os termos integrantes da oração:

1. (CESPE/CEBRASPE - 2022 - PC - PB - Perito Oficial Químico Legal)

> *Nas últimas décadas, os sentimentos de medo e de insegurança diante da violência e do crime, no Brasil, agravaram-se durante a transição para o regime democrático,* ***com o aumento da violência urbana. A escalada dessa violência*** *não se limitou às metrópoles brasileiras, verificando-se também nas pequenas e médias cidades do interior do país. Nesse período, houve uma rápida expansão da riqueza, pública e privada, o que provocou* ***uma série de mudanças****. Alterou-se profundamente a infraestrutura urbana, com a dinamização do comércio local, a expansão dos serviços ligados às novas tecnologias da informação e da comunicação e a construção de novas rotas ligando os diferentes estados e facilitando o trânsito entre os países. Ocorreram, ainda,* ***mudanças importantes na composição da população,*** *provocadas pela oferta de trabalho em outras cidades e(ou) estados e pela rápida diversifica ção da estrutura social, com a expansão da escolarização média e superior e da profissionalização.*
>
> *Essas tendências da urbanização produziram inumeráveis consequências que agravaram* ***o ciclo de crescimento da violência.*** *Ao lado da diversificação das estruturas sociais e das mudanças na composição social da população, houve aumento da mobilidade social, transformaram-se os estilos de vida, assim como se diversificaram os contatos interpessoais. Paralelamente a esses avanços e essas conquistas, foram desenvolvidos os "bolsões" de pobreza urbana,* ***enclaves no seio dos centros urbanos*** *ou na periferia das cidades, constituídos onde a precariedade dos serviços urbanos avançou* pari passu *a uma baixa oferta de trabalho, à escolarização deficiente e à precarização do suporte social e institucional às famílias.*

No texto, o trecho "A escalada dessa violência" (segundo período do primeiro parágrafo) exerce a mesma função sintática que o trecho:

A) "enclaves no seio dos centros urbanos" (último período do segundo parágrafo).

B) "com o aumento da violência urbana" (primeiro período do primeiro parágrafo).

C) "uma série de mudanças" (terceiro período do primeiro parágrafo).

D) "mudanças importantes na composição da população" (último período do primeiro parágrafo).

E) "o ciclo de crescimento da violência" (primeiro período do segundo parágrafo).

Comentários: O trecho "A escalada dessa violência" no texto funciona como sujeito do verbo "limitar". Na opção D, "mudanças importantes na composição da população" é sujeito do verbo "correr".

A) Aposto explicativo;

B) Adjunto adverbial;

C) Objeto direto;

D) Objeto direto.

Gabarito: D

2. **(Instituto Consulplan – 2024 – Prefeitura de Divinópolis – MG – Psicólogo da Educação)** Dentre os termos destacados a seguir, distingue-se sintaticamente dos demais apenas:

A) *"Em áreas onde <u>a pobreza</u> é generalizada* [...]"

B) *"Não há dúvidas de que <u>toda ação</u> é importante,* [...]"

C) "[...] *<u>o trabalho escravo</u> persiste nos dias de hoje,* [...]"

D) *"para enfrentar <u>essa violação grave</u> dos direitos humanos."*

Comentários: Na opção D, a expressão destacada tem a função de objeto direto, completa o sentido do verbo transitivo direto "enfrentar". Nas outras opções, funcionam como sujeito.

Gabarito: D

3. **(CESPE/CEBRASPE – 2022 – Banrisul – Analista de Segurança da Tecnologia da Informação)**

Fonte: www.poupardinheiro.com.br.

Considerando a imagem precedente, julgue o item a seguir.

O termo "o novo cartão do Banrisul" exerce a função de complemento da forma verbal "Chegou".

CERTO

ERRADO

Comentários: Aqui ocorre uma troca entre os termos. Na ordem direta seria: "O novo cartão do Banrisul chegou". Sua função, portanto, é de sujeito, e não de complemento.

Gabarito: ERRADO

Por fim, os termos **acessórios**, aqueles que a gramática classifica como dispensáveis na frase.

13.3. TERMOS ACESSÓRIOS

a) **Adjunto adnominal:** "termo que limita, individua a significação de um substantivo."

Ex.: Dois alunos; O / Um aluno; Aluno inteligente / de inteligência.
(num.) (art.) (adj.) (loc. adj.)

Meu aluno; Invasão dos mosquitos.
(pron.) (loc. adj.)

O adjunto adnominal refere-se ao substantivo, determinando-o. Veja o exemplo a seguir:

Os meus dois bons amigos de infância chegaram.

Qual é o sujeito? Pergunte. Quem é que chegou?

Sujeito Predicado
[Os meus dois bons amigos de infância] [chegaram.]

Dentro do sintagma (expressão nominal) que compõe o sujeito, temos o núcleo (amigos) e, a seu redor, os adjuntos adnominais.

No quadro a seguir, sistematizaremos os adjuntos adnominais extraídos do sujeito e suas respectivas classes gramaticais:

	Os	meus	dois	bons	de infância
Classe	Artigo	Pronome	Numeral	Adjetivo	Locução adjetiva
Função	Adjunto adnominal	Adjunto adnominal	Adjunto adnominal	Adjunto adnominal	Adjunto adnominal

O adjunto adnominal é um termo que vem junto ao nome (substantivo), esteja esse nome no sujeito ou no predicado. Onde houver substantivo pode existir adjunto adnominal. Ele recebe esse nome — adjunto adnominal — porque vem junto ao nome, especificando-o, retirando-o da generalização. O nome passa a ter um sentido específico quando ao lado do adjunto adnominal.

Na classe gramatical, o adjunto adnominal pode ser artigo, pronome, numeral, adjetivo ou locução adjetiva.

b) **Adjunto adverbial:** vocábulo ou expressão que denota alguma circunstância (tempo, lugar, modo...) do fato expresso pelo verbo. Pode ainda modificar o adjetivo ou o próprio advérbio.

Ex.: Falavam muito; Homem muito bom; Saíram muito cedo.
(verbo) (adj.) (adv.)

Falava sobre música; Correu de medo; Estava em casa.
(verbo) (verbo) (verbo)

Características do adjunto adverbial:

1) Liga-se ao verbo, adjetivo ou outro advérbio, indicando circunstância.

   Falava **muito**. (verbo) – adjunto adverbial de intensidade

   Saíram **muito** cedo. (advérbio) – adjunto adverbial de intensidade

   Homem **muito** bom. (adjetivo) – adjunto adverbial de intensidade

   Estava **em casa**. (verbo) – adjunto adverbial de lugar

2) É invariável (não se flexiona em gênero ou número).

3) Indica circunstância e, por esse motivo, sempre pode sair da frase.

   E o que é circunstância? Circunstância é "história do fofoqueiro", aquele que busca informações adicionais, aquele que quer saber de tudo. Fofoqueiro é que pergunta com quem (adjunto adverbial de companhia), onde (adjunto adverbial de lugar), por que (adjunto adverbial de causa), para que (adjunto adverbial de finalidade), de que (adjunto adverbial de meio/ transporte)... Circunstância é, portanto, informação acessória.

   Saber o que é uma circunstância é um verdadeiro patrimônio! Sentir "cheiro" de circunstância salva sua vida: na pontuação, nos deslocamentos, por exemplo, adjunto adverbial deslocado vem marcado por vírgula. E como reconhecer facilmente um adjunto adverbial? Ele indica ideia circunstancial – lugar, tempo, finalidade, causa, condição, concessão, companhia, modo, meio –, ideia sintaticamente não necessária à frase.

4) Na morfologia, o adjunto adverbial é o advérbio ou a locução adverbial (expressão formada por duas ou mais palavras com valor de advérbio). Não confunda classe gramatical com função sintática. Na classe gramatical, ele é o advérbio ou a locução adverbial. Na função sintática, será o adjunto adverbial.

   Ex.: Estava em casa.

   Estava: verbo.

   em casa: locução adverbial na função sintática de adjunto adverbial e refere-se ao verbo.

   Indica circunstância: adjunto adverbial de lugar.

   Como não confundir o objeto indireto com o adjunto adverbial?

> Semelhanças: ambos se referem ao verbo.
>
> Diferenças: o objeto indireto completa o verbo e o adjunto adverbial indica circunstância. Portanto, caso a expressão preposicionada se refira ao verbo e indique circunstância, será adjunto adverbial, e não objeto indireto. Veja o exemplo:
>
> Fomos <u>ao clube</u>.
>
> Nesse caso, a expressão grifada refere-se ao verbo e indica circunstância de lugar, sendo, portanto, adjunto adverbial de lugar. E o verbo, por vir seguido de adjunto adverbial (que é sintaticamente expressão acessória), é classificado como intransitivo.

c) Aposto: "termo de natureza substantiva ou pronominal que se acrescenta a outro substantivo ou pronome". Os tipos de aposto são:

1. Explicativo: Machado de Assis, um dos maiores nomes da nossa literatura, escreveu livros inesquecíveis.
2. Enumerativo: Naquele instante, recorri a dois amigos: Gilson e Itamar.
3. Distributivo: Érico Veríssimo e José de Alencar foram grandes escritores brasileiros, este do Romantismo e aquele do Modernismo.
4. Resumitivo: Empresários, trabalhadores, ninguém confia em nossos governantes.
5. Especificativo: A cidade de Paris é encantadora.
6. *Em referência a uma oração: Ele agora trabalhava com dedicação, o que é elogiável.

* Observação: Esse tipo de aposto é representado, normalmente, pelo pronome demonstrativo o ou pelos substantivos coisa, razão, motivo etc.

d) **Vocativo:** termo que se usa para chamar por alguém ou coisa personificada. Vocativo é um chamamento, uma invocação. Vem isolado por vírgula.

José, venha cá.

[José] = **vocativo**

e) **Predicativo:** qualidade atribuída ao sujeito ou ao objeto.

Ex.: **Todos** voltaram satisfeitos.
(suj.) (predicativo do sujeito)

Considero-**o** apto.
(o.d.) (predicativo do objeto)

Trata-se do termo que acrescenta alguma coisa ao sujeito ou ao objeto mediante um verbo qualquer.

Em geral, é um atributo, uma característica, atribuído ao sujeito ou ao objeto.

O predicativo é função sintática que vem sempre no predicado. Ele pode ser predicativo do sujeito ou do objeto. Predicativo não é só formado por adjetivo, há outras classes de palavras que podem ter a função de predicativo: substantivo, pronome, numeral. Vamos agora falar de cada um deles.

Predicativo do sujeito

O homem estava **preocupado**.
VL Adjetivo na classe / Predicativo do sujeito na função sintática.

Nesse caso, o adjetivo vem no predicado e se refere ao sujeito: predicativo do sujeito.

(Nós) somos **cinco**.
VL Numeral na classe / Predicativo do sujeito na função.

O mar virou **sertão**.
VL Substantivo na classe gramatical e predicativo do sujeito na função.

[O professor] sou **eu**.
Sujeito VL Pronome reto na classe gramatical e predicativo do sujeito na função.

Você já aprendeu o predicativo do sujeito. Vamos estudar o predicativo do objeto?

Predicativo do objeto

O predicativo do objeto, em geral, ocorre por extensão semântica do verbo, que, além do objeto, pede outro termo que complete o seu sentido.

Acompanhe os exemplos esquematizados para você entender na prática:

Encontraste a porta **aberta**.

Quem encontra?

TU = sujeito – Encontra o quê? a porta = OD

porta **aberta**

(estado da porta) / adjetivo, na classe gramatical, que vem no predicado e refere-se ao objeto – predicativo do objeto direto.

Vamos, então, resumir o que é necessário saber sobre o predicativo?

> Predicativo é função sintática, vem sempre no predicado e pode ser do sujeito ou do objeto.
>
> Normalmente é adjetivo, mas pode ser substantivo, advérbio, numeral e pronome.
>
> Vem sempre com verbo de ligação? Não. O predicativo pode vir com verbo de ação no predicado verbo-nominal.

Predicativo do objeto direto

Termo integrante da oração que caracteriza o objeto direto, no predicado verbo-nominal.
A empresa considerou o **empregado indispensável**
considerou = VTD
indispensável (adjetivo) = predicativo do objeto direto = qualifica o **empregado** (OD)

→

Predicativo do objeto indireto

Termo integrante da oração que caracteriza o objeto indireto, também no predicado verbo-nominal.
Gosto **de você alegre**.
VTI OI adjetivo
(qualifica você e se refere ao OI – predicativo do objeto indireto)

Resumo:

Termos acessórios

- Adjunto adnominal: vem junto ao nome, especificando-o.
- Adjunto adverbial: denota alguma circunstância.
- Aposto: termo de natureza substantiva que se acrescenta a outro substantivo (ou pronome).
- Vocativo: chamamento, invocação.
- Predicativo
  - Do sujeito: característica que vem no predicado e se refere ao sujeito.
  - Do objeto: extensão semântica do verbo.

Vejamos alguns exercícios de fixação.

Classifique os termos sublinhados usando (1) para adjunto adnominal; (2) adjunto adverbial; (3) aposto; (4) vocativo; (5) predicativo do sujeito; e (6) predicativo do objeto.

1. ( ) Bom dia, meu caro senhor!

   Comentários: Quando chamamos por alguém, ou coisa personificada, tem-se o vocativo.

   Gabarito: 4.

2. ( ) Chegou ao escritório às 9 horas.

   Comentários: Nesse período, os termos preposicionados se referem ao *verbo* indicando, respectivamente, *circunstâncias* de lugar e tempo

   Gabarito: 2.

3. ( ) Fernanda, a representante da turma, saiu neste instante.

   Comentários: Quando um substantivo (*representante*) ou pronome se refere a outro substantivo (*Fernanda*), temos o aposto. Como a finalidade é explicar, esclarecer o termo anterior, o aposto é chamado de explicativo.

   Gabarito: 3.

4. ( ) Cinema, rádio, televisão, nada o distraía.

   Comentários: Agora, o pronome *nada* se refere aos substantivos com a intenção de resumir a informação prestada por esses termos. O aposto é resumitivo.

   Gabarito: 3.

5. ( ) ( ) Ao longe, uma nuvem surgiu carregada.

   Comentários: A expressão *Ao longe* remete ao *lugar* onde *surgia* a nuvem. Na segunda ocorrência, o adjetivo *carregada* se refere ao sujeito *nuvem*.

   Gabarito: 2 e 5.

6. ( ) Chamou o amigo de ingrato.

   Comentários: Temos em *de ingrato* uma característica atribuída ao objeto direto *amigo*.

   Gabarito: 6.

7. ( ) ( ) ( ) As minhas sugestões eram simples.

   Comentários: Repare que o substantivo *sugestões* vem delimitado pelo artigo (*As*) e pelo pronome (*minhas*). Essas palavras vêm *junto* ao substantivo. Já o adjetivo *simples* se refere ao substantivo *sugestões*, que funciona como sujeito, e vem *separado* por um verbo, e não junto.

   Gabarito: 1, 1 e 5.

8. ( ) ( ) Coração sem amor é um campo minado.

   Comentários: A locução *sem amor*, preposicionada, vem junto ao substantivo *coração*, assim como o adjetivo *minado* vem *junto* ao substantivo *campo*.

   Gabarito: 1 e 1.

9. ( ) ( ) As suas mãos tremiam de medo.

   Comentários: O pronome *suas*, ao lado do substantivo, delimita as *mãos*, já a expressão *de medo* se refere ao *verbo* indicando circunstância de causa.

   Gabarito: 1 e 2.

10. ( ) ( ) O velho ranzinza arquejava cansado.

Comentários: O adjetivo *ranzinza* vem *junto* ao substantivo *velho* e o adjetivo *cansado*, separado pelo verbo, se refere ao sujeito.

Gabarito: 1 e 5.

Resumindo: Cuidado com os termos **preposicionados**!

Vamos agora resumir as diferenças entre termos da oração que normalmente confundem os alunos. Na sequência, veja como isso é cobrado em provas de concursos.

Objeto indireto x Adjunto adverbial
Objeto indireto
Completa o sentido de um verbo transitivo indireto (com preposição obrigatória). Não há ideia circunstancial. Ex.: Lembrou-se do ocorrido.
Adjunto adverbial
Refere-se ao verbo acrescentando a ele uma ideia circunstancial (tempo, lugar, modo, causa, intensidade...). Ex.: Chegamos ao anoitecer (ideia de tempo).

1. **(CESPE/CEBRASPE - 2024 - TSE - Técnico Judiciário)**

— Antônio José Pereira

— chamava o mesário.

— Está na Europa — dizia um eleitor, explicando o silêncio.

— Pôncio Pilatos!

— Morreu, senhor; está no Credo.

Tinha começado a chamada e prosseguia lentamente para não dar lugar a reclamações. Nove décimos dos eleitores não respondiam por isto ou por aquilo.

Em "Nove décimos dos eleitores não respondiam por isto ou por aquilo", o termo "por isto ou por aquilo" funciona como complemento da forma verbal "respondiam".

CERTO

ERRADO

Comentários: Pelo contexto, a expressão "por isto ou por aquilo" não funciona como complemento verbal (objeto indireto, no caso), e sim como adjunto adverbial de causa. Essa fração de eleitores não respondia por uma ou outra razão, por um ou outro motivo.

Gabarito: ERRADO

Complemento nominal x Adjunto adnominal
Complemento nominal
Sempre preposicionado. Completa um substantivo, um adjetivo ou um advérbio. Quando completa um substantivo, a expressão preposicionada tem valor passivo. Ex.: Reforma da praça. (subst.) (ideia passiva = a praça foi reformada)

Adjunto adnominal

Aparecendo preposição, a ideia é ativa.

Ex.: Construção do arquiteto.
(subst.) (ideia ativa = o arquiteto construiu)

Observação: essa dúvida é mais frequente quando o termo preposicionado completa um substantivo abstrato (indica ação, sentimento, qualidade – protesto, viagem, amor, tristeza, reforma, construção...).

2. (FGV - 2022 - MPE - BA - Estagiário de Direito) A frase abaixo em que os dois termos sublinhados NÃO mostram a mesma função no texto é:

A) Um fechamento do Congresso nem sempre é um retrocesso, porque pode ser uma medida de aceleração do processo democrático.

B) Nós queremos um regime que não seja apenas da raposa, queremos um regime da raposa e da galinha, onde existam espaço para os dois.

C) As mulheres dos outros candidatos ao governo do Estado de São Paulo são simplesmente esposas. Eu não.

D) Se você anda de montanha-russa durante nove anos, acaba tendo vontade de andar de alguma outra coisa.

E) Se gordura fosse engraçada, não haveria necessidade de humorista. Bastava o pessoal comprar um quilo de toucinho e rir o ano todo.

Comentários: Em todas as opções aparecem termos preposicionados que se referem a substantivos. Com isso, pretende-se distinguir adjunto adnominal de complemento nominal. Quando a expressão preposicionada se refere a um substantivo com ideia passiva, sua função é a de complemento nominal; quando NÃO há ideia passiva, esse termo preposicionado funciona como adjunto adnominal.

Ex.: A construção DA CASA (a casa foi construída, ideia passiva).

A construção DO ARQUITETO (NÃO há ideia passiva).

O comando da questão fala dos termos que não possuem a mesma função. Na letra E, na primeira passagem, essa expressão completa o nome "necessidade", com a ideia passiva (atenção: nem sempre é fácil identificar uma dessas ideias, tem de interpretar. Nesse caso, a ideia passiva pode não estar tão clara, mas ativa com certeza não é: o humorista não necessita de nada, nessa passagem. Pense dessa forma, busque os dois caminhos). Na segunda ocorrência, esse termo preposicionado se refere ao substantivo "quilo", não trazendo ideia passiva, adjunto adnominal.

A) complementos nominais;

B) adjuntos adnominais;

C) adjuntos adnominais;

D) adjuntos adverbiais.

Gabarito: E

3. (FCC) A alternativa em que o elemento sublinhado indica o agente e não o paciente do termo anterior é:

A) "A utilização de qualquer um deles."

B) "A queima do petróleo."

C) "Inundação de vastas áreas."
D) "A fauna aquática dos rios."
E) "Construção de barragem."

Comentários: Ora, ao se pedir o elemento agente, e não paciente, excluem-se as hipóteses de ser o termo um objeto indireto ou um complemento nominal: tanto um quanto outro, por serem complementos, o primeiro de verbo e o segundo de nome, possuem valor passivo.

Na letra A, temos um substantivo abstrato utilização, seguido de uma expressão preposicionada com valor passivo (de qualquer um deles). Basta reescrever a frase e você verá tal valor passivo: qualquer um deles é utilizado. É, portanto, complemento nominal. Nas letras B, C e E, a história se repete: temos substantivos abstratos (queima, inundação e construção), seguidos de seus complementos, todos com valor passivo. Como dissemos anteriormente, procure reescrever as frases e você verá o valor passivo: o petróleo é queimado (letra B); vastas áreas são inundadas (letra C); e a barragem é construída (letra E). Todas as três alternativas sendo, portanto, complementos nominais.

Somente na letra D encontramos uma expressão preposicionada que se refere a um substantivo concreto (fauna). Veja também a ideia de posse que essa expressão traz: os rios possuem a fauna aquática. O adjunto adnominal, que as gramáticas mencionam ter um valor ativo, pode também trazer, quando junto ao substantivo concreto, um valor de posse. E isso pode ajudar você a identificá-lo mais facilmente na frase.

Gabarito: D

Adjunto adnominal x Predicativo do objeto

Adjunto adnominal

Termo acessório, pode ser retirado da frase sem prejuízo do seu sentido.

Ex.: Fizeram perguntas tolas.

Predicativo do objeto

Aparece por extensão semântica do verbo. Sua retirada prejudica o perfeito entendimento da frase.

Ex.: Julguei as suas perguntas tolas.

4. (Instituto Access – 2023 – UFJ – Assistente em Administração)

Mosquitos e carrapatos que se multiplicam com mais facilidade em lugares quentes têm levado para esses países doenças infecciosas que eles julgavam extintas.

No período acima, o termo sublinhado exerce função sintática de:

A) objeto direto.
B) predicativo do sujeito.
C) adjunto adnominal.
D) aposto.
E) predicativo do objeto.

Comentários: Na última oração, entende-se, organizando esse período, que "eles (sujeito) julgavam (verbo transitivo direto) as doenças infecciosas (objeto direto) extintas (predicativo do objeto)". Esse adjetivo se refere ao objeto direto, e não ao sujeito. Extintas eram as doenças infecciosas.

Gabarito: E

5. **(VUNESP - 2023 - Prefeitura de São Bernardo do Campo - SP - Professor)** Ensinando-se a gramática da língua por meio da metalinguagem, espera-se que os alunos identifiquem que o termo integrante predicativo do sujeito, destacado na oração "... examinei **trêmulo** cada dedo.", também ocorre no seguinte enunciado:

 a) ... vi no dedão do pé direito um arranhão **sangrento**.
 b) ... nela entro com um pé **calçado** de meias e botas.
 c) Cubro-me **parcialmente** com o lençol...
 d) Contento-me em fazer um bom e útil **curativo**.
 e) **Deprimido**, desfaço-me do aparato de cirurgião.

 Comentários: Na frase apresentada, trêmulo é adjetivo que funciona como predicativo do sujeito, indicando o estado do sujeito (Elíptico — Eu), termo que está no predicado e se refere a sujeito — (Eu) examinei trêmulo cada dedo. A mesma estruturação ocorre na opção E, em que o adjetivo deprimido se refere ao sujeito elíptico Eu — (Eu) desfaço-me deprimido do aparato de cirurgião. Nas opções A e B, os termos destacados funcionam como adjuntos adnominais, se referem aos substantivos arranhão e pé, respectivamente. Na C, parcialmente se refere ao verbo cobrir, funcionando como adjunto adverbial. Na D, curativo é substantivo na função de objeto direto.

 Gabarito: E

> Outra forma de constatar se um termo é adjunto adnominal ou predicativo do objeto é pela pronominalização do objeto. Veja:
>
> O aluno considerou a prova fácil.
>
> Para verificar se "fácil" é adjunto adnominal ou predicativo do objeto, o primeiro passo é substituir o objeto (a prova) por um pronome pessoal:
>
> O aluno considerou-**a** fácil.
>
> Perceba que, mesmo com essa substituição, o termo "fácil" continuou no período. Isso indica que o vocábulo não faz parte do objeto, ou seja, não é um adjunto adnominal (que vem junto ao núcleo), e sim predicativo do objeto. Agora veja:
>
> O aluno resolveu uma prova fácil.
>
> Ao substituir o objeto direto (uma prova) por um pronome oblíquo, temos:
>
> O aluno resolveu-a.
>
> Agora, o "fácil" não aparece mais, indicando que esse vocábulo faz parte do objeto, sendo, portanto, um adjunto adnominal.

Você já percebeu que a tendência das bancas é trabalhar com frases fora da ordem direta, para confundir o aluno? Por isso, não se esqueça de, nas frases mais complexas, desenvolver um passo a passo para a organização do período, procedendo da seguinte forma:

Ordem direta no período simples
1. Vá ao verbo e pergunte pelo sujeito 2. Depois de detectar o sujeito, pergunte por seus complementos: objetos diretos ou indiretos. 3. Se a frase possuir predicativo, este deverá ficar após os complementos verbais. 4. Os adjuntos adverbiais ficarão sempre ao final.

Mais frases para exercitar.

Use os seguintes códigos para classificar as frases.

(1) objeto indireto

(2) adjunto adverbial

(3) adjunto adnominal

(4) predicativo do sujeito

(5) predicativo do objeto

(6) aposto

(7) complemento nominal

(8) agente da passiva

1. ( ) Os profissionais <u>competentes</u> enfrentaram muitas dificuldades.

Comentários: Adjetivo que vem *junto* ao substantivo é adjunto adnominal.

Gabarito: 3.

2. ( ) Os profissionais eram muito <u>competentes</u>.

Comentários: Agora, o mesmo adjetivo vem separado por um verbo e se refere ao sujeito.

Gabarito: 4.

3. ( ) Consideramos aqueles profissionais <u>competentes</u>.

Comentários: Repare que, embora o adjetivo venha junto ao substantivo, que funciona como objeto direto, a retirada desse vocábulo prejudica o entendimento da frase (consideramos aqueles profissionais...?). Qual é a consideração sobre eles? Logo, <u>não</u> pode ser classificado como adjunto adnominal.

Gabarito: 5.

4. ( ) O rapaz foi preso <u>pelo detetive</u>.

Comentários: O termo sublinhado *exerce a ação verbal* na voz passiva (o detetive age, prende o ladrão).

Gabarito: 8.

5. ( ) Tinha grande amor <u>à humanidade</u>.

Comentários: A expressão sublinhada completa o sentido de um nome substantivo com preposição. Há ideia passiva (a humanidade *recebe* a ação do *amor*, a humanidade não ama, não é ativa).

Gabarito: 7.

6. ( ) O coração não resistiu à emoção.

   Comentários: O verbo *resistir* pede preposição obrigatória (*à emoção* completa o sentido de um verbo transitivo indireto).

   Gabarito: 1.

7. ( ) Existe, nesta cidade, um clima de paz.

   Comentários: A expressão sublinhada indica o *lugar* onde *existe* um clima de paz.

   Gabarito: 2.

8. ( ) Rui, o orador, logo se pronunciou.

   Comentários: Um substantivo (*orador*) que determina, explica outro substantivo (Rui).

   Gabarito: 6.

9. ( ) Beber demais é prejudicial à saúde.

   Comentários: Nesse período, *à saúde* completa o sentido do *nome adjetivo* (*prejudicial*) com preposição.

   Gabarito: 7.

10. ( ) A felicidade dos candidatos contagiava o ambiente.

    Comentários: A expressão destacada se refere ao substantivo, vem junto. Repare que em construções como essa é comum confundir adjunto adnominal com complemento nominal. Nesse caso, verifique a ideia do *termo preposicionado*: se for ativa, será adjunto adnominal; se for passiva, complemento nominal.

    Em "A felicidade dos candidatos", eles estavam felizes, ideia ativa, portanto.

    Gabarito: 3.

11. ( ) Tinha necessidade de afeto.

    Comentários: Mais um termo preposicionado em relação ao nome, só que com ideia passiva (*o afeto* recebe a ação do nome, é uma necessidade voltada *ao afeto*, e não *o afeto* necessita de algo).

    Gabarito: 7.

12. ( ) ( ) Os candidatos chegaram apressados ao local da prova.

    Comentários: O adjetivo *apressados*, separado por um verbo, se refere ao *sujeito*; *ao local da prova* indica *o lugar* a que chegaram.

    Gabarito: 4 e 2.

13.4. EXERCÍCIOS DE FIXAÇÃO (COM GABARITO NO FINAL)

I. Classifique os termos acessórios sublinhados usando o seguinte código:

(1) adjunto adnominal	(3) aposto
(2) adjunto adverbial	(4) vocativo

1. ( ) Na ausência do marido, a mulher responderá pela dívida.
2. ( ) Para quem mora na cidade existem dois espaços bem diferenciados: o morro e a rua.
3. ( ) Evento realizado nesta semana em São Paulo.
4. ( ) A cidade de Florianópolis é encantadora.

5. ( ) Os cidadãos de Florianópolis estão mais confiantes no governo.
6. ( ) Eram habitantes daquele lugar onde se matam pobres.
7. ( ) A pobre Antônia tem, nos olhos grandes, uma tristeza milenar.
8. ( ) "Brasil, mostra a tua cara."
9. ( ) Os meninos correram de medo.
10. ( ) Era esposa descuidada.
11. ( ) Um dia notou a mulher um leve afrouxar-se das pálpebras.
12. ( ) Realizaram ações de vulto.
13. ( ) ( ) ( ) "Uma língua é uma coisa bela, mutável e misteriosa como um arco-íris."
14. ( ) Se a reforma é tão pequena, para que fazê-la?
15. ( ) Ele agora trabalhava com dedicação, o que é elogiável.

II. Distinga o adjunto adnominal (1) do complemento nominal (2).

Observação: Aqui, trataremos apenas dos termos preposicionados.

1. ( ) Era um homem de juízo.
2. ( ) Tinha horror à pasteurização.
3. ( ) Ninguém fica indiferente à publicidade.
4. ( ) O código de trânsito vai ser incluído no currículo escolar.
5. ( ) A imaginação das agências é inesgotável.
6. ( ) Estamos no país da "solucionática."
7. ( ) Gastava rios de dinheiro com regozijo.
8. ( ) Este ano haverá treinamento de professores.
9. ( ) As palmas do público ecoavam por todo o teatro.
10. ( ) Tinham certeza da vitória.

III. Use (1) adjunto adverbial; (2) objeto indireto; (3) objeto direto; (4) objeto direto preposicionado; (5) adjunto adnominal; e (6) predicativo do objeto para classificar os termos sublinhados.

1. ( ) Tratou do assunto com calma.
2. ( ) Aludiu às conquistas do avô.
3. ( ) Agora esperava por uma oferta.
4. ( ) Vi ontem um filme.
5. ( ) Transmitiu aos rapazes segurança.
6. ( ) Apesar das dificuldades, venceremos.
7. ( ) Chamam-no de artista.
8. ( ) Não consideraram os votos em branco.
9. ( ) Agora o tinham por ídolo.
10. ( ) ( ) Aquele amor impossível deixava-o impaciente.
11. ( ) Duvidei de suas palavras.
12. ( ) Amou aos pais com grandeza de alma.
13. ( ) Enfrentava as dificuldades sem reclamar.
14. ( ) Ele entrou pela porta da frente.
15. ( ) Ele entrou pela porta da frente.

IV. Use: (1) predicativo do sujeito; (2) agente da passiva; (3) aposto; (4) adjunto adverbial; (5) complemento nominal; e (6) adjunto adnominal para classificar os termos em destaque nas seguintes frases.

1. ( ) Recuperadas, as antigas fazendas de café do Rio de Janeiro abrem as portas a visitantes.
2. ( ) "Naquele casal aliava-se tudo que é nobre: o amor e a confiança. É este o segredo dos casamentos felizes."
3. ( ) A felicidade do filho era contagiante.
4. ( ) "Por maior que seja a tranquilidade de um homem quando resolve abandonar a vida, é lhe sempre agradável achar um pretexto para prolongá-la um pouco mais."
5. ( ) A cidade do Rio de Janeiro continua linda.
6. ( ) O povo do Rio de Janeiro demonstra o seu inconformismo diante da violência.
7. ( ) "Um dia se descobriu num gesto longo e demorado olhando a esquife longamente."
8. ( ) As salas de aula estão cheias de crianças e jovens.
9. ( ) As ruas foram lavadas pela chuva.
10. ( ) ( ) "Se é para o bem de todos e felicidade geral da nação, diga ao povo que fico!" (D. Pedro I)
11. ( ) Fumar é prejudicial à saúde.
12. ( ) Vivia cercado de amigos sinceros.
13. ( ) ( ) Os meios de comunicação e as novas tecnologias mudaram a vida das pessoas.
14. ( ) O amor ao próximo era a sua maior virtude.
15. ( ) Pegou um pano úmido e, silenciosa, ligou o ferro.
16. ( ) Qualquer forma de violência deve ser desprezada.
17. ( ) A difusão da violência é iminente.
18. ( ) Percebe-se com frequência a sabotagem do idioma.
19. ( ) O significado das palavras, em geral, se dá no contexto.
20. ( ) As crianças saíram do cinema apressadas.
21. ( ) Montes, rios, ervas, árvores, terra – tudo é manifestação da vida de Deus.

Gabarito: I – 1. (1); 2. (3); 3. (2); 4. (3); 5. (1); 6. (1); 7. (2); 8. (4); 9. (2); 10. (1); 11. (2); 12. (1); 13. (1)(1)(1); 14. (2); 15. (3). **II** – 1. (1); 2. (2); 3. (2); 4. (1); 5. (1); 6. (1); 7. (1); 8. (2); 9. (1); 10. (2). **III** – 1. (1); 2. (2); 3. (4); 4. (3); 5. (2); 6. (1); 7. (6); 8. (5); 9. (6); 10. (5)(6); 11. (2); 12. (4); 13. (3); 14. (5); 15. (1). **IV** – 1. (1); 2. (3); 3. (6); 4. (5); 5. (3); 6. (6); 7. (4); 8. (5); 9. (2); 10. (6)(6); 11. (5); 12. (2); 13. (6)(6); 14. (5); 15. (1); 16. (6); 17. (5); 18. (5); 19. (6); 20. (1); 21. (3).

13.5. QUESTÕES DE CONCURSOS COMENTADAS

1. **(Instituto Consulplan - 2024 - Prefeitura de Carangola - MG - Agente de Combate a Endemias)** Nas alternativas a seguir constam verbos sublinhados cujo sujeito pode ser corretamente identificado como desinencial, EXCETO em:

A) *"Mas aí notou que, sabendo falar alguma coisa, não era perito em ver diretamente o real."*

B) *"Não seria humano liquidar aquele bichinho só porque estava em lugar indevido, sem fazer mal algum."*

C) *"Distraiu-se avaliando essas limitações e, ao voltar à observação do visitante, este havia desaparecido, [...]"*

D) *"Com que direito aplicaria pena de morte a um desconhecido infinitamente desprovido de meios sequer para reagir, quanto mais para explicar-se?"*

Comentários: Nos períodos em que aparecem, sem o contexto de que fazem parte, as formas verbais destacadas em A, C e D não possuem sujeito explícito, mas implícito, com sujeito subentendido pela desinência do verbo. Na opção B, porém, o sujeito do verbo "seria" aparece claro no período, é oracional: Não seria humano / LIQUIDAR AQUELE BICHINHO. O sujeito aparece sob forma de oração (oração subordinada substantiva subjetiva reduzida de infinitivo).

Gabarito: B

2. (Instituto AOCP – 2024 – UFS – Assistente de Alunos) Dentre as expressões destacadas a seguir, a que exerce a mesma função sintática do termo sublinhado em "Uma das invenções modernas de mais impacto sobre a humanidade foi o plástico, (...)" é:

A) "Porém, a produção cada vez maior de itens, alguns dos quais rapidamente descartáveis, virou um problema (...)."

B) "Pesquisas mais recentes analisaram outras amostras de placentas (...)."

C) "Outro efeito observado nessas fêmeas é a redução da fertilidade (...)."

D) "(...) as consequências de uma dieta 'plastificada', com redução nos níveis de testosterona (...)."

E) "Se alimentado com mamadeira, a ingestão será inevitável."

Comentários: O adjetivo "moderna" vem junto ao substantivo "invenções". Funciona, portanto, como adjunto adnominal. A mesma estrutura aparece na opção D (adjetivo junto a substantivo).

A) adjunto adverbial;

B) sujeito;

C) complemento nominal;

E) predicativo do sujeito.

Gabarito: D

3. (FCC – 2024 – MPE – PB – Técnico Ministerial) O elemento sublinhado em *"pela maneira como se obtêm essas coisas"* exerce a mesma função sintática daquele sublinhado em:

A) *A baleia telegrafou ao superintendente da Pesca.*

B) *O superintendente [...] respondeu à baleia que não podia fazer nada.*

C) *O esguicho dos cetáceos [...] dava ideia de imenso jardim.*

D) *Em face dessa resolução, todas as baleias providenciaram registro.*

E) *Um inspetor da Superintendência [...] pôs-se a examinar os livros.*

Comentários: A função do termo destacado no comando da questão é a de sujeito: "...como se obtêm essas coisas", voz passiva sintética, equivale a "...como essas coisas são obtidas". Na opção E, a expressão destacada é sujeito da locução "pôs-se a examinar". Frase na ordem direta.

A) objeto indireto;

B) objeto direto;

C) objeto direto;

D) adjunto adverbial.

Gabarito: E

4. (FGV - 2024 - Prefeitura de Macaé - RJ - Professor) Leia a frase a seguir.

É na educação dos filhos que se revelam as virtudes dos pais.

Sobre os termos nela sublinhados, assinale a afirmativa correta.

A) As funções sintáticas dos dois termos são diferentes.

B) Os dois termos equivalem a locuções adjetivas.

C) Os dois termos são pacientes dos termos anteriores.

D) O primeiro termo equivale ao adjetivo "filial".

E) Os dois termos exercem as funções de adjuntos adnominais.

Comentários: As expressões destacadas têm funções distintas. Na primeira passagem, é complemento nominal, completa o sentido de um substantivo com valor passivo (educação dos filhos = os filhos são educados). Logo, se é complemento nominal, não equivale a uma locução adjetiva, não podendo, então, ser substituída por um adjetivo (o que elimina as opções B e D). Na segunda passagem, é adjunto adnominal, refere-se ao substantivo com ideia ativa (virtude dos pais = os pais têm virtude).

Gabarito: A

5. (FGV - 2024 - Prefeitura de Macaé - RJ - Professor) As frases a seguir têm dois adjetivos sublinhados; assinale a frase em que esses adjetivos exercem uma função sintática ***diferente.***

A) Afinal, o que é Deus? Uma eterna criança brincando eternamente no jardim eterno.

B) Eu tive uma grande vantagem que meus filhos não tiveram. Eu nasci pobre.

C) A juventude é coisa suspeita mesmo quando a fidelidade é certa.

D) Com dinheiro pode-se construir uma casa esplêndida, mas não uma boa família.

E) Mães são necessidade biológica. Os pais, uma intervenção social.

Comentários: Na opção B, os adjetivos destacados possuem funções sintáticas distintas. Na primeira ocorrência, o adjetivo "grande" vem junto ao substantivo "vantagem". Então, exerce a função de adjunto adnominal. Na segunda, o adjetivo "pobre" se refere ao sujeito (Eu), separado por um verbo, na função de predicativo do sujeito.

A) adjunto adnominal / adjunto adnominal;

C) predicativo do sujeito / predicativo do sujeito;

D) adjunto adnominal / adjunto adnominal;

E) adjunto adnominal / adjunto adnominal.

Gabarito: B

6. **(FGV - 2024 - Dataprev - Advocacia)** Assinale a opção em que o elemento destacado *não* funciona como adjunto adnominal.

   A) Não admira que, fora de si, e andando rápido, desse um encontrão em certo homem que ia devagar.

   B) Catete adiante, lembrou-se que a casa de Sofia era na Praia do Flamengo.

   C) Após alguns instantes rápidos, abanou a cabeça voluntariamente.

   D) Este apertou-lhe a mão satisfeitíssimo; ia ver-se livre de um sócio.

   E) Mas diga-me uma coisa, essa proposta traz algum motivo oculto?

   Comentários: Na opção D, a expressão destacada completa o sentido do adjetivo "livre". Se completa adjetivo, na função esse termo funciona como complemento nominal. Na opção A, aparece uma oração subordinada adjetiva. A oração adjetiva é o adjunto adnominal sob forma de oração. Na B, "de Sofia" indica a propriedade da "casa", ideia ativa (adjunto adnominal). Nas opções C e E, pronome ou adjetivo que vêm junto a substantivo funcionam como adjunto adnominal.

   Gabarito: D

7. **(CESPE/CEBRASPE - 2024 - FNDE - Arquiteto e Urbanista)**

   > Um projeto de lei que determina critérios mínimos de qualidade para escolas públicas de educação básica foi aprovado na Comissão de Constituição e Justiça (CCJ) do Senado Federal, em abril deste ano. Conforme estabelece **o projeto de lei**, o poder público deverá equipar todas as unidades do ensino básico com bibliotecas, laboratórios de ciências e informática, acesso à Internet, quadras poliesportivas cobertas, instalações com condições adequadas de acessibilidade, energia elétrica, abastecimento de água potável, esgoto sanitário e manejo de resíduos sólidos.

   No segundo período, o segmento "o projeto de lei" funciona como complemento da forma verbal "estabelece".

   CERTO

   ERRADO

   Comentários: Nessa passagem, o termo destacado é o sujeito da forma verbal "estabelece", e não complemento verbal. A frase, na ordem, seria: "Conforme o projeto de lei estabelece...".

   Gabarito: ERRADO

8. **(CESPE/CEBRASPE - 2024 - TSE - Analista Judiciário)**

   > Para ilustrar, cite-se o exemplo, recorrente, de uma pessoa que acredita poder, em qualquer circunstância, trocar um produto que **acabou** de adquirir simplesmente porque, chegando em casa, percebeu que não era exatamente aquilo que **queria**, **preferia** de outra cor ou até haver gastado o dinheiro com algo mais interessante. Para a lei, a troca ou devolução do dinheiro pago só é possível em situações bem concretas: promessa do vendedor de trocar ou devolver o dinheiro (art. 30 do Código de Defesa do Consumidor); vício do produto (art. 18); compra fora do estabelecimento físico (art. 49).

As formas verbais "acabou", "queria" e "preferia" (primeiro período) são núcleos de orações cujos sujeitos são elípticos e referem-se ao termo "uma pessoa".

CERTO

ERRADO

Comentários: O sentido do primeiro período desse parágrafo indica que o agente da ação verbal (sujeito) dos verbos destacados é "uma pessoa": "...trocar um produto que ela (uma pessoa) acabou de adquirir ...não era exatamente aquilo que ela (uma pessoa) queria, ela (uma pessoa) preferia de outra cor...".

Gabarito: CERTO

9. (CESPE/CEBRASPE - 2024 - TSE - Analista Judiciário)

O aforismo **"o cliente sempre tem razão"** é bastante conhecido e muito citado como argumento econômico. Justifica-se para manter a fidelidade dos consumidores a marcas e a lojas a fim de evitar que a insatisfação individual se torne uma indesejada propaganda negativa.

Será que, sob a ótica jurídica, a afirmativa corresponde à realidade? Não! O cliente (consumidor) só tem razão quando o direito, a lei, lhe dá amparo.

Invariavelmente, baseando-se em critério pessoal do que seria justo como solução para problema de consumo, o consumidor realmente acredita que possui o direito que alega e, dentro da sua lógica, passa a exigir determinado comportamento do fornecedor.

A expressão **direito do consumidor** tem sentido de conjunto de normas que regulam as relações entre consumidores e fornecedores; não significa necessariamente que o consumidor tem sempre direito de exigir a satisfação dos seus interesses.

Nas orações em que ocorrem, as expressões "o cliente sempre tem razão" (primeiro período do primeiro parágrafo) e "direito do consumidor" (primeiro período do quarto parágrafo) desempenham a mesma função sintática.

CERTO

ERRADO

Comentários: A função dos dois segmentos destacados é a mesma: aposto. Referem--se aos substantivos "aforismo" e "expressão", respectivamente, especificando-os, designando-os.

Gabarito: CERTO

10. (CESPE/CEBRASPE - 2024 - TSE - Técnico Judiciário)

"No prestimoso volume Correspondência, em que reuniu cartas e documentos de Rui Barbosa, publica o Sr. Homero Pires uma circular de Rui dirigida aos eleitores do 3.º Distrito, datada de 4 de outubro de 1875, e à qual pôs o Dr. Homero Pires a seguinte nota: 'Somente em 1878 Rui Barbosa teve ingresso na Assembleia Legislativa Provincial da Bahia'. De fato, a circular existe em facsímile no arquivo da Fundação Casa Rui Barbosa. Entretanto, uma vez que essa nota pode suscitar equívoco, deve ser esclarecido que, na realidade, Rui, candidato em 1878, o foi nesse ano pela primeira vez. Até porque, em 1875, estava o Partido Liberal afastado das lides eleitorais, atitude que só foi modificada em 19 de março de 1876.

[...]

O parecer conclui: '[...] considerando que se acha regular a referida eleição, contra a qual não houve reclamação, é de parecer que seja declarado deputado à Assembleia Provincial pelo 1.º Distrito o Dr. Francisco José da Costa, que obteve maior soma de votos'."

O texto apresenta, em diferentes trechos, orações invertidas, em que o sujeito aparece posposto ao verbo, como é o caso dos exemplos a seguir: **"publica o Sr. Homero Pires uma circular"** e **"pôs o Dr. Homero Pires a seguinte nota"**, no primeiro período do parágrafo anterior, e **"não houve reclamação"**, no sétimo parágrafo.

CERTO

ERRADO

Comentários: Nos dois primeiros segmentos, realmente há inversões, a ordem seria "o Sr. Homero Pires publica uma circular" e "o Dr. Homero Pires pôs a seguinte nota". No entanto, no terceiro segmento, não há inversão, não há sujeito na frase, é um caso de oração sem sujeito, com o verbo impessoal "haver" com sentido de "existir".

Gabarito: ERRADO

13.6. QUESTÕES DE CONCURSOS PROPOSTAS (COM GABARITO NO FINAL)

1. **(Instituto Consulplan - 2024 - Prefeitura de São João Nepomuceno - MG - Auxiliar de Aprendizagem)** Sobre o termo sublinhado em "Talvez reine um medo que a ficção científica dos filmes e livros tenham plantado em nosso imaginário.", é correto afirmar que exerce a função de:

A) Sujeito.

B) Objeto direto.

C) Predicativo do sujeito.

D) Complemento nominal.

2. **(IBFC - 2024 - TRF - 5ª Região - Analista Judiciário)**

"Um dos momentos mais icônicos foi quando Axelle Saint-Cirel, uma cantora lírica negra, entoou 'La Marseillaise', o hino francês no alto do Grand Palais. A luta pela inclusão parece mais uma maratona do que uma prova de 100 metros. No entanto, há vitórias, ao longo do caminho, que precisamos celebrar, como a performance da Aya Nakamura. A escolha da cantora francesa foi política e acertada."

No final do parágrafo destacado, a enunciadora caracteriza a escolha por Aya Nakamura como "política" e "acertada". No contexto em que se encontram, tais vocábulos devem ser classificados, sintaticamente, como:

A) predicativos do sujeito.

B) adjuntos adverbiais.

C) adjuntos adnominais.

D) complementos verbais.

3. **(FEPESE - 2024 - Prefeitura de Palhoça - SC - Auxiliar de Sala)** Relacione as frases abaixo com seu respectivo sujeito.

Coluna 1 Frase

1. Vive-se muito bem em Santa Catarina.

2. Choveu a semana toda em Curitiba.

3. Estamos satisfeitos com o resultado da reforma.

Coluna 2 Sujeito

( ) sujeito oculto

( ) sujeito inexistente

( ) sujeito indeterminado

Assinale a alternativa que indica a sequência correta, de cima para baixo.

A) 1 • 2 • 3.

B) 1 • 3 • 2.

C) 2 • 3 • 1.

D) 3 • 1 • 2.

E) 3 • 2 • 1.

4. (Instituto Consulplan - 2024 - Prefeitura de Além Paraíba - MG - Médico) Considere os termos sublinhados em "*Afinal, muitos de nós – com sorte – estaremos <u>lá</u> para ver <u>isso</u> acontecer.*". É correto afirmar que eles podem ser sintaticamente classificados como:

A) Objeto indireto nas duas ocorrências.

B) O primeiro termo é predicativo do sujeito e o segundo é sujeito.

C) Os dois termos exercem a função sintática de adjunto adverbial.

D) O primeiro termo é adjunto adverbial e o segundo é objeto direto.

5. (Instituto Consulplan - 2024 - Câmara de Cotia - SP - Assistente de Serviço de Pessoal) Sobre o excerto "No entanto, isso requer uma mudança de paradigma: precisamos adotar práticas mais sustentáveis e reduzir o desperdício de alimentos.", analise as afirmativas a seguir.

I. "isso" é sujeito do verbo "requer".

II. O verbo "reduzir" é transitivo indireto.

III. A locução conjuntiva "no entanto" equivale a "portanto".

IV. "[...] uma mudança de paradigma [...]" é objeto direto do verbo "requer".

Está correto o que se afirma em:

A) I, II, III e IV.

B) I e III, apenas.

C) I e IV, apenas.

D) II e III, apenas.

E) II e IV, apenas.

6. (Instituto Consulplan - 2024 - Câmara de Cotia - SP - Assistente de Serviço de Pessoal) Releia o trecho: "[...] o alto comissário da Organização das Nações Unidas (ONU) para Direitos Humanos, Volker Turk, alertou que a crise climática pode colocar 80 milhões de pessoas a mais em risco de fome [...]". Assinale a alternativa correta quanto à função sintática de "Volker Turk":

A) Aposto.

B) Vocativo.

C) Objeto direto.
D) Adjunto adnominal.
E) Predicativo do sujeito.

7. **(INSTITUTO AOCP - 2024 - TRF - 2ª Região - Analista Judiciário)** Assinale a alternativa cujo termo destacado é uma preposição que introduz complemento verbal.

A) "Os principais motivos do aumento foram o consumo <u>de</u> eletricidade por centros de processamento de dados e emissões causadas pela cadeia de logística da empresa."
B) "Agora, por causa da demanda energética dos novos produtos de inteligência artificial, <u>a</u> meta ficou bem mais difícil de ser cumprida."
C) "Em 2023, as emissões cresceram 13% em comparação com o ano anterior, atingindo <u>a</u> marca de 14,3 toneladas de carbono."
D) "Se isso acontecer, só essas estruturas das empresas de tecnologia vão ter uma demanda <u>de</u> energia comparável à do Japão, o terceiro maior PIB do mundo."
E) "[...] a demanda exigida pelas IAs vai levar os centros de processamento de dados <u>a</u> usar 4,5% de toda energia gerada no mundo até 2030."

8. **(FCC - 2024 - TRF - 3ª Região - Técnico Judiciário)** O elemento sublinhado em *Ainda no século 17 <u>os filósofos iluministas</u> ensinaram o valor do devaneio* exerce a mesma função sintática daquele sublinhado em:

A) *E para <u>isso</u> recorro à inteligência artificial generativa.*
B) *pois se a pessoa não está prejudicando <u>ninguém</u>.*
C) *Só que <u>a mecanização</u> não ativa a inteligência nem a razão.*
D) *As três pessoas que estavam comigo <u>no elevador</u> se recusavam a devanear.*
E) *ela está deixando de existir como <u>indivíduo</u>.*

9. **(FGV - 2024 - Prefeitura de Macaé - RJ - Professor)** Assinale a frase em que o termo sublinhado é um complemento, e não um adjunto.

A) A descoberta <u>de um prato novo</u> é mais útil ao gênero humano do que o descobrimento de uma estrela.
B) A saúde de todo o corpo provém da oficina <u>do estômago</u>.
C) Só bebo para fazer show e andar <u>de avião</u>.
D) Caminhar é o melhor remédio <u>do homem</u>.
E) Não é raro ver-se, nas grandes crises <u>da vida</u>, os órgãos humanos adquirirem uma sensibilidade desconhecida.

10. **(FGV - 2024 - Prefeitura de Nova Iguaçu - RJ - Analista Tributário do Tesouro Municipal)** Analise a estrutura das frases a seguir:

I. A consulta médica foi marcada pela internet.
II. Marcou-se a consulta médica pela internet.
III. Marcaram a consulta médica pela internet.

Assinale a afirmação correta sobre a organização sintática das frases.

A) Todas as frases apresentam sujeito indeterminado.
B) A expressão preposicionada pela internet assinala o agente da ação na sentença II.

C) O sintagma a consulta médica exerce papel de objeto direto nas sentenças II e III.

D) A sentença III apresenta um sujeito indeterminado.

E) A partícula apassivadora se foi empregada para indeterminar o sujeito na sentença II.

11. (FGV - 2024 - Prefeitura de Nova Iguaçu - RJ - Analista Tributário do Tesouro Municipal) Assinale a opção em que o elemento destacado não funciona como complemento.

A) Agora peço-te em nome da amizade que te consagro, continua a tua obra de generosidade.

B) No entanto, ele estava tranquilo, e um só gemido não se lhe ouvia.

C) O mancebo, antevendo a sua resolução, caiu-lhe aos pés.

D) Só então notei que aquela moça estava só, e que a ausência de um pai, de um marido, ou de um irmão, devia me ter feito suspeitar a verdade.

E) Pela vez primeira, sentia a necessidade de uma alma que compreendesse a sua.

12. (FGV - 2024 - DATAPREV - Técnico de Segurança do Trabalho) Das opções a seguir, assinale aquela que apresenta sujeito expresso na oração.

A) Não havia remédio senão corresponder a brindes tão obrigativos.

B) Encontrando Leopoldo, disseram duas palavras sobre ela.

C) Estabeleceu-se um cordão sanitário entre a velhice e a mocidade.

D) Certamente... não se chegará sempre cedo demais onde se corre algum risco?

E) Ao terceiro dia amanheceu.

13. (FGV - 2024 - Prefeitura de Vitória - ES - Analista em Gestão Pública) Entre as frases a seguir, assinale aquela em que a substituição proposta é adequada, por tratar-se do único caso de adjunto adnominal.

A) Os grandes artistas não são os copistas do mundo (mundiais), são seus rivais.

B) Toda arte é imitação da natureza (natural).

C) A obra de arte é uma imitação do tempo (temporal).

D) Aprender a ver é a mais longa aprendizagem de todas as artes (artística).

E) Meus filmes são respostas a perguntas de meus filhos (filiais).

14. (CESPE/CEBRASPE - 2024 - Prefeitura de Mossoró - RN - Analista de Procuradoria)

A forma peculiar como se processou a independência da América portuguesa teve consequências fundamentais no seu subsequente desenvolvimento. Tendo-se transferido o governo português para o Brasil sob a proteção inglesa e tendo-se operado a independência da colônia sem descontinuidade na chefia do governo, os privilégios econômicos de que se beneficiava a Inglaterra em Portugal passaram automaticamente para o Brasil independente. Com efeito, se bem haja conseguido separar-se de Portugal em 1822, o Brasil necessitou de vários decênios mais para eliminar a tutela que, graças a sólidos acordos internacionais, ***mantinha*** *sobre ele a* ***Inglaterra****. Esses acordos foram firmados em momentos difíceis e constituíam, na tradição das relações luso-inglesas, pagamentos em privilégios econômicos de importantes favores políticos. Os acordos de 1810 foram firmados contra a garantia da Inglaterra de que nenhum governo imposto por Napoleão em Portugal seria reconhecido. Por eles se* *transferiam para o Brasil todos os privilégios de que gozavam os ingleses em Portugal — inclusive os de extraterritorialidade — e se lhes reconhecia demais uma tarifa preferencial. Tudo indica que, negociando esses acordos, o governo português tinha estritamente em vista a continuidade da casa reinante em Portugal, enquanto os ingleses se preocupavam em firmar-se definitivamente na colônia, cujas perspectivas comerciais eram bem mais promissoras que as de Portugal.*

No terceiro período, o sujeito da forma verbal "mantinha" é "a Inglaterra".

CERTO

ERRADO

15. (CESPE/CEBRASPE - 2024 - Codevasf - Analista em Desenvolvimento Regional)

"Essa dimensão do racismo é frequentemente menos reconhecida do que as formas mais óbvias de preconceito racial, mas seu impacto é duradouro e pode contribuir significativamente para a manutenção de desigualdades com base na raça. O racismo institucional é um conceito-chave para compreender como as estruturas e práticas das organizações podem perpetuar **a discriminação racial,** mesmo que não haja intenções individuais de discriminar. **É um problema complexo** que requer atenção, portanto, reconhecer e abordar as maneiras como se manifesta o racismo institucional é fundamental para promover a igualdade racial nos espaços de trabalho."

No parágrafo anterior, o sujeito da oração "É um problema complexo" (terceiro período) corresponde a "a discriminação racial" (segundo período).

CERTO

ERRADO

GABARITO:

1. A	2. A	3. E	4. D	5. C
6. A	7. E	8. C	9. A	10. D
11. C	12. C	13. E	14. CERTO	15. ERRADO

13.8. RESUMO

Bem, agora que já vimos todos os termos da oração, faz-se necessário organizá-los... Vamos lá?

- Objetos direto e indireto são chamados de **complementos verbais.**
- A diferença entre objeto indireto e objeto direto preposicionado está na **regência do verbo**. No objeto direto preposicionado, a preposição não é solicitada pelo verbo.
- **Complemento nominal** é termo substantivo que pode completar outro substantivo, um adjetivo ou um advérbio.
- **Adjunto adnominal** sempre se liga a substantivo. Pode ser artigo, numeral, pronome, adjetivo ou locução adjetiva. É termo que especifica o substantivo e pode aparecer em qualquer lugar da frase.

- **Adjunto adverbial** normalmente se liga a verbo, mas pode também se conectar a um adjetivo ou a outro advérbio. Indica sempre circunstância e pode ser retirado da frase. Na morfologia, pode vir representado pelo advérbio ou pela locução adverbial.
- **Nem tudo** o que vem com preposição e se liga a verbo é objeto indireto. Se indicar circunstância, será adjunto adverbial.
- **Agente da passiva** não é termo obrigatório na frase. Vem sempre na voz passiva analítica e antecedido de preposição.
- O **predicativo do sujeito** vem sempre no predicado. O **adjunto adnominal** vem junto ao substantivo, em qualquer lugar da frase.
- Toda vez que um **adjetivo** se referir a um objeto, só será **predicativo do objeto, se o verbo pedir sua presença na frase**.
- **Aposto** é termo de **natureza substantiva**, nunca adjetiva. Toda vez que você estiver diante de um nome (de rua, de praça, de cidade...), será aposto, e não adjunto adnominal.
- **Vocativo é chamamento**. Não deve ser confundido com sujeito, que normalmente vem implícito na desinência do verbo no imperativo.
- Se o termo se refere a um substantivo concreto, é A.A. Se completa adjetivo ou advérbio, é C.N. Caso ele se refira a um substantivo abstrato, procure reescrever a frase e verificar se o valor da expressão é ativo (A.A.) ou passivo (C.N.).

Acesse o material suplementar

uqr.to/20vgw

Vozes Verbais 14

14.1. IDENTIFICAÇÃO DAS VOZES VERBAIS

Vamos, então, à próxima etapa: o estudo das vozes do verbo. É neste capítulo que você vai se preparar para as questões que hoje aparecem em grande quantidade nas provas, as que buscam reescritura de frases: a substituição de uma frase na voz ativa pela equivalente na passiva e vice-versa.

Voz verbal é aquela que indica a forma em que o verbo se encontra para mostrar a relação entre ele e o sujeito. Daí serem três os tipos de vozes verbais. Quando o sujeito age, pratica a ação verbal, tem-se a **voz ativa**. Veja um exemplo:

O professor recomendou a leitura deste livro.

Aqui, *o professor* exerce a ação de recomendar, ele é agente: a voz é ativa. No entanto, o sujeito pode receber a ação verbal, ser paciente do verbo. Nesse caso, tem-se a **voz passiva**. Veja:

A leitura deste livro foi recomendada pelo professor.

Agora, o sujeito *a leitura deste livro* não exerce a ação de recomendar, é seu alvo, elemento paciente. Veja que, comparando os dois exemplos, o segundo insere mais informações: enquanto o primeiro exemplo só continha um verbo (*recomendou*), o outro acrescentou mais um (*foi recomendada*). É uma forma de se reescrever a frase com mais palavras: é a **voz passiva analítica** ou **voz passiva com auxiliar**. Ela recebe este nome – analítica – porque acrescenta um verbo: diz o que se disse na voz ativa, só que com mais informações. Pense assim: toda vez que queremos *analisar* um problema, não aumentamos esse problema? A voz passiva analítica também aumenta, acrescentando um verbo... Por outro lado:

Vendeu-se o apartamento.

Nesse caso, o sujeito *o apartamento* também sofre a ação de ser vendido, é sujeito paciente, a voz é passiva. Só que, nesta frase, o que se tem é uma síntese de informações: diz-se que o apartamento foi vendido, sem se querer mencionar quem o vendeu. É a **voz passiva sintética**: nela, a tendência é a de não se mencionar o agente da passiva. Daí ela ser econômica, sintética. É uma forma de se impessoalizar, indeterminar o agente, o elemento que exerce a ação. Observe:

Alugam-se casas.

Nessa frase, *casas* é o sujeito, que vem posposto ao verbo, por isso **cuidado para não confundi-lo com o objeto direto**. O pronome se que aparece na frase é a chamada partícula apassivadora ou pronome apassivador.

Ainda:

O rapaz se vestiu.

Aqui, o sujeito (o rapaz) exerce e sofre a ação do verbo. O sujeito e o objeto, representados pelo pronome reflexivo *se*, são a mesma pessoa. Diz-se que a voz é **reflexiva**.

Resumindo:

- Quando o sujeito exerce a ação, a voz é ativa.
- Quando o sujeito sofre a ação, a voz é passiva. Será voz passiva analítica se vier com o verbo auxiliar de voz passiva **(ser / estar / ficar + particípio)**. Será passiva sintética se apresentar o pronome se, chamado de pronome apassivador ou partícula apassivadora.
- Quando o sujeito exerce e sofre a ação, tem-se a voz reflexiva. Nesse caso, o pronome oblíquo se será chamado de pronome reflexivo.

Há questões de concursos em que se busca do candidato apenas a identificação da voz do verbo. Antes de irmos a elas, vale lembrar:

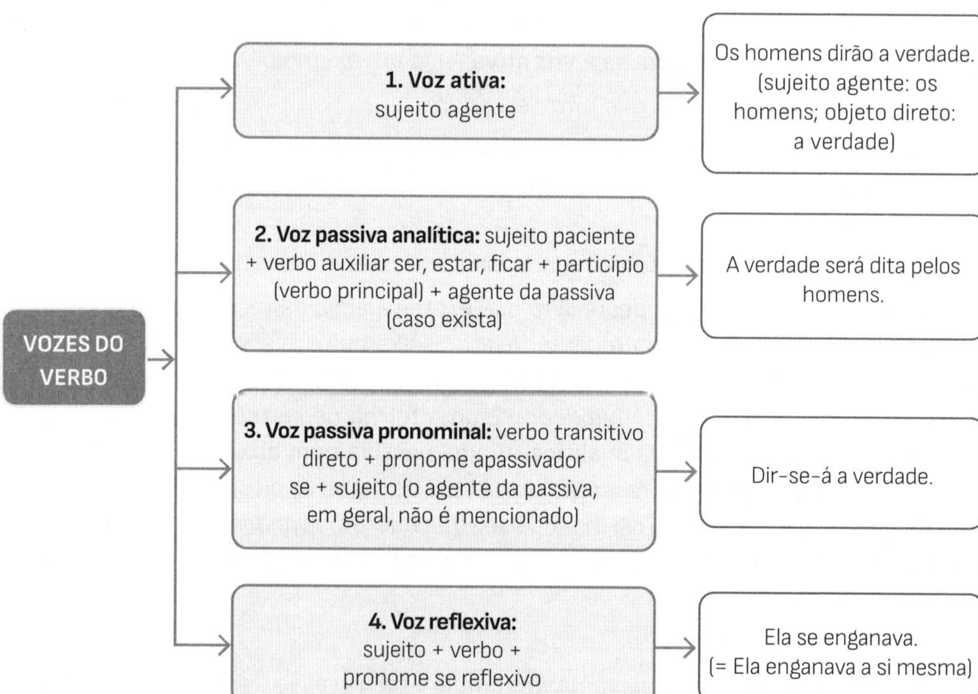

1. **(VUNESP – 2022 – AL -SP – Analista Legislativo)** O emprego de voz passiva é constatado na passagem:

   A) O aperto mais forte da política monetária virá em seguida...

   B) Até lá, as condições internacionais poderão melhorar.

C) Alguma segurança econômica ainda é garantida pelo agronegócio...

D) O cenário já tenebroso inclui uma inflação já muito alta...

E) ... o Produto Interno Bruto (PIB) deverá crescer 0,42% neste ano...

Comentários: Das opções apresentadas, a única com estruturação de voz passiva é a letra C. Na passagem "é garantida", temos a presença do verbo "ser" mais o verbo principal no "particípio", o que caracteriza a voz passiva analítica.

Gabarito: C

2. **(FGV - 2022 - Prefeitura de Manaus - AM - Advogado)** Assinale a frase que se apresenta integralmente na voz ativa.

A) Bebendo-se um pouco de vinho, a inteligência se rejuvenesce.

B) Quem comer do fruto da árvore da sabedoria sempre é arrojado de algum paraíso.

C) A indigestão é encarregada por Deus de pregar a moral do estômago.

D) A uísque dado não se olha o selo.

E) Conte as calorias de tudo o que você come e em um mês seu cérebro terá emagrecido uns dez quilos.

Comentários: Na opção E, as formas verbais "Conte", "come" e "terá emagrecido" (tempo composto na voz ativa) mostram que o sujeito é agente dessas formas verbais. Em "Bebendo-se", na letra A, temos voz passiva sintética, assim como na letra D (se olha). Já nas opções B e C, passiva analítica (é arrojado / é encarregada).

Gabarito: E

3. **(AMEOSC - Prefeitura de Tunápolis - SC - Professor Series Iniciais)** "Leôncio <u>sentiu-se</u> esmagado, e arrependeu-se mil e uma vezes de ter provocado tão imprudentemente aquele leviano e estouvado rapaz." (Bernardo Guimarães). O verbo grafado torna o sujeito agente e paciente da ação, logo sua voz verbal é:

A) Voz ativa.

B) Voz passiva.

C) Voz reflexiva.

D) Voz passiva sintética.

Comentários: Em relação às vozes verbais, quando o sujeito pratica ação verbal, temos voz ativa. Quando recebe a ação verbal, voz passiva. Quando o sujeito é ao mesmo tempo agente e paciente, como no caso da frase apresentada, a voz é chamada de reflexiva, a ação de sentir recai sobre o próprio sujeito (age e recebe a ação verbal).

Gabarito: C

4. **(NCE — Minist. Saúde)** Muitas vezes no texto, como em "se a mãe for bem alimentada", se utiliza a voz passiva; a alternativa em que isso também ocorre é:

A) "O corpo humano necessita de alimentos".

B) "para se manter ativo".

C) "a fim de que tenha energia suficiente".

D) "se não for atendida essa necessidade".

E) "para se desenvolver fisicamente".

Comentários: Na letra A, temos um verbo que, embora tenha um sentido passivo (chamamos isso de passividade), está na voz ativa: o corpo humano exerce a ação de necessitar de alimentos.

Na letra B, o pronome se é reflexivo, tem o valor de *a si mesmo*: a frase está na voz reflexiva. O mesmo ocorre na letra E, cuja frase equivale a *para desenvolver a si mesmo fisicamente*. Assim, excluem-se as letras B e E.

Na letra C, o sujeito exerce a ação de ter: a voz é ativa. Apenas na letra D, o sujeito é paciente: a frase está na voz passiva analítica, compõe-se de uma locução verbal for atendida.

Gabarito: D

Quanto à letra A desta questão, vale um recado:

> Não confunda voz passiva com passividade. Na voz passiva, o verbo ou vem com auxiliar de passiva (voz passiva analítica) ou com o pronome apassivador *se* (voz passiva sintética), ou seja, há uma forma especial para se indicar que algo ou alguém recebe a ação do verbo.
>
> Passividade tem a ver com o sentido da frase: o verbo tem *valor passivo*. E isso pode ocorrer inclusive com frases na voz ativa. Exemplos:
>
> *Esperei* por você a vida inteira.
>
> A criança *recebeu* o merecido castigo.
>
> Essas frases estão na voz ativa, embora seus verbos tenham sentido passivo. Portanto, nem sempre a passividade corresponde à voz passiva!

14.2. REESCRITURA DE FRASES (COMO PASSAR UMA FRASE DE UMA VOZ À OUTRA)

Vamos às questões de reescritura de frases (que pedem transposição da ativa para a passiva ou da passiva para a ativa):

Na passagem da ativa para a passiva, só interessam três termos: o objeto direto, o verbo e o sujeito. Isso ocorre porque:

1. O objeto direto da ativa vira sujeito paciente na passiva.

   O professor recomendou **o livro**. (objeto direto: o livro)

   O livro foi recomendado pelo professor. (sujeito paciente: o livro)

   Se o objeto direto vier representado por um pronome pessoal oblíquo, ao virar sujeito, o pronome oblíquo virará pronome reto:

   O professor **o** recomendou.

   Ele foi recomendado pelo professor.

2. O verbo da voz ativa ganhará um verbo auxiliar (*ser / estar / ficar*), que ficará no mesmo tempo e modo, seguido do verbo principal no particípio.

   O professor **recomendou** o livro.

   *verbo *recomendar* no pretérito perfeito do indicativo.

   O livro **foi recomendado** pelo professor.

   *locução verbal: verbo *ser* no pretérito perfeito seguido de *recomendar* no particípio.

   Se, na voz ativa, o tempo é composto, na passagem para a passiva, mantenha o auxiliar do tempo composto e acrescente apenas o auxiliar de passiva *sido*:

O professor **tem recomendado** o livro.

*locução verbal de tempo composto.

O livro **tem sido recomendado** pelo professor.

*Agora, você tem dois auxiliares: um, de tempo composto (*tem*) e outro, de voz passiva (*sido*).

3. O sujeito da voz ativa transforma-se em agente da passiva.

   O professor recomendou o livro. (sujeito: o professor)

   O livro foi recomendado **pelo professor**. (agente da passiva: pelo professor)

   Se, na voz ativa, o verbo estiver na 3ª pessoa do plural, sem sujeito expresso na frase, o sujeito será indeterminado. Aí, na passiva, o agente não será mencionado:

   Recomendaram o livro (verbo na 3ª p. pl.: sujeito indeterminado).

   O livro foi recomendado (agente da passiva também indeterminado).

   Passando uma frase da voz ativa para a passiva:

   a) O objeto direto vira sujeito.
   b) O verbo ganha um auxiliar (ser / estar / ficar), no mesmo tempo e modo do verbo da voz ativa.
   c) O sujeito da ativa vira agente da passiva.

   Agora, vamos fazer o contrário? Na passagem da passiva analítica para a ativa, precisamos nos preocupar com o agente da passiva, o verbo e o sujeito. Isso porque:

4. O agente da passiva volta a ser sujeito na ativa.

   O aluno foi elogiado **pelo professor**. (agente da passiva: pelo professor)

   O professor elogiou o aluno. (sujeito agente: o professor)

   Se, na voz passiva, não houver agente da passiva, o verbo na voz ativa ficará na 3ª pessoa do plural, para marcar um sujeito indeterminado:

   O aluno foi elogiado. (agente da passiva não mencionado)

   Elogiaram o aluno. (verbo na 3ª p. pl.: sujeito indeterminado)

5. A locução verbal de voz passiva perde o auxiliar de passiva (normalmente o verbo *ser*). O verbo da voz ativa ficará no mesmo tempo do auxiliar da passiva.

   O aluno **foi** elogiado pelo professor. (verbo auxiliar *ser* no pret. perf.)

   O professor **elogiou** o aluno. (verbo *elogiar* no pret. perf.)

   Se a frase na voz passiva possuir, além do auxiliar de voz passiva, outro verbo auxiliar, ele continuará a existir na voz ativa; lembre-se: você só retirará o auxiliar de voz passiva, não tente se livrar de todos os verbos!

   O aluno **tem sido elogiado** pelo professor.

   locução verbal com dois auxiliares: um de tempo composto – *tem* – e outro de passiva – *sido*; lembre-se de só retirar o auxiliar de passiva.

   O professor **tem elogiado** o aluno.

   locução verbal com apenas um auxiliar, que é o do tempo composto.

6. O sujeito da voz passiva volta a ser objeto direto na ativa:

   O aluno foi elogiado pelo professor. (sujeito paciente: o aluno)

O professor elogiou **o aluno**. (objeto direto: o aluno)

Já está ficando zonzo com tanta informação? Então, vamos sistematizar...

Passando uma frase da voz passiva analítica para a voz ativa:

a) O agente da passiva vira sujeito agente na ativa.

b) A locução verbal perde o auxiliar de voz passiva, que transmite o tempo verbal ao verbo da voz ativa.

c) O sujeito da voz passiva vira objeto direto na ativa.

Bem, para entender de fato todo esse raciocínio, só fazendo questões de concursos. Como dissemos anteriormente, as questões que mais aparecem em relação ao assunto de vozes verbais são aquelas que buscam reescrituras – passagem da ativa para a passiva e vice-versa. O assunto, em si, não é tão complexo, mas você deve se preocupar com o tempo de resolução da questão. É preciso ser rápido e, para isso, é preciso ter método. Por isso, resolvemos separar esse tipo de questão em dois blocos, para treinar você de forma mais eficaz. O primeiro tipo de questão é aquela em que se busca a **reescritura da voz ativa para a passiva analítica**.

Atenção!

1. Destacar, na frase, o *núcleo* do objeto direto, que virará sujeito. Com ele, o verbo deverá concordar.
2. Detectar o tempo do verbo na voz ativa. O auxiliar da passiva que será acrescentado à frase deverá estar nesse tempo verbal. Lembre-se sempre de somar um verbo: se há um verbo na frase, então serão dois; se há dois, serão três, e assim por diante.
3. O sujeito vira agente antecedido da preposição *por*, mas normalmente as bancas nem se preocupam tanto com a identificação do agente da passiva.
4. Os outros termos sintáticos que eventualmente existirem na frase (adjuntos adverbiais, predicativos etc.) ficarão intactos: não se preocupe com eles, para não perder tempo de resolução da questão.
5. Faça mentalmente a transposição da ativa para a passiva: evite olhar cada alternativa, pois você pode se perder em meio a tantas opções.

1. (TRE – AP) Transpondo-se para a voz passiva a frase *Ele gasta dinheiro que nem água*, a forma verbal resultante será:

A) será gasta.

B) foi gasta.

C) está sendo gasto.

D) será gasto.

E) é gasto.

Comentários: O núcleo do objeto direto é *dinheiro*. O verbo na voz ativa (gasta) está no presente do indicativo, portanto o auxiliar da passiva ficará também no presente do indicativo (é). Lembre-se de que o particípio, na voz passiva, concorda com o seu sujeito em gênero e número. Portanto, teremos: "dinheiro é gasto que nem água". Observe que nós nem olhamos para as outras opções: com o devido raciocínio, você irá diretamente à resposta.

Gabarito: E

2. **(TRF – 4ª Região – Analista Judiciário)** Transpondo-se para a voz passiva a frase *transmiti o respeito de meus pais pelas ficções*, a forma verbal resultante será:

   A) terá sido transmitido.

   B) transmitiram-me.

   C) fora transmitido.

   D) transmitiram-se.

   E) foi transmitido.

   Comentários: O núcleo do objeto direto é *respeito*. Destacando o núcleo, você fará a concordância do verbo com mais rapidez. O verbo na voz ativa está no pretérito perfeito do indicativo: assim ficará o verbo ser, auxiliar de voz passiva (foi). Assim, teríamos: O respeito de meus pais pelas ficções foi transmitido por mim.

   Gabarito: E

3. **(PMSAL)** ... *a literatura carioca já registrava com frequência o termo samba.*

   Transpondo para a voz passiva, a forma verbal destacada passa a ser, corretamente:

   A) registrou.

   B) devia registrar.

   C) fora registrado.

   D) era registrado.

   E) seria registrada.

   Comentários: O objeto direto, o termo samba, tem como núcleo o substantivo termo. O verbo na voz ativa está no pretérito imperfeito do indicativo, portanto, o verbo ser ficará também no pretérito imperfeito: era. O sujeito *a literatura carioca* vira agente da passiva, mas observe que a banca nem se preocupa com isso. Os outros termos sintáticos permanecem inalterados. Assim, teríamos: O termo samba era registrado com frequência pela literatura carioca.

   Gabarito: D

4. **(TRT - 2ª Região)** Transpondo-se para a voz passiva o segmento *ninguém descobre sua timidez*, a forma verbal resultante será:

   A) não terá descoberto.

   B) não será descoberta.

   C) não terá sido descoberta.

   D) não é descoberta.

   E) não tem descoberto.

   Comentários: O objeto direto é *sua timidez*. O verbo na voz ativa está no presente do indicativo, logo o auxiliar de passiva ficará no mesmo tempo (é). O verbo da voz ativa vai para o particípio, concordando em gênero e número com o sujeito. Assim, teremos: sua timidez não é descoberta por ninguém.

   Gabarito: D

Vamos, então, aprender a sair da passiva sintética e ir à ativa? Nesse caso, o sujeito da passiva volta a ser objeto direto; a partícula apassivadora é extraída da frase e o verbo fica na 3ª pessoa do plural para marcar a indeterminação do sujeito. De uma forma mais prática, teríamos:

Reescritura da voz passiva sintética para voz ativa
a) Retire o pronome apassivador da frase.
b) Passe o verbo para a 3ª pessoa do plural, se ele já não estiver, mantendo o tempo.

5. **(FGV – 2024 – Câmara Municipal de São Paulo – SP – Procurador Legislativo)** Assinale a frase em que houve erro na conversão da voz passiva pronominal para a voz ativa.
   A) Aqui se empregam mulheres? / Aqui empregam mulheres?
   B) Encontrou-se o relógio roubado? / Encontraram o relógio roubado?
   C) Há de fazer-se o trabalho. / Há de fazerem o trabalho.
   D) Devolveu-se-lhe o livro. / Devolveram-lhe o livro.
   E) Aqui estão as caixas que se haviam perdido / Aqui estão as caixas que haviam perdido.

   Comentários: Na conversão da voz passiva sintética para a ativa, como o agente da passiva é indeterminado, o sujeito da voz passiva também será indeterminado e o verbo fica na terceira pessoa do plural. Em quatro opções isso ocorre de forma correta. Mas, na letra C, há uma locução verbal. Nesse caso, quem vai para a terceira pessoa do plural é o verbo auxiliar (Hão de fazer o trabalho).

   Gabarito: C

Seguindo o mesmo raciocínio, podemos realizar a reescritura da passiva sintética para a passiva analítica. Nesse caso, lembre-se de que, já que você está indo para a passiva analítica, é preciso *acrescentar* um verbo auxiliar (normalmente *ser*), que ficará no mesmo tempo verbal.

Reescritura da voz passiva sintética para a voz passiva analítica
a) O sujeito paciente da voz passiva sintética permanecerá sendo sujeito na voz passiva analítica.
b) Acrescente o verbo auxiliar *ser*, que ficará no mesmo tempo e modo da frase original.

6. **(FCC – 2023 – MPE – PB – Técnico Ministerial)**

   Cancelou-se o registro.

   Ao se transpor o trecho acima para a voz passiva analítica, a forma verbal resultante será:
   A) cancelariam.
   B) fora cancelado.
   C) foi cancelado.
   D) cancelaram.
   E) seria cancelado.

   Comentários: Na conversão da voz passiva sintética para a analítica, há de se transferir o tempo do verbo da voz passiva sintética para o verbo SER na analítica, mais o verbo principal ("cancelar") no particípio, mantendo-se o sujeito paciente. Como o verbo "cancelar" está no pretérito perfeito, o verbo "ser" ficará nesse tempo (cancelou – foi).

   O registro (sujeito) FOI CANCELADO.

   Gabarito: C

7. (Cebraspe - DEPEN - Analista e Técnico)

*O que **se constata** é que, na prática, o cidadão preso perde muito mais do que sua liberdade.*

A substituição de "se constata" por **é constatado** manteria a correção gramatical e o sentido original do texto.

CERTO

ERRADO

Comentários: Nessa questão, há uma ideia passiva. O "se" da expressão "se constata" é um pronome apassivador, pois equivale a "é constatado", que é a sua reescritura na passiva analítica. Por isso, a substituição de uma forma pela outra não altera a correção nem o sentido do texto.

Gabarito: CERTO

8. (CESPE/CEBRASPE - 2022 - DPE - RS - Defensor Público)

"O consumismo é uma economia do logro, do excesso e do lixo, pois faz que o ser humano trabalhe duro para adquirir mais coisas, mas traz a sensação de insatisfação porque sempre há alguma coisa melhor, maior e mais rápida do que no presente. Ao mesmo tempo, as coisas **que se possuem e se consomem** enchem não apenas os armários, as garagens, as casas e as vidas, mas também as mentes das pessoas."

Sem prejuízo da correção gramatical e da coerência do texto, a oração "que se possuem e se consomem" (último período do fragmento destacado) poderia ser reescrita da seguinte maneira: que são possuídas e consumidas.

CERTO

ERRADO

Comentários: Em "as coisas que se possuem e se consomem enchem não apenas os armários, as garagens..." equivale a dizer que "as coisas que são possuídas e consumidas não enchem apenas os armários, as garagens...". Os pronomes que aparecem antes dessas duas formas verbais são classificados como pronomes apassivadores. Para ter essa classificação, basta trocar para a voz passiva analítica. Se a frase fizer sentido, esses pronomes são classificados como apassivadores.

Gabarito: CERTO

9. (CESPE / CEBRASPE - 2021 - SERIS - AL - Agente Penitenciário)

"No fim do século XVIII e começo do XIX, a despeito de algumas grandes fogueiras, a melancólica festa de punição vai-se extinguindo. **Nessa transformação, misturaram-se dois processos**. Não tiveram nem a mesma cronologia, nem as mesmas razões de ser. De um lado, a supressão do espetáculo punitivo. O cerimonial da pena vai sendo obliterado e passa a ser apenas um novo ato de procedimento ou de administração. A punição pouco a pouco deixou de ser uma cena. [...]"

No trecho "Nessa transformação, misturaram-se dois processos", a substituição de "misturaram-se" pela locução **foram misturados** prejudicaria os sentidos originais do texto e sua correção gramatical.

CERTO

ERRADO

Comentários: Na passagem "misturaram-se dois processos" o "se" é pronome apassivador, pois a frase pode ser reescrita na voz passiva analítica (= dois processos foram misturados). Como o sujeito está no masculino plural, na passiva analítica a forma verbal seria "foram mudados". Então, essa substituição NÃO prejudicaria os sentidos originais do texto nem sua correção gramatical.

Gabarito: ERRADO

Nas provas de concursos públicos, quanto a vozes verbais, costuma-se trabalhar com três tipos de questões. Vamos sistematizar:

O primeiro tipo de questão é aquela em que a banca pede apenas que o candidato identifique a voz do verbo (ativa / passiva / reflexiva).

O segundo tipo quer saber se a frase admite transportação da voz ativa para a passiva.

O terceiro tipo de questão, que é a mais comum a todas as bancas, pede que o aluno reescreva da ativa para a passiva ou vice-versa.

Já vimos, nos tópicos anteriores, as questões do primeiro tipo, de identificação das vozes verbais, e as do terceiro tipo, de reescrita. Vejamos, então, as questões que só querem saber se a frase admite transposição da voz ativa para a passiva.

Uma frase na voz ativa admitirá a passagem para a voz passiva **se possuir objeto direto que possa virar sujeito**. Isso porque a voz passiva, em geral, representa a reescritura da ativa, só que dá ênfase ao objeto direto da ativa, que passa a funcionar como sujeito. Ora, então é preciso que a voz ativa apresente objeto direto, o que ocorre com os verbos transitivos diretos ou transitivos diretos e indiretos. Por isso, nas questões em que se perguntar se há ou não possibilidade de transportação para a passiva, vá correndo procurar na frase, que está na voz ativa, um objeto direto. Se houver, em geral, ela admitirá transportação. Bancas como a Fundação Carlos Chagas e a Cesgranrio elaboram muitas questões desse tipo. Veja algumas delas:

10. (FCC – TRF – 4ª Região – Analista Judiciário) A seguinte construção não admite transposição para a voz passiva:

A) Isso esclarece um pouco a razão das tensões (...).
B) (...) detestamos a hipocrisia e a falsidade (...).
C) Vivemos, assim, sobre esse fio de navalha entre a verdade e o disfarce.
D) As chamadas "regras de convívio" supõem, sempre, algum "mascaramento".
E) (...) que nos olhe nos olhos (...).

Comentários: Na letra A, o verbo esclarecer é transitivo direto e vem seguido de seu objeto direto *a razão das tensões*. Admite, portanto, transportação. Na letra B, o verbo detestar também é transitivo direto, seguido de seu objeto direto composto *a hipocrisia e a falsidade*. Na letra D, o mesmo ocorre: o verbo supor é verbo transitivo direto e vem seguido de seu objeto direto *algum mascaramento*. E, na letra E, a história se repete: o verbo olhar é transitivo direto e vem seguido de seu objeto direto *nos*. A única frase que não traz um verbo transitivo direto é a letra C, que apresenta um verbo intransitivo – vivemos – seguido de um adjunto adverbial de lugar *sobre esse fio de navalha entre a verdade e o disfarce*. É o único verbo que não permite a transportação para a voz passiva.

Gabarito: C

11. (Cesgranrio) A frase que admite transposição para a voz passiva é:

A) A prova de que não somos uma coisa só está em cada dia que amanhece.

B) Outro dia recortei da internet este fragmento de um blog (...).

C) A humanidade não tem jeito.

D) O pessimista não é inimigo das idealizações, muito pelo contrário.

E) Nem tudo está perdido.

Comentários: A letra A apresenta dois verbos que não são transitivos diretos: somos, que é verbo de ligação e vem seguido de um predicativo do sujeito *uma coisa só*, e o está, que é intransitivo, vindo seguido de um adjunto adverbial *em cada dia que amanhece*.

A letra B traz o verbo recortar, transitivo direto, com seu objeto direto *este fragmento de um blog*.

A letra C, embora apresente verbo transitivo direto, trata-se de um verbo que não admite transportação por impedimento semântico. Tente passar essa frase mentalmente para a voz passiva: "Jeito não é tido pela humanidade". Faz sentido isso?

As letras D e E apresentam verbos de ligação, não admitindo, portanto, transportação para a passiva.

Gabarito: B

12. (FCC – TRF – 2ª Região – Téc. Adm.) A construçao que admite transposição para a voz passiva é:

A) São inúmeras as consequências dessa idolatria.

B) As leis do mercado favorecem esse culto da juventude.

C) A juventude deixou de ser uma fase da vida.

D) Resulta disso tudo uma espécie de código comportamental.

E) Cresce a olhos vistos a oferta de produtos associados à juventude.

Comentários: A banca busca a única frase que apresente um verbo com transitividade direta. A letra A apresenta verbo de ligação (seu sujeito é *as consequências dessa idolatria* e seu predicativo é *inúmeras*). Ora, verbo de ligação não admite transposição para a passiva. A letra B, por sua vez, apresenta um verbo transitivo direto, favorecem, seguido de seu objeto direto *esse culto da juventude*. Na letra C, o verbo principal da locução verbal é um verbo de ligação, ser, que vem seguido de seu predicativo uma fase da vida. A letra D está fora de ordem, procure organizá-la antes de classificar o verbo: Uma espécie de código fundamental resulta disso tudo. O verbo resultar é transitivo indireto, não admitindo, portanto, passagem para a passiva. Na letra E, temos o verbo crescer, que é intransitivo. Portanto, a única frase que apresenta um verbo com transitividade direta será a que permitirá transposição para a passiva.

Gabarito: B

13. (FCC – TRF – 2ª Região – Téc. Adm.)

> *Essa situação é agravada pelo fato de quinze desses gigantes estarem localizados em países pobres ou emergentes.*

O verbo que admite o mesmo tipo de transposição ocorrida no exemplo destacado acima está também grifado na frase:

A) Em todo o mundo muitas cidades crescem sem nenhum planejamento.

B) A maior parte da população do planeta já <u>mora</u> em cidades.

C) A vida em cidades <u>depende</u> de normas comuns de comportamento.

D) A população das grandes cidades <u>está</u> sujeita a problemas de trânsito e de violência.

E) Neste ano a população urbana <u>ultrapassará</u> o número de moradores das áreas rurais.

Comentários: A frase que aparece no enunciado está na passiva analítica: o sujeito (essa situação) sofre a ação. Além disso, ela apresenta uma locução verbal de voz passiva (é agravada). A banca procura aqui uma frase que esteja na voz ativa, mas que admita transposição para a passiva. Nas letras A e B, os verbos crescer e morar são intransitivos. Na letra C, mais um verbo que não admite transportação – depende – por ser transitivo indireto (seguido de seu objeto indireto *de normas comuns de comportamento*). A letra D, por sua vez, traz um verbo de ligação *está* (seguido de seu predicativo *sujeita*). Só a letra E apresenta um verbo transitivo direto – ultrapassará – seguido de seu objeto direto *o número de moradores das áreas rurais.*

Gabarito: E

Aqui, vale um recado:

De fato, só admite passagem para a passiva um verbo que tenha transitividade direta.

Fernanda elogiou duas colegas. (voz ativa)

Duas colegas foram elogiadas por Fernanda. (voz passiva)

Pelo que podemos observar, o objeto direto da ativa – *duas colegas* – virou sujeito paciente na voz passiva, e o sujeito *Fernanda* transformou-se em agente da passiva (*por Fernanda*).

Entretanto, o contrário não se afirma: nem todo verbo transitivo direto pode ser construído na voz passiva. Veja as frases:

Guilherme quer um presente.

Fernanda pode tudo.

Arthur tem bons modos.

Há crianças na sala.

Tente passar essas frases para a passiva. Teríamos aberrações do tipo: *Um presente é querido por Guilherme; Tudo é podido por Fernanda* e *Bons modos são tidos por Arthur; Crianças são havidas na sala.* Fazem sentido essas frases?

Ainda que só verbos transitivos diretos ou transitivos diretos e indiretos admitam voz passiva, há verbos transitivos indiretos que admitem passiva. O uso coloquial acabou consagrando em textos cultos construções do tipo:

Os empregados foram pagos.

Os pais devem ser obedecidos.

O jogo foi assistido por todos.

A carta foi respondida.

Os verbos *pagar, obedecer, assistir* (= ver, presenciar) e *responder* são transitivos indiretos, mas admitem voz passiva. São frases consagradas do uso coloquial, mas que já aparecem em algumas provas. No entanto, cuidado: é sempre bom, diante das questões, analisar cada alternativa a fim de ver se a banca admitiu ou considerou errado esse tipo de construção, pois há divergências em relação a isso.

> **Resumindo:**
>
> - Em princípio, só verbos transitivos diretos ou transitivos diretos e indiretos admitem voz passiva.
> - Há verbos transitivos diretos que *não* admitem voz passiva (*ter, haver, poder, querer...*).
> - Há verbos transitivos *indiretos* que admitem voz passiva (*obedecer, pagar, responder, assistir...*).

14.3. EXERCÍCIOS DE FIXAÇÃO (COM GABARITO NO FINAL)

I. Identifique as vozes verbais.

1. A cozinha era antiga e escura.

 ____

2. A cozinha era reformada aos poucos.

 ____

3. Uma senhora foi assaltada por um adolescente.

 ____

4. Assaltou-se uma senhora.

 ____

5. Arrumou-se para o jantar.

 ____

6. Recebeu-se o projeto com ceticismo.

 ____

7. A comunidade científica recebeu o projeto com ceticismo.

 ____

8. O projeto foi recebido com ceticismo pela comunidade científica.

 ____

9. Fazendeiros brasileiros ajudam a equipar a polícia.

 ____

10. Os resultados foram divulgados via TV.

 ____

11. "A Bíblia é uma coleção de lendas veneráveis, mas primitivas e infantis." (Albert Einstein)

 ____

II. Nas frases a seguir, transforme a voz ativa em passiva analítica.

1. Algumas pessoas colecionam moedas e selos antigos.

 ____

2. O pessoal não vê o autoritarismo como alternativa.

 ____

3. "O Governo de nosso Estado combate e denuncia todas as formas de violência."

 ____

4. "O escândalo do Orçamento expôs definitivamente a indústria da miséria."

____

5. "O Brasil não resolverá os problemas da miséria."

____

6. "O irmão pobre, se morre e apodrece, leva o irmão rico de cambulhada."

____

7. "No Brasil, matam crianças à bala."

____

8. "O Governo havia transferido tarefas e recursos aos municípios."

____

9. Obedeceu-se às ordens.

____

10. Muitos cientistas não acreditam em Deus.

____

III. Nas frases a seguir, passe para a voz passiva sintética.

1. Os presos eram proibidos de usar barbas e cabelos longos.

____

2. Contaram a verdade.

____

3. Aqui são dadas aulas inesquecíveis.

____

4. Esconderam armas de destruição maciça.

____

5. O projeto foi recebido com ceticismo.

____

IV. Nas frases a seguir, transforme a voz passiva em ativa.

1. Os presos eram proibidos de usar barbas e cabelos longos.

____

2. Com verba do Estado, dezoito composições já estão sendo reformadas.

____

3. Esperavam-se resultados mais animadores.

____

4. As palavras precisavam ser interpretadas.

____

5. A cidade era sacudida e inquietada por uma trovoada surda e cava.

____

6. Para não ser olhado com medo, resolveu ceder.

____

7. No nosso país, deveriam ser instituídas leis mais rigorosas.

____

8. Recusou-se o convite.

____

9. As negociações deverão ser concluídas até outubro.

____

10. A história do Brasil pode ser contada de vários modos e sob vários ângulos.

____

Gabarito: I — 1. voz ativa (antiga/ escura: predicativos do sujeito); 2. voz passiva analítica; 3. voz passiva analítica; 4. voz passiva sintética; 5. voz reflexiva; 6. voz passiva sintética; 7. voz ativa; 8. voz passiva analítica; 9. voz ativa; 10. voz passiva analítica; 11. voz ativa. **II** — 1. Moedas e selos antigos são colecionados por algumas pessoas. 2. O autoritarismo não é visto pelo pessoal como alternativa. 3. Todas as formas de violência são combatidas e denunciadas pelo Governo de nosso Estado. 4. A indústria da miséria foi exposta definitivamente pelo escândalo do orçamento. 5. Os problemas da miséria não serão resolvidos pelo Brasil. 6. O irmão rico é levado de cambulhada pelo irmão pobre. 7. No Brasil, crianças são mortas à bala. 8. Tarefas e recursos haviam sido transferidos pelo Governo aos municípios. 9. As ordens foram obedecidas. (Ver observação (b) da p. 13). 10. Esta frase não pode ser transformada em voz passiva, pois o verbo é transitivo indireto. **III** — 1. Proibiam-se os presos...; 2. Contou-se a verdade; 3. Aqui dão-se aulas...; 4. Esconderam-se armas...; 5. Recebeu-se o projeto... **IV** — 1. Proibiam os presos... 2. Com verba do Estado, estão reformando dezoito composições. 3. Esperavam resultados mais animadores. 4. Precisavam interpretar as palavras. 5. Uma trovoada surda e cava sacudia e inquietava a cidade. 6. Para não o olharem com medo... 7. No nosso país, deveriam instituir leis... 8. Recusaram o convite. 9. Deverão concluir as negociações... 10. Podem contar a história do Brasil...

14.4. QUESTÕES DE CONCURSOS COMENTADAS

1. **(Instituto Consulplan - 2024 - Câmara de Belo Horizonte - MG - Redator)** Quanto à relação entre sujeito e verbo em "Entendia-se a ética como a resposta à pergunta 'o que devo ser?'.", é correto afirmar que se trata da voz

   A) ativa.
   B) reflexiva.
   C) passiva analítica.
   D) passiva sintética.

   Comentários: Há nessa frase uma estrutura de voz passiva sintética — verbo transitivo direto + "se" (pronome apassivador). Lembrando sempre que a voz passiva sintética equivale a uma analítica (Entendia-se a ética... = A ética era entendida...).

   Gabarito: D

2. **(FGV - 2023 - Câmara dos Deputados - Consultor Legislativo)** Assinale a frase em que houve erro na conversão da voz passiva pronominal para a voz ativa.

   A) Aqui se vendem plantas? / Aqui vendem plantas?
   B) Achou-se o documento extraviado. / Acharam o documento extraviado.
   C) Há de cumprir-se o regulamento. / Há de cumprirem o regulamento.
   D) Devolveu-se-lhe o livro. / Devolveram-lhe o livro.
   E) Aqui estão os sapatos que se haviam comprado. / Aqui estão os sapatos que haviam comprado.

Comentários: Aqui, ocorre a mesma estruturação da questão anterior. Como na opção C aparece locução verbal, o verbo auxiliar é que fica na terceira pessoa do plural (Hão de cumprir o regulamento).

Na conversão da voz passiva sintética para a ativa, como o agente da passiva é indeterminado, o sujeito da voz passiva também será indeterminado, o verbo fica na terceira pessoa do plural. Em quatro opções isso ocorre de forma correta. Contudo, na letra C, há uma locução verbal. Nesse caso, quem vai para a terceira pessoa do plural é o verbo auxiliar (Hão de cumprir o regulamento).

Gabarito: C

3. **(IBFC - 2024 - Prefeitura de Fortaleza - CE - Médico)** Assinale a alternativa correta em relação à passagem de voz passiva para voz ativa na oração: **Um raro adereço indígena foi encontrado pelo Iphan.**

A) O Iphan encontrara um raro adereço indígena.

B) Um raro adereço indígena tinha sido encontrado pelo Iphan.

C) O Iphan encontra um raro adereço indígena.

D) Um raro adereço indígena teria sido encontrado pelo Iphan.

E) O Iphan encontrou um raro adereço indígena.

Comentários: Na passagem da voz passiva analítica para a ativa, o agente da passiva (pelo Iphan) passa a ser sujeito agente na voz ativa. O tempo do verbo auxiliar "ser" (foi – pretérito perfeito) é transferido para o particípio da voz passiva analítica (encontrado – encontrou). E o sujeito da voz passiva analítica (Um raro adereço indígena) vira objeto direto na ativa. Exatamente como aparece na opção E. É dessa forma que se reescreve a voz passiva analítica em ativa.

Gabarito: E

4. **(IBFC - 2024 - IMBEL - Advogado Empresarial)** Em vozes verbais, atente-se à formação de voz passiva sintética: "(...) <u>perde-se a noção</u> de quanto falta para ele ser finalizado". Assinale a voz passiva analítica referente à oração em destaque.

A) (...) a noção foi perdida.

B) (...) se perdeu a noção.

C) (...) a noção fora perdida.

D) (...) perder-se-ia a noção.

E) (...) a noção é perdida.

Comentários: Há nessa frase uma estrutura de voz passiva sintética – verbo transitivo direto + "se" (pronome apassivador). Lembrando sempre que a voz passiva sintética equivale a uma analítica (verbo SER + PARTICÍPIO). O sujeito se mantém, e o tempo do verbo da passiva sintética é transferido para o verbo "ser" da passiva analítica. Nesse caso, "perde", presente do indicativo, "é", presente do indicativo.

Perde-se (VTD + se) a noção (sujeito) = A noção é perdida.

Gabarito: E

5. **(FCC - 2023 - TRT - 12ª Região - SC - Técnico Judiciário)** Pode ser transposto para a voz passiva o seguinte trecho:

A) Ali ninguém entrava vivo.

B) Os homens voltaram desapontados.

C) Os simpatizantes pegavam pelo aspecto mais evidente do padre.

D) Deus, de repente, chamara o farmacêutico.

E) Francamente, este cemitério é digno do progresso da cidade.

Comentários: Para uma frase da voz ativa ser reescrita em passiva, o verbo da frase da ativa tem de possuir a transitividade direta. Se aparecer verbo intransitivo, transitivo indireto ou de ligação na voz ativa, não há como transpor para a voz passiva. Logo, das opções apresentadas, a única em que aparece verbo transitivo direto é a D (chamara).

A) verbo intransitivo (entrava);

B) verbo intransitivo (voltaram);

C) verbo transitivo indireto (pegavam);

E) verbo de ligação (é).

Gabarito: D

6. **(FCC - 2024 - TRT - 7ª Região - CE - Técnico Judiciário)** Transpondo-se para a voz passiva a frase *Todos esses atributos trarão de volta quem do lugar amado se afaste*, as formas verbais ficarão, na ordem dada.

A) teria sido trazido - esteja a afastar-se.

B) serão trazidos - afastou-se.

C) deverão trazer - tenha afastado.

D) será trazido - seja afastado.

E) trouxeram-no - fosse afastar-se.

Comentários: Como vimos em explicação anterior, o tempo do verbo da voz ativa (trarão — futuro do presente do indicativo) é transferido para o verbo "ser" (será, no singular, já que o sujeito passa a ser a oração "quem do lugar amado se afaste"). Na segunda oração, "afaste" está no presente do subjuntivo, o verbo "ser" terá de ficar nessa forma (seja)

Reescrevendo: Quem do lugar amado seja afastado será trazido de volta por todos esses atributos.

Gabarito: D

7. **(FCC - 2024 - TRT - 11ª Região - AM e RR - Analista Judiciário)** Transpondo-se para a voz passiva a frase *Será que podemos entender o mundo sem algum tipo de crença?*, a forma verbal resultante deverá ser

A) podia entender-se.

B) pode entender-nos.

C) podemos ser entendidos.

D) pode ser entendido.

E) o entenderemos.

Comentários: No segmento "podemos entender o mundo", o sujeito está subentendido (nós). Como aparece locução verbal, tem de se analisar a forma do verbo principal (entender, verbo no infinitivo; logo, o verbo "ser" na passiva terá de ficar no infinitivo). E "o mundo", objeto direto, passa a ser sujeito na passiva analítica.

Reescrevendo: Será que o mundo sem algum tipo de crença pode ser entendido por nós?

Gabarito: D

8. **(FGV - 2024 - Prefeitura de São Lourenço da Mata - PE - Professor de Língua Portuguesa)** Assinale a alternativa cujo trecho está redigido na voz passiva.
   A) Outra coisa que não parece ser entendida pelos outros...
   B) ... quando me chamam de intelectual e eu digo que não sou.
   C) De novo, não se trata de modéstia e sim de uma realidade...
   D) Escrevi-os só quando espontaneamente me vieram...
   E) Sou uma pessoa que tem um coração que por vezes percebe...

Comentários: Existem duas construções de voz passiva:

1. Voz passiva sintética: VTD + "se" apassivador (Comentou-se o caso).

2. Voz passiva analítica: verbo "ser" + verbo principal no particípio (O caso foi comentado).

Das opções apresentadas, a única que traz construção de voz passiva é a letra A (parece SER ENTENDIDA). Voz passiva analítica. Nas outras opções, voz ativa.

Gabarito: A

9. **(FGV - 2023 - SMED de Belo Horizonte - MG - Assistente Administrativo Educacional)** Assinale a opção que apresenta a frase que está na voz ativa.
   A) A palavra sábia é aquela que, dita a uma criança, é sempre compreendida sem a necessidade de explicação.
   B) Dizer facilmente até as coisas mais fáceis de serem ditas não é nada fácil, ou melhor, é algo muito difícil entre as coisas mais difíceis.
   C) Muitas vezes me arrependi de ter falado, nunca de ter calado.
   D) Nos perigos graves, atropela-se toda razão.

Comentários: Na letra C, o sujeito oculto "eu" pratica a ação verbal, é sujeito agente. A frase está na voz ativa, portanto. Nas outras opções, as construções são de voz passiva:

A) (é) dita / é compreendida (passiva analítica);

B) serem ditas (passiva analítica);

D) atropela-se (passiva sintética).

Gabarito: C

10. **(FGV - 2023 - Prefeitura de Jaboatão dos Guararapes - PE - Professor)** As frases a seguir mostram forma passiva. Assinale aquela em que a forma ativa correspondente é apresentada de forma adequada.
   A) Muitas coisas podem ser preservadas em álcool / Preservam-se muitas coisas em álcool.
   B) O mundo será julgado pelas crianças / As crianças julgarão o mundo.
   C) Um bar é um lugar onde a loucura é vendida em garrafas / Um bar é um lugar onde se vende a loucura em garrafas.

D) Freud explica o número absurdo de divãs que são vendidos no mundo / Freud explica o número de divãs que se vendem no mundo.
E) Os preconceitos são forjados pela ignorância / Forjavam os preconceitos pela ignorância.

Comentários: Na transposição de voz passiva analítica para ativa, o agente da passiva vira sujeito agente; o sujeito passa a objeto direto; e o tempo do verbo "ser" é transferido para o verbo principal, que está no particípio. A correspondência adequada está na opção B:

O mundo (sujeito paciente) será (futuro do presente) julgado (particípio) pelas crianças (agente da passiva).

As crianças (sujeito agente) julgarão (futuro do presente) o mundo (objeto direto).

A) Podem preservar...
C) ...onde vendem a loucura...
D) ...que vendem...
E) A ignorância forja os preconceitos

Gabarito: B

14.5. QUESTÕES DE CONCURSOS PROPOSTAS (COM GABARITO NO FINAL)

1. **(VUNESP - 2023 - PC - SP - Escrivão)** Há oração em voz passiva em:
   A) O presidente equatoriano, Guillermo Lasso, acompanhou com atenção o início das operações e fez um apelo aos agentes...
   B) ... foram encontrados fuzis, revólveres, cerca de 1500 munições, coletes à prova de balas e explosivos...
   C) "Usem a arma contra os violentos, contra os que acharam que este cantão é território de máfias..."
   D) ... mas que estas diminuíram de 36 a 7 (por semana) com a presença da polícia e dos militares.
   E) Ao menos mil agentes, entre policiais e militares, entraram, neste sábado (30.09), em Durán...

2. **(2024 - Prefeitura de Conceição dos Ouros - MG - Assistente Social)** Identifique a alternativa que apresenta a voz verbal REFLEXIVA.
   A) O macaco comeu a fruta.
   B) O ônibus foi reformado pelo mecânico.
   C) A criança feriu-se.
   D) O biscoito está murcho.

3. **(FUNDATEC - 2024 - Prefeitura de Bagé - RS - Auditor de Controle Interno)** Assinale a alternativa que indica a correta transposição do trecho a seguir da voz passiva sintética para a analítica.

   "Abrem-se condições para uma disputa mental".

   A) Condições é aberta para uma disputa mental.
   B) Condições são abertas para uma disputa mental.

C) Condições foi aberta para uma disputa mental.
D) Condições foram abertas para uma disputa mental.
E) Condições serão abertas para uma disputa mental.

4. **(IBADE - 2024 - Prefeitura de Joinville - SC - Assistente Social)** Em qual dos trechos abaixo se pode identificar o uso da voz verbal passiva analítica?
A) "Vencemos uma batalha natural e aqui estamos, com pensamento e reflexão."
B) "Toda cultura se acha, invariavelmente, mais capacitada e evoluída do que a anterior."
C) "Afinal, se é ponto cego, de fato, não era para ser visto mesmo."
D) "A Revolução Treconológica nos encheu de coisas, sem antes nos perguntar se seriam úteis."
E) "Nós, os Homo Trecos, não gostamos muito de pensar, essa coisa antiquada, analógica e sofrida."

5. **(Instituto Consulplan - 2024 - Prefeitura de Santa Maria de Jetibá - ES - Auditor Público Interno)** Ao estruturar a frase "No imposto de renda, o contribuinte é identificado com um número." na voz passiva, a autora obtém como efeito sintático:
A) Exposição explícita do agente da ação expressa.
B) Omissão do paciente da ação verbal, de forma intencional.
C) Impossibilidade de que tal estrutura seja expressa pela correspondente ativa.
D) Atribuição ao paciente da ação verbal, de forma explícita, o papel de sujeito da oração.

6. **(IBFC - 2024 - Correios - Engenheiro)**

"Já reparou que, a todo momento, **lê-se ou se escuta que alguém 'bateu o martelo'?** Um desavisado achará que, pela quantidade de gente que 'bate o martelo', vivemos sob uma sinfonia de marteladas. Mas é claro que, ao 'bater o martelo', o sujeito apenas se decidiu por isto ou aquilo. [...]"

Em "lê-se ou se escuta que alguém 'bateu o martelo'?", há duas ocorrências do pronome "se", que contribui para:
A) a indeterminação do sujeito.
B) a formação da voz passiva.
C) o sentido de reciprocidade.
D) o valor reflexivo das ações.

7. **(IBFC - 2024 - IMBEL - Agente de Apoio Operacional)** Observe oração em voz passiva e indique a voz ativa correta: "Daiane criou dois movimentos que foram eternizados pela Federação Internacional de Ginástica (FIG)."
A) Daiane criou dois movimentos que a Federação Internacional de Ginástica eternizou.
B) Daiane havia criado dois movimentos que foram eternos para a Federação Internacional de Ginástica.
C) Daiane criou dois movimentos, eternos para a Federação Internacional de Ginástica.

D) Daiane criou dois movimentos que a Federação Internacional de Ginástica eternizaram.

E) A Federação Internacional de Ginástica criou dois movimentos eternizados por Daiane.

8. (FCC - 2023 - TRT - 21ª Região - RN - Técnico Judiciário) Pode ser transposto para a voz passiva o seguinte trecho da crônica:

A) Houve um certo alívio no ambiente.

B) O Alaor propôs um plebiscito no escritório.

C) Existem muitas histórias do seu Justinho.

D) Um funcionário, inclusive, nao compareceu ao trabalho.

E) todos estavam abalados com a experiência.

9. (FCC - 2024 - MPE - AM - Agente de Apoio)

Silva e Martin buscaram o socorro da genética.

Ao se transpor o trecho acima para a voz passiva, a forma verbal resultante será:

A) seria buscado.

B) foi buscado.

C) foi buscada.

D) fora buscada.

E) é buscado.

10. (FCC - 2023 - TRT - 21ª Região - RN - Analista Judiciário) Transpondo-se para a voz passiva a frase <u>até que ponto podemos compreender a natureza da realidade?</u>, a forma verbal a se adotar deverá ser:

A) poderá ter sido compreendida.

B) podemos ter compreensão.

C) podia compreender-se.

D) pode ser compreendida.

E) se poderia compreender.

11. (FCC - 2023 - TRT - 21ª Região -RN - Analista Judiciário)

Vi Donana nas manhãs seguintes chamar Belonísia de Carmelita também.

Transpondo a frase acima para a voz passiva, O verbo "Chamar" deverá assumir a seguinte forma:

A) tinha chamado.

B) fora chamada.

C) ser chamada.

D) foi chamado.

E) era chamada.

12. (FCC - 2024 - TRT - 7ª Região - CE - Analista Judiciário)

Tendes direito sobre a terra que cultivastes com vossas próprias mãos.

Transpondo-se adequadamente o tratamento verbal para 2ª pessoa do singular e a forma ativa para a passiva da frase acima, ela ficará:

A) Terás sobre a terra o direito de a cultivares com suas próprias mãos.
B) Tem teu direito sobre a terra que tuas próprias mãos cultivam.
C) Tens direito sobre a terra que cultivou-se por suas próprias mãos.
D) Tens direito sobre a terra que foi cultivada por tuas próprias mãos.
E) Tereis sobre a terra o direito que fora cultivado por tuas próprias mãos.

13. (FGV - 2024 - TJ - AP - Técnico Judiciário) A frase abaixo que exemplifica a voz passiva é:

A) Basta ver um promontório, uma montanha, um mar e um rio, para ter visto todos.
B) O cão foi criado especialmente para as crianças. É o deus da brincadeira.
C) Meus cachorros são mais saudáveis que muita gente que frequenta a praia.
D) Procura na natureza e, se souberes encontrar, acharás o que procurares.
E) Pode o cão ladrar contra todos, mas não pode morder senão os que dele se aproximam.

14. (FGV - 2024 - Prefeitura de Macaé - RJ - Analista Previdenciário) Assinale a frase em que a passagem da voz ativa para a passiva com auxiliar foi feita de forma adequada.

A) A fúria provê as armas. / As armas são provindas pela fúria.
B) A paz é o tempo em que os políticos dizem tolices. / A paz é o tempo de as tolices serem ditas
C) Bons sentimentos jamais criam boas estratégias. / Boas estratégias jamais foram criadas por bons sentimentos.
D) A flecha dignifica o alvo. / O alvo é dignificado pela flecha.
E) Guerra implica baixas. / Baixas foram implicadas pela guerra.

15. (FGV - 2024 - Prefeitura de Macaé - RJ - Professor) Assinale a frase que mostra, corretamente, a passagem da voz ativa para a voz passiva.

A) Deus fez o campo, o homem e a cidade. / O campo, o homem e a cidade foram feitos por Deus.
B) Os felizes conhecem os deuses campestres. / Os deuses campestres serão conhecidos pelos felizes
C) Não acuses a natureza. / Que a natureza não seja acusada por ti.
D) As águas gastam as pedras. / As pedras são gastas pelas águas.
E) A poluição do ar está deixando grisalha a Mãe Natureza. / A Mãe Natureza está sendo deixada grisalha pela poluição.

GABARITO:

1. B	2. C	3. B	4. C	5. D
6. B	7. A	8. B	9. B	10. D
11. C	12. D	13. B	14. D	15. A

14.8. RESUMO

Bem, chegamos ao final deste tópico... Vamos sistematizar?

- Uma frase que admite transposição da ativa para a passiva é aquela que possui **VDT ou VTDI.**
- Diante de um "se" na frase, verifique a transitividade do verbo e tente **transportar tal frase para a passiva analítica. Em caso positivo, você estará diante de voz** passiva sintética e o "se" será pronome apassivador.
- **A voz passiva reescreve a ativa, com a diferença** de que a primeira enfatiza o objeto direto da segunda, que passa a funcionar como sujeito paciente.
- Na voz passiva, **não existe, portanto, objeto direto, e sim sujeito paciente, apesar de o verbo ter** transitividade direta. Por isso, atenção à concordância verbal na voz passiva sintética.

Acesse o material suplementar

uqr.to/20vgx

Período Composto 15

15.1. FRASE, ORAÇÃO E PERÍODO

Antes de tudo, vamos colocar uns pingos nos is... Você sabe a diferença entre frase, oração e período? Frase é qualquer enunciado que produza sentido. Pode ser **nominal** ("Oi!") ou **verbal** ("Cheguei!"). Já oração precisa possuir verbo: **oração é a frase verbal**. Lembra que, na escola, contávamos as orações pelo número de verbos: para cada verbo, uma oração... E o **período é a composição de orações**. Pode ser simples (nesse caso, a única oração que ele possui é a chamada oração absoluta) ou composto (com duas ou mais orações).

Observe uma assertiva, do estilo certo ou errado, de uma prova do Cebraspe-UnB, que buscava exatamente esse conceito.

> *Um Brasil com desemprego zero. Um Brasil bem distante das estatísticas que apontam para uma taxa de desocupação em torno de 9%.*
>
> 1) O primeiro período do texto tem natureza nominal.

O que é, portanto, ter natureza nominal? É não ter verbo. A assertiva é, portanto, verdadeira. Agora, caso se dissesse "O Brasil *possui* desemprego zero", aí seria uma frase verbal, e não nominal.

O período composto se subdivide em dois blocos: por **coordenação** e por **subordinação**. Lembra que, na escola, tínhamos o péssimo hábito de, para saber se o período era composto por coordenação ou subordinação, retirar uma das orações da frase para verificar se a sua ausência fazia realmente falta ao período? Se a oração saísse da frase e tudo ficasse bonito, então, ela era coordenada; no entanto, se retirada e fizesse falta, seria subordinada... Isso, por si só, não é muito estranho? Hoje, já não se deve ensinar assim. Observe:

15.2. ORAÇÕES COORDENADAS X ORAÇÕES SUBORDINADAS

A diferença entre o período composto por coordenação e o período composto por subordinação é que as orações coordenadas só se relacionam entre si semanticamente, não sintaticamente. São independentes do ponto de vista sintático. Já as subordinadas recebem essa classificação por se subordinarem sintaticamente entre si.

Parece confuso? É simples: as orações coordenadas só possuem valor semântico entre si: adição, adversidade, explicação... No entanto, as subordinadas exercem função sintática (uma é sujeito da outra, objeto direto, adjunto adverbial...). No entanto, não é somente com base nesse critério que você vai classificar as orações. Existem outras formas ainda mais simples de você pensar. As conjunções, por exemplo, vão ajudar bastante na classificação das orações. Vamos então organizar esses conceitos?

No **período composto por coordenação**, tem-se, portanto, uma sequência de orações em que uma não exerce função sintática da outra, ou seja: uma oração *não* é sujeito, objeto, complemento nominal, adjunto da outra. Veja um exemplo:

Encontrei meu amigo / e cumprimentei-o.

Repare que há uma *independência* sintática, já que, ao analisarmos a primeira oração, verificamos que todos os seus *termos* (sujeito, objeto...) estão dentro dela mesmo, o mesmo ocorrendo com a segunda oração:

(Eu) – *sujeito* – encontrei – *verbo* – meu amigo – *objeto direto* / (Eu) – *sujeito* – cumprimentei – *verbo* – o – *objeto direto.*

No **período composto por subordinação**, o que se vê é uma sequência de orações em que uma é termo sintático da outra, ou seja, uma oração *é* sujeito, objeto, complemento nominal, adjunto da outra. Aqui, os termos da oração (sujeito, objeto, complemento nominal, adjuntos...) aparecem sob *forma de oração* – sujeito oracional, objeto oracional etc. Observe:

Desejo / que sejas feliz.

Nesse exemplo, há uma *dependência* sintática, pois o objeto direto do verbo *desejo* não se encontra na primeira oração, e sim na segunda.

(Eu – *sujeito* – desejo – *verbo* – (o quê?) / que sejas feliz – *objeto direto.*)

Observação: As orações coordenadas e as subordinadas podem aparecer sob forma *desenvolvida* – quando são introduzidas por *conjunção* ou *pronome relativo* – ou *reduzida* – quando aparecem verbos no *infinitivo*, no *gerúndio* ou no *particípio*.

15.2.1. Orações coordenadas

a) Assindéticas (sem conectivo): as orações coordenadas *assindéticas* não vêm com conectivo, com conjunção.

Ex.: Não corra, não mate, não morra.

b) Sindéticas (conectivas): vêm com conjunção e se dividem em

- aditivas – exprimem ideia de soma, adição.

Ex.: Chegou [e se divertiu.]

A segunda oração *acrescenta* uma ação à ocorrida na primeira oração.

As principais conjunções são: e, nem, não só... mas também etc.

- adversativas – exprimem ideia de oposição, contraste, ressalva.

Ex.: Saiu cedo de casa, [mas chegou atrasado ao trabalho.]

A segunda oração contrasta com a informação da primeira. Se ele saiu cedo de casa, o normal seria *não* chegar atrasado.

As principais conjunções são: mas, porém, contudo, todavia, entretanto, no entanto etc.

- alternativas – exprimem ideia de alternância, escolha.

Ex.: Ora chovia, [ora fazia sol.] alternância

Fale agora, [ou se cale para sempre.] escolha

As principais conjunções são: ou, ou... ou, ora...ora, já...já, quer... quer etc.

- conclusivas – exprimem ideia de conclusão.

Ex.: Trabalhou muito, [logo foi recompensado.]

A segunda oraçao conclui algo mais ou menos esperado do que se afirmou na primeira.

As principais conjunções são: logo, portanto, por conseguinte, pois (quando vem posposto ao verbo) etc.

- explicativas – exprimem uma justificativa para o que se disse na outra oração.

Ex.: Aguarde um instante, [pois estou chegando.]

A segunda oração explica, justifica o pedido feito na primeira.

As principais conjunções são: que, pois (antes do verbo), porque, porquanto etc.

Pelo que você deve estar percebendo, tudo isso nada mais é do que uma revisão do que estudamos lá no capítulo de conjunções. Por isso, vale sistematizar:

> Para classificar uma oração coordenada, basta verificar a relação semântica entre as orações. Ela se subdivide em cinco tipos: aditiva, adversativa, alternativa, conclusiva e explicativa.

Antes de passarmos à classificação das orações subordinadas, vamos fixar um pouco esses conceitos?

Use o seguinte código para classificar as orações coordenadas destacadas a seguir:

(1) oração coordenada assindética;
(2) oração coordenada sindética aditiva;
(3) oração coordenada sindética alternativa;
(4) oração coordenada sindética adversativa;
(5) oração coordenada sindética conclusiva;
(6) oração coordenada sindética explicativa.

1. ( ) "Foi até a esquina, parou, tomou fôlego."

Comentários: Aparecem, aqui, três orações sem estarem ligadas por conjunções. Todas são coordenadas assindéticas.

Gabarito: 1.

2. ( ) Penso, *logo existo.*

   Comentários: A segunda oração conclui uma afirmação feita na oração anterior.

   Gabarito: 5.

3. ( ) Comprou os ingressos, *porém não conseguiu assistir ao jogo.*

   Comentários: O que se esperava na segunda oração era que ele conseguisse assistir ao jogo, já que comprou os ingressos. No entanto, isso *não* ocorreu.

   Gabarito: 4.

4. ( ) Venha *e fique à vontade.*

   Comentários: Aqui, *dois* pedidos são feitos: *venha* e *fique*, um se soma ao outro.

   Gabarito: 2.

5. ( ) Chore, *porque alivia a dor.*

   Comentários: A segunda oração *justifica* o pedido feito na anterior. Observe que a outra oração está com verbo no imperativo: isso pode ajudar a entender que a outra oração é a explicação para o conselho inicial.

   Gabarito: 6.

6. ( ) Ora falava sem parar, *ora se calava demoradamente.*

   Comentários: As ações vão se alternando no tempo.

   Gabarito: 3.

7. ( ) O filho chegou *e a mãe nem notou.*

   Comentários: O normal seria a mãe notar a chegada do filho, porém isso não ocorreu.

   Gabarito: 4.

> **Obs.:** Essa última frase é um bom exemplo do que já mostramos na aula de conjunções: mais importante que decorar algumas conjunções é enxergar a *ideia* que se estabelece entre as orações. O *e* deste exemplo introduz um valor de *adversidade* em relação ao que se disse antes, e não adição.

Veja agora algumas questões resolvidas:

1. **(Instituto Consulplan - 2024 - Prefeitura de Além Paraíba - MG - Médico)** "*O Brasil de 2070 pode parecer distante, **entretanto as sementes desse futuro devem ser plantadas agora***". O trecho destacado é uma oração coordenada sindética:

   A) Aditiva.

   B) Conclusiva.

   C) Explicativa.

   D) Adversativa.

   Comentários: A oração em destaque é iniciada pela conjunção coordenativa adversativa "entretanto". Logo, essa oração é coordenada sindética adversativa.

   Gabarito: D

2. (CESPE/CEBRASPE - 2022 - SEE - PE - Analista em Gestão Educacional)

*Alguns idiomas fictícios foram criados especialmente para a série **Game of Thrones**. Daí surgiram palavras e expressões bem conhecidas pelos fãs, como "dracarys" – palavra que a personagem Daenerys Targaryen (Emilia Clarke) usa para mandar seus dragões cuspirem fogo. A palavra faz parte do alto valiriano, uma língua muito presente no decorrer da trama dos Targaryen e que apareceu de novo em **House of the Dragon**, spin-off de **Game of Thrones**.*

A Antiga Valíria era um antigo império localizado em Essos, continente a leste de Westeros. Ela é pouco mencionada na série, pois não existe mais, mas sua língua (o alto valiriano) ainda é usada por uma elite seleta. Seria como falar latim clássico na Europa medieval.

(...)

No segundo período do segundo parágrafo, os vocábulos "pois" e "mas" introduzem, respectivamente, orações com sentido explicativo e adversativo.

CERTO

ERRADO

Comentários: A oração introduzida por "pois" tem a finalidade de explicar o fato de a "Antiga Valíria" ser pouco mencionada na série: pelo fato de não existir mais. Na sequência, mostra-se uma oposição: o fato de não existir mais não impede que exista a sua língua ainda, ou seja, a primeira oração explica e a segunda mostra uma adversidade, um contraste. Orações coordenadas, explicativa e adversativa, respectivamente.

Gabarito: CERTO

15.2.2. Orações subordinadas

Agora, vamos às orações subordinadas. A oração que não possui o conectivo será chamada de oração *principal* e a outra que se relaciona com ela será a *subordinada* (lembre-se de que, no período composto por coordenação, a oração que não tinha o conectivo era chamada de **coordenada assindética**? Aqui, em subordinação, o nome é **principal**). Quanto às subordinadas, elas se subdividem em três blocos:

1) **Substantivas** (equivalem a um substantivo, exercendo as funções próprias do substantivo)

Apresentam-se em forma *desenvolvida* (introduzidas pelas **conjunções integrantes que** ou **se** ou por **pronome indefinido**, **pronome** ou **advérbio interrogativo**) e em forma *reduzida* (infinitivo).

A) **Subjetivas:** exercem a função sintática do sujeito. Em geral, aparecem com as seguintes construções:

Verbo na 3ª pessoa do singular (*convir, cumprir, importar, urgir, acontecer, parecer etc.*) seguidos de *que, se* ou de *infinitivo*.

Ex.: Urge [que chegues no horário.]

Expressões na voz passiva (*sabe-se, soube-se, diz-se, conta-se, é sabido, estava decidido etc.*).

Ex.: Diz-se [que ela mentiu.]

Verbo de ligação mais predicativo (*é bom, é conveniente, está claro etc.*).

Ex.: Está claro [que ela mentiu.]

Aqui vale uma dica: Quando o sujeito se apresenta sob forma de oração, normalmente aparecem essas construções (convém, importa, sabe-se, é sabido, é bom, está claro) na oração principal. A oração subordinada é sujeito da oração principal quando não se acha o sujeito **da** oração principal **na** oração principal.

Veja:

Ex.: Urge / que chegues no horário.

(or. princ.) (or. subord. subst. subjetiva)

A segunda oração é sujeito da primeira, porque, ao se analisar a oração principal, não encontramos o sujeito de *urge* nessa oração: Ele urge? Alguém urge? Não tem sentido. O que se entende é: urge isto (que chegues no horário). Na ordem, teríamos: isto (= que chegues no horário) urge. O mesmo ocorre com os outros exemplos:

Ex.: Diz-se / que ela mentiu.

(or. princ.) (or. subord. subst. subjetiva)

Ele diz-se? Alguém diz-se? Ou: diz-se isto (= que ela mentiu). Na ordem: isto (= que ela mentiu) se diz.

Mais um exemplo:

Ex.: Está claro / que ela mentiu.

(or. princ.) (or. subord. subst. subjetiva)

Ou: está claro isto (= que ela mentiu). Na ordem direta, teríamos: isto (= que ela mentiu) está claro.

B) Objetivas diretas: exercem a função de objeto direto.

Ex.: Espero [que ela volte logo.]

(or. princ.) (or. subord. subst. objetiva direta)

Ex.: Não sei [se volto amanhã.]

(or. princ.) (or. subord. subst. objetiva direta)

Os **verbos** *espero* e *sei* são transitivos diretos. O complemento é o objeto direto.

C) Objetivas indiretas: exercem a função de objeto indireto.

Ex.: Necessito [de que me ajudem nesta tarefa.]

(or. princ.) (or. subord. subst. objetiva indireta)

O **verbo** *necessito* pede preposição obrigatória, é transitivo indireto. O complemento é o objeto indireto.

D) Completivas nominais: exercem a função de complemento nominal.

Ex.: Tenho necessidade [de que me auxilies.]

(or. princ.) (or. subord. subst. completiva nominal)

Tinha esperança [de que revelasses o segredo.]

(or. princ.) (or. subord. subst. completiva nominal)

Agora o que temos são os **nomes**, *necessidade* e *esperança*, que pedem preposição. O complemento de nome substantivo é complemento nominal.

E) Predicativas: exercem a função de predicativo.

Ex.:Minha esperança é [que consiga esse emprego.]

(or. princ.) (or. subord. subst. predicativa)

Atenção: A oração subordinada é predicativa quando vem após um **verbo de ligação**.

F) **Apositivas:** exercem a função de aposto.

Ex.: Havia uma esperança: [que contasse a verdade.]
(or. princ.) (or. subord. subst. apositiva)

A oração subordinada "que contasse a verdade" **explica** a *esperança* que havia. Aposto sob forma de oração.

G) **Agente da passiva:** aparecem sem conjunção e são introduzidas por pronome indefinido, seguido de **por** ou **de**.

Ex.: Foi substituído [por quem o criticava.]
(or. princ.) (or. subord. subst. agente da passiva)

A oração subordinada é o termo que **age** nesse período: *quem o criticava* é que o substitui.

Vamos sistematizar?

> Uma boa dica para identificar facilmente uma **oração substantiva** é trocá-la por um substantivo ou por **isto** (pronome substantivo).
>
> Após verificar que ela é subordinada substantiva, **faça a análise sintática da oração principal**: comece pelo verbo, pergunte por seu sujeito, seus objetos...

Vamos fixar os conceitos apreendidos?

Use o seguinte código para classificar as orações subordinadas substantivas destacadas:

(1) subjetiva;
(2) objetiva direta;
(3) objetiva indireta;
(4) completiva nominal;
(5) predicativa;
(6) apositiva;
(7) agente da passiva.

1. ( ) Reafirmo meu desejo: *que todos tenham boa sorte*.

Comentários: A oração destacada explica, esclarece o *desejo* apresentado na oração principal.

Gabarito: 6.

2. ( ) Lembrou-se *de que a reunião fora adiada*.

Comentários: A oração subordinada completa um verbo transitivo indireto, vem com preposição obrigatória.

Gabarito: 3.

3. ( ) É indispensável *que todos entendam o problema.*

   Comentários: O sujeito do verbo da oração principal (*É*) não aparece na oração principal (Ele é indispensável?). Logo, o sujeito é toda a oração que se segue: "que todos entendam o problema". Isto é, "É indispensável isto (= que todos entendam o problema)". Na ordem: Isto é indispensável.

   Gabarito: 1.

4. ( ) Tenho a impressão *de que mentiste para mim.*

   Comentários: Observe que agora o termo preposicionado completa um substantivo (*impressão*), e não um verbo. Quem completa verbo é objeto; quem completa nome é complemento nominal.

   Gabarito: 4.

5. ( ) O pai esperava *que o filho reagisse.*

   Comentários: A oração em destaque completa o sentido de um verbo transitivo direto, *não* pede preposição.

   Gabarito: 2.

6. ( ) O desejo da família era *que se formasse logo.*

   Comentários: Temos neste período uma oração subordinada que se segue a um *verbo de ligação.* Aparecendo esse tipo de verbo, o que temos não é um objeto, e sim predicativo.

   Gabarito: 5.

7. ( ) Parece *que a decisão foi justa.*

   Comentários: Agora, o que aparece após o verbo é o seu sujeito, pois, na oração principal, não encontramos o seu sujeito (Ele parece? Alguém?). Portanto, o sujeito do *parece* é toda a oração subordinada: *"Parece isto"*. Na ordem: *"Isto parece"*.

   Gabarito: 1.

8. ( ) Peço a todos *que não se atrasem.*

   Comentários: O verbo, nessa frase, pede dois complementos: um com preposição, objeto indireto (*a todos*), e outro sem preposição, objeto direto (*que não se atrasem*) sob forma de oração.

   Gabarito: 2.

A seguir, duas questões comentadas para ilustrar como as orações subordinadas substantivas são cobradas em provas.

1. **(IBFC - 2024 - Correios - Agente de Correios)** Em "é claro que eu também não pensava na malvadeza", tem-se um período composto, em que a segunda oração exerce a função sintática de ______. Assinale a alternativa que preencha corretamente a lacuna.

   A) predicativo.

   B) objeto direto.

   C) adjunto adnominal.

   D) sujeito.

   Comentários: Classificando as orações, teríamos:

   - É claro: oração principal;

- que eu também não pensava na malvadeza: oração subordinada substantiva subjetiva.

O sujeito do verbo (É) da oração principal é toda a oração seguinte. Tudo isso (eu não pensar na malvadeza) é que "é claro".

Gabarito: D

2. (CESPE/CEBRASPE - 2025 - TRF - 6ª Região - Analista Judiciário)

"Já houve redução no tempo e no custo do processo judicial com a implantação do processo eletrônico, mas há muito o que fazer quando se depara com o tempo de resolutividade e os gastos para a manutenção do serviço de prestação jurisdicional: **estima-se que, no ano de 2022, tenham sido gastos, só na justiça federal, R$ 12.369.100.765.** Em relação ao custo processual, no ano de 2015, por exemplo, cada brasileiro desembolsou R$ 387,00 para manter o Poder Judiciário, o que equivalia a 1,3% do PIB. Se avaliarmos de 2009 a 2015, o crescimento foi de 31%. Em 2020, os gastos foram de R$ 479,16 por habitante."

No segmento "estima-se que, no ano de 2022, tenham sido gastos, só na justiça federal, R$ 12.369.100.765" (primeiro período do parágrafo), a oração introduzida pelo termo "que" funciona como complemento direto da oração expressa pela forma verbal "estima-se".

CERTO

ERRADO

Comentários: A oração introduzida pelo conectivo "que" (conjunção integrante) é subordinada substantiva subjetiva, e não objetiva direta:

- Estima-se: oração principal;
- que, no ano de 2022, tenham sido gastos...: oração subordinada substantiva subjetiva.

Estima-se isto: que... R$ 12.369.100.765.

O sujeito de "estimar" é toda a oração seguinte.

Gabarito: ERRADO

Agora vamos estudar as orações subordinadas adverbiais.

2) Adverbiais: modificam o verbo, como um advérbio. Equivalem a um adjunto adverbial. São introduzidas pelas **conjunções subordinativas adverbiais** (= orações desenvolvidas). Podem aparecer sob forma *reduzida* (de infinitivo, de gerúndio ou de particípio).

- **Causais:** indicam o *motivo*, a *razão* do que ocorre na oração principal.

Ex.: *Como chovia muito*, não fui à escola.

"Chover muito" foi o *motivo* que fez ele "não ir à escola".

As principais conjunções são: porque, como, já que, visto que, uma vez que...

- **Consecutivas:** indicam o *resultado* de uma ação.

Ex.: Gritou tanto *que perdeu a voz*.

Agora, "perder a voz" e o *resultado* de ter "gritado tanto", ou seja, a consequência.

As principais conjunções são: que (precedido de tão, tanto, tal), de modo que, de sorte que...

- **Concessivas:** exprimem sentido de *oposição, exceção, aceitar uma ideia oposta*.

Ex.: Foi à escola, *embora chovesse muito*.

Observe que o fato de "chover muito" não evitou a "ida à escola". Havia adversidade, mas não impediu que um fato ocorresse.

As principais conjunções são: embora, conquanto, mesmo que, ainda que, por mais que... Lembre-se de que, com elas, o verbo vem no subjuntivo.

- **Condicionais:** indicam uma *hipótese* para a realização de um fato.

Ex.: *Se vieres*, darei a festa.

Eu só "darei a festa" na *condição*, na *hipótese* de "vires".

As principais conjunções são: se, caso, desde que, contanto que...

- **Comparativas:** exprimem uma ideia de *comparação* entre dois termos.

Ex.: É inteligente *como o pai*.

Nesse período, a intenção é *comparar* a "inteligência do filho" com a "do pai". Nas comparativas, normalmente o verbo vem subentendido: "É inteligente como o pai (é)".

As principais conjunções são: como, que (antecedido de mais, menos), quanto, assim como...

- **Conformativas:** indicam a *conformidade* de um fato com outro.

Ex.: Não compareceu, *conforme se previa*.

De acordo com a previsão, ele *não compareceu*, ou seja, não há contradição, já era algo esperado.

As principais conjunções são: como, conforme, consoante...

- **Finais:** indicam a *finalidade*, o *objetivo*.

Ex.: Comportaram-se *para que não fossem castigados*.

Aqui, havia um *objetivo*: "não ser castigado", por isso se comportaram.

As principais são: a fim de que, que, para que, porque...

- **Proporcionais:** relação entre duas ações em que uma delas acarreta *mudança* na outra.

Ex.: *À medida que o tempo passava*, ia ficando mais preocupado.

Nessa frase, observamos que "a preocupação ia aumentando" na mesma proporção que o "tempo passava".

As principais conjunções são: à medida que, à proporção que, ao passo que...

- **Temporais:** indicam o *momento* em que ocorre um fato.

Ex.: *Quando chegou*, todos o aplaudiram.

Os "aplausos" aconteceram no *momento* de sua chegada, indicando um tempo simultâneo.

As principais conjunções: quando, mal, enquanto, desde que, logo que...

Vale sistematizar:

As orações subordinadas adverbiais são aquelas que indicam circunstâncias ao verbo da oração principal (tempo, causa, finalidade etc.).

Uma forma simples de classificá-las é se guiar pelas conjunções que as iniciam: são as conjunções subordinativas adverbiais.

Antes de treinarmos, vamos falar do último bloco das orações subordinadas: as orações subordinadas adjetivas.

3) Adjetivas: as orações adjetivas, por terem um valor adjetivo, referem-se ao substantivo da oração principal. Quando desenvolvidas, iniciam-se por um **pronome relativo**, que é conectivo que retoma o substantivo ou o pronome substantivo da oração principal. Podem aparecer sob forma reduzida (de infinitivo, de gerúndio ou de particípio).

Fácil reconhecê-las, não é? Saiba ainda que a oração adjetiva funciona como adjunto adnominal de um substantivo ou pronome da oração principal, ora tendo **função restritiva** (sem vírgulas), outras vezes com **função explicativa** (entre vírgulas). Assim:

"O homem / *que trabalha* / perde tempo precioso".

or. sub. adj. restritiva

Aqui, a oração em destaque refere-se ao substantivo *homem*, é seu adjunto adnominal e tem valor semântico de restrição: está-se falando aqui de um homem específico — o homem *que trabalha*, e não de qualquer homem. Agora, perceba a diferença para este outro exemplo:

Fernanda, / *que é ótima aluna*, / obedece aos pais.

or. sub. adj. explicativa

Entenda que, nesse caso, a oração destacada também é adjunto adnominal do seu substantivo antecedente *Fernanda*, só que, agora, tem valor de explicação, é uma *informação adicional*, e não uma restrição. Por isso, a oração veio entre vírgulas.

A essa altura, você pode estar um pouco confuso com tantas informações: qual seria, então, a diferença entre a oração adjetiva restritiva e a explicativa? As duas têm, sintaticamente, a mesma função: são adjuntos adnominais, só que, *quanto ao sentido*, são diferentes: uma restringe, a outra explica, ou seja, a primeira se refere ao antecedente particularizando-o. A segunda se refere ao antecedente de maneira geral.

Depois de ter entendido bem o conceito de oração adjetiva, vale sistematizar:

> Oração adjetiva é aquela que se inicia com pronome relativo (que, quem, o qual etc.).
>
> Sintaticamente, ela será sempre um adjunto adnominal do substantivo antecedente.
>
> Semanticamente, ela pode restringir (sem vírgulas) ou explicar (entre vírgulas, ou, se vier ao final do período, com uma vírgula e um ponto) esse substantivo. Daí poder ser chamada de restritiva ou explicativa.

Agora sim, vamos treinar.

Use o código abaixo para classificar as orações subordinadas adverbiais ou adjetivas destacadas:

(1) oração subordinada adverbial causal;
(2) oração subordinada adverbial consecutiva;
(3) oração subordinada adverbial concessiva;
(4) oração subordinada adverbial condicional;
(5) oração subordinada adverbial comparativa;
(6) oração subordinada adverbial conformativa;
(7) oração subordinada adverbial final;
(8) oração subordinada adverbial proporcional;
(9) oração subordinada adverbial temporal;
(10) oração subordinada adjetiva restritiva;
(11) oração subordinada adjetiva explicativa.

1. ( ) O que você faria *se ela entrasse por aquela porta*?

   Comentários: A oração subordinada estabelece uma *condição* para o que se questiona na principal.

   Gabarito: 4.

2. ( ) *Antes que essa coluna fosse publicada*, tomei a decisão.

   Comentários: A "tomada de decisão" se deu *antes* da publicação da coluna.

   Gabarito: 9.

3. ( ) "Coisas *que passaram* e pessoas *que perdi* estão comigo, nas belas memórias."

   Comentários: Agora, o conectivo *que*, nas duas passagens, *retoma um antecedente*, é pronome relativo. Como não aparece vírgula antecedendo esses conectivos, restringem, particularizam os antecedentes.

   Gabarito: 10.

4. ( ) "Nossa aventura existencial terá mais ou menos chance *à medida que esse chão for confiável*."

   Comentários: Ao se usarem os conectivos *à medida que*, *à proporção que*, *ao passo que*, o que se quer é estabelecer uma ideia de proporção.

   Gabarito: 8.

5. ( ) "Eu, *que ia escrever sobre viagens*, acabo escrevendo sobre música ruim."

   Comentários: Mais um exemplo em que o conectivo *que* retoma um antecedente. No entanto, ao se usarem as vírgulas, a finalidade é a de *explicar* o que "eu iria escrever".

   Gabarito: 11.

6. ( ) *Conquanto estivesse descontente*, não desistia do plano.

   Comentários: O fato de "ele estar descontente" não impediu que insistisse no plano, ou seja, o obstáculo não impediu que um fato ocorresse.

   Gabarito: 3.

7. ( ) *Segundo previu o economista*, o mercado se estabilizou.

   Comentários: O "mercado se estabilizou" *de acordo com* a previsão do economista.

   Gabarito: 6.

8. ( ) As vendas subirão, *uma vez que os juros baixaram*.

   Comentários: É por *causa* de "os juros terem baixado" que as vendas subirão, relação de causa e efeito.

   Gabarito: 1.

9. ( ) A comida era tão boa *que todos silenciaram em volta da mesa*.

   Comentários: O "silêncio" é a consequência de "a comida estar saborosa", ou seja, foi por causa disso que todos silenciaram.

   Gabarito: 2.

10. ( ) As mulheres sempre são mais maldosas *que os homens*.

    Comentários: Entre essas duas orações, há a intenção de se *comparar* a *maldade* das mulheres com a dos homens, em um grau de superioridade.

    Gabarito: 5.

11. ( ) Faremos esforço *para que não haja conflitos*.

    Comentários: O "esforço" vai ser feito com a *finalidade* de "não haver conflitos".

    Gabarito: 7.

12. ( ) *Mal se sentou na cadeira presidencial*, passou a ver conspirações em tudo.

    Comentários: A oração destacada mostra o *momento* em que "passou a ver conspirações": quando se sentou na cadeira presidencial.

    Gabarito: 9.

13. ( ) Os juros custam caro para o governo, *que é o maior devedor do país*.

    Comentários: Mais um período em que o conectivo *que* retoma um *antecedente*, antecedido de vírgula.

    Gabarito: 11.

14. ( ) *Mesmo que insista no pedido*, não irei à posse do prefeito.

    Comentários: O fato de "insistir no pedido" deveria ser suficiente para ele "ir à posse", porém isso *não* ocorre.

    Gabarito: 3.

Por fim, veja como as bancas cobram as orações adverbiais e adjetivas:

1. **(CESPE/CEBRASPE - 2024 - FNDE - Arquiteto e Urbanista)**

   Um ar-condicionado, por exemplo, em algumas regiões do país, não é questão de luxo. É uma condição que faz parte dessa estrutura mínima e digna **para que a educação**

aconteça... A falta disso traz prejuízos drásticos tanto no aprendizado dos estudantes quanto no cotidiano dos profissionais da educação", reforça Guelda Andrade.

No parágrafo anterior, a oração "para que a educação aconteça" subordina-se à oração "que faz parte dessa estrutura mínima e digna", expressando a consequência da existência da referida estrutura.

CERTO

ERRADO

Comentários: A oração referida é subordinada adverbial e indica a finalidade da informação dada anteriormente, e não consequência.

Gabarito: ERRADO

2. **(CESPE/CEBRASPE – 2022 – BANRISUL – Analista de Segurança da Tecnologia da Informação)**

> "Uma das maiores festividades do Brasil! Essa é a Festa Nacional da Uva, o mais dinâmico símbolo de Caxias do Sul e da Serra Gaúcha. O evento comunitário é uma celebração da cultura dos imigrantes italianos**, que fizeram da região sua morada.** Em cada edição, milhares de pessoas ficam imersas na cultura, gastronomia, diversidade e alegria."

Com relação às ideias, aos sentidos e aos aspectos linguísticos do texto anterior, julgue o item seguinte.

A oração "que fizeram da região sua morada" tem sentido explicativo.

CERTO

ERRADO

Comentários: O conectivo "que" que dá início a essa oração retoma "imigrantes italianos", portanto é um pronome relativo. Como vem antecedido de vírgula, dá início a uma oração adjetiva explicativa.

Gabarito: CERTO

3. **(CESPE/CEBRASPE – 2022 – TCE-PB – Médico)**

> "A expressão "Comunicação e Saúde 2.0" acarreta deslocamentos nos modos de relacionamento entre indivíduos e profissionais da saúde. Trata-se de um processo global que ocasiona mudanças no cuidado da saúde e que associa as tecnologias de informação e comunicação aos processos terapêuticos nas trocas e interações entre profissionais e pacientes. As interações entre indivíduos mediadas pelas máquinas resultariam em novas experiências de comunicação e informação em saúde. Com o surgimento da Web 2.0, por consequência, desenvolve-se a Saúde 2.0, o que permite, na prática, que os atores da área da saúde interajam em fóruns virtuais **que tratam de assuntos relacionados a doenças e prognósticos**."

Em relação às ideias e a aspectos linguísticos do texto, julgue o item seguinte.

No último período do parágrafo destacado, a oração "que tratam de assuntos sobre doenças e prognósticos" modifica o antecedente "fóruns virtuais", restringindo-lhe o domínio referencial a fóruns virtuais em que se discutem assuntos relacionados a doenças e prognósticos.

CERTO

ERRADO

Comentários: O conectivo que introduz essa oração é um pronome relativo. Já que ele não vem antecedido de vírgula, a oração é classificada como subordinada adjetiva restritiva. Como o nome sugere, a finalidade dessa oração é delimitar, particularizar o termo anterior. Nesse caso, fala-se de "fóruns virtuais" específicos, em que se discutem apenas esses assuntos.

Gabarito: CERTO

4. **(CESPE/CEBRASPE – 2022 – TRT – 8ª Região (PA e AP) – Técnico Judiciário)**

"Desse modo, a aposentadoria pode ser interpretada de duas formas: a positiva e a negativa. A interpretação positiva, **que, de forma geral, se relaciona à noção de uma conquista ou de uma recompensa do trabalhador,** destaca a aposentadoria como uma liberdade de o indivíduo gerenciar sua própria vida, de maneira a moldar sua rotina como preferir, investindo mais em atividades pessoais, sociais e familiares. A interpretação negativa, por sua vez, está vinculada a problemas financeiros, perda de *status* social, perda de amigos, sensação de inutilidade ou desocupação, entre outras situações. Além disso, com a expectativa negativa em relação à aposentadoria, surgem sentimentos de ansiedade, incertezas e inquietações sobre o futuro."

A oração "que, de forma geral, se relaciona à noção de uma conquista ou de uma recompensa do trabalhador", no segundo período do parágrafo anterior,

A) explica a expressão "a interpretação positiva".

B) restringe o sentido da expressão "a interpretação positiva".

C) complementa o substantivo "interpretação".

D) está subordinada ao termo "aposentadoria", no período anterior.

E) está coordenada à expressão "a interpretação positiva".

Comentários: A presença do pronome relativo (que) já indica que essa oração é adjetiva . O pronome relativo retoma a expressão anterior "interpretação positiva". Como esse conectivo vem antecedido de vírgula, caracteriza uma oração subordinada adjetiva explicativa.

Gabarito: A

15.3. AS FUNÇÕES SINTÁTICAS DO PRONOME RELATIVO

Como concurseiro é o cara que não tem paz nunca, vamos à próxima etapa: diante de uma oração adjetiva, é comum que as bancas perguntem ao aluno a função sintática do pronome relativo que a inicia. É exatamente isso: o pronome relativo pode ser sujeito, objeto direto, complemento nominal etc., na oração adjetiva a que ele pertence. Para descobrir sua função, basta substituir o pronome relativo por seu antecedente e colocar a oração adjetiva na ordem direta. Observe:

"A verdade é tudo aquilo / que os políticos negam."
(= aquilo)

Organizando a frase: Os políticos negam aquilo. (= objeto direto)

Logo, o *que* será objeto direto.

Sabemos que não parece tão simples assim. Se análise sintática, por si só, já é um assunto muitas vezes complicado para o aluno, podemos imaginar o quanto pareça complexo ter de detectar a função sintática de um *que*, *cujo* etc.

Por isso, achamos melhor criar um passo a passo para você chegar à classificação do relativo, sem o risco de se confundir com as muitas informações que, na maioria das vezes, o período apresenta. Assim, leia com atenção nossas orientações:

> Instruções para a classificação da função sintática do pronome relativo:
> 1. Isolar a oração adjetiva.
> 2. Destacar o pronome relativo presente na oração adjetiva e substituí-lo por seu antecedente na oração principal.
> 3. Colocar a oração adjetiva na ordem direta (sujeito → verbo → complementos).
> 4. Não confundir a função sintática do pronome relativo com a função do seu antecedente na oração principal.

Vamos treinar? Nas frases a seguir, classifique as orações adjetivas destacadas e dê a função sintática dos pronomes relativos que as iniciam:

1. "As pessoas que a gente ama deviam morrer com todas as suas coisas."

   Comentários: O antecedente do relativo é *pessoas*. Colocando a oração adjetiva na ordem direta, teríamos: "a gente ama as pessoas". *Pessoas* é objeto direto do verbo *amar*. Logo, o *que* é objeto direto. Atenção para não confundir a função do *que* com a função sintática do substantivo *pessoas* na oração principal, que é sujeito da locução verbal *deviam morrer*. Por isso, é tão importante isolar a oração adjetiva: de outra forma, você poderia se perder na sua leitura e acabar por fazer a análise sintática da oração principal *As pessoas deviam morrer com todas as suas coisas*.

   Gabarito: que = objeto direto.

2. Aquele era o lugar onde as pessoas tomavam chá.

   Comentários: O pronome relativo *onde* retoma o substantivo *lugar*. Na ordem direta, a oração adjetiva deve ficar: "as pessoas tomavam chá *no lugar*". Ora, *no lugar* traz ideia circunstancial ao verbo, sendo, portanto, seu adjunto adverbial de lugar. Aliás, como o pronome relativo *onde* indica circunstância de lugar, ele será sempre adjunto adverbial de lugar.

   Gabarito: onde = adjunto adverbial de lugar.

3. As roupas que ia vestir já estavam passadas.

   Comentários: O pronome relativo *que* retoma o substantivo *roupas*. A oração adjetiva, na ordem direta, ficaria: "ia vestir *as roupas*". A expressão destacada é objeto direto do verbo *vestir*.

   Gabarito: que = objeto direto.

4. "Aqueles que aceitam ceder liberdades essenciais em troca de segurança temporária não merecem nem segurança nem liberdade."

   Comentários: O pronome relativo retoma o pronome demonstrativo antecedente *aqueles*. A oração adjetiva já está na ordem direta. Substituindo o relativo por seu antecedente, teríamos: "*Aqueles* aceitam ceder liberdades essenciais...". *Aqueles* é sujeito do verbo *aceitam*. Logo, o pronome *que* tem a mesma função.

Gabarito: que = sujeito.

5. Pelas alamedas, o que se ouvia era música americana.

   Comentários: A palavra *que* retoma o demonstrativo *o* (= *aquilo*). Na ordem direta, a oração adjetiva ficaria "*Aquilo* se ouvia", que é o mesmo que "aquilo era ouvido" (voz passiva analítica). *Aquilo* é sujeito de ouvia, portanto, o *que* é sujeito. Cuidado com o pronome **se** apassivador, passe a frase para a passiva analítica, o que torna mais fácil a análise dos termos.

   Gabarito: que = sujeito.

6. É singular o grau de desinteresse que os alunos mostram pelo livro didático.

   Comentários: O pronome *que* retoma o substantivo *grau* da expressão *grau de desinteresse*. Na ordem direta, teríamos: "os alunos mostram *o grau de desinteresse* pelo livro didático". O verbo *mostrar* é transitivo direto nessa frase. Logo, o *que* é objeto direto.

   Gabarito: que = objeto direto.

7. Prefiro o que ele foi ao que ele é.

   Comentários: Muita calma agora... Vamos analisar cada oração adjetiva. Na primeira, o *que* retoma o pronome demonstrativo *o* (= *aquilo*). Assim, na ordem direta, teríamos: "ele foi *aquilo*". Ora, diante do verbo de ligação *foi*, temos a certeza de que o *que* é predicativo do sujeito.

   Verifique que o mesmo ocorre na outra oração adjetiva: o pronome *que* retoma o pronome demonstrativo *o* da combinação *ao*. Dessa forma, na ordem direta, a segunda oração adjetiva deve ficar assim: "ele é *aquilo*". De novo, um verbo de ligação (*é*): o pronome relativo é, novamente, predicativo do sujeito.

   Gabarito: 1º que = predicativo do sujeito. / 2º que = predicativo do sujeito.

8. A morte é a única coisa de que tenho medo.

   Comentários: O pronome relativo *que* retoma *coisa*. Colocando a oração adjetiva na ordem direta, teríamos: "tenho medo *da coisa*". A expressão destacada refere-se ao substantivo *medo*, completa esse termo e tem valor passivo, é *seu complemento nominal*.

   Gabarito: que = complemento nominal.

9. "Aqueles a quem os deuses amam morrem jovens."

   Comentários: O pronome relativo *quem* retoma o pronome demonstrativo *aqueles*. Na ordem direta, a oração adjetiva fica: "Os deuses amam *àqueles*." Você observou que o pronome *quem* veio antecedido da preposição *a*? Veja também que o verbo *amar* é *transitivo direto*, não pede preposição, mas ainda assim ela apareceu. É o objeto direto preposicionado: a preposição aparece para dar ênfase ao verbo.

   Gabarito: quem = objeto direto preposicionado.

10. A amiga com quem andas não é muito confiável.

    Comentários: O pronome relativo *quem* retoma o substantivo *amiga*. Assim, a frase destacada, na ordem direta, ficaria: "Andas *com a amiga*". A expressão *com a amiga* indica circunstância de companhia para o verbo a qual se refere *andas*.

    Gabarito: quem = adjunto adverbial de companhia.

11. Chegou a pessoa <u>por quem fui representado</u>.

Comentários: O pronome *quem* retoma o substantivo *pessoa*. Na ordem direta, teríamos: "fui apresentado *pela pessoa*". Percebeu que a locução verbal *fui apresentado* indica que a frase está na voz passiva analítica (o sujeito *eu* sofre a ação, é paciente)? O termo *pela pessoa* é o elemento que age, que *exerce a ação na voz passiva*. É, portanto, o agente da passiva. Lembre-se de que você só substituiu o pronome *quem* pelo substantivo *pessoa* para saber a função sintática do relativo, e não do substantivo *pessoa*. Só estamos falando isso para lembrar que o relativo *quem* é que é o agente da passiva, e o substantivo *pessoa* é sujeito da oração principal "Chegou a pessoa". **Cada um terá a sua função sintática na oração a que pertence.**

Gabarito: quem = agente da passiva.

12. A música de Noel, <u>cuja repercussão vara os tempos</u>, é dotada de grande variedade melódica.

Comentários: *Cuja* está substituindo o substantivo *música*, da expressão *A música de Noel*. Na ordem direta, teríamos: A repercussão *da música de Noel* vara os tempos. Perceba a ideia de posse que existe no termo *da música de Noel*, que se refere ao substantivo *repercussão*. Trata-se, portanto, de *adjunto adnominal*. Nas provas de concursos públicos, o pronome relativo *cujo* e suas variações (*cuja, cujos, cujas*) normalmente são adjuntos adnominais, pois indicam valor semântico de posse.

Gabarito: cuja = adjunto adnominal.

13. Invento novas dificuldades <u>a que dedico horas</u>.

Comentários: A palavra *que* retoma o substantivo *dificuldades*. Na ordem direta, teríamos: "Dedico horas *às novas dificuldades*". Perceba a regência do verbo *dedicar:* quem dedica, nessa frase, dedica algo a alguém ou a alguma coisa; ele é transitivo direto e indireto. Seu objeto direto é o substantivo *horas* e seu objeto indireto, o pronome relativo *a que*.

Gabarito: que = objeto indireto.

Veja uma questão comentada sobre esse tópico:

(NCE / Eletrobras) "Felipe lembrou-se da história do Rei do Oriente **<u>que</u>**, desejando conhecer a história da humanidade, recebeu de um sábio quinhentos volumes; ocupado com negócios de Estado, pediu-lhe que **<u>a</u>** condensasse"; os vocábulos sublinhados exercem, respectivamente, as funções de:

A) sujeito / sujeito.

B) sujeito / objeto direto.

C) objeto direto / objeto direto.

D) objeto direto / sujeito.

E) objeto direto / objeto indireto.

Comentários: Antes de tudo, lembre-se de isolar a oração adjetiva: *que recebeu de um sábio quinhentos volumes*. Para a sua leitura ficar mais fácil, pule a oração intercalada "desejando conhecer a história da humanidade". Assim, você olha somente para a oração adjetiva.

O próximo passo é substituir o pronome relativo *que* por seu antecedente, que é o substantivo *Rei* da expressão *o Rei do Oriente*. Agora, coloque a oração adjetiva na ordem direta: "*O Rei do Oriente* recebeu de um sábio quinhentos volumes". Vá ao verbo e pergunte por seu sujeito: "Quem recebeu quinhentos volumes de um sábio"? A resposta não é *o Rei do Oriente*? O pronome relativo *que* é, portanto, sujeito do verbo *receber*.

Já o pronome oblíquo *a* refere-se ao verbo *condensar*, que é transitivo direto. Trata-se, portanto, de seu objeto direto.

Gabarito: B

15.4. ORAÇÕES REDUZIDAS

Vamos concluir este capítulo com as **orações reduzidas**, que são aquelas que apresentam o seu verbo (principal ou auxiliar, este último nas locuções verbais) no **infinitivo**, **gerúndio** ou **particípio**. Elas recebem este nome – reduzidas – porque perderam a conjunção ou o pronome relativo. Observe:

É preciso seguir em frente. (reduzida de infinitivo)

Precisando de ajuda, chamou-me. (reduzida de gerúndio)

Chegada a hora, saiu rapidamente. (reduzida de particípio)

Precisando chegar na hora marcada, saiu voando. (reduzida de gerúndio, locução verbal)

Em geral, uma oração reduzida pode ser reescrita em desenvolvida. (iniciada por conjunção ou pronome relativo)

Ex.: É preciso seguir em frente. (= É preciso que você siga em frente.)

Precisando de ajuda, chamou-me. (= Como precisava de ajuda, chamou-me.)

Chegada a hora, saiu rapidamente (= Quando chegou a hora, saiu rapidamente.)

Vamos ver isso na prática? Para cada frase a seguir, proceda da seguinte forma:

a) Desenvolva a oração reduzida.

> Lembre-se de que *desenvolver uma oração* é acrescentar a conjunção ou o pronome relativo. Antes de escolher o conector adequado, verifique se ela é substantiva, adjetiva (referindo-se a um substantivo ou pronome antecedente na oração principal) ou adverbial (com ideia circunstancial).

b) Classifique a oração reduzida.

> Não se esqueça de olhar para o verbo antes de classificar: ele virá na forma nominal (infinitivo / gerúndio / particípio). Se a oração apresentar locução verbal, é para o verbo auxiliar que você deverá olhar a fim de saber se a oração é reduzida de infinitivo, gerúndio ou particípio.

1. Sua palavra foi a primeira a perder o significado.

Comentários: A oração se refere ao termo antecedente (*primeira*), restringindo esse termo. Trata-se, portanto, de oração adjetiva; para desenvolvê-la, basta acrescentar o pronome relativo.

Assim, teríamos: "Sua palavra foi a primeira *que perdeu o significado*".

Gabarito: oração subordinada adjetiva restritiva reduzida de infinitivo.

2. Nada conseguindo, a mais nova fugiu.

   Comentários: Veja que a oração em destaque indica circunstância de causa para aquela a que ela se refere. Assim, desenvolver essa oração significa acrescentar qualquer conjunção subordinativa adverbial causal (como, já que, visto que...). Uma sugestão: "Já que nada conseguira, a mais nova fugiu".

   Gabarito: oração subordinada adverbial causal reduzida de gerúndio.

3. "Se dependesse de mim, teria vetado a roda por não se parecer nada com o pé."

   Comentários: Mais uma vez, um valor semântico de causa. Utilize, portanto, qualquer conjunção causal. Uma possível resposta: "Se dependesse de mim, teria vetado a roda, porque não se parece nada com o pé".

   Gabarito: oração subordinada adverbial causal reduzida de infinitivo.

4. "O liberalismo pensa estar defendendo o indivíduo ao negar a primazia do social ou ao dizer que uma sociedade é apenas um conjunto de ambições autônomas."

   Comentários: A combinação *ao* normalmente indica tempo (= *quando*). Veja que as orações, de fato, indicam circunstância de tempo. Desenvolvendo-as, teríamos: "O liberalismo pensa estar defendendo o indivíduo quando nega a primazia do social ou quando diz que uma sociedade é apenas um conjunto de ambições autônomas".

   Gabarito: orações adverbiais temporais reduzidas de infinitivo.

5. Peço-te saíres da minha vida!

   Comentários: Veja que a oração em destaque vale por um substantivo (= "Peço-te *isto*."). Ao desenvolvê-la, portanto, basta acrescentar a conjunção integrante *que*. Assim, teríamos: "Peço-te que saias da minha vida!".

   Percebeu que o verbo *pedir* é transitivo direto e indireto e que a oração é o seu objeto direto?

   Gabarito: oração subordinada substantiva objetiva direta reduzida de infinitivo.

6. Terminada a aula, todos se retiraram.

   Comentários: A oração destacada indica circunstância de tempo à oração principal. Portanto, desenvolva-a acrescentando uma conjunção temporal (*quando, assim que, logo que* etc.). Uma sugestão: Assim que terminou a aula, todos se retiraram.

   Gabarito: oração subordinada adverbial temporal reduzida de particípio.

7. É preciso diminuir as distâncias sociais.

   Comentários: Não é o mesmo que dizer "É preciso *isto*"? A oração em destaque é, portanto, substantiva. Desenvolva-a acrescentando uma conjunção integrante (*que*). Assim, teríamos: É preciso que diminuam as distâncias sociais.
   Percebeu que ela é *sujeito* da oração principal ("*Isto* é preciso")?

   Gabarito: Oração subordinada substantiva subjetiva reduzida de infinitivo.

8. Há muitos alunos estudando com afinco.

   Comentários: A oração destacada tem valor adjetivo: refere-se ao substantivo *alunos* da oração principal. Quando desenvolvida, deve-se iniciar, portanto, com pronome relativo. Dessa forma, teríamos: "Há muitos alunos que estudam com afinco".

Como ela vem sem vírgulas, restringe o substantivo antecedente, sendo, portanto, restritiva.

Gabarito: oração subordinada adjetiva restritiva reduzida de gerúndio.

9. Apesar de ser torcedor fanático, não vai aos estádios.

   Comentários: *Apesar de* é locução prepositiva com valor de oposição, concessão. Lembre-se de que desenvolver a oração é substituir a preposição por uma conjunção de mesmo valor semântico. Caberia, aqui, qualquer conjunção subordinativa adverbial concessiva (*embora, conquanto, ainda que, se bem que* etc.). Assim, a oração desenvolvida poderia ser: Embora seja torcedor fanático, não vai aos estádios.

   O valor semântico da oração não é de concessão? Então, ela é subordinada adverbial concessiva.

   Gabarito: oração subordinada adverbial concessiva reduzida de infinitivo.

1. **(FGV - 2022 - TJ - GO - Juiz Leigo)** "Por exemplo, minha tolerância em relação a mim, como pessoa que escreve, é perdoar eu não saber como me aproximar de um modo 'literário' (isto é, transformado na veemência da arte) da 'coisa social'."

   Nesse período do texto, a oração reduzida "eu não saber" pode ser adequadamente substituída pela seguinte oração desenvolvida:

   A) que eu não sabia.
   B) que eu não tivesse sabido.
   C) que eu não soubesse.
   D) que eu não soube.
   E) que eu não saiba.

   Comentários: Como o verbo da oração anterior está no presente (É perdoar), mantendo essa correlação, ao desenvolver a oração reduzida (eu não saber), tem-se a forma do presente, no caso, do presente do subjuntivo, por fazer parte de uma oração subordinada.

   Gabarito: E

2. **(FGV - 2022 - SSP - AM - Assistente Operacional)** O ex-presidente americano Thomas Jefferson declarou que "Fundamental é aplicar a lei a homens de todas as condições.".

   O segmento destacado traz um verbo no infinitivo e, por isso, a oração em que esse segmento está inserido denomina-se reduzida de infinitivo.

   A forma de oração desenvolvida adequada desse segmento é:

   A) que se aplicasse.
   B) que a lei fosse aplicada.
   C) a lei ser aplicada.
   D) a aplicação da lei.
   E) que se aplique.

   Comentários: O comando da questão fala de oração desenvolvida. Logo, as opções C e D não respondem, pois na opção C continua a forma reduzida, por meio do verbo "ser", no infinitivo. Na D, foi feita a reescritura sob forma nominal (aplicação), e não de oração desenvolvida. A oração destacada reduzida é substantiva, o conectivo a ser usado, portanto, é a conjunção integrante. O tempo do verbo da oração principal está no presente, logo a forma verbal da oração desenvolvida tem que seguir também no presente. Daí a resposta correta ser a opção E.

Gabarito: E

3. **(FGV - 2022 - Senado Federal - Analista Legislativo)** Em cada frase abaixo há uma oração reduzida sublinhada. Assinale a opção em que ela foi substituída por uma oração desenvolvida correspondente, de forma adequada.

A) "Não incorremos em cabotinismo ou ufanismo ao afirmar que o Mobral é o mais bem-sucedido programa de educação de adultos do mundo". (Arlindo Lopes Correia) / quando afirmamos.

B) "Se o preço para banir a criminalidade do seio da Terra for a condenação de um inocente, mesmo assim o inocente não deve ser condenado". (Waldir Troncoso Pires) / para o banimento da criminalidade do seio da Terra.

C) "Para resolver problemas do país, eu conversaria até com o demônio". (Paulo Brossard) / Para que se resolvesse problemas do país.

D) "Se um homem mata um guarda, é mais importante sabermos por que ele matou o guarda e não por que o guarda morreu". (D. Luciano Mendes de Almeida) / que se soubesse.

E) "As pessoas deveriam ler melhor Buarque de Hollanda e menos os brasilianistas para entender melhor o Brasil". (Glauber Rocha) / para melhor entendimento do Brasil.

Comentários: O que caracteriza uma oração desenvolvida é a presença de conectivos. Na subordinação, conjunção integrante (que/se) para as orações substantivas; pronome relativo para as orações adjetivas e conjunções adverbiais para as orações subordinadas adverbiais. Com isso, eliminamos as opções B e E, pois aparecem em formas nominais (banimento / entendimento), e não em orações desenvolvidas. Na letra C, há oração desenvolvida, porém há um erro de concordância (teria de ser "resolvessem"). Na letra D, a forma correta é "que saibamos". Lembrando sempre que o tempo verbal da oração subordinada desenvolvida tem que ser o mesmo do verbo da oração principal. Na letra A, a forma desenvolvida está correta, mantendo a ideia de tempo e a correlação entre os tempos verbais.

Gabarito: A

15.5. EXERCÍCIOS DE FIXAÇÃO (COM GABARITO NO FINAL)

I. Classifique as orações coordenadas em destaque.

1. "Não desejo nada, não temo nada. Sou livre."

   ____

2. Sente aqui, que precisamos conversar.

   ____

3. "Dario abre a boca, move os lábios, não se ouve resposta."

   ____

4. "Apaguei as luzes do carro e acelerei."

   ____

5. Três quartos da população do Afeganistão não sabem ler nem escrever.

   ____

6. A irmã mais nova dominava perfeitamente o inglês, <u>pois estudara em escolas americanas</u>.

7. Eu odeio telefone celular, <u>mas acabei tendo um</u>, como todo mundo.

8. Trabalhou com afinco durante anos naquela empresa <u>e não obteve reconhecimento</u>.

9. Ora estava alegre, <u>ora ficava calado em um canto</u>.

10. Eles se admiravam, <u>contudo não se falavam</u>.

11. "As provas intrínsecas são criadas pelo orador; <u>dependem, pois, de seu método</u> e de seu talento pessoal."

II Classifique as orações subordinadas substantivas em destaque.

1. <u>Quem fala em flor</u> não diz tudo.

2. Sou favorável <u>a que o aprovem</u>.

3. Meu desejo é <u>que você passe nos exames</u>.

4. Desejo-te isto: <u>que sejas feliz</u>.

5. Lembre-se <u>de que sonhos sem riscos produzem conquistas sem méritos</u>.

6. Parece claro <u>que os juros falam mais alto</u>.

7. Não se sabe <u>se ele agiu conforme as normas da empresa</u>.

8. Os indicadores econômicos mostram <u>que não houve nenhuma catástrofe</u>.

9. "Muito acerta <u>quem suspeita</u> que sempre erra."

10. O Banco Central calcula <u>que algumas dezenas de novas instituições poderão gerir mais fundos de aposentadoria</u>.

11. Tenho necessidade <u>de me apoiares nesta complicada situação</u>.

12. Ninguém nega <u>que o país passou a viver um sério quadro de déficit público</u>, a partir da crise asiática.

13. Vejam como é bom ser feliz.

____

14. Viu chegarem os convidados.

____

15. "Lembre-se de que Deus está do lado."

____

16. Não sei se a história é verdadeira.

____

17. Naquele momento, teve a intuição de que entrara em uma aeronave errada.

____

18. "Ainda nos é impossível estimar a importância de Saramago para o idioma português."

____

19. Não imaginava onde estava entrando.

____

20. Tem certeza de que essa é a sua casa?

____

III. Classifique as orações subordinadas adjetivas e dê a função sintática do pronome relativo.

1. É melhor uma verdade que dói do que uma mentira que conforta.

____

2. Os juros custam caro para o governo, que é o maior devedor do país.

____

3. "Todo país onde não me entedio é um país que nada me ensina."

____

4. "O contato com esse mundo de perfeição, beleza, coerência e racionalidade, que é o mundo da boa literatura, torna os leitores muito mais conscientes do mundo em que vivem."

____

5. Noel Rosa procurou escrever sobre tudo quanto expressasse o jeito de ser carioca.

____

6. Diga-me a hora em que ele virá para cá.

____

7. Sabemos perfeitamente o que lhe acontece.

____

IV. Classifique as orações subordinadas adverbiais destacadas.

1. As previsões de crescimento continuam mais baixas que as do ano passado.

____

2. Se o cenário externo permitir, o governo ousará mais.

____

3. Conforme previu o economista, o mercado estabilizou-se.

____

4. O consumidor ficou inadimplente porque gastou mais do que podia.

   ____

5. Eles compunham uma grande coleção, que foi se dispersando à medida que seus filhos se casavam.

   ____

6. Era tal sua generosidade, que ouvia a todos.

   ____

7. Falou alto para que todos escutassem.

   ____

8. Conquanto estivesse descontente, não desistia do plano.

   ____

9. "O ar da tia era tão jovem, a exortação tão meiga e cheia de um perdão antecipado, que ela achou ali uma confidente e amiga."

   ____

V. Classifique as orações subordinadas (substantivas, adjetivas ou adverbiais) destacadas.

1. É urgente reconhecer a necessidade de um trabalho mais efetivo com a palavra.

   ____

2. Quem tem a palavra detém o poder.

   ____

3. Mudar a sociedade é mudar o homem.

   ____

4. Sei que esperavas desde o início que eu te dissesse hoje o meu canto solene.

   ____

5. Sei que a única alma que eu possuo é mais numerosa que os cardumes do mar.

   ____

6. Basta que ele tenha existido para que a memória o corrompa com lembranças superpostas.

   ____

7. Não sei no que pensa.

   ____

8. A escola não está vencendo o desafio de alfabetizar funcionalmente a parcela da população que consegue chegar a ela.

   ____

9. Entende-se bem que D. Tonica observasse a contemplação dos dois.

   ____

10. Ao analisar o desempenho da economia brasileira, os empresários afirmaram que os resultados eram bastante razoáveis.

    ____

11. Se quiserem, serão beneficiados com a comenda.

    ____

12. Todos aqui sabem se eles virão ao culto esta noite?

    ____

13. É certo que as coisas melhorarão daqui em diante.

____

14. Alguém percebeu, logo, que tudo era uma farsa.

____

15. Dê-me a caixa que está sobre a mesa.

____

16. "Para amamentar o próprio filho, até que este complete seis meses de idade, terá a mulher direito, durante a jornada, a dois descansos especiais, de meia hora cada um."

____

17. Pergunte hoje a uma pessoa qualquer o que o Brasil precisa fazer para sair da crise.

____

18. Não me esquecerei de que, vigorando a lei, estará perdido.

____

19. A verdade é que preciso deste emprego.

____

20. "Devagar se vai ao longe, mas, quando se chega lá, não se encontra mais ninguém."

____

21. "Pensei que todas as pessoas deveriam sair por aí sem rumo, para poder achar o elo perdido em seu interior."

____

22. "Quem determina a maciez da cama é o nível de ansiedade da nossa mente."

____

VI. Classifique as orações reduzidas em destaque e desenvolva-as.

1. Criticar as viagens internacionais do Presidente da República ou de outros dirigentes parece despropositado.

____

2. "O Estado moderno, não obstante apresentar-se como um Estado minimalista, é potencialmente um Estado maximalista."

____

Gabarito: I – 1. oração coordenada assindética/oração coordenada assindética/oração coordenada assindética; 2. oração coordenada sindética explicativa; 3. oração coordenada assindética, oração coordenada assindética, oração coordenada assindética; 4. oração coordenada sindética aditiva; 5. oração coordenada sindética aditiva; 6. oração coordenada sindética explicativa; 7. oração coordenada sindética adversativa; 8. oração coordenada sindética adversativa; 9. oração coordenada sindética alternativa; 10. oração coordenada sindética adversativa; 11. oração coordenada sindética conclusiva. **II** – 1. oração subordinada substantiva subjetiva; 2. oração subordinada substantiva completiva nominal; 3. oração subordinada substantiva predicativa; 4. oração subordinada substantiva apositiva; 5. oração subordinada substantiva objetiva indireta; 6. oração subordinada substantiva subjetiva; 7. oração subordinada substantiva subjetiva; 8. oração subordinada substantiva objetiva direta; 9. oração subordinada substantiva subjetiva; 10. oração subordinada substantiva objetiva direta; 11. oração subordinada substantiva completiva nominal (reduzida de infinitivo); 12. oração subordinada substantiva objetiva direta; 13. oração subordinada substantiva subjetiva (reduzida de infinitivo); 14. oração subordinada substantiva objetiva direta (reduzida de infinitivo = Viu / que os convidados chegavam); 15. oração subordinada substantiva objetiva indireta (o uso da preposição, no objeto indireto sob forma de oração é facultativo); 16. oração subordinada substantiva objetiva direta; 17. oração subordinada substantiva completiva nominal; 18. oração subordinada substantiva subjetiva reduzida de infinitivo; 19. oração subordinada substantiva objetiva direta; 20. oração subordinada substantiva completiva nominal.

III –

1. oração subordinada adjetiva restritiva / oração subordinada adjetiva restritiva
função sintática do pronome relativo que: que = verdade / que = mentira.
Organizando: A verdade dói. Logo, o que = sujeito.
(sujeito)
A mentira conforta. Logo, o que = sujeito.

2. oração subordinada adjetiva explicativa
função sintática do pronome relativo que: que = o governo.
Organizando: O governo é o maior devedor do país. Logo, o que = sujeito.
(sujeito)

3. oração subordinada adjetiva restritiva
função sintática do pronome relativo onde: onde = país.
Organizando: (Eu) não me entedio no país. Logo, o onde = adjunto adverbial de lugar.
(adj. adv.)

4. oração subordinada adjetiva explicativa / oração subordinada adjetiva restritiva
função sintática do pronome relativo que: que = esse mundo / que = o mundo
Organizando: Esse mundo é o mundo da boa leitura. Logo, o que = sujeito.
(sujeito)
(os leitores) vivem no mundo. Logo, o que = adjunto adverbial.
(adj. adv.)

5. oração subordinada adjetiva restritiva
função sintática do pronome relativo quanto: quanto = tudo.
Organizando: Tudo expressava... Logo, o quanto = sujeito.
(sujeito)

6. oração subordinada adjetiva restritiva
função sintática do pronome relativo que: (em)que = na hora.
Organizando: Ele virá para cá na hora. Logo, o que = adjunto adverbial de tempo.
(adj. adv.)

7. oração subordinada adjetiva restritiva
função sintática do pronome relativo que: que = o (= aquilo).
Organizando: Aquilo lhe acontece. Logo, o que = sujeito.
(sujeito)

IV – 1. oração subordinada adverbial comparativa; 2. oração subordinada adverbial condicional; 3. oração subordinada adverbial conformativa; 4. oração subordinada adverbial causal; 5. oração subordinada adverbial proporcional; 6. oração subordinada adverbial consecutiva; 7. oração subordinada adverbial final; 8. oração subordinada adverbial concessiva; 9. oração subordinada adverbial consecutiva.

V – 1. oração subordinada substantiva subjetiva (reduzida de infinitivo); 2. oração subordinada substantiva subjetiva; 3. oração subordinada substantiva predicativa (reduzida de infinitivo); 4. oração subordinada substantiva objetiva direta / objetiva direta; 5. oração subordinada adjetiva restritiva / oração subordinada adverbial comparativa; 6. oração subordinada substantiva subjetiva / oração subordinada adverbial final; 7. oração subordinada adjetiva restritiva (que = o (= aquilo). Pensa naquilo); 8. oração subordinada adjetiva restritiva; 9. oração subordinada substantiva subjetiva; 10. oração subordinada adverbial temporal (reduzida de infinitivo) / oração subordinada substantiva objetiva direta; 11. oração subordinada adverbial condicional; 12. oração subordinada substantiva objetiva direta; 13. oração subordinada substantiva subjetiva; 14. oração subordinada substantiva objetiva direta; 15. oração subordinada adjetiva restritiva; 16. oração subordinada adverbial final (reduzida de infinitivo) / oração subordinada adverbial temporal; 17. oração subordinada adjetiva restritiva (que = o (= aquilo)) / oração subordinada adverbial final (reduzida de infinitivo); 18. oração subordinada substantiva objetiva indireta (de que estará perdido) / oração subordinada adverbial temporal (reduzida de gerúndio – vigorando a lei); 19. oração subordinada substantiva predicativa; 20. oração subordinada adverbial temporal; 21. oração subordinada substantiva objetiva direta/oração subordinada adverbial final; 22. oração subordinada substantiva subjetiva.

VI –

1. oração subordinada substantiva subjetiva reduzida de infinitivo

   A crítica às viagens internacionais do Presidente da República ou de outros dirigentes parece despropositada.

2. oração subordinada adverbial concessiva reduzida de infinitivo

   O Estado moderno, embora se apresente como um Estado minimalista, ...

15.6. QUESTÕES DE CONCURSOS COMENTADAS

Vamos, então, apreciar algumas questões de concursos comentadas?

1. **(IBADE - 2024 - Faceli - Auxiliar de Secretaria)** Assinale a alternativa que apresenta uma análise correta a respeito da sintaxe do período abaixo.

   "É preciso lembrar que essa civilização já não nos oferece nenhuma garantia, caso caiamos desmaiados em algum lugar por aí, sejamos atropelados ou soframos algum acidente."

   A) Foram empregadas somente orações coordenadas alternativas nesse período.
   B) A oração que se inicia pelo QUE é uma subordinada adjetiva restritiva.
   C) Foram empregadas somente orações subordinadas substantivas nesse trecho.
   D) Existem três orações subordinadas nesse período que evocam a ideia de condição.
   E) Ao todo, o período apresentado é composto por cinco orações.

Comentários: As três últimas orações são adverbiais condicionais. A conjunção "caso" abre a sequência condicional. Dividindo as orações:

- *É preciso*: oração principal;
- *lembrar*: oração subordinada substantiva subjetiva reduzida de infinitivo;
- *que essa civilização já não nos oferece nenhuma garantia*: oração subordinada substantiva objetiva direta;
- *caso caiamos desmaiados em algum lugar por aí*: oração subordinada adverbial condicional;
- *sejamos atropelados*: oração subordinada adverbial condicional;
- *ou soframos algum acidente*: oração subordinada adverbial condicional.

Gabarito: D

2. **(IBADE - 2024 - Faceli - Secretário Acadêmico)** Como se classifica a oração grifada no trecho abaixo?

> *"A recente violação ao sistema de pagamentos da União (Sistema Integrado de Administração Financeira — Siafi), cujas suspeitas indicam ter partido do roubo e uso indevido de credenciais de servidores públicos, resultou no desvio de R$ 3,5 milhões em recursos da União, estimativa atual do governo [...]"*

A) Oração coordenada assindética.
B) Oração subordinada substantiva subjetiva.
C) Oração subordinada adverbial consecutiva.
D) Oração coordenada sindética conclusiva.
E) Oração subordinada adjetiva explicativa.

Comentários: A oração em destaque é iniciada por pronome relativo. Logo, só pode ser subordinada adjetiva. Como vem intercalada, entre vírgulas, é adjetiva explicativa.

Gabarito: E

3. **(Instituto Consulplan - 2024 - Prefeitura de Esmeraldas - MG - Técnico de Nível Superior em Psicologia)** Considere a oração subordinada reduzida em "[...] li longamente um livro, tomando notas [...]". Ela pode ser corretamente classificada como:

A) Adverbial modal.
B) Adverbial temporal.
C) Subordinada adjetiva.
D) Adverbial condicional.

Comentários: A oração reduzida é de gerúndio (tomando notas). A relação de sentido é com o verbo "li", indicando a maneira, o modo de ler. Uma maneira de se ler um livro é fazendo anotações.

Gabarito: A

4. **(Instituto Consulplan - 2024 - Prefeitura de São Fidélis - RJ - Assistente Social Escolar)** "[...] essa sobrecarga tende a aumentar ainda mais a ansiedade que, a longo prazo, pode criar problemas mais crônicos.". De acordo com o contexto, é correto afirmar que o pronome relativo "que" exerce a função de:

A) Sujeito.
B) Predicativo.
C) Objeto direto.
D) Complemento nominal.

Comentários: O pronome relativo "que" retoma "ansiedade". Ao substituir o "que" por "ansiedade", teríamos, na ordem direta: "A ansiedade pode criar problemas mais crônicos". "Ansiedade" seria o sujeito de "pode criar". Logo, como o relativo "que" substitui o termo que seria sujeito, ele (o pronome relativo "que") é o sujeito dessa forma verbal.

Gabarito: A

5. (FGV – 2024 – Dataprev – Técnico de Segurança do Trabalho)

É provável que chova torrencialmente na tarde de hoje.

Sobre a estruturação sintática da frase em destaque, é correto afirmar que:

A) é um período composto por coordenação, em que a oração coordenada expressa uma noção de explicação em relação à oração principal.
B) é um período composto por subordinação, em que a oração subordinada exerce a função de sujeito da oração principal.
C) é um período composto por subordinação, em que a oração subordinada expressa circunstância de consequência em relação à oração principal.
D) é um período simples, já que a oração se estrutura em torno do verbo "chover", conjugado no subjuntivo.
E) é um período composto por subordinação, em que a oração subordinada exerce a função de complemento da oração principal.

Comentários: Dividindo as orações:

- É provável: oração principal;

- que chova torrencialmente na tarde de hoje: oração subordinada substantiva subjetiva.

Gabarito: B

6. (FGV – 2025 – SEEC – RN – Professor de Língua Portuguesa)

Assinale a opção que indica a frase em que a modificação de uma oração reduzida para uma desenvolvida tenha sido feita de forma inadequada.

A) O pai ganhava apenas o necessário para endividar-se. / para que se endividasse.
B) Você deve ganhar dinheiro antes de gastá-lo. / antes de que o gaste.
C) Há pessoas que, para subirem, descem tanto, que a vitória se transforma em derrota. / para que subissem.
D) Não pense que você tem que vencer. O importante é você conseguir o que deseja. / que você consiga.
E) A experiência é uma chama que só ilumina queimando. / enquanto queima.

Comentários: Como o tempo do verbo da oração principal está no presente (há), esse tempo tem de ser mantido na oração desenvolvida. Logo, ao desenvolver a reduzida "para subirem", teria de ser "para que subam", com esse verbo no presente.

Gabarito: C

7. **(FGV - 2024 - Prefeitura de Vitória - ES - Guarda Municipal de Vitória)** Na conhecida frase "Ao persistirem os sintomas, o médico deverá ser consultado", a circunstância expressa pela oração subordinada é a mesma observada em:

A) ao contrário do que se previa, conseguiu concluir seus estudos.

B) quando você chegar ao fim da corda, dê um nó nela e segure-se.

C) ao amanhecer, cada gota de orvalho parece uma lágrima.

D) todo ser humano evolui à proporção que se esforça para isso.

E) você pode ser o que quiser, contanto que seja bom.

Comentários: A oração subordinada desse período é "Ao persistirem os sintomas", reduzida de infinitivo. Desenvolvendo, teríamos: Caso persistam os sintomas... / Se persistirem os sintomas... Ou seja, a ideia é de condição, como ocorre na opção E em "contanto que seja bom". Há uma condição para você ser o que quiser: ser bom.

Gabarito: E

8. **(CESPE/CEBRASPE - 2025 - InoversaSul - Professor de Língua Portuguesa)**

"Portanto, a língua é uma atividade constitutiva com a qual podemos construir sentidos; é uma forma cognitiva com a qual podemos expressar nossos sentimentos, ideias, ações e representar o mundo; é uma forma de ação pela qual podemos interagir com nossos semelhantes. Em consequencia, a lingua se manifesta nos processos discursivos, no nível da enunciação, concretizando-se nos usos textuais mais diversos. **É importante não confundir a língua com o discurso**."

No último período do parágrafo supracitado, a oração "não confundir a língua com o discurso" classifica-se como subordinada substantiva objetiva direta reduzida de infinitivo.

CERTO

ERRADO

Comentários: Nesse período, dividindo as orações, ficaria:

- É importante: oração principal;
- não confundir a língua com o discurso: oração subordinada substantiva subjetiva reduzida de infinitivo.

A oração subordinada não funciona como objeto direto, e sim como sujeito do segmento "É importante" da oração principal.

Gabarito: ERRADO

9. **(CESPE/CEBRASPE - 2024 - Instituto Rio Branco - Terceiro Secretário)**

"Quando os jornais anunciaram para o dia 1.º deste mês uma parede de açougueiros, a sensação que tive foi muito diversa da de todos os meus concidadãos. Vós ficastes aterrados; eu agradeci o acontecimento ao céu. Boa ocasião para converter esta cidade ao vegetarismo."

No segundo período do parágrafo destacado, os elementos da coordenação assindética estão ligados, semanticamente, com base em uma noção de contraste.

CERTO

ERRADO

Comentários: Em "Vós ficastes aterrados; eu agradeci o acontecimento ao céu", as orações são coordenadas, não há relação de dependência sintática entre essas orações do período, com noção de contraste entre elas ao opor "aterrados" (apavorado, atemorizado, aterrorizado) a "agradecer ao céu" (manifestar gratidão, render graças).

Gabarito: CERTO

10. (CESPE/CEBRASPE - 2024 - Prefeitura de Aracaju - SE - Professor)

e poder ver que dentro dela vivem
paredes, aconchegos e janelas,
e descobrir que todos os fonemas
são mágicos sinais ***que*** *vão se abrindo*
constelação de girassóis gerando
em círculos de amor que de repente
estalam como flor no chão da casa.

No primeiro verso da estrofe anterior, o vocábulo "que" classifica-se gramaticalmente como pronome relativo, o qual se refere, na estrutura sintática do poema, ao termo "fonemas" (último verso da estrofe anterior) e funciona como sujeito da oração em que se insere.

CERTO
ERRADO

Comentários: O pronome relativo destacado não retoma "fonemas", e sim o núcleo "sinais": são os sinais que vão se abrindo. Esse relativo tem a função de sujeito na oração que introduz, mas não se refere a "fonemas".

Gabarito: ERRADO

15.7. QUESTÕES DE CONCURSOS PROPOSTAS (COM GABARITO NO FINAL)

1. **(IBADE - 2024 - CRMV - PB - Assistente Administrativo)** Assinale a alternativa que indica a relação existente entre as orações coordenadas sindéticas "João não estava feliz, contudo riu sem parar".
   A) Adição.
   B) Conclusão.
   C) Alternância.
   D) Explicação.
   E) Contrariedade.

2. **(Instituto Consulplan - 2024 - Prefeitura de Cacoal - RO - Agente Administrativo)** Assinale a afirmativa em que a oração destacada evidencia valor temporal.
   A) *"E não me parece que devemos deixar de tê-las."*
   B) *"Bem, eu já não seria tão precoce assim, mas me conformei."*
   C) *"[...] estes vivessem seus próprios tropeços e acertos quando se apaziguou consigo mesma."*

D) "[...] *passar a vida tentando agradar a um pai opressor e para sempre insatisfeito, <u>como vejo tanta gente</u>.*"

3. (Instituto Consulplan - 2024 - Prefeitura de Cacoal - RO - Auditor Clínico) Em "As inovações geradas nesse contexto não se limitam aos avanços econômicos, mas se estendem à capacidade de interação e organização social.", é possível reconhecer orações:

A) Justapostas.
B) Independentes.
C) Complementares.
D) Interligadas por preposições.

4. (Instituto Consulplan - 2024 - Prefeitura de Esmeraldas - MG - Educador Social) "Isso porque ela trabalha diferentes regiões do cérebro, que vão desde a área visual até a de processamento e memorização." Em relação à classificação das orações, o vocábulo "que" introduz oração subordinada:

A) adjetiva restritiva.
B) adjetiva explicativa.
C) substantiva subjetiva.
D) substantiva completiva nominal.

5. (Instituto Consulplan - 2024 - Prefeitura de Cacoal - RO - Auditor Clínico) "[...] oferecem uma oportunidade única <u>para</u> uma reflexão profunda sobre a Inclusão Social e seus inúmeros benefícios." Considerando-se o termo destacado, indique a afirmativa correta a seguir.

A) A omissão do termo destacado resultaria apenas em síntese do trecho destacado.
B) É possível observar uma relação de causa, de acordo com a informação em evidência.
C) O trecho destacado poderia ser desenvolvido substituindo "para" por "para que haja."
D) O termo destacado poderia ser substituído pela expressão "de acordo com", mantendo-se o sentido original.

6. (Instituto Consulplan - 2024 - Câmara de Cotia - SP - Procurador Legislativo) Na frase "Toda tecnologia sempre oferece riscos, <u>se for mal utilizada</u>; [...]", o termo "se for mal utilizada" é um exemplo de:

A) Objeto indireto.
B) Complemento nominal.
C) Oração coordenada sindética conclusiva.
D) Oração coordenada sindética explicativa.
E) Oração subordinada adverbial condicional.

7. (FCC - 2024 - MPE - AM - Agente de Apoio)

Machos exibem objetos vistosos <u>para se valorizar sexualmente aos olhos das fêmeas</u>.

Em relação à oração que a precede, a oração sublinhada expressa ideia de:

A) proporção.
B) consequência.

C) condição.
D) finalidade.
E) causa.

8. (FGV – 2024 – DATAPREV – ATI – Advocacia)

É preciso estar atento e forte.

Sobre a estrutura sintática da frase em destaque, assinale a opção incorreta.

A) Existe uma oração subordinada que exerce função de sujeito em relação à oração principal.
B) Nota-se uma oração subordinada substantiva, em que a segunda oração exerce função própria de um substantivo em relação à oração principal.
C) Observa-se uma oração subordinada reduzida de infinitivo.
D) Verifica-se a possibilidade de desenvolver a segunda oração em "que se esteja atento e forte".
E) Há uma oração subordinada que delimita a informação presente na oração principal.

9. (FGV – 2024 – TRF – 1ª Região – Técnico Judiciário – Área Administrativa) A frase em que a substituição da oração reduzida sublinhada por uma oração desenvolvida de mesmo significado foi feita de forma adequada é:

A) Sirvo-me dos animais para instruir os homens. / Sirvo-me dos animais para a instrução dos homens.
B) A ave julga prestar um serviço ao peixe ao erguê-lo no ar. / A ave julga que prestou um serviço ao peixe ao erguê-lo no ar.
C) A flor não nasceu para decorar a casa, embora o morador pense o contrário. / A flor não nasceu para a decoração da casa, embora o morador pense o contrário.
D) Todas as coisas são difíceis antes de se tornarem fáceis. / Todas as coisas são difíceis antes de que se tornassem fáceis.
E) A vida que esse povo viveu não o deixou viver. / A vida que esse povo viveu não deixou que ele vivesse.

10. (FGV – 2025 – SEEC – RN – Professor de Língua Portuguesa) Assinale a opção em que se encontra uma oração subordinada adverbial concessiva.

A) Embora seja difícil encontrar um original, é fácil reconhecê-lo.
B) Basta uma oportunidade para que o maldizente se torne maléfico.
C) Se meus inimigos pararem de dizer mentiras a meu respeito, eu pararei de dizer verdades a respeito deles.
D) Tenho opiniões próprias, opiniões fortes, mas nem sempre concordo com elas.
E) Só estou onde estou porque acredito em todas as possibilidades.

11. (CESPE/CEBRASPE – 2024 – TCE-PR – Auditor de Controle Externo)

"A primeira metodologia consistiu em abastecer um algoritmo com notícias verdadeiras e depois treinar o algoritmo **para reconhecer essas notícias**. Aquelas que não se encaixavam no perfil aprendido eram classificadas como fake news."

No texto, a oração "para reconhecer essas notícias" expressa circunstância de:

A) conformidade.

B) causa.

C) explicação.

D) condição.

E) finalidade.

12. (CESPE/CEBRASPE - 2024 - BACEN - Analista)

"No entanto, a força de trabalho torna-se mais vulnerável, **pois** as leis trabalhistas ainda se baseiam em um antigo sistema 'binário', segundo o qual quem é empregado recebe direitos — por exemplo, aviso de demissão ou férias pagas —, mas para quem é contratado o acesso a esses direitos tende a ser restringido. Assim, se o modelo de plataformas de trabalho com a interveniência de uma gestão algorítmica oferece vantagens no que se refere à flexibilidade sobre formas convencionais de organização e gestão do trabalho, esse mesmo modelo suscita questões relevantes como a distribuição desigual de oportunidades, benefícios e riscos entre os agentes envolvidos, bem como os possíveis custos sociais advindos de uma eventual precarização das relações de trabalho."

No trecho, a oração introduzida pelo vocábulo "pois" consiste em uma explicação para o que se afirma na oração imediatamente antecedente.

CERTO

ERRADO

13. (CESPE/CEBRASPE - 2024 - BACEN - Analista)

[...] Em um contexto de crescente instabilidade macroeconômica, de desregulamentação das relações de trabalho — em função do impacto disruptivo de tecnologias digitais na intermediação dessas relações —, verifica-se a emergência de novas formas de emprego "fora do padrão", que reforçam diversos tipos de "flexibilidade" — temporal, espacial, gerencial e funcional, entre outras. Grande parte dessas novas formas de emprego está vinculada à mediação de plataformas digitais, **que conectam ofertantes e demandantes de trabalho.**

No último período do texto, a oração "que conectam ofertantes e demandantes de trabalho" restringe o sentido do segmento "plataformas digitais".

CERTO

ERRADO

14. (CESPE/CEBRASPE - 2024 - TCE - AC - Auditor de Controle Externo)

Ridicularizar Descartes tornou-se moda em neurociência. Depois da publicação, em 1994, de *O erro de Descartes*, o best-seller de Antonio Damasio, muitos manuais contemporâneos que tratam de consciência passaram a criticar Descartes, alegando que ele teria atrasado a pesquisa em neurociência. A verdade, porém, é que Descartes foi um cientista pioneiro, fundamentalmente um reducionista, cuja análise mecânica da mente humana, muito à frente de seu tempo, foi o primeiro exercício de biologia sintética e de modelagem teórica. O dualismo de Descartes não foi um capricho de momento — fundamentava-se em um argumento lógico que afirmava a impossibilidade, para qualquer máquina, de imitar a liberdade da mente consciente.

No primeiro período do texto, a oração "Ridicularizar Descartes" funciona como complemento da forma verbal "tornou-se".

CERTO

ERRADO

15. (CESPE/CEBRASPE - 2025 - InoversaSul - Analista Administrativo)

"A principal pesquisa internacional sobre educação, feita pela Organização para a Cooperação e Desenvolvimento Econômico (OCDE), **mostrou que**, no período de 2012 a 2022, houve um aumento acentuado no nível de ansiedade em relação à matemática entre os alunos da grande maioria dos 81 países avaliados, especialmente no Brasil."

No texto, o vocábulo "que" introduz uma oração que desempenha a função de complemento da forma verbal "mostrou".

CERTO

ERRADO

GABARITO:

1. E	2. C	3. B	4. B	5. C
6. E	7. D	8. E	9. E	10. A
11. E	12. CERTO	13. ERRADO	14. ERRADO	15. CERTO

15.8. RESUMO

Em um esquema sucinto, teríamos as orações coordenadas e subordinadas do seguinte modo:

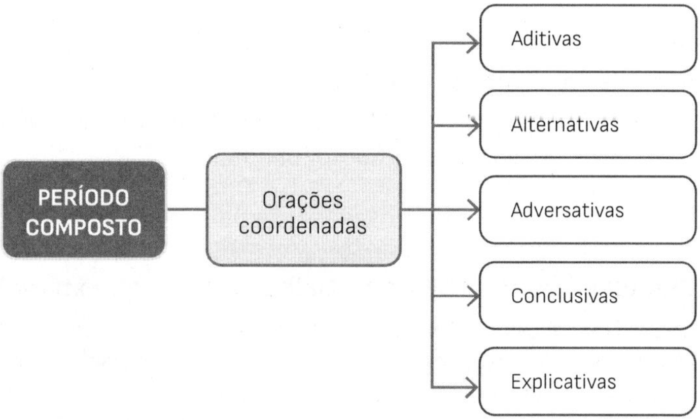

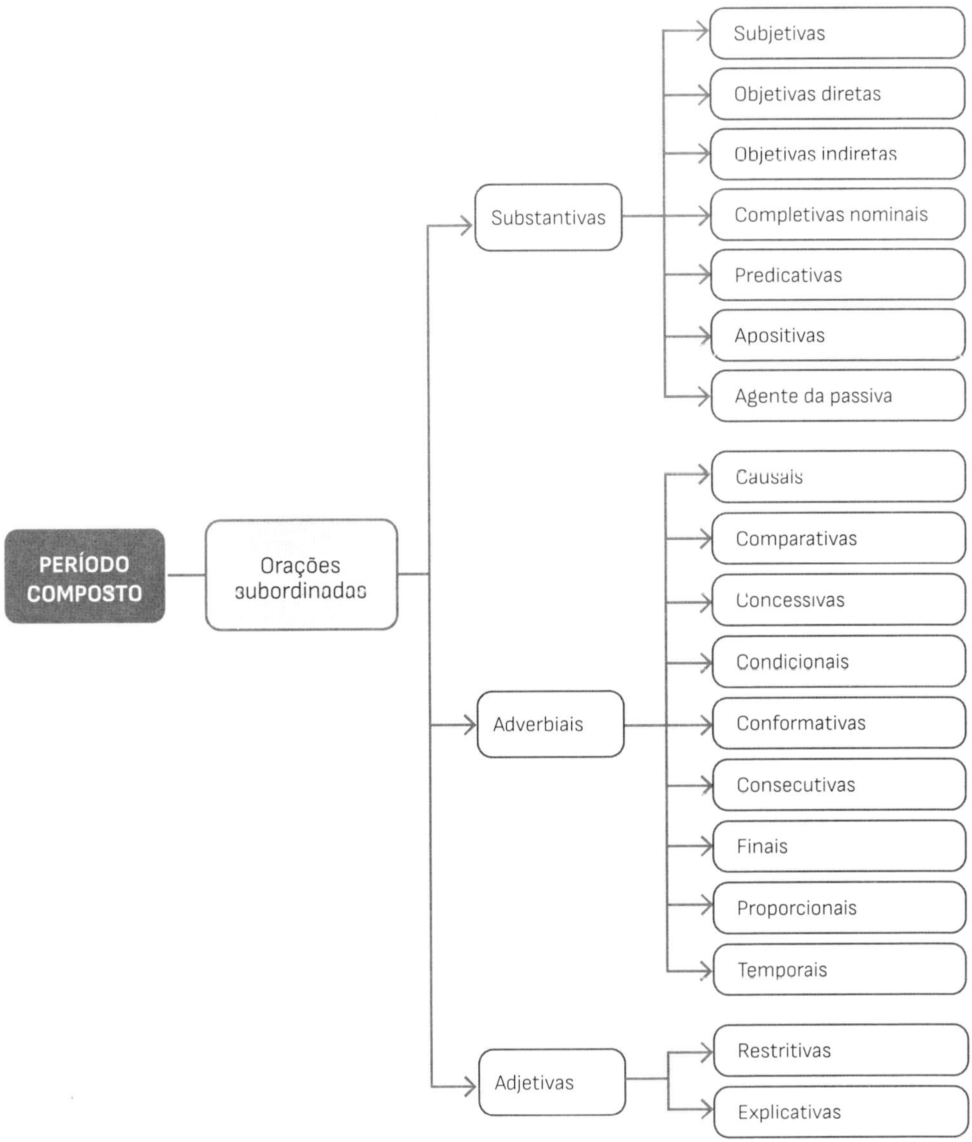

Classificar orações é sempre um grande desafio! Até porque, nas provas, elas vêm misturadas. O mais difícil sempre é não confundi-las... Vamos às dicas finais?

Orações devem ser contadas pelo número de verbos: para cada verbo, uma oração.

No período composto por coordenação, a oração sem conectivo é chamada de assindética. Já no período composto por subordinação, a oração sem conectivo é chamada de principal.

As orações coordenadas não possuem relação sintática entre si, apenas semântica. As orações subordinadas relacionam-se sintaticamente (uma é sujeito da outra, ou objeto direto etc.).

Ao classificar as orações, você deverá pensar em quatro tipos: coordenadas ou subordinadas adverbiais (que podem ser identificadas pelo valor semântico que suas conjunções apresentam); subordinadas substantivas (que podem ser substituídas por "isto") ou subordinadas adjetivas (que se iniciam com pronome relativo, ligando-se a um substantivo antecedente).

Acesse o material suplementar

uqr.to/20vgy

Concordância Nominal 16

Concordância nominal é assunto que será dividido em duas partes: no primeiro segmento, apresentaremos os casos em que, antes de se fazer a concordância do adjetivo, é preciso detectar a função sintática que ele desempenha na frase. Por exemplo:

Tiradentes possuía cabelos e barba longos/longa.

Nessa frase, antes de fazer a flexão do adjetivo *longo*, você precisaria identificar sua função sintática. O fato de ele ser um adjunto adnominal posposto aos substantivos permite as duas opções: ele pode concordar com todos os substantivos ou apenas com o mais próximo. É na primeira parte do assunto, portanto, que vamos ensinar a você a identificação das funções sintáticas do adjetivo e todas as possibilidades de concordância que tais funções permitem.

No segundo segmento do assunto, você conhecerá os casos especiais da concordância nominal. São casos bastante explorados nas provas de concursos: a flexão de palavras como *bastante*, *anexo*, *quite*, *leso*, *junto*... Nessas situações, você não precisará perder tanto tempo raciocinando na frase: não será preciso identificar a função sintática do adjetivo, basta identificar a classe gramatical da palavra na frase. Se for uma classe variável (pronome, adjetivo, numeral etc.), a tendência será a variação; se for uma classe de palavra invariável (advérbio, palavra denotativa etc.), não poderá ir ao feminino nem ao plural.

De qualquer forma, nossa meta é a de que você não tenha de decorar uma série de regrinhas, mas aprenda a raciocinar de acordo com a frase.

Vamos começar? Então, entenda: são dois grandes blocos de concordância nominal. A primeira parte abordará os casos 1, 2, 3 e 4 e a segunda, do caso 5 até o final. Para cada regra, procuramos apresentar frases que vão servir de exemplo, devidamente comentadas. Ao final de cada segmento, elaboramos exercícios de fixação para você internalizar o raciocínio.

Em primeiro lugar, você deve saber que a concordância pode ser:

a) **Rígida ou gramatical:** total ou parcial

- Atitude e caráter *apropriados/apropriado* (total: o adjetivo concorda em gênero e número com todos os substantivos ou com o mais próximo).
- *Apropriada* atitude e caráter (parcial: concorda em gênero e número com o substantivo mais próximo).

b) Ideológica: silepse

- Vossa Senhoria é generos**o**. (silepse de gênero)
  O pronome de tratamento está no feminino e o adjetivo no masculino.
- A *meninada* se divertia. *Risonhas*, elas cantavam. (silepse de número)
  O substantivo coletivo está no singular e o adjetivo no plural.

16.1. CONCORDÂNCIA NOMINAL: PARTE I – AS FUNÇÕES SINTÁTICAS DO ADJETIVO

Aqui, veremos os casos em que o adjetivo, dependendo de sua **função sintática**, poderá concordar com dois ou mais substantivos ou apenas com um deles. Nesse caso, é fundamental conhecermos as funções que o adjetivo exerce na frase. Vamos a elas!

Revisando:

1. Adjunto adnominal: especifica o substantivo.
2. Predicativo: atributo dado ao sujeito ou ao objeto.

Subdivide-se em: do sujeito e do objeto.

Exemplos:

Olhos negros (adjunto adnominal)

Rua silenciosa (adjunto adnominal)

Seus olhos são negros. (predicativo do sujeito)

(sujeito)

A rua estava silenciosa. (predicativo do sujeito)

(sujeito)

O povo achou os governantes incompetentes.

(objeto direto) (predicativo do objeto)

Aqui vale um recado!

Pelo que você pode ver, para se fazer a devida concordância nominal, deve-se identificar a função sintática do adjetivo, pois ele pode ser adjunto adnominal ou predicativo (do sujeito ou do objeto). O adjunto adnominal vem junto ao nome substantivo (*olhos* negros). O predicativo do sujeito vem separado por um verbo (seus *olhos* são negros). Já o predicativo do objeto vai se referir ao objeto (o povo achou os *governantes* incompetentes.) É aqui que poderá ocorrer dúvida. É muito comum que se confunda o predicativo do objeto com o adjunto adnominal. Isso ocorre porque, assim como o adjunto adnominal, o predicativo do objeto vem junto ao substantivo.

Qual é a diferença entre adjunto adnominal e predicativo do objeto, afinal?

Uma maneira prática de se fazer essa distinção é retirar o adjetivo da frase e observar se há ou não sentido. Se ficar faltando informação, é predicativo do objeto, se não, adjunto adnominal.

Exemplo:

O povo achou os governantes incompetentes. (O povo achou os governantes? Tem sentido? Não. Então, incompetentes é predicativo do objeto).

Tinha um único vício: a mentira. (*Tinha um vício: a mentira.* Tem sentido? Sim. Então é adjunto adnominal).

Vamos sistematizar essa diferença:

> Adjunto adnominal x Predicativo do objeto
>
> Compare as frases a seguir. Veja que o adjetivo, nos dois casos, se refere a um substantivo que funciona como objeto direto.
>
> (1) Comprei a carteira cara.
>
> (2) Não comprei a carteira. Achei a carteira cara.
>
> Como eu vou saber se o adjetivo é adjunto adnominal ou predicativo do objeto?
>
> A explicação gramatical é simples e diz o seguinte:
>
> Predicativo do objeto é semanticamente solicitado pelo verbo. O verbo pede a sua presença na frase. Toda vez que o predicativo do objeto é retirado da frase, o verbo perde o sentido ou tem o seu sentido transformado.
>
> Assim, na frase (1), o adjetivo vem junto ao substantivo e pode ser retirado, sem causar alteração semântica à frase. Pode-se dizer, tranquilamente, "comprei a carteira", sem precisar dizer se é cara, barata...
>
> Por outro lado, na frase (2), o adjetivo, se retirado, altera o seu sentido. Dizer "achei a carteira cara" quer dizer "considerei a carteira cara". Se o adjetivo "cara" é retirado da frase, ela fica sem sentido (Não comprei a carteira. Achei a carteira). Isso acontece porque o adjetivo em (2) é predicativo do objeto, não pode ser retirado da frase.

Visto isso, vamos aos casos de concordância nominal que envolvem a identificação da função sintática do adjetivo e suas posições.

16.1.1. Adjetivo na função de adjunto adnominal posposto aos substantivos

a) Adjetivo na função de adjunto adnominal posposto a dois ou mais substantivos do mesmo gênero: vai para o plural do gênero comum ou concorda com o mais próximo.

b) Adjetivo na função de adjunto adnominal posposto a dois ou mais substantivos de gêneros diferentes: vai para o plural masculino ou concorda com o mais próximo.

Observação: o adjetivo concordará apenas com o último substantivo se o sentido exigir.

Ex.:

1. Prédio e apartamento *antigos* ou *antigo*.
2. Documentação e bagagem *intactas* ou *intacta*.
3. Comprei calça e camisa *novas/nova*.

Comentários: Na frase 1, prédio e apartamento são masculinos. Ao concordar, em gênero e número, com os dois substantivos, masculino plural (*antigos*), com o mais próximo – apartamento, masculino singular – *antigo*.

Nas frases 2 e 3, os dois substantivos são femininos (*documentação/bagagem; calça/camisa*). Concordando com os dois, feminino plural (*intactas; novas*), com o mais próximo, feminino singular (*intacta; nova*).

4. Defeitos e virtudes *verdadeiros/verdadeiras*.

5. Ação e julgamento *éticos/ético.*
6. Uvas e pêssegos *deliciosos.*

Comentários: Nas frases 4 e 5 temos substantivos de gêneros diferentes – defeitos, masculino, virtudes, feminino; ação, feminino, julgamento, masculino. Quando isso ocorre, concordando com os dois em gênero e número, masculino plural (*verdadeiros/ éticos*). Com o mais próximo – virtudes *verdadeiras*, julgamento *ético*. Na frase 6, só pode ser deliciosos, pois, concordando com os dois substantivos (*uvas* – feminino e *pêssegos* – masculino), masculino plural. Como o substantivo mais próximo está no masculino plural (*pêssegos*), só há uma resposta – *deliciosos.*

16.1.2. Adjetivo na função de adjunto adnominal anteposto aos substantivos

a) Adjetivo *anteposto*, na função de *adj. adn.*, a dois ou mais substantivos: a concordância se faz com o substantivo mais próximo.
b) Adjetivo *anteposto* a nome de pessoas ilustres: o adjetivo vai para o plural dos substantivos.

Ex.:

7. *Antigas* revistas e jornais.
8. Os *ilustres* Drummond e Cecília Meireles.

Comentários: Na frase 7, o adjetivo, na função de adjunto adnominal, vem anteposto a dois substantivos. Quando isso ocorre, as gramáticas recomendam a concordância em gênero e número com o substantivo mais próximo. Já na frase 8, por se tratar de nomes de pessoa, concorda com os dois substantivos em gênero e número.

16.1.3. Adjetivo na função de predicativo

a) Adjetivo na função de *predicativo* (do sujeito ou do objeto): concorda com o substantivo a que se refere.
b) Adjetivo na função de *predicativo do sujeito composto*: quando vier posposto ao sujeito composto concorda com todos os núcleos. Se vier anteposto, pode concordar com o mais próximo, se o verbo também o fizer. Se o verbo estiver no plural, o predicativo ficará no plural.
c) Adjetivo na função de *predicativo do objeto composto*: vai para o plural dos substantivos.

Ex.:

9. Sua reivindicação é *justa.*
10. É um relógio que torna *inesquecíveis* todas as horas.

Comentários: Vimos no caso 3 (a) que tanto o predicativo do sujeito quanto o predicativo do objeto concordam com os respectivos termos (o sujeito e o objeto). Como o adjetivo é uma classe variável (flexiona-se em gênero e número), *justa* – feminino singular – concorda com o sujeito – *reivindicação* – e *inesquecíveis* – adjetivo que só se flexiona em número – concorda com o objeto *horas*. É o que ocorre nas frases 9 e 10.

> **Nota:**
>
> Em Língua Portuguesa, alguns adjetivos não têm flexão de gênero (adjetivos uniformes, só uma forma para os dois gêneros, masculino ou feminino). Por exemplo:
>
> Homem *triste* / mulher *triste*
>
> Homens *tristes* / mulheres *tristes*
>
> O adjetivo *triste* varia em número, mas não em gênero, assim como o adjetivo *inesquecíveis*.

11. A assistência técnica e o ensino eram *gratuitos*.
12. Eram *gratuitos* a assistência técnica e o ensino.
13. Era *gratuita* a assistência técnica e o ensino.

Comentários: As frases 11, 12 e 13 exemplificam o caso 3 (b). Se o sujeito é composto, o predicativo do sujeito concorda em gênero e número com todos os núcleos (*assistência* e *ensino*, feminino e masculino).

Na frase 11, o adjetivo *gratuitos* ficou no masculino plural, portanto, para concordar com *assistência* e *ensino*. Nas frases 12 e 13, a concordância do predicativo do sujeito depende da concordância do verbo de ligação, que vem anteposto. Nesses casos, o verbo indica se o predicativo do sujeito concorda com todos os núcleos ou com o mais próximo. Se o verbo aparecer no plural (concordando com todos os núcleos – *assistência* e *ensino*), o predicativo também o fará (*Eram gratuit***os**). Se o verbo estiver no singular (concordando com o núcleo mais próximo – *assistência*), o predicativo do sujeito concorda em gênero e número com o mais próximo (*Era gratuita*).

14. Acho a proposta e o trabalho *irrecusáveis/irrecusável*.
15. Encontrei *abertos/aberta* a janela e o portão.

Comentários: Agora, temos exemplos de adjetivos que se referem ao objeto composto. Observamos que, quando isso ocorre, o predicativo do objeto, anteposto ou posposto, pode concordar com todos os núcleos do objeto em gênero e número ou com o núcleo mais próximo em gênero e número.

Vamos aos exemplos comentados.

Complete com a(s) forma(s) adequada(s):

1. Gestos e atitudes _______________. (belicoso)

   Comentários: Adjetivo posposto na função de adjunto adnominal – concorda com todos os substantivos em gênero e número ou com o mais próximo.

   Gabarito: belicosos ou belicosas.

2. _______________ atitudes e gestos. (belicoso)

   Comentários: Adjetivo anteposto na função de adjunto adnominal – concorda em gênero e número com o substantivo mais próximo.

   Gabarito: Belicosas.

3. Aprecio a cultura e a história _______________. (europeia)

   Comentários: Mais uma frase em que temos adjunto posposto na função de adjunto adnominal, como na frase 1. Como os dois substantivos são femininos, plural feminino – concordância total – ou singular feminino – concordância atrativa.

   Gabarito: europeias ou europeia.

4. O ministro mostrou ________________ cultura e talento. (belo)

   Comentários: Como na frase 2, temos adjetivo anteposto na função de adjunto adnominal concorda com o substantivo mais próximo em gênero e número.

   Gabarito: bela.

5. A área e os meios de atuação dos funcionários tornam-se ________________. (limitado)

   Comentários: Aqui, o adjetivo vem separado dos substantivos por um verbo, funcionando como predicativo do sujeito – termo que, mesmo de longe, determina o sujeito. Nesse caso, só pode concordar com todos os núcleos em gênero e número. Como o sujeito composto é representado por substantivos de gêneros diferentes, masculino plural.

   Gabarito: limitados.

6. Tornam-se ________________ a área e os meios de atuação dos funcionários. (limitado)

   Comentários: Agora, o adjetivo, na função de predicativo do sujeito, vem anteposto ao sujeito – esta frase é a mesma que a anterior, só que invertida, logo a análise é a mesma. Quando isso ocorre, o verbo é que determina a flexão do adjetivo. Como o verbo anteposto está concordando com todos os núcleos, o adjetivo predicativo do sujeito concorda em gênero e número com todos eles.

   Gabarito: limitados.

7. Torna-se ________________ a área e os meios de atuação dos funcionários. (limitado)

   Comentários: Nesta frase, o verbo (*torna-se*) vem anteposto ao sujeito composto concordando com o núcleo mais próximo – *área*; singular. Por isso, o adjetivo na função de predicativo do sujeito concorda com o substantivo área, feminino singular.

   Gabarito: limitada.

8. Deixei ________________ para o leitor meus pontos de vista sobre o assunto. (claro)

   Comentários: O adjetivo *claro* aparece na função de predicativo do objeto ("Deixei meus pontos de vista..."), já que "claros" são os pontos de vista, ou seja, na ordem direta, a frase ficaria assim: "Deixei meus pontos de vista claros para o leitor."

   Gabarito: claros.

9. Comprou frutas, ovos e carne ________________. (bovino)

   Comentários: O adjetivo bovino vem posposto na função de adjunto adnominal. Só que, nessa construção, razões semânticas fazem com que o termo bovino só possa concordar com o substantivo mais próximo – *carne* –, pois seria impossível você comprar *ovos* e *frutas* de boi.

   Gabarito: bovina.

10. Essa professora contou-nos ________________ lendas e contos. (antigo)

    Comentários: Aqui, o adjetivo, na função de adjunto adnominal, vem anteposto. A recomendação das gramáticas, nesses casos, é a de que o adjetivo concorde, em gênero e número, com o substantivo mais próximo (*lendas*).

    Gabarito: antigas.

Finalizamos a primeira parte da Concordância Nominal, que é aquela em que se deve identificar a função sintática do adjetivo. Antes de irmos à parte II, vamos resumir a parte I?

RESUMO: Concordância Nominal – Parte I

Legenda:

T = Concordância Total (concordância com todos os elementos), lembrando que feminino + masculino = masculino plural

A = Concordância Atrativa ou Parcial (concordância com o termo mais próximo)

ADJETIVO NA FUNÇÃO DE:	POSPOSTO	ANTEPOSTO
1) Adjunto adnominal	T A	A
2) Predicativo do sujeito	T (na ordem direta)	Segue o verbo: T A
3) Predicativo do objeto	T A	T A

Veja agora algumas questões comentadas:

1. **(FCC – TRT)** O item em que concordância é aceitável na norma culta é:

A) O filósofo considerou estranho a pesquisa dos universitários.

B) Está difícil a quitação do empréstimo bancário feita no ano passado.

C) Uma pequena parte do texto é compreendido.

D) Os livros traziam 30 páginas de textos rasgados.

E) Tornou-se clara para o leitor minha posição sobre o assunto.

Comentários: Na letra A, "estranho" se refere a "pesquisa", então estaria errado ("...considero a pesquisa dos universitários estranha"). Na B, o "empréstimo" é que foi "feito". Na C, a "parte" do texto foi "compreendida". A letra D traz o adjetivo "rasgados" concordando com "textos", o que também caracteriza um erro, pois "rasgadas" seriam as "páginas". Na opção E, "clara" é a "posição", concordância correta.

Gabarito: E

2. **(Instituto Consulplan - 2025 - Prefeitura de Carangola - MG - Professor)** No trecho "As paredes internas de seu corpo, mofadas.", a concordância entre o sujeito e o predicativo do sujeito está correta porque:

A) O verbo concorda com o termo mais próximo.

B) O predicativo concorda com o núcleo do sujeito.

C) O predicativo concorda com o adjunto adverbial.

D) O verbo está no singular para concordar com o sujeito.

Comentários: A relação de sentido do adjetivo "mofadas" claramente se dá com o substantivo "paredes", que funciona como sujeito (As paredes... mofadas). No texto, o verbo "ser" estava subentendido: "As paredes internas do corpo eram mofadas". A vírgula indica a elipse desse verbo.

Gabarito: B

3. **(Avança SP – 2025 – Prefeitura de Morungaba – SP – Agente de Cemitério)** Ao analisar as regras de concordância nominal, qual das alternativas abaixo está incorreta?

A) O suéter e a blusa listradas estão na lavanderia.

B) As blusas e os suéteres listrados estão na lavanderia.

C) O suéter e a blusa listrada estão na lavanderia.

D) Os suéteres e as blusas listradas estão na lavanderia.

E) A blusa e o suéter listrado estão na lavanderia.

Comentários: Quando o adjetivo, na função de adjunto adnominal, vem posposto a dois ou mais substantivos, pode concordar, em gênero e número, com todos os substantivos ou com o mais próximo. Na opção A, caberiam "listrados" (masculino plural, concordando com os dois substantivos) ou "listrada" (concordando com "blusa", feminino singular). Nas outras opções, essa regra é seguida.

Gabarito: A

4. **(ABCP – 2024 – Câmara Municipal de Paulínia – SP – Adjunto Legislativo)** *"Os alunos e as professoras estavam ansiosos para a viagem, e estas preparavam as atividades educativas para o grupo."*.

Considerando a frase anterior, assinale a alternativa correta quanto à concordância nominal:

A) O adjetivo "ansiosos" deveria concordar no feminino, já que está mais próximo do plural feminino "professoras".

B) A concordância do adjetivo "ansiosos" está correta, pois, neste caso, vai facultativamente para o plural masculino.

C) O termo "educativas" está incorreto, pois o adjetivo deveria concordar apenas com "grupo".

D) A expressão "atividades educativas" foi incorretamente utilizada.

Comentários: Nessa questão, o adjetivo "ansiosos" exerce a função de predicativo do sujeito, e não de adjunto adnominal, como em questões anteriores. Quando isso ocorre, a concordância tem de se dar com todos os substantivos, em gênero e número. Aqui não cabe mais a concordância com o mais próximo. Como o sujeito é representado por masculino (alunos) e feminino (professoras), o adjetivo, na função de predicativo do sujeito, tem de ficar no masculino plural (ansiosos). Quando se juntam masculino e feminino, ou vice-versa, a gramática determina a concordância no plural masculino.

Gabarito: B

16.2. CONCORDÂNCIA NOMINAL: PARTE II – CASOS ESPECIAIS

Agora que você já estudou a concordância nominal que varia de acordo com a função do adjetivo na frase, vamos conhecer os casos especiais, que são muito explorados em provas.

16.2.1. As expressões *é bom, é proibido...*

a) Se o sujeito não vier determinado: O predicativo fica invariável.

b) Se houver determinação do sujeito: A concordância será normal.

Exemplos:

16. Vitamina é *bom* para a saúde.
17. Entrada é *proibido*.
18. Esta cerveja é *deliciosa*.
19. A entrada é *proibida*.

Comentários: Nas frases 16 a 19, temos um caso especial de concordância nominal: as expressões *é bom, é proibido, é deliciosa...*, representadas por verbo de ligação ser mais predicativo. Se o substantivo na função de sujeito vier determinado (acompanhado de artigo, pronome) o adjetivo concorda com o sujeito – frases 18 e 19. Se não vier determinado, fica invariável (masculino singular) – frases 16 e 17.

16.2.2. Plural do adjetivo composto

a) Adjetivo composto formado de *adjetivo + adjetivo*:

O primeiro elemento fica invariável, e o último concorda com o substantivo a que se refere.

Observação: 1) azul-marinho, azul-celeste, ultravioleta: são invariáveis.

2) surdo-mudo: variam os dois elementos.

b) Adjetivo composto formado de *adjetivo + substantivo*:

Os dois elementos ficam invariáveis. Quando a cor vier representada por substantivo não varia.

Ex.:

20. Amizades *luso-brasileiras*.
21. Todas usavam saias *vermelho-claras*.
22. Assisti a reuniões *político-sociais*.
23. Descobertas *médico-científicas* contribuem para o bem da humanidade.
24. Comprou dois ternos *azul-marinho*.
25. Raios *ultravioleta*.
26. Meninos *surdos-mudos*.

Comentários: A maioria dos exemplos de adjetivos compostos em Língua Portuguesa é aquela cuja formação é de dois adjetivos. Como vimos na teoria, só o último elemento se flexiona em gênero e número, exceções feitas a: *azul-marinho, azul-celeste* e *ultravioleta*, que não se flexionam. Em *surdo-mudo*, embora seja um adjetivo composto formado por dois adjetivos, a gramática determina que os dois elementos variem em gênero e número (*surdos-mudos, surdas-mudas*).

27. Adorava tecidos *verde-limão.*
28. Bermudas *amarelo-ouro.*

Comentários: Se aparecer substantivo no adjetivo composto, nenhum elemento se flexiona, ficam invariáveis.

29. Blusas *laranja.*
30. Sapatos *cinza.*
31. Calças *gelo.*

Comentários: Em português, observa-se que o adjetivo é a classe que denota cor (*blusas azuis, vermelhas, amarelas, brancas*...). Quando a cor vem representada por substantivo (*laranja, cinza, gelo, abóbora*...), não varia, já que não é papel de substantivo denotar cor.

16.2.3. Expressões *mesmo, próprio, obrigado, anexo...*

As expressões mesmo, próprio, anexo, quite, obrigado, incluso, leso, junto, tal concordam com o nome ou pronome a que se referem.

Observação: *Em anexo* fica invariável.

Ex.:

32. Elas *mesmas* não sabiam a questão.
33. Ela *própria* escreveu o bilhete.
34. Enviou-lhe *anexas* / em anexo neste envelope as duplicatas necessárias.
35. Vinham *inclusas* na pasta a carta e a procuração.
36. Estamos *quites* com todos vocês.
37. Muito *obrigada*, respondeu a moça.
38. Cometeram-se crimes de *leso*-idioma. / *lesa*-pátria.
39. Os filhos são *tais qual* o pai. / O filho é *tal quais* os pais.
40. Ana e Rosa saem sempre *juntas.*
41. Fernanda chegou *junto com* Lúcia à escola.

Comentários: Nas frases 32 e 33, *mesmas* refere-se a *elas* e *própria*, a *ela*. Na frase 34, o adjetivo *anexas* está se referindo a duplicatas. Na ordem direta, teríamos: "Enviou-lhe as duplicatas necessárias anexas". Outra forma de se dizer o mesmo seria com a expressão em anexo, que é invariável e está sempre certa. Na frase 35, *inclusas* é adjetivo de *carta e procuração*. Na ordem direta, teríamos: "A carta e a procuração vinham inclusas". Na frase 36, *quites* é adjetivo de *nós*, é o mesmo que *desobrigados*. Vem do verbo *quitar*, é seu particípio irregular, mas, aqui, tem valor de adjetivo e concorda com o pronome (nós) a que se refere. *Obrigada*, na frase 37, é adjetivo e concorda com o substantivo *moça*. É por isso que meninos dizem *obrigado* e meninas, *obrigada*. Na frase 38, *leso* é adjetivo: é o mesmo que *lesado, prejudicado*. Daí ele concordar em gênero e número com o substantivo com o qual forma uma composição (*idioma* e *pátria*). Na frase 39, *tal* e *qual* concordam com o nome ou pronome que determinam: *tal* concorda com o antecedente e *qual*, com o elemento seguinte. No primeiro exemplo, *tais* concordou com *filhos* e *qual*, com *pai*. No segundo exemplo, *tal* concordou com *filho* e *quais*, com *pais*. Na frase 40, *juntas* é adjetivo que se refere aos substantivos *Ana* e Rosa. Já na frase 41, tem-se a locução prepositiva *junto com* invariável.

16.2.4. Expressões *menos, pseudo, alerta, um e outro, um ou outro...*

a) Monstro (como adjetivo), menos, pseudo, alerta:
Ficam invariáveis.

b) Um e outro, nem um nem outro, um ou outro:
Com essas expressões o **substantivo** não se flexiona.

Ex.:

42. Compareceram *menos* pessoas que o esperado.
43. Se você quiser manter a elegância, coma *menos*.
44. Ainda existem alguns *pseudo*-heróis.
45. Os soldados continuavam *alerta*.
46. São duas criaturas *monstro*.
47. Um e outro *remédio* eram necessários.
48. Nem um nem outro *namorado* a entendia.

Comentários: Na frase 42, *menos*, apesar de ser pronome adjetivo indefinido, que é uma classe, na maioria das vezes, variável, refere-se ao substantivo *pessoas*, mas não varia. Já na frase 43, ele é advérbio e, por isso mesmo, invariável. *Menos* não varia nem como pronome indefinido, nem como advérbio: não varia nunca!

Pseudo é elemento grego que significa *falso*, ligando-se ao elemento seguinte, mas mantendo-se sempre invariável. É o que se observa na frase 44.

Alerta é rigorosamente advérbio, ainda que muitos tentem usar tal vocábulo como adjetivo, o que se deve evitar: daí na frase 45 não aparecer flexionado. *Alerta* só deve assumir papel de adjetivo se vier junto ao substantivo, como na frase: "Naquele momento, todos tinham os sentidos *alertas*.".

Aqui, ele é adjetivo e concorda com o substantivo *sentidos*, fato que não ocorreu na frase 45: ali *alerta* era advérbio e se referia ao verbo *continuavam*.

Na frase 46, *monstro*, apesar de ser adjetivo de *criaturas*, não admite variação.

Frases 47 e 48: *um e outro*, *um ou outro* e *nem um nem outro* levam obrigatoriamente o substantivo para o singular. O que poderá se flexionar, em algumas situações, será o verbo, assunto de que vamos tratar no capítulo sobre concordância verbal.

16.2.5. Expressões *só, meio, bastante, caro, barato...*

As expressões concordam com o substantivo a que se referem. Se aparecerem como advérbios ou palavras denotativas, ficam invariáveis.

Obs.: *A sós* fica invariável.

Exemplos:

49. *Só* eles compareceram à cerimônia de posse.
50. Eles se encontravam *sós / só* naquele lugar deserto.
51. Percebi que eles *só* desejam o nosso bem.
52. As moças jamais ficarão *sós*.

Comentários: Na frase 49, *só* equivale a *somente* ("*somente* eles compareceram à cerimônia de posse"): é palavra denotativa de exclusão, sendo, portanto, invariável. Já na frase 50, em um primeiro momento, o que se quis dizer é que "eles se encontravam *sozinhos* naquele lugar deserto": *só* seria adjetivo e concordaria com o pronome *eles*. No entanto, podemos ler tal frase de uma outra forma:

Eles se encontravam só (= somente) naquele lugar deserto.

Teríamos, aqui, outra leitura: "eles se encontravam *apenas* naquele lugar deserto, em nenhum outro lugar". Por isso, as duas opções estariam corretas na frase 50.

Já na frase 51, não há ambiguidade: *só* equivale a *somente*, *apenas*, sendo, portanto, invariável. Na frase 52, *sós* é adjetivo que se refere a *moças*. É claro que também estaria certa a expressão *a sós*, que é invariável e está sempre certa!

53. Traga-me *meia* caneca de café.
54. Ela andava *meio* esquisita.

Comentários: *Meia*, na frase 53, é numeral fracionário. Refere-se ao substantivo *caneca* e, já que é numeral, trata-se de classe variável. Já na frase 54, é advérbio, referindo-se ao adjetivo *esquisita*, mantendo-se, assim, sem se flexionar.

55. Eu não o vejo há *bastantes* dias.
56. Havia livros *bastantes* naquela estante.
57. Conhecemos pessoas *bastante* agradáveis.
58. Trabalharam *bastante* para entregar o serviço no prazo.

Comentários: *Bastante*, na frase 55, equivale a *muitos*, refere-se a *dias*: é pronome indefinido, sendo, portanto, variável. Na frase 56, é adjetivo, equivalendo a *suficientes*: qualifica o substantivo *livros* e concorda com ele. Já nas frases 57 e 58, *bastante* funciona como advérbio, referindo-se ao adjetivo *agradáveis* e ao verbo *trabalharam*, respectivamente. E, como já vimos, sendo advérbio, será invariável.

> *Só* pode ser adjetivo (= *sozinho*) ou palavra denotativa de exclusão (= *somente*). Se for adjetivo, irá variar. Como palavra denotativa de exclusão, não varia.
>
> Meio pode ser numeral (= *metade*) ou advérbio (= *um pouco*). Quando for numeral, concordará com o substantivo a que se referir. Quando for advérbio, permanecerá invariável.
>
> Bastante, quando se referir a substantivo, poderá ser pronome indefinido ou adjetivo (= *suficiente*). Nos dois casos, concordará com o substantivo a que se referir. Só será invariável quando funcionar como advérbio, referindo-se a verbo/adjetivo/advérbio.

59. Aquelas roupas estão *caras/baratas*. (caro/barato)
60. Os gêneros alimentícios permanecem *caros/baratos*.
61. Os gêneros alimentícios custam *caro/barato* ou *caros/baratos*.

Comentários: *Caro* e *barato* podem atuar como adjetivos ou advérbios. Se adjetivos, irão variar. Se forem advérbios, permanecerão invariáveis. Na frase 59, são adjetivos que se referem ao substantivo *roupas*. O mesmo acontece na frase 60: são adjetivos do substantivo *gêneros*. No entanto, pode-se ler a frase 61 de duas maneiras:

Os gêneros alimentícios custam caro/barato.

(Aqui, *caro/barato* seriam advérbios de preço do verbo *custar*, sendo, por isso, invariáveis.)

Os gêneros alimentícios custam caros/baratos.

(Nesse caso, *caros/baratos* seriam adjetivos de *gêneros*, concordando com esse substantivo.)

Repare que nas frases 59 e 60 esses adjetivos aparecem com verbo de ligação na frase (*estar*, *permanecer*). Nesse caso, serão sempre adjetivos, na função de predicativos do sujeito, e irão variar. Já na frase 61, o verbo **não** é de ligação, o que permite dupla possibilidade de concordância: os vocábulos *caro/barato* poderão se referir ao substantivo ou ao verbo.

16.2.6. Expressões *o mais possível, a olhos visto, haja vista...*

a) O adjetivo **possível** concordará com o determinante.

b) A expressão **a olhos vistos** fica invariável ou a palavra *visto* concorda com o substantivo ou pronome a que se refere.

c) em **haja vista**, o substantivo **vista** fica invariável. Essa expressão (haja vista) estará **sempre** certa.

62. Comportamentos o mais insensatos *possível.*

63. Comportamentos os mais insensatos *possíveis.*

Comentários: Com *o mais, o menos, o melhor, o pior possível*: o adjetivo *possível* concorda com o artigo "o", ficando, portanto, no singular. Foi o que aconteceu na frase 62. No entanto:

Gestos *os* mais carinhosos *possíveis.*

Atitudes *as* mais modestas *possíveis.*

Com o plural *os/as mais, os/as menos* etc., o adjetivo *possível* vai ao plural, seguindo a flexão do artigo. Foi o caso da frase 63.

Portanto, as duas respostas estão igualmente corretas.

64. Ela tem piorado a olhos *vistos*/a olhos *vista.*

Comentários: *Vistos* concorda normalmente com *olhos*. Contudo, existe outra opção, ainda que desusada, que é a de o vocábulo *visto* concordar com aquilo que se vê (sujeito da frase). Na frase anterior, têm-se, então, as duas opções: *vistos* concordando com *olhos* ou *vista* concordando com *ela*. Se fosse *elas*, seria *elas têm piorado a olhos vistos/vistas* etc.

65. *Haja vista* o resultado.

66. *Haja vista / Hajam vista* os resultados.

67. *Haja vista* dos resultados.

68. *Haja vista / Hajam vista* as dificuldades por que passamos.

Comentários: *Haja vista* será uma construção **sempre** certa, é o que se vê nas frases 65 a 68. Seria erro, segundo a norma culta da língua, "*Haja vist**o*** o resultado". Na frase 66, além de *haja vista*, tem-se outra possibilidade, que é a de se considerar *os resultados* como sujeito e fazer a flexão do verbo. É uma construção desusada nos dias de hoje, porém correta e possível de aparecer em prova. Observe que na frase 67 já não se pode ter o mesmo raciocínio: iniciado por preposição, "dos resultados" não pode ser considerado sujeito, e sim objeto indireto. Daí o verbo não se flexionar. A frase 68 apresenta a mesma lógica da 66: pode-se considerar *as* *dificuldades* objeto direto, e não se flexionar o verbo, ou sujeito, fazendo a concordância do verbo.

16.2.7. Um substantivo modificado por dois ou mais adjetivos

Um substantivo modificado por dois ou mais adjetivos:

Os adjetivos ficam no singular.

69. As literaturas *portuguesa* e *brasileira*.
70. Comunica-se nas línguas *inglesa*, *francesa* e *alemã*.
71. A literatura *portuguesa* e a *brasileira*.

Comentários: Quando há um só núcleo seguido de dois ou mais adjuntos, o substantivo pode ficar no singular ou ir para o plural. Nas frases 69 e 70, os substantivos ficaram no plural e os adjetivos, no singular. Já na frase 71, observa-se a outra possibilidade: o substantivo *literatura* ficou no singular, bem como seus adjetivos, com a repetição do artigo no singular antes de brasileira. Nesses casos, os adjetivos, com a repetição do artigo, ficam no singular porque o sentido da frase exige.

Aproveite a seguir os exemplos comentados.

Julgue os casos de concordância a seguir. Nas situações de erro de concordância, indique a forma que melhor se adequaria à norma culta.

1. Anexa àquela carta destinada ao pai da moça, foram remetidas as joias.

   Comentários: *Anexa* é adjetivo que se refere a *joias*: precisa concordar com ele.

   Gabarito: errada a assertiva. O certo seria *anexas*. Na ordem direta, teríamos a seguinte frase: "As joias foram remetidas anexas àquela carta."

2. Naquelas bagagens havia joias bastante preciosas.

   Comentários: *Bastante* é advérbio que modifica o adjetivo *preciosas*, daí não poder variar.

   Gabarito: a frase está correta.

3. Fica instituído no Quadro de Pessoal a classe de Técnico de Tributação.

   Comentários: *Instituído* é adjetivo particípio que se refere ao substantivo *classe*. Na ordem direta, teríamos "A classe de Técnico de Tributação fica *instituída* no Quadro de Pessoal.". Por isso, o certo seria *instituída*.

   Gabarito: assertiva errada.

4. O professor qualificou de inaceitável aquelas gírias.

   Comentários: *Inaceitável* é adjetivo que se refere a *gírias*. Basta organizar a frase e você verá: "O professor qualificou aquelas gírias de inaceitáveis."

   Gabarito: assertiva errada.

5. Pagando cem mil-réis, ele estaria quite com o velho.

   Comentários: *Quite* é adjetivo que se refere a *ele*, por isso está no singular.

   Gabarito: a frase está certa.

6. O Tribunal qualificou de ilegal aquelas nomeações.

   Comentários: Mais uma vez, a frase fora de ordem pode causar problemas: *ilegal* refere-se a *nomeações* ("O Tribunal qualificou aquelas nomeações de ilegais").

   Gabarito: frase errada.

7. Segue anexa a documentação pedida sobre a linguagem dos estudantes.

   Comentários: *Anexa* é adjetivo que caracteriza *documentação*.

   Gabarito: a frase está certa. Também se poderia utilizar a locução em anexo.

8. Houve crime de leso-humanidade.

   Comentários: *Leso* é adjetivo que se refere a *humanidade*, portanto, deve concordar com este substantivo.

   Gabarito: frase errada. O certo seria dizer *lesa-humanidade*.

9. Parecia meio aborrecida a mulher do mestre Amaro.

   Comentários: *Meio* é advérbio que modifica o adjetivo *aborrecida*.

   Gabarito: como advérbio, não deve variar, a frase está certa.

10. Não usem de meio palavras, já que estamos meio desconfiadas.

    Comentários: *Meio* agora é numeral que se refere a *palavras*. Numeral é classe de palavra variável.

    Gabarito: a frase está errada. O certo seria dizer *meias palavras*.

11. As gírias ouvidas neste colégio são tais quais as que podemos observar em qualquer grupo de jovens.

    Comentários: *Tais* é pronome que se refere a *gírias* e *quais*, ao pronome *as* (= aquelas).

    Gabarito: a frase está certa.

12. As garotas chegaram juntas, mas depois cada uma foi embora junto com o namorado.

    Comentários: *Juntas* é adjetivo que se refere a *garotas*. Observe na mesma frase a locução prepositiva *junto com*, que é invariável.

    Gabarito: assertiva certa.

13. Encerrado os debates, bastantes deputados ainda pediam a palavra.

    Comentários: *Encerrado* é adjetivo particípio que se refere a *debates*, por isso deve concordar com ele. O certo seria dizer *encerrados os debates*. Já o vocábulo *bastantes*, por ser pronome indefinido (= muitos) está adequadamente concordando com o substantivo *deputados*.

    Gabarito: parcialmente errada, portanto, a frase.

14. As pessoas pareciam meio distraídas durante a palestra.

    Comentários: *Meio* é advérbio que se refere a *distraídas*. Deve ficar invariável.

    Gabarito: frase certa.

15. Aquela loja fazia ofertas o mais tentador possível.

    Comentários: O adjetivo *possível* está no singular, em função do artigo *o*. Quanto a isso, a frase está correta. No entanto, o adjetivo *tentador*, que se refere a *ofertas*, deveria com este substantivo concordar. O certo seria dizer: "Aquela loja fazia ofertas o mais tentadoras possível."

    Gabarito: frase errada.

16. Os operários fizeram duas horas extra.

    Comentários: *Extra* é adjetivo que se refere a *horas*. Por isso, deve concordar com tal substantivo.

    Gabarito: frase errada. O certo seria dizer *duas horas extras*.

17. Eu lhes peço que as deixem sós.

Comentários: *Sós* é adjetivo que se refere ao pronome oblíquo átono *as*. Daí a flexão.

Gabarito: a frase está certa. Também seria certo utilizar a locução *a sós*.

18. Só alunos são admitidos na reunião.

Comentários: *Só*, aqui, equivale a *somente*. É palavra denotativa de exclusão. Portanto, deve ficar invariável, como está.

Gabarito: frase certa.

19. As questões serão tais qual o programa.

Comentários: *Tais* está adequadamente concordando com *questões* e *qual* com *programa*.

Gabarito: frase certa.

20. Estando pronto os preparativos para o início da corrida, foi dada a largada.

Comentários: *Pronto* é adjetivo que se refere a *preparativos*, por isso deveria estar no plural.

Gabarito: frase errada. O certo seria dizer *estando prontos os preparativos*...

21. Estejamos sempre alerta para evitar contratempos maiores.

Comentários: *Alerta* aqui é advérbio. Portanto, invariável.

Gabarito: frase certa.

22. É um relógio que torna inesquecível todas as horas.

Comentários: Basta organizar a frase e você verá o erro: "É um relógio que torna todas as horas *inesquecíveis*.". *Inesquecível* é adjetivo que se refere a *horas* e deve concordar com este substantivo.

Gabarito: a frase está errada.

23. Era a mim mesmo que ele se referia – disse a moça.

Comentários: *Mesmo* é pronome que se refere ao substantivo *moça*. Deve concordar com ele.

Gabarito: frase errada: o certo seria dizer "era a mim mesma que ele se referia."

24. Os fatos falam por si só.

Comentários: *Só*, aqui, é adjetivo que modifica *fatos*. É o mesmo que *sozinhos*: "Os fatos falam por si sozinhos."

Gabarito: a frase está errada. O certo seria dizer "Os fatos falam por si sós."

25. Eles próprios entenderão a matéria.

Comentários: *Próprios* refere-se a *eles* e está adequadamente concordando com o pronome.

Gabarito: frase certa.

26. Vai incluso à carta meu documento.

Comentários: Organize a frase: "Meu documento vai incluso à carta.". *Incluso* refere-se a *documento*, por isso, está no masculino singular.

Gabarito: a frase está certa.

27. Nenhuns obstáculos conseguirão impedir nossa vitória.

Comentários: *Nenhuns* é pronome indefinido que se refere a *obstáculos*, por isso está no masculino plural. Estranha a frase, não é? Se fosse o pronome *alguns* você também não o colocaria no masculino singular?

Gabarito: a frase está correta.

28. Todos os soldados do quartel estavam alertas.

Comentários: Mais uma vez, *alerta* apareceu como advérbio: não deve variar.

Gabarito: a frase está errada. O certo seria dizer "Todos os soldados do quartel estavam alerta."

29. Foi iniciado com meia hora de atraso a votação no Congresso.

Comentários: *Iniciado* refere-se a *votação*, por isso deveria estar no feminino singular. Na ordem direta, teríamos a seguinte frase: "A votação no Congresso foi iniciada com meia hora de atraso."

Gabarito: frase errada.

30. Parece possíveis distinguir duas tendências fundamentais.

Comentários: *Possível* é adjetivo que está modificando a oração "distinguir duas tendências fundamentais.". Por isso, não se deve flexionar. Observe que o próprio verbo não se flexionou.

Gabarito: a frase está errada. Basta colocá-la na ordem e você verá: "Distinguir duas tendências fundamentais parece *possível*".

Veja, a seguir, quatro questões resolvidas:

1. **(VUNESP - 2022 - PM - SP - Sargento da Polícia Militar)** O enunciado que atende à norma-padrão de concordância nominal é:

A) Será que Horácio está triste porque acha que a floresta pode ser meia perigosa?
B) Será que a acusaçao e o convite que foram feitas a Horácio foram justas com ele?
C) Será que a aldeia era um lugar com menas possibilidades de risco a Horácio?
D) Será que a tristeza e a solidão imensas podem acabar com a simpatia de Horácio?

Comentários: Na opção D, tanto a concordância nominal quanto a concordância verbal estão corretas, pois "imensas", feminino plural, está concordando com os dois substantivos femininos (tristeza e solidão). Como o sujeito é composto, na locução verbal "podem acabar" o verbo auxiliar se flexiona. Na opção A, o vocábulo "meio", por se referir a "perigosa", que é adjetivo, é advérbio; logo, não se flexiona (meio perigosa). Na opção B, "acusação" (feminino) e "convite" (masculino) levariam essa forma de particípio ao masculino plural (feitos), assim como o adjetivo ("justos"), que seria a forma correta. E na letra C, "menos" jamais se flexiona em gênero. Sempre se usará "menos". "Menas", NUNCA.

Gabarito: D

2. **(FUMARC - 2023 - AL - MG - Analista Legislativo)** A concordância nominal está CORRETA em:

A) Água é boa para a saúde.
B) É necessário a divulgação do gabarito assim que o concurso termina.

C) Ele se declarou quites com seus compromissos.

D) Encaminho-lhe, anexos, os diplomas dos alunos.

Comentários: Na letra (a), o correto seria "água é bom", pois o substantivo água não se encontra precedido por artigo ou numeral, o que justifica a não concordância de gênero entre substantivo e adjetivo. Na letra (b), o sujeito da oração subordinada substantiva subjetiva é "a divulgação do (...)", de modo que o predicativo do sujeito deve ser "necessária". Em (c), o adjetivo "quite" deve concordar com o substantivo ao qual se refere, que é "ele", devendo, portanto, estar no singular. Por fim, na letra (d), o predicativo do objeto "anexos" concorda com o objeto "os diplomas dos alunos", sendo essa a alternativa correta.

Gabarito: D

3. **(FUMARC - 2023 - AL - MG - Técnico de Apoio Legislativo)** A concordância nominal está INCORRETA em:

A) As crianças estavam sós.

B) Elas mesmas fizeram os bordados.

C) Enviei anexas as cópias dos documentos.

D) Já são meio-dia e meio.

Comentários: Na letra (a), o predicativo do sujeito "sós" concorda em número com o sujeito "as crianças". Em (b), o adjetivo "mesmas" concorda em número e gênero com o pronome "elas". Em (c), o predicativo do objetivo "anexas" concorda em número e gênero com o objeto "as cópias dos documentos". Por fim, na letra (d), o correto é "meio-dia e meia", pois a palavra "meia" é um numeral fracionário que deve concordar com a palavra "hora", embora essa esteja subentendida: meio-dia e meia hora. Além disso, o verbo "ser" deveria estar no singular. O correto é: Já é meio-dia e meia.

Gabarito: D

4. **(FCC — TRT)** No segmento "os povos egípcio e israelita", o substantivo aparece no plural e os dois adjetivos no singular. O item abaixo em que os adjetivos poderiam ocorrer no plural é:

A) as atuais bandeiras brasileira e portuguesa;

B) as séries primeira e segunda do ensino médio;

C) os idiomas francês e inglês;

D) os jornais paulista e carioca da atualidade;

E) os territórios brasileiro e argentino.

Comentários: Esta questão exemplifica o caso de concordância em que temos um substantivo modificado por dois adjetivos, em que, pelo sentido exigir, os adjetivos têm de ficar no singular ("povos" existem vários, mas só um é egípcio, só um israelita).

Essa explicação serve para as opções A, B, C e E.

Na letra D, há possibilidade de os adjetivos aparecerem no plural, uma vez que existe mais de um jornal paulista e carioca.

Gabarito: D

16.3. EXERCÍCIOS DE FIXAÇÃO (COM GABARITO NO FINAL)

Agora, é a sua vez! Vamos fixar tudo o que você aprendeu?

I. Complete as frases a seguir com a expressão entre parênteses.

1. Faca e navalha ________________ / ________________. (afiado)
2. Aquele quadro era um símbolo de uma estética e época ________________ / ________________. (tedioso)
3. Amor e agradecimento ________________ / ________________. (eterno)
4. Códigos e senhas ________________ / ________________. (alterado)
5. Mãe e pai ________________ / ________________. (moderno)
6. Argumentos e justificativas ________________ / ________________. (pífio)
7. Rio consome frutas e legumes ________________. (contaminado)
8. Supermercado Y: qualidade e preço ________________. (baixo)
9. Comprou legumes, frutas e carne ________________. (bovino)
10. Vendia pães e frutas ________________. (maduro)
11. ________________ clima e terra. (desconhecido)
12. ________________ faca e navalha. (afiado)
13. ________________ atitudes e gestos. (belicoso)
14. ________________ cores e tamanhos. (variado)
15. Os ________________ Gil e Caetano. (famoso)
16. As ________________ mãe e filha. (corajoso)
17. As meninas vieram ________________. (acompanhado)
18. Sua reivindicação é ________________. (justo)
19. A crise financeira deixou ________________ os cofres do clube. (vazio)
20. É um relógio que torna ________________ todas as horas. (inesquecível)
21. A neve e o jardim eram ________________. (branco)
22. Eram ________________ a neve e o jardim. (branco)
23. Era ________________ a neve e o jardim. (branco)
24. Encontrei a janela e o portão ________________ / ________________. (aberto)
25. Encontrei ________________ / ________________ a janela e o portão. (aberto)
26. As culturas ________________, ________________ e ________________. (indígena, negro e europeu)
27. A cultura ________________, a ________________ e a ________________. (indígena, negro e europeu)
28. As gramáticas ________________ e ________________. (inglês e alemão)
29. A gramática ________________ e a ________________. (inglês e alemão)
30. Conselhos ________________ e ________________ de engenharia. (federal e regional)
31. Fé é ________________. (necessário)
32. É ________________ entrada de pessoas estranhas ao serviço. (proibido)
33. A fé é ________________. (necessário)
34. É ________________ a entrada de pessoas estranhas ao serviço. (proibido)
35. As verdades descobertas são as mais variadas ________________. (possível)
36. As verdades descobertas são o mais variadas ________________. (possível)

37. Deve ser um bom livro, ________________ as suas edições sucessivas. (haja vista)
38. Suas forças definhavam a olhos ________________. (visto)
39. Um e outro ________________ serão promovidos. (funcionário)
40. Nem um nem outro ________________ conseguiu aprovação. (aluno)
41. Conheço uma ou outra ________________. (hipótese)
42. Os filhos são ________ ________ a mãe. (tal qual)
43. ________________ ao presente documento, encaminhamos a fotocópia do decreto x. (anexo)
44. Vão ________________ à carta meus documentos. (anexo)
45. Vão ________________ à carta meus documentos. (em anexo)
46. Estou ________________ com todos vocês. (quite)
47. Estamos ________________ com todos vocês. (quite)
48. Muito ________________, respondeu a tia. (obrigado)
49. Seguem ________________ aos documentos as fotografias. (incluso)
50. Sua opinião é um crime de ________________-inteligência. (leso)
51. Ana e Rosa saem sempre ________________. (junto)
52. Elas ________________ entenderão o recado. (próprio)
53. Trabalhas ________________ que eu. (menos)
54. Havia, naquela festa, ________________ mulheres que homens. (menos)
55. Os candidatos estavam ________________. (alerta)
56. Ficou ________________ portão. (junto a)
57. Fernanda chegou ________________ Guilherme ao colégio. (junto com)
58. Entrou em casa e deixou ________________ os dois jovens debaixo das amendoeiras do portal. (só)
59. Os fatos falam por si ________________. (só)
60. ________________ alunos são admitidos na reunião. (só)
61. Bebeu sozinho ________________ caneca de vinho. (meio)
62. Eram pessoas ________________ estranhas. (meio)
63. Há ________________ exemplos neste livro. (bastante)
64. Comprou livros ________________. (bastante)
65. Comprou livros ________________ antigos. (bastante)
66. Só dois atos seus não pareciam ________________ a esta imagem. (conforme)
67. Elas ________________ entenderão o recado. (mesmo)
68. ________________ as crianças entenderão o recado. (mesmo)
69. As canetas eram ________________. (caro; barato)
70. O camelô vendia ________________ as canetas. (caro; barato)
71. Processos ________________________________. (administrativo-fiscal)
72. Parcerias ________________________________. (público-privado)
73. Grupos ________________________________. (hispano-argentino)
74. Crianças ________________________________. (recém-nascido)
75. Ternos ________________________________. (azul-marinho; azul-celeste)
76. Jovens ________________________________. (surdo-mudo)

77. Crianças ______________________. (surdo-mudo)
78. Blusas ______________________. (verde-garrafa)
79. Vestidos ______________________. (vermelho-sangue)
80. Calças ______________________. (cinza-chumbo)
81. Tecidos ______________________. (palha; cinza; laranja; rosa)

II. Levando em consideração as regras de concordância nominal, marque certo (C) ou errado (E).

1. ( ) Estava com baixo autoestima.
2. ( ) Estas foram as sós palavras que ele disse.
3. ( ) Os setores público e privado devem estar integrados.
4. ( ) Aquela menina nada tem de engraçado.
5. ( ) Perdi meu óculos escuros.
6. ( ) Nenhuns obstáculos conseguirão impedir nossa vitória.
7. ( ) As milhares de pessoas que assistiram àquele espetáculo saíram felizes.
8. ( ) As cópias estavam conformes com as originais.
9. ( ) Anexa àquela carta destinada ao pai da moça, foram remetidas as joias.
10. ( ) Naquelas bagagens havia joias bastantes preciosas.
11. ( ) O Tribunal qualificou de ilegal aquelas nomeações.
12. ( ) Vossa Senhoria é muito competente e qualificado.
13. ( ) Fica instituído no Quadro de Pessoal a classe de Técnico de Tributação.
14. ( ) Existem meios para tudo.
15. ( ) O relógio bateu meio-dia e meio.
16. ( ) O professor qualificou de inaceitável aquelas gírias.
17. ( ) As gírias ouvidas neste colégio são tais quais as que podemos observar em qualquer grupo de jovens.
18. ( ) Os partidos de cana mostravam tonalidades verde-esmeraldas.
19. ( ) Pagando cem reais, ele estaria quites com o velho.
20. ( ) Os famosos Machado e Alencar.
21. ( ) Seguem em anexo as fotos.
22. ( ) Seguem anexas as fotos.
23. ( ) Os candidatos não eram nenhum bobocas.
24. ( ) Não votaram em candidato nenhum.
25. ( ) Persistência é necessário para obtermos um bom resultado.
26. ( ) As questões serão tais qual o programa.
27. ( ) Anexo à correspondência vão documentos importantes.
28. ( ) Estejamos sempre alertas para evitar contratempos maiores.
29. ( ) Os alertas foram dados. As pessoas alertas correram.
30. ( ) Ela era considerada um monstro por seus inimigos.
31. ( ) O primeiro e o segundo atos.

III. Complete as lacunas com a(s) forma(s) adequada(s).

1. Elas ______________ providenciaram os atestados, que enviaram ______________ às procurações, como instrumentos ______________ para os fins colimados. (mesmo/anexo/bastante)

2. São bastante _______________ tais ideias e opiniões sobre o computador. (difundido)
3. Serão _______________ tanto os técnicos quanto as pessoas menos qualificadas. (promovido)
4. Tornam-se muito _______________ a área e os meios de atuação dos funcionários. (limitado)
5. Torna-se muito _______________ a área e os meios de atuação dos funcionários. (limitado)
6. Podem ser neste ponto _______________ a tarefa dos antigos artesãos e a dos modernos operários. (comparado)
7. Pode ser neste ponto _______________ a tarefa dos antigos artesãos e a dos modernos operários. (comparado)
8. Ficam _______________ nas mãos de poucos todos os conhecimentos e habilidades. (concentrado)
9. _______________ montes e várzeas se sucediam na paisagem. (florido)
10. Aprecio a cultura e a história _______________. (europeu)
11. Comprou jornais e revistas _______________. (brasileiro)
12. Os meninos estavam com os pés e as mãos _______________. (sujo)
13. Encontrei _______________ as cadeiras e o sofá. (reformado)
14. A professora contou-nos _______________ lendas e contos. (antigo)
15. Não houve chuvas _______________ para resolver o problema da agricultura. (bastante)
16. Tinha _______________ chances de conseguir o emprego. (bastante)
17. As novas tecnologias eram _______________ prejudiciais aos trabalhadores. (bastante)
18. Esses diretores não costumam aceitar nossas reivindicações, _______________ que sejam elas. (qualquer)
19. Pode-se ver do alto daquele prédio as bandeiras _______________. (brasileiro e português)
20. Veio _______________ ao requerimento a planta da casa reformada. (anexo)
21. Aquela loja fazia ofertas o mais _______________ possível. (tentador)
22. As observações do autor do texto foram as mais pertinentes _______________. (possível)
23. Julgamos _______________ ao espírito humano as indagações constantes sobre o que é verdade. Ocorre, porém, que, em nosso presente estágio evolutivo, as verdades descobertas são o mais variadas _______________. (natural/possível)
24. O uso de certas máquinas deixa mais _______________ os legumes. (barato)
25. Com o uso de certas máquinas, os legumes estão ficando muito mais _______________. (caro)
26. O uso de certas máquinas faz com que custem mais _______________ as batatas. (barato)
27. O filósofo alemão Jügen Habermas vem insistindo: o fim do Estado Nacional como instância reguladora do mercado também torna _______________ as formas tradicionais do exercício da cidadania. (obsoleto)

28. O seleiro sentiu o papel e a nota ______________ no bolso. (novo)
29. O Direito e o fato social não existem por si ______________ no seio da sociedade. (só)
30. Por mais ______________ que lhes pareça a resolução desses exercícios, apliquem-se, e verão quão menos ______________ na verdade o são. (difícil/ complicado)
31. Corriam ______________ nossa imaginação e nosso pensamento, naquele tempo em que quaisquer ameaças à nossa felicidade pareciam ______________. (solto/ impossível).
32. Seria ______________, numa hora como esta, contar com a ajuda de pessoas que nunca buscaram estar minimamente ______________ de mim? (oportuno/ próximo)
33. O mais duvidoso, em meio às tuas propostas, é que ______________ uma delas obtenha o consenso há tantos dias inutilmente ______________. (qualquer/ perseguido)
34. Aqueles papéis, que sempre lhes pareceu ______________ guardar, revelaram-se de importância absolutamente ______________ para eles. (inútil/vital)
35. ______________ está a carta, os recibos e os documentos pedidos. (anexo)

Gabarito: I – 1. afiadas / afiada; 2. tediosas / tediosa; 3. eternos / eterno; 4. alterados / alteradas; 5. modernos / moderno, 6. pífios / pífias; 7. contaminados; 8. baixo; 9. bovina; 10. maduras. Observação: Nas frases 8, 9 e 10, o sentido exige a concordância atrativa; 11. Desconhecido; 12. Afiada; 13. Belicosas; 14. Variadas; 15. famosos; 16. corajosas; 17. acompanhadas; 18. justa; 19. vazios; 20. inesquecíveis; 21. brancos; 22. brancos; 23. branca; 24. abertos / aberto; 25. abertos /aberta; 26. indígena / negra e europeia; 27. indígena / negra e europeia; 28. inglesa / alemã; 29. inglesa / alemã; 30. federal / regional; 31. necessário; 32. proibido; 33. necessária; 34. proibida; 35. possíveis; 36. possível; 37. haja vista; 38. vistos. Obs.: As expressões "haja vista" e "olhos vistos" podem concordar com seus respectivos sujeitos (... haja<u>m</u> vista <u>suas edições</u> e <u>suas forças vistas</u> aos olhos definhavam); 39. funcionário; 40. aluno; 41. hipótese; 42. tais qual; 43. Anexa; 44. anexos; 45. em anexo; 46. quite; 47. quites; 48. obrigada; 49. inclusas; 50. lesa; 51. juntas; 52. próprias; 53. menos (advérbio); 54. menos (pronome); 55. alerta. Observação: A palavra **menos** é invariável, independentemente de sua classificação morfológica. O vocábulo "alerta", como está empregado na frase 55, é advérbio, portanto invariável. Conforme a frase, "alerta" pode aparecer como adjetivo (homens alertas) ou substantivo (Os alertas foram dados), variando, pois; 56. junto ao; 57. junto com; 58. sós; 59. sós; 60. Só; 61. meia; 62. meio; 63. bastantes (pronome); 64. bastantes (adjetivo); 65. bastante (advérbio); 66. conformes (adjetivo); 67. mesmas (pronome); 68. Mesmo (palavra denotativa de inclusão); 69. caras / baratas (adjetivos); 70. caro / barato (advérbio); 71. administrativo-fiscais; 72. público-privadas; 73. hispano-argentinos; 74. recém-nascidas; 75. azul-marinho / azul-celeste; 76. surdos-mudos; 77. surdas-mudas; 78. verde-garrafa; 79. vermelho-sangue; 80. cinza-chumbo; 81. palha; cinza; laranja; rosa.

II – 1. E; 2. C; 3. C; 4. C (Com expressões constituídos por nada, algo... + preposição + adjetivo, a <u>tendência</u> é <u>não</u> flexionar o adjetivo. Algumas gramáticas, porém, aceitam a flexão do adjetivo.); 5. E ("Óculos" leva o determinante ao plural – meus óculos.); 6. C; 7. E ("Milhar" é palavra masculina.); 8. C ("Conformes", nesta frase, equivale a *idênticas*, adjetivo, pois.); 9. E ("Anexas". Refere-se a "joias".); 10. E ("Bastante" modifica "preciosas", advérbio, pois.); 11. E ("Ilegais". Refere-se a "nomeações".); 12. C (Silepse.); 13. E (Instituída.); 14. C; 15. E ("Meia" é numeral, concorda com a palavra "hora", subentendida.); 16. E ("Inaceitáveis" são as "gírias".); 17. C; 18. E; 19. E; 20. C; 21. C; 22. C; 23. E (Nenhuns.); 24. C; 25. C; 26. C; 27. E ("Anexos" vão os "documentos".); 28. E; 29. C; 30. C ("Monstro", como adjetivo, não varia.); 31. C (Quando numerais ordinais modificam um substantivo, este poderá ficar no singular ou plural – **ato** ou **atos** – se os numerais vierem antecedidos de artigo, como é o caso. Usaremos o substantivo no plural se não houver a repetição do artigo – **O primeiro e segundo atos** – ou se vier antes dos numerais – **Os atos primeiro e segundo**.).

III – 1. mesmas / anexos / bastantes; 2. difundidas; 3. promovidos; 4. limitados; 5. limitada; 6. comparadas; 7. comparada; 8. concentrados; 9. Floridos; 10. europeias / europeia; 11. brasileiros / brasileiras; 12. sujos / sujas; 13. reformados / reformadas (predicativo do objeto – caso 3 (C)); 14. antigas (adjunto adnominal anteposto – caso 2 (A)); 15. bastantes (adjetivo); 16. bastantes (pronome indefinido); 17. bastante (advérbio); 18. quaisquer; 19. brasileira e portuguesa; 20. anexa; 21. tentadoras ("ofertas tentadoras"); 22. possíveis; 23. naturais / possível; 24. baratos; 25. caros; 26. barato (Nesta frase, a <u>tendência</u> é considerar como <u>advérbio</u>.); 27. obsoletas (Predicativo do objeto.); 28. novos / nova; 29. sós; 30. difícil / complicados; 31. soltos / impossíveis; 32. oportuno / próximas; 33. qualquer / perseguido; 34. inútil / vital; 35. Anexa.

16.4. QUESTÕES DE CONCURSOS COMENTADAS

1. **(IBFC - 2024 - Prefeitura de Fortaleza - CE - Assistente Social)** De acordo com a gramática normativa, há uma concordância nominal inaceitável em um dos termos em destaque, assinale sua alternativa.

A) Encaminho **<u>anexos</u>** os convites para meus amigos.

B) Ouvir amigos é fazer horas **<u>extras</u>** de companheirismo e gostar disso.

C) A paciente, **<u>meio</u>** solitária, entrou no WhatsApp e ficou admirando a tela vazia.

D) São muito **<u>esforçados</u>** as professoras e os pesquisadores desta empresa.

E) Temos **<u>bastante</u>** amigos por meio do Facebook.

Comentários: Na opção E, o termo "bastante" se refere ao substantivo com valor semântico de indefinição. Como pronome indefinido, em geral, varia em número, está errada essa forma nessa frase. Teria de ser "bastantes".

A) anexos (adjetivo) concorda com o substantivo "convites".

B) extras (adjetivo) concorda com o substantivo "horas".

C) meio (advérbio, não varia), refere-se ao adjetivo "solitária".

D) esforçados (adjetivo na função de predicativo do sujeito, a frase está invertida), concorda com os dois substantivos em gênero e número.

Gabarito: E

2. **(IBADE - 2024 - Prefeitura de Florianópolis - SC - Monitor Escolar)** Quanto à concordância nominal, em qual alternativa o uso está de acordo com a norma culta.

A) Ela usava tênis e bolsa amarelas.

B) Ela mesmo trará as compras.

C) É proibido a entrada.
D) Ele comprou dois ternos cinzas.
E) O hospital comprou vários instrumentos médico-cirúrgicos.

Comentários: Quando o adjetivo composto é formado por dois adjetivos, só o último elemento varia, concordando em gênero e número com o substantivo a que se refere. Correta, portanto, a opção E. Lembrando que "médico", nesse composto, não é a pessoa, ou seja, não é substantivo. É um instrumento médico (adjetivo).

A) amarela / amarelos;

B) Ela mesma;

C) É proibida (com as expressões é proibido, é necessário, é obrigatório, é permitido, é preciso... apenas há variação em gênero e número quando há presença de artigos ou outros determinantes do substantivo - É proibid**a a** venda de mercadorias contrabandeadas / É proibid**o** venda de mercadorias contrabandeadas;

D) cinza (quando a cor é representada por substantivo, não varia).

Gabarito: E

3. (Instituto Consulplan - 2024 - Prefeitura de Pouso Alegre - MG - Professor)

"Havia na família de Brás quem reprovasse a educação inadequada e de moral frouxa dada ao menino [...]"

De acordo com as regras de concordância nominal, o substantivo "educação" e os adjetivos "inadequada" e "moral frouxa" concordam entre si. Assinale a afirmativa cuja concordância nominal está correta.

A) Ela mesmo se dirigiu ao diretor e explicou toda a situação.
B) A nutricionista disse aos estudantes que fruta é boa para a saúde.
C) Os pareceres técnicos-científicos foram divulgados após a decisão da causa.
D) Durante a primeira semana de outubro, todos os alunos receberão fitas rosa.

Comentários: Na opção D, aparece um substantivo (rosa) denotando cor. Quando isso ocorre, esse termo fica invariável. Correta essa construção. Na opção A, teria de ser "mesma", concordando com o pronome "Ela". Na B, "fruta é bom" (não aparece determinante — fruta é bom / a fruta é boa). Na C, se o adjetivo composto for representado por dois adjetivos, o primeiro elemento fica invariável, e o segundo concorda em gênero e número com o substantivo a que se refere (técnico-científicos).

Gabarito: D

4. (Instituto Consulplan - 2024 - Prefeitura de Esmeraldas - MG - Educador Social)

A concordância nominal em: *"Por isso, oferece diversos benefícios a curto e longo prazo."* está correta. Assinale a alternativa cuja concordância nominal está em DESACORDO com a norma-padrão.

A) Use no discurso palavras o mais possível belas.
B) Segue anexo a declaração de comparecimento.
C) As pessoas se retiraram da reunião dadas as circunstâncias.
D) O amor e a solidariedade humana podem ajudar aqueles necessitados.

Comentários: Na opção B, seria "anexa", o adjetivo tem a função de predicativo do sujeito, refere-se a "declaração": A declaração de comparecimento segue anexa.

A) com essa expressão, ocorrem as variações "o/a mais possível" e "os/as mais possíveis". Ao usar "o mais possível", opta-se por usar uma expressão adverbial, invariável, que tem relação com "belas". Poderia ser também "as mais possíveis", referindo-se a "palavras".

C) dadas as circunstâncias.

D) humana concordando com o substantivo mais próximo.

Gabarito: B

5. **(FGV – 2024 – AL – TO – Técnico Legislativo)** Assinale a opção que apresenta a frase em que houve ***erro*** de concordância da palavra sublinhada.
   A) O presidente fez questão de deixar bem <u>claras</u> as suas intenções.
   B) O STF qualificou de <u>antidemocrático</u> aqueles atos.
   C) O governo chinês torna <u>visíveis</u> os erros das ditaduras.
   D) Os enfermeiros tiveram <u>reconhecidos</u> os direitos de greve.
   E) Tomei <u>emprestados</u> à biblioteca vários livros.

   Comentários: Em todas as opções, os adjetivos sublinhados têm a função de predicativo do objeto. Logo, têm de concordar com o objeto. Na opção B, o adjetivo "antidemocrático" se refere ao objeto direto "aqueles atos". Logo, seria "antidemocráticos". Nas demais opções, a concordância com o objeto se dá de forma correta.

   Gabarito: B

6. **(FGV – 2024 – DATAPREV – ATI – Advocacia)** Assinale a opção correta em relação à concordância nominal.
   A) A candidata parece meia confusa.
   B) É proibido a entrada de visitantes nessa área.
   C) A diretora achou um e outro funcionário cumpridor.
   D) A entrada para o teatro, atualmente, está muito caro.
   E) As certidões estão anexas ao processo.

   Comentários: Na opção E, "anexas" exerce a função de predicativo do sujeito "certidões", concordando em gênero e número com esse termo, portanto.

   A) <u>meio</u> confusa (advérbio).

   B) É proibid**a a** entrada.

   C) um e outro funcionário cumpridores (com a expressão "um e outro", o substantivo fica no singular, e o adjetivo, no plural).

   D) A entrada...está cara.

   Gabarito: E

7. **(FGV – 2024 – TJ – AP – Analista Judiciário)** A frase abaixo em que há a possibilidade de dupla concordância nominal na palavra sublinhada, é:
   A) O que têm essas mulheres de <u>estranhas</u>?
   B) Os <u>alto</u>-falantes estavam colocados no fundo do palco;

C) Veja os nomes abaixo assinados;

D) Era um crime de leso-patriotismo;

E) É proibida a entrada de bebida alcoólica na festa.

Comentários: Com expressões como *tem alguma coisa de, nenhuma coisa de, qualquer coisa de, algo de, nada de, tudo de...* a gramática tradicional estabelece que o adjetivo que vem depois da preposição [de] não varia:

- Ela tem tudo de bom.
- A moça não tem nada de misterioso.

No entanto, alguns gramáticos tendem a aceitar a flexão do adjetivo, concordando com o substantivo ou pronome a que se refere (Ela...de boa/ A moça...misteriosa). Foi essa a posição da banca. Na opção A, portanto, essa dupla possibilidade é aceita (de estranhas/de estranho).

Nas opções B e C, os termos destacados são advérbios. Não se flexionam. Na D, "leso" é adjetivo, concorda com o substantivo a que se refere (leso-patriotismo/ lesa-pátria). Na E, com as expressões "é proibido", "é bom", "é necessário"..., o adjetivo varia se aparecer determinante (artigo, pronome...) antes do substantivo (É proibidA A entrada). Se não aparecer determinante, o adjetivo não varia (É proibidO entrada).

Gabarito: A

8. (CESPE/CEBRASPE - 2025 - InoversaSul - Auxiliar de Apoio Operacional)

"Apesar de tudo, há quem acredite que a filosofia possa colocar problemas genuínos acerca das coisas e quem, portanto, ainda tenha a esperança de ver esses problemas discutidos, e **afastados** aqueles monólogos desalentadores que hoje passam por discussão filosófica. Se, por acaso, se julgam incapazes de aceitar qualquer das orientações existentes, tudo o que lhes resta fazer é começar de novo, desde o princípio."

No primeiro período do trecho anterior, a palavra "afastados" está flexionada no masculino e no plural porque concorda com o termo "problemas".

CERTO

ERRADO

Comentários: Pelo sentido desse período, o adjetivo "afastados" tem relação com "monólogos", e não com "problemas".

Gabarito: ERRADO

9. (CESPE/CEBRASPE - 2024 - INPI - Analista de Planejamento, Gestão e Infraestrutura em Propriedade Industrial)

"Hoje, a tecnologia é, na prática, sinônimo de ciência aplicada, mas as tecnologias básicas — tais como agricultura, construção, cerâmica, tecidos — foram originalmente empíricas e transmitidas de uma geração para outra, enquanto a ciência, no sentido de pesquisa sistemática das leis do universo, é um fenômeno relativamente recente. A tecnologia foi fundamental, já que proporcionava os recursos necessários para sociedades organizadas, e essas sociedades tornaram **possíveis** não apenas a divisão do trabalho — por exemplo, entre trabalhadores da terra, oleiros, marinheiros e similares —, como também um ambiente no qual puderam florescer as artes em geral, não necessárias à vida no dia a dia."

No texto, a flexão de plural no termo "possíveis" (segundo período) justifica-se por sua concordância com "essas sociedades", que é o sujeito da oração.

CERTO

ERRADO

Comentários: O adjetivo "possíveis" não se refere ao sujeito (essas sociedades), e sim ao objeto direto composto, cujos núcleos são "divisão" e "ambiente". É um predicativo do objeto. Logo, concorda com o objeto composto (Essas sociedades tornaram não apenas A DIVISÃO... como também UM AMBIENTE... possíveis).

Gabarito: ERRADO

10. **(CESPE/CEBRASPE - 2024 - Prefeitura de Cachoeiro de Itapemirim - ES - Enfermeiro)**

Sociedades contemporâneas produzem ciência. Mas sociedades remotas também a produziam, ainda que não o fizessem com os mesmos ferramentais metodológicos de observação e experimentação ***desenvolvidos*** *e* ***apurados*** *nos séculos posteriores. [...]*

A substituição do trecho "desenvolvidos e apurados", no segundo período do texto, por **desenvolvidas** e **apuradas** seria gramaticalmente correta, porém alteraria o sentido original do texto.

CERTO

ERRADO

Comentários: Nessa passagem, tem sentido, é coerente estabelecer relação semântica dos adjetivos destacados com "observação" e "experimentação" ou com "ferramentais metodológicos". As duas leituras cabem. Muda o sentido, pois o referente passa a ser outro, porém mantém a coerência do trecho.

Gabarito: CERTO

16.5. QUESTÕES DE CONCURSOS PROPOSTAS (COM GABARITO NO FINAL)

1. **(IBFC - 2024 - Correios - Agente de Correios)** Em "ele não tem muita escolha", considere a concordância do vocábulo "muita" e, em seguida, assinale a alternativa que apresenta também um exemplo correto de concordância.

A) Adquiriram bastante livros.

B) Saiu meia zangada.

C) Escreveu pouca linhas na carta.

D) Deixou-a muito nervosa.

2. **(IBFC - 2024 - IMBEL - Cargos de Nível Médio)** Na vida social, aquelas pessoas insuportáveis providenciam o ______ isolamento por meio de ações incompatíveis com a harmonia do grupo. Em ______ há alguns casos de mudança de atitude, ______ interessantes para compreendermos que o caminho é o da conscientização.

Assinale a alternativa que preencha correta e respectivamente as lacunas.

A) próprio / anexos / bastantes.

B) próprio / anexo / bastante.

C) próprio / anexo / bastantes.

D) próprio / anexos / bastantes.
E) próprio / anexos / bastante.

3. **(IBADE - 2024 - Prefeitura de Vila Velha - ES - Agente Comunitário de Saúde)** Na frase "(...) desde 2012 a Academia vem se esforçando para tornar seu quadro de eleitores mais **diverso**.", podemos considerar que a concordância do termo destacado está:

A) incorreta, pois o termo deveria estar no plural para concordar com eleitores, que é o principal.
B) correta, pois o termo concorda com o termo "quadro" estando no singular e no gênero masculino.
C) incorreta, pois deveria concordar com o termo "Academia", já que é o sujeito da frase estando no gênero feminino.
D) correta, pois concorda com o termo "quadro", que é o sujeito da frase que está no gênero masculino.
E) incorreta, pois o tópico principal na frase se refere à Academia e o termo deveria estar no feminino.

4. **(IBADE - 2024 - CRMV - PB - Fiscal)** Conforme a NORMA CULTA da Língua Portuguesa, assinale a alternativa em que a concordância nominal está correta.

A) Eles estão quite.
B) Maria está meio confusa.
C) Menino e menina disciplinadas.
D) Há menas professoras na escola.
E) Ela tem bastante conflitos internos.

5. **(Instituto Consulplan - 2024 - TJ - MA - Analista Judiciário)** Observe a concordância nominal no trecho sublinhado em: "Na fronteira entre a revolução digital e a tradição jurídica, emerge uma questão fundamental: qual é o lugar da sensibilidade e da flexibilidade humanas na tomada de decisões judiciais?" Assinale a alternativa cuja concordância nominal está correta.

A) O gosto do homem era peculiar: apreciava filme e pintura italiano.
B) Presenciamos desespero e angústia satisfatório durante o depoimento.
C) As jovens preferem blusas rosas enquanto as senhoras gostam das neutras.
D) Sensatez é necessário em relação ao uso da inteligência artificial nas questões jurídicas.

6. **(Instituto Consulplan - 2024 - Câmara de Belo Horizonte - MG - Técnico Legislativo)** A concordância está corretamente empregada em: *"Os policiais suburbanos têm toda a razão"*. Assinale a afirmativa cuja concordância nominal cumpre com as regras gramaticais.

A) Enviou-lhe, incluso, os documentos solicitados por *e-mail*.
B) Com a redução do dólar, as viagens internacionais podem ficar mais barato.
C) Os bombeiros que participaram do resgate receberam bastante congratulações.
D) Com a porta meio aberta, as pessoas que passavam perceberam a conversa acalorada.

7. (Instituto Consulplan - 2024 - Câmara de Maria da Fé - MG - Procurador Legislativo) "Ninguém se conforma em ver seu bairro, sua cidade, seu estado, seu país estagnado, apenas subsistindo ou mantendo seu momento presente."

Conforme uma das regras de concordância, o adjetivo posposto aos substantivos deve permanecer no masculino plural ou concordar com o substantivo mais próximo. Assim, o adjetivo "estagnado" está adequado. Assinale a afirmativa que segue adequadamente a regra de concordância.

A) Os documentos vão incluso no processo.

B) É necessária apresentação dos documentos no ato da inscrição.

C) A criança sentiu medonhos medo e angústia ao perceber que estava sozinha.

D) Havia bastantes razões para os moradores participarem da reunião na Câmara.

8. (FGV - 2024 - Prefeitura de São José dos Campos - SP - Analista em Gestão Municipal) Assinale a frase que mostra ***erro*** de concordância da palavra "só".

A) Demais, Capitu usava certa magia que cativa; prima Justina acabava sorrindo, ainda que azedo, mas a sós com minha mãe achava alguma palavra ruim que dizer da menina.

B) Ficamos sós na sala; Capitu confirmou a narração da mãe, acrescentando que passara mal por causa do que ouvira em minha casa.

C) Tendo eu dito a Excelentíssima que Deus lhe dera, não um filho, mas um anjo do céu, o doutor ficou tão comovido que não achou modo de vencer o choro senão fazendo-me um daqueles elogios de galhofa que só ele sabe.

D) Separados um do outro pelo espaço e pelo destino, os males apareciam-me agora, não só possíveis, mas certos.

E) Os convidados espalharam-se por si só pelo quintal da chácara.

9. (FGV - 2024 - TJ - AP - Técnico Judiciário) A frase em que a forma da palavra "anexo" está em desacordo com as regras de concordância, é:

A) Em anexo a este documento estão as fotos pedidas;

B) Anexo vão os recibos das compras anteriores;

C) As declarações anexas estão sem reconhecimento legal;

D) As fotos e os recibos da compra estão anexos;

E) Anexas ao pacote das camisas estão as obras pedidas.

10. (FGV - 2024 - Prefeitura de São José dos Campos - SP - Técnico Tributário) Assinale a frase abaixo, baseada no romance *Dom Casmurro*, que mostra ***erro*** de concordância da palavra "mesmo."

A) Obrigado pela flor que mandaste; dei-lhe dois beijos como se fosse a ti mesma, pois que apesar de seca e sem perfume, trouxe-me ela um pouco de tua alma.

B) Raros escritores, de todos os tempos, conseguem desvelar o subterrâneo de nós mesmos, como Machado de Assis.

C) Calçava sapatos de duraque, rasos e velhos, a que ela mesma dera alguns pontos.

D) Pediu-me algumas circunstâncias mais, as próprias palavras de uns e de outros, e o tom delas. Como eu não queria dizer o ponto inicial da conversa, que era ela mesma, não lhe pude dar toda a significação.

E) Que as pernas também são pessoas, apenas inferiores aos braços, e valem de si mesmo, quando a cabeça não as rege por meio de ideias.

11. (CESPE/CEBRASPE - 2024 - Prefeitura de Cachoeiro de Itapemirim - ES - Farmacêutico)

"Essa maneira de conceber a saúde tem sido caracterizada como um conceito ampliado, pois não reduz a saúde à ausência de doença, promovendo a ideia de que uma situação de vida saudável não se resolve somente com a garantia do acesso aos serviços de saúde, mas depende, sobretudo, da garantia de condições de vida dignas que, em conjunto, podem proporcionar a situação de saúde. Nesse sentido, são **indissociáveis** o **conceito** de saúde e a **noção** de direito social."

No último período do texto, o emprego do termo plural "indissociáveis" justifica-se por sua concordância com os dois núcleos do sujeito da oração, a saber, "conceito" e "noção".

CERTO

ERRADO

12. (CESPE/CEBRASPE - 2024 - MPE - GO - Analista Ambiental)

"Quando o suporte sai do corpo da pessoa e vai para a argila, a cerâmica, a pedra, mais tarde para o pergaminho e o papel — suportes que criam a possibilidade de a pessoa retomar a leitura para relembrar ou refletir sobre um acontecimento —, a própria **elaboração** do pensamento e a **transmissão** do conhecimento são **afetadas**. Para além disso, sendo a leitura em suporte escrito uma atividade individualizada, solitária na maioria das vezes, ela modifica a relação de comunicação que se tinha antes na cultura oral, na qual há unidade entre quem fala e quem ouve."

No primeiro período do texto, a flexão do vocábulo "afetadas" no feminino plural justifica-se por sua concordância com os termos "elaboraçao" e "transmissao".

CERTO

ERRADO

13. (CESPE/CEBRASPE - 2024 - Prefeitura de Cachoeiro de Itapemirim - ES - Farmacêutico)

"O desenvolvimento da educação sanitária, a partir dos Estados Unidos da América, esteve associado à saúde pública, tendo sido instrumento das ações de prevenção das doenças, e caracterizou-se pela **transmissão** de conhecimento. No entanto, mesmo que **realizada** de forma massiva, como no caso das campanhas sanitárias no Brasil, a perspectiva não contemplava a dimensão histórico-social do processo saúde-doença."

No parágrafo, o termo "realizada" (segundo período) está flexionado no feminino singular porque concorda em gênero e número com vocábulo "transmissão" (primeiro período), ao qual se refere.

CERTO

ERRADO

14. (CESPE/CEBRASPE - 2024 - CNJ - Analista Judiciário)

"Com o avanço das novas tecnologias da informação e comunicação, observa-se na atualidade um processo de migração dos ambientes reais e analógicos para os virtuais e digitais. Inúmeros **são** os **benefícios** do oferecimento de produtos e da prestação de serviços no ambiente digital. No entanto, a exposição em rede costuma atrair riscos que, embora invisíveis, apresentam um potencial destrutivo alto: os ciberataques e o seu impacto para as organizações, as empresas e as pessoas envolvidas."

No segundo período do texto, a flexão dos termos "são" e "benefícios" no plural deve-se à concordância que estabelecem com "Inúmeros", que funciona como sujeito da oração.

CERTO

ERRADO

15. (CESPE/CEBRASPE - 2024 - Prefeitura de Mossoró - RN - Auditor Fiscal de Tributos Municipais)

"Preconceito e discriminação são termos próximos. Por vezes, juridicamente, parecem até a mesma coisa, como se depreende do texto da Lei n.º 7.716, de 5 de janeiro de 1989, **complementada** pela Lei n.º 9.459, de 15 de maio de 1997: 'Serão punidos, na forma desta lei, os crimes resultantes de discriminação ou preconceito de raça, cor, etnia, religião ou procedência nacional'. Mesmo assim, o preconceito pode ser definido como uma ideia de distinção, exclusão ou preferência baseada em raça, sexo, religião, origem social ou geográfica etc.; já a discriminação diz respeito à ação decorrente do preconceito. O preconceito é uma opinião; a discriminação, um comportamento real e efetivo."

Caso o vocábulo "complementada" (segundo período) fosse flexionado no masculino — complementado —, a correção gramatical do texto seria mantida, apesar de alteradas as relações de concordância no período em questão.

CERTO

ERRADO

GABARITO:

1. D	2. B	3. B	4. B	5. D
6. D	7. D	8. E	9. B	10. E
11. CERTO	12. CERTO	13. ERRADO	14. ERRADO	15. CERTO

Depois de se estudarem as regras de concordância nominal, tem-se a sensação de que é muito a decorar... Mas é simples, vamos sistematizá-las e tudo ficará mais fácil!

16.6. RESUMO

PO adjetivo pode ter três funções sintáticas na frase:

adjunto adnominal;

predicativo do sujeito (com ou sem verbo de ligação);

predicativo do objeto (se retirado, muda o sentido da frase, é solicitado pelo verbo).

Adjetivo na função de:	Posposto ao substantivo	Anteposto ao substantivo
Adjunto adnominal	Concordância pode ser: TOTAL ou PARCIAL	A melhor é a concordância PARCIAL
Predicativo do sujeito	Concordância é: TOTAL	Segue a concordância verbal
Predicativo do objeto	Concordância é: TOTAL	Concordância pode ser: TOTAL (melhor opção) ou PARCIAL (mais moderna)

Acesse o material suplementar

uqr.to/20vgz

Concordância Verbal 17

O princípio básico na concordância verbal é o de que, para todo verbo, temos de achar um sujeito. Pensando nisso, esta gramática dividirá este tópico em duas partes: Parte I (Concordância verbal e os tipos de sujeito) e Parte II (Casos especiais de concordância verbal).

17.1. CONCORDÂNCIA VERBAL: PARTE I – TIPOS DE SUJEITO

Nesta Parte I, você vai aprender a flexionar o verbo partindo da classificação do sujeito. Quem sabe achar sujeito faz a concordância verbal adequada.

Os tipos de sujeito, basicamente, são quatro:

1. **Simples:** quando há apenas um núcleo. Lembre-se de que o núcleo do sujeito é representado por um substantivo ou pronome substantivo.

   Ex.: O economista fez uma intervenção. / Os economistas fizeram uma intervenção.

2. **Composto:** aparecem dois ou mais núcleos.

   Ex.: O diretor e o chefe compareceram à reunião.

3. **Indeterminado:** representado de duas formas:

   a) verbo na 3ª pessoa do plural, sem sujeito expresso na frase.

   Ex.: Pediram silêncio.

   b) verbo na 3ª pessoa do singular + pronome indeterminador SE. Em geral o verbo não é transitivo direto.

   Ex.: Trabalha-se muito aqui.
   (verbo intransitivo)

   Observe que, quando a intenção é não mencionar o sujeito, há essas possibilidades para indeterminá-lo.

4. **Oração sem sujeito:** quando o verbo é impessoal (não se refere a nenhuma pessoa gramatical, uma vez que o sentido do verbo não permite).

   Os casos mais comuns:

   - expressões que indicam fenômenos da natureza;
   - verbo haver (= existir, ocorrer);
   - verbos que indicam tempo decorrido.

O verbo, nesses casos, fica na 3ª pessoa do singular.

Antes de mostrarmos os casos de concordância verbal, vamos reconhecer e classificar os sujeitos das frases a seguir.

> **Importante:** O sujeito é o responsável pela flexão verbal. Essa teoria serve para os casos de sujeito simples e composto.

a) Começava a cair a noite.

Comentários: Na ordem direta, teríamos: "*A noite começava a cair*". O responsável pela flexão da locução verbal "*começava a cair*" é a ***"noite"*** – sujeito simples.

b) Os professores e os funcionários daquela escola decidiram pela greve.

Comentários: Aparecem dois núcleos como agentes do verbo "*decidiram*" – professores/funcionários – sujeito composto.

c) Naquele instante, bateram à porta.

Comentários: O verbo na 3ª pessoa do plural, nesta frase, não traz nenhum agente claro. A intenção é, pois, a de indeterminar o sujeito – sujeito indeterminado.

d) Assistiu-se a jogos importantes.

Comentários: O emprego de "*se*" junto ao verbo transitivo indireto – assistir **a** – obriga o uso do verbo na 3ª pessoa do singular – sujeito indeterminado.

e) Amanheceu rapidamente.

Comentários: Qualquer verbo que indica fenômenos naturais – amanhecer, chover, nevar... – caracteriza um caso de oração sem sujeito, é um verbo impessoal.

f) Havia dúvidas frequentes sobre aquele ponto da matéria.

Comentários: Quando o verbo "haver" aparece com o sentido de existir, não há possibilidade, por causa do valor semântico do verbo, de se identificar sujeito na frase – verbo impessoal, 3ª pessoa do singular, oração sem sujeito.

g) Fez dois anos de sua morte.

Comentários: Mais um exemplo de verbo impessoal: verbo "fazer" indicando tempo passado, decorrido. Novamente, é impossível identificar-se o agente dessa ação verbal – oração sem sujeito.

Agora que você já sabe achar e classificar sujeito, vamos às regras.

17.1.1. Concordância verbal com o sujeito simples

Sujeito simples: representado por apenas um núcleo. O verbo concordará com ele em número e pessoa.

1. Faltaram, durante a posse do prefeito, os aplausos.
2. Deram / Bateram / Soaram três horas no relógio da igreja.
3. O relógio da igreja deu / bateu / soou três horas.

Comentários: Como vimos na teoria inicial, o sujeito é o responsável pela flexão verbal. Na frase 1, entendemos que "os aplausos" é que "faltaram". Nas frases 2 e 3, quando aparecem os verbos dar, bater e soar, normalmente existem duas possibilidades: o sujeito pode ser o número de horas ou o vocábulo relógio. Na 2, "três horas deram / bateram / soaram no relógio", ou seja, o sujeito é o número de horas. Já na frase 3, "O relógio deu / bateu / soou três horas".

4. Hão de existir limites justos.
5. Podem ocorrer novos deslizamentos.

Comentários: As frases 4 e 5 são exemplos de locuções verbais com seus respectivos sujeitos (*limites/deslizamentos*) no plural. Nas locuções, o verbo auxiliar é que se flexiona (*limites hão de existir/deslizamentos podem ocorrer*).

6. Preencheram-se as requisições.
7. Verificou-se, entre indivíduos tensos ou agitados, a queima de até 800 calorias diárias.

Comentários: Agora temos frases em que aparece a partícula **se**. Nas frases 6 e 7, o **se** é apassivador, porque as frases podem ser reescritas, identificando-se, com isso, o sujeito. A frase 6 ("Preencheram-se as requisições" equivale a "As requisições foram preenchidas") traz um sujeito paciente, o que se confirma com a troca da voz passiva sintética – *Preencheram-**se*** – por "foram preenchidas", voz passiva analítica. Na 7, "verificou-se a queima" equivale a "a queima foi verificada". Para nós, essa é a maneira mais direta, objetiva de se identificar o **se** apassivador. E quando o **se** é apassivador há sujeito na frase, daí o verbo poder ficar no singular ou no plural, de acordo com o seu sujeito.

Resumindo:

Quando aparece pronome se (= apassivador): o verbo concorda com o sujeito expresso na frase.

17.1.2. Concordância verbal com o sujeito composto

Sujeito composto: representado por dois ou mais núcleos.

a) Anteposto ao verbo: verbo no plural.
b) Posposto ao verbo: o verbo ficará no plural ou concordará com o núcleo mais próximo.

Observação: Havendo ideia de reciprocidade, verbo no plural.

Ex.:

8. O pai e a mãe compareceram à reunião.
9. Compareceu ou compareceram à reunião o pai e a mãe.
10. Tu, ela e eu saímos.
11. Abraçaram-se o poeta e o músico.

Comentários: O sujeito composto impõe verbo no plural, vindo posposto ou anteposto a este (frases 8 e 9). O que ocorre é que, quando o verbo vem anteposto a um sujeito composto (frase 9), pode concordar com todos os núcleos – plural – ou com o mais próximo – *pai*, no singular. Na frase 10, o sujeito composto é representado por pronomes pessoais retos. Nesse caso, dá-se preferência à 1ª pessoa (*eu*). Plural da 1ª pessoa do singular é nós, 1ª pessoa do plural, saímos. Na frase 11, a ideia é de reciprocidade. O sentido obriga o verbo no plural – *um se abraçou ao outro.*

17.1.3. Concordância verbal com o sujeito indeterminado

a) **Sujeito indeterminado pela partícula se:** o verbo ficará, obrigatoriamente, na 3ª pessoa do singular.

b) **Oração sem sujeito:** com verbos impessoais (verbos que indicam fenômenos naturais, haver (= existir, ocorrer), verbo com ideia de tempo decorrido...): não possuem sujeito. Ficam também na 3ª pessoa do singular.

Ex.:

12. Obedeceu-se às ordens.
13. Havia vantagens para o índio no contato com o civilizado.
14. Deve haver limites justos.
15. Há vários séculos as línguas indígenas têm tradições apenas oral.
16. Vai para cinco anos de sua partida.

Comentários: A frase 12 mostra um **se** indeterminador. Repare que agora não podemos reescrever a frase (Às ordens foi obedecida?). O **se**, quando é **índice de indeterminação do sujeito**, aparece, na quase totalidade dos casos, junto a verbo **intransitivo** ou **transitivo indireto**. "Obedecer a". Logo, o sujeito é indeterminado, verbo na **3ª pessoa do singular.**

Nas frases 13 a 16, os verbos são **impessoais** (ficam na 3ª pessoa do singular). Temos, portanto, oração sem sujeito. Na 13, *haver* com sentido de *existir* não varia. Na frase 14, há uma locução verbal. Como o verbo principal – é sempre o **último** verbo da locução – é o *haver* (= existir), o auxiliar **não pode variar**. *Deve* haver limites...)

As frases 15 e 16 exemplificam a oração sem sujeito com verbos que indicam **tempo passado** (Há vários séculos... / Vai para...). Repare que nesses casos de oração sem sujeito **o sentido do verbo** impede a identificação do sujeito.

17.1.4. Concordância verbal com o sujeito oracional

Sujeito oracional: aparece em certas construções como:

a) Verbos do tipo convém, basta, falta, parece, importa...

b) Verbo de ligação + predicativo do sujeito: é bom, está claro...

c) Expressões na voz passiva: sabe-se, é sabido, conta-se...

Quando o sujeito aparece sob forma de oração, o verbo ou a expressão da oração principal **não varia**.

Ex.:

17. Parece / que ela chega hoje.
    or. princ. / or. subjetiva
18. Convém / insistir no pedido.
    or. princ. / or. subjetiva (reduzida de infinitivo)
19. Está claro / que todos reconhecerão o erro.
    or. princ. / or. subjetiva
20. Sabe-se / que eles mentiram.
    or. princ. / or. subjetiva

Comentários: Temos agora um caso muito especial de concordância verbal. Até agora vimos que o sujeito era representado por substantivo ou pronome substantivo (sujeito simples ou composto). Quando o sujeito era indeterminado ou aparecia verbo impessoal (oração sem sujeito), havia impedimento semântico para se identificar o sujeito. Com o sujeito oracional devemos considerar toda a oração, e não um substantivo ou pronome. Na frase 17, "Parece que ela chega hoje", não é ela ou alguém que parece, e sim toda a oração que se segue (Isto – *que ela chega hoje* – parece). Na frase 18, "Convém insistir, no pedido", temos o mesmo raciocínio: não é ele ou alguém que convém insistir, e sim "Insistir no pedido convém" (= Isto convém). Lembre-se: pense o que a frase quer dizer, coloque a frase na ordem direta e descobrirá o sujeito. Na frase 19, o que *está claro* é o fato de que todos reconhecerão o erro, ou seja, "Isto está claro".

Na frase 20, o **se** é apassivador, a frase pode ser reescrita (Isto – *que todos mentiram* – é sabido). Observe que, quando o sujeito é toda a oração, o verbo da oração principal não varia.

Vamos treinar concordância verbal – Parte I?

Complete a lacuna com a forma adequada

1. Nos últimos 50 anos, ____________ fatos que aumentaram o nosso índice de felicidade. (ocorreu / ocorreram)

   Comentários: Entendemos, nessa frase, que "fatos ocorreram", sujeito simples no plural, verbo no plural.

   Gabarito: ocorreram.

2. ____________ 50 anos que os índices de felicidade ____________ aumentando gradativamente. (Há / Hão; vem / vêm)

   Comentários: O verbo "haver", nesse caso tem ideia de tempo passado, não se flexionando. Na 2ª lacuna, "índices" é sujeito da locução verbal "vêm aumentando". Vimos que, quando aparece locução verbal, quem se flexiona é o verbo auxiliar.

   Gabarito: Há e vêm.

3. Nos últimos 50 anos, ____________ as possibilidades de maior felicidade. (acentuou-se / acentuaram-se)

   Comentários: Essa frase traz o verbo com a partícula **se**. Aqui, o **se** é apassivador, há sujeito na frase, pois equivaleria a "As possibilidades foram acentuadas", voz passiva analítica.

   Gabarito: acentuaram-se

4. Daqui a 50 anos, ____________ que as pessoas encontrem a felicidade. (é possível / são possíveis)

   Comentários: Aqui, o sujeito vem representado por uma oração – "que as pessoas encontrem a felicidade é possível", ou seja, "Isto é possível". Quando o sujeito é oracional, a expressão da oração principal não varia.

   Gabarito: é possível.

5. ____________ de viagem meu irmão e meu sobrinho. (Chegou / Chegaram)

   Comentários: O sujeito composto "meu irmão e meu sobrinho" aparece após o verbo, ou seja, o verbo vem **anteposto** a um sujeito composto. Nesse caso, o verbo vai ao plural, já que o sujeito é composto, mas pode também concordar com o núcleo mais próximo – **irmão**, no singular.

Gabarito: Chegou ou Chegaram.

6. A crescente disseminação de instituições que trabalham contra os interesses populares ______________ um verdadeiro flagelo dos tempos modernos. (constitui / constituem)

   Comentários: Vimos desde o início que, na quase totalidade dos casos, o verbo concorda com o **núcleo** do sujeito. A frase acima já está na ordem direta e o núcleo do sujeito é "disseminação".

   Gabarito: constitui.

7. Aquilo _________ manias de mulher. (é / são)

   Comentários: O verbo **ser** pode ficar no singular ou no plural quando o sujeito vier representado por **coisa** no singular ou **pronomes** – tudo, isto, aquilo etc. – e o predicativo estiver no plural.

   Gabarito: é ou **são**.

8. Os representantes __________ nós. (são / somos)

   Comentários: Aparecendo pronome reto, o verbo **ser** só pode concordar com o pronome reto.

   Gabarito: somos.

9. Dois anos _______ muito tempo. (é / são)

   Comentários: Verbo **ser** em expressões de **tempo**, **medida** ou **quantidade** não varia.

   Gabarito: é.

10. _________ meio-dia e meia quando ela chegou. (Era / Eram)

    Comentário na frase 11.

    Gabarito: Era.

11. _________ duas horas quando ela chegou. (Era / Eram)

    Comentários: Nas expressões de **horas**, o verbo **ser** vai concordar com essas expressões. Logo, se vierem no singular, verbo **ser** no singular. Caso a expressão de horas apareça no plural, verbo **ser** no plural.

    Gabarito: Eram.

Veja a seguir três questões comentadas sobre a Parte I.

1. **(FCC - 2022 - TRT - 23ª Região - MT - Analista Judiciário)** As normas de concordância verbal encontram-se plenamente observadas na frase:

   A) Aos melancólicos, a menos que fossem grandes artistas, ninguém perdoava sua condição infeliz.

   B) Convêm evitar os chatos, mas é justo que não se os confundam com os melancólicos criativos.

   C) Nas mais variadas artes destacam-se o desempenho superior dos grandes criadores melancólicos.

D) A realização plena das formas artísticas trazem consigo o prazer estética, que se sobrepõe à melancolia de fundo.

E) Chaplin encarnou-se em Carlitos, e à poesia de ambos vieram-se render-se a plateia de todos os cinemas.

Comentários: A letra A é a correta, em que o sujeito de "fossem" remete semanticamente a "melancólicos" (plural) e o do verbo "perdoar", "ninguém", singular, portanto.

B) Convém / evitar... (sujeito oracional, verbo da oração principal na terceira pessoa do singular).

C) ...destaca-se o desempenho...

D) A realização...traz...

E) ...a plateia veio a se render... (colocando a frase na ordem)

Gabarito: A

2. **(IBFC - 2023 - UFPB - Assistente de Alunos)** Assinale a alternativa que preencha correta e respectivamente as lacunas:

Já ______ duas horas quando ele chegou, e viu que ainda ______ panelas quentes no fogão. ______ dois anos que havia se casado e nunca ______ atrasos para o almoço.

A) era / havia / fazia / houve.

B) eram / havia / fazia / houve.

C) era / havia / faziam / houveram.

D) eram / haviam / faziam / houveram.

E) era / haviam / fazia / houve.

Comentários: Os verbos "fazer", indicando tempo, e "haver", com o sentido de existir, são impessoais e, portanto, não ocorrem no plural. Contudo, o verbo "ser", indicando tempo, deve concordar com as horas anunciadas: era 1 hora / eram 2 horas. Assim, a alternativa correta é a letra (b), pois apresenta a forma verbal "eram", que concorda com "duas horas" e as formas "havia", "fazia" e "houve", que se mantêm no singular por serem impessoais.

Gabarito: B

3. **(FEPESE - 2023 - EPAGRI - Analista Administrativo e Financeiro)** Assinale a frase correta quanto à concordância verbal.

A) Mal se distinguiam, em meio ao nevoeiro, os carros e caminhões acidentados.

B) Se as coisas continuarem desse jeito, irão haver muitas decepções em futuro próximo.

C) No dia seguinte, tu disse: — Nunca se viu por aqui tantos peregrinos como neste ano.

D) Sabe-se que existe, nesse ecossistema, muitos animais e pássaros exóticos.

E) Neste mês de outubro estão fazendo dez anos que nós viemos morar aqui em Florianópolis.

Comentários: Na letra (a), ocorre voz passiva sintética, na qual o sujeito da sentença, "os carros e caminhões acidentados", está no plural, o que faz com que o verbo também esteja no plural: "se distinguiam". Na letra (b), o verbo "haver" tem o sentido de "existir" e, portanto, é impessoal, não devendo estar no plural. O correto é: **irá haver / haverá** muitas decepções em futuro próximo. Em (c), o correto é "tu **disses-**

te". Em (d), temos o verbo "existir", que diferentemente de "haver", deve concordar com o sujeito da oração: sabe-se que **existem**, nesse ecossistema, muitos animais e pássaros exóticos. Por fim, na letra (e), o verbo "fazer", indicando tempo, também é impessoal: neste mês de outubro **está** fazendo dez anos que (...). Portanto, a alternativa correta é a letra (a).

Gabarito: A

Antes de irmos à Parte II de Concordância Verbal, vamos resumir a parte I?

Tipos de sujeito x Concordância verbal

SUJEITO	VERBO	EXEMPLO
1) Simples	Concorda com o único núcleo	Os alunos daquela turma chegaram.
2) Composto	Verbo posposto ao sujeito: concordância total Verbo anteposto ao sujeito: concordância total ou concordância atrativa	O filho e a filha vieram. Vieram o filho e a filha. Veio o filho e a filha.
3) Indeterminado SE = Índice de Indeterminação do Sujeito (IIS)	Verbo na 3ª pessoa do singular	Precisa-se de operários.
4) Oração sem sujeito	Verbo na 3ª pessoa do singular	Haverá dúvidas.
5) Sujeito oracional (= Oração subordinada substantiva subjetiva)	Verbo na 3ª pessoa do singular	Com conjunção integrante: Basta que estudemos Sem conjunção integrante (oração reduzida): Basta estudarmos.

17.2. CONCORDÂNCIA VERBAL: PARTE II – CASOS ESPECIAIS

17.2.1. Concordância do verbo *ser*

a) Quando o sujeito for nome de **coisa** ou um dos pronomes **tudo**, **nada**, **isso**, **isto**, **aquilo** + predicativo no plural: o verbo <u>ser</u> concorda com o sujeito ou com o predicativo (mais comum).

1. A casa era/eram ruínas.
2. Isto é/são alegrias.

b) Quando aparecer **pessoa**: o verbo **ser** concorda sempre com a **pessoa**. No entanto, se aparecer pronome pessoal do caso **reto**, a concordância se fará com o pronome.

3. Maria era as alegrias da casa.
4. Meu orgulho são os meus filhos.

5. Ela era os meus sonhos.
6. O médico aqui sou eu.

Com os pronomes interrogativos **que**, **quem**, **o que**: o verbo **ser** concorda com o nome ou pronome que vem após.

7. Quem são os interessados?
8. O que são asteroides?

Comentários: A concordância do verbo SER, basicamente, divide-se em duas partes: a primeira parte, que tem as frases de 1 a 8 como exemplos, mostra a concordância do verbo **ser** com **nome** (representado por **coisa** ou **pessoa**) e **pronome**.

Como vimos na teoria, o verbo **ser** pode concordar com o sujeito ou com o predicativo, quando o sujeito vier representado por coisa ou **pronomes** (tudo isto...), frases 1 e 2.

Se aparecer **pessoa**, como sujeito ou predicativo – frases 3 e 4 –, o verbo **ser** só pode concordar com a pessoa. Agora, se o sujeito ou o predicativo for um **pronome reto** (frases 5 e 6) esse verbo **só pode concordar** com o pronome.

Já com os pronomes interrogativos (frases 7 e 8), o verbo **ser** tem de concordar com o nome ou pronome que se segue.

c) Com as expressões **é muito**, **é pouco**, **é bastante**, **é mais de** etc.: o verbo **ser** ficará no singular quando essas expressões denotarem ideia de **preço**, **medida** ou **quantidade**.

9. Dez mil dólares é pouco.
10. Cinco metros é mais do que preciso.

d) Nas expressões de **horas**, **datas** ou **distâncias**: o verbo **ser** concorda com essas expressões.

11. Eram nove horas quando ele chegou.
12. É uma hora e quinze.
13. Hoje são 12 de abril.
14. Daqui a minha casa são cinco quilômetros.

Comentários: As frases de 9 a 14 exemplificam a segunda parte da concordância do verbo SER: são as expressões.

Nas frases 9 e 10, o verbo **ser** não varia com expressões que trazem ideia de preço, medida, quantidade. Já nas frases de 11 a 14, se as expressões de horas, datas ou distâncias vierem no **plural**, verbo **ser** no **plural** (frases 11, 13 e 14). Se aparecerem no singular, verbo ser no singular (frase 12). Na frase "Hoje são 12 de abril", há a possibilidade de o verbo ficar no singular se aparecer a palavra dia: "Hoje é dia 12 de abril".

17.2.2. Concordância com a preposição *com*

Sujeito composto ligado por **com**: Verbo no plural.

Observações:

1. Quando se quiser realçar um dos núcleos (= sujeito simples), com ele concordará o verbo.
2. Se a expressão iniciada por **com** vier entre vírgulas, o verbo concorda com o termo que antecede essa expressão. (= sujeito simples)

Ex.:

1. A carta com o anexo *está extraviada/estão extraviados*.
2. O guarda, **com** os transeuntes, *prendeu* o ladrão.

Comentários: Diante de sujeitos ligados pela preposição **com**, podem-se utilizar duas opções: a primeira – que é a mais comum – seria o verbo no plural, por se considerar o sujeito como composto. Assim, na frase "A carta **com** o anexo estão extraviados", a preposição **com** tem valor de **e**. É como se fosse "A carta **e** o anexo estão extraviados". É exatamente isso: a preposição **com** teria, aqui, valor de adição.

A segunda opção seria o verbo no singular, por uma questão de ênfase no primeiro núcleo. Assim, na frase "A carta com o anexo está extraviada", o que se quer é realçar o núcleo "a carta". A preposição teria, então, um valor de companhia. É como se eu dissesse "A carta, em companhia do anexo, está extraviada".

Mas atenção: essas duas opções (de o verbo concordar com os dois núcleos ou só com o primeiro) só valem se a expressão iniciada pela preposição *com* **não** vier entre vírgulas. Porque, se ela vier isolada pelas vírgulas, o verbo só poderá concordar com o primeiro núcleo. Assim, na frase "O guarda, com os transeuntes, prendeu o ladrão", o verbo deverá necessariamente ficar no singular concordando com *guarda*. A expressão *com os transeuntes* seria um adjunto adverbial de companhia deslocado na frase. Na ordem direta, essa frase ficaria assim: "O guarda prendeu o ladrão com os transeuntes" (Você já aprendeu no capítulo de análise sintática que, na ordem direta, o adjunto adverbial fica no final da frase). Já que é adjunto adverbial, e não sujeito, o verbo só pode concordar com o primeiro núcleo.

Resumindo: Com substantivos ligados pela preposição com, pense da seguinte forma:

A expressão iniciada pela preposição com não vem entre vírgulas: cabem as duas opções (o verbo concorda com os dois núcleos ou só com o primeiro).

A expressão iniciada pela preposição com vem entre vírgulas: o verbo só concorda com o primeiro núcleo.

17.2.3. Concordância com pronomes indefinidos

a) Sujeito composto resumido por um pronome indefinido: o verbo concorda com o pronome indefinido (na função de aposto resumitivo).

b) Sujeito composto modificado pelo pronome **cada**: verbo no singular.

Ex.:

3. Jovens, trabalhadores, empresários, **ninguém** *acredita* em nossos parlamentares.

Comentários: Eis um caso especialíssimo de concordância: o verbo deixa de concordar com o sujeito para concordar com o aposto. Se alguém perguntar se o pronome indefinido *ninguém* é sujeito do verbo, cuidado para não se distrair e dizer que sim! O sujeito da frase é composto ("jovens, trabalhadores, empresários"), mas o verbo *acredita* concorda com o aposto resumitivo *ninguém*.

4. **Cada** criança, **cada** homem, **cada** mulher *ajudava* os flagelados.

Comentários: Mais uma vez, algo atípico na concordância verbal: apesar de o sujeito ser composto de três núcleos, o verbo fica no singular. Isso ocorre por causa da palavra **cada**, *que enfatiza individualmente os núcleos*. É isto mesmo: o sujeito é composto, mas, se o verbo fosse ao plural, a frase estaria errada!

17.2.4. Concordância com a conjunção *ou*

Sujeito composto ligado por **ou**:

a) Com ideia de exclusão ou retificação: o verbo concordará com o núcleo mais próximo.

b) Se a ideia se refere a todo o sujeito: verbo no plural.

Ex.:

5. Pedro **ou** João *casará* com Joana.

Comentários: O sujeito tem dois núcleos, mas a conjunção **ou** tem valor de exclusão: *só um* vai casar com *Joana*. O verbo fica no singular.

6. O responsável **ou** os responsáveis *cuidarão* da festa.

Comentários: A conjunção **ou** tem valor corretivo, de retificação: o verbo concorda com o núcleo mais próximo. É como se eu dissesse: "O responsável, *ou melhor*, ou responsáveis *cuidarão* da festa". *Ou*, aqui, é o mesmo que *ou melhor, digo*.

7. Cigarro ou charuto prejudicam igualmente a saúde.

Comentários: Nesse caso, não há ideia de exclusão: a conjunção *ou* tem valor aditivo. É o mesmo que: "O cigarro e o charuto prejudicam igualmente a saúde".

17.2.5. Concordância com as expressões *um ou outro, um e outro, nem um nem outro*

a) Sujeito formado pela expressão um ou outro: verbo no singular.

b) Sujeito formado pelas expressões *um e outro, nem um nem outro, nem ... nem...*: verbo no singular ou no plural.

8. **Um ou outro estilo** *agrada*.

Comentários: Aqui, mais uma vez a conjunção **ou** tem valor de exclusão: só um dos estilos agrada.

9. **Uma e outra forma** me *fascinam / fascina*.

Comentários: Nesse caso, as duas opções estão corretas. O verbo no plural enfatiza o *todo*: *as duas formas me fascinam*. O verbo no singular enfatiza as *partes* que compõem o sujeito. É como se eu dissesse "uma forma me fascina e outra também me fascina."

10. **Nem um nem outro** *comentou / comentaram* o ocorrido.

Comentários: Manter o verbo no singular é a opção que soa melhor aos nossos ouvidos, e é, mesmo, a mais adequada. Afinal, quando se diz *nem um nem outro*, o que se quer dizer é que *ninguém comentou o ocorrido*.

Entretanto, embora alguns gramáticos discordem quanto a este aspecto, ao se dizer *nem um nem outro*, pode-se pensar que *um não e outro também não comentaram o ocorrido*. Ou seja: pensar no valor de adição que a conjunção *nem* possui. Então a flexão do verbo no plural também estaria correta — ainda que não seja essa a forma mais adequada.

Resumindo:

Um ou outro: verbo no singular.

Um e outro: verbo no plural ou no singular.

Nem um nem outro: verbo no singular (mais adequada) ou no plural (menos comum).

17.2.6. Concordância com palavras sinônimas ou em gradação e com verbos no infinitivo

a) Sujeito composto de palavras sinônimas ou em gradação de ideias: o verbo, de preferência, concorda com o núcleo mais próximo.

b) Sujeito composto formado de verbos substantivados no infinitivo: verbo no singular. Se forem **antônimos** ou vierem **determinados**, o verbo fica no plural.

11. Um olhar, um sorriso, um gesto *serviu/serviram* como alerta para ele.

Comentários: Apesar de o sujeito ser composto por mais de um núcleo (*olhar*, *sorriso*, *gesto*), a concordância mais adequada é a que enfatiza o valor de gradação que esses núcleos apresentam — verbo no singular. Entretanto, o plural também está correto, até porque o sujeito é composto.

12. Estudar e trabalhar *engrandece* o homem.
13. Rir e chorar *fazem* parte da vida.
14. O falar e o escrever *caracterizam* homens dinâmicos.

Comentários: Na frase 12, apesar de o sujeito ser composto, seus núcleos são verbos. Por isso, o verbo tem de ficar no singular. Contudo, na frase 13 os núcleos são antônimos: *rir* é o oposto de *chorar*; até para enfatizar a oposição entre os núcleos do sujeito (*rir/chorar*), o verbo fica no plural. Na frase 14, os artigos determinam, especificam os núcleos: o verbo ficará também no plural. Se não houvesse tais artigos, voltaríamos à situação da frase 12: o verbo ficaria no singular.

17.2.7. Concordância com o sujeito coletivo, com porcentagem e expressões *a maioria de, grande parte de...*

a) Sujeito coletivo: o verbo concorda com o sujeito coletivo.

b) O sujeito é representado pelas expressões: a maioria de, grande parte de, grande número de etc. + nome no plural = o verbo fica no **singular** ou no **plural**.

c) Sujeito formado por número percentual: o verbo concorda com o numeral ou com o termo posposto.

15. O bando *desapareceu*.

Comentários: Ainda que *bando* dê uma ideia de pluralidade, coletivo, trata-se de um substantivo no singular: daí o verbo ficar no singular. Também que coisa horrível seria dizer *o bando desapareceram*!

16. A maioria das pessoas *gostou/gostaram* do espetáculo.

Comentários: Com as expressões *a maioria de*, *grande parte de* etc., o verbo pode concordar com o núcleo do sujeito – que é a forma mais adequada – ou concordar com o termo posposto a ele (adjunto adnominal). Assim, teríamos duas opções: *gostou*, concordando com *maioria*, ou *gostaram*, concordando com *pessoas*. Repito: a melhor opção é a do verbo no singular, concordando com o núcleo.

> Pense sempre assim: Quando houver duas opções de concordância, a melhor (a ser utilizada nas redações, em textos mais formais) será sempre aquela com o núcleo.

17. Oitenta por cento da população *acreditam/acredita* na moeda.

18. Os 30% da produção de arroz *estragaram*.

Comentários: Para a frase 17, utilize o mesmo raciocínio da frase 16: o verbo pode ficar no plural, concordando com o núcleo, que é o numeral *oitenta*; **ou** pode concordar com o termo posposto a ele – *população* – ficando no singular. Mais uma vez, a melhor opção aqui é a concordância com o núcleo *oitenta*: verbo no plural.

Já na frase 18, o artigo aparece, e o verbo só poderá ficar no plural, concordando com esse determinante. Por isso, seria erro dizer *os 30% da produção de arroz estragou*: aqui, o verbo não poderia concordar com o termo posposto ao núcleo (*produção de arroz*).

Na concordância com numerais, tenha cuidado de observar que até o algarismo 2, o verbo ficará no singular. Só de 2 em diante, o verbo irá ao plural. Assim, teríamos:

O 1,36 kg de queijo que comprei **está** sobre a mesa.

Seu 1,92 m **chama** a atenção de quem a vê.

Seus 2,20 m **impõem** respeito.

17.2.8. Concordância com as expressões *qual de nós, quais de vós...*

a) Sujeito constituído por **qual de nós**, **qual de vós**, **algum de nós** etc.: o verbo fica no singular.

b) Sujeito constituído por **quais de nós**, **quais de vós**, **alguns de nós** etc.: o verbo concorda com os pronomes nós/vós ou vai para a 3ª pessoa do plural.

19. **Qual de vós** *encontrará* a solução?

20. **Quais de nós** *votaram/votamos* conscientemente?

21. **Nenhum de nós** *foi* capaz de resolver o programa.

Comentários: Ao se perguntar, na frase 19, *qual de vós encontrará a solução*, subentende-se que *somente uma pessoa* vai encontrar a solução. É por isso que o verbo concorda com o núcleo *qual*, ficando no singular, e não pode concordar com o pronome posposto ao núcleo, *vós*.

Já na frase 20, entende-se que *mais de uma pessoa* votou conscientemente. Nesse caso, o verbo pode concordar com o núcleo ou com o termo a ele posposto. Assim, teríamos: *votaram* concordando com *quais* ou *votamos* concordando com *nós*.

A frase 21 segue a mesma lógica da frase 20: ao se dizer que *nenhum foi capaz*, o pronome *nenhum* no singular exige que o verbo também fique no singular, concordando com esse pronome. É a única opção de concordância.

17.2.9. Concordância com as expressões *mais de, cerca de...*

a) O sujeito é a expressão **mais de um**: verbo no singular. Se a expressão vier **repetida** ou houver ideia de **reciprocidade**, verbo no plural.

b) Com as expressões **mais de**, **perto de**, **cerca de** etc.: o verbo concorda com o termo que vem após essas expressões.

22. **Mais de um** aluno *obteve* boa nota.
23. **Mais de um** policial, **mais de um** bandido *foram mortos*.
24. **Mais de um** torcedor se *agrediram*.

Comentários: A frase 22 mostra-nos que a lógica da língua portuguesa não é a mesma lógica da matemática. Ainda que, segundo a matemática, *mais de um aluno* sejam *dois, três* etc., o verbo deverá ficar no singular, pois o núcleo do sujeito (*aluno*) está no singular.

Já a frase 23 apresenta dois núcleos do sujeito: *policial* e *bandido*. Então, faz todo sentido manter o verbo no plural. Nesse caso, o sujeito é composto.

A frase 24 apresenta um pronome recíproco *se*, que indica pluralidade (= *um ao outro*). É por isso que, apesar de o núcleo do sujeito (*torcedor*) estar no singular, o verbo ficará obrigatoriamente no plural. É a ideia de reciprocidade do pronome que impõe isso.

25. Cerca de três alunos chegaram.
26. Perto de cem pessoas chegaram.

Comentários: Em relação às frases 25 e 26, pense da seguinte forma: os núcleos são, respectivamente, *alunos* e *pessoas*. Logo, não há outra opção, a não ser a de o verbo concordar com esses núcleos.

17.2.10. Concordância com as expressões *que, quem, um dos que*

a) Sujeito constituído pelos pronomes **que** e **quem**. Com o relativo **que** na função de sujeito, o verbo concorda com o antecedente desse pronome, com o pronome **quem**, o verbo fica na 3ª pessoa do singular ou concorda com o antecedente.

b) Expressão *um dos que*: verbo no singular ou plural.

27. Fui eu **que** *li* a carta.
28. Fomos nós **quem** *lemos/leu* a carta.
29. Aquele romance foi **um dos que** mais me *agradou/agradaram*.

Comentários: Antes de qualquer explicação, vamos organizar a frase 27: nela há dois verbos, duas orações. Dividindo o período, teríamos:

Fui eu / que l**i a carta.**

A **1ª** oração é *fui eu*, que tem como verbo *fui* e sujeito *eu*. A 2ª oração, que restringe a 1ª, é *que li a carta*: seu verbo "*li*" tem como sujeito o pronome relativo *que*. Vamos estudar esse assunto de forma mais aprofundada no tópico sobre período composto. O fato é que o sujeito do verbo *ler* é o pronome relativo *que*, mas, como o *que* é pronome relativo (e todo relativo, como já vimos, retoma um antecedente), o verbo não concordará com o pronome em si, mas com o antecedente que ele retoma. No caso da frase 27, o antecedente do relativo é o pronome *eu*. Leia a frase como se o relativo não existisse e você não errará a concordância:

... **eu** (que) **li** a carta.

Já na frase 28, temos também duas orações:

Fomos nós / quem *lemos* (ou *leu*) a carta.

Só que aqui se trata do pronome *quem*. Com ele, há duas possibilidades de concordância. Observe:

1. Podemos considerar o pronome *quem* também como relativo (como o *que* da frase 27). Nesse caso, o verbo também concordaria com o antecedente do *quem*:

Fomos **nós** (quem) **lemos** a carta.

2. Ou podemos classificar o *quem* como pronome indefinido (= alguém). Nesse caso, o verbo concordaria com o próprio pronome *quem*:

Fomos nós **quem leu** a carta.

Construção estranha, não é? Então, coloque na ordem direta e ela lhe parecerá mais sonora:

Quem leu fomos nós.

Resumindo (frases 27 e 28):

Concordância com a palavra QUE: o pronome é classificado como relativo, e o verbo concorda com o antecedente desse relativo.

Concordância com a palavra QUEM: o verbo concordará com o antecedente do quem (nesse caso, quem é pronome relativo); ou o verbo concorda com o próprio pronome quem (aí, quem será classificado como pronome indefinido).

Vamos dividir o período da frase 29?

Aquele romance foi um dos / **que** mais me agradou (ou agradaram).

Para cada verbo, um sujeito. O sujeito da primeira oração é aquele romance. Já o sujeito da segunda oração é o pronome relativo *que*. Temos aqui um raciocínio muito parecido com o da frase 27: o que é pronome relativo na função de sujeito do verbo agradar. O verbo deverá, portanto, concordar com o antecedente do relativo. Só que, nesse caso, têm-se dois possíveis antecedentes do que: *um* ou *dos*. É por isso que se aceitam as duas opções: a de singular (nesse caso, o pronome relativo estaria retomando o antecedente *um*) ou a de plural (e, então, o pronome relativo retomaria o pronome demonstrativo *os*, da contração *dos*).

Assim, seriam duas as possibilidades de leitura:

Aquele romance foi **um** (que) me **agradou**.

Dos (que) me **agradaram**, aquele romance foi um.

Resumindo: Com a expressão um dos que, o verbo pode ficar no singular (nesse caso, o que retomaria um, que é o núcleo da expressão); ou no plural (se o antecedente do que for o pronome os).

Caso perguntem a você qual das duas opções é a melhor, diga o de sempre: a melhor é com o núcleo da expressão. Portanto, a melhor é aquela com **verbo no singular**, concordando com **um**, núcleo da expressão **um dos que**.

17.2.11. Concordância ideológica (silepse)

A concordância ideológica, ou silepse, difere dos casos de concordância que vínhamos estudando, por se desviar da norma rígida, por ser uma concordância com o sentido. Então, entenda: os casos que vimos anteriormente são de concordância rígida. Os que vamos ver agora são de concordância ideológica ou psicológica. É simples: basta você conhecer as três situações em que tal desvio pode ocorrer. Vamos a elas?

1. "V. Exª. é muito simpático."

Veja que o sujeito é representado por uma palavra feminina ("excelência"), mas o adjetivo "simpático" ficou no masculino. A concordância deixou de se fazer com o vocábulo e passou a ser feita com a ideia: trata-se de homem. Do feminino ao masculino: é a **silepse de gênero**.

2. "A criançada chegou. *Alegres*, *brincavam* por todos os lados."

Observe que o adjetivo e o verbo da 2ª oração foram ao plural, apesar de *criançada* ser palavra no singular; isso ocorre em função da ideia de coletivo que a palavra *criançada* apresenta. Do singular ao plural: é a **silepse de número**.

3. "Todos somos brasileiros".

Nem parece silepse, não é? Mas houve, sim, um desvio da concordância rígida: o sujeito *todos* é 3ª pessoa do plural (*eles*), mas o verbo foi para a 1ª pessoa do plural (*nós*). Esse recurso é muito utilizado em textos argumentativos, quando o autor quer se incluir na frase. Da 3ª pessoa à 1ª: é a **silepse de pessoa**.

Portanto, entenda que silepse é um desvio das regras rígidas de concordância. Deixa-se de concordar gramaticalmente para se fazer uma concordância ideológica.

17.2.12. Concordância com verbos no infinitivo

Em nossa língua há dois infinitivos:

Infinitivo impessoal – ação verbal de modo vago, indeterminado;

Infinitivo pessoal – não flexionado (uma só forma para todas as pessoas) flexionado (falar, falares, falar, falarmos...)

Falamos sobre infinitivo impessoal em sujeito indeterminado. Em relação à flexão do infinitivo, podemos sintetizar da seguinte forma:

a) **Não se flexiona o infinitivo:** como verbo principal de uma locução ou quando o sujeito do infinitivo for um pronome oblíquo, antecedido dos verbos *mandar, deixar, fazer, ver, sentir, ouvir*. A flexão, no entanto, pode ocorrer se o sujeito for um substantivo.

b) **Não se flexiona o infinitivo:** quando este aparecer em oração reduzida com sujeito idêntico ao do verbo da oração principal.

c) **Flexiona-se o infinitivo:** quando o infinitivo tem sujeito próprio ou quando o sujeito do infinitivo está claro na frase, regido ou não de preposição (flexão facultativa).

d) **Com os verbos *dever, poder, costumar* + *se* + *infinitivo* + *nome no plural*:** esses verbos ficam no singular (= sujeito oracional) ou concordam com o nome no plural.

Veja, agora, algumas questões resolvidas:

1. **(INSTITUTO AOCP - 2023 - PC - GO - Escrivão de Polícia da 3ª Classe)** Assinale a alternativa em que a reescrita do trecho a seguir apresenta um desvio quanto às normas de concordância verbal: "Metade da população mundial já vive sob risco climático [...]."

   A) Metade dos habitantes do planeta já vive sob risco climático.
   B) Metade dos habitantes do planeta já vivem sob risco climático.
   C) 50% da população mundial já vive sob risco climático.
   D) 50% dos habitantes do planeta já vive sob risco climático.
   E) 50% dos habitantes do planeta já vivem sob risco climático.

   Comentários: A questão trata do sujeito partitivo. Com expressões do tipo "a maioria de" e "metade de", a concordância verbal é facultativa e, por isso, as letras (a) e (b) estão corretas. Entretanto, com porcentagem e numeral, o verbo deve concordar ou com a porcentagem ou com a expressão nominal que a acompanha, como em (c) **50% da população mundial já vive**, em que a concordância foi feita com o substantivo "populaçao", e em (e) **50% dos habitantes do planeta já vivem**, em que a concordância foi feita tanto com a porcentagem quanto com o substantivo "habitantes". Contudo, em (d), **50% dos habitantes do planeta já vive**, não há concordância com a porcentagem nem com o substantivo, o que a torna a alternativa que apresenta um desvio quanto às normas de concordância verbal. O correto seria: **50% dos habitantes do planeta já vivem.**

   Gabarito: D

2. **(FCC - 2023 - MPE - PB - Analista Ministerial - Psicologia)** As normas de concordância verbal estão plenamente observadas na frase:

   A) Ao se tratar dos sonhos não se avaliam sempre os traços da dimensão negativa dos sentimentos que neles podem se representar.
   B) Para os publicitários não convêm se valer dos sonhos confusos, mas daqueles que o mercado financeiro costumam explorar.
   C) Aonde poderá levar um sonhador ingênuo os veleiros maliciosamente plantados pela publicidade senão a um paraíso enganoso?
   D) Não poderia deixar de existir sonhos tão altos como os de Martin Luther King, em face dos desafios para quem se indispõem contra o racismo.
   E) Couberam aos escravos africanos e seus descendentes a tarefa gigantesca de trabalhar para construir uma nação que lhes negou direitos básicos.

   Comentários: Na opção A, a primeira ocorrência da partícula **se** é classificada como índice de indeterminação sujeito, levando o verbo à terceira pessoa do singular. Já na segunda ocorrência, o **se** é pronome apassivador, há sujeito na frase. Sujeito no plural (traços), verbo no plural. E o sujeito semântico (ou seja, o antecedente do pronome relativo) da locução *podem se representar* é **sentimentos**, no plural, logo o verbo auxiliar dessa locução tem de ficar na terceira pessoa do plural. Correta, portanto, essa opção. Na opção B, a forma verbal *convém* tem de ficar na terceira pessoa do singular, pois o sujeito é oracional (Valer-se dos sonhos / não convém...). Na sequência, outro erro, já que **mercado** é o sujeito da locução verbal *costuma explorar*. Na opção C, está errada a forma *poderá levar*, já que o seu sujeito é **veleiros**. Logo, seria: "Veleiros poderão levar um sonhador ingênuo aonde?". Na opção D, dois erros: *poderia deixar de existir* e *indispõem*, já que os sujeitos das respectivas formas são **sonhos** (sonhos não poderiam deixar de existir) e **quem** (quem se indispõe).

Na opção E, o sujeito do verbo *caber* é tarefa. (A tarefa... coube aos escravos...).

Gabarito: A

3. **(FCC)** Em qual das frases a seguir a concordância verbal segue a norma culta?

   A) Mais de um jornal comentaram o lançamento do novo dicionário.

   B) Ontem foi lançado, com um grande evento, mais dois volumes da Enciclopédia.

   C) Tanto o Aurélio quanto o Houaiss passam por atualizações periódicas.

   D) O Aurélio ou o Houaiss receberam o prêmio de melhor dicionário do ano.

   E) Trinta por cento dos dicionários apresenta algum verbete falso.

   Comentários: Na opção A, o sujeito é "Mais de um jornal", cujo núcleo é "jornal", verbo no singular.

   ("Mais de um jornal comentou..."). Na letra B, a ordem direta da frase seria "Mais de dois volumes da Enciclopédia foram lançados ontem", verbo no plural, pois o sujeito é composto (Aurélio / Houaiss) com verbo posposto, plural. Correta a frase. A letra D traz dois núcleos ligados por **ou** com valor de <u>exclusão</u> (só um receberá o prêmio). Verbo no singular. Na opção E, tanto a porcentagem (*Trinta por cento*) quanto o substantivo que se segue (*dicionários*) levam o verbo ao plural – apresentam. Já a letra C apresenta a expressão "tanto... quanto...", que indica soma, por isso está correta a forma "passam".

   Gabarito: C

4. **(Instituto Consulplan - 2024 - Prefeitura de Jequié - BA - Professor de Matemática)** No fragmento "O domínio de múltiplas habilidades é uma das principais vantagens do letramento digital [...]", o verbo "ser" está flexionado na terceira pessoa do singular para concordar com o núcleo do sujeito que é "domínio". No entanto, a concordância com o verbo "ser" apresenta algumas especificidades. Considerando essas particularidades, assinale a alternativa INCORRETA.

   A) A escola somos todos nós, incluindo as famílias.

   B) Isso são elogios vindos da comunidade escolar.

   C) Já é duas horas da tarde e a avaliação não começou.

   D) Nem tudo na sala de aula são flores como muitos pensam.

   Comentários: Com as expressões de horas, o verbo "ser" concorda com essas expressões: É uma hora / São duas horas... Na opção C, seria "Já **são** duas horas da tarde...". Na opção A, aparece pronome reto. Nesse caso, o verbo "ser" tem de concordar com o pronome reto, independentemente da função. Na B e na D, quando o sujeito vier representado por nome de "coisa" ou pelos pronomes "tudo", "isto", "isso", "aquilo"... + termo no plural, o verbo "ser", de preferência, concorda com o termo no plural na função de predicativo do sujeito.

   Gabarito: C

17.3. EXEMPLOS COMENTADOS

Bem, teoria encerrada. Vamos aos exemplos comentados?

Quanto à concordância verbal, julgue as alternativas abaixo como certas ou erradas, corrigindo as frases com erro. Caso haja mais uma possibilidade de concordância, indique-a.

1. **Choveu** garrafas na cabeça do árbitro; aliás, **estava** chovendo até pilhas de rádio.

   Comentários: O que é que choveu? *Garrafas choveram. Pilhas estavam chovendo.*

   Gabarito: Frase errada. O certo é *choveram* e *estavam chovendo.*

2. **Deu** dez horas o relógio da matriz, mas no meu já **deu** onze.

   Comentários: *O relógio é que deu dez horas.* A primeira oração está certa, mas a segunda oração não: o sujeito passa a ser *onze* e *no meu*, adjunto adverbial de lugar (= "no meu relógio").

   Gabarito: o certo é "Deu dez horas o relógio da matriz, mas no meu já *deram* onze".

3. Não **existe** nas cidades próximas nenhum posto de gasolina aberto.

   Comentários: O que é que não existe nas cidades próximas? *Nenhum posto de gasolina aberto.* Ora, o núcleo do sujeito é *posto*.

   Gabarito: a frase está correta.

4. Não **deve** existir ciúmes em um relacionamento sincero e sadio.

   Comentários: Atenção: na locução verbal, olhe para o último verbo (verbo principal), pergunte por seu sujeito, mas não se esqueça de que quem irá se flexionar ou não é o verbo auxiliar. Portanto, qual é o sujeito de *existir*? *Ciúmes*. Logo, o auxiliar deverá ficar no plural.

   Gabarito: a frase está errada. O certo seria dizer "Não *devem* existir ciúmes..."

5. **Acabou** as aulas, **começou** as férias.

   Comentários: O que é que acabou? *As aulas*. O que é começou? *As férias*. Ambos os sujeitos estão no plural, logo os verbos deverão ficar no plural.

   Gabarito: o certo é: "Acabaram as aulas, começaram as férias".

6. Não **pode** faltar nas indústrias tanta matéria-prima quanto se diz.

   Comentários: O que é que não pode faltar nas indústrias? *Matéria-prima*. O núcleo é singular, por isso o verbo auxiliar deve mesmo ficar no singular.

   Gabarito: frase correta.

7. **Faz** dez dias que não durmo direito; **faz** cinco que não trabalho.

   Comentários: Eis, nas duas orações, o verbo *fazer* com sentido de tempo decorrido. Ele é impessoal, a oração não possui sujeito. Por isso, os verbos devem mesmo ficar no singular.

   Gabarito: frase certa.

8. **Costuma** haver abalos de terra nesta região.

   Comentários: Mais uma vez, locução verbal. Observe o último verbo: principal. Ele tem sujeito? Não, pois é *haver* com sentido de *existir*. Por isso, seu auxiliar não se flexiona, deve ficar na 3ª pessoa do singular. Cuidado: *abalos* não é sujeito, é objeto direto.

   Gabarito: frase certa.

9. A maioria das garrafas vazias **estão jogadas** ali no lixão.

   Comentários: A locução verbal está adequadamente concordando com a expressão *garrafas vazias que, sintaticamente, é adjunto adnominal do substantivo "maioria".* A frase está certa, mas haveria outra possibilidade de concordância, que, inclusive seria a mais adequada em uma redação: "A maioria das garrafas vazias está jogada...". Nesse caso, **está jogada** estaria concordando com o núcleo do sujeito **maioria**. E a concordância com o núcleo é sempre a melhor...

   Gabarito: frase certa e com outra possibilidade de flexão.

10. Vassouras **ficam** no Estado do Rio; Campinas fica em São Paulo.

    Comentários: Nome de lugar ou de obra no plural, o verbo fica no singular, a não ser que o nome seja antecedido de artigo.

    Gabarito: a frase está parcialmente errada. O certo é *Vassouras fica*. Quanto à segunda oração, tudo certo.

11. Os Estados Unidos **são** um país capitalista.

    Comentários: Nome de lugar no plural antecedido de artigo. O verbo deverá ficar no plural, seguindo o artigo.

    Gabarito: frase certa.

12. Grande parte dos melões vendidos **está** madura.

    Comentários: O sujeito é *grande parte dos melões*; o núcleo é *parte* e *dos melões* é o adjunto adnominal. Nessa frase, o verbo está concordando com o núcleo do sujeito. Contudo, poderia concordar com *melões*, que é o termo posposto. Também estaria certo dizer "Grande parte dos melões estão maduros."

    Gabarito: frase certa e com outra possibilidade de concordância.

13. Cinco por cento da produção **se perdeu** com as chuvas, mas esses 5% não **significam** muito prejuízo.

    Comentários: *Cinco por cento da produção se perdeu* ou *se perderam*: as duas estariam certas. No singular, o verbo concorda com *produção*; no plural, com o núcleo *cinco*. Quanto à segunda metade da frase, tudo certo: o verbo está adequadamente concordando com o sujeito *esses 5%*.

    Gabarito: frase certa.

14. 1% dos alunos daquele colégio **passaram** no vestibular.

    Comentários: Aqui, haveria duas possibilidades: *passaram* concordando com *alunos* e *passou*, com *1%*.

    Gabarito: a frase está certa, e haveria mais uma opção de flexão do verbo.

15. Os 15% de comissão **foram** para Hersílio, e não para mim.

    Comentários: Já que a porcentagem vem antecedida de determinante (artigo), o verbo só pode concordar com o numeral 15%.

    Gabarito: frase certa.

16. Foram eles que **pagaram** as despesas; fomos nós que **comemos**.

    Comentários: Quando o sujeito é *que*, o verbo concorda com o antecedente do relativo. Nas orações acima, os antecedentes eram *eles* e *nós*.

    Gabarito: frase correta.

17. Foram eles quem **pagou** as despesas; fomos nós quem **comeu**.

Comentários: Com *quem*: o verbo fica no singular ou concorda com o termo que vem antes do *quem*. Poderíamos também dizer *foram eles quem pagaram, fomos nós quem comemos*.

Gabarito: frase certa e com outra possibilidade de flexão.

18. Algum de nós **morrerá** antes do ano 2030.

Comentários: O núcleo da expressão é singular, o verbo só pode concordar com ele.

Gabarito: frase certa.

19. Alguns de nós **morrerão** antes do ano 2030.

Comentários: O núcleo da expressão é plural (*alguns*): o verbo pode concordar com o núcleo ou com o termo que vem posposto (*nós*). Logo, estaria também certo dizer *alguns de nós morreremos*.

Gabarito: frase certa e com outra possibilidade de flexão.

20. Cada um de nós seis **compraremos** um livro.

Comentários: Com a palavra *cada*, o verbo deverá ficar no singular. Lembre-se: a palavra *cada* individualiza o núcleo. O certo seria dizer "Cada um de nós seis comprará..."

Gabarito: frase errada.

21. V. Exª. **ireis** viajar amanhã?

Comentários: Com pronome de tratamento, o verbo fica na 3ª pessoa do singular. O certo seria dizer "V. Exª. *irá* viajar amanhã?"

Gabarito: frase errada.

22. Mais de um abacate **apodreceram**, menos de duas peras **foi comida**.

Comentários: O núcleo do 1º sujeito é *abacate* e do 2º, *peras*. Por isso, certo seria dizer "Mais de um abacate apodreceu..., menos de duas peras foram comidas."

Gabarito: frase errada.

23. Fui um dos que não **disse** nada na reunião.

Comentários: *Disse* concordando com *um*; *disseram* concordando com **dos**. Por isso, tanto faz dizer *fui um dos que disse*, como *fui um dos que disseram*.

Gabarito: frase certa e com outra possibilidade de flexão.

24. Perto de três crianças **se perderam** na praia.

Comentários: O núcleo do sujeito é *crianças*. Por isso, o verbo está no plural.

Gabarito: frase certa.

25. **Bastará** três pessoas para erguer esse peso.

Comentários: Organize a frase: *três pessoas bastarão*.

Gabarito: frase errada.

26. **Passará** logo meu interesse e minha esperança.

Comentários: Sujeito composto posposto. Tanto faz: o verbo ficou no singular concordando com o núcleo mais próximo, mas também poderia ter ido ao plural, concordando com todos os núcleos.

Gabarito: frase certa e com outra possibilidade de concordância ("passarão").

27. **Abraçaram-se** o rapaz e a garota.

Comentários: Com o pronome *se* recíproco, o verbo deverá ficar apenas no plural.

Gabarito: frase certa.

28. Luís e Manuel vadiaram o ano todo; um e outro rapaz, mesmo assim, **passou**.

Comentários: Um e outro: verbo no singular ou no plural.

Gabarito: frase certa e com outra possibilidade de concordância ("passaram").

29. Nem um nem outro caçador **conhecem** esta região.

Comentários: Embora não seja comum, essa construção não está errada. O mais correto, entretanto, seria dizer "Nem um nem outro caçador conhece..."

Gabarito: frase certa e com outra possibilidade de flexão.

30. Um dia, uma hora, um minuto, **bastam** para acontecer uma tragédia.

Comentários: Sujeito composto de núcleos em gradação: singular (mais adequada) ou plural.

Gabarito: frase certa e com outra possibilidade de flexão *(basta).*

31. Comer e dormir em seguida **engorda**.

Comentários: Núcleos do sujeito composto com verbos no infinitivo: o verbo fica no singular.

Gabarito: frase certa.

32. O comer bem e o dormir bastante **engordam**.

Comentários: Agora, os verbos estão antecedidos de artigo. O verbo deve ficar no plural.

Gabarito: frase certa.

33. Céu, mar, terra, rios, sol, planetas, animais, tudo se **constitui** dos mesmos elementos.

Comentários: O pronome *tudo* resume as informações anteriores. O verbo deve concordar com o pronome, ficando no singular.

Gabarito: frase certa.

34. O príncipe com a princesa **estiveram** na festa.

Comentários: Tanto faz: plural ou singular. O plural enfatiza os dois núcleos; o singular enfatiza o primeiro.

Gabarito: a frase está certa e teria outra possibilidade de concordância ("esteve").

35. Filipe ou Virgílio **dirigirá** o automóvel.

Comentários: *Só um vai dirigir*: *ou* com valor de exclusão. O verbo deverá ficar no singular.

Gabarito: frase certa.

36. A vida ou a morte eternas não **existe**.

Comentários: Agora, *ou* com valor de adição. O que se quer dizer é que a vida *e* a morte eternas não *existem*.

Gabarito: frase errada.

17.4. EXERCÍCIOS DE FIXAÇÃO (COM GABARITO NO FINAL)

I. Complete com as formas verbais adequadas.

1. Altamente irreais, suas palavras só _______________ valores supérfluos. (contém / contêm)
2. "A ordem social e humana nem sempre se _______________ sem o grotesco." (alcança / alcançam)
3. _______________ muito barulho aqueles meninos. (Faz / Fazem)
4. _______________ vinte minutos para as dez horas. (Falta / Faltam)
5. _______________ duas palavras de incentivo. (Basta / Bastam)
6. Vossa Excelência _______________ triste com a repercussão do caso. (ficou / ficastes)
7. Vossas Excelências _______________ tristes com a repercussão. (ficaram / ficastes)
8. _______________ propostas de trabalho para ele. (Choveu / Choveram)
9. _______________ existir dúvidas sobre aquele ponto da matéria. (Deve / Devem)
10. _______________ ocorrer novas rebeliões. (Poderá / Poderão)
11. Embora _______________ ocorrido alguns distúrbios, ele não se inteirava da condição do mundo. (tivesse / tivessem)
12. Eles _______________ entender o problema. (parecia / pareciam)
13. _______________ sala comercial. (Aluga-se / Alugam-se)
14. _______________ salas comerciais. (Aluga-se / Alugam-se)
15. _______________ medidas para baratear os produtos editoriais. (Impõe-se / Impõem-se)
16. _______________ cinco horas no relógio da sala. (Deu / Deram)
17. _______________ cinco horas o relógio da sala. (Deu / Deram)
18. _______________ uma hora. (Soou / Soaram)
19. _______________ seis horas no relógio da igreja. (Bateu / Bateram)
20. Mais de um caso _______________. (foi analisado / foram analisados)
21. Mais de um amigo se _______________. (abraçou / abraçaram)
22. Mais de dois casos _______________. (foi analisado / foram analisados)
23. Cerca de trinta pessoas _______________ mudanças. (exigia / exigiam)
24. Qual de nós _______________ do caso? (cuidará / cuidaremos)
25. Algum de nós _______________ a tempo. (chegará / chegaremos)
26. Quais de nós _______________ do caso? (cuidarão / cuidaremos)
27. Alguns de nós _______________ a tempo. (chegarão / chegaremos)
28. A maioria dos professores _______________ à cerimônia de posse do novo reitor. (compareceu / compareceram)
29. A maior parte da turma _______________ ao primeiro dia de aula. (faltou / faltaram)
30. Setenta por cento da turma _______________ de ano. (passou / passaram) / Os setenta por cento da turma _______________ de ano. (passou / passaram)
31. Setenta por cento dos eleitores não _______________ nos governantes. (confia / confiam)

32. Um por cento do eleitorado _______________ o voto. (anulou / anularam)
33. Um por cento dos eleitores _______________ o voto. (anulou / anularam)
34. Os Estados Unidos _______________ perversamente _______________ em 11 de setembro. (foi; atacado / foram; atacados)
35. Minas Gerais _______________ a visita de dois ministros. (recebeu / receberam)
36. Os Lusíadas _______________ uma epopeia. (conta / contam)
37. Fernanda e Guilherme _______________ aqui agora há pouco. (estava / estavam)
38. _______________ aqui agora há pouco Fernando e Guilherme. (Estava / Estavam)
39. Acordava de manhã e lá _______________ o meu pão torrado, o meu chá e o meu ovo cozido. (estava / estavam)
40. O diretor e o chefe _______________ entender o problema. (parecia / pareciam)
41. Ela e eu _______________ para jantar. (saíram / saímos)
42. _______________ ela e eu para jantar. (Saímos / Saiu)
43. _______________ irmão e irmã. (Abraçou-se / Abraçaram-se)
44. Chás, política, escândalos, nada _______________ a sua concentração. (atrapalhava / atrapalhavam)
45. Engenheiros, técnicos, secretárias, todos _______________. (foi demitido / foram demitidos)
46. O funcionário com o chefe _______________ cedo. (chegou / chegaram)
47. O funcionário, com o chefe, _______________ cedo. (chegou / chegaram)
48. Wilson ou Ricardo _______________ o novo presidente do conselho fiscal. (será / serão)
49. O funcionário ou os funcionários _______________ o novo representante. (anunciará / anunciarão)
50. O riso ou a lágrima _______________ parte da minha vida. (faz / fazem)
51. A competição, a disputa não o _______________. (seduzia / seduziam)
52. A paixão, o devotamento, a alma não _______________ àquele homem. (falta / faltam)
53. Correr e nadar _______________ parte do treinamento diário daquele atleta. (faz / fazem)
54. Agora, calar e falar já não _______________ nada. (adianta / adiantam)
55. O falar e o escrever _______________ dele um aluno especial. (fazia / faziam)
56. _______________ bastante por aqui. (Trabalha-se / Trabalham-se)
57. _______________ às ordens. (Obedeceu-se / Obedeceram-se)
58. _______________ aos levantamentos. (Procedeu-se / Procederam-se)
59. Nunca se _______________ totalmente pessimista. (é / são)
60. É preciso _______________ com a impunidade no país. (acabar / acabarem)
61. _______________ bastante em alguns bairros. (Choveu / Choveram)
62. _______________ dúvidas sobre aquele ponto da matéria. (Havia / Haviam)
63. _______________ vantagens para o índio no contato com o civilizado. (Havia / Haviam)
64. _______________ haver vantagens para o índio no contato com o civilizado. (Devia / Deviam)

65. ________________ haver novas rebeliões. (Poderá / Poderão)
66. Falei da angústia que ________________ dias me devorava. (havia / haviam)
67. ________________ dez meses que não recebo notícias dele. (Faz / Fazem)
68. ________________ para dois anos de sua partida. (Vai / Vão)
69. ________________ reclamações. (Chega de / Chegam de)
70. ________________ duas horas. (Passa de / Passam de)
71. ________________ que estejas aqui na hora marcada. (Convém / Convêm)
72. ________________ mudar as regras. (Convém / Convêm)
73. ________________ que as reações não podem ser diferentes. (Está claro / Estão claros)
74. Os dois ________________ que haviam acabado de comer a maçã proibida. (parecia / pareciam)
75. Os dois ________________ entenderem o problema. (parecia / pareciam)
76. ________________ agora que tudo era mentira. (Sabe-se / Sabem-se)
77. Um e outro tipo ________________ marcas profundas. (deixou / deixaram)
78. Nem o pai nem a mãe ________________ o problema. (resolveu / resolveram)
79. Não só o funcionário, mas também o diretor se ________________ para a reunião. (atrasou / atrasaram)
80. Um ou outro estilo ________________. (agrada / agradam)
81. Nem um nem outro trabalho ________________ elogio. (recebeu / receberam)
82. Fui eu que ________________ a verdade. (falei / falou)
83. Fomos nós que ________________ a verdade. (falou / falamos)
84. Era árdua a tarefa que os ________________ juntos. (mantinha / mantinham)
85. Fui eu quem ________________ a verdade. (falei / falou)
86. Sou eu quem ________________ a conta. (paga / pago)
87. Fomos nós quem ________________ a verdade. (falou / falamos)
88. Ele é um dos jovens que ________________ esse moderno sistema de telefonia. (usa / usam)
89. Aquele escritor foi um dos brasileiros que mais ________________ no futuro do país. (acreditou / acreditaram)
90. "Napoleão foi um dos guerreiros de fama que ________________ na ilha de Santa Helena." (morreu / morreram) (Ivan Alves)
91. O prédio ________________ ruínas. (era / eram)
92. Tudo ________________ ilusões. (é / são)
93. Guilherme ________________ as preocupações da família. (era / eram)
94. O responsável ________________ eu. / Eu ________________ o responsável. (é / sou)
95. Os responsáveis________________ nós. / Nós ________________ os responsáveis. (são / somos)
96. Quem ________________ os representantes da turma? (era / eram)
97. O que ________________ conectores? (é / são)
98. Os homens ________________ complicam as coisas. (é que / são que)
99. ________________ aquelas palavras que me serviram como estímulo. (Foi / Foram)
100. Vinte quilos ________________. (é muito / são muito)

101. Cinco pessoas ______________. (é suficiente / são suficientes)
102. ______________ dez horas. (É / São)
103. ______________ uma hora e vinte. (Era / Eram)
104. Hoje ______________ seis de dezembro. (é / são)
105. Daqui a minha casa ______________ três quilômetros. (é / são)
106. As pessoas pareciam ______________ o problema. (entender / entenderem)
107. Resolvemos ______________ rapidamente. (agir / agirem)
108. Mandei-os ______________ os ingressos. (devolver / devolverem)
109. Viu-os ______________ imóvel. (chegar / chegarem)
110. Fê-los ______________. (chorar / chorarem)
111. Fez os ouvintes ______________. (chorar / chorarem)
112. Minha filha chegou sem ______________. (perceber / percebermos)
113. Os empresários falaram no preço que pagam para ______________ negócio no Brasil. (fazer / fazerem)
114. Não se ______________ proibir manifestações do povo. (deve / devem)
115. Os cariocas ______________ um povo alegre. (verbo SER, silepse de pessoa)
116. A multidão não se continha. ______________ justiça. (verbo PEDIR, silepse de número)

II. Levando em consideração as regras de concordância verbal, marque certo (C) ou errado (E).

1. ( ) A presença de pessoas estranhas, num momento como este, poderiam perturbar a atenção das candidatas, até aqui inteiramente dirigida para as questões da prova.
2. ( ) Quando se aplicam a todos os seres de uma espécie ou quando designam abstrações, o substantivo é chamado "comum."
3. ( ) Os peregrinos, que em longa caravana caminhavam respeitosos, mostravam-se dispostos a enfrentar qualquer adversidade que se lhes apresentasse.
4. ( ) Já era quase nove horas, nenhum dos meninos pareciam querer se levantar, nada faziam os pais imaginarem os rumores da véspera.
5. ( ) Com a canção popular, hoje, costuma ocorrer frequentemente fatos diversos.
6. ( ) Com a canção popular, hoje, podem haver fatos diversos.
7. ( ) Há uma série de outras motivações que não cabe aqui mencionar.
8. ( ) É uma cidade onde falta verdade, honra e vergonha.
9. ( ) Os fatos que houveram causaram espanto, por ter sido os carros-bomba lançados contra um grupo de crianças inocentes.
10. ( ) Na discussão do assunto, lança-se mão de dois recursos, com base em dados socioeconômicos.
11. ( ) Tratam-se, talvez, das referências mais citadas para defender valores mais expressivos para os salários-família.
12. ( ) Não se apanha moscas com vinagre.
13. ( ) Com o projeto, fornecer-se-ão dados estatísticos sobre a propagação da Aids no país.
14. ( ) Alterou-se cerca de 600 palavras.

15. ( ) Indenizar-se-á em dinheiro as benfeitorias úteis e necessárias.
16. ( ) Não se poderiam esquecer tantas emoções.
17. ( ) Em outros campos, despreza-se palavras que dão o seu recado com eficiente simplicidade.
18. ( ) Havia um templo em que se cultuavam aos deuses.
19. ( ) No fim do mês, feitas as contas, veem-se que os gastos foram absurdos.
20. ( ) Ao se tomar conhecimento dos números dessas pesquisas, fica-se perplexo.
21. ( ) Esperam-se que não surjam, no atual cenário latino-americano, os aventureiros de sempre.
22. ( ) Um por cento da população brasileira buscam profissionalizar-se.
23. ( ) Quarenta por cento da população brasileira busca profissionalizar-se.
24. ( ) 1,13% morreu em acidentes de trânsito.
25. ( ) 1,20% dos jovens morreram por outras razões.
26. ( ) 12,49% dos jovens morrem em acidentes.
27. ( ) Trinta por cento da conta de energia correspondem ao consumo gerado por chuveiro elétrico e geladeira.
28. ( ) Se o consumo é muito alto, umas poucas providências em casa já o reduz.
29. ( ) Vários voluntários procuram os Centros de Testagem Anônima; quinze por cento, aproximadamente, apresenta resultado positivo.
30. ( ) O grande responsável pelo reequilíbrio das reservas foi o povo, a quem coube muitos sacrifícios.
31. ( ) Sempre existirão os que aceitam a economia de mercado, como sempre haverão os que lhe são contrários.
32. ( ) Quantos dias faz que não o vemos? Há de haver bem uns dez.
33. ( ) Não me haviam alertado para o perigo os técnicos do laboratório.
34. ( ) Refaria esses trabalhos e quantos mais houvessem para refazer.
35. ( ) Pouco mais de mil pessoas havia nas salas de aula.
36. ( ) Houveram por bem sair mais cedo os professores.
37. ( ) É provável que hajam falhas graves nesse projeto.
38. ( ) Os Estados Unidos não tinha a necessária infraestrutura para recrutar voluntários.
39. ( ) A Fundação Instituto Oswaldo Cruz com a Universidade Federal de Minas Gerais iniciaram um projeto de verificação da incidência de HIV em homossexuais e bissexuais.
40. ( ) O Hospital Clementino Fraga Filho é um dos que selecionarão pessoas para determinar a incidência de HIV em homossexuais e bissexuais entre 18 e 35 anos.
41. ( ) Os Lusíadas são o grande poema épico de Portugal.
42. ( ) Na juventude tudo são alegrias.
43. ( ) Convêm descobrir as fórmulas secretas.
44. ( ) São atitudes como essa que te convém evitar.
45. ( ) Pensou-se que faltava algumas modificações.
46. ( ) Podiam haver divergências entre pronúncia e grafia.
47. ( ) Não podia haver mais complicações.

48. ( ) Já vai fazer dez anos que me radiquei em Fortaleza.
49. ( ) Falta-nos a paixão, o devotamento, a alma.
50. ( ) Houve erros de previsão grosseiros.
51. ( ) Não haverão de mim nada com ameaças.

III. Complete as lacunas com a(s) forma(s) adequada(s).

1. ________________ ele, você e eu esperando o chefe. (Ficamos / Ficou)
2. Brasileiros e latino-americanos ________________ constantemente a crítica da prevalência. (fazem / fazemos)
3. ________________ nas classes trabalhadoras o desejo de ter acesso à leitura. (Aumenta / Aumentam)
4. A maioria dos nossos produtos editoriais não ________________ ao orçamento doméstico do trabalhador. (é acessível / são acessíveis)
5. ________________ um estudo mais acurado as ideias de baratear a comercialização dos produtos editoriais. (Merece / Merecem)
6. Vislumbra-se um mundo em que tudo ________________ botões de computador. (é / são)
7. Tudo, carrinhos, robôs e bonecas, ________________ adquirir nova forma e valor nas mãos da criança. (pode / podem)
8. Nem a criança nem o adulto ________________ deixar de continuamente exercer o poder de criar. (deve / devem)
9. Grande parte dos objetos hoje utilizados numa casa ________________ do processo de industrialização. (resulta / resultam)
10. Tu e eu ________________ convencidos de que ________________ em erro. (seremos / sereis; andamos / andais)
11. A maioria das pessoas aqui não ________________ do que está falando. (sabe / sabem)
12. Um e outro ecologista ________________ contra a derrubada de eucaliptos. (protestou / protestaram)
13. ________________ dar quatro horas no relógio da praça. (Ia / Iam)
14. ________________ o meio ambiente a comunidade e o vigário. (Defendia / Defendiam)
15. A história que vou referir só a ________________, em toda esta cidade, minha mulher e eu. (sabe / sabemos)
16. Não ________________ falta nenhuma o eucalipto e os cupins. (faz / fazem)
17. O perito e assistente técnico ________________ de todos os meios necessários para o desempenho de suas funções. (utilizou-se / utilizaram-se)
18. Os Estados Unidos ________________ uma grande potência. (é / são)
19. Alagoas ________________ um belo estado. (é / são)
20. Os Lusíadas ________________ o grande poema épico da literatura portuguesa. (é / são)
21. Vinte reais ________________ suficiente. (é / são)
22. Já ________________ uma hora da tarde e ele ainda não chegou. (é / são)
23. "E quanto enfim cuidava e quanto via, ________________ tudo memórias de alegria." (Camões) – (era / eram)

24. ________________ V. Exª os meus votos de distinta consideração. (Aceita / Aceitais)
25. Cada um dos jogadores daquele quadro já ________________ um prêmio. (ganhou / ganharam)
26. Qual de vocês ________________ o rio? (atravessará / atravessarão)
27. Qual dos três cientistas ________________ o prêmio este ano? (ganhará / ganharão)
28. Quanto de nós ________________ realmente dispostos a ajudar o próximo? (estarão / estaremos)
29. ________________ três anos que ele viajara para Belém. (Fazia / Faziam)
30. Na reunião só ________________ cinco representantes do sindicato. (havia / haviam)
31. ________________ árvores derrubadas perto do rio. (Havia / Haviam)
32. "Os sentenciados ________________ do poder público a comutação da pena." (G. Góis) – (houve / houveram)
33. ________________ existir pelo menos mais de três documentos guardados. (Deve / Devem)
34. ________________ haver campanhas educativas sobre o trânsito de nossa cidade. (Deveria / Deveriam)
35. O projeto de integração que ________________ realizando as frágeis democracias ________________, ________________ e ________________ é um esforço inegavelmente significativo para o cone sul. (vem / vêm; uruguaia, argentina e brasileira / uruguaias, argentinas e brasileiras)
36. ________________ as regras de mera convenção ser menosprezadas. (Pode / Podem)
37. No caso não ________________, nem jamais ________________, asseguro-lhe, prevenções de ordem pessoal. (existe / existem; existiu / existiram)
38. Não se ________________ esquecer tantas atenções. (poderia / poderiam)
39. ________________ todos os ritmos da metrificação portuguesa. (Adotou-se / Adotaram-se)
40. A forma de morte em questão é a seguinte: inicialmente ________________ as mãos de uma pessoa. (amarra-se / amarram-se)
41. Oitenta por cento dos alunos ________________ preparados. (está /estão)
42. Está acertado que 1% dos recursos ________________ para a educação, e os 99% restantes ________________ em obras de saneamento básico do município. (irá / irão; será empregado / serão empregados)
43. Grande parte das poesias não ________________ uniformidade nas estrofes. (tem / têm)
44. Grande número de programas ________________ sido ________________, nos EUA, para áreas consideradas prioritárias pelo Estado, como matemática e ciências. (tem / têm; direcionado / direcionados)
45. A maioria dos jovens ________________ acompanhando pelos jornais as notícias sobre a Croácia. (vem / vêm)
46. Foi o prefeito César Maia quem ________________ a pregar a solução. (correu / correram)

47. As sardinhas fomos nós quem ________________. (pescou / pescamos)
48. Fui eu quem ________________ um manifesto contra irregularidades dessa repartição. (encabeçou / encabecei)
49. Não fui a que ________________ primeiro. (cheguei / chegou)
50. "Um dos soldadinhos que me ________________ chorava como um desgraçado." (G. Ramos) – (acompanhava / acompanhavam)
51. Ele é um dos que mais ________________ o meio ambiente. (defende / defendem)
52. Mais de um nativo ________________ o problema. (entendeu / entenderam)
53. "Aqui ________________ a burguesia, o mercador, a população." (Eça de Queiroz) – (habita / habitam)
54. Naquela guerra entre quadrilhas, ________________ um dos chefes e alguns moradores das proximidades. (morreu / morreram)
55. O certo e que o orgulho, a soberba ________________ verdades supremas. (cobre / cobrem)
56. Quando chove, as árvores ________________ que ficam verdes. (parece / parecem)
57. Eram casos fortuitos que não ________________ em seu poder prevenir. (estava / estavam)
58. Os ritmos utilizados me pareceu ________________ melhor com o que eu pretendia exprimir. (quadrar / quadrarem)
59. ________________-lhes aclarar muitos pontos importantes. (Falta / Faltam)
60. São atitudes como essa que ________________ evitar. (convém / convêm)
61. "O conselho se reuniu, e ________________ recomeçar a guerra." (B. Guimarães) – (decidiu / decidiram)
62. Não ________________ nexos lógicos entre "tom de documentário" e "convenção de novela", por se ________________ de assuntos diferentes. (ocorre / ocorrem; tratar / tratarem)
63. A premissa é a de que de uma quantidade menor de línguas ________________ menos maneiras diferentes de pensar, menos chances para desentendimentos e conflitos. (decorrerá / decorrerão)
64. "Mas não ________________ o governo, o sistema, o modelo social os únicos responsáveis (ou irresponsáveis) nessa situação." (E. Franchi) – (é / são)
65. "Mas, para Adélia, nem tudo ________________ elogios e, de vez em quando, até um grande poeta tem que conviver com o amargor da faca afiada da crítica." (é / são)
66. Nas conversas dos parlamentares e juristas, no Congresso, o assunto ________________ sempre as trapalhadas do governo para conter a inflação e a base monetária. (era / eram)
67. Nas conversas de sindicalistas e economistas, no DIEESE, o assunto ________________ sempre as altas taxas de desemprego e o arrocho salarial. (era / eram)
68. Nada mal para as empresas que, mesmo sem capital de giro e sem condições de vender, por falta de compradores, ________________ de se ajustar, demitindo pessoal. (haverá / haverão)

69. Ninguém sabe se ________________ haver ou não novas inscrições para o concurso anunciado há duas semanas. (vai / vão)
70. Todas as opiniões que ________________ entre os participantes do encontro seriam debatidas democraticamente. (houvesse / houvessem)
71. Embora muitas dificuldades ________________ surgido, os trabalhos foram concluídos em tempo hábil. (houvesse / houvessem)
72. Se ________________ desistências, as vagas não poderão ser preenchidas por candidatos sem habilitação legal. (houver / houverem)
73. ________________, entre os meses de outubro e dezembro, ocorrido pancadas de chuva tão violentas que as estradas estavam em péssimas condições. (Havia / Haviam)
74. "Mas ________________ livros que, lidos no momento certo, fizeram de mim a pessoa que sou." (houve / houveram)
75. "Nem os olhos nem o gesto ________________ poesia nenhuma." (Machado de Assis) – (tinha / tinham)
76. Tudo mal para os trabalhadores que, com a demissão batendo à porta, devido à crise recessiva, ________________ de se contentar com o rebaixamento do poder aquisitivo. (terá / terão)
77. As condições concretas, sociais, políticas e econômicas em que foram executados os planos de estabilização de economias em estado de crise, durante o nosso século, ________________ cética nossa visão sobre o futuro. (torna / tornam)
78. Para completar o elenco de "Uma relação tão delicada" foi chamado o ator R. Adruim, a quem ________________ dois papéis ingratos – o de namorado de Charlotte e o de marido de Jeanne... (coube / couberam)
79. Desta forma, solicito que nos ________________ mais alguns dias para entregar o material. (seja concedido / sejam concedidos)
80. Estamos encaminhando, para ________________ em reunião da comissão tripartite, as normas para eleição do novo chefe do Departamento. (ser apreciado / serem apreciadas)
81. É sabido que de uma maneira geral a qualidade dos Sistemas de Informação desenvolvidos ________________ muito longe das satisfações e necessidades de seus usuários. (está / estão)

Gabarito: I – 1. contêm; 2. alcança; 3. Fazem; 4. Faltam; 5. Bastam; 6. ficou; 7. ficaram. Observação: Pronome de tratamento leva o verbo para a 3ª pessoa; 8. Choveram (o verbo "chover", aqui, não é impessoal, pois aparece com sentido figurado. Seu sujeito é "propostas"); 9. Devem; 10. Poderão (na locução verbal, quem se flexiona é o verbo auxiliar: se o sujeito aparecer no plural, o verbo auxiliar ficará no plural); 11. tivessem; 12. pareciam; 13. Aluga-se (sujeito: sala / Sala comercial é alugada.); 14. Alugam-se (sujeito: salas / Salas comerciais são alugadas.); 15. Impõem-se (sujeito: medidas / Medidas são impostas.); 16. Deram; 17. Deu; 18. Soou; 19. Bateram; 20. foi analisado; 21. abraçaram (nesse caso, com pronome recíproco, verbo no plural); 22. foram analisados; 23. exigiam; 24. cuidará; 25. chegará; 26. cuidarão ou cuidaremos; 27. chegarão ou chegaremos; 28. compareceu ou compareceram; 29. faltou; 30. passaram ou passou / passaram; 31. confiam; 32. anulou; 33. anulou ou anularam; 34. foram atacados; 35. recebeu; 36. conta ou contam (com nome de "obra", aceita-se a concordância com a ideia, no singular.); 37. estavam; 38. Estava ou Estavam; 39.

Estava ou estavam; 40. pareciam; 41. Saímos [3ª pessoa (ela) + 1ª pessoa (eu) = 1ª pessoa do plural (nós)]: com sujeito composto representado por pessoas diferentes, o verbo vai ao plural da pessoa que tiver preferência – a 1ª pessoa prevalece sobre a 2ª pessoa e a 3ª pessoa; a 2ª pessoa prevalece sobre a 3ª: Tu e ela chegastes ou chegaram. Nesse caso, aceita-se a 3ª pessoa do plural – chegaram –, pois o "vós" está em desuso; 42. Saímos ou Saiu (Verbo anteposto a sujeito composto: concorda com todos os núcleos ou com o mais próximo.); 43. Abraçaram-se ("se" recíproco – verbo na 3ª pessoa do plural); 44. atrapalhava (caso 2 – b); 45. foram demitidos (idem); 46. chegaram ou chegou; 47. chegou (É a melhor concordância. Algumas gramáticas, porém, aceitam o plural nesse tipo de construção.); 48. será; 49. anunciarão; 50. fazem; 51. seduzia ou seduziam; 52. falta ou faltam; 53. faz; 54. adiantam; 55. faziam; 56. Trabalha-se; 57. Obedeceu-se; 58. Procedeu-se; 59. é; 60. acabar; 61. Choveu; 62. Havia; 63. Havia; 64. Devia; 65. Poderá; 66. havia; 67. Faz; 68. Vai; 69. Chega de; 70. Passa de; 71. Convém; 72. Convém; 73. Está claro; 74. parecia (= Parecia / que os dois haviam acabado de comer a maçã proibida); 75. parecia (= Parecia / que os dois entenderam o problema); 76. Sabe-se; 77. deixou ou deixaram; 78. resolveu ou resolveram; 79. atrasaram (é a preferência); 80. agrada; 81. recebeu ou receberam; 82. falei; 83. falamos; 84. mantinha; 85. falei ou falou; 86. paga ou pago; 87. falou ou falamos; 88. usa ou usam; 89. acreditou ou acreditaram; 90. morreu (o sentido exige o singular); 91. era ou eram; 92. é ou são; 93. era; 94. sou / sou; 95. somos/somos; 96. eram; 97. são; 98. é que; 99. Foram; 100. é muito; 101. é suficiente; 102. São; 103. Era; 104. são; 105. são; 106. entender; 107. agir; 108. devolver; 109. chegar; 110. chorar; 111. chorar ou chorarem; 112. percebermos (sujeito próprio); 113. fazer ou fazerem; 114. deve ou devem; 115. somos; 116. Pediam.

II – 1. E – A <u>presença</u> ... <u>poderia</u> perturbar; 2. E – Quando se <u>aplica</u> ... o <u>substantivo</u> ...; 3. C; 4. E – Já <u>eram</u> ... <u>nove horas</u>; <u>nenhum</u> dos meninos <u>parecia</u> ...; <u>nada</u> fazia ...; 5. E – ...<u>costumam</u> ocorrer ... <u>fatos</u>; 6. E – pode haver; 7. C; 8. C; 9. E – houve; terem sido lançados; 10. C; 11. E – Trata-se – Sujeito indeterminado, o "se" é indeterminador; 12. E – apanham – O "se" é apassivador, o sujeito é "moscas"; 13. C; 14. E – <u>Alteram-se</u> ... <u>palavras</u> – O "se" é apassivador; 15. E – <u>Indenizar-se-ão</u> ... <u>as benfeitorias</u> – O "se" é apassivador; 16. C – caberia também "poderia" – Ver "Flexão do Infinitivo" d); 17. E – <u>desprezam-se</u> <u>palavras</u> ... A explicação é a mesma das frases 12 a 15.); 18. E – se cultuava – Sujeito indeterminado, "se" indeterminador; 19. E – vê-se – Sujeito oracional "que os gastos foram absurdos", verbo da oração principal no singular; 20. C; 21. E – A mesma explicação da frase 19 Espera-se/que...; 22. E – <u>Um</u> por cento da <u>população</u> <u>busca</u>...; 23. C – ou buscam; 24. C; 25. C – ou morreu; 26. C; 27. C – ou corresponde; 28. E – ... <u>providências</u> ... <u>reduzem</u>; 29. E – apresentam; 30. E – ... a quem <u>couberam</u> muitos <u>sacrifícios</u>; 31. E – haverá; 32. C; 33. C; 34. E – houvesse; 35. C; 36. C – o "haver", aqui, não é impessoal; 37. E – haja; 38. E – tinham; 39. C – ou iniciou; 40. C – ou selecionará; 41. C – ou é; 42. C – ou é; 43. E – Convém / descobrir... sujeito oracional); 44. C; 45. E – ... <u>faltavam</u> ... <u>modificações</u>; 46. E – <u>Podia</u> haver; 47. C; 48. C; 49. C; 50. C; 51. C – o "haver", aqui, não é impessoal.

III – 1. Ficamos ou Ficou; 2. fazem ou fazemos (silepse); 3. Aumenta; 4. é acessível ou são acessíveis; 5. Merecem; 6. é ou são; 7. pode; 8. deve ou devem; 9. resulta ou resultam; 10. seremos / andamos; 11. sabe ou sabem; 12. protestou ou protestaram; 13. Iam; 14. Defendia ou Defendiam (verbo anteposto a sujeito composto); 15. sabe ou sabemos (idem); 16. faz ou fazem (idem); 17. utilizou-se (é uma pessoa só: Ele é perito e assistente); 18. são; 19. é; 20. é ou são; 21. é; 22. é; 23. era ou eram; 24. Aceita; 25. ganhou; 26. atravessará; 27. ganhará; 28. estarão ou estaremos; 29. Fazia; 30. havia; 31. Havia; 32. houveram; 33. Devem; 34. Deveria; 35. vêm / uruguaia, argentina e brasileira; 36. Podem; 37. existem / existiram; 38. poderiam ou poderia; 39. Adotaram-se; 40. amarram-se; 41. estão; 42. irá ou irão / serão empregados; 43. tem ou têm; 44. tem sido direcionado ou têm sido direcionados; 45. vem ou vêm; 46. correu; 47. pescou ou pescamos; 48. encabeçou ou encabecei; 49. chegou; 50. acompanhava ou acompanhavam; 51. defende ou defendem; 52. entendeu; 53. habita ou habitam; 54. morreu ou morreram; 55. cobre ou cobrem (núcleos sinônimos); 56. parece (Parece / que as árvores...), or. princ. or. subjetiva; 57. estava (prevenir casos não estava em seu poder); 58. quadrarem (Pareceu-me/que os ritmos quadravam melhor), or. princ. or. subjetiva; 59. Falta-lhes/aclarar... or. princ. or. subjetiva (reduzida de infinitivo); 60. Convém / evitar (idem); 61. decidiu ou decidiram (silepse); 62. ocorrem / tratar; 63. decorrerão; 64. é ou são; 65. é ou são; 66. era ou eram; 67. era ou eram; 68. haverão; 69. vai; 70. houvesse; 71. houvessem; 72. houver; 73. Haviam; 74. houve; 75. tinha ou tinham; 76. terão; 77. tornam; 78. couberam; 79. sejam concedidos; 80. serem apreciadas; 81. está.

17.5. QUESTÕES DE CONCURSOS COMENTADAS

1. **(VUNESP - 2024 - APS - SP - Especialista Portuário)** A alternativa que está redigida de acordo com a norma-padrão de concordância verbal é:

A) Mais de um brasileiro está comentando a lista de convocados pelo técnico.

B) Acontece muitas coisas no mundo, o que permite arranjarmos assunto para comentar.

C) Tantas coisas que se vê por aí não basta para escrever uma crônica.

D) Comenta-se muito questões envolvendo a extradição de um criminoso.

E) Sabemos que sempre houveram crises econômicas e conflitos religiosos.

Comentários: Com as expressões "mais de", "cerca de", "perto de", o verbo concorda com a palavra que se segue. Nesse caso, "brasileiro". Então, nessa passagem, verbo no singular. Correta a opção A.

B) Acontecem muitas coisas...

C) Tantas coisas que se veem... (que são vistas)

D) Comentam-se...questões...

E) ...sempre houve... (verbo impessoal)

Gabarito: A

2. **(VUNESP - 2024 - Prefeitura de Santo André - SP - Auditor de Controle Interno)** Assinale a alternativa que atende à norma-padrão de concordância nominal e de concordância verbal.

A) Avenidas e arranha-céus tornaram o meu Recife bonito, bastante diferente de trinta anos atrás.

B) Diziam para mim que, em Recife, haviam avenidas e arranha-céus maravilhosos a embelezá-la.

C) Ao longo de trinta anos, aconteceu mudanças em Recife, com bastante avenidas e arranha-céus.

D) O meu Recife, hoje, dispõem de muitas avenidas e arranha-céus esplendorosos a embelezá-lo.

E) Foi trinta anos longe de Recife, até rever essa cidade, com suas amplas avenidas e arranha-céus.

Comentários: Na opção A, tanto a concordância nominal quanto a verbal estão corretas. Sujeito composto (Avenidas e arranha-céus), verbo no plural (tornaram). O adjetivo "bonito" aparece no masculino singular devido ao uso do determinante "o meu". Concordância nominal correta.

B) havia (verbo impessoal). O uso do pronome "la" remete a Recife, subentende-se "a cidade", concordância ideológica. Aqui não há erro.

C) ...aconteceram mudanças...

D) ...dispõe.

E) Foram trinta anos...

Gabarito: A

3. **(Instituto Consulplan – 2024 – Prefeitura de Iúna – ES – Professor)** A regra geral para a concordância verbal é o verbo concordar em número e pessoa com o sujeito da oração como pode ser observado em: "A falta de padronização dos materiais e a necessidade de separação por tipo tornam o processo mais dispendioso e complicado."

Considerando casos específicos de concordância verbal, assinale a afirmativa correta.

A) Durante a abordagem do assaltante, carteira, celular, relógio nada foi poupado.

B) Mais de um turista se perderam durante o passeio no Parque Estadual da Pedra Azul.

C) Minas Gerais foram desbravadas por bandeirantes na busca de ouro e pedras preciosas.

D) O secretário ou a telefonista assumirão a função de fiscal durante a próxima etapa do trabalho.

Comentários: Em caso de sujeito composto (carteira, celular, relógio) resumido por um pronome indefinido na função de aposto resumitivo (nada), o verbo concorda com esse pronome (foi poupado). Correta a opção A.

B) Com as expressões "mais de", "cerca de", "perto de", o verbo concorda com a palavra que se segue (turista). Verbo no singular (perdeu).

C) Sujeito representado por nome de lugar, o verbo concorda com o determinante. Nessa passagem (Minas Gerais), não aparece determinante (um artigo, por exemplo). Então, o verbo fica no singular.

D) Nessa frase, aparecem núcleos de sujeito ligados por "ou" com ideia de exclusão. O verbo ficaria no singular (assumirá).

Gabarito: A

4. **(Instituto Consulplan – 2024 – Câmara de Maria da Fé – MG – Procurador Legislativo)** O verbo "ser" apresenta uma concordância particular. No trecho "A convicção de que as virtudes são o que há de mais valioso na vida humana [...]", o verbo "ser"

concorda com o sujeito "as virtudes". Considerando as demais concordâncias sobre o verbo "ser", assinale a alternativa INCORRETA.

A) Nesta situação, as nossas esperanças é você.

B) Boas atitudes ainda é a garantia de bem-estar da população.

C) Dois dias é suficiente para que os vereadores decidam a votação.

D) Eram oito horas quando os portões abriram para a entrada do público.

Comentários: Em relação à concordância com o verbo "ser", quando aparece um dos termos (sujeito ou predicativo representado por "coisa", e não pessoa) no plural, a tendência é a do verbo "ser" ficar no plural. Pelas opções apresentadas, na opção B seria, então, "são". Há gramáticas, no entanto, que aceitam as duas formas (singular ou plural).

A) quando aparece pronome (pessoal, de tratamento), o verbo "ser" concorda com o pronome (você), e não com o substantivo (esperanças).

C) com as expressões "é muito", "é pouco", "é suficiente"... indicando quantidade, o verbo "ser" fica no singular.

D) O verbo "ser" nas expressões de "horas", "datas" ou "distâncias" concorda com essas expressões (Era uma hora / Eram oito horas).

Gabarito: B

5. (FCC - 2024 - TRT - 11ª Região - AM e RR - Técnico Administrativo) Considere as frases a seguir.

I. Férias é o período do ano que eu mais espero.

II. Nem meu irmão nem minha irmã veio para a festa de aniversário.

III. Fazem dias que eu trabalho sem qualquer pausa.

IV. Mais de um jogador foi expulso da partida.

V. Ex-chefes, familiares e amigos, ninguém conseguiu convencê-lo do contrário.

Há erro de concordância verbal APENAS em:

A) I e V.

B) I e II.

C) II e III.

D) III e IV.

E) IV e V,

Comentários: A banca considerou a frase do item II errada. Contudo, há gramáticas que registram as duas formas (singular ou plural) com a expressão "nem... nem". O item III está errado, a forma correta seria "faz" (verbo "fazer" com ideia de tempo passado é impessoal, fica na terceira pessoa do singular). No item I, quando aparece um dos termos (sujeito ou predicativo representado por "coisa", e não pessoa) no plural, a tendência é a do verbo "ser" ficar no plural. Há gramáticas, no entanto, que aceitam as duas formas (singular ou plural). A banca aceitou o singular, aqui. No IV, com as expressões "mais de", "cerca de", "perto de", o verbo concorda com a palavra que se segue (jogador). Verbo no singular, nessa frase. No item V, em caso de sujeito composto (Ex-chefes, familiares e amigos) resumido por um pronome indefinido na função de aposto resumitivo (ninguém), o verbo concorda com esse pronome (conseguiu). Nessa questão, portanto, caberia recurso.

Gabarito: C

6. **(FCC - 2024 - TRF - 3ª Região - Analista Judiciário)** As normas de concordância verbal estão plenamente respeitadas na frase:

A) Às variações das leis dos homens não se submetem a rígida regularidade das leis naturais.

B) Sempre haverá filósofos que busquem nas leis naturais o que os inspire no âmbito das leis humanas.

C) Não cabem às leis dos homens buscar corrigir ou disciplinar as leis da natureza.

D) Regem-se pelos princípios da natureza toda manifestação de fenômenos que independem da ação humana.

E) Impõem-se aos que defendem a pena de morte que se amparem em justificativas cabíveis.

Comentários: Na opção B, todas as formas verbais concordam com seus respectivos sujeitos: "haverá" (verbo impessoal - "haver" com sentido de "existir" - oração sem sujeito, fica na terceira pessoa do singular); "busquem" (sujeito semântico "filósofos"); "o" [=aquilo] - sujeito semântico de "inspire".

A) ...não se submete... (sujeito = regularidade);

C) Não cabe... (sujeito oracional = buscar corrigir ou disciplinar);

D) Rege-se... (sujeito = manifestação);

E) Impõe-se ... (sujeito oracional = que se amparem em justificativas cabíveis).

Observação: quando o sujeito aparece sob forma de oração, o verbo da oração principal fica na terceira pessoa do singular.

Gabarito: B

7. **(FGV – 2024 – CGE-PB – Auditor de Contas Públicas)** A frase abaixo em que a concordância verbal está inadequada é:

A) Quantos anos haverá que ela nos visitou?

B) Deve ir em cinco anos que viajei para a Europa;

C) Cinco anos está fazendo que nos encontramos;

D) Deve estar passando dois minutos das seis horas;

E) Há de fazer duas semanas que comprei o carro novo.

Comentários: Na opção D, o sujeito da locução verbal do período é "dois minutos", plural. Logo, o auxiliar ficaria no plural (Devem estar passando). Nas outras opções, aparecem verbos impessoais, indicando tempo decorrido (haverá, ir, passar de, fazer). Casos de oração sem sujeito, verbos na terceira pessoa do singular.

Gabarito: D

8. **(CESPE/CEBRASPE – 2025 – TRF – 6ª Região – Analista Judiciário)**

"Analisando-se a literatura produzida sobre justiça restaurativa desde o final da década de 70 do século passado, verifica-se que **há** diferentes abordagens, produzidas por estudiosos dos mais diversos campos do conhecimento (filosofia, psicologia social, antropologia, ciências jurídicas, pedagogia, assistência social, entre outros), incluídos acadêmicos, facilitadores de justiça restaurativa, servidores públicos e entusiastas da justiça restaurativa que buscam disseminar e fortalecer a sua implementação em nível institucional."

A substituição da forma verbal "há" por **existe** preservaria a correção gramatical e os sentidos do texto.

CERTO
ERRADO

Comentários: O verbo "haver", com sentido de "existir", é impessoal, não possui sujeito. Fica na terceira pessoa do singular. No entanto, o "existir" é pessoal, possui sujeito. Logo, concorda com o sujeito dessa forma verbal. Nessa passagem, substituindo por "existir", ficaria "existem", já que o sujeito seria "abordagens", no plural.

Gabarito: ERRADO

9. (CESPE/CEBRASPE - 2024 - Prefeitura de Mossoró - RN - Analista de Procuradoria)

[...] Os acordos de 1810 foram firmados contra a garantia da Inglaterra de que nenhum governo imposto por Napoleão em Portugal seria reconhecido. Por eles se transferiam para o Brasil todos os privilégios de que ***gozavam*** *os ingleses em Portugal — inclusive os de extraterritorialidade — e se lhes reconhecia demais uma tarifa preferencial. Tudo indica que, negociando esses acordos, o governo português tinha estritamente em vista a continuidade da casa reinante em Portugal, enquanto os ingleses se preocupavam em firmar-se definitivamente na colônia, cujas perspectivas comerciais eram bem mais promissoras que as de Portugal.*

No penúltimo período, a forma verbal "gozavam" está empregada na terceira pessoa do plural porque concorda com o termo "privilégios".

CERTO
ERRADO

Comentários: O sentido mostra que o sujeito do verbo "gozavam" é "os ingleses", e não "privilégios". Houve uma troca de posição entre sujeito e verbo: "Por eles se transferiam para o Brasil todos os privilégios de que gozavam os ingleses..." (...de que os ingleses gozavam).

Gabarito: ERRADO

10. (CESPE/CEBRASPE - 2024 - BACEN - Analista)

"A Conferência considera que as tecnologias de IA podem ser de grande utilidade para a humanidade e podem beneficiar todos os países, mas também suscitam questões éticas fundamentais, por exemplo, **em relação às distorções que podem incorporar e exacerbar,** o que resultaria potencialmente em discriminação, desigualdade, exclusão digital, exclusão em geral e ameaça à diversidade cultural, social e biológica, além de divisões sociais ou econômicas. Suscitam, ainda, questões relativas à necessidade de transparência e compreensibilidade do funcionamento dos algoritmos e dos dados com que eles foram alimentados, além de seu potencial impacto sobre, entre outros aspectos, a dignidade humana; os direitos humanos e as liberdades fundamentais; a igualdade de gênero; a democracia; os processos sociais, econômicos, políticos e culturais; as práticas científicas e de engenharia; o bem-estar dos animais; o meio ambiente e os ecossistemas."

No trecho "em relação às distorções que podem incorporar e exacerbar", a forma verbal "podem" está flexionada na terceira pessoa do plural porque concorda com o termo "distorções", que é o referente do sujeito das orações presentes no segmento "que podem incorporar e exacerbar".

CERTO

ERRADO

Comentários: O sentido do texto mostra que o sujeito desse verbo destacado é "as tecnologias de IA". Elas (as tecnologias de IA) podem incorporar e exacerbar distorções.

Gabarito: ERRADO

17.6. QUESTÕES DE CONCURSOS PROPOSTAS (COM GABARITO NO FINAL)

1. (VUNESP – 2024 – Prefeitura de Lins – SP – Diretor Escolar) A alternativa contendo adaptação do original redigida de acordo com a norma-padrão de concordância é:

A) Tratam-se de concepções antigas, porém reafirmadas, na contemporaneidade, por grupos que tem convicções arraigadas fazem anos.

B) Quando há conflitos de informações com crenças, reinterpretam-se os fatos de acordo com convicções.

C) Se, feito uma previsão, ela falha, em vez de abandonar a crença, a pessoa busca explicações irracionais que a sustente.

D) É comum existir decisões baseadas em preferências inconsistentes, com consequências reais, simplesmente por se rejeitar informações.

2. (VUNESP – 2024 – SPTrans – Analista de Comunicação Pleno) Assinale a alternativa que apresenta a frase em conformidade com a norma-padrão de concordância verbal.

A) Existiria ainda hoje leitores afeitos à leitura de longos textos literários descritivos?

B) Sempre haverão críticos ferozes dos escritos mais rebuscados e prolixos.

C) Uma revista para economistas resolveram escrever sobre escritos literários.

D) É natural que se busque formas cada vez mais aprimoradas de escrita.

E) Ernest Hemingway, assim como outros escritores, é lembrado quando o assunto é concisão.

3. (VUNESP – 2024 – Prefeitura de Lins – SP – Fiscal de Tributos) Assinale a alternativa em que a frase construída a partir do texto apresenta concordância de acordo com a norma-padrão.

A) O jogador cria oportunidades ofensivas aos companheiros, as quais lhe garante muito respeito.

B) As habilidades versáteis do jogador o tornam um importante exemplo de liderança.

C) Um dos maiores cestinhas da história do esporte influenciaram muitos jovens.

D) A equipe pode beneficiarem-se intensamente com os atos de humildade do jogador.

4. (Instituto Consulplan – 2024 – FUNASG – RJ – Advogado) Em "E ao voltar no tempo, outro estudo, dessa vez da USP, chegou a informar que 1 a cada 4 brasileiros sofria de burnout.", o verbo "sofrer" está adequadamente flexionado na terceira pessoa do singular para concordar com o sujeito. Assinale a alternativa em que a concordância verbal está correta.

A) Já deu onze horas e a avaliação começará.

B) Mais de um colaborador cumpriu com as metas mensais.

C) A entrega das certificações de comparecimento ainda não aconteceram.

D) Cada um dos profissionais ao receber o comunicado deverão enviar os dados pessoais.

5. **(IBADE - 2024 - CRMV - PB - Fiscal)** Assinale a alternativa em que a concordância verbal está correta.

A) Faz dez meses que estamos separados.

B) Fazem dez meses que estamos separados.

C) Fizeram dez meses que estamos separados.

D) Vão fazer dez meses que estamos separados.

E) Vão fazerem dez meses que estamos separados.

6. **(IBFC - 2024 - IMBEL - Cargos de Nível Médio)** Em relação à concordância verbal, analise as orações abaixo.

I. Mais de uma pessoa <u>quis</u> parabenizá-lo pela mudança positiva de comportamento.

II. Mais de duas pessoas o <u>parou</u> para trocar contatos.

III. O palestrante foi um dos que mais <u>contribuiu</u> para a instauração do pensamento positivo.

IV. O palestrante foi um dos que mais <u>contribuíram</u> para a instauração do pensamento positivo.

Estão incorretas as orações:

A) I apenas.

B) II apenas.

C) III apenas.

D) IV apenas.

E) I e IV apenas.

7. **(Instituto Consulplan - 2024 - Câmara de Belo Horizonte - MG - Técnico Legislativo)**

> *"<u>Noticiam</u> os jornais que um delegado inspecionando, durante uma noite destas, algumas delegacias suburbanas, [...]."*

Nesse fragmento, a concordância verbal foi efetuada de acordo com a variedade padrão da língua portuguesa. Das frases a seguir, assinale aquela cuja concordância está INCORRETA de acordo com a variedade padrão.

A) Cerca de duas mil pessoas participaram do evento beneficente.

B) Faz dois anos que o projeto de acessibilidade foi aprovado pela Câmara.

C) Dos vereadores que estavam na reunião, nenhum deles saiu após a votação.

D) Vossa Excelência equivocaste em sua colocação sobre a situação dos moradores.

8. **(FCC - 2024 - TRT - 7ª Região - CE - Técnico Judiciário)** As normas de concordância verbal estão plenamente observadas na frase:

A) Não costumam distinguir limites na Inteligência Artificial quem julga absoluto o poder dela.

B) Não interessa aos entusiastas da Inteligência Artificial avaliar a experiência que os arrebata.

C) Resiste à definição do conceito de beleza experiências estéticas que julgamos compreender.

D) Não convêm aos debatedores arriscar-se numa definição que se põem fora de seu alcance.

E) A quantificação de nossas sensações íntimas mostram-se insuficientes para definir a beleza.

9. **(FCC – 2024 – TRT – 11ª Região – AM e RR – Analista Judiciário)** As normas de concordância verbal estão plenamente observadas na frase:

A) É comum que mesmo aos cientistas mais diligentes venham a faltar, em suas pesquisas, o acerto necessário na condução dos seus métodos.

B) O aprimoramento dos métodos científicos possibilitam aos pesquisadores alimentar esperanças no sucesso do empreendimento que os inspiram.

C) Não resta aos cientistas ou religiosos senão tomarem para si o dever de encontrar respostas a todo e qualquer mistério que os intrigue.

D) Não são de se supor que os mistérios que a cada leigo intriga não preocupe também os cientistas mais determinados e os religiosos mais convictos.

E) O que mais convêm aos cientistas é apurarem seus métodos de investigação, assim como não podem faltar aos religiosos o apoio da fé.

10. **(FCC – 2024 – TRT – 7ª Região – CE – Analista Judiciário)** Toda forma verbal concorda com seu sujeito em:

A) É preciso que haja cronistas empenhados na reconstituição de fatos históricos que, sem seu trabalho, se apagariam no tempo.

B) Importam muito que os pesquisadores se empenhem na reconstituição de histórias que com tanta frequência se perde no esquecimento.

C) Muitas vezes couberam a alguns funcionários públicos ocuparem os intervalos de seu tempo com a criação literária.

D) Cercavam-se de papéis, lápis e canetas quem, nos escritórios, viam nesses instrumentos estímulos para a literatura.

E) Foi para resgatarem os primórdios daquela praça que o funcionário do tribunal lançou-se às pesquisas que teve tanto empenho seu.

11. **(FGV – 2024 – Prefeitura de Nova Iguaçu – RJ – Analista Tributário do Tesouro Municipal)** Assinale a alternativa em que a concordância está adequada à norma padrão da língua portuguesa.

A) O envio de comida e de roupa os salvarão.

B) Observou-se um pequeno desvio de rota, embora não se previsse os erros.

C) Estava incluso no valor todos os impostos exigidos por lei.

D) A reflexão feita por intelectuais brasileiros e estrangeiros sobre os avanços científicos podem conduzir a certos erros.

E) Couberam ao diretor as análises feitas pelo funcionário da contabilidade.

12. **(FGV – 2025 – SEEC – RN – Professor de Arte)** Entre as frases abaixo, há uma em que foi mal-feita a concordância do termo sublinhado; assinale essa frase.

A) Os homens <u>têm</u> intenção de prestar favores até que consigam o poder.

B) Não merecem o doce quem não <u>experimentaram</u> o amargo.

C) Quando não sopra mesmo nenhum vento, até o cata-vento da torre da igreja <u>tem</u> caráter.

D) Aqueles que <u>desejam</u> menos coisas estão mais perto dos deuses.

E) Às vezes eu tento ser modesto, mas aí <u>começam</u> a me faltar argumentos.

13. (CESPE/CEBRASPE - 2024 - BACEN - Analista)

As plataformas digitais facilitam a articulação entre **ofertantes** e **demandantes** de trabalho que, de outra forma, **poderiam** ter dificuldades para interagir entre si, tornando a realização de transações mais eficiente do que seria possível em relacionamentos bilaterais entre as partes, fornecendo infraestrutura e regras para sua realização. No âmbito dessas plataformas, a correspondência (matching) entre ofertantes e demandantes de trabalho pode ser feita de forma eficaz, por exemplo, por meio de algoritmos que diminuem a quantidade de tempo utilizado para encontrar trabalhadores adequados para tarefas específicas, além de oferecer a base para o controle e gerenciamento dessas tarefas.

No primeiro período do texto, a forma verbal "poderiam" está flexionada na terceira pessoa do plural porque concorda com os termos "ofertantes" e "demandantes".

CERTO

ERRADO

14. (CESPE/CEBRASPE - 2025 - InoversaSul - Professor Corretor de Redação)

Na base da estratificação social, como a camada mais explorada, sem qualquer representação ou direito, ficava a grande massa escrava de trabalhadores das minas, das lavouras e dos transportes. Todo o aparato ostensivo de repressão vigiava, em cada vila, a esses miseráveis, para prevenir as fugas, a vadiagem e, sobretudo, as rebeliões. A insurreição surge, porém, na classe alta, de que se destaca uma elite letrada, que se propõe formular um projeto alternativo ao colonial de reordenação da sociedade. ***Trata-se do mais ousado dos projetos libertários da história colonial brasileira****, uma vez que previa estruturar uma república de molde norte-americano, que aboliria a escravidão, decretaria a liberdade de comércio e promoveria a industrialização. A eclosão da mal chamada Inconfidência Mineira deveria ter lugar em 1789. [...]*

No trecho, a flexão da forma verbal "Trata-se" na terceira pessoa do singular justifica-se por sua concordância com o segmento posposto "do mais ousado dos projetos libertários da história colonial brasileira", que é o sujeito da oração.

CERTO

ERRADO

15. (CESPE/CEBRASPE - 2024 - STJ - Analista Judiciário)

Quem perdia um escravo por fuga dava algum dinheiro a quem lho levasse. Punha anúncios nas folhas públicas, com os sinais do fugido, o nome, a roupa, o defeito físico, se o tinha, o bairro por onde andava e a quantia de gratificação. Quando não vinha a quantia, vinha promessa: "gratificar-se-á generosamente", ou "receberá uma boa gratificação". Muita vez o anúncio trazia em cima ou ao lado uma vinheta, figura de preto, descalço, correndo, vara ao ombro, e na ponta uma trouxa. Protestava-se com todo o rigor da lei contra quem o açoitasse. Ora, pegar escravos fugidios era um ofício do tempo. Não seria nobre, mas, por ser instrumento da força com que se ***mantêm a lei*** *e a* ***propriedade****,* *trazia esta outra nobreza implícita das ações reivindicadoras. Ninguém se metia em tal ofício por desfastio ou estudo; a pobreza, a necessidade de uma achega, a inaptidão para outros trabalhos, o acaso, e alguma vez o gosto de servir, também, ainda que por outra via, davam o impulso ao homem que se sentia bastante rijo para pôr ordem à desordem.*

No segundo período do texto, a forma verbal "mantêm" está flexionada no plural porque estabelece concordância com os termos "lei" e "propriedade."

CERTO

ERRADO

GABARITO:

1. B	2. E	3. B	4. B	5. A
6. B	7. D	8. B	9. C	10. A
11. E	12. B	13. CERTO	14. ERRADO	15. CERTO

17.7. RESUMO

Estudar concordância verbal é uma questão de lógica... As regras estão relacionadas à classificação do sujeito: quem sabe achar sujeito na frase consegue fazer a concordância correta!

Vamos resumir, então?

CONCORDÂNCIA VERBAL		
	Sujeito simples	O verbo concorda com o único núcleo
	Sujeito composto	Anteposto ao verbo – concordância parcial ou total Posposto ao verbo – concordância total
	Indeterminado com se (PIS)	O verbo fica na 3ª pessoa do singular
	Oração sem sujeito	O verbo fica na 3ª pessoa do singular
	Sujeito oracional	O verbo fica na 3ª pessoa do singular

Acesse o material suplementar

uqr.to/20vh0

Regência 18

Regência é a relação de dependência entre verbos, nomes e seus complementos. Assim, temos a regência verbal, que trata do estudo da relação entre verbos e seus complementos (ou objetos), e a regência nominal, que trata da relação entre nomes e seus complementos nominais.

Infelizmente, esse assunto requer memorização da regência de alguns nomes e verbos. Para facilitar o seu estudo, dividimos o capítulo em duas partes: primeiro vamos à regência nominal e, em seguida, à regência verbal.

18.1. REGÊNCIA NOMINAL

Já vimos que a regência nominal é o estudo da relação entre nomes - termo geral para se referir a substantivos, adjetivos e advérbios - e seus complementos nominais. Assim, vale relembrarmos, agora, a diferença entre complemento nominal e adjunto adnominal. Já estudamos a fundo essa diferença no Capítulo 13 - Termos da Oração, mas esses conceitos serão essenciais para o seu estudo nesta aula.

Tenho medo de barata.

Aquela é a blusa da menina.

No primeiro exemplo, a expressão "de barata" é complemento nominal de "medo". Isso porque a preposição "de" é **exigida** pelo substantivo "medo". Trata-se, portanto, de um caso de **regência nominal**. Já no segundo exemplo, "da menina" é adjunto adnominal de "blusa", pois esse nome não exige a preposição "de": a expressão "da menina" é acessória na frase, tem valor semântico. Portanto, este não é um caso de regência nominal.

Em síntese, sempre que uma expressão for iniciada por uma preposição que é exigida pelo nome, estamos diante de um caso de regência nominal, e a expressão preposicionada é complemento nominal. Por outro lado, nos casos em que a preposição não é exigida pelo nome, trata-se de termo acessório, adjunto adnominal, não sendo caso de regência.

> Lembre-se de que as preposições podem apresentar valor relacional ou nocional.
>
> — Valor relacional (gramatical): quando aparece na frase por uma exigência gramatical do termo anterior. **Nesse caso, ela é resultado de regência verbal ou nominal**.
>
> Necessito de sua ajuda.
>
> Tenho necessidade de sua ajuda.

– Valor nocional (semântico): aparece na frase não por ser exigida gramaticalmente, mas para indicar um valor semântico.

Falar de futebol.

Bolo de chocolate.

Bom, agora já sabemos que a regência nominal está relacionada com as preposições obrigatórias nas frases e expressões. Mas como saber qual preposição os nomes exigem? Infelizmente, por se tratar de convenções, somente por meio da memorização. Por isso, preparamos uma lista com os principais nomes que aparecem nas provas de concursos.

PRINCIPAIS CASOS DE REGÊNCIA NOMINAL		
acessível a	certeza de	inacessível a
alheio a, de	coerente com	incompatível com
aliado a, com	compatível com	indiferente a
alusão a	conforme a, com	inerente a
análogo a	cruel com, para	isento de
ansioso de, para, por	desprezo a, de, por	junto a, de
apto a, para	desrespeito a	necessário a
atenção a, para	devoção a, por, para, com	necessidade de
atencioso com, para	discordância com, de	nocivo a
atento a, em	disposição para	ódio a, contra
aversão a, por	essencial a, para	posterior a
ávido de, por	favorável/desfavorável a	preferível a (e não do que)
benéfico a	fiel a	propício a
capacidade de, para	hábil em	respeito a, com, de, por, para
capaz de, para	habituado a	sensível a
	hostil a, contra, para com	

Perceba que alguns nomes aceitam mais de uma preposição. Fique atento, pois as bancas podem tentar confundir você com uma regência menos usual, mas ainda sim correta!

Vamos treinar com frases retiradas de provas anteriores. Use (C) para Certo e (E) para Errado nas frases a seguir:

1. A decisão do cirurgião não foi favorável ao paciente.

   Comentários: O adjetivo "favorável" rege a preposição A. Correta a regência desse nome.

   Gabarito: certo.

2. Para Geraldo, encontrar o amigo na rua era preferível do que ir à sua casa.

   Comentários: O verbo "preferir" e formas correspondentes não aceitam expressões como "mais", "do que", "antes". Nesse caso, seria "...era preferível a ir à sua casa".

   Gabarito: errado.

3. O menino tinha medo de vacina.

   Comentários: O substantivo "medo" rege preposição "de". Correta a regência.

   Gabarito: certo.

4. Devemos ter cuidado com as coisas que falamos.

   Comentários: O nome "cuidado" rege preposição "com" (ter cuidado com alguma coisa).

   Gabarito: certo.

5. A textura da pele da moça era compatível no toque da mais fina seda.

   Comentários: O adjetivo "compatível" rege preposição "com" (era compatível com o toque...).

   Gabarito: errado.

6. Não estou satisfeita no resultado.

   Comentários: Nessa passagem, o adjetivo "satisfeita" pede preposição "com" (Não estou satisfeita com o resultado). Em outras construções, esse nome pode pedir preposições "de", "em" ou "por".

   Gabarito: errado.

7. Meu gato tem muita necessidade de carinho.

   Comentários: O substantivo "necessidade" rege preposição "de".

   Gabarito: certo.

8. A leitura é acessível a todos.

   Comentários: O adjetivo "acessível" pede preposição A.

   Gabarito: certo.

9. Estou acostumada de dormir tarde.

   Comentários: Nessa frase, o nome "acostumada" pede preposição "a" (Estou acostumada a dormir tarde). Em outro tipo de construção, pode pedir preposição "com" (Estou acostumada com barulho).

   Gabarito: errado.

10. Pedro estava ansioso por encontrá-lo.

    Comentários: Nessa construção, a preposição "por" é a adequada. Esse adjetivo pode reger também as preposições "de" ou "para".

    Gabarito: certo.

11. Ele é imune a tentações.

    Comentários: O adjetivo "imune" rege preposição "a" (ser imune a alguma coisa).

    Gabarito: certo.

12. O médico está alheio de tudo.

    Comentários: Nessa frase, tem sentido o uso da preposição "de". O adjetivo "alheio" pode ser interpretado como "isento", "liberto", "livre" (alheio de qualquer interesse, alheio de tudo). Na maioria dos casos, a preposição A é a mais usada, quando traz o sentido de "mostrar-se indiferente; desatento, abstraído" (Sua pergunta provou que ele estava alheio à discussão).

    Gabarito: certo.

Veja duas questões comentadas para ilustrar esse assunto:

1. **(VUNESP - 2023 - TJ - SP - Oficial de Justiça)** No trecho "Nós estávamos sempre atentos **à queda das nêsperas**... ", a expressão destacada exemplifica a regência nominal, assim como a destacada em:

   A) ... se calhar ele tinha alergia ou medo **de vacina**...
   B) ... a ver se alguma fruta ia sobrar **para a fome dele.**
   C) ... naquele olhar dele **de ramelas e moscas**...
   D) ... não nos viesse lamber **com a baba dele**...
   E) ... e antes de me gritarem **com força**...

   Comentários: A expressão destacada funciona como complemento nominal, completa o sentido do adjetivo "atentos", que rege preposição "a". Caso de regência nominal. Das opções apresentadas, a única em que a expressão destacada completa sentido de nome é a letra A (medo de). Na opção C, a expressão destacada funciona como adjunto adnominal. Logo, não há caso de regência. Nas outras opções, os termos destacados ou completam ou têm relação com verbo.

   Gabarito: A

2. **(Instituto Consulplan - 2024 - Prefeitura de São João Nepomuceno - MG - Auxiliar de Aprendizagem)** A respeito da regência nominal, assinale a alternativa INCORRETA.

   A) "[...] *assim como de elaboração e* <u>*ressignificação dos nossos afetos*</u> *e sofrimentos.*"
   B) "[...] *o* <u>*devido cuidado com os rumos*</u> *que damos no uso e à aplicação das novas tecnologias.*"
   C) "*Talvez reine um* <u>*medo que a ficção científica*</u> *dos filmes e livros tenham plantado em nosso imaginário.*"
   D) "[...] *é possível observar o* <u>*aumento da dificuldade*</u> *de expressão verbal e nomeação dos fenômenos do nosso mundo interno,* [...]."

   Comentários: Na opção C, faltou a preposição "de", exigida pelo substantivo "medo" (medo de que a ficção científica...). Nas outras opções, as preposições usadas estão de acordo com a regência de cada nome.

   Gabarito: C

18.2. REGÊNCIA VERBAL

Neste bloco de regência verbal, sistematizamos os principais verbos em três grupos. A cada grupo de verbos, trouxemos frases para fixar os conceitos e algumas questões de concursos. Trata-se de assunto que você só aprenderá fazendo muitas questões. Evite memorizar os verbos sem os exercícios. É no treinamento constante que você adquirirá domínio de conteúdo. Portanto, aproveite as frases que preparamos e, no final deste capítulo, você perceberá que domina os principais verbos que são apresentados pelas provas de concursos públicos. Vamos a eles!

1º grupo: verbos que, quanto à predicação, normalmente não oferecem dúvida.
• Verbos transitivos diretos – VTD (não regem preposição obrigatória); ajudar, adorar, abraçar, amar, atingir, esperar, namorar, referir (= relatar)...

- Verbos transitivos indiretos – VTI (regem preposição obrigatória);

  agradar (= ser agradável), obedecer, desobedecer, proceder (= dar início), referir-se, suceder (= substituir). Esses verbos regem preposição A.
- Verbos que admitem dois complementos – VTDI (com e sem preposição);

  avisar, comunicar, certificar, cientificar, informar, proibir, preferir (não aceita mais, (do) que, antes)...

Exemplos de exercícios:

Use (C) para Certo e (E) para Errado nas frases a seguir.

1. Meu filho foi embora e eu não lhe abracei.
2. Você está namorando a Beatriz?
3. Todos esperavam Guilherme.
4. Todos esperavam por Guilherme.
5. Referiu os últimos acontecimentos.
6. Referiu o caso à mãe.

Comentários: Na frase 1, o pronome lhe é complemento do verbo abraçar. Como vimos no tópico sobre Pronomes, os oblíquos átonos o(s), a(s) funcionam como complemento de verbos transitivos diretos e lhe(s) de verbos transitivos indiretos. **Abraçar** é VTD, logo o oblíquo usado seria o pronome o.

Gabarito: E

Na frase 2, o verbo **namorar** é VTD, não pede preposição (namorar com é considerado erro).

Gabarito: C

Nas frases 3 e 4, o verbo **esperar** (VTD) aceita o uso da preposição *por*, quando se quer mostrar *desejo intenso*. Por isso, as duas formas estão corretas: *todos esperavam Guilherme* ou *todos esperavam por Guilherme*.

Gabarito: Ambas estão certas

Nas frases 5 e 6, o verbo **referir** (= relatar, contar) é VTD. Atenção: não confundir com **referir-se**, pronominal (= fazer referência), que é VTI. Na frase 5, é VTD e na frase 6, VTDI (referir algo a alguém).

Gabarito: Ambas estão certas.

7. Agradava os clientes mais próximos.
8. Costumo obedecer parceiros éticos.
9. É necessário que todos obedeçam às diretrizes estabelecidas.
10. Artur procederá a leitura da página oito.
11. O chefe procedeu ao levantamento das necessidades da seção.
12. Sucedeu o professor.

Comentários: Essas frases tratam dos **verbos transitivos indiretos** do 1º grupo:

Na frase 7, **agradar** (= ser agradável) pede preposição a (*Agradava aos clientes*).

Gabarito: E

A frase 8 traz o verbo **obedecer**, transitivo indireto, pede preposição a, sem esta preposição.

Gabarito: E

Já a frase 9, "... obedeçam às diretrizes", é uma construção correta, já que o verbo pede preposição. Como a palavra feminina que se segue aceita artigo, crase.

Gabarito: C

Em relação ao verbo **proceder** 10 e 11, achamos por bem chamar atenção apenas para o sentido de dar início, pois, com esse valor semântico, o **proceder** pode gerar dúvidas.

Esse verbo, nesta acepção, rege preposição a. Na frase 10, como a palavra seguinte é feminina, aceita artigo, teríamos "Artur procederá à leitura..."

Gabarito: E

Já na frase 11, a preposição a aparece ("... procedeu ao levantamento...").

Gabarito: C

Outro verbo que pede preposição a é **suceder** (= substituir), frase 12. Teríamos, então, "Sucedeu ao professor".

Gabarito: E

13. Avisaram-no de que a reunião começaria no horário.
14. Certifiquei-lhe de que uma pessoa muito querida aniversariava neste mês.
15. Informou ao cliente de que o aviso chegara.
16. Cientificaram-no de que o cheque foi pago.
17. Proibiu ao filho que o visitasse.
18. Prefiro mais a cidade do que o campo.
19. Prefiro a democracia ao totalitarismo.
20. Prefiro combater os males que intimidar as próprias emoções.

Comentários: Em questões de concurso público, quando a intenção é a de confundir o candidato, esses verbos (VTDI) aparecem com duas preposições, por exemplo, "**informar/avisar** a alguém de alguma coisa", o que é inaceitável, pois, se esses verbos são VTDI, um complemento vem sem preposição, e o outro, com.

Assim, as frases 14 e 15 estão erradas e a 13, correta. Poderíamos dizer na 14: "*Certifiquei-lhe* (objeto indireto) *que uma pessoa...* (objeto direto)" – certificar a alguém algo – ou "*Certifiquei-o* (objeto direto) *de que uma pessoa...* (objeto indireto)" – certificar alguém de alguma coisa.

Observação: Lembre-se de que **o(s), a(s)**, como complementos verbais, são *objetos diretos* e **lhe(s)**, *objetos indiretos*.

Na frase 13, um complemento é direto e outro indireto (avisar alguém de algo), seguindo a regência do verbo.

Gabarito: 13 C; 14 E; 15 E.

As frases 16 e 17 seguem o modelo de regência desses verbos: VTDI: "certificar alguém de algo"; "proibir a alguém algo" ou "proibir algo a alguém".

Gabarito: 16 C; 17 C.

Importante: Para esses verbos – avisar, certificar, informar, cientificar, proibir –, é indiferente usar coisa ou pessoa como objeto direto ou objeto indireto.

Podemos dizer: *Avisar / certificar / informar / cientificar / proibir* algo a alguém ou alguém de algo.

O mais importante é lembrar que, se o verbo vem com dois complementos, um é o objeto direto e o outro objeto indireto, independentemente se for coisa ou pessoa.

O verbo **preferir**, como VTDI, não aceita nenhum termo intensificativo (mais, mil vezes...) ou comparativo (que, do que). Rege preposição a. Na frase 18, portanto, teríamos "Prefiro a cidade ao campo", como a estrutura da frase (19) mostra. Na (20), ficaria "Prefiro combater os males a intimidar as próprias emoções".

Gabarito: 18 E; 19 C; 20 E.

2º grupo: verbos que exigem preposição. Com eles, o aluno costuma ter dúvidas quanto à preposição utilizada.

- CHEGAR e IR (preposição A + adjunto adverbial de lugar)
- MORAR, RESIDIR, SITUAR (preposição EM)
- PRESIDIR (transitivo direto ou indireto, seguido de preposição A)
- SATISFAZER (transitivo direto ou indireto, com preposição A)
- SIMPATIZAR / ANTIPATIZAR (preposição COM e não são verbos pronominais), não se deve dizer: eu me simpatizo..., e sim eu simpatizo...)
- USUFRUIR e DESFRUTAR (transitivo direto ou indireto, com preposição DE)

21. Fomos na cidade pela manhã.
22. Chegou ao alto da colina.
23. Cheguei no colégio atrasado.
24. Cheguei na hora marcada.

Comentários: Na oralidade, é comum usarmos a preposição **em** com os verbos **chegar** e **ir**. No entanto, segundo a norma culta, esses verbos regem preposição **a** quando vêm seguidos de expressões indicando **lugar**. Logo, na frase 21, a forma correta seria "Fomos à cidade..." (preposição a + artigo feminino a da palavra cidade.) A frase 22 está correta (chegar a). Na frase 23, seria "Cheguei ao colégio..."

Repare agora que na frase 24 o verbo **chegar** traz a preposição EM, no entanto, não vem seguido de expressão que indica lugar, e sim **tempo**.

Gabarito: 21 E; 22 C; 23 E; 24 C.

25. Moro à rua dos Lírios.
26. O Colégio São Martins, sito à rua da União, encerrou suas atividades.
27. Resido na rua dos Lírios.

Comentários: Esses verbos regem preposição **em** e não a preposição **a**, uso comum na oralidade. Logo, nas frases 25 e 26 teríamos; "Moro na rua dos Lírios" e "O colégio São Martins, sito na rua da União...".

A frase 27 segue a norma-padrão: "Resido na rua..."

Gabarito: 25 E; 26 E; 27 C.

Atenção: Se o verbo indicar direção, destino, deverá vir seguido da preposição A:

Fui ao cinema. / Cheguei a casa. / Dirigi-me ao escritório.

Se o verbo ou o nome indicar posicionamento, localização, deverá vir seguido da preposição EM:

Estou em casa. / Moro no bairro. / Escritório situado na rua México.

28. Carlos presidiu a reunião.
29. Carlos presidiu à reunião.
30. Satisfez os desejos de sua mãe.
31. Usufruiu as coisas boas da vida.

Comentários: Os verbos **presidir**, **satisfazer**, **usufruir** e **desfrutar** podem vir com ou sem preposição. Por isso, nas frases 28 e 29, "presidir a ..." e "presidir à..." estão corretas, assim como as frases 30 e 31. Nessas duas últimas, pela teoria apresentada, poderíamos ter também como formas corretas "Satisfez aos desejos..." e "Usufruiu das coisas...". Com o **desfrutar** ocorreria o mesmo: "Desfrutou as coisas..." ou "Desfrutou das coisas...".

3º grupo: verbos que mudam a regência conforme a mudança de sentido.	
ASPIRAR	VTD (= inspirar, sorver) VTI (= almejar, desejar)
ASSISTIR	VTI (= ver, presenciar, caber, competir) VTD ou VTI (= socorrer, dar assistência) Intransitivo (= morar)
ATENDER	VTD ou VTI (para coisa ou pessoa)
CHAMAR	VTD (pedir presença, convocar) VTI (pedir ajuda) VTD ou VTI (apelidar, qualificar)
CUSTAR	VTI (ser difícil) Intransitivo (ideia de preço)
ESQUECER/LEMBRAR	VTD (não pronominais) VTI (pronominais)
IMPLICAR	VTD (= acarretar) VTI (= aborrecer, importunar)
PAGAR/PERDOAR	Pronominal (prep. em) VTD (= coisa) VTI (= pessoa) VTDI

3º grupo: verbos que mudam a regência conforme a mudança de sentido.

QUERER	VTD (= ter vontade de, desejar) VTI (= amar, estimar)
RESPONDER	VTI (para pessoa ou coisa a que se responde) VTDI (objeto direto para coisa e indireto para pessoa)
SERVIR	VTD (= estar a serviço de alguém, prestar serviço) VTI (= ser útil, convir) VTDI (oferecer algo a alguém) Intransitivo (= prestar serviços militares)
VISAR	VTD (= mirar, apontar, pôr o visto) VTI (= pretender, desejar)

32. Quando era pequeno, todos implicavam comigo.
33. Pelo que diz o assessor, isso implica em gastar mais dinheiro.
34. Um novo congelamento de salário implicará uma reação dos trabalhadores.
35. O banqueiro implicou-se em negócios escusos.
36. Tal fato não implicará dificuldades.

Comentários: Vamos agora aos comentários do 3º grupo, mais extenso, que trata de verbos especiais.

Aqui, observe que, na quase totalidade dos casos, o sentido do verbo vai determinar a transitividade.

Nas frases 32 a 36, o verbo é **implicar**. Na 32, **implicar** tem o sentido de aborrecer, importunar (transitivo indireto – "implicar com"). Em 33, 34 e 36, esse verbo traz a ideia de acarreta (transitivo direto – "implica gastar"). A frase 35 mostra o verbo **implica** pronominal (implicar-se), que rege preposição EM.

Gabarito: 32 C; 33 E; 34 C; 35 C; 36 C.

Importante: Em algumas provas elaboradas pela Esaf (Escola de Administração Fazendária), já apareceu questão que trazia o verbo implicar (= acarretar), que, segundo a norma culta, é transitivo direto, portanto não pede preposição, seguido de preposição em (isso implica em aumentos diários) e a banca considerou a frase como certa. Infelizmente, nesses casos, devem-se observar as outras opções e procurar uma alternativa, um erro indiscutível. Em regência, a Esaf e a UnB costumam ter uma visão mais liberal em relação a esse assunto.

37. Chamei Antônio de desonesto.
38. Chamei-lhe de ignorante.

Comentários: O verbo **chamar**, como transitivo direto (= pedir a presença, convocar – "chamei o funcionário") ou como transitivo indireto (= pedir ajuda, clamar – "chamou por Deus"), não oferece dificuldade quanto à regência.

Agora, com o sentido de apelidar, qualificar, pode haver dúvidas. Primeiramente, o verbo **chamar** nesta acepção pode aparecer com ou sem preposição (VTD ou VTI) – "chamei a Antônio..." ou "chamei Antônio..."). Além disso, o uso da preposição de após o complemento é facultativo. Com isso, podemos ter as seguintes construções com o **chamar** neste sentido nas frases 37 e 38:

Frase 37:

1. Chamei Antônio desonesto. (pouco usual)
2. Chamei Antônio de desonesto.
3. Chamei a Antônio desonesto.
4. Chamei a Antônio de desonesto.

Frase 38:

1. Chamei-o ignorante.
2. Chamei-o de ignorante.
3. Chamei-lhe ignorante.
4. Chamei-lhe de ignorante.

Atenção: *"desonesto", "de desonesto", "ignorante", "de ignorante"* não são objetos. São termos que qualificam, caracterizam o objeto (predicativos do objeto), e podem vir ou não antecedidos de preposição.

Gabarito: 37 C; 38 C.

39. Não assistimos nenhum programa.
40. Esse direito não assiste ao servidor.
41. A enfermeira assistia o doente.
42. Assisto em Niterói.

Comentários: O verbo **assistir**, na frase 39, com o sentido de ver, presenciar, e na 40 com o sentido de caber, competir, rege preposição a ("Não assistimos a nenhum programa" e "Esse direito não assiste ao servidor").

Na frase 41, pode ser transitivo direto ou indireto com a ideia de dar assistência, socorrer ("A enfermeira assistia o doente ou ao doente"). Na 42, embora desusado, com o sentido de morar pede preposição **em**.

Gabarito: 39 E; 40 C; 41 C; 42 C.

43. Esqueci a aparência dela. / Lembrei a aparência dela.
44. Esqueci-me da aparência dela. / Lembrei-me da aparência dela.
45. Esqueceu-se da aparência dela. / Lembrou-se da aparência dela.
46. Lembrei ao amigo que já era tarde.

Comentários: Os verbos **lembrar** e **esquecer** podem aparecer com ou sem o pronome. Sem pronome, sem preposição (VTD). Com pronome, com preposição (VTI). Portanto, o que **não** cabe é "Esqueci / Lembrei da aparência" ou "Esqueci-me / Lembrei-me a aparência dela."

Na frase 46, o verbo **lembrar** é transitivo direto e indireto ("lembrar a alguém alguma coisa").

Gabarito: 43 C; 44 C; 45 C; 46 C.

47. Respondeu à carta no mesmo dia.

48. Respondeu o diretor.

49. Respondeu a carta ao diretor.

Comentários: O verbo **responder** é transitivo indireto para coisa ou pessoa. Na frase 47, aparece a preposição a ("Respondeu à carta"), mas na 48 isso não ocorre. Não é "respondeu o diretor", e sim ("Respondeu ao diretor"). Quando aparecem coisa **e** pessoa, transitivo direto e indireto ("Respondeu a carta ao diretor").

Gabarito: 47 C; 48 E; 49 C.

50. Ainda não paguei o médico.

51. Pagou os impostos. / Perdoou a dívida.

52. Perdoou o inimigo. / Pagou o empregado.

53. Pagou o salário ao empregado.

Comentários: Na frase 50, médico é pessoa, o verbo **pagar** pede preposição ("paguei ao médico"). Na 51, temos coisa como complemento, o **pagar** e **perdoar**, nesse caso, não pedem preposição. Já na 52, o objeto é representado por pessoa, transitivo indireto ("Perdoou ao inimigo" e "Pagou ao empregado"). Na 53, o **pagar** aparece como transitivo direto e indireto.

Gabarito: 50 E; 51 C; 52 E; 53 C.

54. O secretário não atendeu ao pedido dos grevistas.

55. Não gostava de atender o telefone.

Comentários: Apresentamos na teoria, em relação ao verbo **atender**, o que se vê em questões elaboradas por bancas como Esaf e Cebraspe / UnB: independentemente de se referir a coisa ou pessoa, aceita as duas transitividades (VTD ou VTI). Nas gramáticas, quando o complemento é representado por coisa, pede-se usar a transitividade indireta. Resumindo:

– O secretário não atendeu ao pedido... Certo.
– Não gostava de atender o telefone. Certo.
– Não gostava de atender ao telefone [é a preferência]. Certo.

Gabarito: 54 C; 55 C.

56. Ia para a montanha para aspirar o ar puro.

57. Aspirava a um cargo público.

Comentários: O verbo **aspirar** só pede preposição com o sentido de almejar, desejar ("Aspirava a um cargo público"). No sentido de inspirar, sorver é transitivo direto ("Ia para a montanha para aspirar o ar puro").

Gabarito: 56 C; 57 C.

58. Eu custei a acreditar na tua história.

59. Custou-me acreditar na tua história.

60. O livro custa trinta reais.

Comentários: A frase 58 mostra a regência do verbo **custar** usada na oralidade: "Eu custo a...". No entanto, para a norma culta, formal, essa forma estaria errada, pois "eu não custo nada" não tem sentido.

A forma considerada correta é "Custou-me acreditar..." ou, usando um nome no lugar do pronome, "Custou ao pai acreditar na tua história", já que o que custa, é difícil, é "acreditar na tua história", ou seja, "Acreditar na tua história custou a mim papai."

Já na frase 60, com a ideia de preço, não há preposição ("O livro custa trinta reais").

Gabarito: 58 E; 59 C; 60 C.

61. O filho queria muito ao pai.

Comentários: Em relação à regência do verbo **querer**, deve-se destacar o sentido de amar, gostar, querer bem, desse verbo, pois pede preposição a ("... queria ao pai").

Gabarito: 61 C.

62. O empregado serviu o almoço.

63. Serviu-me uma bebida.

64. É uma solução que não lhe serve.

Comentários: Na frase 62, **servir** (= prestar serviço) não pede preposição (VTD). Em 63, com o sentido de "oferecer algo a alguém", é VTDI; na 64, "É uma solução que não **lhe** (objeto indireto) serve" traz esse verbo com o valor de convir, ser útil, transitivo indireto.

Gabarito: 62 C; 63 C; 64 C.

65. O diretor visou os cheques.

66. O policial visou o alvo.

67. Esta medida visa o bem de todos.

Comentários: O verbo **visar**, com os sentidos de dar o visto ou mirar, frases 65 e 66, respectivamente, não regem preposição (VTD). Na 67, no sentido de almejar, pretender, a tendência é vir com a preposição a ("Esta medida visa ao bem de todos"), embora já se aceite a forma desse verbo nesta acepção sem preposição ("... visa ao bem..." ou "visa o bem..."), principalmente em provas elaboradas pela Esaf e Cebraspe / UnB.

Gabarito: 65 C; 66 C; 67 E.

68. O escravo ama e obedece a seu senhor.

69. Até pouco tempo todos podiam consultar e aplicar nos fundos de aplicação financeira.

Comentários: As frases 68 e 69 ilustram um caso de regência de dois verbos em coordenação. Quando isso ocorre, se os verbos forem de regências distintas (um é transitivo direto e o outro é transitivo indireto), deve-se fazer a distribuição:

– O escravo ama (VTD) seu senhor e obedece (VTI) a ele.

– Até pouco tempo, todos podiam consultar (VTD) os fundos de aplicação financeira e aplicar (VTI) neles.

Gabarito: 68 E; 69 E.

Atenção: Quando os verbos possuem a mesma transitividade, mas pedem preposições diferentes, eles não devem compartilhar o mesmo objeto: cada um deve ter o seu. Exemplo:

"Assisti e gostei do filme."

(Assisti a ... gostei de)

Por isso, o certo é dizer:

"Assisti ao filme e gostei dele."

18.3. REGÊNCIA COM PRONOME RELATIVO

18.3.1. Uso de preposição que antecede o pronome relativo

O pronome relativo dá início às orações adjetivas. Se, nessa oração, o verbo ou um nome exigir a preposição, esta será deslocada para antes do pronome relativo.

Ex.:

A canção de que / da qual gosto foi premiada. (= eu gosto (de) da canção)

A canção com que / com a qual simpatizo foi premiada. (= eu simpatizo com a canção)

A mulher em quem pensas partiu ontem. (= tu pensas (em) na mulher)

Este é o livro a cujo autor aludi. (= aludi (a) ao autor)

A rua aonde queriam ir era deserta. (queriam ir a)

A rua donde vens é deserta. (vens de)

Observação: Os conectivos que aparecem como pronome relativo são: QUE, O QUAL, A QUAL, OS QUAIS, AS QUAIS, QUEM, CUJO(S), CUJA(S), ONDE, COMO, QUANDO e QUANTO.

18.3.2. Uso de *onde, aonde, donde*

O emprego desses vocábulos segue as noções de regência. Se a preposição exigida for **em**, usa-se **onde**.

Ex.: O bairro onde moras é tranquilo. (moras em)

Se a preposição exigida for **a**, usa-se **aonde**. Se a preposição for **de**, **donde** ou **de onde**.

Ex.: O bairro aonde vais é tranquilo. (vais a)

O bairro donde vens é tranquilo. (vens de)

Resumindo:

PRONOME RELATIVO	REGÊNCIA
ONDE	Verbo pede preposição **EM** É o lugar **onde** moro. Quem mora mora **EM**.
AONDE	Verbo pede preposição **A** É o lugar **aonde** vou. Quem vai vai **A**.
DONDE / DE ONDE	Verbo pede preposição **DE** É o lugar **donde** venho. Quem vem pode vir **DE**.

18.4. REGÊNCIA COM PRONOMES "O" E "LHE"

Os pronomes **o(s)**, **a(s)**, como complementos verbais, funcionam como objetos diretos (substituem complementos sem preposição), enquanto os pronomes **lhe**, **lhes**, como objetos indiretos (substituem complementos com preposição).

Não **o** visitamos já faz tempo.

Visitar é verbo transitivo direto. Quem visita visita alguém = o/a(s)

Os complementos sem preposição vão ser substituídos por O/A

Obedeça-**lhe** sem discutir.

Obedecer é verbo transitivo indireto. Quem obedece obedece a alguém = lhe/lhes

Os complementos com preposição podem ser substituídos por LHE

Portanto, para saber qual pronome empregar, você precisa saber a regência do verbo.

OBSERVAÇÕES FINAIS:

1. Alguns verbos transitivos indiretos não admitem uso de LHE, empregando-se A ELES(s), A ELAS(s) como complemento.

Os principais são: aludir, aspirar, assistir (= presenciar, ver), anuir, desconfiar, gostar, recorrer, visar etc.

Esses verbos são exceções, então, mesmo com preposição, mesmo sendo indiretos, não aceitam o LHE. Compare:

Obedeço ao professor.
LHE/A ELE

Assisto ao programa.
A ELE

Eu aspiro ao cargo público.
A ELE

2. Verbos coordenados que possuam transitividades diferentes ou verbos de mesma transitividade, mas que regem preposições distintas, não devem compartilhar o mesmo complemento.

Vi e gostei do filme. (frase errada)

Nesse caso, o que ocorre é que o verbo "ver" é transitivo direto e o "gostar", indireto, portanto eles não podem compartilhar o mesmo complemento.

Vi o **filme** e gostei **dele**. (frase correta)

Veja mais um exemplo:

Assisti e gostei do filme. (frase errada)

Aqui, ambos os verbos possuem a mesma regência, são transitivos indiretos, mas o verbo "assistir" rege preposição "a" e o verbo gostar rege preposição de, por isso não podem compartilhar o mesmo objeto.

Assisti **ao filme** e gostei dele. (frase correta)

Confira a seguir duas questões resolvidas que ilustram como as bancas cobram esse assunto.

1. (VUNESP – 2023 – PC – SP – Escrivão)

Além de estar na lista de suspeitos de terem mandado matar Daniel, Irene verá seu nome envolvido no assassinato de Nice na novela Terra e Paixão. A vilã, entretanto, ameaçará Marino e prometerá expor todos os podres do delegado caso ele ______ investigue. Depois de descartar a participação de Tadeu e Anely no crime, o policial analisará melhor as relações da falsa missionária. Ele ______ a mulher de Antônio o subornou para ________ de fora das investigações do sequestro de Agatha. "É, foi ela. A Irene mandou matar a Agatha e agora matou a Nice... Eu preciso falar com ela", concluirá o agente.

(https://noticiasdatv.uol.com.br, 30.09.2023. Adaptado)

Em conformidade com a norma-padrão, as lacunas do texto devem ser preenchidas, respectivamente, com:

A) a ... se lembrará que ... deixar ela.

B) lhe ... lembrará que ... deixar-lhe.

C) a ... se lembrará de que ... deixá-la.

D) lhe ... se lembrará de que ... deixar-lhe.

E) lhe ... lembrará que ... deixá-la.

Comentários: O verbo "investigar" é transitivo direto. Nesse caso, o pronome oblíquo correspondente na frase seria "a". Na segunda ocorrência, o verbo "lembrar", sem o pronome, é transitivo direto (lembrará que). Com o pronome, transitivo indireto (se lembrará de que). Na terceira lacuna, o verbo "deixar" é transitivo direto. O pronome oblíquo a ser usado é "a" (deixá-la). Pelas opções apresentadas, a letra C preenche corretamente as lacunas.

Gabarito: C

2. (VUNESP - 2023 - Prefeitura de São Paulo - SP - Auditor Fiscal Tributário) A regência verbal atende à norma-padrão em:

A) Você se empolga ou se opõe à ideia que os Racionais MC's expressam na letra da música?

B) Você entende ou se confunde com a ideia que os Racionais MC's expressam na letra da música?

C) Você adere ou contesta a ideia que os Racionais MC's expressam na letra da música?

D) Você detesta ou adora a ideia que os Racionais MC's expressam na letra da música?

E) Você concorda ou discorda da ideia que os Racionais MC's expressam na letra da música?

Comentários: Essa questão envolve a regência de verbos em coordenação de transitividades diferentes ou de mesma transitividade, mas que regem preposições distintas. Quando isso ocorre, não se deve usar um único complemento.

Na opção D, os dois verbos são transitivos diretos, não regem preposição. Logo, o complemento é comum à transitividade dos dois verbos.

A) ...se empolga COM a ideia ou se opõe À ideia...

B) ...entende a ideia ou se confunde COM a ideia ...

C) ...adere À ideia ou contesta a ideia...

E) ...concorda COM a ideia ou discorda DA ideia...

Gabarito: D

18.5. EXERCÍCIOS DE FIXAÇÃO (COM GABARITO NO FINAL)

I. Levando em consideração as regras de regência verbal, marque certo (C) ou errado (E).

1. ( ) Mais do que uma simplificação, a adaptação de uma obra implica uma intervenção inadmissível em seu conteúdo.
2. ( ) Quem desobedece ao regulamento demonstra que não é disciplinado.
3. ( ) Aproveitamos para lembrá-la que essa conduta é prevista na Consolidação das Leis Trabalhistas.
4. ( ) Aspiro ao cargo de analista judiciário.
5. ( ) Essas medidas visam à reabilitação de nossa imagem.
6. ( ) Procedeu-se a leitura dos autos.
7. ( ) Adverti-lhes de que o número de vagas não era elevado.
8. ( ) Ele me perguntou se o espetáculo fora interessante e eu o respondi que sim.
9. ( ) Prefiro uísque a cerveja.
10. ( ) O suicida prefere a morte à vida.
11. ( ) Uma dor não pode causar a morte, mas os mecanismos psicológicos que se associam a ela podem levar nesse resultado.
12. ( ) O desmatamento implica em destruição e fome.
13. ( ) Avisei-o de que devia partir.
14. ( ) Júlia mora à rua do Passeio.
15. ( ) Chegamos na cidade antes do anoitecer.
16. ( ) Esqueceu-me o desejo discreto de conhecer as coisas de coração.
17. ( ) Perdoou ao nosso atraso.
18. ( ) Prefiro os casos que a inteligência discute a formas tecnocráticas da resolução dos problemas.
19. ( ) O pai perdoou ao filho.
20. ( ) Aqui se jogam as sementes para informar-lhes de que a cultura não deve ser acadêmica.
21. ( ) Lembrou ao amigo que já era tarde.
22. ( ) Procede-se com brandura quando querem detectar falhas no relacionamento humano.
23. ( ) Na verdade, não me simpatizo com suas ideias inovadoras.
24. ( ) Se todos chegam à mesma conclusão, devem estar certos.
25. ( ) Para trabalhar, muitos preferem a empresa privada ao serviço público.
26. ( ) Custa-me crer em tais injustiças.
27. ( ) A terra custou aos lavradores a vida.
28. ( ) Informamos a V.Sª. sobre os prazos de entrega das novas propostas, às quais devem ser respondidas com urgência.
29. ( ) Entrou e saiu da sala.
30. ( ) Repete que puni e premiei professores que discordavam ou concordavam com minhas ideias.

II. Use **o(s)/a(s)** ou **lhe(s)**.

1. Só não ________ chamei de louco, porque ________ quero muito bem. (o / lhe; o / lhe)

2. A reincidência poderá acarretar-________ penalidades severas. (lo / lhe)
3. Não ________ desobedecerei jamais. (o / lhe)
4. Algumas ideias vinham ao encontro das reivindicações dos funcionários, contentando-________, outras não. (os / lhes)
5. Eles se sentiam tão onerados com descontos, que intentaram uma reação conjunta: procuraram os responsáveis pela empresa e ________ inteiraram de sua decisão de ____________ o andamento. (os / lhes; estorvá-lo / estorvar-lhe)
6. Queríamos ____________ para a festa. (convidá-lo / convidar-lhe)
7. A verdade é que nós ________ queremos muito. (o / lhe)
8. Vi-________ os olhos na testa. (os / lhes)
9. A minha resposta não ________ satisfez. (o / lhe)
10. Eu ________ ajudei naquela árdua tarefa. (o / lhe)
11. Teve um desempenho tão extraordinário que ________ consagraram merecidamente o maior jogador do mundo. (o / lhe)
12. No momento em que a linguística procurou o *status* de ciência, que desde Saussure ________ tem acompanhado, passou-se a discutir sua relação com outras ciências. (a / lhe)
13. Seu pai, que é libanês e tem uma loja de roupas no Brás, ________ presenteou com o Maverick 74 da família. (o / lhe)
14. Ele poderá escolher outros dois técnicos para ________ assessorar. (o / lhe)
15. Por que um mendigo dormindo incomodou-________ tanto? (os / lhes)
16. Os que se propuseram a trabalhar nessa área tão difícil têm de compreender que sua convicção da necessidade de executar essa tarefa ninguém neles a incutiu, é – ________ inata. (os / lhes)

III. Complete as lacunas com a(s) forma(s) adequada(s).

1. Eis a ordem ____________ nos insurgimos. (de que / contra a qual)
2. Há fatos ____________ nunca esquecemos. (que / de que)
3. Há fatos ____________ nunca nos esquecemos. (que / de que)
4. Aludiram a incidentes ____________ já ninguém se lembrava. (que / de que)
5. Há casos ____________ a dor, tornando-se insuportável, leva o indivíduo à morte. (que / em que)
6. Este autor tem ideias ____________ todos simpatizamos. (de que / com que)
7. Qual o cargo ____________ aspiras? (que / a que)
8. Surgiu uma mulher ____________ figura os mais velhos se comoviam. (cuja / com cuja)
9. Surgiu uma mulher ____________ figura já nos referimos. (cuja / a cuja)
10. Surgiu uma mulher ____________ figura havia um ar de grande dama decadente. (cuja / em cuja)
11. Surgiu uma mulher ____________ figura andara todo o regimento apaixonado. (cuja / por cuja)
12. O homem possui um inimigo que o aterroriza e ____________ prefere nem pensar: a dor. (do qual / no qual)

13. A ideia de sofrimento intenso e intolerável, ___________ está associado o conceito de dor, torna-a um flagelo ___________ é necessário escapar de qualquer maneira. (a qual / à qual; no qual / do qual)
14. Esse foi o lugar ___________ ele chegara com dificuldade. (onde / aonde / donde)
15. Esse foi o lugar ___________ ele se estabelecera com a família (onde / aonde / donde)
16. Os deuses mantêm seus protetores nas casas ___________ residem. (onde / aonde / donde)
17. A rua ___________ gosto de correr foi asfaltada. (em que / onde / aonde / donde)
18. Foi essa a situação ___________ ele encontrara. (que / em que)
19. Muitos foram os problemas ___________ ele passara. (por que / pelo qual / que)
20. Poucos eram os recursos ___________ ele podia dispor. (que / de que / com que)
21. O projeto, ___________ também se incluirão mulheres e crianças, tem o apoio da Organização Mundial de Saúde. (que / de que / em que)
22. O projeto, ___________ também terão participação mulheres e crianças, tem o apoio da Organização Mundial de Saúde. (que / ao qual / no qual)
23. O projeto, ___________ também se vincularão mulheres e crianças, tem o apoio da Organização Mundial de Saúde. (que / a que / ao qual / em que)
24. O projeto, ___________ também participarão mulheres e crianças, tem o apoio da Organização Mundial de Saúde. (que / de que / em que / no qual)
25. O projeto, ___________ extensão também atingirá mulheres e crianças, tem o apoio da Organização Mundial de Saúde. (cuja / em cuja / de cuja)
26. O exemplo mais brilhante dessa vocação deu-o anos atrás cavalheiro ___________ nome não sei. (cujo / de cujo / a cujo)
27. O exemplo mais brilhante dessa vocação deu-o anos atrás cavalheiro ___________ nome não tenha a menor confiança. (cujo / em cujo / de cujo)
28. O exemplo mais brilhante dessa vocação deu-o anos atrás cavalheiro ___________ nome não consigo simpatizar. (cujo / de cujo / com cujo)
29. O exemplo mais brilhante dessa vocação deu-o anos atrás cavalheiro ___________ nome pretendo não referir. (cujo / a cujo / de cujo)
30. O exemplo mais brilhante dessa vocação deu-o anos atrás cavalheiro ___________ nome não está associado esse fato. (cujo / a cujo / em cujo)
31. Conquista é quando você pula da cama de manhã e vai dormir à noite. E entre uma coisa e outra, só faz aquilo ___________ gosta. (que / de que / por que)
32. O Banco Central investiu-se de um poder ___________ as nações soberanas, ou quase isso, não abrem mão. (que / de que / por que)
33. É grande o dilema ___________ vem experimentando a opinião pública brasileira. (que / a que / de que)
34. Não procuremos neles a beleza ___________ dirigimos logo o olhar. (que / a que / em que)
35. É grande a perplexidade ___________ estão tomados os latino-americanos. (que / de que / de quem / de cujos)
36. Esta é a única solução ___________ podemos contar. (que / quem / com que / de quem)

37. Algumas pessoas costumam exorbitar da autoridade ___________ se acham investidos. (que / a que / de que)

38. O texto legal ___________ nos remeteu o professor para consulta exigia a cessão imediata dos direitos autorais à editora. (que / a que / para o qual)

39. Cético de gestos heroicos, confirmou ponto a ponto as críticas ___________ se orgulhava de ter feito ao pretenso filantropo. (que / de que / a que)

40. O crime fora decorrente da crise ___________ passava seu casamento. (que / em que / por que)

41. "A presença das enfermeiras devia lhe trazer lembranças de prazeres ___________ agora não podia mais desfrutar." (que / de que / com que)

42. "Com o tempo, irás sabendo ___________ leis, casos e fenômenos responde toda essa terminologia." (que / a que / de que)

Gabarito: I – 1. C; 2. C; 3. E; 4. C; 5. C; 6. E; 7. E; 8. E – lhe respondi; 9. C; 10. C; 11. E; 12. E; 13. C; 14. E; 15. E; 16. C; 17. E; 18. C; 19. C; 20. E; 21. C; 22. C; 23. E; 24. C; 25. C; 26. C; 27. C; 28. E; 29. E – Entrou na sala e saiu dela; 30. E – discordavam das minhas ideias ou concordavam com elas. **II** – 1. o ou lhe; lhe; 2. lhe; 3. lhe; 4. os; 5. os; estorvar-lhe; 6. convidá-lo; 7. lhe; 8. lhes; 9. o ou lhe; 10. o; 11. o; 12. a; 13. o; 14. o; 15. os; 16. lhes. **III** – 1. contra a qual; 2. que; 3. de que; 4. de que; 5. em que; 6. com que; 7. a que; 8. com cuja; 9. a cuja; 10. em cuja; 11. por cuja; 12. no qual; 13. à qual; do qual; 14. aonde; 15. onde; 16. onde; 17. onde; 18. que; 19. por que; 20. de que; 21. em que; 22. no qual; 23. a que ou ao qual; 24. de que; 25. cuja; 26. cujo; 27. em cujo; 28. com cujo; 29. cujo; 30. a cujo; 31. de que; 32. de que; 33. que; 34. a que; 35. de que; 36. com que; 37. de que; 38. que; 39. que; 40. por que; 41. de que ou que; 42. a que.

Vamos agora treinar com questões de concursos anteriores? Português se aprende pelas mãos...

18.6. QUESTÕES DE CONCURSOS COMENTADAS

1. (VUNESP - 2024 - SPTrans - Técnico de Processos Administrativos Júnior)

A regência verbal atende à norma-padrão em:

A) Os velhos criaram os filhos, seus netos estão grandes, só lhes resta envolverem-se na antiga discussão.

B) Na discussão, a velha diz que o marido ronca quando dorme; ele enfaticamente discorda com ela.

C) A velha comenta a negativa do marido quanto ao ronco, como se dirigisse em uma terceira pessoa.

D) Os filhos raramente visitam o casal de velhos. Parece que os netos esqueceram deles, nunca os veem.

E) A rotina da empregada é essa: vai na casa do casal de manhã, faz o almoço, deixa o jantar e sai cedo.

Comentários: Na opção A, o uso do pronome "lhe" está correto, pois o verbo "restar" pede preposição (só resta A eles envolverem-se...). O pronome átono que substitui objeto indireto é o "lhe".

B) ...discorda dela.

C) ...se dirigisse a uma terceira pessoa.

D) ...os netos os esqueceram... (ou os netos se esqueceram deles).

E) ...vai à casa do casal...

Gabarito: A

2. **(Avança SP - 2025 - Prefeitura de Morungaba - SP - Inspetor de Alunos)** As regras de regência nominal foram observadas apenas em qual alternativa?

A) Isso é passível a protesto.

B) Doce é prejudicial com a saúde.

C) Ele era entendido de mecânica.

D) Estou prestes de desistir de tudo.

E) Seja sempre generoso com quem não pode retribuir seus favores.

Comentários: Na opção E, o adjetivo "generoso" rege preposição "com" (ser generoso com alguém).

A) ...passível de...

B) ...prejudicial à saúde.

C) ...entendido em mecânica.

D) ...preste a desistir...

Gabarito: E

3. **(Avança SP - 2024 - Prefeitura de São Miguel Arcanjo - SP - Tratorista)** Destaque a alternativa que as regras de regência nominal não foram seguidas.

A) O amor para com o Brasil tem sido negligenciado.

B) A felicidade é acessível a quem faz por merecer.

C) O pai não é afável com seu filho mais velho.

D) Não estou acostumada de comer verduras.

E) A namorada estava ansiosa para abrir o presente.

Comentários: Na opção D, o nome "acostumada" rege preposição A, e não DE. Na opção A, o acúmulo das preposições PARA COM é aceito por alguns gramáticos.

Gabarito: D

4. **(IBFC - 2024 - IMBEL - Cargos de Nível Médio)** Em relação à Regência Nominal, analise as afirmativas abaixo.

I. Preste **atenção no** que o professor explica sobre o texto 2.

II. Ao lê-lo, o aluno ficou **curioso(a) de** saber mais sobre o assunto.

III. Alguns outros alunos detestaram o texto 2, pois eles têm **ódio aos** conselhos dados.

Estão corretas as afirmativas:

A) I apenas.

B) II apenas.

C) III apenas.

D) II e III apenas.

E) I e II apenas.

Comentários: No item I, o nome "atenção" rege preposição A (atenção ao que o professor...). No item II, o adjetivo "curioso" rege as preposições DE ou POR. Correta, portanto, essa construção. No item III, o substantivo "ódio" pede preposição A.

Gabarito: D

5. **(Instituto Consulplan - 2025 - Prefeitura de Carangola - MG - Pedagogo)** Assinale a alternativa que contém uma infração aos princípios de regência verbal ou nominal, segundo a norma culta escrita.

A) "Ao compartilharem os conteúdos que têm acesso [...]"
B) "Eu também acuso e quero fazer parte da solução [...]"
C) "[...] direitos e lucros exorbitantes à custa de reputaçoes, [...]"
D) "[...] somam ao lobby das grandes empresas e usam do ambiente [...]"

Comentários: Na opção A, o substantivo (acesso) que aparece na oração adjetiva pede preposição A. Em casos de regência envolvendo uso de pronome relativo, a preposição exigida pelo verbo ou nome que aparece na oração adjetiva tem de ser usada antes desse relativo (...conteúdos a que tem acesso). Na opção D, o verbo "usar" não rege preposição obrigatória, porém a presença da preposição "de" nessa passagem confere ênfase ao que se diz, sendo considerada aceita essa forma.

Gabarito: A

6. **(FCC - 2024 - TRT - 7ª Região - CE - Técnico Judiciário)** É adequado o emprego de ambos os elementos sublinhados na frase:

A) Desse diálogo, do qual não faltaram argumentos a que ambos se empenharam, não resultou conclusão definitiva.
B) Os entusiastas da IA consideram-lhe uma instância do saber aonde se instalou a infalibilidade
C) O diálogo de que se vale o neurologista tem o propósito de medir forças com o pesquisador do mundo virtual.
D) Quanto à beleza, que sua definição se mostra tão difícil, atribuem-na pouca Importância os entusiastas da IA.
E) A importância da IA, por cuja tantos se deixam arrebatar, não levou o neurologista a lhe aceitá-la na mesma medida.

Comentários: Na opção C, na primeira ocorrência, a preposição "de" aparece antes do pronome relativo "que" por exigência do verbo "valer-se" (o neurologista se vale do diálogo). Na sequência, a preposição "com" é exigida pelo verbo "medir" (medir forças com alguém). Ambos os termos são usados adequadamente.

A) no qual / em que;
B) consideram-no / onde;
D) cuja definição / atribuem-lhe;
E) por que (pela qual) / a aceitá-la.

Gabarito: C

7. **(FGV - 2024 - DATAPREV - ATI - Advocacia)** Assinale a opção que apresenta corretamente a regência dos verbos.

A) Não faz sentido obedecer a leis absurdas.
B) Admito que me simpatizei muito com a nova professora de Literatura.

C) Nossos vizinhos se mudaram e residem agora à rua das Laranjeiras.

D) Possuía uma dívida com o açougueiro, paguei-o assim que pude.

E) Vovó sempre lembra do aniversário de todos os seus netos.

Comentários: Na opção A, correta a construção, pois o verbo "obedecer" rege preposição A.

B) simpatizei com (o verbo "simpatizar" não é pronominal);

C) residem na rua;

D) paguei-lhe (o verbo "pagar", para pessoa, é transitivo indireto; para coisa, transitivo direto);

E) sempre lembra o aniversário (lembrar/ esquecer: transitivos diretos sem o pronome; transitivos indiretos com o pronome)

Gabarito: A

8. (CESPE/CEBRASPE - 2024 - Prefeitura de Camaçari - BA - Assistente Social)

> *Além de ser fonte de prazer, a ficção **permite** ao leitor aprender com a experiência ficcional. A simulação é usada, por exemplo, para se aprender a pilotar um avião, pois é útil passar um tempo em um simulador de voo. Apesar de ser essencial a prática em um avião real, na maior parte do tempo, não acontece muita coisa no ar. Já no ambiente seguro de um simulador, é possível enfrentar as mais diversas experiências e ensaiar como **responder** a situações críticas — e as habilidades aprendidas são transferidas ao pilotar um avião. Da mesma forma, quando nos envolvemos nas tramas da ficção, o que aprendemos é transferido para nossas interações cotidianas.*
>
> *Ao compartilhar indiretamente os acontecimentos da história e fazer inferências sobre o desenvolvimento da trama, o leitor **expande** sua empatia. Ou seja, **alinha** seus pensamentos e suas emoções com os das personagens. Imagens de ressonância magnética mostraram que, quando as pessoas leem a descrição de ações, como "subindo as escadas", a leitura **leva** à simulação do conteúdo motor e emocional no cérebro, acompanhada por mudanças nas regiões cerebrais que provocam as ações, como se o leitor as estivesse realizando.*
>
> *Internet: <brasil.elpais.com> (com adaptações)*

No que se refere à regência verbal, seriam preservados a correção gramatical e os sentidos do texto caso fosse substituída a forma verbal:

A) "permite" (primeiro período do primeiro parágrafo) por **deixa**.

B) "leva" (último período do último parágrafo) por **ocasiona**.

C) "responder" (penúltimo período do primeiro parágrafo) por **confrontar.**

D) "expande" (primeiro período do último parágrafo) por **amplia**.

E) "alinha" (segundo período do último parágrafo) por **equivale**.

Comentários: Na opção D, a troca de "expande" por "amplia" mantém o sentido, estão no mesmo campo semântico. E, quanto à regência, ambos são transitivos diretos, não regem preposição. Correção e sentido mantidos.

A) permite ao leitor... / deixa o leitor...

B) leva à simulação / ocasiona a simulação

C) responde a situações / confronta situações

E) alinha seus pensamentos / equivale a seus pensamentos

Gabarito: D

9. (CESPE/CEBRASPE - 2024 - FNDE - Arquiteto e Urbanista)

"O que há no projeto é o mínimo para que uma escola funcione, atendendo ***os estudantes e os profissionais*** *da educação com dignidade. A ausência de laboratórios, de Internet, de bibliotecas e de uma estrutura física adequada é algo que impacta diretamente na qualidade da educação oferecida aos estudantes, uma vez que a educação não é uma transmissão de conhecimento, mas sim a construção deste", considera a secretária de assuntos educacionais da Confederação Nacional dos Trabalhadores em Educação (CNTE), Guelda Andrade.*

A correção gramatical e os sentidos do texto seriam mantidos se ambas as ocorrências do vocábulo "os" em "os estudantes e os profissionais" (primeiro período) fossem substituídas por **aos**.

CERTO

ERRADO

Comentários: Quanto à predicação verbal, o verbo "atender" pode ser transitivo direto ou indireto. Logo, "atender os estudantes e os profissionais" está correto, assim como "atender aos estudantes e aos profissionais".

Gabarito: CERTO

10. (CESPE/CEBRASPE - 2025 - InoversaSul - Auxiliar de Apoio Operacional)

TEXTO I

Pesquisadores da Universidade Raboud, na Holanda, analisando cerca de 5.000 participantes de 358 tarefas cognitivas, chegaram à conclusão de que **pensar dói**. Não ria. A análise foi feita com o auxílio de um programa especial da NASA. Pelo que entendi, certas atividades cerebrais, como fazer cálculos matemáticos, ler Gertrude Stein ou tomar decisões que envolvam um sim ou não de vida ou morte, provocam sensações orgânicas que podem ser classificadas como dolorosas.

TEXTO II

Os holandeses inventaram também a fita cassete, o CD e o DVD, e temos de lhes ser gratos por isso. Mas depois os desinventaram e **pensar nisso, sim, dói.**

O autor lança mão das múltiplas possibilidades de regência do verbo "pensar" para estabelecer no texto nuances de sentido, o que se nota, por exemplo, nos trechos "pensar dói" (primeiro período do Texto I) e "pensar nisso, sim, dói" (final do Texto II).

CERTO

ERRADO

Comentários: Na primeira ocorrência, o verbo "pensar" é intransitivo, com o sentido de "exercer a capacidade de julgamento, dedução ou concepção". Na segunda, transitivo indireto, com o sentido de "determinar pela reflexão, imaginar."

Gabarito: CERTO

18.7. QUESTÕES DE CONCURSOS PROPOSTAS (COM GABARITO NO FINAL)

1. **(VUNESP – 2024 – Prefeitura de Lins – SP – Fiscal de Tributos)** A alternativa que completa, corretamente, a seguinte frase do texto, reescrita, de acordo com a norma-padrão de regência verbal, é:

   A paz no trânsito...

   A) provém a você.
   B) necessita em você.
   C) depende de você.
   D) precisa por você.

2. **(VUNESP – 2024 – Prefeitura de Santo André – SP – Procurador)** Está em conformidade com a norma-padrão de regência a frase:

   A) A sensação de estar em lugar que não pertence pode gerar um trauma perene.
   B) Falta de hospitalidade acarreta geralmente uma fama ruim para quem a pratica.
   C) Passantes mais desatentos nem mesmo desconfiam ao que o forasteiro passou.
   D) Perante a uma série de acontecimentos insólitos, é preferível a deixar a cidade.
   E) O olhar altivo dos moradores da cidade conduziu-a o título de "cidade antipática".

3. **(IBFC – 2024 – IMBEL – Cargos de Nível Médio)** Analise o fragmento referente à regência verbal: "Esqueça a necessidade de querer **agradar a** todo mundo". Agora analise as afirmativas abaixo.

   I. Apresenta-se como verbo transitivo indireto com o significado de "fazer carinho".
   II. Apresenta-se como verbo transitivo direto com o significado de "fazer carinho".
   III. Apresenta-se como verbo transitivo indireto com o significado de "ser agradável".
   IV. Apresenta-se como verbo intransitivo com o significado de "ser agradável".

   Estão corretas as afirmativas:

   A) I apenas.
   B) II apenas.
   C) III apenas.
   D) IV apenas.
   E) II e III apenas.

4. **(Instituto Consulplan – 2024 – Prefeitura de Espera Feliz – MG – Assistente Educacional)** Analise a regência nominal de "análogo" em "O Brasil registrou o maior número de denúncias de trabalho análogo à escravidão da história em 2023.". Assinale a alternativa que apresenta regência nominal diferente a "análogo".

   A) Igual.
   B) Curioso.
   C) Benéfico.
   D) Acessível.

5. **(Instituto Consulplan – 2024 – Prefeitura de Pouso Alegre – MG – Professor)** Analise a regência do verbo "impor" em: *"Se os pais, associados à escola, impõem como castigo a uma criança o estudo, a leitura de um livro ou algo com valor cultural e*

pedagógico, não haverá dúvida de que ela entenderá que aprender ou apropriar-se de um bem cultural é uma chatice, [...]". A regência, nesse contexto, está de acordo com a norma culta da língua portuguesa. Assinale a afirmativa cuja regência dos verbos sublinhados está INCORRETA.

A) A decisão deve ser sua de preferir esse cargo.
B) Esta é a música de Chico Buarque à qual me referi.
C) Após a reunião, o professor disse que não aspira esse cargo.
D) As atitudes dos cidadãos visam apenas a seus próprios interesses.

6. **(OBJETIVA - 2024 - Prefeitura de Turuçu - RS - Assistente Administrativo II)** Há ERRO de regência nominal em:
A) Não devemos jamais fazer apologia de atos desumanos.
B) Aquele cargo é acessível a todos os candidatos.
C) Sou totalmente contra o ódio para todos.
D) A vacina da dengue já está sendo aplicada na população.

7. **(Instituto Consulplan - 2024 - Câmara de Belo Horizonte - MG - Técnico Legislativo)** "Eles, aos poucos, graças ao calejamento do ofício, se convenceram de que a polícia é inútil.". Nessa construção frasal, o verbo "convencer" exige a preposição "de". Assinale a alternativa correta conforme o sentido do verbo e sua regência na variedade padrão.
A) O secretário aspira o cargo de coordenação.
B) Todos os pedestres obedecem às novas regras de trânsito.
C) Os vereadores assistiram dois vídeos que expõem a situação da comunidade.
D) É necessário chamar a diretoria todos que foram aprovados para a próxima fase.

8. **(Instituto Consulplan - 2024 - Prefeitura de Nova Iguaçu - RJ - Orientador Educacional)** No trecho *"[...] o respeito para com as diferenças."*, a locução prepositiva está corretamente empregada. Assinale a alternativa cuja regência do termo sublinhado está INCORRETA.
A) Os novos colaboradores chegaram ávidos de sonhos.
B) Os estudantes estavam aptos para ler textos mais aprimorados.
C) Os integrantes da equipe não tiveram dificuldades em cumprir com o acordo.
D) O gerente estava propenso de permitir o cancelamento das entregas após o horário de trabalho.

9. **(FCC - 2024 - TRF - 3ª Região - Analista Judiciário)** É plenamente regular o emprego do elemento sublinhado na frase:
A) Muitos fiéis consideram bárbaros os mesmos ritos de que outros fiéis consideram sagrados.
B) As leis humanas buscam o equilíbrio comunal à que aspiram as sociedades mais justas.
C) As leis da natureza constituem um repertório de fenômenos aonde sua regularidade é incontestável.
D) A veneração com cuja Platão considerava o poder da matemática levou-o às formas ideais.
E) É admirável o rigoroso zelo a que se obriga aquele cientista no acompanhamento de sua experiência.

10. (Instituto Consulplan - 2024 - MPE - SC - Promotor de Justiça Substituto) As preposições "em" e "a" em "Tinha semana em que assistíamos a quatro filmes." foram empregadas de acordo com a norma padrão da língua, ou seja, as duas introduzindo complementos do verbo "assistir".

CERTO

ERRADO

11. (CESPE/CEBRASPE - 2024 - APEX Brasil - Analista)

[...] De um lado, um grupo de economistas assinala os ganhos que uma liberalização adicional proporcionaria sobre a produtividade e o investimento privado, fatores fundamentais para o crescimento econômico. De outro, especialistas apontam as inconveniências de uma redução tarifária em um cenário com fortes flutuações da taxa de câmbio e a necessidade de preservar o poder de barganha nas negociações comerciais de acesso aos mercados externos.

Assinale a opção correta a respeito da regência dos vocábulos "fundamentais" (penúltimo período) e "acesso" (último período), considerado o seu emprego no texto.

A) O primeiro admite apenas a preposição **para**, mas o segundo admite também a preposição **de**.

B) O primeiro poderia admitir também a preposição **a**, mas o segundo admite apenas a preposição **a**.

C) O primeiro admite apenas a preposição **para** e o segundo, apenas a preposição **a**.

D) O primeiro poderia admitir também a preposição a e o segundo, a preposição **de**.

12. (CESPE/CEBRASPE - 2025 - InoversaSul - Professor de Redação)

Com o próximo casamento e partida para a Europa de minha filha Susana, andei arquitetando um meio de extorquir-lhe o meu retrato, feito por Candinho Portinari em 1938, que ora lhe pertence, de que muito gosto e que deve ter, aliás, na obra do pintor, certa importância, pois foi o primeiro, ao que eu saiba, realizado com inteira liberdade, depois da grande série de "retratos sociais" (chamemo-los assim, sem qualquer desdouro, nem para o artista, nem para os retratados) que ele andou pintando de alguns membros ilustres de nossa sociedade e de nossa inteligência. ***Lembra-me mesmo que****, ao me propor fazê-lo, sabendo que eu estava de partida para a Inglaterra, Candinho sugeriu-me, com aquela eterna rabugice sua, que eu o deixasse pintar livremente, pois estava um pouco cansado do gênero de retratos que fazia e que tanto afagavam a vaidade da maioria dos retratados. Sei que em duas poses, em sua antiga casa das Laranjeiras, o retrato estava pronto e era como se se respirasse um novo ar dentro dele. [...]*

Vinicius de Moraes. Para viver um grande amor. 2008, p. 34 (com adaptações).

O trecho "Lembra-me mesmo que" (segundo período), em que o verbo lembrar é empregado de modo formal, pode ser reescrito, sem prejuízo de significação e mantendo-se o registro de formalidade, por Eu me lembro que.

CERTO

ERRADO

13. (CESPE/CEBRASPE - 2024 - Prefeitura de Aracaju - SE - Professor)

contra o bicho de quatrocentos anos,
mas cujo fel espesso não ***resiste***
a *quarenta horas de total ternura.*

No último verso da estrofe anterior, o emprego do vocábulo "a" justifica-se pela regência do verbo "resistir", expresso sob a forma "resiste."

CERTO
ERRADO

14. (CESPE/CEBRASPE - 2024 - Prefeitura de Cachoeiro de Itapemirim - ES - Professor)

No final de 2022, o ChatGPT foi disponibilizado ao público e logo se popularizou. Na prática, ele responde a perguntas em poucos segundos. Mas essa não é bem a novidade — haja vista a Siri, da Apple, e a Alexa, da Amazon. O que chama a atenção no ChatGPT é a capacidade de ***responder a questões*** *mais complexas e específicas em linguagem mais fluida, como em uma conversa.*

No trecho "responder a questões", a supressão da preposição "a" não prejudicaria a correção gramatical do texto.

CERTO
ERRADO

15. (CESPE/CEBRASPE - 2024 - Prefeitura de Cachoeiro de Itapemirim - ES - Procurador)

[...] A maioria dos problemas que afligem a humanidade hoje, mesmo que aparentemente distantes, está relacionada ao risco ambiental e consiste apenas ***na ponta*** *de um iceberg, se não tratarmos o tema com a devida firmeza e eficiência.*

Em "na ponta" (último período), a substituição de "na" por da prejudicaria a correção gramatical do texto.

CERTO
ERRADO

GABARITO:

1. C	2. B	3. C	4. B	5. C
6. D	7. B	8. D	9. E	10. ERRADO
11. B	12. ERRADO	13. CERTO	14. CERTO	15. CERTO

Acesse o material suplementar

uqr.to/20vh1

Crase 19

A crase é a fusão de duas vogais iguais. Na escrita, esse fenômeno vem marcado com o acento grave.

19.1. AS JUSTIFICATIVAS DA CRASE

As **justificativas** para o uso do acento grave **são duas**:

19.1.1. 1ª justificativa: casos de contração

a) preposição a + artigo definido a (a + a(s) = à(s)).

b) preposição a + pronomes demonstrativos a(s) (= aquela(s)), aquele(s), aquela(s), aquilo.

c) preposição a + pronome relativo a qual / as quais.

> **Importante:** No caso de contração de preposição ***A*** com artigo feminino ***A***, a preposição aparece por exigência de um verbo (regência verbal) ou de um nome (regência nominal). O artigo, por exigência de um substantivo feminino. Veja o modelo:
>
> *"Os universitários leem como se assistissem* [a] à [a] televisão com um controle remoto."

Uma maneira prática de saber se a palavra feminina aceita ou não artigo é usá-la na função de sujeito. Na **ordem direta**, você diria "A televisão nos diverte" ou "Televisão nos diverte"? Com certeza, usaria a primeira forma. Portanto, a palavra "televisão" aceita artigo feminino. Se o verbo ou o nome não pedir preposição A ou se a palavra seguinte não aceitar artigo feminino, não ocorrerá o fenômeno da crase.

Essa explicação vai servir para mostrar os casos **em que há** o acento grave, **em que não há** e quando o uso do acento é **facultativo**.

Vejamos alguns exercícios comentados.

Complete as lacunas das frases usando a, à, as, às.

1. Cheguei cedo ___ repartição.
2. Pediram ___ jovem que comparecesse ___ secretaria.
3. Fiz alusão ____ crianças.
4. Fui ____ Grécia ano passado.

5. Fui ____ Brasília de minha infância.
6. Obedeça ____ senhorita / senhora / madame.

Comentários: Nas frases de 1 a 6, observa-se a presença da preposição **a** exigida por "chegar [a]", "Pediram [a]... comparecessem [a]", "alusão [a]", "Fui [a] e "Obedeça [a]". Como as palavras femininas que se seguem aceitam **artigo feminino** ("[a] repartição", "[a] jovem... [a] secretaria", "[as] crianças, "[a] Grécia", "[a] Brasília de minha infância" e "[a] senhorita / senhora / madame"), ocorre o fenômeno da crase. Portanto, temos a fusão da preposição a com artigo definido a.

Aqui, vale um recado sobre as frases 4 e 5:

Atenção nas frases 4 e 5: Quando aparece nome de lugar (Grécia, Brasília...), para saber se aceita ou não artigo, procedemos da mesma maneira como foi apresentado na teoria: se, na função de sujeito, pudermos usar o artigo é porque o nome do lugar aceita. Caso contrário, só aparece a preposição a. Por exemplo:

– A Grécia é um país que me encanta. (aceita artigo)
  (suj.)
– Brasília é a capital do Brasil (e não *A Brasília é...*; logo, Brasília não aceita artigo). No entanto, se o nome do lugar vier determinado, usaremos o artigo.

Na frase 6, o verbo "obedecer" pede preposição A e os pronomes de tratamento "senhorita", "senhora" e "madame" aceitam o artigo A. Mais à frente, veremos os pronomes de tratamento que não aceitam o artigo A.

As frases de 1 a 6 são exemplos de contração de preposição **a** + artigo feminino **a.**

Gabarito: 1. à; 2. à; 3. às; 4. à; 5. à; 6. à.

7. Fez alusão ___ novas regras.
8. Oferecia comida ___ crianças.

Comentários: Nessas frases, duas possibilidades estariam corretas: a ou às. Isso ocorre, porque, nos dois casos, há exigência da preposição "a" (pelo nome "alusão" e pelo verbo "oferecer"). No entanto, os termos femininos "novas regras" e "crianças" podem *ou não* vir antecedidas do artigo "as", a depender do contexto: se forem determinadas, serão acompanhadas do artigo "as"; se forem empregadas em sentido geral, não serão acompanhadas de artigo. Portanto, tanto o emprego de "a" (preposição) quanto o emprego de "às" (preposição "a" + artigo "as") estariam gramaticalmente corretos; a diferença entre as duas formas é *semântica*. Por fim, perceba que o emprego de "à" acarretaria erro de concordância, pois o artigo estaria no singular. Da mesma maneira, o emprego de "as" geraria erro de regência, pois faltaria na frase a preposição "a".

Gabarito: 7. a / às; 8. a / às.

9. Fiz referência ___ que gesticulava freneticamente.
10. Emprestei o livro ___ aquela velha amiga.
11. Emprestei o livro ___ aquele velho amigo.

Comentários: Nas frases 9, 10 e 11, há contração de preposição **a** com **pronomes demonstrativos**: "Fiz referência [a] + a (= aquela) que gesticulava", "Emprestei o livro [a] + aquela" e "Emprestei o livro [a] + aquele."

Na frase 9, aparece o **a** como pronome demonstrativo. Aqui, vale um recado:

> O pronome demonstrativo a(s) aparece, geralmente, antes de que relativo ou de preposição de, quando fica claro o valor semântico de demonstrativo. Observe:
> *"Refiro-me à (= àquela) da direita."*
> *"Refiro-me à (= àquela)* que *chegou de branco."*

Gabarito: 9. à; 10. àquela; 11. àquele.

12.A moça ____ qual me referi era uma velha amiga.

Comentários: A frase 12 mostra o pronome relativo a qual, que introduz oração adjetiva e já possui a letra a. Com esse conectivo, haverá acento no a do a qual se, dentro da oração adjetiva, algum termo pedir preposição a. Observe:

... a qual me referi (*Eu me referi a*). Logo, a preposição *a* do verbo *referir-se* encontra-se com o *a* de *a qual*: ... *à qual me referi...*

Gabarito: 12. à qual.

> Crase obrigatória:
> – preposição a + artigo definido a(s) (frases 1 a 6)
> – preposição a + pronomes demonstrativos a(s), aquela(s), aquele(s), aquilo (frases 9 a 11)
> – preposição a + pronome relativo a qual/as quais (frase 12)

Veja a seguir algumas questões resolvidas sobre o que acabamos de estudar:

1. **(FCC – 2022 – TRT – 22ª Região – PI – Técnico Judiciário)** A singularidade da competição também ficou associada a seu resultado e à divulgação do nome do vencedor.

O sinal indicativo de crase deve ser mantido se a palavra sublinhada for substituída por:

A) espalhamento.
B) propaganda.
C) publicações.
D) anúncio.
E) prognósticos

Comentários: Na frase original, o vocábulo "associada" rege preposição "a", mais artigo feminino do substantivo "divulgação", acento grave. Das opções apresentadas, a única em que o substantivo aparece no feminino singular é na opção B, mostrando, portanto, a contração da preposição "a" de "associada" (associada A) mais o artigo feminino no singular de "propaganda". Nas opções A e D, os vocábulos são masculinos. Na C e na E, estão no plural, além de nesta última opção ser masculino.

Gabarito: B

2. **(Fundec)** A alternativa em que NÃO pode ocorrer o fenômeno da crase é:

A) Ninguém respondeu até hoje **as** perguntas sobre o assunto.
B) Só mesmo um deus perdoaria **a** seus flagelados.
C) Ele acabou obedecendo **a** vontade de seus pais.
D) Tais medidas visam **a** segurança de todos.
E) Cheguei **a** Itália em plena primavera!

Comentários: O comando da questão pede para se assinalar a alternativa em que não se deve usar o acento grave. Na opção A, teríamos em "responder às perguntas", o encontro da preposição a (respondeu a) com o artigo feminino as (as perguntas). Em B, não haveria acento, pois aquele a não pode receber acento, já que flagelados, além de ser vocábulo masculino, está no plural. Portanto, o a em "a seus flagelados" é apenas preposição.

Em C, D e E, os verbos obedecer, visar e chegar regem preposição a e as palavras vontade, segurança e Itália aceitam artigo a.

Gabarito: B

13. Falou ___ João.

14. Começou ___ ventar.

15. Aludiu ___ V. Exª / você.

16. Fui ___ Brasília.

17. Ofereci ajuda ___ esta / essa / uma / qualquer pessoa.

18. Dedicou o prêmio ___ ela.

Comentários: Importante: usaremos o código [x] para mostrar que não se usa **a**.

Nas frases de 13 a 18, ocorre apenas a presença da preposição **a**, pois *João*, nome próprio masculino, não aceita artigo feminino (*Falou* [a] [x] João); *ventar* é verbo, não vem com artigo ("Começou [a] [x] ventar"); pronomes de tratamento não aceitam artigo, exceção feita aos tratamentos senhorita, senhora e madame da frase 6.

E por que esses tratamentos aceitam artigo e V. Exª e você não aceitam? No início desse assunto mostramos uma maneira prática de saber se substantivos ou pronomes aceitam ou não artigo: iniciar uma frase na **ordem direta** (sujeito + verbo + complemento). Por exemplo:

A *senhorita / senhora / madame* aceita minhas desculpas?

Agora, você diria "A V. Exª / você aceita minhas desculpas?" ou "V. Exª / você aceita minhas desculpas?". Certamente é a última que seria usada.

Aqui, vale um recado:

Atenção: Os pronomes de tratamento não aceitam artigo, com exceção a senhorita, senhora e madame.

Teríamos, portanto, na frase 15, só a preposição ("Aludiu [a] [x] V. Exª (você)").

Na 16, seguindo o mesmo princípio, Brasília não aceita artigo – *Brasília é a capital do Brasil* ("Fui [a] [x] Brasília"). Na frase 17, os pronomes esta, essa, qualquer e o pronome indefinido uma também não aceitam artigo (forme uma frase, na **ordem direta,** usando esses pronomes na função de sujeito e verá que não vêm com artigo – *Esta / Essa / Qualquer pessoa inteligente*). *Uma pessoa esteve procurando*, e não A esta / essa / qualquer / uma pessoa esteve te procurando. Só preposição ("Ofereci ajuda [a] [x] esta...").

Na frase 18, a mesma explicação ("Dedicou o prêmio [a] [x] ela"), já que os pronomes pessoais também não aceitam artigo. Logo, se aparece apenas um **a**, não ocorrerá o fenômeno de crase.

Gabarito: 13. a; 14. a; 15. a; 16. a; 17. a; 18. a.

19. A diretora ___ que me referi chegou.
20. A diretora ___ quem me referi chegou.
21. A escritora ___ cuja obra me referi ganhou um prêmio.
22. A escritora ___ qual admiro ganhou um prêmio.

Comentários: As frases 19, 20 e 21 exemplificam o uso de pronomes relativos antecedidos de preposição **a**, porque também esses conectivos não admitem a presença de artigo. Na frase 22, *a qual* não recebe acento grave porque o verbo **admirar** não pede preposição **a** (confronte com a frase **12**, em que o **a** do a qual recebe acento porque o verbo referir-se rege preposição **a**).

Gabarito: 19. a; 20. a; 21. a; 22. a qual.

Atenção: Antes do pronome relativo "que" só haverá acento no "a" quando o termo anterior pedir preposição a e aparecer um a, pronome demonstrativo implícito antes do "que", o que dá para perceber com certa facilidade. Veja a frase 9 ("Fiz referência à [= àquela] que gesticulava freneticamente"). Na 19 isso não ocorre ("A diretora *aquela* que me referi?").

Portanto, vale sistematizar:

Os pronomes relativos e a crase:

1. correrá crase nos relativos "a qual", "as quais", se esses pronomes vierem antecedidos de preposição, exigida por um termo (verbo ou nome) que vem após esses relativos (frase 12).
2. Diante do pronome relativo "que", normalmente não há crase, pois esse pronome não admite artigo. O "a" que vem antes do que é apenas preposição (frase 19). Entretanto, o pronome relativo "que" poderá vir antecedido de "a" acentuado, quando o a(s) for demonstrativo (= aquela) (frase 9).
3. Antes de "quem", "cujo", "cuja", "cujos", "cujas", jamais ocorrerá crase, pois esses pronomes não aceitam artigo. O a que os anteceder será apenas preposição (frases 20 e 21).

23. Perdeu o gol cara ___ cara.

Comentários: Na frase 23, mais um caso em que nunca se usa acento grave: entre palavras repetidas. Esse a é apenas preposição.

Gabarito: 23. a.

Crase proibida:

1. antes de palavra masculina;
2. antes de verbos;
3. antes de pronomes de tratamento, como V. Exª, você, Sua Excelência...; exceto com madame, senhora e senhorita;
4. com nomes de lugar que não aceitam artigo *a*;
5. antes de pronomes demonstrativos *este, esta, esse, essa*;
6. com pronomes indefinidos (*alguém, nenhum...*);
7. antes de artigo indefinido (*um, uma*);
8. entre palavras repetidas.

Abaixo, duas questões resolvidas:

3. **(VUNESP - 2022 - Prefeitura de Osasco - SP - Guarda Civil Municipal - 3ª Classe)** Assinale a alternativa em que, na frase redigida a partir do texto, o uso do acento indicativo da crase está em conformidade com a norma-padrão.

A) O uso do telefone fixo tem sido reduzido à um número cada vez menor de pessoas.

B) Em geral, integrar-se às novas tecnologias de comunicação é algo bastante natural.

C) Parece ainda haver muita resistência em aderir à algumas formas de comunicação digital.

D) Algumas pessoas têm voltado à se comunicar empregando meios antigos como cartas.

E) Atualmente, a internet é uma ferramenta acessível à todas as pessoas que queiram usá-la.

Comentários: Uso correto do acento grave na opção B, em que há caso de contração: "integrar-se" rege preposição "a", mais artigo feminino no plural de "tecnologias" (preposição "a" + artigo "as" = "às"). Na opção A, só preposição, pois a palavra seguinte é masculina. Na C, o "a" também é apenas preposição, já que a palavra seguinte está no feminino plural não apareceu o artigo no plural. Na D, "comunicar" é verbo. Antes de verbo não haverá acento grave no "a". Na E, "todas" é pronome indefinido. Não se usa acento grave no "a" antes de pronome indefinido.

Gabarito: B

4. **(VUNESP - 2022 - UNESP - Assistente Técnico Administrativo)** O sinal indicativo de crase está corretamente empregado em:

A) Os soldados, em meio à devastação sem precedentes, tornam-se insensíveis à qualquer sofrimento.

B) Trabalhando à serviço da imprensa, Rubem Braga se dedicava à relatar as consequências da guerra.

C) À certo momento, quando a estrada fica livre à frente do jipe, surge uma sensação de liberdade.

D) Quanto à figura de Mussolini, o autor alude à ela externando desprezo e sarcasmo.

E) O autor rende-se à imagem do arbusto que se opõe aguerridamente à própria morte.

Comentários: Na opção E, nas duas ocorrências do acento grave, há casos de contração, pois na primeira o verbo "render-se" pede preposição "a", mais o artigo feminino do substantivo "imagem", assim como "opor-se" pede preposição "a" mais o artigo feminino de "morte". Correta a letra E. Na opção A, o erro está na segunda ocorrência, pois "qualquer" é pronome indefinido. Não se usa acento grave no "a" antes de pronome indefinido. Na B, dois erros: "serviço" é palavra masculina e "relatar" é verbo. Na C, há erro na primeira ocorrência, pois "momento" é palavra masculina. E, na D, antes de pronome pessoal não se usa acento no "a".

Gabarito: E

24. Ofereci ajuda ___ Maria.

25. Fez menção ___ Cecília Meireles.

26. Ofereci ajuda ___ minha / sua / nossa amiga.

27. Ofereci ajuda __ minha amiga e não __ sua.

28. Corri até __ sala.

Comentários: Nas frases de 24 a 28, temos exemplos de uso facultativo do acento grave. São três os casos de uso facultativo:

1º) Antes de nome próprio feminino: podemos usar o artigo ou não.

"A Maria esteve te procurando" ou "Maria esteve te procurando" ("Ofereci ajuda [a] [a] ou [x] Maria")

Antes de nomes ilustres, porém, não aparece artigo ("Fez menção [a] [x] Cecília Meireles").

2º) Antes de pronome possessivo feminino singular: podemos usar o artigo ou não.

"A minha / sua / nossa amiga chegou" ou "Minha / Sua / Nossa amiga chegou" ("Ofereci ajuda [a] [a] ou [x] minha / sua / nossa amiga").

Todavia, antes de possessivo feminino singular com substantivo feminino subentendido, acento obrigatório. Veja:

"Ofereci ajuda [a] [a] ou [x] minha amiga e não [a] [a] sua (amiga)".

3º) Após a preposição até, é facultativo o uso do acento grave, uma vez que existe até (preposição) e até a (locução prepositiva que termina em a).

Gabarito: 24. à ou a; 25. a; 26. à ou a; 27. à ou a; 28. à ou a.

Crase facultativa:
1. antes de nome próprio feminino;
2. antes de pronome possessivo feminino no singular;
3. após a preposição até.

Veja como as bancas cobram os casos de crase facultativa:

5. (CESPE/CEBRASPE - 2022 - BANRISUL - Analista de Segurança da Tecnologia da Informação)

*Faz parte da natureza humana a incansável busca por relacionamentos ideais. Em se tratando de carreira ou de relações românticas, a tendência é sempre a mesma: apego **à falível ideia** de que há alguém ou algo perfeito – seja qual for o objeto de desejo. Perfeição significa ausência de falhas ou defeitos em relação a um padrão ideal, no entanto isso não existe, pois ninguém nem lugar nenhum são infalíveis. A perfeição é irreal e inalcançável. O componente das organizações são as pessoas, que trazem em suas bagagens as falhas. Portanto, não haveria a possibilidade de existir uma empresa perfeita.*

O emprego do sinal indicativo de crase em "à falível ideia" é facultativo, logo a sua retirada não prejudicaria a correção gramatical nem o sentido original do texto.

CERTO

ERRADO

Comentários: As gramáticas, em geral, mostram que seriam três os casos de uso facultativo: antes de nome próprio feminino e antes de pronome possessivo feminino no singular, quando o termo anterior pede preposição "a"; e o terceiro caso, após a preposição "até". Na passagem apresentada neste item, o uso do acento grave é obrigatório, já que "apego" rege preposição "a", mais o artigo da palavra feminina" ideia".

Gabarito: ERRADO

6. **(MTE - Cebraspe)** Julgue a alternativa a seguir, de acordo com o texto:

   "Não conseguia dormir direito por não conseguir juntar dinheiro sequer para retornar à minha cidade e rever a família", relatou.

   O sinal indicativo de crase em "retornar à minha cidade" é facultativo e a sua omissão preservaria os sentidos do texto e a correção das estruturas linguísticas.

   CERTO

   ERRADO

   Comentários: O verbo retornar, de fato, deve vir seguido da preposição a, indicando direção, destino, e o pronome possessivo singular minha tem artigo facultativo. Logo, o acento grave é facultativo: sua presença ou sua ausência não implicaria erro gramatical nem mudança de sentido da frase.

   Gabarito: CERTO

No início deste capítulo, dissemos que as justificativas para o uso do acento grave são duas. A primeira trata da **contração** da preposição **a** mais artigo definido feminino, pronomes demonstrativos e relativo a qual.

Agora, vamos ao segundo caso: **as locuções femininas.**

19.1.2. 2ª justificativa: casos de locuções femininas

- Adverbiais: às vezes, às pressas, à toa, à beça, às duas horas, à míngua...
- Prepositivas: à beira de, à espera de, às expensas de, à moda de, à procura de...
- Conjuntivas: à medida que, à proporção que.

Diferentemente do primeiro caso, aqui não temos de achar dois as. Nas locuções, a questão é semântica, ou seja, aparecem expressões femininas com ideia de tempo, intensidade, modo, lugar, proporção etc.

A sistematização em adverbiais, prepositivas e conjuntivas é por causa da forma: as prepositivas terminam em preposição (à beira de, à moda de, à espera de, à procura de...); as conjuntivas, em conjunção (à medida que e à proporção que).

Já as adverbiais não têm uma terminação característica. Sabemos que são locuções adverbiais por causa dos valores circunstanciais próprios do advérbio (tempo, lugar, intensidade...).

Seguem alguns exercícios comentados.

Use o acento grave nas locuções femininas, quando se exigir.

1. Compro sempre _____ vista, nunca _____ prazo.
2. Gostava de churrasco _____ Osvaldo Aranha.
3. Queria tudo _____ claras.

Comentários: Não custa nada lembrar: acento nas locuções só se for feminina.

Na frase 1, só a primeira (*à vista*) é locução feminina, pois prazo é vocábulo masculino.

Na 2, embora Osvaldo seja palavra masculina, subentende-se a locução prepositiva feminina à moda de.

Em 3, às claras é uma locução adverbial feminina de modo.

Gabarito: 1. à vista/a prazo; 2. à Osvaldo Aranha; 3. às claras.

4. Vivia _____ espera de um milagre.
5. Saiu _____ cinco horas _____ fim de ver um filme.

Comentários: Na frase 4, a locução prepositiva (*à espera de*) é formada por palavra feminina. Em 5, na primeira ocorrência, a locução adverbial é feminina indicando tempo, mas na segunda ocorrência há uma locução prepositiva representada por palavra masculina – *fim*.

Gabarito: 4. à espera de; 5. às cinco horas/a fim de.

6. Chegou _____ uma hora e saiu _____ oito.
7. Estou aqui desde _____ três horas.

Comentários: Na frase 6, as locuções são representadas por palavra feminina – *hora*. No entanto, se as expressões de hora vierem antecedidas de preposição (após, desde), não haverá acento (frase 7).

Gabarito: 6. à uma hora/às oito (horas); 7. desde as três horas.

8. Sentia-se mais _____ vontade _____ medida que ia se aproximando da reta final.
9. _____ medida que tomaste desagradou a todos.

Comentários: Na frase 8, temos, respectivamente, uma locução adverbial feminina e uma locução conjuntiva feminina com ideia de proporção.

Repare que na frase 9 não há mais a ideia de proporção. Temos aí medida funcionando como sujeito de desagradou:

"A medida que tomaste desagradou a todos".

(suj.) or. adjetiva

Gabarito: 8. à vontade/à medida que; 9. A medida.

10. _____ vezes, ela faz _____ vezes do professor.
11. Fez a prova _____ lápis.
12. Andei _____ cavalo pela fazenda.
13. _____ beira do rio, admirava o quadro _____ óleo que acabara de pintar.
14. Comia, _____ pressas, um angu _____ baiana.

Comentários: Na frase 10, só na primeira ocorrência é que há ideia circunstancial de tempo (às vezes = de vez em quando).

Na segunda passagem, essa expressão funciona como objeto direto de **faz** ("ela faz as vezes"), não possui valor adverbial, *"ela faz algo* (= as vezes)"

Nas frases 11 e 12, as locuções são masculinas (lápis, cavalo). Na 13, a locução prepositiva é feminina (beira), mas a palavra *óleo*, na segunda passagem, é masculina.

Na frase 14, as duas locuções são adverbiais femininas.

Gabarito: 10. Às vezes/as vezes; 11. a lápis; 12. a cavalo; 13. À beira de/a óleo; 14. às pressas/à baiana.

15. Estamos abertos de 8h ____ 18h.
16. Estamos abertos das 8h ____ 18h.

Comentários: Na frase 15, o correto é não haver crase, para preservar o paralelismo, ou seja, a simetria entre as estruturas coordenadas em uma frase. Na expressão "de 8h a 18h", os elementos "de 8h" e "a 18h" estão coordenados e, portanto, devem mostrar simetria: se, de um lado, há somente a preposição "de", do outro lado, também deve-se empregar somente a preposição "a". Já na frase 16, empregou-se o artigo em "das 8h" (de + as), então também deve-se usar o artigo em "às 18h" (a + as).

Gabarito: 15. a; 16. às.

Veja, agora, questões que cobravam do candidato o conhecimento sobre as duas justificativas para a crase:

7. **(Instituto Consulplan - 2020 - Prefeitura de Capanema - PA - Fiscal de Tributos)** Analise o segmento: "A primeira vez em que me dei conta de que a juventude estava acabando foi no Tivoli. Para quem não está ligando o nome à pessoa, o Tivoli era um mafuá que ficava em plena Lagoa Rodrigo de Freitas (...)". Assinale o item em que o uso da crase é compatível com o do segmento.

A) As amigas foram à confraternização da empresa de táxi.

B) Estávamos observando tudo à distância de cinco metros.

C) A cantora fez o maior sucesso por fazer seu show à Anita.

D) O campeonato de futebol terá seu início às 17 horas hoje.

E) Ele terminou a prova às pressas, pois já estava no horário.

Comentários: No segmento apresentado, a justificativa para o uso da crase é a da contração da preposição "a", exigida pela locução "está ligando" mais o artigo da palavra feminina "pessoa". Das opções apresentadas, o único caso de contração é o da opção A (foram A + A confraternização). Nas outras opções, a justificativa é a do acento nas locuções femininas: prepositivas, nas letras B (à distância de) e C (à moda de subentendida), e adverbiais, nas letras D e E.

Gabarito: A

8. **(FCC)** ______ beira do leito, assistiu ______amiga. Hora ______hora, minuto ______ minuto, sempre ______espera de um milagre.

A) A – à – à – a – à.

B) À – a – a – a – à.

C) A – a – a – a – à.

D) A – a – à – à – à.

Comentários: Na passagem à beira do leito, temos uma locução prepositiva feminina. Em assistiu à/a amiga, como o verbo assistir (= dar assistência) pode ser transitivo direto ou indireto, a preposição a poderia aparecer ou não ("assistiu à amiga" ou "assistiu a amiga").

Entre palavras repetidas, não haverá jamais acento no a (hora a hora/minuto a minuto). Por fim, em à espera de, tem-se mais uma locução prepositiva feminina.

Gabarito: B

9. **(Senado - Analista)** "É sabido que a terra não pertence aos índios; antes, são eles que pertencem à terra." No período acima, utilizou-se corretamente o acento indicativo de crase antes da palavra terra. Assinale a alternativa em que isso não tenha ocorrido.

   A) Voltarei à terra natal.

   B) A sonda espacial retornará em breve à Terra.

   C) Quando chegamos à terra, ainda sentíamos em nosso corpo o balanço do mar.

   D) Eu me referia à terra dos meus antepassados.

   E) Havendo descuido, a areia será misturada à terra.

   Comentários: Sabemos que terra, com o sentido de chão firme, fazendo oposição a bordo, não aceita artigo, por isso não pode vir antecedida de a com acento indicativo de crase, mas, em todos os outros sentidos, a palavra terra poderá vir antecedida de crase (se vier seguida de expressão determinante, se for o planeta Terra etc.)

   Na frase do enunciado, terra não vem com esse sentido de oposição a bordo, tem o sentido de solo, território. Por isso, como o verbo pertencer é transitivo indireto e a palavra terra aceita artigo, houve a crase. A banca pedia a única alternativa com erro.

   Nas letras A e D, a palavra terra vem especificada, seguida respectivamente dos determinantes natal e dos meus antepassados. Por isso, nas duas alternativas, terra aceita artigo e veio antecedida de a com acento indicativo de crase.

   A letra B também está correta, já que o verbo retornar pede a preposição a indicando direção e o substantivo Terra (planeta) aceita artigo a.

   Na letra C, terra vem com o sentido contrário a bordo, o que se pode perceber pela continuidade da frase ("... o balanço do mar"). Logo, embora o verbo chegar deva vir seguido da preposição a indicando direção, destino, o substantivo terra não aceita artigo. Por isso, o acento veio de forma indevida.

   Na letra E, o verbo misturar vem seguido da preposição a e a palavra terra aceita artigo, já que não vem com o sentido contrário a bordo, como ocorreu na alternativa C.

   Gabarito: C

Observações finais:

a) Antes das palavras CASA e TERRA (em oposição a *bordo*) não ocorrerá o acento.

   Exemplos:

   Retornaram rapidamente a casa.

   Quando o navio atracou pudemos ir a terra.

   No entanto, se vierem determinadas, haverá o acento:

   Retornaram rapidamente à casa dos pais.

   Iria à terra dos avós.

b) Não se usa o acento grave no a antes de palavras tomadas em sentido geral.

   Exemplos:

   Este pano cheira a gasolina. (Este pano cheira a álcool.)

   Ela se candidatou a deputada. (Ele se candidatou a deputado.)

Repare que ao trocar por palavra masculina não aparece artigo ("cheira a álcool e não ao álcool / se candidatou a deputado e não ao deputado"), logo não aparecerá artigo antes do nome feminino.

Reconhecemos que esse caso não é de fácil percepção, mas a boa notícia é que raríssimas são as questões de concurso público que exploram esse caso. Mais um exemplo:

Viso a melhores condições de trabalho.

Esse é o caso mais comum de palavra tomada em sentido geral: usar a preposição a antes de substantivo no plural. A ausência do artigo definido as confirma essa indeterminação: toda vez que o artigo definido não aparece antes do substantivo, entende-se que o substantivo está tomado no sentido geral, indeterminado.

Marque V ou F para os casos de crase a seguir. Nas situações de crase, indique a justificativa para o acento.

1. ( ) Ele fez referência a tarefa feita por nós.

   Comentários: O substantivo *referência* pede preposição *a*. A palavra *tarefa* aceita artigo.

   Gabarito: a frase está errada, falta o acento.

2. ( ) Traçou uma reta oblíqua a do centro.

   Comentários: O adjetivo *oblíqua* exige a preposição *a*. E essa preposição vai-se encontrar com o pronome demonstrativo *a* (= *aquela*) que vem antes de *do centro* (Traçou uma reta oblíqua *a* + *a do centro*).

   Gabarito: a frase está errada, falta o acento.

3. ( ) Não conheço as que saíram.

   Comentários: O verbo *conhecer* é transitivo direto, não pede preposição. A palavra *as* é só pronome demonstrativo (= *aquelas*).

   Gabarito: a frase está certa, não há fenômeno da crase.

4. ( ) Ele se referia as que saíram.

   Comentários: O verbo *referir-se* é transitivo indireto, pede preposição *a*. E essa preposição vai-se encontrar com o pronome demonstrativo *as* (= *aquelas*), que vem antes da oração *que saíram* (Ele se referia *a* + *as que saíram*).

   Gabarito: a frase está errada, falta o acento.

5. ( ) Apresentou-lhe a esposa.

   Comentários: O verbo *apresentar*, aqui, é transitivo direto e indireto e vem seguido de dois objetos: o indireto, sob a forma de pronome (*lhe*) e o direto (*a esposa*). Ora, se *a esposa* é objeto direto, não há que se iniciar com preposição e, sem ela, não ocorre o fenômeno da crase. O *a* que aparece na frase é artigo.

   Gabarito: a frase está certa.

6. ( ) Era uma camisa semelhante a que o diretor usava.

   Comentários: O adjetivo *semelhante* exige a preposição *a*. E essa preposição encontra-se com o pronome demonstrativo *a (= aquela)*, antes do relativo *que* (*Era uma camisa semelhante a + a que o diretor usava*).

   Gabarito: falta o acento.

7. ( ) Ele não obedecia aquele regulamento.

   Comentários: *Quem obedece obedece a alguém*, ou *a alguma coisa*. O verbo *obedecer* é transitivo indireto e vem acompanhado da preposição *a*. E essa preposição encontra-se com o *a* que inicia o pronome demonstrativo *aquele*.

   Gabarito: a frase está errada, deveria vir com o acento.

8. ( ) Ele desconhecia aquele regulamento.

   Comentários: O verbo *desconhecer* é transitivo direto, não exige preposição. Daí o fato de o pronome demonstrativo *aquele* não ter de vir com o acento grave.

   Gabarito: a frase está certa.

9. ( ) Não me refiro aquilo.

   Comentários: *Referir-se* é transitivo indireto, e vem acompanhado da preposição *a*. E essa preposição *a* encontra-se com o *a* do demonstrativo *aquilo*. Falta o acento de *aquilo*.

   Gabarito: a frase está errada.

10. ( ) Esta é a lei a qual fiz alusão.

    Comentários: Atençao: trata-se de regência com pronome relativo. Organize a frase que vem após o pronome relativo. Colocando-a na ordem direta, teremos: "(Eu) fiz alusão a + a qual". Ora, daí o erro.

    Gabarito: falta o acento do relativo <u>a qual</u>.

11. ( ) Esta é a lei a qual desconhecia.

    Comentários: Agora, temos só o pronome relativo *a qual*. O verbo *desconhecer* não exige preposição, é transitivo direto.

    Gabarito: a frase está certa, não há crase.

12. ( ) Esta é a mulher a quem fiz referência.

    Comentários: Organizando a frase que vem após o relativo, teríamos "(Eu) fiz referência a". Só que essa preposição que o substantivo *referência* exige não se encontra com nenhum outro *a*, pois o pronome relativo *quem* não aceita artigo.

    Gabarito: a frase está certa, o a de *a* quem é só preposição.

13. ( ) Ele se dedica a empresa, respeita a hierarquia e obedece as leis.

    Comentários: Observe que o grande segredo do uso da crase é saber regência. O verbo *dedicar-se* é transitivo indireto. Logo, exige a preposição *a*, que vai-se encontrar com o artigo *a* de empresa. Por isso, o primeiro erro: falta o acento. Já o verbo *respeitar* é transitivo direto, não pede preposição: o *a* que vem antes de *hierarquia* é só artigo. Quanto a isso, a frase está certa. Já o verbo *obedecer* exige preposição *a*, é transitivo indireto. E a preposição *a* encontra-se com o artigo *as* que antecede *leis*. Mais uma vez, falta o acento.

    Gabarito: a frase reescrita de forma correta ficaria assim: *Ele se dedica à empresa, respeita a hierarquia e obedece às leis.*

14. ( ) Nas próximas férias, iremos a Suécia, a Bélgica e a Portugal.

    Comentários: Com nome de lugar, mais uma dica: utilize o verbo *voltar* seguido do nome do lugar para ver se o artigo aparece. Assim, teríamos: *voltei da Suécia, da Bélgica e de Portugal*. Ora, *Suécia* e *Bélgica* admitem artigo <u>a</u>, mas *Portugal* não.

Gabarito: a frase está errada, faltam dois acentos graves. Reescrita de forma correta, a frase ficaria assim: "Nas próximas férias, iremos à Suécia, à Bélgica e a Portugal".

15. ( ) Viajaremos a Londres e a Roma do Coliseu.

Comentários: *Londres* não admite artigo *a*: "Voltei de Londres". A palavra *Roma*, se estivesse sozinha na frase também não admitiria ("Voltei de Roma"); só que aqui se fala *da Roma do Coliseu*. O nome de lugar está seguido de determinante, por isso deve vir antecedido de artigo. Faltou o acento grave antes de *Roma*.

Gabarito: a frase está errada.

16. ( ) As vezes, o pessoal sai as escondidas.

Comentários: Duas locuções femininas: uma adverbial de tempo (*às vezes*) e outra adverbial de modo (*às escondidas*). As duas, portanto, deveriam vir acentuadas.

Gabarito: a frase está errada.

17. ( ) A reunião vai das cinco as seis horas.

Comentários: Observe o paralelismo estrutural que se criou na frase: antes da palavra *cinco*, tem-se a contração da preposição *de* e o artigo *as*. Antes da palavra *seis*, o mesmo não ocorreu: a preposição *a* deveria ter-se contraído ao artigo *as*. Está faltando, portanto, o acento. O certo seria dizer: "A reunião vai das cinco às seis horas".

Gabarito: frase errada.

18. ( ) A reunião vai durar de cinco a seis horas.

Comentários: Trata-se de intervalo de tempo. Antes da palavra *cinco* só aparece a preposição *de*. Antes da palavra *seis*, então, só deve aparecer a preposição *a*.

Gabarito: a frase está certa.

19. ( ) Só as primeiras horas da noite pôde assistir a cerimônia.

Comentários: Falta o acento da locução adverbial de tempo *às primeiras horas da noite*. Além disso, o verbo *assistir*, que é transitivo indireto, exige a preposição *a*, que se encontra com o artigo que antecede o substantivo *cerimônia*. Falta também o acento.

Gabarito: a frase, reescrita de forma correta, seria: "Só às primeiras horas da noite pôde assistir à cerimônia".

20. ( ) Ao sair, bata a porta.

Comentários: O verbo *bater*, aqui, é o mesmo que *fechar*, é transitivo direto. Logo, não vem seguido da preposição **a**. O **a** que aparece antes do substantivo porta é só artigo.

Gabarito: a frase está certa.

21. ( ) Ele só chegará a uma hora.

Comentários: Trata-se de locução feminina adverbial de tempo. Assim como às duas horas, às três horas, à zero hora etc. Falta o acento.

Gabarito: frase errada.

22. ( ) Você deve correr até à árvore.

Comentários: Crase facultativa. Após a preposição *até*, a preposição *a* é facultativa.

Gabarito: a frase está certa e poderia ter vindo também sem acento.

23.( ) Ele está aqui desde às dez horas.

Comentários: A locução adverbial de tempo já foi iniciada com uma preposição *desde*, por isso, não aceita outra preposição *a*.

Gabarito: a frase está errada, o que deveria ter vindo após a preposição *desde* é apenas o artigo *as*.

24.( ) O diretor fazia alusão a aluna alguma.

Comentários: O substantivo *alusão* pede preposição, mas o substantivo *aluna* vem seguido de um pronome indefinido *alguma*, que lhe dá um sentido vago, indefinido. Por isso, o artigo é proibido.

Gabarito: a frase está certa. O a que aparece antes de *aluna* é preposição.

25.( ) Meu médico me proibiu de ir à festa, batizado, casamento.

Comentários: O verbo *ir* veio adequadamente seguido da preposição *a*, indicando destino, lugar. Contudo, a palavra *festa* está tomada em sentido geral. Observe que, na sequência, vieram outros substantivos com sentido genérico (*todo tipo de festa, batizado, casamento...*). O artigo, portanto, é proibido.

Gabarito: a frase está errada.

19.2. EXERCÍCIOS DE FIXAÇÃO (COM GABARITO NO FINAL)

Vamos fixar? Após fazer os exercícios, confira seu gabarito!

I. Complete com a, à, as ou às.

1. Estava habituada _____ insondável capacidade de assombro do marido.
2. Os universitários leem como se assistissem _____ televisão com um controle remoto.
3. Os bancos oferecem linhas de crédito direto ao consumidor com taxas bem inferiores _____ do comércio.
4. _____ essa hora estou dormindo, respondeu-me ela.
5. _____ uma da tarde estava solucionado o problema.
6. O aceno antigo era por uma adesão equivocada, mas movida _____ utopia.
7. Uma torneira pingando pode deixar escoar 150 litros de água _____ cada 24 horas.
8. Quem recicla ajuda _____ diminuir a montanha de lixo.
9. Não se referiram _____ qualquer reforma, mas _____ de 1971.
10. _____ língua deve-se querer como _____ pátria.
11. Tudo se recolhe: lata _____ lata vai-se juntando material reutilizável.
12. A discussão era _____ propósito de reformas ortográficas.
13. Supermercados que recebem embalagens plásticas dão em troca roupas para serem doadas _____ instituições de caridade.
14. _____ semelhança do que ocorre em outros países, o Brasil ainda não tem infraestrutura para testes em larga escala.
15. Os voluntários necessários serão escolhidos _____ critério das instituições envolvidas no projeto.

16. Proponho ____ Vossa Senhoria dar, àqueles que se destacarem, oportunidades de promoção; porém espero que tal promoção não se restrinja ____ pessoas do primeiro escalão, mas aplique-se ____ todos os funcionários da casa.
17. Os voluntários deverão responder ____ perguntas de um questionário sobre seu comportamento sexual.
18. As normas jurídicas devem corroborar ____ manifestações do povo.
19. As normas jurídicas devem anuir ____ manifestações do povo.
20. O voluntário deverá informar ____ pessoas responsáveis pela pesquisa todas as reações surgidas em decorrência do tratamento.
21. Ela deve dar ____ luz em junho.
22. Mulher: todos os dias elas dão ____ luz um mundo melhor.
23. A prova teve início após ____ oito horas.
24. Saí de casa ____ uma hora ____ fim de ir ____ praia.
25. São serviços essenciais ____ essa população.
26. São serviços essenciais ____ toda e qualquer população.
27. São serviços essenciais ____ nossa população.
28. São serviços essenciais ____ nossas cidades.
29. Um jornal noticiou há dois meses que dali ____ três semanas os cidadãos teriam acesso ____ novas tecnologias que ligariam ____ América ____ Europa ____ uma velocidade equivalente ____ da luz.
30. Está em exame na Casa Civil anteprojeto de lei que instituirá um sistema de incentivo ____ redução dos acidentes e de punição das empresas que submetem seus trabalhadores ____ risco. ____ intenção é reduzir pela metade ou dobrar ____ alíquotas de contribuição para cobertura de acidentes trabalhistas, dependendo do caso. Uma empresa que esteja abaixo da média nacional de acidentes, por exemplo, pode vir ____ pagar menos. O contrário acontecerá ____ empresa que tiver registrado número de acidentes muito acima da média do seu setor. Ela poderá ter ____ alíquota duplicada.
31. Completamente excluídos das engrenagens de desenvolvimento da sociedade, os miseráveis são reduzidos ____ uma condição subumana. Seu único horizonte passa ____ ser ____ luta feroz pela sobrevivência. No lixão de Valparaíso, poucos quilômetros de Brasília, há gente disputando os restos com os animais.

Gabarito: 1. à; 2. à; 3. às; 4. A; 5. À; 6. A (1); 7. a; 8. a; 9. a; à; 10. À; à; 11. a; 12. a; 13. a ou às; 14. À; 15. a; 16. a; a ou às; a; 17. a ou às; 18. as; 19. às; 20. às; 21. à (2); 22. à (2); 23. as (3); 24. à; a; à; 25. a; 26. a; 27. a ou à (facultativo); 28. às; 29. a; às ou a; a; à; a; à; 30. à; a; A; as; a; à; a; 31. a; a; a; a.

19.3. QUESTÕES DE CONCURSOS COMENTADAS

Finalmente, as questões de concursos comentadas.

1. **(IBFC – 2024 – Correios – Agente de Correios – Carteiro)** No fragmento "o jumento era condenado a sustentar um peso", a preposição "a" não recebe o acento grave. Assinale a alternativa em que a reescritura dessa passagem torna a crase obrigatória.

   A) O jumento era condenado a sua sina.

   B) O jumento era condenado aquela situação.

C) O jumento era condenado a crueldades.

D) O jumento era condenado a uma violência.

Comentários: Na opção B, ocorre contração da preposição A, exigida por "condenado", mais pronome demonstrativo AQUELA. Crase obrigatória. Na opção A, o acento no "a" é facultativo (antes de pronome possessivo singular). Nas opções C e D, não será usado o acento grave, só aparece preposição exigida por "condenado".

Gabarito: B

2. **(IBFC - 2024 - TRF - 5ª Região - Analista Judiciário)**

Ela, que nasceu na França, foi atacada por não ser considerada "francesa de verdade", ***devido a cor de pele e a origem maliana*** *(sic). É questionada até mesmo pela linguagem das suas letras, incluindo a do hit "Djadja", que usaria palavras que não seriam "francesas de verdade". Isso evidencia a necessidade urgente de políticas públicas para ajudar a evitar a categorização de pessoas. Lembrando que, na França atual, sequer existe a possibilidade de declarar raça e etnia nos levantamentos demográficos, apenas gênero.*

Considerando a Norma Padrão, na passagem "devido a cor de pele e a origem maliana (sic)", nota-se desvio em relação ao emprego do acento grave. Assinale a alternativa que apresenta a completa correção para esse desvio.

A) Devido à cor de pele e à origem maliana.

B) Devido à cor de pele e a origem maliana.

C) Devido a cor de pele e à origem maliana

D) Devido a cor de pele e há origem maliana.

Comentários: A opção A traz a forma correta dessa frase, pois a locução "devido a" termina em preposição A, e os substantivos femininos "cor" e "origem" aceitam artigo feminino (Devido a + a cor e devido a + a origem).

Gabarito: A

3. **(VUNESP - 2024 - Câmara de Campinas - SP - Analista Legislativo)** A frase que segue a norma-padrão de regência e de emprego do sinal indicativo de crase se encontra em:

A) Algumas pessoas se mostram receptivas, outras nem tanto, à atenção dada aos cães de rua.

B) Meu pai e eu estamos acostumados à conviver com animais abandonados.

C) Quando chove, Bobi procura se refugiar à locais cobertos, como embaixo dos carros.

D) Há vizinhos que atribuem à qualquer atitude de pai e filha a culpa pela presença dos cães.

E) Para reaver animais capturados pelo serviço público, é necessário quitar à uma multa.

Comentários: Na opção A, ocorre contração de preposição A (exigida por "receptivas") mais artigo feminino A de "atenção". Correto esse período.

B) a conviver (verbo não aceita artigo);

C) a locais (palavra no plural sem artigo feminino no plural. Além disso, é vocábulo masculino);

D) a qualquer (não se usa artigo definido antes de pronome indefinido);

E) a uma (apareceu artigo indefinido).

Gabarito: A

4. **(VUNESP - 2024 - Prefeitura de Lins - SP - Professor de Educação Básica)** O uso do acento indicativo da crase atende à norma-padrão em:

A) O homem sem sombra pediu meia hora do meu tempo e começou **à** contar o seu segredo.

B) Naquele bar, foi o próprio homem sem sombra quem contou **à** mim a sua incrível história.

C) Apiedei-me de tamanho desconsolo e perguntei **à** ele se lhe poderia ser útil naquela hora.

D) Todas as pessoas, das mais ricas **às** mais pobres sem distinção, todas elas têm uma sombra.

Comentários: Na opção D, a correlação é de + as...a + as, ou seja, preposição <u>de</u> + artigo feminino <u>as</u> (de pessoas). Na sequência, preposição <u>a</u> + artigo feminino <u>as</u> (de pessoas).

A) a contar (não se usa acento grave no A antes de verbo);

B) a mim (não se usa acento grave no A antes de pronomes pessoais);

C) a ele (não se usa acento grave no A antes de pronomes pessoais).

Gabarito: D

5. **(Instituto Consulplan - 2024 - Prefeitura de Além Paraíba - MG - Auxiliar de Serviços Gerais)** No primeiro quadrinho há o emprego da crase em "A bruxa, disfarçada de velhinha, ofereceu uma maçã à pobrezinha...".

Assinale a alternativa INCORRETA quanto ao uso dessa pontuação.

A) Pedro tem um carro à álcool.

B) Voltei à loja e fui bem atendido.

C) Finalizo meu trabalho às seis horas da tarde.

D) À medida que o tempo passa as amizades aumentam.

Comentários: Não se usa acento grave no A antes de palavras masculinas. Esse "a" é apenas preposição. A letra A, portanto, está errada. Na opção B, contração de preposição A mais artigo feminino A de "loja". Nas opções C e D, acento em locuções femininas (adverbial e conjuntiva, respectivamente).

Gabarito: A

6. **(FCC - 2024 - TRT - 11ª Região - AM e RR - Técnico Administrativo)** Considere as frases a seguir.

I. Apresse-se! Sua reunião vai começar às 8 horas.

II. Uso lapiseira, mas sempre preferi escrever à lápis.

III. Não diga nada à ninguém sobre nossos planos futuros.

IV. Aos domingos, minha família se reúne para saborear um bom filé à parmegiana.

V. Voltei à casa da minha infância depois de muitos anos.

O sinal indicativo de crase foi usado corretamente APENAS em:

A) II, III e IV.
B) I, II e IV,
C) I, III e IV.
D) I, IV e V.
E) II, IV e V.

Comentários: Os itens I, IV e V trazem construções corretas quanto ao uso do acento grave. Em I e IV, acento no "as" / "a" de locuções adverbiais femininas. Em V, contração de preposição A, exigida por "voltei", mais artigo feminino A antes do vocábulo "casa". Em relação a esse vocábulo, será usado artigo antes dele se vier determinado, como é o caso (casa DA MINHA INFÂNCIA). No item II, "lápis" é palavra masculina. No III, "ninguém" é pronome indefinido.

Gabarito: D

7. **(FGV - 2024 - Prefeitura de Caraguatatuba - SP - PEB II - Língua Portuguesa)** Assinale a opção que apresenta a frase em que o acento grave indicativo da crase está ***mal-empregado.***

A) A mulher chega à maturidade quando seus sapatos começam a incomodá-la mais do que os homens.
B) Nunca se deixe fascinar pelo extraordinário à ponto de esquecer o corriqueiro.
C) Olhe à frente, para que a vista preceda os passos.
D) Para levar uma alma à ação é preciso balançar o seu equilíbrio.
E) Não há como conviver com as restrições impostas às mulheres.

Comentários: Na opção B, há erro no uso do acento grave no A da expressão "a ponto de", pois é uma locução representada por vocábulo masculino (ponto). Nas opções A, D e E, ocorre contração de preposição A, exigida pelos termos anteriores, mais artigo feminino A(S) dos respectivos vocábulos femininos.

Gabarito: B

8. **(FGV - 2024 - Prefeitura de São Lourenço da Mata - PE - Professor de Língua Portuguesa)** Leia o texto a seguir, considerando a norma-padrão de regência e o uso adequado de acento indicativo de crase:

> *A ocupação inicial de São Lourenço da Mata esteve atrelada ____ extração do pau--brasil. No final do século XVI, começaram ____ surgir os primeiros engenhos de cana-de-açúcar, que se tornara ____ principal fonte de renda do local durante muitos anos. Até 1775, São Lourenço era apenas um distrito subordinado ____ município de Recife, bem como ____ cidade de Paudalho, conquistando sua municipalidade em 1890.*
>
> IBGE. São Lourenço da Mata. IBGE. Disponível em: https://cidades.ibge.gov.br/brasil/pe/sao-lourenco-damata/historico. Acesso em: 18 jul. 2024. Adaptado.

Em sequência, as palavras que completam corretamente as lacunas no texto são:

A) a, ao, à, a, a.
B) à, a, a, ao, à.

C) à, a, à, ao, a.
D) à, à, ao, a, a.
E) a, ao, a, à, à.

Comentários: A sequência usada na opção B preenche corretamente as lacunas apresentadas:

...atrelada A + A extração = à extração;

...começaram a surgir (verbo);

...se tornara a principal fonte de renda ("tornar-se" não rege preposição A. O "a" que aparece é apenas o artigo de "fonte");

...subordinado A + O município (ao município) ... bem como (subordinado A) + A cidade (à cidade).

Gabarito: B

9. (CESPE/CEBRASPE - 2024 - TSE - Analista Judiciário)

O aforismo "o cliente sempre tem razão" é bastante conhecido e muito citado como argumento econômico. Justifica-se para manter a fidelidade dos consumidores ***a marcas e a lojas*** *a fim de evitar que a insatisfação individual se torne uma indesejada propaganda negativa.*

Prejudicaria a correção gramatical do texto a substituição do trecho "a marcas e a lojas" por à marcas e à lojas.

CERTO
ERRADO

Comentários: Os vocábulos no plural aparecem antecedidos de "a" no singular. Com certeza, não apareceram os artigos respectivos desses vocábulos, só o "a" preposição pedida por "fidelidade". Resumindo: não se usa acento grave no "a" antes de nome no plural. Só se fosse "às marcas e às lojas".

Gabarito: CERTO

10. (CESPE/CEBRASPE - 2025 - PC - DF - Analista de Apoio às Atividades Policiais Civis)

Embora as instituições nacionais ligadas à soberania venham atuando nas últimas décadas em suporte às políticas ambientais brasileiras, a relação entre as duas esferas nem sempre se deu em bases cooperativas. Partindo-se de uma compreensão estreita da segurança, a preservação do meio ambiente foi vista, durante certo tempo, não como uma precondição para se garantir a segurança nacional e humana, mas como uma ameaça à integridade territorial e aos interesses nacionais brasileiros. Temia-se, nesse sentido, que as inestimáveis riquezas naturais do Brasil despertassem a cobiça internacional, de forma a representar riscos ***às fronteiras*** *nacionais e ao direito soberano do país de gerenciar seus recursos naturais de maneira autônoma, em busca do desenvolvimento.*

É facultativo o emprego do sinal indicativo de crase no vocábulo "às" em "às fronteiras".

CERTO
ERRADO

Comentários: O uso do acento grave nessa passagem é obrigatório. Contração de preposição A (exigida por "riscos") mais artigo feminino plural de "fronteiras". Lembrando que, basicamente, ocorre uso facultativo em três casos:

1. Preposição A + pronome possessivo feminino no singular;
2. Preposição A + nome próprio feminino;
3. Após a preposição ATÉ.

Gabarito: ERRADO

19.4. QUESTÕES DE CONCURSOS PROPOSTAS (COM GABARITO NO FINAL)

1. **(IBFC - 2024 - TRF - 5ª Região - Técnico Judiciário)** Considere o emprego correto do acento grave em "Os motivos que se opõem à realização de ambos os estados-limite". Ao substituir o termo regido, assinale a alternativa na qual a crase ainda deveria ocorrer.

   A) Os motivos que se opõem a problemas recorrentes.
   B) Os motivos que se opõem a oferta de vagas de emprego.
   C) Os motivos que se opõem a esta última decisão.
   D) Os motivos que se opõem a pessoas desconhecidas.

2. **(VUNESP - 2024 - Câmara de Campinas - SP - Técnico Legislativo)** Assinale a alternativa em que é possível substituir o vocábulo destacado por **à**, mantendo-se a norma-padrão de emprego do acento indicativo de crase.

   A) A pessoa queria entender a razão pela qual eu não poderia atender **a** solicitação dela...
   B) ... me surpreendi com uma resposta específica **a** uma negativa minha.
   C) ... dar palestras em diferentes instituições e sem poder ir **a** todas...
   D) ... não se trata da falta de sensibilidade do anfitrião, **a** quem respondi educadamente...
   E) Acostumada **a** receber convites para dar palestras em diferentes instituições...

3. **(Instituto Consulplan - 2024 - Prefeitura de Carangola - MG - Agente de Combate a Endemias)** Considere a expressão sublinhada em *"Entretanto, o botão vivo o fizera, e ali estava, tranquilo ou cansado, à mercê do gigante indeciso, que procurava entender, não propriamente sua presença, mas a turbação íntima que essa presença despertava no gigante."*. É correto afirmar que o uso do acento grave se deu para demonstrar:

   A) Contração entre preposição e artigo.
   B) Contração entre preposição e pronome.
   C) Locução adverbial formada de substantivo feminino.
   D) Locução prepositiva formada de substantivo feminino.

4. **(Instituto Consulplan - 2024 - Prefeitura de Cacoal - RO - Agente Administrativo)** A crase é a fusão de duas vogais idênticas. Podemos afirmar que a crase é facultativa em:

   A) "Só precisarei ser fiel à minha própria voz."
   B) Às vezes sinto que ditaria novos parâmetros para a literatura.

C) "Essa reconciliação é o que nos leva de fato à vida adulta, [...]"
D) "E só será possível porque deverá estar à altura apenas de mim mesma."

5. (INSTITUTO AOCP - 2024 - UFS - Administrador) Assinale a alternativa em que o acento indicativo de crase tenha uso facultativo.

A) "E neste novo modelo, temos à disposição todo o conteúdo da plataforma, (...)".
B) "(...) e não ficamos limitados apenas à nossa rede".
C) "Não é à toa que, em 2022, Kim Kardashian e duas das maiores influenciadoras do mundo apoiaram a campanha (...)".
D) "(...) uma tentativa de reverter a decisão da empresa de não dar preferência às postagens publicadas por 'amigos'".
E) "O crescimento do TikTok tem sido usualmente atribuído à rejeição da nova geração das redes mais maduras, como o Instagram".

6. (Instituto Consulplan - 2024 - Prefeitura de Além Paraíba - MG - Médico / PSF) No seguinte trecho "A atenção primária e preventiva à saúde é essencial, [...]", o acento grave indicador de crase está corretamente empregado. Assinale a alternativa em que o acento está em desacordo com a variedade padrão escrita.

A) Todos foram à palestra sobre longevidade.
B) Os hábitos saudáveis trouxeram mais saúde às pessoas idosas.
C) O paciente ora estava sentado à porta, ora encostado à janela.
D) O médico chamou à enfermeira para parabenizá-la pela atenciosa ajuda durante os atendimentos.

7. (Instituto Consulplan - 2025 - Prefeitura de Carangola - MG - Auxiliar de Consultório Dentário) Assim como no trecho "*O amor costuma ser amoldado à nossa carência de envolvimento afetivo, porém essa carência não é estática, ela se modifica à medida que vamos tendo novas experiências, à medida que vamos aprendendo com as dores, com os remorsos e com nossos erros todos.*", a crase é utilizada nos seguintes contextos, EXCETO:

A) Às duas horas começaremos a trabalhar.
B) Os lojistas não deram descontos à prazo.
C) Às vezes chegamos mais cedo ao trabalho.
D) As amigas foram à confraternização de final de ano da empresa.

8. (Instituto Consulplan - 2025 - Prefeitura de Carangola - MG - Auxiliar de Escrituração) A ocorrência de crase em "Edgar Wilson inclina ainda mais o corpo ao perceber uma colmeia presa às costelas da vaca" justifica-se devido ao fato de que:

A) Antecede uma locução prepositiva.
B) O termo "colmeia" requer o uso da preposição "a".
C) As expressões "colmeia" e "despesas" são palavras femininas.
D) Ocorre a exigência da preposição "a" e o termo seguinte admite o artigo "a".

9. (FGV - 2024 - DATAPREV - Técnico de Segurança do Trabalho) Assinale a opção que preenche corretamente as lacunas da sentença a seguir.

_____ vezes, o melhor _____ ser feito é resignar-se _____ circunstâncias da vida, já que, _____ despeito do que se deseja, _____ surpresas fazem parte do caminho.

A) Às / à / à / a / as.
B) Às / a / à / à / as.
C) As / à / a / a / as.
D) Às / a / a / a / as.
E) As / a / à / à / as.

10. (FGV - 2024 - Prefeitura de Macaé - RJ - Assistente Previdenciário) O texto mostra um bom exemplo do emprego do acento grave indicativo da crase. Assinale a frase abaixo em que isso também foi feito.

A) Ir para à rua para protestar é direito do cidadão.
B) Nunca se deve ir às compras com muito dinheiro.
C) Para à economia, o básico é não levar cartões.
D) Planeje às suas compras.
E) Pesquise às tarefas antes de realizá-las.

11. (FGV - 2025 - SEEC - RN - Professor de Língua Portuguesa) Entre as frases abaixo, assinale aquela que mostra o acento grave indicativo da crase de forma correta.

A) Não leve a vida tão à sério. Você não conseguirá sair dela com vida.
B) Ninguém é obrigado à fazer mais do que pode.
C) O que é verdade à luz de uma lâmpada não é sempre verdade sob o sol.
D) Deus deu à cada povo um profeta em sua própria língua.
E) O diabo é um otimista se pensa que pode fazer às pessoas piores do que são.

12. (CESPE/CEBRASPE - 2025 - InoversaSul - Analista Administrativo)

*Seja qual for o caminho que nos faça regressar ao princípio, sempre **chegaremos à mesma conclusão:** que o pacto social estabelece entre os cidadãos uma tal igualdade que todos ficam obrigados às mesmas condições e todos devem gozar dos mesmos direitos. [...]*

Em "chegaremos à mesma conclusão" (primeiro período), o vocábulo "à" recebe o acento indicativo de crase porque representa a fusão entre a preposição a, exigida pela regência do verbo chegar, e o artigo definido feminino que precede o termo "mesma".

CERTO
ERRADO

13. (CESPE/CEBRASPE - 2024 - TSE - Analista Judiciário)

*Em uma de suas entrevistas aos jornais italianos, Umberto Eco ressaltou o perigo que se esconde nas chamadas "conspirações falsas", pelo seu alto grau de manipulação e **dada a dificuldade em desmenti-las**. "A característica de uma conspiração verdadeira é que ela é invariavelmente descoberta", analisa. "Hitler e o nazismo propagaram a falsa conspiração dos judeus como verdadeira e tiraram proveito dos Protocolos."*

No trecho, o emprego do acento indicativo de crase no vocábulo "a", em "dada a dificuldade em desmenti-las", prejudicaria a correção gramatical e a coerência do texto.

CERTO
ERRADO

14. (CESPE/CEBRASPE - 2025 - TRF - 6ª Região - Analista Judiciário)

Uma segunda hipótese: os historiadores não se sentem à vontade com um campo muito específico, como são o direito e o dos juristas. O direito se constitui em esfera especial e profissional ***à qual*** *se tem acesso apenas por meio de um curso universitário, enquanto a política permite acesso aos lugares de poder por meio de eleições e não exige, pois, nenhum preparo intelectual determinado. Qualquer um do povo pode ser político, mas nem todos podem ser juristas ou juízes profissionais.*

A supressão do acento indicativo de crase empregado no vocábulo "à", em "à qual", manteria a correção gramatical do texto.

CERTO

ERRADO

15. (CESPE/CEBRASPE - 2025 - TRF - 6ª Região - Analista Judiciário)

De acordo com o Plano das Nações Unidas sobre Discursos de Ódio, a prática do discurso de ódio se caracteriza como um tipo de comunicação falada, escrita ou comportamental que ataca ou utiliza linguagem pejorativa ou discriminatória ***em referência a*** *uma pessoa ou grupo, com base em fatores de identidade, como religião, etnia, gênero, entre outros. Diferentemente da desinformação (prática não intencional de compartilhamento de informações imprecisas), ou da distribuição intencional de informações falsas com o intuito de provocar dano, o discurso de ódio se expressa de forma violenta contra grupos delimitados.*

No trecho "em referência a", a inserção do sinal indicativo de crase no vocábulo "a" seria gramaticalmente incorreta.

CERTO

ERRADO

GABARITO:

1. B	2. A	3. C	4. A	5. B
6. D	7. B	8. D	9. D	10. B
11. C	12. CERTO	13. CERTO	14. ERRADO	15. CERTO

19.5. RESUMO

Vamos a um resumo esquematizado:

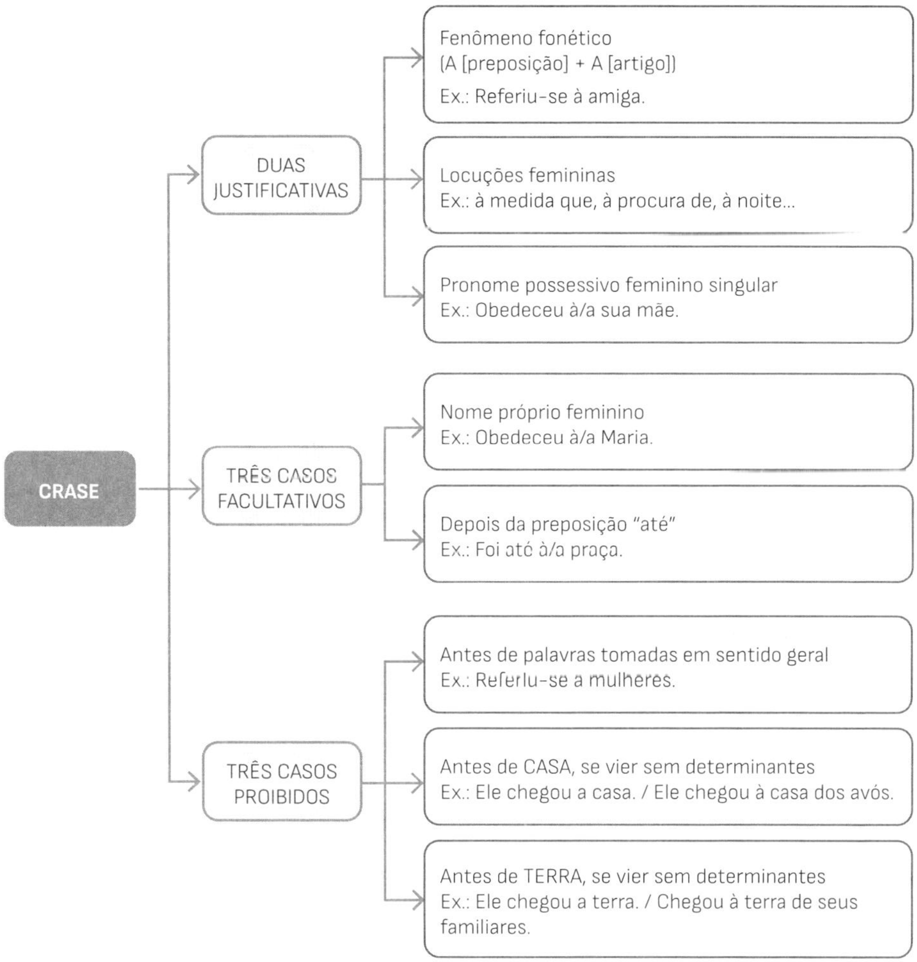

Acesse o material suplementar

uqr.to/20vh2

Pontuação 20

20.1. VÍRGULA

Vamos começar este capítulo por **uso da vírgula**. A vírgula indica pausa de pequena duração. Primeiramente, você precisa saber que **constitui erro grave separar *sujeito* do *verbo* e *verbo* do *complemento* (sujeito + verbo + complemento)**. Em frases simples, curtas, sabemos que você não teria problemas. Você provavelmente não escreveria *João, comeu o bolo* ou *A menina estudava, o assunto*. No entanto, conhecer essa regra ajudará você a não errar inclusive as questões mais rebuscadas, com trechos mais complexos. Observe como isso pode ser explorado em uma questão de concurso público:

(CESPE/CEBRASPE - 2024 - TCE - AC - Técnico de Controle Externo)

> *Um grupo de pesquisadores de diversos* ***países*** *produziu a publicação Inteligência Liberada — um argumento para a IA na educação, para demonstrar os benefícios da IA para a educação.*

No período supracitado, a inserção de uma vírgula imediatamente após a palavra "países" prejudicaria a correção gramatical do texto.

CERTO

ERRADO

Comentários: A vírgula, se inserida após "países", estaria separando sujeito de verbo. E, como vimos acima, não se separa por vírgula o sujeito do verbo.

Gabarito: CERTO

Vamos, então, conhecer as regras de utilização das vírgulas? Resolvemos trabalhar da seguinte forma: a cada regra, vamos trazer frases para você treinar seus conhecimentos e algumas questões de concursos em que essas regras tenham sido utilizadas. Dividimos o uso da vírgula em *sete casos*. Para que você não tenha de decorar uma série de regras que a gramática oferece, agrupamos tudo em apenas sete situações. Vamos lá?

Caso 1 — A vírgula separa o *aposto* e o *vocativo*

1. Pedro o gerente do banco ligou e deixou um recado.
2. Xapuri importante município a 150 quilômetros da capital do Acre Rio Branco foi o principal cenário de atuação de Chico Mendes.

Comentários: Na frase 1, *o gerente do banco* é um termo explicativo de Pedro, aposto explicativo. Como vem intercalado, entre vírgulas: *Pedro, o gerente do banco*, ligou e deixou um recado.

Na frase 2, aparecem dois apostos explicativos: *importante município a 150 quilômetros da capital* explica o termo *Xapuri*; *Rio Branco* explica a *capital* do Acre. Lembre-se da teoria do *aposto*: termo de natureza substantiva ou pronominal que se refere a outro substantivo ou pronome. Pontuada corretamente, a frase ficaria assim: Xapuri, importante município a 150 quilômetros da capital do Acre, Rio Branco, foi o principal cenário de atuação de Chico Mendes.

3. Muito bom dia senhora!
4. Pedro o gerente do banco ligou e deixou um recado.

Comentários: Nas frases 3 e 4, temos a presença do *vocativo* (é a pessoa ou coisa personificada a quem se chama). As frases, se pontuadas corretamente, ficariam assim:

Muito bom dia, *senhora*!

Pedro, o gerente do banco ligou e deixou um recado.

Repare como uma vírgula pode mudar tudo. Confronte as frases 1 e 4:

Pedro, o gerente do banco, ligou e deixou um recado.

Pedro, o gerente do banco ligou e deixou um recado.

Na frase 1, ao se usarem as vírgulas que isolam "o gerente do banco" você tem um sentido: quer deixar claro que o termo entre vírgulas (*gerente do banco*) explica quem é Pedro; na frase 4, ao se colocar uma vírgula após *Pedro*, tem-se a intenção de *chamar* essa pessoa, e não a de explicar quem é o Pedro. Portanto, as duas frases estão corretas, cada uma com seu sentido.

Caso 2 – A vírgula separa as *enumerações* (= termos de mesma função) e certas *repetições*

5. O Brasil é o centro de origem do abacaxi do açaí do amendoim do cacau da castanha do cupuaçu do maracujá.
6. Recitava versos discursos trechos latinos e uma antologia em trinta volumes.
7. A garotada nadou nadou nadou e veio morrer na praia da ingratidão nacional.

Observe como essas frases ficariam se pontuadas corretamente:

Na frase 5, as enumerações têm a função de *adjuntos adnominais* do substantivo *origem*.

"O Brasil é o centro de origem do abacaxi, do açaí, do amendoim, do cacau, da castanha, do cupuaçu, do maracujá."

As enumerações da frase 6 são *objetos diretos* do verbo *recitava*.

"Recitava versos, discursos, trechos latinos e uma antologia em trinta volumes."

A frase 7 é um exemplo de termos repetidos:

"A garotada nadou, nadou, nadou e veio morrer na praia da ingratidão nacional."

Importante!

Confronte as frases 5 e 6:

"O Brasil é o centro de origem do abacaxi, do açaí, do amendoim, do cacau, da castanha, do cupuaçu, do maracujá."

"Recitava versos, discursos, trechos latinos e uma antologia em trinta volumes."

Você deve estar se perguntando o seguinte: por que na frase 6 aparece o conectivo *e* fechando a enumeração e na 5 não?

Vamos lá. O normal é usarmos o conectivo *e* antes do último termo da enumeração para mostrar que são *apenas* esses elementos da enumeração, que não cabe mais nenhum (frase 6).

Entretanto, quando a intenção é a de deixar em aberto esses elementos, que existem outros além dos citados, não se utiliza o conectivo *e* antes do último elemento da enumeração (frase 5). Não é muito comum não ver o *e* antes do último elemento da enumeração, não é mesmo? O que ocorre é que, nesse tipo de construção, há uma tendência de se usar o *etc.* ("... da castanha, do cupuaçu, do maracujá *etc.*"), o que seria uma forma também aceita. É questão de preferência, de estilo.

Para finalizar, mais uma dica:

> Uso da vírgula antes de etc.
>
> O uso da vírgula antes de etc. é facultativo ("... do maracujá *etc.*"; "... do maracujá, *etc.*"), mas o uso do ponto após *etc.* é obrigatório.

O uso das vírgulas nas enumerações é questão muito comum em provas de concursos públicos. O Cebraspe-UnB é uma banca que comumente retira trechos de textos que apresentaram vírgulas em enumerações perguntando ao aluno a justificativa dessas vírgulas. Observe:

Sua metodologia é simples – por meio de conversas frequentes com a família, <u>o voluntário receita cuidados básicos para evitar que a criança morra por falta de conhecimento, como os hábitos de higiene, a administração do soro caseiro e a adoção da farinha de multimistura na alimentação</u>, que se tornou uma solução simples e emblemática contra a desnutrição. Mas o seu segredo é um só: a persistência.

1. O emprego de vírgula após "higiene" justifica-se porque isola o elemento adverbial deslocado.

   Comentários: Observe que a vírgula utilizada após *higiene* se justifica em razão da enumeração *dos cuidados básicos* de que o texto falava: *hábitos de higiene, a administração do soro caseiro* e *a adoção da farinha de multimistura na alimentação.* Logo, é importante que você tenha entendido no texto que houve uma sequência de elementos enumerados, de mesma função sintática (todos eram apostos explicativos de *cuidados básicos*).

   Gabarito: errada.

   Como era de se esperar, com <u>porto</u>, <u>aeroporto e estradas arruinados ou semidestruídos</u>, com a escassez <u>de água</u>, <u>alimentos e remédios</u>, iniciaram-se ondas de saques, e o próprio governo local transferiu a administração da crise para outros países e instituições.

2. As vírgulas após "porto" e "água" têm a mesma justificativa gramatical.

   Comentários: Em ambas as situações, o que encontramos são enumerações. Todos os termos destacados têm a mesma função sintática: a preposição *com* que inicia a expressão *com porto, aeroporto e estradas* tem valor semântico de causa. Trata-se de adjuntos adverbiais de causa enumerados. Basta colocar o período na ordem direta e você entenderá: *Iniciaram-se ondas de saques... com porto, aeroporto e estradas... com a escassez de água, alimentos e remédios...* Na verdade, o que se quer dizer é que *os saques se iniciaram por causa de portos, aeroportos e estradas arruinados e por causa da escassez de água, alimentos e remédios.* Portanto, temos uma enumeração de termos de mesma função sintática.

Gabarito: certa.

Caso 3 – A vírgula marca a *omissão* da palavra; é o que chamamos de **elipse**

8. Os jovens buscam a felicidade na novidade; os velhos nos hábitos.
9. Você pretende cursar Medicina; ela Odontologia.

Comentários: As frases 8 e 9 são exemplos da vírgula que aparece para mostrar uma palavra facilmente subentendida, independentemente de esse vocábulo já ter aparecido no texto ou não. Observe como essas frases ficariam com as vírgulas marcando a omissão dos verbos:

"Os jovens buscam a felicidade na novidade; os velhos, nos hábitos. (elipse de *buscam*)

"Você pretende cursar Medicina; ela, Odontologia. (elipse de *pretende cursar*)

Veja mais uma questão da banca Cebraspe, agora sobre a vírgula marcando a omissão de um verbo:

(CESPE/CEBRASPE - 2024 - Prefeitura de Mossoró - RN - Auditor Fiscal de Tributos Municipais)

Preconceito e discriminação são termos próximos. Por vezes, juridicamente, parecem até a mesma coisa, como se depreende do texto da Lei n.º 7.716, de 5 de janeiro de 1989, complementada pela Lei n.º 9.459, de 15 de maio de 1997: "Serão punidos, na forma desta lei, os crimes resultantes de discriminação ou preconceito de raça, cor, etnia, religião ou procedência nacional". Mesmo assim, o preconceito pode ser definido como uma ideia de distinção, exclusão ou preferência baseada em raça, sexo, religião, origem social ou geográfica etc.; já a discriminação diz respeito à ação decorrente do preconceito. O preconceito é uma opinião; a ***discriminação****, um comportamento real e efetivo.*

No último período do texto, o emprego da vírgula logo após "discriminação" é obrigatório.

CERTO

ERRADO

Comentários: Uma das justificativas para o uso da vírgula é indicar a omissão da palavra. Na passagem acima, o verbo "ser" (é) fica facilmente subentendido. A vírgula indica a elipse desse termo.

Gabarito: CERTO

Caso 4 – Separa termos *explicativos, retificativos, de situação*

10. Sua redação por exemplo tem várias frases longas que prejudicam a clareza.
11. O bêbado andava isto é cambaleava.
12. Afinal o que tens a dizer?

Comentários: As frases 10, 11 e 12 são exemplos de expressões que denotam explicação (*por exemplo, isto é, ou melhor*...), retificação (*isto é, ou melhor*...) e situação (*afinal, então*...)

Vêm sempre separadas por vírgula – no início ou no final do período – ou vírgulas – intercalada. Assim, teríamos:

"Sua redação, por exemplo, tem várias frases longas que prejudicam a clareza."

"O bêbado andava, isto é, cambaleava."

"Afinal, o que tens a dizer?"

Abaixo uma questão para ilustrar o caso 4:

(CESPE/CEBRASPE - 2022 - TCE - RJ - Técnico de Controle Externo)

> *A atividade política, para os antigos, estava associada à prática das virtudes e à busca por uma ordem moral duradoura. A corrupção, por sua vez, era identificada com vícios como a ambição, a ganância pelo poder, a covardia etc.,* ***ou seja****, tudo aquilo que causa caos social, desordem e violência.*

As vírgulas que isolam a expressão "ou seja" poderiam ser suprimidas, sem prejuízo da correção gramatical do texto.

CERTO

ERRADO

Comentários: As expressões explicativas, retificativas (ou melhor, por exemplo, ou seja, isto é...) têm de vir isoladas por vírgulas. Logo, a supressão dessas vírgulas implicaria erro.

Gabarito: ERRADO

Caso 5 – A vírgula é utilizada para separar as *orações coordenadas* (assindéticas ou sindéticas)

13. Arrumou as malas saiu lançou-se na vida.
14. Gostava da sociedade mas não amava os sócios.
15. Não conseguiu terminar o trabalho logo sairá tarde.
16. Saia imediatamente pois quero descansar.
17. "As pessoas desejam ascender em linguagem porém insisto na verdade linguística de que os alunos sabem a língua antes mesmo de entrarem na escola."
18. "As pessoas desejam ascender em linguagem; insisto porém na verdade linguística de que os alunos sabem a língua antes mesmo de entrarem na escola."
19. Permita me portanto cumprimentá-lo por brilhante desempenho.
20. A cada momento entravam alunos e o diretor os recebia afavelmente.

Comentários: Na frase 13, as vírgulas separam as orações coordenadas assindéticas, orações que vêm sem conectivo:

"*Arrumou* as malas, *saiu*, *lançou*-se na vida."

Nas frases de 14 a 17, aparecem as **conjunções coordenativas.** A vírgula, nesses casos, antecede as conjunções. Veja como ficam as orações com suas devidas vírgulas:

"Gostava da sociedade, *mas* não amava os sócios."

"Não conseguiu terminar o trabalho, *logo* sairá tarde."

"Saia imediatamente, *pois* quero descansar."

"As pessoas desejam ascender em linguagem, *porém* insisto na verdade linguística de que os alunos sabem a língua antes mesmo de entrarem na escola."

Sistematizando: As orações coordenadas assindéticas devem vir separadas por vírgulas. As orações coordenadas sindéticas também: nesse caso, a vírgula virá *antes* da conjunção que inicia a oração.

Observe novamente as frases 18 e 19:

"As pessoas desejam ascender em linguagem; insisto, *porém*, na verdade linguística de que os alunos sabem a língua antes mesmo de entrarem na escola."

"Permita-me, *portanto*, cumprimentá-lo por brilhante desempenho."

As frases 18 e 19 mostram os conectivos deslocados para o meio do período, após o verbo. Isso pode ocorrer com as conjunções *adversativas* e *conclusivas*. Quando isso acontece, a tendência é de que elas venham entre vírgulas.

Atenção: As conjunções adversativas (*porém, contudo, entretanto, no entanto*) e conclusivas (*por isso, portanto, por conseguinte, assim*) podem vir deslocadas na frase e, quando isso ocorrer, ficam entre vírgulas.

Na frase 20, a vírgula se justifica por separar orações coordenadas com sujeitos diferentes (alunos/diretor). Em relação ao conectivo *e*, aditivo, algumas gramáticas afirmam que o uso da vírgula pode ocorrer se esse conectivo ligar orações com sujeitos diferentes. Caso o sujeito dos verbos das duas orações seja o mesmo, não se usará a vírgula.

Veja esta frase:

"A professora entrou na sala e iniciou a aula."

Nesse caso, o sujeito de ambas as orações (*entrou* e *iniciou*) é "professora", por isso a vírgula é proibida!

Sistematizando: Se a conjunção coordenativa "e" unir orações com sujeitos diferentes, o uso da vírgula é facultativo. Se o E unir orações com sujeitos iguais, o uso da vírgula é proibido.

Mais um detalhe: o conectivo "e" pode vir antecedido de vírgula, mesmo unindo orações de mesmo sujeito, se possuir valor adversativo ou conclusivo.

Veja:

O menino estudou muito para a prova, **e** não passou.

O menino estudou muito para a prova, **e** passou em 1º lugar.

No primeiro exemplo, o conectivo "e" tem valor adversativo (= mas, porém) e, no segundo exemplo, tem valor conclusivo (= logo, portanto). Nos dois casos, os sujeitos eram iguais e a vírgula foi utilizada.

Atenção! Se o conectivo "e" apresentar valor **adversativo** ou **conclusivo**, ainda que una orações com sujeitos iguais, a vírgula será facultativa em frases curtas que não provoquem truncamento de ideias. Em frases mais longas, o mais adequado é usar a vírgula.

A seguir, algumas questões resolvidas da banca Cebraspe para você ver a aplicabilidade dessas regras:

(ADAPTADO – CESPE/CEBRASPE – 2022 – Prefeitura de Maringá – PR – Professor)

> *Em 2016, a Assembleia Geral das Nações Unidas criou o Dia Internacional das Mulheres e Meninas na Ciência, celebrado em 11 de fevereiro. Apesar de serem necessárias mais ações de popularização do dia, a criação da data representa um importante passo em direção à promoção da participação igualitária das mulheres na ciência. Em todo o mundo, de acordo com dados da ONU, as mulheres representam 33,3% de todos os pesquisadores, **porém apenas 12% dos membros das academias de ciências nacionais são mulheres**, e, entre os graduados em engenharia, elas representam 28%.*

Acerca do uso da vírgula no texto, o uso da vírgula que antecede o trecho "porém apenas 12% dos membros das academias de ciências nacionais são mulheres" é opcional.

CERTO

ERRADO

Comentários: Uma das justificativas do uso da vírgula é a de separar orações coordenativas. Na passagem destacada, a vírgula dá início a uma oração coordenada adversativa. O uso, nesse caso, é obrigatório.

Gabarito: ERRADO

(CESPE/CEBRASPE – 2023 – TBG – Analista Júnior)

> *Essa constatação, por sua vez, não diminui a relevância dos testes produzidos. Ao contrário, se se pode provar que a malha de gasodutos do país serve como fator de atração de atividade econômica, pode-se apontar mais uma possibilidade de atuação do setor público no intuito de garantir um processo de desconcentração econômica mais efetiva no país. A construção de uma malha mais eficiente e abrangente surge, **portanto**, como um importante desafio a ser considerado no planejamento energético nacional.*

Estaria preservada a correção gramatical do texto caso fosse suprimida a vírgula empregada após o vocábulo "portanto" (último período do texto).

CERTO

ERRADO

Comentários: As conjunções coordenativas conclusivas e adversativas podem aparecer introduzindo as orações coordenadas ou podem vir deslocadas, após o verbo. Quando esse conectivo aparece deslocado, após o verbo, tem de vir entre vírgulas, e não com apenas uma vírgula. É o que ocorre com a conjunção conclusiva "portanto" na frase em destaque. A retirada da vírgula após (ou antes) dessa conjunção implica erro.

Gabarito: ERRADO

(ADAPTADO – CESPE – TCE – PB – Agente de Documentação)

> *[...] O excesso de escrita, que multiplica os textos **inúteis** e abafa o pensamento sob o acúmulo de discursos, foi considerado um perigo tão grande quanto seu contrário. [...]*

Seria mantida a correção gramatical do texto, caso se inserisse uma vírgula logo após a palavra "inúteis".

CERTO

ERRADO

Comentários: Há uma tendência de se considerar erro o uso da vírgula antes da conjunção "e" quando o sujeito das duas orações for o mesmo. Nesse período, o sujeito semântico dos verbos "multiplica" e "abafa" é o mesmo: "O excesso de escrita". Então, o uso da vírgula, nesse caso, seria considerado erro.

Gabarito: ERRADO

(CESPE/CEBRASPE - 2024 - Prefeitura de Mossoró - RN - Analista de Procuradoria)

> *O poder manifesta-se em relações de uso do território, materializado ou virtualizado pelas formas de atuação dos atores sociais locais. Sendo assim, poder é uma relação estabelecida entre interesses divergentes com fins específicos de utilização do território. Os conflitos gerados pelo uso do território também são formas de poder, embora muitas vezes o poder esteja em risco.* ***O poder é a objetivação política do território utilizado para se atingir determinado objetivo, e um de seus recursos é o convencimento do outro****.*

A vírgula empregada no último período do texto separa orações cujos sujeitos são distintos.

CERTO

ERRADO

Comentários: No caso da vírgula separando orações coordenadas introduzidas pela conjunção "e" com sujeitos diferentes, o uso da vírgula é recomendado. Nessa passagem, é o que ocorre. Na primeira oração, "O poder" tem a função de sujeito de "é". Na segunda, "um de seus recursos" é o sujeito dessa forma verbal. Os sujeitos são distintos.

Gabarito: CERTO

(ADAPTADO - CESPE/CEBRASPE - 2024 - TST - Analista Judiciário)

> *Coordenador do estudo, o jurista Celso Fernandes Campilongo, da FD-USP, observa que, há 15 anos, a formação da opinião pública era influenciada, majoritariamente, por análises longas e reflexivas, divulgadas de forma centralizada por veículos da grande imprensa. "Hoje a opinião pública tem de lidar com uma avalancha de informações curtas e descontínuas, publicadas por pessoas com forte presença nas mídias sociais. Com isso, de certa forma, os memes e as piadas substituíram o texto analítico", compara. Ao destacar que o acesso às redes sociais pode ser visto como mais democrático, Campilongo cita a Pesquisa Nacional por Amostra de Domicílios Contínua — Tecnologia da Informação e Comunicação (PNAD Contínua — TIC), publicada em abril de 2020 pelo Instituto Brasileiro de Geografia e Estatística (IBGE). Em 2019, conforme indicam seus dados, três em cada quatro brasileiros utilizavam a* ***Internet****, e o celular foi o equipamento usado com mais frequência para essa finalidade. Além disso, o levantamento mostra que 95,7% dos cidadãos do país com acesso à Web valiam-se da rede para enviar ou receber mensagens de texto e de voz ou imagens por aplicativos.*

A correção gramatical e a coerência do quinto período do parágrafo supracitado seria mantida caso a vírgula empregada logo depois de "Internet" fosse suprimida.

CERTO

ERRADO

Comentários: A banca considerou erro a retirada da vírgula antes da conjunção "e" nesse período em que os sujeitos são distintos: "três" é o sujeito de "utilizavam" e "o celular" é o sujeito de "foi". Isso porque o item mencionou não só a correção gramatical, como também a coerência do texto. Nesse contexto, perceba que a retirada da vírgula causaria dificuldade de leitura, ou seja, prejudicaria a coerência do texto. Se a vírgula fosse suprimida, teríamos: três em cada quatro brasileiros utilizavam a Internet e o celular (...). O leitor poderia compreender que "celular" está coordenado com "internet", como se os dois vocábulos fossem objetos de "utilizavam". Desse modo, a vírgula, apesar de não ser obrigatória, do ponto de vista gramatical, é necessária para dar mais clareza ao texto.

Gabarito: ERRADO

Caso 6 – Separa *termos deslocados* e *orações intercaladas*

Observações:

1. Ordem direta no período simples: sujeito + verbo + complemento + (adj. adv.).
2. Quando alguns deslocamentos, sobretudo no período simples, não comprometem o sentido essencial da frase, o uso da(s) vírgula(s) é facultativo.

Procure pontuar as frases a seguir:

21. Surpreso o garoto procura o lugar de onde vem o comando.

22. Nos tempos atuais não existe país do primeiro mundo.

23. Existe no meio rural uma violência estrutural.

24. Geralmente as oposições não gostam dos governos.

Comentários: Na frase 21, *surpreso* é predicativo que aparece deslocado para o início do período.

"Surpreso, o garoto procura o lugar de onde vem o comando."

Nas frases 22, 23 e 24, os adjuntos adverbiais *Nos tempos atuais*, *no meio rural* e *geralmente* vêm deslocados de sua posição original, que é no final do período.

Como são expressões curtas, de fácil entendimento, que – com a(s) vírgulas(s) ou sem – não comprometem o sentido original da frase, o uso da(s) vírgula(s) é *facultativo*, ou seja, você pode usar ou não. Entretanto, numa *redação*, ao deslocar um termo de sua posição original, use sempre a(s) vírgulas(s). Nunca se sabe se o professor que vai corrigir sua redação possui ou não um posicionamento mais tradicional. Assim, em relação às frases 22, 23 e 24, teríamos:

"Nos tempos atuais(,) não existe país de primeiro mundo."

"Existe(,) no meio rural(,) uma violência estrutural."

"Geralmente(,) as oposições não gostam dos governos."

Sistematizando: Os advérbios e as locuções adverbiais deslocados, por serem termos curtos, simples, de fácil entendimento, apresentarão vírgulas facultativas.

Agora, procure pontuar adequadamente as frases a seguir:

25. Eles quando todos chegaram puderam iniciar os trabalhos.
26. O Mercosul é uma experiência que ao mexer com posturas arraigadas impõe uma nova estratégia para o conjunto da sociedade.
27. Considerando as razões apresentadas penso que a solicitação será deferida.
28. Preciso ouvir disse a mãe ao menino a causa da briga.

Comentários: As frases 25, 26 e 27 são exemplos de *orações* deslocadas, para o início ou para o meio do período, desenvolvidas (com conjunção) ou reduzidas (infinitivo, gerúndio, particípio). Nesses casos, não teríamos mais o uso facultativo: o uso da(s) vírgula(s) é obrigatório. Assim, as frases, pontuadas corretamente, ficariam:

"Eles, *quando todos chegaram*, puderam iniciar os trabalhos." (oração adverbial temporal desenvolvida)

"O Mercosul é uma experiência que, *ao mexer com posturas arraigadas*, impõe uma nova estratégia para o conjunto da sociedade." (oração adverbial temporal reduzida de infinitivo)

"*Considerando as razões apresentadas*, penso que a solicitação será deferida." (oração adverbial temporal reduzida de gerúndio)

Agora, voltemos à frase 28:

"Preciso ouvir disse a mãe ao menino a causa da briga."

Nela, as vírgulas devem ser utilizadas para mostrar a intercalação de uma oração, que corresponde à fala do interlocutor.

"Preciso ouvir, *disse a mãe ao menino*, a causa da briga."

> **Sistematizando:** Com as orações adverbiais deslocadas (ou seja, retiradas do final do período), bem como com as orações intercaladas, o uso das vírgulas será obrigatório.

Veja como o Cebraspe-UnB lida com esse tipo de questão. A seguir, duas assertivas para você julgar como certas ou erradas.

1. O emprego de vírgula após "anos", em "Nos próximos anos, a questão da melhoria da qualidade do ensino deve ser uma obrigação dos governantes", justifica-se por isolar termo adverbial, com noção de tempo, deslocado do final para o começo do período.

Comentários: Ora, temos aqui um adjunto adverbial de tempo (*nos próximos anos*) antecipado: na ordem direta ficaria ao final do período.

Gabarito: assertiva correta.

*Ao estabelecer a obrigatoriedade na realização dos exames pré-admissional, periódico e demissional do **trabalhador**, criou recursos médico-periciais voltados à identificação do nexo da causalidade entre os danos sofridos e a ocupação desempenhada.*

2. A vírgula logo depois de "trabalhador" é opcional e sua retirada preservaria a correção gramatical do texto, pois os três termos da enumeração que ela tem função de marcar já estão separados pela conjunção "e": "exames pré-admissional, periódico e demissional do trabalhador".

Comentários: Atenção para não confundir a vírgula que vem após *pré-admissional* com a vírgula que vem após *trabalhador:* a primeira se justifica por separar termos de uma enumeração, mas a segunda deve ser explicada por isolar a oração antecipada, que começa em *Ao estabelecer a obrigatoriedade*... e termina no vocábulo *trabalhador*. Trata-se de uma oração adverbial temporal reduzida de infinitivo, que foi deslocada do final para o início do período. A vírgula, nesse caso, é obrigatória.

Gabarito: assertiva errada.

Caso 7 — A vírgula separa as orações adjetivas explicativas

Pontue as frases a seguir:

29. O Tejo que é o maior rio de Portugal nasce na Espanha.
30. João que é um grande homem ajuda a todos.

Comentários: As frases 29 e 30 são exemplos de *meros comentários, termos explicativos*. O *que* das duas frases é pronome relativo, já que retoma os substantivos "Tejo" e "João". Se a oração adjetiva é *explicativa*, o uso das vírgulas é obrigatório.

"O Tejo, *que é o maior rio de Portugal*, nasce na Espanha."

"João, *que é um grande homem*, ajuda a todos."

Entretanto, se a oração é restritiva, o uso das vírgulas é proibido. Perceba:

"Só sairão mais cedo os alunos que terminaram o dever de casa."

Ora, a oração adjetiva *que terminaram o dever de casa* delimita, restringe o substantivo antecedente. Sendo assim, ela não pode ser retirada da frase, devendo, portanto, vir sem vírgulas. Observe esta assertiva retirada de uma prova do Cebraspe-UnB:

Sua metodologia é simples — por meio de conversas frequentes com a família, o voluntário receita cuidados básicos para evitar que a criança morra por falta de conhecimento, como os hábitos de higiene, a administração do soro caseiro e a adoção da farinha de multimistura na alimentação, que se tornou uma solução simples e emblemática contra a desnutrição.

1. O excerto "que se tornou uma solução simples e emblemática contra a desnutrição" está precedido por vírgula porque se trata de um trecho com função restritiva.

Comentários: Perceba que a oração destacada se inicia com pronome relativo *que*, tratando-se, portanto, de oração subordinada adjetiva. Entretanto, como se caracteriza por ser uma informação adicional, vem isolada por vírgula. Assim, ela deve ser classificada como oração subordinada adjetiva explicativa, e não como oração adjetiva restritiva, como a banca sugere.

Gabarito: errada.

> **Sistematizando:** As orações subordinadas adjetivas são aquelas que se iniciam com pronome relativo. Se restringirem, delimitarem o sentido do substantivo antecedente, virão sem vírgulas. Se indicarem uma informação adicional, acessória, virão entre vírgulas.

20.2. PONTO E VÍRGULA

Vamos, agora, falar do ponto e vírgula? O **ponto e vírgula** é uma pausa mais longa que a vírgula e menor que o ponto. Basicamente, pode ser utilizado em duas situações:

Caso 1 – Separa orações coordenadas

31. Esforçou-se bastante; não obteve, entretanto, o reconhecimento merecido.

32. Uns estudam; outros trabalham.

Caso 2 – Separa os itens de leis, decretos, regulamentos

33. Art. 1º O núcleo... abrangerá as seguintes matérias:

a) comunicação e expressão;

b) estudos sociais;

c) ciências.

Resolução n....art. da Lei...

Comentários: O ponto e vírgula pode separar também orações coordenadas. É o que vemos nas frases 31 e 32.

Na 33, temos um exemplo do ponto e vírgula separando enumerações.

Veja como o Cebraspe cobra o uso do ponto e vírgula:

(Cebraspe) No 6º parágrafo o autor utilizou o sinal de pontuação ponto e vírgula de acordo com as normas gramaticais. Nas frases abaixo as normas gramaticais também foram observadas na utilização do ponto e vírgula, exceto em:

A) Os professores compareceram à festa de formatura trajados a rigor; os alunos, trajados esportivamente.

B) Um dos alunos obteve nota suficiente para ser apenas aprovado; o outro, apesar de não ter a mesma capacidade de estudo, classificou-se em segundo lugar.

C) A iniciativa segura e coerente da direção; o esforço de alunos e professores; bem como a participação de pais e responsáveis nas atividades da escola dinamizaram-na e tornaram-na uma verdadeira casa de educação.

D) Investir em educação só traz retorno para a nação a longo prazo; mas os resultados são, normalmente, satisfatórios.

E) Não há como resolver os problemas da educação com soluções paliativas, de pouco alcance; há de se investir, de forma planejada, em projetos de longo prazo que priorizem o profissional da educação.

Comentários: Na letra A, o ponto e vírgula separa orações coordenadas. Perceba que, se houvesse necessidade de se dar uma pausa discursiva ainda maior, ter-se-ia optado pelo ponto, e não pelo ponto e vírgula. Na letra B, o ponto e vírgula separa itens de uma enumeração (Um dos alunos... O outro...), tendo sido, portanto, corretamente utilizado.

Observe que, na letra C, o ponto e vírgula separa núcleos de um sujeito composto (A iniciativa...; o esforço...; bem como a participação...). É como se construíssemos uma frase do tipo "João; José; Antônio chegaram.". Faz sentido isso?

Na letra D, o ponto e vírgula separa uma oração coordenada assindética da sua oração coordenada sindética adversativa. Foi, portanto, adequadamente usado.

Na letra E, ele separa orações coordenadas assindéticas.

Gabarito: C

20.3. DOIS-PONTOS

E quanto aos **dois-pontos**? Você sabe utilizá-los? Esse sinal pode, basicamente, ser utilizado em duas situações. Pode dar início a fala ou citação de outrem:

34.O professor disse:

– Eu sou a razão.

Os dois-pontos podem também introduzir uma explicação, enumeração, esclarecimento:

35. Encontrei um motivo para não encontrá-lo: uma viagem de última hora.

36. São três os autores a estudar: Machado, Alencar e Drummond.

Comentários: A frase 34 exemplifica o início da fala de outrem.

Na frase 35, os dois-pontos introduzem uma explicação, um esclarecimento da afirmação anterior.

Na frase 36, os dois-pontos dão início a uma enumeração explicativa.

Agora, uma questão resolvida da FGV para ilustrar o emprego dos dois-pontos:

(FGV) *... graças a algumas características: eles possuem objetivos claros, vários modos de atingir o sucesso e feedback rápido, ou seja, o jogador recebe uma consequência imediata após cada ação.*

Os dois-pontos introduzem no contexto:

A) um segmento enumerativo, com intenção explicativa.

B) um comentário pessoal, de caráter opinativo.

C) uma repetição enfática para atrair a atenção do leitor.

D) uma ressalva ao que vem sendo desenvolvido no parágrafo.

E) a retomada da ideia mais importante do texto.

Comentários: Perceba que o que vem após o sinal de dois-pontos é uma enumeração do que o autor chamou de características. Trata-se de uma oração apositiva, que nada mais é do que um segmento enumerativo que tem a intenção de explicar um substantivo anteriormente citado.

Gabarito: A

20.4. ASPAS

As **aspas** são utilizadas, normalmente, em quatro situações:

Caso 1 – Isolam uma citação

37.Algum sábio já afirmou: "Agir na paixão é embarcar durante a tempestade."

Caso 2 – Isolam estrangeirismos, arcaísmos, neologismos, gírias

38.Estamos no "hall" do hotel.

39.Ele era considerado "persona-non-grata."

40.Qual a "solucionática" desta problemática?

41.Achei-o muito "careta."

Comentários: As "aspas" da frase 37 mostram as palavras de outra pessoa, e não do autor do texto.

Já nas frases 38, 39, 40 e 41 temos, respectivamente, exemplos de estrangeirismo, arcaísmo (expressão que deixou de ser usada) e neologismo (palavras novas derivadas de outras já existentes, geralmente não registradas nos dicionários) e gíria.

Caso 3 – Dar destaque a uma palavra ou expressão

42.Diga-me "como" direi isso a ela.

Comentários: A frase traz um exemplo de uma palavra que se quer destacar, dar expressividade. Na oralidade, diríamos: *coooomo*!

Caso 4 – Mostrar uma palavra com sentido irônico ou uma palavra em sentido diverso do usual

43.Você foi "brilhante" ao dizer aquela asneira.

Comentários: Na frase 43, temos um exemplo de *ironia* (diz-se o contrário do que se pensa). Se o que ele disse foi uma *asneira*, não há brilhantismo nisso.

Veja uma questão sobre o uso das aspas:

(CESPE/CEBRASPE - 2025 - PC - DF - Gestor de Apoio às Atividades Policiais Civis)

> *O renomado linguista e filósofo Noam Chomsky e outros dois especialistas em linguística, Ian Roberts e Jeffrey Watumull, escreveram um artigo para o jornal The New York Times, em março de 2023, compartilhando sua visão sobre os avanços que vêm ocorrendo no campo da inteligência artificial (IA).*
>
> *Para os intelectuais, os avanços* ***"supostamente revolucionários"*** *apresentados pelos desenvolvedores da IA são motivo "tanto para otimismo como para preocupação".*

As aspas no trecho "supostamente revolucionários" denotam a ironia com que a expressão foi empregada no texto.

CERTO

ERRADO

Comentários: Nessa passagem, pelo sentido contextual, a expressão entre aspas não caracteriza ironia, e sim termo usado pelos linguistas, ou seja, as aspas são usadas para deixar claro que não são termos usados pelo autor do texto, e sim por vozes que não estão no texto.

Gabarito: ERRADO

20.5. TRAVESSÕES

E os travessões? Empregam-se os travessões para marcar a mudança de interlocutor nos diálogos e para dar destaque ou ênfase a determinados termos. Observe as frases a seguir:

44.Apontou para Luíca o disco: – Conheces aquele ali?

45.Machado de Assis – grande romancista brasileiro – também escreveu contos.

Comentários: A frase 44 mostra o uso do travessão marcando a mudança do interlocutor.

A frase 45 é o caso de uso mais frequente do travessão: quando se quer dar destaque ou enfatizar certas palavras ou expressões. É comum, nas questões de concurso, reescreverem trechos do texto que estão separados por travessão substituindo-o por vírgulas, o que mantém correta a construção, pois os travessões, em geral, podem ser substituídos por vírgulas.

A utilização dos travessões para dar ênfase a uma explicação do texto é um recurso muito comum na escrita e bastante explorado pelas bancas. O Cebraspe-UnB tem elaborado algumas questões de reescritura de frases, que sugerem ao candidato a troca dos travessões por outro sinal de pontuação. Observe:

Em uma empresa socialmente responsável, pode-se catalisar a inteligência instalada e lhe dar uma direção e um sentido. Isso fortalece a empresa, torna-a mais compe-

*titiva, aumenta a autoestima e a dedicação dos funcionários, amplia o sentimento de pertencimento — **a vida** das pessoas, em vez de ser ameaçada pelo trabalho, é fortalecida por ele. Essas empresas têm melhores condições de desempenho e, portanto, de prolongar sua vida.*

1. Preservam-se tanto a coerência da argumentação quanto a correção gramatical do período caso se substitua o travessão antes de "a vida" pelo sinal de dois-pontos ou pelo de ponto e vírgula.

Comentários: Observe que o travessão foi utilizado para enfatizar uma explicação para o que o autor quis dizer com *sentimento de pertencimento*. Trata-se de um segmento explicativo enfatizado pelo travessão. Ora, a troca pelos dois-pontos ou pelo ponto e vírgula não geraria erro gramatical nem mudança de sentido da frase: só se optaria pela perda da ênfase que o travessão confere à informação.

Gabarito: assertiva certa.

*Nos anos 90 do século passado, o país **derrotou a inflação** — que corroía salários, causava instabilidade política e irracionalidade econômica. Na primeira década deste século, os avanços deram-se em direção a uma agenda social, voltada para a redução da pobreza e da desigualdade estrutural.*

2. A substituição do travessão por vírgula, em "derrotou a inflação — que corroía salários", prejudica a correção gramatical do período.

Comentários: Mais uma vez, o travessão introduz uma explicação, dando-lhe ênfase. Trata-se de uma oração adjetiva explicativa (*que corroía salários...*), que se refere ao substantivo *inflação* antecedente. Portanto, a troca do travessão pela vírgula *não* geraria erro gramatical algum à frase (a banca diz que a substituição *prejudica* a correção gramatical do período).

Gabarito: assertiva errada.

20.6. PARÊNTESES

Parênteses são geralmente utilizados para isolar comentários acessórios. Observe:

46."Bem sei que só matarei alguém (que Deus me livre e guarde) se for obrigado."

Atenção: De modo geral, os parênteses são usados quando se quer acrescentar uma informação acessória, uma interferência do autor do texto.

Será que é possível, então, em um texto, substituir os parênteses pelos travessões ou vice-versa? O que queremos saber é: diante de um segmento explicativo, que vem evidenciado no texto pelo uso dos travessões, a substituição desse sinal de pontuação pelos parênteses geraria erro gramatical ou mudança de sentido da frase?

O Cebraspe-UnB tem feito esse tipo de pergunta em prova. Veja uma questão:

Tão logo a catástrofe do terremoto no Haiti requisitou uma ação coletiva mundial, com inúmeros atores envolvidos na ajuda humanitária — países, organizações não governamentais, empresas e os milhares de anônimos e famosos —, a situação caótica do país devastado impôs um desafio: a quem caberá a organização das próximas etapas de reconstrução do país mais pobre do Ocidente?

Mantém-se a correção gramatical do período substituindo-se os travessões (ℓ. 2 e 3) por parênteses.

Comentários: Ora, a informação que o autor quis evidenciar no texto (*países, organizações não governamentais, empresas e os milhares de anônimos e famosos*) pelo uso dos travessões poderia ser isolada pelo uso dos parênteses. O texto continuaria gramaticalmente correto.

Gabarito: assertiva correta.

Antes de concluirmos este capítulo, achamos prudente treinar mais com você, por meio de frases que fixarão os conceitos ensinados. Vamos lá?

I. Pontue as frases, quando necessário.

1. Os candidatos aguardavam ansiosos o resultado do concurso.

Comentários: O adjetivo *ansiosos*, na função de predicativo do sujeito, aparece deslocado para o meio do período, intercalado.

Lembre-se sempre da ordem direta dos termos no período simples: sujeito + verbo + complemento + adjunto adverbial.

O predicativo, aqui, aparece entre o verbo e o seu objeto (= complemento).

Gabarito: Os candidatos aguardavam, ansiosos, o resultado do concurso.

***Importante*!**

O uso das vírgulas, *nessa frase*, seria facultativo. Por quê? Nunca se esqueça do princípio básico do uso facultativo da(s) vírgula(s): se com ou sem a(s) vírgula(s) o sentido continua o mesmo, há clareza, pode-se usar ou não a(s) vírgula(s). Repare nessa frase:

Os candidatos aguardavam ansiosos o resultado do concurso.

Os candidatos aguardavam, ansiosos, o resultado do concurso.

Não há truncamento de ideia, é uma frase curta de perfeito entendimento com ou sem a(s) vírgula(s).

Isso normalmente acontece com termos curtos deslocados (advérbios ou locuções adverbiais, predicativos).

Agora, você já sabe. Todo comentário em que aparecer *uso facultativo*, a explicação será a mesma:

Se você puder fazer a dupla leitura (com a pausa ou sem a pausa), e isso não alterar o sentido da frase, nem houver truncamento sintático, o uso da(s) vírgula(s) será facultativo.

2. Deixe-me senhora.

Comentários: *Senhora* é a pessoa com quem se fala, vocativo.

Gabarito: Deixe-me, senhora.

3. Dallas 9 de julho de 1994.

Comentários: Esse caso é um exemplo da vírgula que se usa para separar a data do nome do lugar.

Gabarito: Dallas, 9 de julho de 1994.

4. Aliás isto é conhecido de todos.

   Comentários: A vírgula também separa certas expressões de explicação, retificação, situação.

   Gabarito: Aliás, isto é conhecido de todos.

5. Espero que ela venha.

   Comentários: Aqui não há justificativa para o uso da vírgula, pois os termos já estão na ordem – sujeito + verbo + complemento: "(Eu) *Espero* (verbo) *que ele venha* (objeto direto)".

   Gabarito: Espero que ele venha.

Lembre-se: não se usa vírgula entre sujeito e verbo e entre verbo e complemento.

6. O Brasil produz café milho arroz ouro ferro.

   Comentários: Nesta frase, temos um exemplo das vírgulas que separam termos de mesma função sintática (= enumerações), são objetos diretos.

   Gabarito: O Brasil produz café, milho, arroz, ouro, ferro.

7. "Papai do céu dá-me uma namorada linda fiel gentil e tarada."

   Comentários: Aqui temos duas justificativas: a primeira vírgula separa o vocativo e as outras, termos de mesma função (= enumerações), são adjuntos adnominais.

   Gabarito: "Papai do céu, dá-me uma namorada linda, fiel, gentil e tarada."

8. "O homem sensato se adapta ao mundo o insensato insiste em tentar adaptar o mundo a ele. Todo progresso depende portanto do homem insensato."

   Comentários: Na primeira ocorrência, a vírgula separa orações coordenadas. Nesse caso, poderia ser substituída por ponto e vírgula, já que esse sinal de pontuação também pode separar orações coordenadas. Na segunda e terceira ocorrências, as vírgulas intercalam a conjunção conclusiva deslocada.

   Gabarito: "O homem sensato se adapta ao mundo, ou; o insensato insiste em tentar adaptar o mundo a ele. Todo progresso depende, portanto, do homem insensato."

9. "Não te enganes. A vida vai tratar-te mal. Portanto se queres viver tua vida vai e toma-a."

   Comentários: Aqui temos uma oração adverbial condicional ("se queres viver tua vida") *intercalada*, entre vírgulas.

   Gabarito: "Não te enganes. A vida vai tratar-te mal. Portanto, se queres viver tua vida, vai e toma-a."

10. Se o Brasil se tornasse independente dos empréstimos externos poderia voltar a crescer no mesmo ritmo de desenvolvimento das décadas anteriores.

    Comentários: Mais uma oração adverbial condicional deslocada, só que agora para o *início* do período, uma vírgula.

    Gabarito: Se o Brasil se tornasse independente dos empréstimos externos, poderia voltar a crescer no mesmo ritmo de desenvolvimento das décadas anteriores.

11. Todos os candidatos publicaram os jornais devem chegar no momento azado.

    Comentários: Esta frase é um exemplo de oração intercalada, um comentário acessório.

    Gabarito: Todos os candidatos, publicaram os jornais, devem chegar no momento azado.

12. Na Suíça delegados de 103 países grande parte com vestes africanas determinaram a proibição total da caça aos elefantes.

    Comentários: A primeira vírgula é de uso facultativo, pois temos um adjunto adverbial deslocado de curta extensão, não alterando o sentido original da frase.

    As outras duas vírgulas vão intercalar o aposto explicativo.

    Gabarito: Na Suíça(,) delegados de 103 países, grande parte com vestes africanas, determinaram a proibição total da caça aos elefantes.

20.7. EXERCÍCIOS DE FIXAÇÃO (COM GABARITO NO FINAL)

Vamos fixar? Faça os exercícios a seguir e verifique o gabarito ao final!

I. Pontue as frases, quando necessário.

1. "Depois de suportar Figueiredo Sarney Collor e Itamar o brasileiro passou a duvidar até da existência de Deus."
2. Em verdade a palavra da mendiga tinha um som místico uma espécie de melodia e fazia bem fitar-lhe os olhos encarquilhados a mão trêmula segurando o dinheiro.
3. Solicitamos a Vossa Senhoria o obséquio de verificar o valor das mercadorias recebidas.
4. "O alferes continuava a dominar em mim embora a vida fosse menos intensa e a consciência mais débil."
5. Na década de 1970 o Brasil chegou a ser o país que mais crescia no mundo. Na década perdida dos anos 80 no entanto a economia brasileira se atolou no descontrole das contas públicas.
6. "O governador do Ceará Cid Gomes é muito família. Ele não agrada apenas à sogra mas também ao sogro aos irmãos aos sobrinhos..."
7. Se dirigir não beba se beber não dirija.
8. Inscreveram-se para aquele concurso oito mil seiscentos e trinta e cinco candidatos.
9. Participaram do sorteio dois milhões quinhentos e treze mil trezentos e quinze telespectadores.

II. Coloque C (certo) ou E (errado) nas frases que se seguem em relação aos sinais de pontuação.

1. ( ) A hospitalidade tem dois aspectos: um, geral, que se refere à convivência em sociedade e se confunde com o cerimonial e a etiqueta de cada povo; o outro, específico, que estabelece relações especiais entre anfitriões e convidados.
2. ( ) Baseadas no código de honra do deserto, as relações de hospitalidade árabe, dão ao hóspede direitos exorbitantes.
3. ( ) Os poetas árabes, que tanto cantaram as virtudes do perfeito anfitrião não dizem quase nada, a respeito dos hóspedes.

4. ( ) Aquele que recebe a hospitalidade é, ao mesmo tempo, um emir, um prisioneiro e um poeta, dizem os beduínos.
5. ( ) A hospitalidade no entanto, não é medida pela abundância da comida, mas particularmente, apreciada quando se pratica apesar dos meios limitados.
6. ( ) O traço todo da vida é para muitos um desenho de criança esquecido pelo homem, e ao qual este terá sempre de se cingir sem o saber.
7. ( ) Os primeiros anos de vida foram portanto, os de minha formação instintiva ou moral, definitiva.
8. ( ) Passei esse período inicial tão remoto e tão presente, em um engenho de Pernambuco, minha província natal.
9. ( ) A população do pequeno domínio, inteiramente fechado a qualquer ingerência de fora, como todos os outros feudos da escravidão, compunha-se de escravos, distribuídos pelos compartimentos da senzala, o grande pombal negro ao lado da casa de morada, e de rendeiros, ligados ao proprietário pelo benefício da casa de barro que os agasalhava ou de pequena cultura que ele lhes consentia em suas terras.
10. ( ) No centro do pequeno cantão de escravos levantava-se a residência do senhor, olhando para os edifícios da moagem, e tendo por trás, em uma ondulação de terreno a capela sob a invocação de São Mateus.
11. ( ) O ex-presidente do Banco Central, Gustavo Franco, afirmou que o Brasil precisa ser mais assumidamente capitalista, globalizado e moderno.
12. ( ) O presidente dos Estados Unidos, George W. Bush, recebeu o presidente brasileiro em Camp David.
13. ( ) Os estabelecimentos fundados por portugueses, lá pelos anos de 1618, começavam no Pará, quase sob o Equador, e terminavam em Cananeia, além do trópico.
14. ( ) Entre uma e outra capitania havia longos espaços desertos, de dezenas de léguas de extensão. A população de língua europeia, cabia folgadamente em cinco algarismos.
15. ( ) A camada ínfima da população era formada por escravos, filhos da terra, africanos ou seus descendentes.
16. ( ) Os filhos da terra eram menos numerosos pela pouca densidade originária da população indígena, pelos grandes êxodos que os afastaram da costa, pelas constantes epidemias que os dizimaram, pelos embaraços, nem sempre inúteis, opostos ao seu escravizamento.
17. ( ) Acima desta população, sem terra e sem liberdade, seguiam-se os portugueses de nascimento ou origem, sem terra, porém livres: feitores, mestres-de-açúcar oficiais-mecânicos, vivendo dos seus salários ou do feitio de obras encomendadas.
18. ( ) "É através da dinâmica institucional que se fabrica, quase sempre, o delinquente juvenil. A instituição, ao invés de recuperar, perverte; ao invés de reintegrar e ressocializar, exclui e marginaliza; ao invés de proteger, estigmatiza." *(Vicente Faleiros)*
19. ( ) Os carros modernos são feitos com chapas bastante flexíveis, que, num efeito sanfona, amortecem os choques nos acidentes.

20. ( ) "... ela novamente, encheu os pulmões de ar o máximo que pôde, e seu corpo acabou arrebentando como uma bola de soprar que se enche em excesso."
21. ( ) Comprei frutas, legumes, verduras, etc.
22. ( ) "O acordo visa à criação da Área de Livre Comércio Sul-Americana (ALCSA), que estaria plenamente constituída em 2005."

Gabarito: I – 1. Depois ... Figueiredo, Sarney, Collor e Itamar, ...; 2. Em verdade, a palavra ... místico, uma espécie de melodia, e fazia ... encarquilhados, a mão...; 3. Sem vírgula; 4. Os alferes ... em mim, embora ... intensa, e a consciência...; 5. uso facultativo (Na década de 70, o Brasil ...) / (,)no entanto(,); 6. ... do Ceará, Cid Gomes, é ... à sogra, mas também ao sogro, aos irmãos, aos sobrinhos...; 7. ..., não beba; se beber, não dirija; 8. Sem vírgula (não se usa vírgula entre o milhar e as centenas. Já o milhão é separado do milhar por vírgula, e também entre o bilhão e o milhão: três milhões, quinhentos e doze mil trezentos e quinze); 9. ... dois milhões, quinhentos e treze mil trezentos e quinze...

II – 1. C; 2. E – Após "árabe". Separa sujeito do verbo. 3. E – Falta a vírgula após "anfitrião", para intercalar a oração adjetiva explicativa. A vírgula após "nada" é outro erro. 4. C; 5. E – Falta a vírgula após "hospitalidade", para intercalar "no entanto". Em "particularmente" temos outra intercalação. Ou usamos duas vírgulas (antes e depois de particularmente) ou nenhuma (mas particularmente apreciada...). 6. C – O uso das vírgulas em "para muitos" é facultativo. 7. E – "portanto", deslocado, entre vírgulas (, portanto,), que seria a forma mais adequada, ou nenhuma (portanto). 8. E – ... inicial, tão remoto e tão presente, ...; 9. C; 10. E – ... por trás, em uma ondulação de terreno, ...; 11. E; 12. C. Observação: Vírgula com nomes próprios: Em (11), não podem ocorrer aquelas vírgulas, já que ex-presidente existem vários, específico, pois. Em (12), presidente há um só, explicativo, pois. Essa explicação serve para qualquer outra construção que traga estrutura semelhante: explicativa / restritiva (diretor / ex-diretor, deputado / ex-deputado...). 13. C; 14. E – A vírgula após "europeia" separa o sujeito do verbo. 15. C; 16. C; 17. E – Falta a vírgula da enumeração após "mestres-de-açúcar". 18. C; 19. C; 20. E – "Novamente" entre vírgulas ou sem vírgula alguma. 21. C. Observação 1: Nas enumerações que se encerram com "etc.", a tendência é usar vírgula antes do "etc." (ou ponto-e-vírgula ou ponto, se os elementos da enumeração vierem separados por esses sinais de pontuação). Porém, se não aparecer esse sinal antes do "etc", a frase continua certa. Observação 2: Após o "etc." devemos sempre usar o ponto. 22. C.

20.8. QUESTÕES DE CONCURSOS COMENTADAS

1. **(Instituto Consulplan - 2024 - Prefeitura de Além Paraíba - MG - Auxiliar de Enfermagem)**

Quando você nasceu, havia um nome e um sobrenome esperando-o. O que eram? Uma decisão aleatória que fala muito dos desejos e projeções dos pais sobre cada um de nós. Nosso nome nos antecede e não aguardou nenhum traço de personalidade para ser colocado. Por mais fraco que seja, o menino Gabriel recebe o indicativo de que é "o homem forte de Deus" pela raiz hebraica. Por mais limitada que seja no futuro, a menina assinará Sofia, o nome que aponta sua densa sabedoria. Nem toda Letícia é feliz. Conheci um Adamastor que pouca similitude guardava com o gigante de Camões. Eu sou Leandro, homem-leão, como se nota pela juba vistosa. O nome é, como todo signo, arbitrário. Primeira camada sobre nós.

> ***A segunda camada constará nos documentos: brasileiro nato****. O que é ser brasileiro? Fronteiras traçadas ao longo da história com linhas imaginárias, respeitando ou não o terreno que as recebe. Uma entidade nacional que, supostamente, será sua pátria, sua identidade, sua marca quase sempre permanente. "Meu coração é brasileiro" eu já o declarei; todavia, um exame do meu cadáver pouco revelará ao anatomista quaisquer distinções dos meus ventrículos em relação a um vizinho argentino ou a um longínquo japonês. As metáforas são bonitas, poéticas até: meu coração é apátrida, biologicamente. Pátria é uma convenção celebrada diariamente, já foi dito. Sem dúvida, é a segunda camada que nos foi dada, quase sempre, ao ver a luz do mundo.*
>
> *(Leandro Karnal. O Estado de São Paulo. Em: 2021. Fragmento.)*

No trecho "A segunda camada constará nos documentos: brasileiro nato.", os dois-pontos foram empregados para:

A) Indicar uma citação.
B) Interromper o pensamento do autor.
C) Estabelecer uma pausa de longa duração.
D) Sinalizar sentimentos bastante perceptíveis.

Comentários: Assim como a primeira camada arbitrária sobre nós é o nome, a segunda, "brasileiro nato", seria uma definição dada do que essa camada representa para uma identidade nacional atribuída por um documento oficial, ou seja, uma expressão que consta nesse tipo de documento, uma citação.

Gabarito: A

2. (Instituto Consulplan – 2024 – Prefeitura de São João Nepomuceno – MG – Professor) A pontuação é essencial para a clareza e a compreensão de um texto. Ela marca as pausas e entonações da leitura, além de definir relações sintáticas entre os termos das orações. Sobre o emprego da pontuação no texto apresentado, assinale a afirmativa correta.

A) No trecho "Mas seu exemplo – e seu sacrifício – é uma lição de luta, mesmo sendo uma luta perdida.", os travessões foram utilizados corretamente para destacar e inserir uma informação adicional.
B) No trecho "Um brasileiro de 38 anos, Vítor Negrete, morreu no Tibete após escalar pela segunda vez o ponto culminante do planeta, o monte Everest.", a vírgula após "Vítor Negrete" é desnecessária e pode ser omitida.
C) No trecho "Bem verdade que escalar montanhas, em si, não traz nada de prático ao resto da humanidade que prefere ficar na cômoda planície da segurança.", as vírgulas em torno de "em si" são usadas para isolar um aposto explicativo.
D) No trecho "Aqui do meu canto, temendo e tremendo toda a vez que viajo no bondinho do Pão de Açúcar, fico meditando sobre os motivos que levam alguns heróis a se superarem.", a vírgula após "Pão de Açúcar" deve ser removida para manter a coesão do período.

Comentários: A justificativa para o uso dos travessões da opção A está correta. A informação que aparece isolada é realmente uma informação adicional, uma interferência do autor no próprio texto. E os travessões, em geral, têm a finalidade de dar destaque ao que se quer anunciar. Na B, o aposto vem intercalado. O uso das duas vírgulas é obrigatório. Na C, as vírgulas isolam uma expressão denotativa. Na D, a vírgula após "Pão de Açúcar" fecha a oração intercalada no período. O uso é obrigatório.

Gabarito: A

3. **(FCC - 2024 - TRT - 7ª Região - CE - Técnico Judiciário)** É plenamente adequada a pontuação da seguinte frase:

A) Ao compartilhar o que tinha de positivo, a professora, com seus atos de abnegação, muito surpreendeu a quem os reconhecera.

B) Ele era apesar de Jovem, pessoa exasperada e deprimida, capaz de em muitos casos, chegar a pensar em suicídio.

C) Há quem estranhe aliás compreensivelmente, que algumas raras pessoas se disponham por vezes, a altos sacrifícios.

D) De fato a professora mostrou-se virtuosa, incapaz que era, de afetar misericórdia gratuita, ou mesmo tendência para autoflagelar-se.

E) Não deixa de ser curiosa, a conclusão a que chegou o autor, quando viu permanecer como enigma, o caso daquela professora.

Comentários: Na opção A, as vírgulas que aparecem nesse período estão corretamente usadas. Na primeira ocorrência, separa oração adverbial deslocada para o início do período. E as duas vírgulas na sequência intercalam adjunto adverbial.

B) ...era, apesar de jovem, ... capaz de, em muitos casos,...

C) ...estranhe, aliás, compreensivelmente, ...disponham, por vezes,...

D) De fato, ... incapaz que era de afetar...

E) ...curiosa a conclusão ...permanecer, como enigma,...

Gabarito: A

4. **(FCC - 2024 - TRT - 7ª Região - CE - Analista Judiciário)** É plenamente adequada a pontuação da seguinte frase:

A) Há quem imagine que, tirar férias, seja submeter-se, a um sem-número de outras atividades.

B) É trabalhar duro, agora, para merecer, de fato, as futuras e deliciosas férias do não.

C) A certa altura diz, o cronista, que nada acontecer é um meio sim, de definir as férias.

D) Ele alegou: que estava em férias, por isso não podendo atender, a tantos convites.

E) Talvez fosse melhor, em vez de férias comuns fazer um retiro, evitando sobressaltos?

Comentários: Na opção B, as vírgulas que isolam tanto "agora" como "de fato" têm a mesma justificativa: isolar adjuntos adverbiais deslocados para o meio do período.

A) Não haveria vírgula alguma nesse período.

C) A certa altura, diz o cronista que... é um meio, sim, de definir...

D) ...alegou que... atender a tantos...

E) ...comuns,

Gabarito: B

5. **(FCC - 2024 - TRT - 20ª Região - SE - Técnico Judiciário)** A exclusão da vírgula altera o sentido da frase em:

A) Há quem leia exclusivamente crônicas do velho Braga, por não achar em outras a mesma dose de poesia.
B) Admiro as crônicas de Rubem Braga, que associam um lirismo enxuto à limpeza da linguagem.
C) Rubem Braga dedicou-se exclusivamente à crônica, porque lhe pareceu um gênero afim ao seu temperamento.
D) Bons tempos aqueles, em que um cronista sensível tinha espaço relevante nos jornais.
E) nas bancas das grandes cidades, era grande a expectativa pela chegada dos jornais com suas crônicas.

Comentários: Na opção B, a vírgula usada antes do pronome relativo introduz uma oração adjetiva explicativa, dando ao antecedente uma noção de generalidade (todas elas associam). A retirada dessa vírgula torna essa oração restritiva, indicando uma particularidade em relação às crônicas (admiro as crônicas de Rubem Braga que fazem esse tipo de associação, e não todas as crônicas dele). Nas outras opções, a retirada da vírgula mantém o sentido original da frase.

Gabarito: B

6. **(CESPE/CEBRASPE - 2024 - CAU - BR - Assistente de Tecnologia da Informação)**

Enquanto Singapura e Dublin lançaram suas réplicas digitais usando aprendizado de máquina para prever eventos e tendências futuras, países inteiros ainda não garantiram água potável e eletricidade para seus habitantes. Como a arquitetura reflete as sociedades, a acentuada desigualdade social em que vivemos continuará sendo refletida na arquitetura que construímos: algumas obras totalmente projetadas por inteligência artificial (IA), outras criadas manualmente e com modelos físicos em um escritório de arquitetura ***boutique, e a grande*** *maioria sendo feita no local com papel e lápis, sem a intervenção direta de arquitetos. Talvez todos esses cenários coexistam na mesma cidade.*

No penúltimo período do parágrafo supracitado, a supressão da vírgula entre "boutique" e "e a grande" prejudicaria a correção gramatical do texto.

CERTO
ERRADO

Comentários: A retirada da vírgula, nessa passagem, não implicaria erro, pois o conectivo "e" fecha a série enumerativa. Nesses casos de enumeração, a tendência é a de não se usar a vírgula antes dessa conjunção que encerra a enumeração. Contudo, dependendo do contexto em que se insere, o uso da vírgula pode ser considerado correto (vírgula estilística).

Gabarito: ERRADO

7. **(CESPE/CEBRASPE - 2025 - TRF - 6ª REGIÃO - Analista Judiciário)**

Dada essa pluralidade de abordagens, surgiram diversas definições de justiça restaurativa na literatura ao longo das últimas décadas, razão pela qual alguns autores atuais apontam que o conceito de justiça restaurativa ainda estaria "em aberto". Contudo, parece haver na literatura certo consenso de que tal pluralidade seria algo ***positivo****, por possibilitar a adaptação do conceito a diferentes contextos culturais. Alguns autores também sugerem que a justiça restaurativa seria um conceito "guarda-chuva", ou seja, um conceito que abarca uma vasta gama de formulações, desde que sejam conservados os elementos essenciais da justiça restaurativa.*

A vírgula empregada após a palavra "positivo" poderia ser eliminada sem prejuízo da correção gramatical e das relações coesivas do texto.

CERTO

ERRADO

Comentários: A vírgula após "positivo" isola oração adverbial em final de período. Quando isso ocorre, não havendo prejuízo de entendimento ou ambiguidade, o uso da vírgula é facultativo.

Gabarito: CERTO

8. **(CESPE/CEBRASPE - 2025 - InoversaSul - Professor de Língua Portuguesa)**

Na realidade, um texto bem-sucedido é aquele que consegue dizer o suficiente para ser bem-entendido, supondo apenas aquilo que é possível esperar como sabido pelo ouvinte ou leitor. É interessante notar que, se o autor ou falante de um texto diz uma parte e supõe outra parte como de responsabilidade do leitor ou ouvinte, então a atividade de produção de sentidos ***(ou de compreensão de texto)*** *é sempre uma atividade de coautoria. Isto quer dizer que os sentidos são parcialmente produzidos pelo texto e parcialmente completados pelo leitor.*

No trecho, a substituição dos parênteses por travessões prejudicaria a correção gramatical do texto.

CERTO

ERRADO

Comentários: Nas intercalações, de modo geral, expressões isoladas por parênteses, travessões ou vírgulas podem ser trocadas entre si, sem prejuízo da correção gramatical.

Gabarito: ERRADO

9. **(CESPE/CEBRASPE - 2024 - TSE - Técnico Judiciário)**

Eu gemia em silêncio. Consultei o relógio; faltavam sete minutos para as onze, e ainda não começara o meu quarteirão. Quis espairecer, levantei-me, fui até a porta, onde achei dois eleitores, fumando e falando de moças bonitas. ***Conhecia-os; eram do meu quarteirão.***

No excerto "Conhecia-os; eram do meu quarteirão", a substituição do ponto e vírgula por um ponto final não prejudicaria os sentidos originais do texto nem sua correção gramatical, feitos os devidos ajustes de maiúsculas e minúsculas.

CERTO

ERRADO

Comentários: A substituição pelo ponto final manteria a correção, pois indicaria uma pausa no discurso com ideia exposta por completo.

Gabarito: CERTO

10. (CESPE/CEBRASPE - 2025 - PC - DF - Gestor de Apoio as Atividades Policiais Civis)

> *Nessa linha, manifestam que esses aplicativos não são realmente "inteligentes", pois carecem de capacidade crítica. Embora possam descrever e prever* ***"o que é",*** *"o que foi" e* ***"o que será",*** *não são capazes de explicar "o que não é" e "o que não poderia ser".*

No fragmento destacado, o emprego de vírgula após os segmentos "o que é" e "o que será" justifica-se por separar elementos em uma enumeração.

CERTO

ERRADO

Comentários: O uso da vírgula após "o que será" nessa passagem não se justifica pela regra da enumeração, e sim pela regra da oração adverbial deslocada. Ela fecha essa ideia de concessão.

Gabarito: ERRADO

20.9. QUESTÕES DE CONCURSOS PROPOSTAS (COM GABARITO NO FINAL)

1. **(Instituto Consulplan - 2024 - Prefeitura de Além Paraíba - MG - Médico)** Quanto ao uso da vírgula no título "Brasil, terra de idosos", o seu emprego se justifica por se tratar de:

A) Aposto.

B) Vocativo.

C) Enumeração.

D) Oração subordinada explicativa.

2. **(Instituto Consulplan - 2024 - Prefeitura de Cacoal - RO - Borracheiro)**

> *Não basta que a gente esteja sem febre: queremos, além de saúde, ser magérrimos, sarados, irresistíveis. Dinheiro? Não basta termos para pagar o aluguel, a comida e o cinema: queremos a piscina olímpica, a bolsa Louis Vitton e uma temporada num spa cinco estrelas. E quanto ao amor? Ah, o amor... não basta termos alguém com quem podemos conversar, dividir uma pizza. Isso é pensar pequeno: queremos AMOR, todinho maiúsculo. Queremos estar visceralmente apaixonados, queremos ser surpreendidos por declarações e presentes inesperados, queremos jantar à luz de velas de segunda a domingo, queremos ser felizes assim e não de outro jeito.*

No trecho, a autora emprega o uso dos dois-pontos; é possível afirmar que esse sinal de pontuação pode ser usado, EXCETO:

A) Antecedendo uma citação.

B) Ao apontar a fala de um personagem.

C) Para finalizar trechos em que está inserido.

D) Antes ou depois de uma enumeração de itens.

3. **(Instituto Consulplan - 2025 - Prefeitura de Carangola - MG - Professor de Educação Infantil e Fundamental)**

> *Oportunidades não faltavam. E* ***se faltassem — oh, vida desprovida e ingrata —, ele as criava.*** *No primeiro encontro foi assim. Mara num canto, a vida lhe serpenteando o semblante com uma neblina de intensa penumbra. Como a brisa, chega o palhaço, sorrindo com a mesma simpatia de um lagarto.*

A função dos travessões no trecho "E se faltassem — oh, vida desprovida e ingrata —, ele as criava." é:

A) Separar um vocativo.
B) Indicar uma pausa enfática.
C) Introduzir uma citação direta.
D) Inserir uma explicação adicional.

4. **(Instituto Consulplan - 2024 - Prefeitura de Jequié - BA - Profissional de Apoio Escolar da Educação Especial)** O travessão é um sinal de pontuação melódico e de valor expressivo. No excerto "E é pena, pois com esse nome que tem — e que é a sua própria voz — devia estar em todas as repartições e outros lugares, numa elegante gaiola, para no momento oportuno anunciar a sua presença.", o duplo travessão foi utilizado para:

A) Realçar uma conclusão.
B) Evidenciar citações incompletas.
C) Intercalar o trecho em que se pretende dar ênfase.
D) Representar, na escrita, hesitações comuns na língua falada.

5. **(FCC - 2024 - TRT - 20ª Região - SE - Analista Judiciário)** Está plenamente adequada a pontuação da seguinte frase:

A) Lucrécio, poeta romano, tomou para si a tarefa luminosa de aproximar poesia e ciência.
B) Costuma-se dizer, que poucas atividades são antagônicas, como a poesia, e a ciência.
C) As religiões politeístas dominaram, completamente o mundo, com ensinamentos pagãos.
D) Houve um tempo, em que a vida humana, arrastava-se pela terra.
E) Uma boa leitura de Lucrécio, faria ecoar com incrível modernidade, as lições de dois mil anos atrás.

6. **(FGV - 2024 - DATAPREV - ATI - Advocacia)** Assinale a opção em que a vírgula se justifica pelo mesmo motivo do que em "se as duas tribos dividirem em paz as batatas do campo, não chegam a nutrir-se suficientemente e morrem de inanição".

A) Acrescia que, em verdade, o doente parecia estar melhorando.
B) Verdade é, disse ainda Rubião para defender o enfermo, verdade é que o cachorro merece a estima do dono.
C) Quando este acudiu, já ele mudara outra vez de ideia.
D) Espreitara uma deixa, e sai-lhe do testamento a massa toda dos bens.
E) No dia seguinte, Maria Benedita declarou à prima que estava pronta a aprender piano e francês.

7. **(FGV - 2025 - TCE - RR - Analista Administrativo)** Assinale a frase abaixo que está corretamente pontuada.

A) A Internet é uma solução, à procura de um problema.
B) Vencer é 90% suor e 40%, técnica.
C) Os tempos futuros trarão, muitíssimos, outros inventos.

D) Cheguei atrasado e ela, adiantada.

E) Os erros, mais curtos, são os melhores.

8. (FGV - 2025 - PC - MG - Perito Criminal) As frases a seguir mostram a presença de vírgulas. Assinale aquela em que a justificativa para essa presença se mostra adequada.

A) Tiradentes, nosso herói, deu nome a uma cidade. / separar elemento anteposto.

B) Ministro, temos reunião marcada. / presença de aposto.

C) A juventude tem vantagens, claro! / separar elementos externos inseridos na frase.

D) Rio de Janeiro, 1º de dezembro de 2024. / separar o vocativo.

E) Ele é flamenguista e eu, vascaíno. / isolar termos explicativos.

9. (CESPE/CEBRASPE - 2024 - CAGEPA - PB - Técnico em Eletrônica)

Segundo um estudo de uma consultoria, as principais barreiras para a compra dos chamados "produtos verdes" são: consciência de que o produto/serviço existe, disponibilidade, preço, conveniência, qualidade, confiança, interesse e fatores sociais — como relutância para mudar hábitos já estabelecidos, por exemplo.

No texto, o emprego do sinal de dois-pontos tem a finalidade de:

A) anunciar uma retificação acerca do trecho antecedente.

B) desfazer uma ambiguidade.

C) marcar o início de um diálogo.

D) introduzir uma enumeração.

E) iniciar uma divagação.

10. (CESPE/CEBRASPE - 2025 - InoversaSul - Professor de Língua Portuguesa)

*Em uma teoria da compreensão de **texto**, o primeiro aspecto importante é a noção de língua que se adota. Alguns manuais escolares concebem a língua simplesmente como um código ou um sistema de sinais autônomo, totalmente transparente, sem história, e fora da realidade social dos falantes. Mas a língua é muito mais do que um sistema de estruturas fonológicas, sintáticas e lexicais. A rigor, a língua não é sequer uma estrutura; ela é estruturada simultaneamente em vários planos, seja o fonológico, sintático, semântico e cognitivo no processo de enunciação. A língua é um fenômeno cultural, histórico, social e cognitivo que varia ao longo do tempo e de acordo com os falantes: ela se manifesta no uso e é sensível ao uso.*

A supressão da vírgula após "texto" prejudicaria a correção gramatical do texto, visto que, naquele período, o emprego da vírgula é obrigatório para separar o adjunto adverbial antecipado.

CERTO

ERRADO

11. (CESPE/CEBRASPE - 2025 - TRF - 6ª Região - Analista Judiciário)

*Os Estados devem reconhecer cada fase da infância e sua importância para os estágios subsequentes de maturação e desenvolvimento, bem como as diferentes necessidades das crianças em cada uma dessas fases. Para a criação de um ambiente ideal para o direito ao **desenvolvimento**, os Estados devem considerar, de forma explícita* *e consistente, todos os fatores necessários para que crianças de todas as idades sobrevivam, desenvolvam-se e prosperem plenamente. Devem também conceber e implementar intervenções baseadas em evidências que enfrentem uma ampla gama de determinantes ambientais durante o curso da vida.*

A supressão da vírgula que sucede a palavra "desenvolvimento" prejudicaria a correção gramatical do texto.

CERTO

ERRADO

12. (CESPE/CEBRASPE – 2025 – PC – DF – Analista de Apoio as Atividades Policiais Civis)

Vigorava, portanto, a compreensão de que assumir compromissos de cooperação na arena ambiental implicaria o decréscimo da soberania nacional. O posicionamento defendido pela delegação brasileira durante a Conferência das Nações Unidas sobre Meio Ambiente Humano (CNUMAH), realizada em Estocolmo em 1972, seria sintomático desse entendimento: "Na área do aproveitamento de recursos naturais, os interesses nacionais, em termos econômicos e de segurança, são de tal monta, que qualquer fórmula que, sob o pretexto ecológico, impusesse uma sistemática de consulta para projetos de ***desenvolvimento*** *seria simplesmente inaceitável para o Brasil."*

A inserção de uma vírgula imediatamente após o termo "desenvolvimento" prejudicaria a correção textual.

CERTO

ERRADO

13. (CESPE/CEBRASPE – 2025 – PC – DF – Analista de Apoio as Atividades Policiais Civis)

Embora as instituições nacionais ligadas à soberania venham atuando nas últimas décadas em suporte às políticas ambientais brasileiras, a relação entre as duas esferas nem sempre se deu em bases cooperativas. Partindo-se de uma compreensão estreita da segurança, a preservação do meio ambiente foi vista, durante certo tempo, não como uma precondição para se garantir a segurança nacional e humana, mas como uma ameaça à integridade territorial e aos interesses nacionais brasileiros. Temia-se, nesse sentido, que as inestimáveis riquezas naturais do Brasil despertassem a cobiça internacional, de forma a representar riscos às fronteiras nacionais e ao direito soberano do país de gerenciar seus recursos naturais de maneira autônoma, em busca do desenvolvimento.

Vigorava, portanto, a compreensão de que assumir compromissos de cooperação na ***arena ambiental*** *implicaria o decréscimo da soberania nacional. O posicionamento defendido pela delegação brasileira durante a Conferência das Nações Unidas sobre Meio Ambiente Humano (CNUMAH), realizada em Estocolmo em 1972, seria sintomático desse entendimento: "Na área do aproveitamento de recursos naturais, os interesses nacionais, em termos econômicos e de segurança, são de tal monta, que qualquer fórmula que, sob o pretexto ecológico, impusesse uma sistemática de consulta para projetos de desenvolvimento seria simplesmente inaceitável para o Brasil."*

Dado o sentido pejorativo atribuído no texto à expressão "arena ambiental" (primeiro período do segundo parágrafo), seria adequado realçá-la por meio de aspas — "arena ambiental".

CERTO

ERRADO

14. (CESPE/CEBRASPE - 2024 - TSE - Analista Judiciário)

> *Para **ilustrar**, cite-se o exemplo, recorrente, de uma pessoa que acredita poder, em qualquer circunstância, trocar um produto que acabou de adquirir simplesmente porque, chegando em casa, percebeu que não era exatamente aquilo que queria, preferia de outra cor ou até haver gastado o dinheiro com algo mais interessante. Para a lei, a troca ou devolução do dinheiro pago só é possível em situações bem concretas: promessa do vendedor de trocar ou devolver o dinheiro (art. 30 do Código de Defesa do Consumidor); vício do produto (art. 18); compra fora do estabelecimento físico (art. 49).*

No início do parágrafo destacado, a vírgula empregada após o verbo "ilustrar" é facultativa e sua supressão preservaria a correção gramatical do texto.

CERTO

ERRADO

15. (CESPE/CEBRASPE - 2024 - ANATEL - Especialista em Regulação de Serviços Públicos de Telecomunicações)

> *O controle do tempo na comunicação até o final do século XX decorria especialmente de uma característica: a programação. Com o controle dos meios de produção e distribuição da informação, fosse ela qual fosse, o cenário temporal dispunha também de uma estrutura hierárquica de controle. Era possível traçar e agenciar cronogramas complexos e prazos de entrega. O que basicamente mudou?*

Estariam mantidas a correção gramatical e a coerência das ideias do texto caso se substituísse o ponto final que encerra o segundo período do parágrafo pelo sinal de dois-pontos, feito o devido ajuste de maiúscula e minúscula no período.

CERTO

ERRADO

GABARITO:

1. A	2. C	3. D	4. C	5. A
6. C	7. D	8. C	9. D	10. CERTO
11. CERTO	12. CERTO	13. ERRADO	14. ERRADO	15. CERTO

Agora que chegamos ao final deste capítulo tão importante, vamos resumir? A seguir, um resumo sobre o uso das vírgulas, que é o sinal com mais regras.

20.10. RESUMO

USO DA VÍRGULA – REGRAS PRÁTICAS:

- Emprega-se a vírgula para isolar vocativo. ("João, entre já!")
- Emprega-se a vírgula para isolar aposto. ("João, o professor, chegou")
- Usa-se a vírgula para separar elementos de mesma função sintática (enumerações). ("Comprou banana, uva, pera e maçã")
- Separa-se na data o nome do lugar e para indicar supressão de uma palavra. ("Brasília, 30 de dezembro de 2010" / "João comprou as bebidas; Maria, o jantar").
- Separa as orações coordenadas assindéticas. ("Acordou, banhou-se e foi ao trabalho").
- Usa-se a vírgula para separar orações coordenadas sindéticas. As conjunções adversativas (mas, porém, contudo, todavia,...) e conclusivas (logo, portanto, por conseguinte,...), se deslocadas, devem ficar entre vírgulas. ("João chegou tarde, porém saiu cedo." / "João chegou tarde; saiu, porém, cedo.")
- Observação: Quando a conjunção **e** unir sujeitos diferentes ou se apresentar com valor adversativo: vírgulas facultativas. ("João saiu cedo, e Maria chegou em seguida" / "João estudou, e não passou"). Caso una orações com sujeitos iguais, vírgula proibida ("João chegou e ligou para sua mãe").
- O uso da vírgula é facultativo nos advérbios e locuções deslocados. ("Ontem, meu tio veio, com a família, me visitar" ou "Ontem meu tio veio com a família me visitar")
- As expressões deslocadas na frase (isto é, ou melhor, digo, aliás, por exemplo,...) devem vir separadas por vírgulas. ("Meu pai, ou melhor, meu irmão chegou")
- A vírgula é usada para separar as orações adverbiais deslocadas ("Se chegar cedo, ligue-me") e as orações adjetivas explicativas ("O homem, que é um ser mortal, tem alma imortal").

Acesse o material suplementar

uqr.to/20vh3

As Palavras *Que e Se* 21

21.1. A PALAVRA *QUE*

Todos sabemos como é difícil classificar essa palavra... Isso acontece, porque ela pode ter muitas classificações, na verdade, é um resumo de tudo o que você estudou...

Uma boa maneira de estudar essa palavra é entendendo de fato cada classificação. Sem decoreba... Você vai perceber que todas estas classificações fazem sentido, tudo tem uma lógica. Assim, fica bem mais fácil.

Vamos lá então? Primeiro, vamos ver tudo o que o QUE pode ser...

1. Pronome

Quando substitui ou determina um substantivo.

a) Indefinido – tem um sentido vago.

Que felicidade!

Que diferença de preço!

b) Interrogativo – aparece em orações interrogativas.

Que professor me substituirá? (interrogativa direta)

Não sei que professor me substituirá. (interrogativa indireta)

c) Relativo – retoma um antecedente, evitando sua repetição.

"Eu preparo uma canção que faça acordar os homens e adormecer as crianças." (Carlos Drummond de Andrade)

2. Preposição

Quando equivale à preposição *de*, aparece no meio de uma locução verbal.

"A gente não tem que fazer tudo o que a gente tem que fazer."

3. Interjeição

Aparece em construções que denotam admiração, espanto.

Quê! Ela te contou isso?

4. Advérbio

Modifica um adjetivo ou um advérbio, denotando intensidade.

Que simpático é Guilherme!

5. Conjunção

É um conectivo que dá início às orações coordenadas (conjunções coordenativas) ou às subordinadas (conjunções subordinativas).

Coordenativa

- Aditiva: Grita que grita.
- Explicativa: Vá dormir, que já é tarde.

Algumas gramáticas dão exemplos ainda do que como alternativo e adversativo.

Subordinativa

- Integrante – dá início às orações substantivas.

  "A crise mostra que a velha esquerda não tem programa."

- Adverbial (dá início às orações adverbiais):

– consecutiva: Estava tão emocionado que chorava a cada homenagem que recebia.

– comparativa: Esforçava-se mais que o irmão.

– concessiva: Que trouxesse o presente mais caro, não o perdoaria.

– causal: Chegarei tarde, que tenho trabalho a fazer.

– final: Emprestei-lhe o casaco que não sentisse frio.

Há também registros do que como temporal e condicional.

6. Partícula expletiva ou de realce

Serve para dar expressividade ao que se quer enunciar. Pode ser retirada da frase, sem prejuízo sintático ou semântico.

Quase que caí da árvore.

Nós é que chegamos primeiro. (expressão de realce **é que**)

7. Substantivo

Quando vem determinado (geralmente por artigo ou pronome). Sempre acentuado.

Este quê tem a função de sujeito.

Vamos treinar? Classifique o *que* do texto a seguir.

Defendo a ideia de que deveria haver porte de celular como há porte de arma, e não só para evitar – está bem, dificultar um pouco – que caia na mão dos bandidos. Acho que o celular se juntará ao cigarro como um divisor da Humanidade. Com o cigarro pegamos o câncer dos outros, com o celular somos atacados pela intimidade dos outros, sem qualquer possibilidade de defesa. Você fica indeciso entre dois impulsos, o de sair de perto para não ouvir mais detalhes sobre o furúnculo da Adalgisa e chegar mais perto para ouvir os dois lados da conversa e ter, pelo menos, o consolo da bisbilhotice total. Em geral não pode fazer nem uma coisa nem outra. Fica ali, semi-imerso na vida de outro e fingindo ser surdo. Um agravante é que as pessoas parecem adquirir, junto com o celular, uma desinibição de penitentes. Dizem tudo com furor confessional e para serem ouvidas no céu. Cresce uma rejeição ao celular parecida com a que o cigarro provoca nos não fumantes e logo haverá a segregação, setores só para os com-celular e avisos oficiais que o celular pode causar problemas de saúde para quem usa, com a defenestração. Mas desconfio que, do jeito que vai, nós, os sem-celular, é que acabaremos discriminados, reunidos em pequenos oásis de silêncio e recato enquanto todos à nossa volta se comunicam o tempo todo sem parar.

Luís Fernando Veríssimo

que (ℓ. 1) ______________________________

1º que (ℓ. 2) ______________________________

2º que (ℓ. 2) ______________________________

que (ℓ. 9) ______________________________

que (ℓ. 12) ______________________________

que (ℓ. 13) ______________________________

1º que (ℓ. 14) ______________________________

2º que (ℓ. 15) ______________________________

Gabarito: Conjunção integrante; conjunção integrante; conjunção integrante; conjunção integrante; pronome relativo; conjunção integrante (inicia oração subordinada substantiva completiva nominal. O uso da preposição "de" é facultativo.); conjunção integrante (inicia oração subordinada substantiva objetiva indireta. Quando o objeto indireto aparece sob forma de oração, o uso da preposição é facultativo.); palavra de realce (= expletiva). A expressão de realce na linha 15 é "é que".

Veja, a seguir, duas questões sobre as classificações do "que":

1. **(MetroCapital Soluções - 2022 - Prefeitura de Nova Odessa - SP - Recepcionista)** Assinale a opção em que a palavra destacada é uma conjunção subordinativa integrante:

A) Quase QUE não consigo encontrar o banco aberto

B) Não localizamos as crianças QUE se perderam.

C) Venha logo, QUE já são mais de 22 horas.

D) Falou tanto QUE ficou afônico.

E) Desejo QUE você encontre a paz.

Comentários: Na letra (a), a palavra "que" é uma partícula expletiva, podendo ser omitida da oração: "quase não consigo (...)". Na letra (b), "que" é um pronome relativo, que se refere ao substantivo "crianças". Em (c), é uma conjunção coordenativa explicativa. Em (d), é uma conjunção adverbial consecutiva. Em (e), é uma conjunção integrante, pois a oração "que você encontre a paz" funciona como objeto direto (oração subordinada substantiva objetiva direta) da oração principal formada pelo verbo "desejar". Assim, a alternativa correta é a letra (e).

Gabarito: E

2. **(FCM - 2023 - IFB - Pedagogo/Área)**

O FIM QUE SE APROXIMA

Milton Hatoum*

Amazonas: mito grego

menos antigo que os mitos da Amazônia.

Os que vivem no Cosmo há milênios

são perseguidos por mãos de ganância,
olhos ávidos: minério, fogo, serragem, fim.

Quem são vocês,
incendiários desde sempre,
ferozes construtores de ruínas?

Os que queimam, impunes, a morada ancestral,
projetam no céu mapas sombrios:
manchas da floresta calcinada,
cicatrizes de rios que não renascem.

Qual Brasil se esconde atrás da humanidade amazônica?

Que triste pátria delida,
mais armada que amada:
traidora de riquezas e verdades.

Quando tudo for deserto,
o mundo ouvirá rugidos de fantasmas.
E todos vão escutar, numa agonia seca, o eco.

Não existirão mundos, novos ou velhos,
nem passado ou futuro.

No solo de cinzas:
o tempo-espaço vazio.

*Escritor, tradutor e professor, nasceu em Manaus, em 1957.
Suas obras pertencem à literatura brasileira contemporânea.
Disponível em: https://amazonialatitude.com/2020/02/28/o-fim-quese-aproxima/

Entre as classes gramaticais, a palavra "que" exerce diferentes funções.

A esse respeito, informe se é verdadeiro (V) ou falso (F) o que se afirma sobre a função desempenhada pelo "que" nas passagens a seguir.

( ) No verso "Que triste pátria delida", a palavra "que" funciona como advérbio.

( ) A palavra "que" é um substantivo no verso "Os que vivem no Cosmo há milênios".

( ) No verso "cicatrizes de rios que não renascem", o "que" é um pronome relativo.

( ) Em "mais armada que amada", a palavra "que" faz referência a um termo antecedente e, por isso, exerce a função de preposição.

( ) Em "menos antigo que os mitos da Amazônia", o "que" é um pronome adjetivo que acompanha o substantivo, funcionando como adjunto adnominal.

De acordo com as afirmações, a sequência correta é:

A) F, F, V, V, F.

B) V, V, F, F, V.

C) F, V, F, V, V.

D) F, V, V, F, F.

E) V, F, V, F, F.

Comentários: A primeira afirmação é verdadeira, pois no trecho "que triste pátria delida", a palavra "que" denota intensidade e modifica o adjetivo "triste", sendo, portanto, um advérbio. A segunda afirmação é falsa, pois em "Os que vivem no Cosmo há milênios", a palavra "que" é um pronome relativo. A terceira afirmação é verdadeira, pois de fato, em "cicatrizes de rios que não renascem", "que" é um pronome relativo que se refere a "rios". A quarta afirmação é falsa, pois em "mais armada que amada", a palavra "que" funciona como uma conjunção adverbial comparativa. Por fim, a quinta afirmação também é falsa, pois em "menos antigo que os mitos da Amazônia", "que" também funciona como conjunção adverbial comparativa. Assim, a sequência correta está expressa na letra (e): V, F, V, F, F

Gabarito: E

21.2. A PALAVRA *SE*

Agora vamos ao SE?

1. Pronome reflexivo

Quando equivale a *a si mesmo*.

Pedi a ela que <u>se</u> afastasse da cadeira.

2. Pronome recíproco

Quando equivale a *um ao outro*.

Os amigos <u>se</u> abraçaram na despedida.

3. Pronome apassivador

Partícula que se liga ao verbo para tornar o *sujeito paciente*. Esse verbo será transitivo direto ou transitivo direto e indireto. A frase pode ser transformada em voz passiva analítica.

Nunca <u>se</u> viram tantos suicídios. (= Tantos suicídios nunca foram vistos.)

4. Índice de indeterminação do sujeito

Sua função é tornar o *sujeito indeterminado*. O verbo, em geral, <u>não</u> será transitivo direto.

Trabalha-<u>se</u> muito naquela seção.

5. Parte integrante do verbo

Aparece nos verbos pronominais.

Queixavam-<u>se</u> da vida sem razão.

6. Conjunção

Estabelece ligação entre duas orações.

a) Conjunção subordinativa integrante – dá início à oração subordinada substantiva.

Perguntei <u>se</u> precisavam de ajuda.

b) Conjunção subordinativa condicional – dá início à oração subordinada adverbial condicional.

<u>Se</u> quiseres, voltarei mais tarde.

c) Conjunção subordinativa causal – dá início à oração subordinada adverbial causal.

   Se você depende desse emprego, não arrume confusão. (= já que)

d) Conjunção subordinativa concessiva – dá início à oração adverbial concessiva.

   Se o acesso à escola melhorou muito, a qualidade de ensino tem se mostrado aquém do esperado.

Há também registros do se como comparativo.

7. Substantivo

Quando vem determinado por artigo ou pronome.

O sê desta frase é uma conjunção.

8. Partícula expletiva (ou de realce)

Pode ser retirado da frase sem prejuízo semântico. Não há alteração na estruturação sintática da frase.

Foi-se embora de manhã.

Vamos treinar com SE. Classifique o *se* do texto a seguir.

Costuma-se ouvir que as universidades públicas estão sendo "sucateadas". Trata-se de uma comprovação cabal da injunção de Goebbels de que uma mentira repetida à exaustão torna-se verdade.

se (ℓ. 1) ______________________________

se (ℓ. 2) ______________________________

se (ℓ. 3) ______________________________

Gabarito: Pronome apassivador; índice de indeterminação do sujeito; parte integrante do verbo.

A seguir, duas questões resolvidas sobre a classificação do SE:

1. (FUNDEP - 2023 - Câmara de Contagem - MG - Analista Técnico) Releia a seguinte passagem, observando o uso de "se", em destaque.

Em segundo lugar, deve-**se** repensar a proposta [...].

Assinale a alternativa em que o "se" destacado tenha a mesma função que aquela apresentada no período anterior.

A) Precisa-**se** de novas normas que regulamentem a promoção do saneamento básico.

B) Fala-**se** muito em resolver o problema, mas pouco se concretiza.

C) Sugerem-**se** intervenções advindas da área política e econômica.

D) Necessita-**se** buscar soluções a curto prazo para a questão em debate.

Comentários: No trecho "Em segundo lugar, deve-se repensar a proposta [...]", a palavra "se" é uma partícula apassivadora. Em (A), (B) e (D), "se" é índice de indeterminação do sujeito, pois ocorre, respectivamente, com um verbo transitivo indireto (precisar), com um intransitivo (falar) e com outro transitivo indireto (necessitar), embora haja erro de regência na frase da alternativa (D). Em (C), a expressão "intervenções advindas da área política e econômica" é o sujeito do verbo "sugerir", de modo que "se" é uma partícula apassivadora: intervenções advindas da área política e econômica são sugeridas. Assim, a alternativa correta é a letra (C).

Gabarito: C

2. **(FEPESE - 2023 - EPAGRI - Analista Administrativo e Financeiro)** Assinale a alternativa em que o "se" é pronome apassivador.

   A) Para realizar uma copa do mundo de futebol, confia-se no que o país sede prometeu e vai fazer.

   B) Depois de brigar com o cachorro da vizinha, o filhote do gato ficou se lambendo durante alguns minutos, deitado na calçada.

   C) Ontem combinamos que, se nao chover novamente, faremos uma confraternização no próximo domingo.

   D) Desconfiado de que tinha sido enganado, foi até o caixa da loja verificar se a nota fiscal fora preenchida corretamente.

   E) Assim que os passageiros desembarcaram no aeroporto de Madri, iniciaram-se as revistas em todas as bagagens.

   Comentários: Na letra (a), a palavra "se" é índice de indeterminação do sujeito, pois ocorre com verbo transitivo indireto "confiar". Em (b), é pronome reflexivo. Em (c), é conjunção adverbial condicional, pois introduz uma oração que expressa a ideia de condição. Em (d), é conjunção integrante, pois introduz o complemento do verbo "verificar". Em (e), é uma partícula apassivadora, pois o sujeito do verbo "iniciar" é "as revistas em todas as bagagens": as revistas em todas as bagagens foram iniciadas.

   Gabarito: E

Próximo passo: classificar os "quês" e os "sês" em textos, tudo misturado. Quem sabe de fato consegue classificar nos textos... Então, teste seus conhecimentos!

21.3. EXERCÍCIOS DE FIXAÇÃO (COM GABARITO NO FINAL)

I. Classifique o *que* e o *se* dos textos a seguir.

Texto I

Nas cidades brasileiras, o comum é aumentar os espaços de circulação dos carros. Diminuem-se as calçadas. Constroem-se viadutos, túneis e passagens de nível para seu uso exclusivo. Na Paris de Delanoë, trabalha-se no sentido contrário. Corredores de ônibus, ciclovias, calçadões para pedestres e reservas para novas áreas verdes formam uma combinação que avança com ímpeto sobre os espaços onde antes o carro reinava.

1º se (ℓ. 2) ____________________

2º se (ℓ. 2) ____________________

se (ℓ. 3) ____________________

que (ℓ. 5) ____________________

Texto II

Ignorância e preconceito

Lya Luft

(...) O preconceito, doença que turva nosso olhar e entorta nossa alma, que nos diminui e nos emburrece, é uma das enfermidades mais sérias deste nosso mundo. E, atenção, não falo apenas do preconceito contra deficientes nem do preconceito contra muçulmanos, cristãos, negros, índios ou brancos. Não me refiro apenas ao preconceito contra pobres ou ricos, mas também ao lamentável preconceito contra a classe média. Contra isso que os promotores do ódio de classes chamam indiscriminadamente "as elites". Que incluem bancários, professores, auxiliares de escritório, motoristas, domésticas, balconistas, trabalhadores em geral. Isto é, os que não dependem totalmente da ajuda dos governos.

Essa postura criminosa tanto perturba a mente das pessoas que numa manifestação de parentes de vítimas dos dois acidentes aéreos recentes, que envergonham este país, houve quem gritasse que aquela era uma manifestação "da elite". Tal intervenção, movida pelo ódio insensato e nascida da brutalidade, mostra que estamos seguindo um caminho muito perigoso. Estamos chegando a um ponto em que os que perderam mãe, pai, filho, marido ou esposa, por não serem realmente pobres, não têm direito nem de sofrer.

Quem sabe acabaremos como uma sociedade em que bancários, médicos, professores, balconistas, operários devem se esconder de vergonha por não pedir esmola na rua ou não viver de doações públicas? Alguém começa a acreditar que a classe média hoje tachada de "elite", os que com seu trabalho conseguem comer, morar, estudar, é exploradora e quer a desgraça dos demais? Se for assim, estamos tragicamente desorientados por aqui, confundindo perigosamente as coisas. Há no ar um tipo de estímulo a esse ódio de classes destrutivo e antidemocrático. Que censura até os que, às vezes com incalculável sacrifício, entram numa universidade, fazem seu mestrado, quem sabe seu doutorado no exterior – com bolsa de estudos, sim, porque com isso ajudam grandemente a melhorar as condições de vida dos mais desprotegidos em nosso país.

Se permitirmos que essa doença maligna – o preconceito, pai do ódio e filho da ignorância – nos domine, seremos em breve o mais atrasado no círculo dos povos atrasados, uma manada confusa obedecendo a qualquer chibata ideológica.

1º que (ℓ. 1) ____________________

2º que (ℓ. 1) ____________________

que (ℓ. 6) ____________________

Que (ℓ. 7) ____________________

que (ℓ. 8) ____________________

que (ℓ. 10) ____________________

que (ℓ. 11) ____________________

que (ℓ. 12) ____________________

que (ℓ. 13) ____________________

1º que (ℓ. 14) ____________________

2º que (ℓ. 14) ____________________

que (ℓ. 17) ____________________

se (ℓ. 18) ____________________

que (ℓ. 19) ____________________

que (ℓ. 20) ____________________

Se (ℓ. 21) ____________________

Que (ℓ. 23) ____________________

que (ℓ. 24)________________________________

Se (ℓ. 28) ________________________________

Gabarito: Texto I – pronome apassivador; pronome apassivador; índice de indeterminação do sujeito; pronome relativo.

Texto II – pronome relativo; pronome relativo; pronome relativo; pronome relativo; pronome relativo; conjunção subordinada adverbial consecutiva; pronome relativo; conjunção integrante; conjunção integrante; pronome relativo; pronome relativo; pronome relativo; pronome reflexivo; conjunção integrante; pronome relativo; conjunção adverbial condicional; pronome relativo; pronome relativo; conjunção adverbial condicional.

21.4. QUESTÕES DE CONCURSOS COMENTADAS

1. **(Instituto Consulplan - 2024 - Prefeitura de Governador Valadares - MG - Agente Comunitário de Saúde)** As palavras sublinhadas nas frases das alternativas a seguir possuem o mesmo valor semântico, EXCETO:

A) *"Pois se os cachorros existem!"*

B) *"Não se tratava de um pitoresco; [...]"*

C) *"Imagino: se o homem o leva para brincar na praça, [...]"*

D) *"Mas se ao quati fosse de súbito revelado o mistério de sua verdadeira natureza?"*

Comentários: Na opção B, o termo destacado é índice de indeterminação do sujeito. Nas outras opções, conjunção adverbial condicional.

Gabarito: B

2. **(Instituto Consulplan - 2024 - Câmara Municipal de Caratinga - MG - Controlador Interno)**

> *– Fabiano, você é um homem, exclamou em voz alta. Conteve-se, notou que os meninos estavam perto, com certeza iam admirar-se ouvindo-o falar só. E, pensando bem, ele não era homem: era apenas um cabra ocupado em guardar coisas dos outros. Vermelho, queimado, tinha os olhos azuis, a barba e os cabelos ruivos; mas como vivia em terra alheia, cuidava de animais alheios,* ***descobria-se, encolhia-se na presença dos brancos e julgava-se cabra.***

No trecho "[...] descobria-se, encolhia-se na presença dos brancos e julgava-se cabra.", a partícula "se" exerce a função de:

A) Partícula expletiva.

B) Pronome reflexivo.

C) Índice de indeterminação do sujeito.

D) Conjunção subordinativa integrante.

Comentários: O pronome "se" nas passagens acima mostra que o sujeito age e recebe a ação verbal, ação reflexiva (descobria a si mesmo, encolhia a si mesmo, julgava a si mesmo).

Gabarito: B

3. **(Instituto Consulplan - 2024 - Prefeitura de Além Paraíba - MG - Supervisor Pedagógico)** Considere as ocorrências do vocábulo "*que*" sublinhadas nas alternativas abaixo. É correto afirmar que, em todas, o vocábulo "*que*" é pronome relativo, EXCETO:

   A) *"Tão rico que dá pra ir vivendo."*

   B) *"Hoje é o cooper, que traz um afã de competição."*

   C) *"Me lembrei do tempo em que o pai de família saía depois do jantar pra fazer o quilo."*

   D) *"Misterioso caminho, esse, que aproxima as pessoas por um instante e depois as separa."*

   Comentários: Na letra A, o conectivo destacado dá início a uma oração com valor semântico de consequência. É uma conjunção subordinativa adverbial consecutiva. Nas outras opções, é pronome relativo, retoma antecedentes (cooper, tempo, caminho).

   Gabarito: A

4. **(VUNESP - 2024 - TRF - 3ª Região - Analista Judiciário)** Na frase – E se bobear chega a mil facinho! –, a palavra "se" tem o mesmo emprego que a destacada em:

   A) Os moradores do local resolveram ajudar no combate à dengue e **se** puseram a procurar os focos do mosquito, eliminando-os o mais rápido possível.

   B) O combate à dengue dependerá de todos, **se** houver empenho para exterminar o mosquito, que facilmente prolifera nos locais onde há água parada.

   C) O agente de saúde visitou as casas e queria saber **se** as famílias estavam tomando todas as precauções necessárias para combater a dengue.

   D) Muitos focos da dengue foram eliminados em vários bairros da cidade, encontrando-**se** os mosquitos em locais onde pensavam que eles não estariam.

   E) A população prometeu acabar com a dengue no bairro e, depois de muita ação contra os focos da doença, alcançaram seu objetivo e **se** abraçaram felizes.

   Comentários: Na frase do enunciado, o vocábulo "se" é uma conjunção adverbial condicional. Na opção B, a ideia é também de condição, é hipotética (dependerá caso haja empenho).

   A) parte integrante do verbo;

   C) conjunção integrante;

   D) pronome apassivador;

   E) pronome recíproco.

   Gabarito: B

5. **(FGV - 2024 - Prefeitura de São José dos Campos - SP - Técnico Tributário)** Assinale a frase em que a classe gramatical do vocábulo "que" está corretamente indicada.

   A) Depois dizem **que** eu não faço chover. / pronome interrogativo.

   B) Ela tinha um **quê** de esquisito no olhar. / interjeição.

   C) Os torcedores tiveram **que** sair da arquibancada. / conjunção integrante.

   D) Não sei **que** dia é hoje. / advérbio de tempo.

   E) Com fé você vence. Sem fé, passa para trás os **que** venceram. / pronome relativo.

Comentários: Na opção E, o conectivo destacado é pronome relativo, retoma o pronome "os" (=aqueles).

A) conjunção integrante;

B) substantivo;

C) preposição acidental (equivale à preposição "de");

D) pronome interrogativo.

Gabarito: E

6. (FGV – 2024 – TRF – 1ª Região – Técnico Judiciário) Em muitas frases, a expressão "é que" só tem valor enfático, não participando da estruturação sintática da frase; a opção abaixo em que essa expressão tem valor enfático é:

A) Não passa o tempo: nós é que mudamos!

B) O que a história nos ensina é que a história não ensina nada;

C) O diabo é que ele também quase que não se aguentava nas pernas e sentia os olhos a fecharem-se-lhe de cansaço;

D) E o fato é que aquelas três casinhas, tão engenhosamente construídas, foram o ponto de partida do grande cortiço de São Romão;

E) Só lhe digo é que muito mal se sairá quem quiser meter-se cá com a minha vida!

Comentários: A expressão "é que", quando tem valor enfático, pode ser retirada da frase sem prejuízo semântico e sem alterar as relações sintáticas do período. Isso ocorre na opção A. Se for retirada, fica "nós mudamos", há sentido nessa passagem. Nas outras opções, o verbo "ser" (é) pertence à oração principal, e o "que" é conjunção integrante, dando início à oração subordinada substantiva predicativa.

Gabarito: A

7. (FGV – 2024 – Prefeitura de Caraguatatuba – SP – Advogado – SUAS) Assinale a frase em que a palavra SE está corretamente classificada.

A) Um livro deve construir-se como um relógio e vender-se como um salsichão. / pronome apassivador.

B) Literatura se sai melhor quando é metade negócio e metade arte. / partícula de realce.

C) Como é que vão sentar-se e escrever se você não se levantou para viver! / pronome recíproco.

D) Quando falar com a imprensa, lembre-se de que ela sempre tem a última palavra. / pronome recíproco.

E) A imprensa é um exército de 26 soldados de chumbo com o qual se pode conquistar o mundo. / conjunção causal.

Comentários: Na opção A, a partícula "se" é apassivadora: "...um livro deve vender-se..." equivale a "um livro deve ser vendido". Voz passiva.

B) parte integrante do verbo;

C) realce;

D) parte integrante do verbo;

E) pronome apassivador.

Gabarito: A

8. **(CESPE/CEBRASPE - 2024 - CAU - BR - Assistente Administrativo)**

> *O escritor Benjamin Labatut declarou: "se a inteligência artificial fosse capaz de pensar, teria pontos cegos; se conseguisse ser criativa, teria limites, pois limites são frutíferos; se fosse capaz de imitar nossa capacidade de raciocínio, talvez precisasse do (ou desenvolvesse o) nosso talento para a loucura.* ***E se lhe faltasse compreensão, se não se importasse com a beleza e o horror que pode criar, então seria imprudente nos colocarmos em suas mãos****".*

No último período do trecho, o vocábulo "se" classifica-se como pronome, em todas as suas ocorrências.

CERTO

ERRADO

Comentários: Nas duas primeiras ocorrências, o "se" é conjunção adverbial condicional. Na terceira, parte integrante do verbo.

Gabarito: ERRADO

9. **(CESPE/CEBRASPE - 2024 - Prefeitura de Cachoeiro de Itapemirim - ES - Auditor Fiscal de Tributos Municipais)**

> *Ele abriu um sorriso largo.* ***Explicou que aprendera aquilo*** *de ouvido. Muitas vezes lhe acontecera bater a campainha de uma casa e ser atendido por uma empregada ou outra pessoa qualquer, e* ***ouvir uma voz que vinha lá de dentro*** *perguntando quem era; e ouvir a pessoa que o atendera dizer para dentro: "não é ninguém, não senhora, é o padeiro". Assim ficara sabendo que não era ninguém...*

No parágrafo, classifica-se como pronome relativo o vocábulo "que" em "Explicou que aprendera aquilo" (segundo período) e "ouvir uma voz que vinha lá de dentro" (terceiro período).

CERTO

ERRADO

Comentários: Só no segundo segmento é que o vocábulo "que" se classifica como pronome relativo, retoma "voz". No primeiro, é conjunção integrante, dá início a uma oração subordinada substantiva objetiva direta.

Gabarito: ERRADO

10. **(CESPE/CEBRASPE - 2024 - CAPES - Analista em Ciência e Tecnologia)**

> *A vida em sociedade trouxe para os seres humanos um aprendizado extremamente importante:* ***não se poderiam resolver todas as questões pela força,*** *era preciso usar a palavra para persuadir os outros a fazer alguma coisa. Por isso, o aparecimento da argumentação está ligado à vida em sociedade e, principalmente, ao surgimento das primeiras democracias.*

Ao empregar o vocábulo "se" em "não se poderiam resolver todas as questões pela força" (primeiro período do texto), o autor, ao mesmo tempo, indetermina o sujeito gramatical da oração e omite o agente responsável pela ação expressa pelo verbo "resolver".

CERTO

ERRADO

Comentários: O vocábulo "se" nesse período é pronome apassivador, e não índice de indeterminação do sujeito. Em "não se poderiam resolver todas as questões pela força", o sujeito é paciente (questões), a frase pode ser reescrita em passiva analítica (todas as questões não poderiam ser resolvidas pela força).

Gabarito: ERRADO

21.5. QUESTÕES DE CONCURSOS PROPOSTAS (COM GABARITO NO FINAL)

1. **(Instituto Consulplan - 2024 - Prefeitura de Iúna - ES - Engenheiro Civil)** Sobre as muitas funções do "se", assinale a afirmativa correta conforme o seu emprego no contexto: "[...] enquanto entre os resíduos recicláveis secos destaca-se o plástico, que constitui cerca de 17% dos RSU."
   A) Parte integrante do verbo.
   B) Pronome reflexivo, pois o sujeito pratica e sofre a ação ao mesmo tempo.
   C) Partícula apassivadora, visto que o verbo é transitivo direto e o sujeito sofre a ação.
   D) Índice de indeterminação do sujeito, pois o verbo destacar está flexionado na terceira pessoa do singular.

2. **(Instituto Consulplan - 2024 - TJ - MA - Analista Judiciário)** Dentre os termos destacados a seguir, assinale aquele cujo emprego NÃO remete a um elemento de referenciação permitindo que o referente anterior seja retomado.
   A) *"Daí surgiu a segregação até chegar ao preconceito que se inicia [...]"*
   B) *"No período anterior ao século XX, que pode ser chamado de 'fase da exclusão', [...]"*
   C) *"Antigamente, pessoas que nasciam com alguma deficiência eram separadas, afastadas de qualquer convívio [...]"*
   D) *"Foi com as grandes descobertas na área da Medicina, Biologia e Saúde que se começou a estudar os deficientes [...]"*

3. **(Instituto Consulplan - 2024 - Prefeitura de Cacoal - RO - Supervisor Escolar)** Considerando que o vocábulo "que" possui multifuncionalidade nas construções linguísticas, indique o trecho a seguir em que sua função difere-se daquela vista nos demais trechos destacados.
   A) *"A partir da interação destas limitações com o ambiente é que surgem as deficiências."*
   B) *"Cada indivíduo possui uma combinação única de características, que incluem tanto pontos fortes quanto limitações."*
   C) *"Os esportes, com sua capacidade ímpar de criar vínculos emocionais, nos ajudam a enxergar com mais clareza questões que, de outra forma, poderiam passar despercebidas."*
   D) *"As Paralimpíadas, que se estendem até o próximo 8 de setembro, oferecem uma oportunidade única para uma reflexão profunda sobre a Inclusão Social e seus inúmeros benefícios."*

4. **(Instituto Consulplan - 2024 - Câmara de Itajubá - MG - Analista Administrativo)** Releia: "**Se** não agíssemos com o vigor necessário – evidentemente o condizente com a nossa condição provecta, tudo sairia fora de controle, mais do que já está". Analisando a partícula em destaque em seu aspecto sintático-semântico, pode-se afirmar que ela possui a função de:
   A) Condicional.
   B) Reflexividade.
   C) Partícula apassivadora.
   D) Índice de indeterminação.

5. **(Instituto Consulplan - 2024 - Prefeitura de Esmeraldas - MG - Educador Social)** '*"Estudos indicam que pessoas que leem regularmente têm um risco menor de desenvolver doenças neurodegenerativas como a demência e o Alzheimer', acrescenta."* Sobre as duas ocorrências do vocábulo *"que"*, assinale a alternativa correta.
   A) Nas duas ocorrências são pronomes relativos e exercem a mesma função sintática.
   B) O primeiro "que" é uma conjunção integrante enquanto o segundo é um pronome relativo.
   C) Na primeira situação, o "que" é partícula de realce. Na segunda situação, equivale a preposição.
   D) Nas duas ocorrências os termos são conjunções integrantes e exercem a função de objeto direto.

6. **(IBFC - 2024 - IMBEL - Agente de Apoio Operacional)**

   Se as informações apresentadas não foram suficientes para levá-los a se interessarem pela GA, *então, acompanhem as performances de atuais ginastas que brilharão nos Jogos de Paris, em julho e agosto de 2024.*

   No fragmento: "Se essas informações não foram suficientes para levá-los a se interessarem pela GA (...)", assinale a função da palavra SE:
   A) conjunção.
   B) pronome apassivador.
   C) preposição.
   D) pronome reflexivo.
   E) pronome recíproco.

7. **(IBFC - 2024 - TRF - 5ª Região - Técnico Judiciário)** Em "tão horrorosa que vai tomando conta da casa inteira", o vocábulo destacado introduz, na oração em que se encontra, um sentido de:
   A) causa.
   B) proporcionalidade.
   C) consequência.
   D) conformidade.

8. **(IBFC - 2024 - Correios - Engenheiro)** Em "lê-se ou se escuta que alguém 'bateu o martelo'?", há duas ocorrências do pronome "se", que contribui para:
   A) a indeterminação do sujeito.
   B) a formação da voz passiva.

C) o sentido de reciprocidade.
D) o valor reflexivo das ações.

9. (FCC - 2024 - TRT - 20ª Região - SE - Técnico Judiciário)

Há algum tempo venho percebendo ***que as recordações começam a falhar.*** *Os fatos do passado se embaralham e embaçam minha compreensão. Por isso, antes de sumirem por completo, tomei coragem para reviver as histórias* ***que povoaram minha infância e adolescência****. Aqui, na cidade de Paris,* ***em que vivo há mais de cinquenta anos,*** *distante cerca de 7,5 mil quilômetros do bairro Paripiranga, decidi escrever o* ***que aconteceu comigo até o dia de minha partida,*** *no final de 1960, quando os tropeços com a realidade me obrigaram a entrar, sem volta, no mundo dos adultos. Não que minha vida mereça um romance, Não, Eu vivi uma vida feijão com arroz, uma vida simplória, sem glamour, sem feitos nem confeitos. Não fui protagonista. Fui testemunha. Prometi para mim mesma que, se um dia descobrisse alguma lasca de talento, escreveria um livro contando minha história. Como o estalo de Vieira nunca se manifestou, cansei de esperar o surto de genialidade e resolvi simplesmente contar alguns fatos* ***que presenciei ou ouvi.*** *Dispensei o computador porque o texto só ganhou fluência quando passei a escrevê-lo à mão. [...]*

Considerando o período em que ocorre no texto, o termo "que" é utilizado como conjunção em:

A) que as recordações começam a falhar.
B) que aconteceu comigo até o dia de minha partida.
C) em que vivo há mais de cinquenta anos.
D) que povoaram minha infância e adolescência.
E) que presenciei ou ouvi.

10. (FGV - 2024 - Prefeitura de Abreu e Lima - PE - Técnico em Enfermagem) Assinale a frase abaixo em que a palavra "se" é uma conjunção.

A) Um relato é melhor se o fazem sem rodeios.
B) Uma ideia que não se põe em prática é um sonho.
C) Fazer-se algo impossível continua sendo impossível.
D) Pagarem-se mais impostos para quê?
E) Abraçaram-se calorosamente.

11. (FGV - 2024 - Prefeitura de São José dos Campos - SP - Guarda Civil Municipal) Assinale a frase abaixo em que a palavra "se" é uma partícula expletiva, ou seja, que pode ser retirado da frase sem prejuízo.

A) Não se ouve o que nunca foi dito.
B) Na Bíblia diz-se a verdade.
C) Finalmente comprou-se o carro com que toda a família sonhava.
D) Vai-se a primeira pomba despertada logo que rompe a aurora.
E) O governo se defende das acusações de fraude.

12. (FGV - 2024 - Prefeitura de Caraguatatuba - SP - PEB II - Língua Portuguesa) A expressão **é que** aparece frequentemente empregada como expressão de relevância, de destaque de algum elemento do texto; assinale a opção que apresenta a frase que está nesse caso.

A) O problema do homem é que quando começa a apresentar defeitos, não encontramos a maldita nota fiscal para trocá-lo.

B) Uma coisa que as mulheres ainda precisam aprender é que ninguém concede o poder a ninguém. Nós simplesmente o roubamos.

C) Quando é que a vida vai melhorar para todos os cidadãos ao mesmo tempo?

D) O resultado é que todos os candidatos ficaram muito surpresos com o tema da redação.

E) A verdade é que nem tudo que balança, cai.

13. (FGV - 2024 - Prefeitura de Vitória - ES - PEB III - Língua Portuguesa) Assinale a frase em que a classificação do vocábulo SE está correta.

A) Se os fatos contradizem os profetas, pior para os fatos. / conjunção comparativa.

B) A fé move montanhas, mas não se esqueça de ficar empurrando enquanto você reza. / pronome apassivador.

C) Os deuses só ajudam quem se ajuda. / pronome recíproco.

D) Vou-lhe dizer um grande segredo, meu amigo. Não espere o juízo final. Ele se realiza todos os dias. / pronome reflexivo.

E) Julgai se é justo aos olhos de Deus obedecer mais a vós que a Deus. / conjunção integrante.

14. (CESPE/CEBRASPE - 2024 - FINEP - Analista - Análise Estratégica em Ciência, Tecnologia e Inovação)

O Brasil seria diferente do que é hoje ***se*** *não fossem as informações produzidas pelo Instituto Brasileiro de Geografia e Estatística (IBGE) e por outras instituições do Sistema Estatístico Nacional. Com todas as iniquidades sociais que ainda persistem no país, o quadro seria seguramente pior caso não houvesse informações estatísticas levantadas há mais de 80 anos. [...]*

No primeiro período do texto, o vocábulo "se":

A) é um pronome pessoal oblíquo que expressa reflexividade.

B) introduz uma oração explicativa.

C) indica que a oração na qual ele se insere está na voz passiva.

D) exprime circunstância de condição.

E) indetermina o sujeito da oração na qual ele se insere.

15. (CESPE/CEBRASPE - 2024 - Prefeitura de Cachoeiro de Itapemirim - ES - Enfermeiro)

A expressão "inteligência artificial" é muito popular, tanto na literatura técnica quanto no imaginário popular. A sociedade se espanta com os prometidos ganhos em bem-estar e produtividade e se apavora com perspectivas apocalípticas relacionadas à inteligência artificial. Em muitos casos, o que ***se*** *observa é a confusão entre inteligência artificial e toda e qualquer atividade que envolve aparelhos digitais. Muitas inovações recentes creditadas à inteligência artificial decorrem simplesmente da automatização de tarefas cotidianas ou do uso de tecnologias dominadas há algum tempo.*

No terceiro período do parágrafo destacado, o vocábulo "se" está empregado como recurso coesivo para indeterminar o sujeito gramatical da oração.

CERTO

ERRADO

GABARITO:

1. C	2. D	3. A	4. A	5. B
6. A	7. C	8. B	9. A	10. A
11. D	12. C	13. E	14. D	15. ERRADO

21.6. RESUMO

Vamos às dicas finais?

A palavra que

O **QUE** que retoma um substantivo é pronome relativo. Nesse caso, pode ser substituído por outro relativo.

Atenção à palavra de realce QUE. Pode vir sozinha ou pode compor a expressão "é que".

Há duas formas de se interrogar: direta e indiretamente.

Nem todo QUE que inicia oração substantiva é conjunção integrante. Se estiver se referindo a um substantivo, será pronome.

A palavra se

Diante de um SE, primeiro pergunte se ele é pronome apassivador.

Caso não seja pronome apassivador, verifique se ele é pronome indeterminador do sujeito.

Não pergunte de imediato se ele é palavra de realce: você sempre vai achar que é.

Memorize os verbos pronominais que mais aparecem nas provas de concursos públicos: nesses casos, o SE será parte integrante do verbo.

Acesse o material suplementar

uqr.to/20vh4

Figuras de Linguagem 22

As figuras de linguagem são divididas em três tipos, que serão estudados neste capítulo: figuras de palavras; figuras de sintaxe; e figuras de pensamento.

22.1. FIGURAS DE PALAVRAS

1. **Metáfora**: emprego de palavra fora do seu sentido normal, por analogia.

   Ex.: A Amazônia é o pulmão do mundo.

   Na sua mente povoa só maldade.

   Observação: quando há um confronto direto, temos o **símile** ou **comparação** (caracterizada pela presença de conjunções comparativas – *como, tal qual, assim como* ...).

   Ex.: Ele é rápido como a lebre.

2. **Sinestesia**: quando se cruzam sensações diferentes.

   Ex.: Doce esperança. (paladar x sentimento)

3. **Catacrese**: emprego impróprio de uma palavra, por não se dispor de palavra própria para designar certas ações.

   Ex.: Embarcar num trem. (trem não é barco)

   "Enterrar uma agulha na pele." (pele não é terra)

4. **Metonímia**: substituição de um nome por outro em virtude de uma semelhança (autor pela obra, concreto pelo abstrato, continente pelo conteúdo, causa pelo efeito e vice-versa...).

   Ex.: A juventude (= jovens) brasileira

   Ler Machado de Assis.

Agora, vamos ao treino com frases retiradas de provas. Classifique as frases a seguir, de acordo com o código:

(1) Metáfora

(2) Comparação

(3) Sinestesia

(4) Catacrese

(5) Metonímia

a) O professor é quem faz a ponte dos saberes.

Comentários: O vocábulo "ponte", aqui, tem sentido figurado de "comunicação", "ligação entre coisas", "associação". É uma metáfora, ou seja, transfere-se o nome de uma coisa para outra com a qual é possível estabelecer uma relação de comparação.

Gabarito: (1) Metáfora

b) "Nesse trabalho nossa mão se junta às dos muitos que nos formam."

Comentários: A metonímia é uma figura de linguagem em que se utiliza um termo no lugar de outro (parte pelo todo; autor pela obra; concreto pelo abstrato; continente pelo conteúdo...). A "mão", aqui, dá a impressão de se usar a parte pelo todo.

Gabarito: (5) Metonímia

c) Seremos malabaristas em nosso próprio picadeiro.

Comentários: Nessa passagem, há uma metáfora (uma transferência do significado de uma palavra para outra, por meio de uma comparação não explícita). O vocábulo "malabarista" está com sentido figurado, significa "aquele que se revela hábil para controlar situações difíceis ou adversas", e não com o seu sentido denotativo.

Gabarito: (1) Metáfora

d) Pardais são como cantores profissionais: têm momentos de auge e declínio em suas carreiras.

Comentários: Na metáfora há uma comparação sem o uso dos termos comparativos. Já na comparação (ou símile) aparecem termos próprios da comparação, conjunções comparativas. Aqui, aparece o conectivo "como".

Gabarito: (2) Comparação

e) Ele colocou os pés sobre o braço da cadeira.

Comentários: A catacrese é uma figura de palavra que ocorre quando, na falta de um termo específico, utilizamos um outro por empréstimo a partir de uma semelhança de conceito. Na frase dada, "braço" está nesse caso.

Gabarito: (4) Catacrese

f) Vem daquela sala uma doce música.

Comentários: A sinestesia está associada à mistura de sensações relacionadas aos sentidos: tato, audição, olfato, paladar e visão. Sendo assim, essa figura de linguagem estabelece uma relação entre planos sensoriais diferentes. Nessa frase, misturam-se paladar (doce) com audição (música).

Gabarito: (3) Sinestesia

g) Muitos cérebros participaram desta pesquisa.

Comentários: A metonímia é uma figura de linguagem em que se utiliza um termo no lugar de outro. Nesse período, "cérebros" (parte) substitui "pessoas, pesquisadores" (todo).

Gabarito: (5) Metonímia

Veja como as bancas costumam cobrar esse assunto em provas:

1. **(VUNESP – 2020 – EBSERH – Assistente Social)**

Pensamentos, como cabelos, também acordam despenteados. Naquela faixa-zumbi que vai em slow motion, desde sair da cama, abrir janelas, avaliar o tempo e calçar chinelos até o primeiro jato da torneira — feito fios fora de lugar, emaranham-se, encrespam-se, tomam direções inesperadas. Com água, pão, pente, você disciplina cabelos. E pensamentos? Que nem são exatamente pensamentos, mas memórias, farrapos de sonho, um rosto, premonições, fantasias, um nome. E às vezes também não há água, mão, nem pente, gel ou xampu capazes de domá-los. Acumulando-se cotidianas, as brutalidades nossas de cada dia fazem pouco a pouco alguns recuar — acuados, rejeitados — para as remotas regiões de onde chegaram. Outros, como cabelos rebeldes, renegam-se a voltar ao lugar que (com que direito) determinamos para eles. Feito certas crianças, não se deixam engambelar assim por doce ou figurinha.

Pensamentos matinais, desgrenhados, são frágeis como cabelos finos demais que começam a cair. Você passa a mão, e ele já não está ali — o fio. No travesseiro sempre restam alguns, melhor não olhar para trás: vira-se estátua de cinza. Compacta, mas cinza. Basta um sopro. Pensamentos matinais, cuidado, são alterados feito um organismo mudando de fuso horário. Não deveria estar ali naquela hora, mas está. Não deveria sentir fome às três da tarde, mas sente. Não deveria sentir sono ao meio-dia, mas. Pensamentos matinais são um abrupto mas com ponto-final a seguir. Perigosíssimos. A tal ponto que há o risco de não continuar depois do que deveria ser curva amena, mas tornou-se abismo.

(Caio Fernando Abreu, "Lição para pentear cabelos matinais". Pequenas epifanias, 2014. Adaptado)

Na crônica, ao abordar o tema na perspectiva dos pensamentos, o autor recorre:

A) ao paradoxo, enfatizando que eles, ao mesmo tempo bagunçados, enquadram-se na organização cotidiana.

B) à hipótese, conjecturando como eles poderiam confundir a pessoa no momento em que ela acorda.

C) à comparação, ressaltando que eles, assim como os cabelos, amanhecem naturalmente desorganizados.

D) à antítese, mostrando que ora eles são muito imprecisos, ora são objetivos demais logo pela manhã.

E) à ironia, sugerindo que é impossível organizar o pensamento de uma pessoa, sobretudo pela manhã.

Comentários: O conectivo "como" utilizado na passagem inicial estabelece claramente a ideia de comparação; que é uma figura de linguagem (comparação ou símile).

Paradoxo: termos opostos se fundem numa expressão APARENTEMENTE contraditória. (Ex.: Minha alegria é triste).

Antítese: palavras que se opõem pelo sentido. (Ex.: Os bares estão REPLETOS de homens VAZIOS).

Ironia: Uso de termo em sentido oposto ao usual, podendo obter com isso efeito crítico, humorístico. (Ex.: Era fino como um hipopótamo).

Gabarito: C

2. (CESPE/CEBRASPE - 2021 - SEED - PR - Professor)

Poesia

Gastei uma hora pensando um verso
que a pena não quer escrever.
No entanto ele está cá dentro

inquieto, vivo.
Ele está cá dentro
e não quer sair.
Mas a poesia deste momento
inunda minha vida inteira.

Carlos Drummond de Andrade.

Com relação ao uso de figuras de linguagem no texto, assinale a opção que apresenta um verso do poema no qual ocorre metonímia.

A) "que a pena não quer escrever."

B) "inunda minha vida inteira."

C) "Gastei uma hora pensando um verso."

D) "Mas a poesia deste momento."

E) "No entanto ele está cá dentro."

Comentários: A metonímia consiste numa transposição de significado, por uma relação lógica de proximidade entre os termos (parte pelo todo; autor pela obra; efeito pela causa; marca pelo produto...). Na passagem "que a pena não quer escrever", observa-se a relação "instrumento pela pessoa", pois a "pena" (= instrumento) substitui a dificuldade do POETA de se expressar.

Gabarito: A

22.2. FIGURAS DE SINTAXE

1. **Hipérbato** (= inversão): alteração da ordem direta dos termos.

   Ex.: Morreu o presidente.

   Observação: quando há anteposição de um termo preposicionado, temos a **anástrofe.**

   Ex.: Tão bela dos seus anos na flor. (Tão bela na flor dos seus anos.)
2. **Pleonasmo**: repetição de significação do vocábulo ou termos oracionais com finalidade expressiva.

   Ex.: Ver com os próprios olhos.

   A mim ninguém me engana.
3. **Anacoluto**: quebra de estruturação sintática.

   Ex.: O meu cunhado, você se entende com ele.

   A expressão *O meu cunhado* não exerce nenhuma função sintática na frase.
4. **Elipse**: omissão de um termo facilmente subentendido.

   Ex.: Na praça, crianças brincando. (havia)

   Observação: **Zeugma** é um tipo de elipse. Consiste na supressão de um termo já expresso anteriormente.

   Ex.: Alguns estudam, outros não. (estudam)
5. **Silepse**: concordância ideológica.

   Ex.: **V. Exª** é compreensiv**o**. (silepse de gênero)

   Todos fomos à festa. (silepse de pessoa)

6. **Hipálage**: aplica-se a um substantivo um adjetivo que corresponde a outro substantivo.

   Ex.:Maria fumava um cigarro lânguido. (Quem estava lânguida – sensual – era Maria, e não o cigarro.)

7. **Quiasmo**: os elementos se cruzam em X.

   Ex.: "No meio do caminho tinha uma pedra
   Tinha uma pedra no meio do caminho."

8. **Anáfora**: repetição de palavra no início de cada membro da frase.

   Ex.: Tudo era silencioso, tudo nebuloso, tudo confuso.

Classifique as frases retiradas de provas a seguir, de acordo com o código:

(1) Hipérbato

(2) Pleonasmo

(3) Anacoluto

(4) Elipse

(5) Silepse

(6) Hipálage

(7) Quiasmo

(8) Anáfora

a) Ouviram do Ipiranga as margens plácidas / De um povo heroico o brado retumbante

Comentários: O hipérbato é caracterizado pela inversão da ordem direta dos termos de uma oração ou período. Aqui, o predicado apareceu antes do sujeito.

Gabarito: (1) Hipérbato

b) Na sala silenciosa, mesas e cadeiras vazias.

Comentários: Elipse é uma figura de linguagem usada para omitir termos que podem ser facilmente identificados pelo interlocutor. Nesse período, o verbo "haver" está facilmente subentendido: Na sala silenciosa havia mesas e cadeiras vazias.

Gabarito: (4) Elipse

c) Tirou para fora os outros peixes: lambaris, chorões, piaus.

Comentários: O pleonasmo é uma figura de linguagem que consiste em usar palavras redundantes para reforçar a comunicação de forma expressiva. "Tirou para fora" exemplifica esse conceito.

Gabarito: (2) Pleonasmo

d) Londres, quantas lembranças e fotos.

Comentários: Anacoluto é uma figura de linguagem em que o período iniciado por uma palavra ou locução, seguida de pausa, tem como continuação uma oração em que essa palavra ou locução não se integra sintaticamente, embora esteja integrada pelo sentido. É o que ocorre com "Londres".

Gabarito: (3) Anacoluto

e) Todos sabemos que a solução não é fácil.

Comentários: Na silepse, a concordância das palavras na frase se faz com a ideia, conforme o significado, deixando-se de lado as regras gramaticais (concordância ideológica). Em "Todos sabemos", o sujeito, na concordância lógica, levaria o verbo para a terceira pessoa do plural (levam). Ao usar a primeira pessoa do plural (levamos), a concordância se fez com a ideia, em que o sujeito se inclui na afirmação feita.

Gabarito: (5) Silepse

f) O voo negro dos urubus fazia círculos altos.

Comentários: Na hipálage é atribuído um adjetivo a um substantivo quando na realidade esse adjetivo se refere lógica e naturalmente a outro substantivo. O adjetivo "negro" é uma característica que, pela lógica, não teria relação com "voo", e sim com "urubus", mas, com esse recurso, aumenta a expressividade da mensagem.

Gabarito: (6) Hipálage

g) "Como caíram tantas águas, nublou-se o horizonte, nublou-se a floresta, nublou-se o vale." (Cecília Meireles)

Comentários: A anáfora é uma figura de linguagem que consiste na repetição de uma palavra ou grupo de palavras no início de duas ou mais frases sucessivas, para enfatizar o termo repetido. Ocorre, aqui, com "nublou-se".

Gabarito: (8) Anáfora

h) Havia paixão no seu olhar, no seu olhar havia paixão.

Comentários: Quiasmo é uma figura de retórica que consiste em dispor palavras, expressões ou frases em forma cruzada como um X. É o caso desse período.

Gabarito: (7) Quiasmo

Questões resolvidas:

3. (CESPE/CEBRASPE - 2025 - InoversaSul - Professor de Língua Portuguesa)

Índios

Legião Urbana

Quem me dera, ao menos uma vez
Ter de volta todo o ouro que entreguei a quem
Conseguiu me convencer que era prova de amizade
Se alguém levasse embora até o que eu não tinha
(...)

Quem me dera, ao menos uma vez
Explicar o que ninguém consegue entender
Que o que aconteceu ainda está por vir
E o futuro não é mais como era antigamente

Quem me dera, ao menos uma vez
Provar que quem tem mais do que precisa ter
Quase sempre se convence que não tem o bastante
Fala demais por não ter nada a dizer

Quem me dera, ao menos uma vez
Que o mais simples fosse visto como o mais importante

Mas nos deram espelhos
E vimos um mundo doente
(...)

A repetição da expressão "Quem me dera, ao menos uma vez" em versos da letra da canção caracteriza a figura de linguagem denominada anáfora.

CERTO

ERRADO

Comentários: A anáfora é uma figura de linguagem que consiste na repetição de uma palavra ou grupo de palavras no início de duas ou mais frases sucessivas, para enfatizar o termo repetido. A repetição dessa expressão caracteriza essa figura de linguagem.

Gabarito: CERTO

4. **(FGV - 2023 - SMED de Belo Horizonte - MG - Professor)** Hipálage é uma figura em que o adjetivo ligado logicamente a um substantivo, é deslocado para outro substantivo da mesma frase; assinale a opção em que não ocorre uma hipálage.

A) O perfume quente do café.

B) Jarros brancos de rosas.

C) Praça sombreada da Prefeitura.

D) Os pneus novos dos carros.

Comentários: Na opção C, o adjetivo "sombreada" se liga de forma lógica a "Praça". Nas outras opções, há deslocamentos:

A) café quente;

B) rosas brancas;

D) carros novos;

Gabarito: C

22.3. FIGURAS DE PENSAMENTO

1. **Antítese**: oposição entre duas palavras ou pensamentos.
   Ex.: Não há no mundo <u>alegria</u> sem <u>sobressalto</u>, <u>riqueza</u> sem <u>miséria</u>.
2. **Enálage**: uso de um tempo verbal no lugar de outro.
   Ex.: Você me emprestaria a sua caneta? (Uso, por polidez, do futuro do pretérito em lugar do presente — empresta.)
3. **Oximoro**: os vocábulos opostos formam um paradoxo (ideias aparentemente contraditórias).
   Ex.: Viver só na multidão.
4. **Hipérbole**: exagero na mensagem.
   Ex.: Repetir um milhão de vezes.
5. **Eufemismo**: emprego de palavras ou expressões agradáveis em substituição às que têm sentido desagradável.
   Ex.: Faltou com a verdade. (= mentir)
   Deu o último suspiro. (= morrer)
6. **Ironia**: declarar o oposto do que se pensa.
   Ex.: Era <u>fino</u> como um hipopótamo.

7. **Prosopopeia** (= personificação): atribuição de ações ou qualidades humanas a seres inanimados.

   Ex.: "Os pinheiros pensavam coisas longas..."

A seguir, uma seleção de frases retiradas de provas. Classifique-as de acordo com o código:

(1) Antítese
(2) Enálage
(3) Oximoro
(4) Hipérbole
(5) Eufemismo
(6) Ironia
(7) Prosopopeia

a) "O ano passado ainda não passou".

Comentários: Figura em que se combinam palavras de sentido oposto que parecem excluir-se mutuamente, mas que, no contexto, reforçam a expressão (obscura claridade, música silenciosa). Aqui, "ano passado...não passou".

Gabarito: (3) Oximoro

b) Não haveria luz se não houvesse escuridão.

Comentários: A antítese é uma figura de pensamento que acontece por meio da aproximação de palavras com sentidos opostos (luz / escuridão).

Gabarito: (1) Antítese

c) Que seria de mim, não fora seu amor.

Comentários: Figura que consiste na mudança de classe de uma palavra ou no emprego de um modo, tempo, número ou gênero por outro. Aqui, "fora" (pretérito mais-que-perfeito) aparece no lugar do pretérito imperfeito (fosse).

Gabarito: (2) Enálage

d) A autora tinha milhões de ideias para seu novo romance.

Comentários: Figura de linguagem que consiste em exagerar uma ideia ou expressão para dar ênfase ou impacto (milhões de ideias).

Gabarito: (4) Hipérbole

e) Aquele homem acumulou fortuna por métodos ilegais.

Comentários: Figura de linguagem que suaviza ou ameniza uma expressão, substituindo um termo forte por outro menos ofensivo (métodos ilegais = roubo, corrupção).

Gabarito: (5) Eufemismo

f) O tema da pesquisa é a violência no Brasil, que, como se sabe, é um país pacífico, solidário etc.

Comentários: A ironia é uma figura de linguagem que consiste em dizer o oposto do que se pensa (violência no Brasil... país pacífico, solidário). Para o autor, é o contrário.

Gabarito: (6) Ironia

g) Não há doença que passe perto dele e não se detenha.

Comentários: Prosopopeia ou personificação é a atribuição de características humanas a seres não humanos ou inanimados (doença se deter diante de alguém).

Gabarito: (7) Prosopopeia

Veja mais questões comentadas em que as bancas cobraram essas figuras de linguagem:

5. (CESPE/CEBRASPE – AL – CE – Analista Legislativo)

Texto 13A2 IV

Estamos acostumados à ideia de que os dados são quase um sinônimo de precisão e certeza, mas, na era digital, quanto mais dados chegam ao nosso conhecimento, maiores são as nossas incertezas e dúvidas. Em plena era dos dados, lidar com essa constatação passa a ser um desafio que vai definir o futuro do jornalismo e, especialmente, a sua inserção na, cada vez mais complexa, arena da informação pública.

Na organização retórica do primeiro período do texto 13A2-IV, sobressai-se a figura denominada

A) quiasmo.

B) antítese.

C) gradação.

D) metáfora.

E) oximoro.

Comentários: Os vocábulos "certeza" / "incerteza" são vocábulos que se opõem, o que caracteriza a figura de linguagem denominada antítese.

— Quiasmo: disposição de palavras ou expressões que se cruzam. Ex.: No meio do caminho tinha uma pedra Tinha uma pedra no meio do caminho.

— Gradação: ideias em progressão ascendente. Ex.: Um coração... latejando, batendo, restrugindo...

— Metáfora: geralmente, uma palavra que designa uma coisa passa a designar outra, por haver entre elas traços de semelhança. Ex.: Seu coração é um colar de pérolas.

— Oximoro (ou paradoxo): vocábulos opostos fundem numa expressão aparentemente contraditória. Ex.: Viver só na multidão.

Gabarito: B

6. (FCC – 2022 – TRT – 23ª Região – MT – Técnico Judiciário) Atenção: Para responder à questão, considere o conto "O perguntar e o responder", de Carlos Drummond de Andrade.

O espelho recusou-se a responder a Lavínia que ela é a mais bela mulher do Brasil. Aliás, não respondeu nada. Era um espelho muito silencioso.

Lavínia retirou-o da parede e colocou outro, que emitia sons ininteligíveis, e foi também substituído.

O terceiro espelho já fazia uso moderado da palavra, porém não dizia coisa com coisa.

Um quarto espelho chegou a pronunciar nitidamente esta frase: "Vou pensar". *Ficou pensando a semana inteira, sem chegar à conclusão. Lavínia apelou para um* *quinto espelho, e este, antes que a vaidosa senhora fizesse a interrogação aflita, perguntou-lhe:*

– Mulher, haverá no Brasil espelho mais belo do que eu?

(Adaptado de: ANDRADE, Carlos Drummond de. Contos plausíveis. São Paulo: Companhia das Letras, 2012)

Em "Um quarto espelho chegou a pronunciar nitidamente esta frase: 'Vou pensar'.", o narrador recorre à seguinte figura de linguagem:

A) eufemismo.

B) personificação.

C) pleonasmo

D) antítese.

E) sinestesia.

Comentários: Na passagem "Um quarto espelho pronunciou esta frase" temos a figura de linguagem personificação, que se caracteriza por dar vida a seres inanimados.

Eufemismo: quando se suaviza expressões chocantes.

Pleonasmo: quando há repetição com finalidade de reforçar a mensagem.

Antítese: quando há aproximação de termos contrários, palavras que se opõem pelo sentido.

Sinestesia: quando ocorre mistura de sensações percebidas por diferentes órgãos.

Gabarito: B

22.4. QUESTÕES DE CONCURSOS COMENTADAS

1. **(FEPESE - 2024 - Prefeitura de Palhoça - SC - Guarda Municipal)** Relacione as colunas abaixo:

Coluna 1 - Figuras de linguagem

1. Catacrese
2. Comparação
3. Metáfora
4. Metonímia
5. Sinestesia

Coluna 2 - Frases

( ) Meu irmão é fera em matemática.

( ) Meu vizinho vivia como um indigente!

( ) Embora goste muito, acho difícil ler Shakespeare.

( ) Para esta receita, utiliza-se apenas um fio de óleo.

( ) Aquele rapaz me impressionou com seu olhar penetrante.

Assinale a alternativa que indica a sequência correta, de cima para baixo.

A) 3 • 2 • 4 • 1 • 5.

B) 3 • 2 • 4 • 5 • 1.

C) 3 • 5 • 4 • 1 • 2.

D) 4 • 2 • 3 • 1 • 5.

E) 4 • 5 • 3 • 2 • 1.

Comentários: Na primeira frase, há uma comparação implícita (metáfora). A palavra "fera" estabelece uma comparação em sentido figurado. Na segunda, há uma comparação direta por meio do uso de conectivo comparativo (como). É uma comparação, ou símile. Na terceira, há o uso do autor pela obra (metonímia, utiliza-se um termo no lugar de outro – parte pelo todo; autor pela obra; concreto pelo abstrato; continente pelo conteúdo etc.). Na quarta, com o vocábulo "fio", tem-se a catacrese, figura de linguagem que resulta da ausência de um termo específico para designar algo e, por consequência, usa uma adaptação. E na quinta, sinestesia, pois há mistura de sensações relacionadas aos sentidos: tato, audição, olfato, paladar e visão. Em *olhar penetrante* ocorre essa mistura de sensações. Essa figura de linguagem estabelece uma relação entre planos sensoriais diferentes.

Gabarito: A

2. (Instituto Consulplan – 2025 – Prefeitura de Carangola – MG – Assistente Social)

*Apesar disso, não há qualquer regulação que obrigue plataformas e usuários a terem um mínimo de obrigações para com a sociedade e responsabilidade sobre o que é veiculado. O marco civil foi um avanço para o Brasil, mas é insuficiente para enfrentar **a terra sem lei que virou a internet.***

Recentemente, o jornalista Pedro Bial, com quem me solidarizo, farto de exigir providências pelas vias normais, publicou um vídeo. Nele, acusa as plataformas de não coibir postagens de divulgação de um produto com sua imagem (deepfake) e sem qualquer autorização para tanto. As palavras dele são significativas do quanto é possível enganar, fraudar e lucrar neste espaço das big techs.

Mas os malefícios não param por aí. Anúncios patrocinados no Instagram e no Facebook divulgam promoções de supostas marcas famosas e muitos compram sem nunca receber seus produtos. Sites duplicados, com preços irresistíveis, fazem dos consumidores alvos fáceis do golpe. A postagem patrocinada permanece circulando sem qualquer verificação de quem recebe por elas e sem responsabilização. Sobram prejuízos e desrespeito.

***O mundo debate este tema** e já se discute a regulação da inteligência artificial, uma inovação que pode ser utilizada **a favor ou contra as atividades humanas**. Legislações avançadas começam a surgir para conter a marcha desenfreada da desinformação e dos crimes, mas o Brasil até agora se recusa a avançar, está muito atrasado e próximo de manter esta situação insustentável. [...]*

(FEGHALI, Jandira. 'Eu acuso!'. Carta Capital, 2024.)

Analise as passagens a seguir:

I. "O mundo debate este tema [...]"

II. "[...] a terra sem lei que virou a internet."

III. "[...] a favor ou contra as atividades humanas."

As figuras de linguagem presentes nos enunciados são, respectivamente,

A) Hipérbole, ironia e catacrese.

B) Metonímia, metáfora e antítese.

C) Eufemismo, catacrese e sinestesia.

D) Personificação, elipse e comparação.

Comentários: No primeiro item, "mundo" está no lugar das "pessoas", há uma metonímia (figura de linguagem em que se utiliza um termo no lugar de outro – parte pelo todo...). No segundo, há uma comparação implícita, sem o uso dos termos comparativos (a internet virou terra sem lei). Metáfora, portanto. No terceiro, os vocábulos "a favor" e "contra" se opõem, há uma antítese.

Gabarito: B

3. (FCC - 2024 - TRT - 20ª Região - SE - Técnico Judiciário)

O Poeta

Quando surges sonhando e tua lira canta,
Inveja abrindo vai, como esfaimado corvo,
As asas negras pelo abobadado e torvo
Horizonte, em que o Deus da rima se levanta!...

Reatas a obra a imortal da caravana santa
Dos teus mortos irmãos, vencendo o mesmo estorvo,
Tragando o mesmo fel, haurindo o mesmo sorvo
Do veneno letal, que aos cobardes quebranta!

Ornas a Terra e a Terra, ingrata, te apedreja,
Porque o Infinito tens na mente e os pões no verso,
A sustentar, cantando, intérmina peleja.

É um louco! — brada o mundo em tua luz imerso,
Mas segue o raio astral, que pelo Azul dardeja
Doirando as almas como o sol doira o Universo!

(Adaptado de: CARDOSO, Fausto. *Esparsos e inéditos*. v.1-Poesia. Org. Jackson da Silva Lima. Aracaju: Secretaria de Educação, Subsecretaria de Cultura, Governo do Estado de Sergipe, 1980)

a Terra, ingrata, te apedreja,

A alternativa que apresenta figura de linguagem semelhante à presente no trecho acima é:

A) A sustentar, cantando, intérmina peleja.
B) Reatas a obra a imortal da caravana santa.
C) Tragando o mesmo fel, haurindo o mesmo sorvo.
D) Dos teus mortos irmãos, vencendo o mesmo estorvo.
E) Mas segue o raio astral, que pelo Azul dardeja.

Comentários: Na frase apresentada, temos a prosopopeia ou personificação, que consiste em atribuir características humanas a seres inanimados ou irracionais (a Terra te apedrejar). Na opção E, isso também ocorre (o raio azul dardejar – lançar raios, luz). O raio age como humano.

Gabarito: E

4. (FCC - 2024 - TRT - 20ª Região - SE - Analista Judiciário)

A Rua Diferente

Na minha rua estão cortando árvores
botando trilhos
construindo casas.

Minha rua acordou mudada.

Os vizinhos não se conformam.

Eles não sabem que a vida tem dessas exigências brutas.

Só minha filha goza o espetáculo

e se diverte com os andaimes,

a luz da solda autógena

o cimento escorrendo nas fôrmas.

(ANDRADE, Carlos Drummond de. *Alguma poesia*. Rio de Janeiro: Record. edição digital.)

Ocorre "personificação", figura que consiste na atribuição de comportamento humano a seres inanimados, em:

A) Na minha rua estão cortando árvores.

B) e o cimento escorrendo nas fôrmas.

C) Minha rua acordou mudada.

D) Os vizinhos não se conformam.

E) Só minha filha goza o espetáculo

Comentários: Na opção C, há atribuição de comportamento humano ser inanimado (rua acordar)

Gabarito: C

5. (FCC - 2024 - MPE - AM - Agente de Apoio)

O caso deu-se aqui na ilha, numa pescaria de arrastão. ***Da primeira redada veio um tal peixe que causou espanto: ninguém podia crer que naquele côncavo de mar morasse tanto peixe assim. Havia de ser alguma piracema que ia passando; para lá de três toneladas de pescado foram apanhadas de uma só vez.*** *Na segunda redada nada veio, ou quase nada — fugira a piracema ou fora toda colhida pela rede. Entretanto, no meio daquele quase nada apareceu um bicho estranho: uma tartaruga do mar. T****artaruga diferente daquelas fluviais que a gente conhece, tartaruga das profundezas salinas, meio peixe, porque em vez de pernas tem nadadeiras.***

Primeiro ela se debateu e tentou de todas as maneiras furar a malha. Depois foi agarrada e atirada ignominiosamente na areia, de barriga para cima. *Por fim puseram-na em posição normal; e ela, recuperando imediatamente a compostura, estirou o pescoço enrugado e correu em torno de si um olho temeroso. Não sei se os presentes compreenderam quanto havia de surpresa, terror e pasmo nos olhos da tartaruga. Muito pior que um bicho da terra pego numa rede: este pode estranhar a prisão, mas afinal continua dentro de um elemento conhecido, pisando chão, vendo árvores familiares, sentindo o cheiro da terra. A tartaruga não: para ela, nascida e vivida no mar, aquela era a mais estranha, a mais inacreditável e terrível das aventuras. [...]*

A sorte da coitada foi ninguém chegar a um acordo sobre a forma de abatê-la. ***E sorte maior o fato de ninguém, pessoalmente, querer se responsabilizar pela carnificina naquela quinta-feira santa.*** *Mas levaram-na para o galinheiro - que ignominia, uma veterana dos sete mares a ser atirada entre as galinhas, na noite que deveria ser a última da sua vida; ela que decerto esperava sepultar-se entre areias claras, nalgum* *maciço colorido de anêmonas do mar. Mas felizmente para a tartaruga, incerto é o coração do homem, incertos, os seus impulsos. [...]*

(Adaptado de. QUEIROZ, Rachel de. *100 crônicas escolhidas*: um alpendre, uma rede, um açude. Rio de Janeiro: José Olympio, 2021)

A cronista recorre à figura de linguagem denominada hipérbole no seguinte trecho:

A) Da primeira redada veio um tal peixe que causou espanto: ninguém podia crer que naquele côncavo de mar morasse tanto peixe assim. (1º parágrafo)

B) Primeiro ela se debateu e tentou de todas as maneiras furar a malha. Depois foi agarrada e atirada ignominiosamente na areia, de barriga para cima. (2º parágrafo)

C) Havia de ser alguma piracema que ia passando; para lá de três toneladas de pescado foram apanhadas de uma só vez. (1º parágrafo)

D) E sorte maior o fato de ninguém, pessoalmente, querer se responsabilizar pela carnificina naquela quinta-feira santa. (3º parágrafo)

E) Tartaruga diferente daquelas fluviais que a gente conhece, tartaruga das profundezas salinas, meio peixe, porque em vez de pernas tem nadadeiras. (1º parágrafo)

Comentários: A hipérbole consiste na expressão evidentemente exagerada de uma ideia. Pelo contexto, a palavra "carnificina", usada no período da opção D, é um exagero, pois não houve grande matança, extermínio.

Gabarito: D

6. **(FGV - 2024 - Câmara Municipal de São Paulo - SP - Técnico Legislativo)** Assinale a frase que se estrutura em uma figura de linguagem diferente da metáfora.

A) Um ninho é uma fruta misteriosa que canta.

B) Uma casa sem gato é um aquário sem peixe.

C) O galo é o trombeteiro da manhã.

D) O morcego é o anjo do rato.

E) O livro vendido não era um Machado de Assis.

Comentários: Na opção E, ocorre a metonímia, ao se usar o nome do autor em lugar da obra. Nas outras opções há uma comparação implícita (metáfora).

Gabarito: E

7. **(FGV - 2024 - AL - TO - Analista Legislativo)** Assinale a figura de linguagem que apresenta um exemplo adequado.

A) Pleonasmo: *a vida é um beco sem saída.*

B) Metáfora: *caía e levantava, caía e levantava.*

C) Anacoluto: *empregadas, quem pode ter criados hoje?*

D) Silepse: *somos todos brasileiros!*

E) Metonímia: *a plateia era uma confusão só!*

Comentários: Na opção C, o período é iniciado por uma palavra (empregadas), seguida de pausa, que tem como continuação uma oração em que essa palavra não se integra sintaticamente, não exerce nenhuma função sintática no período, embora esteja integrada pelo sentido. Caracteriza, portanto, o anacoluto.

A) metáfora;

B) anáfora;

D) hipérbato;

E) metáfora.

Gabarito: C

8. **(FGV - 2024 - Prefeitura de Vitória - ES - PEB III - Língua Portuguesa)**

O incêndio, que ainda não havia chegado à sala da biblioteca, jogava sobre o teto um reflexo rosa... Todos os esplendores surgiam: a hidra negra e o dragão escarlate apareciam na fumaça disforme, exageradamente escura e vermelha. Longas chamas brilhavam ao longe e iluminavam a sombra, como cometas combatentes correndo uns atrás dos outros. Já tinham sido feitos na parede do terceiro andar buracos enormes por onde as brasas derramavam cascatas de pedrarias. (Victor Hugo)

Nesse texto há um conjunto de comparações ou metáforas; assinale a opção na qual o segundo elemento não se mostra como elemento de uma comparação ou metáfora.

A) Um reflexo rosa.

B) A hidra negra.

C) O dragão escarlate.

D) Cometas combatentes.

E) Cascatas de pedrarias.

Comentários: Na opção A, não há linguagem figurada, rosa é uma característica própria do incêndio. A hidra e o dragão são utilizados para representar as chamas, uma comparação implícita. Em "cometas combatentes" há um confronto direto, uma comparação. E as brasas que caem são comparadas a "cascatas de pedrarias".

Gabarito: A

9. **(CESPE/CEBRASPE - 2025 - InoversaSul - Professor de Língua Portuguesa)**

JOÃO GRILO — Já fui barco, fui navio,

Mas hoje sou escaler.

Já fui menino, fui homem,

Só me falta ser mulher.

Valha-me Nossa Senhora (...)

Na primeira fala de João Grilo, identifica-se a figura de linguagem denominada metonímia no verso "Já fui barco, fui navio", por meio da qual o eu lírico estabelece, em relação ao verso "Já fui menino, fui homem", correspondência entre "barco" e "menino" e "navio" e "homem".

CERTO

ERRADO

Comentários: Nessa passagem, estabelece-se uma relação de semelhança por meio de linguagem figurada (fui barco/ fui navio) entre dois termos, sem o uso de conectivos comparativos.

Gabarito: ERRADO

10. (CESPE/CEBRASPE - 2024 - Instituto Rio Branco - Terceiro Secretário)

O tipo de humanidade zumbi que estamos sendo convocados a integrar não tolera tanto prazer, tanta fruição de vida. (...)

No trecho destacado, o autor utiliza metonímia para qualificar o tipo de humanidade que as pessoas estão sendo convocadas a integrar.

CERTO

ERRADO

Comentários: A figura utilizada é a metáfora, pois há uma comparação implícita entre humanidade e zumbi.

Gabarito: ERRADO

22.5. QUESTÕES DE CONCURSOS PROPOSTAS (COM GABARITO NO FINAL)

1. (Instituto Consulplan - 2024 - Prefeitura de Cacoal - RO - Analista de Sistemas)

Os adolescentes, a criatividade, as bolhas e os algoritmos

*País do futebol arte, da bossa nova, do carnaval espetáculo, do cinema novo e de tantas outras formas de arte admiráveis. Essas sempre foram **justificativas para que o Brasil fosse visto como um país criativo**, que inova em diversas situações. Por isso, qual não foi a surpresa quando o Pisa, a avaliação internacional para estudantes com 15 anos, realizada pela OCDE (Organização para a Cooperação e Desenvolvimento Econômico), divulgou os resultados do exame de 2022 no quesito pensamento criativo: estamos no 49º lugar, com 23 pontos.*

[...]

*Todas as análises fazem sentido, porém, questões complexas como essa pedem respostas na mesma linha. Há uma crise de criatividade entre as crianças e jovens das novas gerações, e isso é um sinal de que **há algo acontecendo nos corações e mentes desse público no mundo** inteiro. Como sabemos, a adolescência é a fase de transição entre a infância e a vida adulta, e traz, em seu bojo, a dicotomia entre a saudade dos tempos pueris e o desejo de desbravar o desconhecido, de preferência, por conta e risco. Em tempos em que as conexões digitais têm tomado o espaço precioso das interações reais em que se aprendia a solucionar os problemas por meio da experiência concreta de ter de lidar cara a cara com o diferente e o diverso, assistimos a esses indivíduos aguardando que os algoritmos e sistemas de busca lhes forneçam todas as respostas. E como as máquinas ainda não dão conta da miríade de possibilidades que as relações nos oferecem para a resolução dos problemas, temos meninos e meninas mais acomodados, passivos, entediados. Como exercer a criatividade em uma bolha na qual todos pensam e agem de maneira igual? Como buscar novas visões sobre o que nos rodeia com **um algoritmo nos propondo, sem cessar, mais conteúdos sobre o que gostamos** e com os quais nos sentimos mais confortáveis?*

[...]

Ter consciência do que nos acontece é sempre um bom começo. Porém, é preciso lembrar do porquê de estarmos nas redes: em busca da sensação de pertencimento, algo que é fundamental para o ser humano e mais ainda para aqueles que estão em formação. Estamos sempre à procura de afeto e reconhecimento, e nas redes isso vem de maneira rápida e volumosa, traduzido por cliques e likes. "Desinformação, fake news, tudo é sintoma. Tire-as da reta e o problema continuará ali, igual, de pé. Porque o problema principal é o do alinhamento de identidades e de como é reconfortante estar num grupo homogêneo. Toda conversa, nas redes sociais, se torna um ritual de reafirmação dessa identidade alinhada. ***Somos atores num palco eternamente demonstrando o quanto somos parecidos*** *com os nossos e distintos daqueles outros", alerta o jornalista Pedro Dória em seu artigo "A rede social perfeita para as democracias", publicado no Canal Meio.*

[...]

(Disponível em: https://www.nexojornal.com.br/colunistas/2024/07/04/os-adolescentes-a-criatividade-as-bolhas-e-os-algoritmos. Acesso em: setembro de 2024. Adaptado.)

Os fragmentos a seguir apresentam figuras de linguagem. Assinale a alternativa cujo enunciado contém a figura corretamente indicada.

A) "[...] há algo acontecendo nos corações e mentes desse público no mundo [...]" — paradoxo.

B) "[...] justificativas para que o Brasil fosse visto como um país criativo, [...]" — personificação.

C) "[...] um algoritmo nos propondo (...) mais conteúdos sobre o que gostamos [...]" — sinestesia.

D) "Somos atores num palco eternamente demonstrando o quanto somos parecidos [...]" — metáfora.

2. (Instituto Darwin - 2024 - Prefeitura de Santa Cruz do Capibaribe - PE - Técnico em Enfermagem)

DE VESTIDO DE ONCINHA E PLUMAS

Por Martha Medeiros — Jornal Zero Hora — 27/11/11

Temos o direito de ficar ressabiados por postarem nossas fotos pré-históricas sem nos consultar?

Outro dia aconteceu algo que me deixou sem saber direito o que pensar. Um caso corriqueiro, mas novidade pra mim. Quando era publicitária, trabalhei por três meses numa agência. Estamos falando do ano de 1984 — ou seja, 27 anos atrás.

Pois uma ex-colega da agência postou essa semana, no blog de uma confraria da qual faz parte, uma foto daquela época, onde apareço numa festa à fantasia. Uma homenagem que ela me fez, sem nenhuma intenção difamatória. Nem estou tão medonha na foto, apesar do cabelo estilo Dallas, o vestido de oncinha e a echarpe de plumas negras. Foi a primeira festa à fantasia que fui. E a última.

Me garantiram que o blog é acessado por pouquíssimas pessoas. As confrades estavam crentes de que eu iria me comover. Mas, nascida com vários defeitos de fabricação, não me comovi. Em vez disso, considerei que a titular do blog poderia ter pedido autorização para publicar uma foto minha de 27 anos atrás. Seria atencioso da parte dela. Mas devo estar variando: quem pede licença antes de postar foto dos outros?

[...]

Por isso, a dúvida: temos o direito de ficar ressabiados por postarem nossas fotos pré-históricas sem nos consultar ou dá no mesmo se a foto foi tirada 27 anos atrás ou ontem à noite? Suspeito que estou sendo preciosista. Vaidosa. Tá bom: chata. Mas queria compartilhar essa indagação.

Quanto à ex-colega, sem mágoas. Assimilei. ***Nenhum problema de eu circular pela internet de oncinha e plumas. Ao menos estou vestida, ufa.***

Disponível em https://avaranda.blogspot.com/2011/11/de-vestido-de-oncinha-e-plumas-martha.html.

No trecho "Nenhum problema de eu circular pela internet de oncinha e plumas. Ao menos estou vestida, ufa.", extraído do Texto, a cronista fez uso de uma figura de linguagem denominada:

A) metonímia.
B) anacoluto.
C) paradoxo.
D) ironia.

3. (FAUEL – 2024 – Prefeitura de Jaguapitã – PR – Técnico Administrativo)

Saio da cama, tomo café. E ainda por cima com um desses horríveis substitutos do açúcar porque Dr. José Carlos Cabral de Almeida, dietista, acha que preciso perder os quatro quilos que aumentei com a superalimentação depois do incêndio. E o que se passa na luz acesa da sala? Pensa-se uma ***escuridão clara****. Não, não se pensa. Sente-se. Sente-se uma coisa que só tem um nome: solidão.*

Com relação à expressão "escuridão clara", presente no texto, pode-se afirmar que traz a figura de linguagem denominada:

A) eufemismo.
B) hipérbole.
C) neologismo.
D) paradoxo.

4. (Instituto Consulplan – 2024 – Prefeitura de São João Nepomuceno – MG – Professor Regente)

Sou eu que vou seguir você
Do primeiro rabisco até o be-a-bá
Em todos os desenhos coloridos vou estar
A casa, a montanha, duas nuvens no céu
E um sol a sorrir no papel

Considerando o texto, analise os recursos estilísticos nele presentes. A frase "um sol a sorrir no papel" (L5) foi construída por meio de:

A) Personificação, pois atribui características humanas a um objeto inanimado.
B) Antítese, porque o autor utilizou palavras ou ideias opostas para criar contraste.
C) Hipérbole, que se trata de exagero intencional na descrição de algo para enfatizar uma característica.
D) Metáfora, uma vez que foi realizada uma comparação implícita entre elementos diferentes, sem o uso de conectivos comparativos.

5. (Instituto Consulplan – 2024 – Prefeitura de Campos dos Goytacazes – RJ – Técnico Fazendário) Diz-se de pleonasmo a redundância, ocasionada por razões estilísticas ou viciosas, quanto ao emprego de expressões em um texto. Segundo definição do Dicionário Houaiss da Língua Portuguesa, trata-se da "repetição de um termo anteriormente expresso ou de uma ideia já sugerida, com o objetivo de conferir mais vigor ou ênfase à linguagem". Um exemplo de trecho no qual essa figura de linguagem pode ser identificada se dá em:

A) "Os dois se olhavam, falavam sem pressa, quase sem gestos, e sorriam de leve."

B) "Comemos quase em silêncio, meu amigo e eu, sem reparar se a massa estava gostosa."

C) "Pois a mim também, há pouco, me foi concedido o privilégio de captar um momento desses, [...]"

D) "A casa estava rodeada por um mínimo jardim e tinha à frente um alpendre também pequenino, protegido da chuva."

6. **(Instituto Consulplan - 2025 - Prefeitura de Carangola - MG - Professor de Educação Infantil e Fundamental)** No trecho "Como a brisa, chega o palhaço, sorrindo com a mesma simpatia de um lagarto.", a figura de linguagem utilizada é:

A) Metáfora.

B) Hipérbole.

C) Metonímia.

D) Comparação.

7. **(FCC - 2024 - Prefeitura de Jaboatão dos Guararapes - PE - Assistente em Suporte à Gestão)**

Poema arcaico II

Não faço versos porque quero
mas porque o tempo dos relógios me confunde
é à insânia dos ventos me atormenta
Não sei de onde vêm
os versos que faço
chegados na chuva
trazidos no vento
Eles me caçam
me acham
versos vadios
versos gastos
passados de mão em mão
nos tempos de todos os tempos
nas cores de canções
nas rodas de verões
versos já ditos escritos repisados
por multidão de tresloucados
postos em suas horas incautas
versos antigos, arcaicos
perdidos na contramão das estradas
versos mortos que renascem
nas minhas mãos.

(CÉSAR, Ana Maria. Disponível em: http: domingocompoesia.com.br)

No trecho *versos antigos, arcaicos / perdidos na contramão das estradas,* a figura de linguagem predominante é:

A) Antítese.
B) Aliteração.
C) Hipérbole.
D) Eufemismo.
E) Metáfora.

8. **(FCC – 2024 – Prefeitura de Jaboatão dos Guararapes – PE – Assistente em Suporte à Gestão)** *Masoquismo é a primeira palavra que vem à cabeça. Obsessão é a segunda. Vaidade, a terceira.*

   Observa-se uma elipse verbal similar à utilizada no trecho acima:

   A) Na reunião, discutimos o orçamento para o próximo trimestre e revisamos as metas estabelecidas, anteriormente.
   B) Aqueles que estudam têm sucesso; os que protelam, dificuldades.
   C) João gosta de nadar quando está em casa; Maria gosta de correr no seu tempo livre.
   D) A festa de ontem foi um sucesso, todos dançaram animadamente, alguns até cantaram, lindamente.
   E) Durante a viagem, visitamos várias cidades históricas, conhecemos novas culturas e experimentamos comidas típicas.

9. **(FGV – 2024 – Prefeitura de São Lourenço da Mata – PE – Professor de Língua Portuguesa)**

   O tempo, como o Mundo, tem dois hemisférios: um superior e visível, que é o passado, outro inferior e invisível, que é o futuro. No meio de um e outro hemisfério ficam os horizontes do tempo, que são estes instantes do presente que imos vivendo, onde o passado se termina e o futuro começa.

   VIEIRA, Pe. Antonio. *História do Futuro*. v. 1, 1718.
   Disponível em: http://www.dominiopublico.gov.br/. Acesso em 19 jul. 2024

   No trecho, é possível identificar o emprego das seguintes figuras de linguagem:

   A) metáfora, metonímia e prosopopeia.
   B) catacrese, antítese e metonímia.
   C) hipérbole, prosopopeia e metáfora.
   D) antítese, metáfora e comparação.
   E) comparação, catacrese e hipérbole.

10. **(FGV – 2024 – Prefeitura de São José dos Campos – SP – Agente de Serviços Gerais)** Assinale a frase abaixo que exemplifica um caso de eufemismo.

    A) O pátio do supermercado estava um deserto.
    B) O carro era um monumento!
    C) O policial conseguiu prender o ladrão do shopping.
    D) O acusado faltou com a verdade perante o juiz.
    E) O menino soltou uma enxurrada de palavrões.

11. (FGV - 2024 - AL - TO - Analista Legislativo) Assinale a frase em que não há nenhum termo omitido por elipse.

A) Quem nasceu para obedecer, obedecerá mesmo no trono.

B) Um bom governo necessita de boa propaganda e a boa propaganda, de um bom governo.

C) A paz: uma trégua para a guerra.

D) Quem acha que não tem poder não tem poder.

E) O político deve sempre buscar a aprovação, porém jamais o aplauso.

12. (FGV - 2024 - TJ - AP - Técnico Judiciário) A frase abaixo que mostra uma estrutura de antíteses, ou seja, mostra palavras de significados opostos, é:

A) Quanto menos tempo se tem, mais tempo se encontra;

B) As pessoas que não fazem nada nunca têm tempo;

C) Nós matamos o tempo, mas ele nos enterra;

D) Os amigos se mantêm perto; os adversários, mais perto ainda;

E) O tempo perdido não se encontra nunca mais.

13. (FGV - 2024 - Prefeitura de São José dos Campos - SP - Analista em Gestão Municipal) Assinale a frase a seguir em que os termos sublinhados ***não*** formam uma antítese.

A) Fale <u>bem</u> dos amigos todos os dias. Fale <u>mal</u> dos inimigos pelo menos duas vezes por dia.

B) Ele não sabe <u>nada</u> e pensa que sabe <u>tudo</u>. Isso aponta claramente para uma carreira política.

C) A paz faz <u>crescerem</u> as coisas pequenas; a guerra <u>destrói</u> as grandes.

D) Dos amos, devemos temer tanto sua <u>ira</u> como seu <u>afeto</u>.

E) A caneta que <u>nomeia</u> é a mesma que <u>demite</u>.

14. (CESPE/CEBRASPE - 2025 - InoversaSul - Professor de Língua Portuguesa)

O navio negreiro
Castro Alves

(...)

Prende-os a mesma corrente

— Férrea, lúgubre serpente —

Nas roscas da escravidão.

(...)

Identifica-se o emprego de metáfora no verso "— Férrea, lúgubre serpente —".

CERTO

ERRADO

15. (CESPE/CEBRASPE - 2025 - InoversaSul - Professor de Língua Portuguesa)

Dada a complexidade do tema, entendemos que é preciso ampliar o conjunto dos que debatem essas questões. *Há uma complexa trama de representações, atitudes e valores que recobrem tanto a diversidade cultural do país quanto sua diversidade linguística. Aparentemente, temos avançado mais no trato positivo da diversidade* *cultural do que no da diversidade linguística. Pelo menos, dispomos já de políticas de valorização da diversidade cultural, mas que, paradoxalmente, não incluem a diversidade linguística. É preciso buscar entender as razões para isso.*

Identifica-se uma hipérbole no primeiro período do texto.

CERTO

ERRADO

GABARITO:

1. D	2. D	3. D	4. A	5. C
6. D	7. E	8. B	9. D	10. D
11. D	12. A	13. C	14. CERTO	15. ERRADO

Acesse o material suplementar

uqr.to/20vh5

Parte IV

Interpretação de Textos

Tipologia Textual 23

23.1. OS MODOS E OS TIPOS DE TEXTO

Não se pode falar em compreensão e intelecção textual sem que se aprenda a diferenciar os modos de texto. Ao aprender a classificar um texto, o aluno não só se prepara para as questoes que versam sobre tipologia textual, como também estabelece o primeiro contato com o seu objeto de estudo.

Podemos destacar quatro maneiras de organizar um discurso: por meio da **narração**, **descrição**, **dissertação** expositiva e **argumentativa**. Muitas vezes, é importante ressaltar, utilizamo-nos de mais de um recurso na elaboração de um único texto.

23.1.1. A narração

É a modalidade de texto que se relaciona com objetos do mundo real. Na narração, o objetivo do autor é contar um fato, relatar acontecimentos, reais ou imaginários.

23.1.1.1. As modalidades da narração

O texto narrativo apresenta-se em diversas modalidades; entre as principais, podem-se citar:

1. **Romance:** narrativa longa que não se compõe apenas de uma trama — além do núcleo principal, outros enredos se desenrolam em paralelo. É composição que pode vir escrita em prosa ou em verso.
2. **Crônica:** é o relato de acontecimentos do cotidiano, do nosso dia a dia, que se desenrolam em uma sucessão cronológica. Reflete a vida social, a política, os costumes de uma época.
3. **Conto:** narrativa curta e concisa que se desenvolve em torno de um único núcleo. Pode ter características reais ou ser apenas fruto da imaginação do autor.
4. **Fábula:** uma espécie de conto, em forma de prosa ou verso. Tem como objetivo uma lição de aprendizado, o ensinamento de uma moral. Utiliza-se de personagens animais, mas com características humanas.
5. **Anedota:** narrativa que tem como objetivo provocar humor. É breve e pode se apresentar também na linguagem oral.

6. **Lenda:** história fictícia que se utiliza de lugares ou personagens reais. Mistura realidade e fantasia. Seu registro escrito normalmente é precedido de uma tradição oral.
7. **Parábola:** narrativa alegórica. Texto cujo objetivo é veicular uma mensagem, um ensinamento, por meio de uma comparação ou analogia. É a versão da fábula com personagens humanas.

23.1.1.2. Os elementos da narração

No texto narrativo, não se deve deixar de lado a análise do aspecto temporal: os acontecimentos se sucedem na linha cronológica, existindo, portanto, uma relação de anterioridade e posterioridade, que acabam por compor uma história que nos é contada por um narrador. Tem-se assim a composição de três elementos:

AÇÕES X PERSONAGENS X NARRADOR

23.1.1.2.1. As ações

As ações são relatadas numa narrativa obedecendo à seguinte ordenação:

1. Introdução

Apresenta a ideia-núcleo ou ideia principal, podendo surgir ideias secundárias. Representa um estado de harmonia inicial, de equilíbrio.

Ex.: Texto 1

"O índio da Transamazônica todo dia passava pelas obras, com um menino nas mãos e um livro debaixo do braço."

2. Desenvolvimento

O fato narrativo propriamente dito (uma série de ações que levam os personagens a sofrerem diversas transformações). No desenvolvimento, observamos o enredo da história, a ocorrência da desarmonia. No desenrolar de uma narrativa, o(s) personagem(ns), em busca de soluções para a carência apresentada na introdução, passa(m) por uma série de transformações, que culminarão em um resultado final. Há, nesse momento do texto, portanto, um conflito, um ponto extremo de tensão, que só será solucionado no desfecho da narração.

Ex.: continuação Texto 1

"Um dia, o engenheiro perguntou a ele:

– *Onde vai com estes livros?*

– *Pra escola!*

O engenheiro ficou maravilhado!

– *Que coisa edificante ver um índio brasileiro levar uma criança para a escola.*

– *Não é criança, não. Quem vai à escola é índio mesmo!*"

Importante ressaltar que, no gênero narrativo, ao relatar as ações através de uma evolução cronológica, é comum o uso de verbos de ação que encadeiam os fatos ("A mulher foi passear na capital. Após um tempo, o marido dela recebeu um telegrama.") e de conectivos temporais, que organizam os fatos da narrativa, situando-os uns em relação aos outros. ("O crime ocorreu no domingo. Dias depois, os jornais já noticiavam.")

3. Conclusão

A conclusão pode ser ideia sucinta do fato narrado, um comentário pessoal do autor ou uma simples generalização. Representa também a resolução da carência, isto é, um resultado, sob a forma de uma melhora, de uma permanência ou de uma degradação do estado inicial. É o desfecho do texto, que tanto pode ser a volta ao equilíbrio inicial como o aparecimento de uma nova, outra situação de equilíbrio não apresentada no início do texto.

Ex.: fechamento Texto 1

– Ah... que empolgante – falou o engenheiro. Aí, deu uma paradinha, uma pensadinha e perguntou: – E o menino?

– Ah! – falou o índio – menino é merenda!"

23.1.1.2.2. Os personagens

Os personagens são elementos fundamentais na narrativa, possuindo cada um o seu papel para a evolução da história. Interessante observar que o vocábulo "personagem" se origina do grego (persona = máscara): é por meio dos personagens que o autor transmite as mensagens que deseja.

Há os personagens principais – o antagonista e o protagonista – e os secundários. Constrói-se entre eles uma hierarquia de valor.

23.1.1.2.3. O narrador

O narrador é o organizador da história contada, podendo ser o próprio autor do texto narrativo ou até mesmo um personagem criado pelo autor. Contando a história para o leitor, ele poderá interferir no texto por meio de pronomes ("nós podemos concluir o que ela poderia estar pensando..."), do uso do presente genérico ("sabíamos que ele poderia não estar dizendo a verdade"), comentários sobre o fato narrado ("descrevendo-a desta maneira, é fácil imaginar por que ele a amava") ou até interpelando diretamente o leitor ("Preste atenção, minha cara leitora, a este artista que temos"). Podemos ainda caracterizar o narrador como o de primeira ("Já contei algumas vezes esta história") ou de terceira pessoa ("A mulher estendeu-lhe a mão e sorriu").

De uma forma prática, teríamos:

a) **Narrador personagem:** é aquele que conta a história e dela participa. A história é contada em 1ª pessoa.

   Ex.: "Percebi que minha avó não me olhava. A princípio, achei inexplicável ela fizesse isso, pois costumava fitar-me, longamente, com uma ternura que incomodava. Tive raiva do que me parecia um capricho e, como represália, fui para a cama."

b) **Narrador observador:** caracteriza-se como o narrador que relata acontecimentos na qualidade de alguém que observa e transmite suas impressões ao leitor. Conta-se a história em 3ª pessoa.

Ex.: "O menino pisou com o calcanhar a procissão de formigas atarantadas. Só então percebeu que lhe escorria do joelho esfolado um filete de sangue."

c) **Narrador onisciente:** é aquele que não só observa os acontecimentos, mas também sabe tudo sobre os personagens, inclusive seus sentimentos e pensamentos. A narração se desenrola em 3ª pessoa, mas muitas vezes a fala do narrador se mistura às dos personagens, o que caracteriza o discurso indireto livre.

Ex.: "No fundo, Ana sempre tivera necessidade de sentir a raiz firme das coisas. E isso um lar lhe dera. Por caminhos tortos, viera a cair num destino de mulher, com a surpresa de nele caber como se o tivesse inventado. O homem com quem casara era verdadeiro, os filhos que tivera eram filhos verdadeiros. Sua juventude anterior parecia-lhe estranha como uma doença de vida."

Veja, abaixo, uma questão da banca Cebraspe, em que ela cobrou o conhecimento dos tipos de narrador:

(CESPE/CEBRASPE - 2024 - Prefeitura de Camaçari - BA - Professor)

O professor Adelino falou sobre o número de sílabas que "o Gonçalves" gostava de usar, das pausas, da rima consoante e da toante, ali havia o segredo da musicalidade de grandes poetas, nec pluribus impar, falou da velha tradição da poesia portuguesa, dos árcades e que, embora o Gonçalves violasse as regras do verso e da gramática, era um poeta dos melhores. Que o Gonçalves tinha o direito de quebrar as regras do verso porque era verdadeiro poeta e o senso natural dos verdadeiros poetas vale mais que todas as regras, sejam da Versificação, sejam da gramática! Eu o ouvi, fiz-lhe perguntas e nossa conversa aconteceu. Claro, como poderia não acontecer? Ele falava do meu assunto predileto, o Gonçalves, e descobriu que quando falava no poeta, ou em poesia, eu me interessava, ele passou a levar o livro de Antonio para a minha casa, a fazer leituras em voz alta de poemas de Antonio. Embalde o professor Adelino tentava me conquistar com as poesias de Antonio que lia em voz alta, tão emocionado como se ele mesmo as houvesse escrito, ao final tecia comentários sobre a poesia, daí em diante nossos encontros eram para essas leituras, eu sentia algum pudor da situação, mas agradava-me fechar os olhos e imaginar que quem estava ali na minha frente lendo para mim era o autor das composições.*

Ana Miranda. *Dias e dias*: romance. São Paulo: Companhia das Letras, 2002. p. 143.

No fragmento de texto precedente, extraído da obra Dias e dias, uma biografia romanceada do escritor Antonio Gonçalves Dias, Feliciana, a narradora:

A) é também personagem e narra os fatos unicamente a partir do seu ponto de vista, como em um monólogo interior.

B) apresenta os fatos da narrativa predominantemente do ponto de vista dos demais personagens, embora seja ele também um personagem.

C) usa o foco narrativo exclusivamente na terceira pessoa para expor os fatos de um ponto de vista imparcial, ainda que seja protagonista.

D) é onisciente e utiliza o discurso indireto livre para revelar os pensamentos e as falas dos demais personagens.

E) é também personagem e apresenta a voz dos demais personagens por meio do discurso indireto, limitando-se a relatar o que estes fizeram e disseram.

Comentários: Em "...falou da velha tradição da poesia portuguesa..." e em "Que o Gonçalves tinha o direito de quebrar as regras do verso porque era verdadeiro poeta...", Feliciana relata por meio de discurso indireto o que o professor Adelino e o Gonçalves disseram.

Ao dizer "... ele passou a levar o livro de Antonio para a minha casa..." e "... ele falava do meu assunto predileto", por exemplo, mostra que Feliciana também era personagem da história, além de "... daí em diante nossos encontros eram para essas leituras...", envolvendo-se na narrativa.

Gabarito: E

23.1.1.2.4. O narrador e os tipos de discurso

No texto narrativo, os personagens dialogam entre si, manifestando, assim, o seu discurso. Cabe ao narrador a reprodução desses discursos ao longo da narração. Assim, podemos citar três formas de reprodução do discurso alheio – **discurso direto, discurso indireto** e **discurso indireto livre**. A seguir, a análise de cada um deles:

- Discurso direto

Nesse caso, o narrador reproduz as falas dos personagens por meio das próprias palavras deles. A reprodução do discurso ocorre como se o leitor ouvisse literalmente o que os personagens disseram.

Algumas marcas linguísticas são evidenciadas: uso dos dois-pontos e travessão; aparecimento de verbos que anunciam a fala do personagem ("disse", "falou"...) – são os chamados verbos de elocução ou verbos *dicendi*; e a presença de palavras que se vinculam à situação de produção textual em que se proferiu o discurso.

Ex.: " O rio já encheu mais? – perguntou a mãe.

– Chi, ta um mar d'água! Qué vê, espia, – apontou o menino com o dedo para fora do rancho."

- Discurso indireto

Nesse tipo de discurso, o narrador reproduz as palavras dos personagens sem priorizar sua forma linguística, e sim seu conteúdo. Aqui, o que se pretende não é reproduzir literalmente o que o personagem falou, mas reescrever tal fala por meio das palavras do narrador.

As marcas linguísticas desse tipo de discurso incluem também verbos que reproduzem as falas dos personagens ("dizer", "afirmar", "perguntar", "responder" etc.); a fala do narrador não é isolada por sinal de pontuação, mas por partículas introdutórias (normalmente, as conjunções integrantes que e se); os pronomes, os verbos e outros vocábulos da fala do personagem são substituídos por outros que se vinculem ao tempo em que se situa o narrador.

Ex.: "Assim que a encontrei, perguntei se nós poderíamos nos encontrar naquela noite."

- Discurso indireto livre

Essa é a forma mais sutil de se reproduzir a fala de um personagem – *não há* indicadores muito evidentes de limites entre a fala do narrador e a fala do personagem. Nesse caso, é preciso que o leitor pressuponha que aquelas palavras não pertencem ao narrador, e sim a um personagem da narrativa. É o discurso que aproxima ambos, dando-nos a impressão de que falam em uma só voz.

Ex.: "Toda a fascinação da vida o golpeou, uma tão profunda delícia e gosto de viver, uma tão ardente e comovida saudade, que retesou os músculos do corpo, esticou as pernas, sentiu um leve ardor nos olhos. Não quero morrer!"

Transposição do discurso direto para o indireto

Discurso direto	Discurso indireto
→ Pronomes e flexão verbal em 1ª ou 2ª pessoa: – *Quero dormir – disse a menina.*	→ Pronomes e flexão verbal em 3ª pessoa: – *A menina disse que queria dormir.*
→ Tempos verbais (ordenados em relação ao momento da fala) a) Presente do Indicativo – *A situação é a mesma – afirmou o policial.* b) Pretérito Perfeito – *Tudo permaneceu çom antes – lembrou o rapaz.* c) Futuro do Presente – *Tudo estará acabado em breve – sentenciou a mulher.* d) Modo Imperativo – *Não entre aí, disse a mãe.*	→ Tempos verbais (em correlação com o tempo em que se situa o narrador) a) Pretérito Imperfeito – *O policial afirmou que a situação era a mesma.* b) Pretérito Mais-que-perfeito – *O rapaz lembrou que tudo permanecera como antes.* c) Futuro do Pretérito – *A mulher sentenciou que tudo estaria acabado em pouco tempo.* d) Modo Subjuntivo – *A mãe mandou que não entrasse ali.*
→ Frases interrogativas diretas – *Tudo bem aí? – perguntou a mulher.*	→ Frases interrogativas indiretas – *A mulher perguntou se estava tudo bem ali.*
→ Pronomes demonstrativos de 1ª e 2ª pessoas (esta / este / isto; esse / essa / isso) – *Essa sua atitude não é educada repreendeu o pai.*	→ Pronomes demonstrativos de 3ª pessoa (aquele / aquela / aquilo) *O pai lhe falou que aquela atitude não era educada.*
→ Advérbios AQUI / ALI – *Trabalho aqui há vinte anos. – disse a professora.*	→ Advérbio LÁ – *A professora disse que trabalhava lá há vinte anos.*

Vamos treinar? Reconheça o tipo de discurso das frases retiradas de provas a seguir.

1. Tô morrendo de fome, disse Pereba.

   Gabarito: Discurso direto.

2. – Você é menor e eles estão precisando evitar escândalos.

   Gabarito: Discurso direto.

3. Perguntei se tudo estava solucionado.

   Gabarito: Discurso indireto.

4. Mande que todos se comportem de forma adequada.

   Gabarito: Discurso indireto.

5. Para mim esta é a melhor hora do dia – Ema disse, voltando do quarto dos meninos. – Com as crianças na cama, a casa fica tão sossegada.

   Gabarito: Discurso direto.

6. Bárbara estranhou a amiga. O que está se passando nessa cabecinha?

   Gabarito: Discurso indireto livre.

7. "É força de expressão, sua boba. O dia acaba quando eu vou dormir, isto é, o dia tem vinte e quatro horas e a semana tem sete dias, não está certo?"

   Gabarito: Discurso direto.

8. Gritou, se ajoelhou e se pôs a chorar – macaco é quase como gente – a mulher implorando que não maltratasse o bicho.

   Gabarito: Discurso direto.

Agora vamos treinar com a transposição de discursos. Faça a transposição do discurso direto em indireto.

1. Nem remédio ingeri, a moribunda esclarecia.

   Comentários: Na passagem no discurso direto para o indireto, o verbo, que está no pretérito perfeito no discurso direto (ingeri), passa para o pretérito mais-que-perfeito no discurso indireto (tinha ingerido), pretérito mais- que- perfeito no tempo composto, que equivale a *ingerira*.

   Gabarito: A moribunda esclarecia que nem remédio tinha ingerido.

2. Temos sorte de viver no Brasil, dizia meu pai.

   Comentários: No discurso direto, quando o verbo aparece no presente do indicativo (temos), passa a pretérito imperfeito do indicativo no discurso indireto (tínhamos).

   Gabarito: Meu pai dizia que tínhamos sorte de viver no Brasil.

3. Um homem do mundo me perguntou: "O que você pensa do sexo?"

   Comentários: Aqui também verbo no presente do indicativo no discurso direto (pensa) que passa a pretérito imperfeito no discurso indireto (pensava).

   Gabarito: Um homem do mundo me perguntou o que eu pensava do sexo.

4. O réu afirmou: "Sou inocente!"

   Comentários: Verbo *ser* no presente do indicativo no discurso direto (sou), no pretérito imperfeito no discurso indireto (era).

   Gabarito: O réu afirmou que era inocente.

5. Disse: "Viveremos muito bem aqui."

   Comentários: No discurso direto, o verbo **viver** aparece no futuro do presente do indicativo. No discurso indireto, passa a futuro do pretérito do indicativo (viveriam). E o advérbio **aqui** passa para a forma **lá** no discurso indireto.

   Gabarito: Disse que viveriam muito bem lá.

Agora, faça a transposição do discurso indireto em direto.

1. Ele sugeriu que ela entrasse em sua cabana.

   Comentários: No discurso indireto, quando o verbo aparece no pretérito imperfeito do subjuntivo (entrasse), passa, no discurso direto, para a forma do imperativo (entre). E ainda nessa construção aparece pronome na terceira pessoa (sua) no discurso indireto, que vira primeira pessoa no discurso direto (minha).

   Gabarito: Entre em minha cabana, sugeriu ele.

2. Disse que aquilo não era nada agradável.

   Comentários: O pronome de terceira pessoa no discurso indireto (aquilo) passa à primeira pessoa no discurso direto (isto), e a forma verbal no pretérito imperfeito do indicativo (era), no discurso indireto, vira presente do indicativo no discurso direto (é).

   Gabarito: Isto não é nada agradável, disse.

3. Ela insistiu em que lhe desse aquela blusa ali.

   Comentários: O pronome **lhe**, terceira pessoa no discurso indireto, passa à primeira pessoa no discurso direto (me). O verbo no pretérito imperfeito do subjuntivo (desse) vira imperativo afirmativo (dá) no discurso direto.

   Gabarito: Ela insistiu:

   — Me dá essa blusa aí.

4. O superintendente respondeu à baleia que não podia fazer nada.

   Comentários: No discurso indireto, o verbo aparece no pretérito imperfeito do indicativo (podia). No discurso direto, passa a presente do indicativo (posso).

   Gabarito: Não posso fazer nada, respondeu o superintendente à baleia.

5. O homem falou que tinha comprado aquela casa.

   Comentários: Tinha comprado é tempo composto no pretérito mais-que-perfeito, que equivale à forma simples do pretérito-mais-que-perfeito (comprara). Ao transpor para o discurso direto, a forma do pretérito mais-que-perfeito vira pretérito perfeito (comprei).

   Gabarito: O homem falou:

   — Comprei esta casa.

Veja algumas questões comentadas das bancas FCC e FGV, que gostam bastante desse assunto. As duas primeiras são para a identificação dos discursos e as duas últimas são de transposição.

1. **(FCC - 2024 - TRT - 7ª Região - CE - Técnico Judiciário)** Converte-se uma passagem do texto num discurso indireto em:

   A) Defina para mim seu conceito de beleza, lançou-me em desafio.
   B) Desafiei-o: consideras bonitas tua mãe e tua filha?
   C) Como pretende você definir a beleza de modo preciso? — respondeu-me.
   D) Perguntei-lhe se ele seria capaz de programar o conceito de beleza.
   E) Ponderou-me, então: acho que você concorda comigo nesse ponto.

   Comentários: Discurso indireto é aquele no qual a fala do interlocutor é incorporada à fala do narrador. É também comum o uso de verbos declarativos (perguntei, falou...), que iniciam o discurso, e as falas, em geral, aparecem como orações subordinadas substantivas, iniciadas por conjunção. Na opção D, ocorre esse tipo de discurso. Nas outras opções, discurso direto.

Gabarito: D

2. **(FGV – 2024 – TJ – SC – Analista Jurídico)** Mistura dos discursos direto e indireto, o discurso indireto livre é um recurso narrativo que permite que aflorem a fala e as reflexões dos personagens entre as palavras do discurso do narrador, como ocorre no seguinte trecho machadiano:

   A) A verdade é que minha mãe era cândida como a primeira aurora, anterior ao primeiro pecado.

   B) Eu deixei-me estar a ver os olhos de Virgília, a namorar-lhe a boca, fresca como a madrugada, e insaciável como a morte.

   C) Helena fez-se lépida e viva, como as andorinhas que antes, e ainda agora, esvoaçam por cima das árvores e por cima da grama.

   D) Tínhamos chegado à janela; um preto, que, desde algum tempo, vinha apregoando cocadas, parou em frente e perguntou: — Sinhazinha, quer cocada hoje?

   E) Viu o imenso espaço que aquele amor lhe tomara na vida, e a terrível influência que poderia exercer nela, caso não achasse forças para resistir à separação. Qual seria o meio de escapar a esse desenlace, pior que tudo?

   Comentários: No discurso indireto livre, há uma fusão dos tipos de discurso (direto e indireto), ou seja, há intervenções do narrador, bem como da fala dos personagens. Não existem marcas que mostrem a mudança do discurso. Por isso, as falas dos personagens e do narrador – que sabe tudo o que se passa no pensamento dos personagens – podem ser confundidas. É o que ocorre na opção E, na passagem "Qual seria o meio de escapar a esse desenlace, pior que tudo?", em que as falas do personagem e do narrador se confundem.

   Gabarito: E

3. **(FGV – 2025 – TCE – PI – Auditor de Controle Externo)**

   Leia a frase em discurso direto a seguir.

   — *Amanhã estarei saindo daqui com minha irmã.*

   Assinale a opção que apresenta essa frase em discurso indireto. (Começando por Ele disse que...)

   A) amanhã estará saindo de lá com sua irmã.

   B) amanhã estaria saindo de lá com a irmã dele.

   C) amanhã estava saindo de lá com a irmã dele.

   D) no dia seguinte estaria saindo de lá com sua irmã

   E) no dia seguinte ele estaria saindo de lá com a irmã dele.

   Comentários: Na transposição do discurso direto para o indireto, os advérbios "amanhã" e "daqui", do direto, passam a "no dia seguinte" e "lá", no indireto. Em relação ao tempo verbal, o futuro do presente passa a futuro do pretérito. Quanto às pessoas, a primeira pessoa (minha) passa para a terceira (sua).

   Gabarito: D

4. **(FCC – 2024 – MPE – PB – Técnico Ministerial)** *O superintendente, em ofício, respondeu à baleia que não <u>podia</u> fazer nada*

   Ao se transpor o trecho acima para o discurso direto, o verbo sublinhado assume a seguinte forma:

A) poderia.
B) pude.
C) posso.
D) pudesse.
E) possa.

Comentários: Quando o tempo verbal no discurso indireto for o pretérito imperfeito (podia), no direto passa para o presente (posso).

Gabarito: C

23.1.2. A narração e os tempos verbais

Quanto aos tempos verbais, pode-se afirmar que, nesse gênero de texto, há predominância de verbos no pretérito perfeito, já que o que se pretende é relatar acontecimentos que ocorreram em um momento passado.

Ex.: "Tudo quieto, o primeiro cururu surgiu na margem, molhado, reluzente na semiescuridão. Engoliu um mosquito; baixou a cabeçorra; tragou um cascudinho; mergulhou de novo, e bum-bum! Soou uma nota soturna do concerto interrompido." (Lima, Jorge de. *Calunga; O anjo.*)

Nesse texto, o que se observa são ações no pretérito perfeito que se sucedem na linha do tempo – surgiu, engoliu, mergulhou, baixou, tragou, mergulhou, soou.

Entretanto, é comum também a presença da troca dos tempos verbais na narração – do pretérito perfeito para o presente do indicativo –, quando o que se pretende é aproximar os acontecimentos que ocorreram no passado do momento em que se os narra. É a utilização do *Presente do Indicativo* no lugar do *Pretérito Perfeito*.

Ex.: "A moça chega com sapatinho baixo, saia curta, cabelos lisos castanhos arrumados em rabo-de-cavalo, sorri dentes branquinhos muito pequenos, como de primeira dentição, e fala o senhor me deixa telefonar? de maneira inescapável." (Ângelo, Ivan. Bar. – Adaptado)

De uma forma prática, pode-se observar na narração a articulação dos seguintes elementos:

1. Quem? → os personagens que se envolvem na trama.
2. Quê? → o enredo – os fatos em si, a trama, os acontecimentos.
3. Onde? → o local onde se desenvolve o enredo.
4. Quando? → o momento em que se desenrolou a trama.
5. Como? → a forma como se desenvolveram os acontecimentos.
6. Por quê? → as causas, os motivos que suscitaram os eventos.
7. Para quê? → possíveis finalidades, consequências desejadas pelos personagens da trama.

Veja como a tipologia narrativa foi cobrada em uma questão da banca Cebraspe:

(CESPE/CEBRASPE – 2025 – InoversaSul – Professor de Língua Portuguesa)

Cléber de Souza, empresário e ex-garçom, acordou mais cedo que de costume. Cumpriu sua rotina matinal, se vestiu e partiu para uma das raras lojas que ainda revelam fotografias em Jaraguá do Sul (SC), onde mora. Pagou por uma única foto, tirada 21 anos atrás. Nela, aparece de camisa branca e gravata borboleta ao lado de um sorridente senhor de barbas brancas, que vestia uma camisa rosa estampada com coqueiros. Era Francis Ford Coppola. O cineasta americano visitou Curitiba em 2003, ano da foto. Em uma estada de três semanas, passou cinco vezes no restaurante italiano onde Souza trabalhava. Foi tietado pelos funcionários e até criou uma pizza personalizada, feita em massa grossa com muçarela, molho de tomate fresco, azeite e manjericão. O sabor é servido até hoje, com seu nome.

Coppola circulava pela capital do Paraná, naquele ano, em busca de inspirações para o filme que vinha tentando produzir desde a década de 1980: Megalópolis. A película acaba de ser lançada e por isso o diretor resolveu retornar à cidade, que o atraiu anos atrás graças a seus dotes urbanísticos. Desta vez, permaneceu por apenas um dia. Souza, ansioso por reencontrar o antigo freguês na estreita janela de 24 horas, pegou a fotografia e percorreu, na tarde de 31 de outubro de 2024, os 160 quilômetros que conectam Jaraguá do Sul a Curitiba.

Plínio Lopes. O poderoso busão. *Revista Piauí.*
Internet: piaui.folha.uol.com.br (com adaptações).

O encadeamento de acontecimentos expressos por verbos no pretérito perfeito, como ocorre no primeiro parágrafo, é um dos elementos que caracterizam o texto como narrativo.

CERTO

ERRADO

Comentários: No primeiro parágrafo, os verbos que aparecem no pretérito perfeito estão numa sequência progressiva ("acordou", "Cumpriu", "se vestiu", "partiu"...), numa relação de anterioridade e posterioridade. É, realmente, uma característica própria do texto narrativo.

Gabarito: CERTO

23.1.3. A descrição

É a modalidade de texto que trata das características de uma pessoa, de um objeto, de uma paisagem ou de uma simples situação, em determinado período de tempo. Em uma modalidade abstrata, a descrição pode caracterizar sentimentos, sensações. É o tipo de texto que lida com detalhamentos, pormenores do elemento que retrata.

Ex.: "O amor estava de chambre verde, recostado na cama cheia de almofadas. As mãos branquíssimas descansando entrelaçadas na altura do peito. Ao lado, um livro aberto e cujo título deixei para ler depois e não fiquei sabendo." (Telles, Lygia Fagundes. *A estrutura da bolha de sabão.*)

Vale lembrar que é muito comum que a narração contenha aspectos descritivos. No texto narrativo, observa-se a presença constante não apenas da caracterização das cenas em que se desenrola a trama, mas também a qualificação dos personagens que dela participam.

Ex.: "Ouvi primeiro o ruído de cascos pisando a grama, mas continuei deitado de bruços na esteira que havia estendido ao lado da barraca. Senti nitidamente o cheiro acre muito próximo. Virei-me devagar, abri os olhos. O cavalo erguia-se interminável à minha frente. Em cima dele havia uma espingarda apontada para mim e atrás da espingarda um velhinho de chapéu de palha, que disse logo o seguinte:

– Filhos de uma puta." (Piroli, Wander. *Crítica da razão pura.*)

Neste trecho, que inicia uma narração, o que se percebe é o comprometimento inicial do autor em caracterizar não só a cena, como também os personagens da história que se inicia.

23.1.3.1. *A passagem do tempo na descrição*

Importante lembrar que se torna quase impossível desenvolver uma descrição pura, onde não apareçam trechos de narração ou até de dissertação. A descrição consiste não em fazer progredir uma história (tarefa da narração), mas em interrompê-la, detendo-se em um personagem, um objeto, um lugar etc. Na descrição, não existe relação de anterioridade e de posterioridade entre os enunciados, os movimentos ocorrem ao mesmo tempo, sem haver progressão de um estado a outro. As ações reproduzidas na descrição são simultâneas. Ao ocorrer progressão cronológica, tem-se o texto narrativo.

Ex.: "Cheguei em casa carregando a pasta cheia de papéis, relatórios, estudos, pesquisas, propostas, contratos. Minha mulher, jogando paciência na cama, um copo de uísque na mesa da cabeceira. (...) Os sons da casa: minha filha no quarto dela treinando empostação de voz, a música quadrafônica do quarto do meu filho. (...) A copeira servia à francesa, meus filhos tinham crescido, eu e a minha mulher estávamos gordos." (FONSECA, Rubem. *Passeio noturno.*)

O trecho inicia-se com uma narração – ações evoluindo em uma sequência cronológica ("Cheguei em casa..."). Entretanto, logo a seguir, o autor interrompe sua sequência narrativa para caracterizar uma cena – tem-se uma pausa na narração para um trecho descritivo. Na descrição, as ações são concomitantes ("minha mulher jogando paciência", "minha filha no quarto treinando empostação de voz", "a copeira servia à francesa").

23.1.3.2. *Os tipos de descrição*

Basicamente, o texto descritivo pode se voltar para objetos, assuntos científicos, seres humanos ou paisagens.

23.1.3.2.1. Descrição de objetos

Os objetos podem ser caracterizados de forma objetiva, com linguagem denotativa; ou de maneira subjetiva, com a intervenção do ponto de vista do observador.

- Descrição objetiva

Ex.: "A cachorra Baleia estava para morrer. Tinha emagrecido, o pelo caíra-lhe em vários pontos, as costelas avultavam num fundo róseo, onde manchas escuras supuravam e sangravam, cobertas de moscas. As chagas da boca e a inchação dos beiços dificultavam-lhe a comida e a bebida." (RAMOS, Graciliano. *Baleia.*)

- Descrição subjetiva

Ex.: "Se me falam em virtude, em moralidade ou imoralidade, em condutas, enfim, em tudo que se relacione com o bem e o mal, eu vejo Mamãe em minha ideia. Mamãe — não. O pescoço de Mamãe, a sua garganta branca e tremente, quando gozava a sua risadinha como quem bebe café no pires. (...) Ela não se pintava nunca, mas não sei como fazia para ficar com aquela lisura de louça lavada. Nela, até a transpiração era como vidraça molhada: escorregadia, mas não suja." (QUEIROZ, Dinah Silveira de. *A moralista*.)

23.1.3.2.2. Descrição de fatos científicos

Nesse tipo de descrição, podemos inserir a descrição de fato da ciência, em que o objeto retratado caracteriza-se como do âmbito científico. Aqui, o objetivo maior do observador é o de informar o leitor sobre as características do elemento descrito. O discurso científico destaca o conteúdo das informações feitas, não priorizando, portanto, a subjetividade daquele que produz o texto.

Ex.: "Genoma é o conjunto simples de cromossomos de uma célula (cariótipo). É o conjunto formado por apenas um cromossomo de cada tipo, na espécie estudada. No ser humano o genoma é constituído de 23 cromossomos diferentes."

23.1.3.2.3. Descrição de seres humanos

Nesse caso, o tema-núcleo da descrição é uma pessoa. Nesse texto descritivo, o autor pode se voltar tanto para os aspectos físicos do ser retratado como para suas características psicológicas, psíquicas.

Ex.: "A família foi pouco a pouco chegando. Os que vieram de Olaria estavam muito bem vestidos porque a visita significava ao mesmo tempo um passeio a Copacabana. A nora de Olaria apareceu de azul-marinho, com enfeites de paetês e um drapejado disfarçando a barriga sem cinta. O marido não veio por razões óbvias — não queria ver os irmãos. Mas mandara sua mulher para que nem todos os laços fossem cortados — e esta vinha com o seu melhor vestido para mostrar que nao precisava de nenhum deles, acompanhada dos três filhos: duas meninas já de peito nascendo, infantilizadas em babados cor-de-rosa e anáguas engomadas, e o menino acovardado pelo terno novo e pela gravata." (LISPECTOR, Clarice. *Feliz Aniversário*.)

23.1.3.2.4. Descrição de paisagens

Ao descrever paisagens, o autor tanto pode ter a simples intenção de localizar o leitor em relação ao espaço em que se desenvolve o texto narrativo como pode pretender seduzir o leitor sobre as qualidades da paisagem observada, com o intuito de apresentar seu julgamento sobre o espaço retratado. A descrição pode ser panorâmica, abrangente ou pode se ater a detalhamentos, pormenores do seu tema-núcleo.

Ex.: "Agradável na manhã seguinte o percurso numa rodovia que não era de seu tempo. Ônibus e caminhões escureciam as estradas de poeira. Ao pé de uma serra calcárea, que conhecera intacta, as chaminés de uma fábrica de cimento emitiam rolos de uma fumaça escura. Mais adiante, os fornos de uma siderúrgica." (MACHADO, Aníbal. *Viagem aos seios de Duília*.)

Veja uma questão de concurso que solicitou o reconhecimento de um texto descritivo:

(Instituto Consulplan - 2020 - Prefeitura de Capanema - PA - Auditor Fiscal Municipal)

"Uma pequena aglomeração na orla da Barra da Tijuca. Homens, em sua esmagadora maioria. O carro de som parado, o zunido do microfone enquanto passam o som, a faixa ligeiramente torta. É a primeira passeata masculinista do Brasil."

Podemos afirmar que, nesse trecho, predomina a tipologia textual:

A) Injuntiva.

B) Narrativa.

C) Descritiva.

D) Expositiva.

E) Argumentativa.

Comentários: O trecho apresentado detalha aspectos de determinado acontecimento por meio de impressões, características e observações sobre aquilo que está sendo detalhado, ou seja, descreve a cena para seu leitor.

Gabarito: C

23.1.4. A dissertação

Aquilo que chamamos didaticamente de dissertação consiste na exposição de ideias, razões. Se, por um lado, na descrição e narração predominam termos concretos, que se referem a pessoas do mundo, ao menos presumidamente, real, na dissertação, predominam os conceitos abstratos, muitas vezes fora das esferas do tempo e do espaço. Não há, portanto, em princípio, uma progressão temporal entre os enunciados, mas relações de natureza lógica (causa e efeito, uma premissa e uma conclusão...).

Em textos de concursos públicos, costuma-se subdividir os textos dissertativos em duas modalidades – o texto dissertativo-expositivo e o texto dissertativo-opinativo (ou argumentativo). O primeiro tem por objetivo discutir um assunto, expor o que se sabe sobre ele sem defesa de ponto de vista do autor. Já a segunda modalidade tem como meta a persuasão, o convencimento – neste tipo de texto o autor utiliza estratégias argumentativas que visam defender sua tese.

23.1.4.1. O texto dissertativo-expositivo

É o texto que expõe ideias, explana, discute, revela o que o autor sabe sobre determinado assunto. Sua linguagem é objetiva, clara, impessoal. Traz abordagem abrangente sobre um tema, permitindo que o leitor desenvolva sua própria opinião sobre o assunto. Nesse texto, o autor não manifesta, ao menos explicitamente, suas opiniões sobre o tema tratado. Ainda que em alguns momentos do texto ele opine, sua intenção não é defender seu ponto de vista sobre o tema em questão.

Ex.: Desde o final do século XV, com a invenção de novos equipamentos de navegação e as grandes descobertas, a Globalização se espalhou por todo o planeta, ao mesmo tempo em que aumentava a influência europeia no mundo. No século XIX, o telégrafo submarino reduziu o tempo com que as informações, as ordens e as diversas decisões importantes chegavam a diversos lugares do mundo – em pontos específicos, em quantidades limitadas e com alguma defasagem de tempo. (BUARQUE, Cristovam. *Admirável mundo atual* – Adaptado)

Como se vê, nesse tipo de texto, o autor expõe aquilo que sabe sobre determinado assunto, sem a preocupação de julgar, emitir opinião em relação ao assunto sobre o qual discorre.

Há textos expositivos que apresentam informações sobre um objeto ou fato específico, sua descrição, a enumeração de suas características, com o objetivo de aumentar o conhecimento do leitor sobre determinado assunto. É o texto informativo. Com linguagem objetiva e impessoal, este tipo de texto pressupõe acréscimo de informação para quem o lê. O texto dissertativo-informativo é o tipo de texto que procura tratar de assunto de interesse do leitor e busca a novidade – algo que, ao menos presumidamente, seja desconhecido do público ao qual é veiculado.

Ex.: "Recente documento, elaborado pelo IBGE (Instituto Brasileiro de Geografia e Estatística), revela que o Brasil é um país mergulhado na sujeira: metade dos municípios não têm serviço de esgoto sanitário, 70% do lixo das cidades são jogados em lixões e alagados (rios, lagos, mar, etc.) e apenas poucos municípios fazem coleta seletiva de lixo."

Nesse caso, o objetivo do texto é aumentar o número de informações do leitor sobre o assunto do lixo. Por meio de dados estatísticos e exemplos e de uma linguagem objetiva, o autor atinge seu objetivo – apresentar possíveis novidades ao seu leitor.

23.1.4.2. O texto dissertativo-opinativo

Também chamado de argumentativo. Esse texto difere do dissertativo-expositivo, pois, além de expor o que se sabe sobre um assunto – e, muitas vezes, também informar –, o texto dissertativo-argumentativo tem por finalidade principal persuadir o leitor sobre determinado assunto, modificar seu comportamento.

Ex.: "Viver 'plugado' a uma corrente de pessoas e informações pode ser divertido e útil. Mas agride o que o ser humano tem de melhor e mais insubstituível: o seu gosto, o seu erro, a sua miséria e sua glória."

Aqui, o autor emite sua opinião, por meio do auxílio de adjetivos com valor subjetivo ("melhor", "insubstituível"). Assim, a mensagem transmitida ao autor deixa de ser fato, para ser julgamento – característica do texto opinativo.

Muitas vezes, o autor, com o intuito de transparecer seu posicionamento, utiliza-se de algumas marcas linguísticas capazes de persuadir o leitor, tais como verbos na 1ª pessoa do singular ou plural e expressões de modalidade – os modalizadores (vocábulos indicativos da opinião do autor). É o que se observa no seguinte texto:

"O dever do Estado é proteger a propriedade de todos da sanha de cada um e a propriedade de cada um da sanha de todos. A pichação dos bens públicos ou particulares viola ambos os princípios e, portanto, é dever da autoridade competente tomar medidas coercitivas. <u>Eu</u>, como milhões de cidadãos, <u>gosto de ver</u> a <u>minha cidade</u> limpa. <u>Faço minha parte</u>, de um lado mantendo <u>meu muro</u> pintado e de outro pagando impostos para que a Prefeitura faça o mesmo com <u>os nossos monumentos</u>. Se os pichadores têm seus 'direitos' de expressarem-se livremente, eu também tenho os meus de querer minha cidade em ordem e bonita. Com uma diferença: eu pago impostos para exercer a minha cidadania e eles, tão somente, adquirem uma lata de aerossol."

Por meio de pronomes da 1ª pessoa do singular ("Eu", "minha", "meu") ou da 1ª pessoa do plural ("nossos"), aquele que redige emite seu juízo de valor acerca do assunto abordado. Além disso, expressões, como "viola", "faço minha parte", "cidade em ordem e bonita", demonstram comprometimento com o assunto retratado – são os modalizadores textuais. Assim, todos esses recursos estão sendo utilizados a favor de um único objetivo: o de o autor demonstrar a validade de seus argumentos, de suas opiniões sobre o tema discutido.

A diferença entre os textos dissertativos expositivos e argumentativos são amplamente explorados em provas. Veja alguns exemplos de questões:

1. **(CESPE/CEBRASPE - 2024 - Prefeitura de Mossoró - RN - Auditor Fiscal de Tributos Municipais)**

Notícias falsas costumam ser definidas como notícias, estórias, boatos, fofocas ou rumores que são deliberadamente criados para ludibriar ou fornecer informações enganadoras. Elas visam influenciar as crenças das pessoas, manipulá-las politicamente ou causar confusões em prol de interesses escusos.

Muitos comentadores têm chamado a atenção para o fato de que a falsidade das notícias não é um fenômeno inteiramente novo, pois já existia no tempo dos gregos, e, mais recentemente, desde que o tema entrou em pauta, não têm faltado artigos sobre o histórico das notícias falsas ao longo do tempo.

De fato, se a expressão significar a criação de informação falsa movida pelo propósito de enganar, o conceito está longe de ser novo. Basta pensar na longa história dos tabloides, das fofocas acerca da vida das celebridades, das táticas de estilo das revistas para fisgar seu público. Sabe-se também como as estratégias de sedução e persuasão das revistas sempre funcionaram. Em quaisquer dos casos, são mensagens de forte apelo visual cujas chamadas são tão inacreditáveis que se tornam irresistíveis.

Lucia Santaella. A pós-verdade é verdadeira ou falsa.
Barueri: Estação de Letras e Cores, 2018 (com adaptações).

No texto predomina o tipo textual expositivo.

CERTO

ERRADO

Comentários: No texto expositivo, o objetivo central do locutor (emissor) é explanar sobre determinado assunto, a partir de alguns recursos linguísticos, tais como conceituação (exposição dos conceitos relacionados a um determinado tema), definição (explicação e definição sobre os temas relacionados com o assunto abordado), descrição (análise mais pormenorizada de aspectos referentes ao tema) etc. Aqui, o que prevalece é esse tipo de texto, procura definir conceitos de notícias falsas.

Gabarito: CERTO

2. **(FGV - 2024 - TRF - 1ª REGIÃO - Técnico Judiciário)** Sabendo que o texto argumentativo é aquele que apresenta razões para defender ou atacar uma opinião ou tese, com a finalidade de convencer alguém sobre algo, o segmento abaixo que pode ser classificado como argumentativo, pois mostra uma tese e argumentos, é:

A) A educação é a chave de todas as portas, como já dizia um sábio latino.
B) A Quinta Sinfonia de Beethoven é uma orgia de sons invulgares.
C) Quantas pessoas têm bom ouvido para a Literatura, mas que, ao cantar, desentoam.
D) Nem sempre os grandes escritores são bons escritores.
E) A arte não é uma coisa e sim um caminho.

Comentários: Na opção A, aparece a tese (A educação é a chave de todas as portas) seguida de argumento que justifica esse ponto de vista, representado por testemunho de autoridade (já dizia um sábio latino). Nas outras opções, as declarações / afirmações não são seguidas de argumentos que as justifiquem.

Gabarito: A

23.1.4.3. A estruturação argumentativa

Ao argumentarmos, expomos o assunto de modo pessoal (nosso ponto de vista ou tese), podendo também utilizar outros pontos de vista a respeito do mesmo tema (ideia principal). Assim, no intuito de defendermos nossa tese, oferecemos argumentos que a apoiem. Para isso, estruturamos nossas ideias em uma sequência lógica, progressiva e correta.

Um plano de dissertação deve conter três partes: introdução, desenvolvimento e conclusão. A seguir, uma análise dos segmentos que constituem uma dissertação.

1. Introdução

Inicialmente se faz a introdução, que determinará o desenrolar do desenvolvimento. É neste momento em que se apresenta o tema a ser discutido, a ideia-núcleo ou ideia principal, a tese.

2. Desenvolvimento

Na segunda fase do texto argumentativo, faz-se a análise crítica dos argumentos usados de apoio para sua tese. Cada argumento é exposto em um parágrafo próprio. Dois a três parágrafos é o padrão do desenvolvimento de um texto argumentativo. Ao argumento que normalmente inicia o parágrafo de desenvolvimento dá-se o nome de **tópico frasal**.

Inicia-se, portanto, cada parágrafo do desenvolvimento com o que denominamos de tópico frasal – que se constitui na ideia que irá direcionar o parágrafo, sendo, portanto, sua base. A seguir, desenvolve-se a discussão iniciada pelo tópico frasal, na qual são utilizados diversos recursos que servirão de apoio para o argumento defendido – exemplos, comparações, narrativas, descrições, opiniões próprias – de forma coerente e organizada.

3. Conclusão

O parágrafo final é reservado à conclusão, na qual o autor retoma a ideia-núcleo, reescrevendo-a e acrescentando-lhe, em geral, um juízo crítico, de forma a enriquecer os argumentos defendidos. É o momento em que o autor opina, critica e, muitas vezes, oferece soluções concretas ao problema discutido ao longo da argumentação.

Veja o texto a seguir, retirado de uma prova elaborada pelo Cebraspe / UnB, para análise de um texto argumentativo.

> *O leitor é personagem da modernidade, produto da sociedade burguesa e capitalista, livre dos laços de dependência da aristocracia feudal e do estreitamento corporativista das ligas medievais. A emancipação do leitor encena, de certo modo, o processo de libertação de que se originou a sociedade moderna. Nesse sentido, narrar a formação da leitura no Brasil significa também narrar, sob esse viés, a história da modernização de nossa sociedade.*
>
> *Vários fatores criaram o espaço social necessário para transformar certo número de pessoas associadas a certas práticas sociais em leitores: o individualismo da sociedade burguesa, a visão de mundo antropocêntrica estimulada pela Renascença e difundida pela filosofia humanista, o progresso tecnológico que facultou o desenvolvimento da imprensa, a expansão da escola e do pensamento pedagógico apoiado na alfabetização, o fortalecimento de instituições culturais como as universidades, as bibliotecas e as academias de escritores.*
>
> *Disso resultaram duas noções: de um lado, a noção de público, massa coletiva e anônima que, não obstante o anonimato, pode ter vontade própria e direção definida, incidindo em linhas de ação que a literatura, em parte ou no todo, acata ou não; de outro, a noção de leitor, indivíduo habilitado à leitura, com preferências demarcadas, figura que o escritor busca seduzir, lançando mão de técnicas e de artifícios contabilizados pela crítica e história da literatura.*
>
> *Mesmo sendo presença suficientemente poderosa para influenciar os mecanismos literários, o leitor não se mostra figura unidimensional nem unidirecional. E exatamente o que é fugidio em sua história desdobra-se nos ângulos diferenciados que o leitor e a leitura foram assumindo ao longo do tempo.*
>
> *Não que a leitura seja prática sólida no Brasil; nem que as instituições culturais e pedagógicas encarregadas de sua difusão tenham consistência ou estejam a salvo de críticas que, desde o século XIX, a elas são dirigidas. Desde a separação de Portugal, reclama-se (e com razão) uma atuação mais positiva e competente do Estado, no sentido de melhorar a educação e a cultura do país; nada indica que hoje essas reivindicações tenham perdido legitimidade e razão de ser.*
>
> Marisa Dajolo e Regina Zilberman. *A formação da leitura no Brasil.* São Paulo: Ática, 1998, p. 9-10 (com adaptações)

- **Introdução com apresentação do tema:** o objetivo das autoras é discorrer sobre a formação da leitura brasileira por um viés cronológico – a história da modernização da sociedade no Brasil.
- **1º parágrafo de desenvolvimento:** as autoras se propõem a discorrer sobre as causas que contribuíram para a formação dos leitores. O parágrafo segue a estruturação padrão: apresenta-se o tópico frasal logo no início para, na sequência, desenvolvê-lo.
- **2º parágrafo de desenvolvimento:** já no início do parágrafo, depreende-se seu tópico frasal – o objetivo é apresentar as consequências, as noções que resultaram dos fatores explicitados no parágrafo anterior.
- **3º parágrafo de desenvolvimento:** as autoras iniciam o parágrafo utilizando-se de um recurso coesivo ("mesmo sendo presença suficientemente poderosa para influenciar os mecanismos literários"), por meio do qual ele retoma o parágrafo anterior. Logo a seguir, apresenta-se o tópico frasal que originou o parágrafo:

"o leitor não é figura unidimensional nem unidirecional", que será desenvolvido posteriormente.

- **Conclusão do texto:** aqui, as autoras retomam o tema do texto – a formação dos leitores no contexto brasileiro, veiculando seu ponto de vista acerca do assunto ("reclama-se e com razão uma atuação mais positiva e competente do Estado"). É a conclusão também o momento de se apresentarem sugestões acerca do tema discutido – "no sentido de melhorar a educação e a cultura do país".

A argumentação caracteriza-se como um procedimento do autor para fazer o leitor aderir às suas teses defendidas em um texto. Ao argumentarmos, construímos ideias, justificamo-las ordenando-as, buscando também seduzir o leitor, dirigindo os argumentos de modo a atingir nossa meta de persuasão.

Eis algumas características do texto argumentativo:

1. O texto dissertativo-argumentativo volta-se para uma única ideia, que é a tese do texto. Tudo o que se afirma ao longo da argumentação se volta para essa ideia.
2. O bom texto argumentativo evita a redundância. Todos os argumentos devem ser variados, entretanto devem se voltar para o tema central, buscando, assim, a variedade, sem fugir do objeto da argumentação.
3. Um bom recurso, que normalmente é explorado pelo argumentador para conferir maior veracidade ao seu texto, é a utilização de citações autorizadas de outros escritores que tratem do mesmo tema.
4. É comum encontrar, no texto argumentativo, a utilização de relações de causa e efeito para as afirmações produzidas, estabelecendo uma correlação lógica entre os fatos.
5. O bom texto argumentativo é coeso, com cada uma de suas partes amarradas em torno de um tema central, e coerente, com articulação lógica entre seus segmentos.
6. O uso de exemplos é estratégia comumente utilizada pelo argumentador e confere confiabilidade ao que se lê, na medida em que concretiza as ideias, em geral abstratas, expostas na argumentação.

23.1.4.4. Outras modalidades do texto dissertativo

Além dos textos dissertativos expositivos e opinativos, observam-se nas provas outras modalidades de textos. Entre elas, podemos citar as seguintes:

23.1.4.4.1. Texto didático

É aquele que transmite conhecimentos com o objetivo de ensinar. Apresenta riqueza de detalhes e utiliza linguagem clara e objetiva. São os livros escolares, os textos de congressos.

Ex.: "A entrevista consiste em inquirir tecnicamente, de forma hábil, dentro de um plano e sequência previamente estudados, levando o interrogado ou entrevistado a se pronunciar sobre aquilo que desejamos saber e a emitir sua opinião, muitas vezes sem que formulemos a pergunta diretamente. É a maneira racional de levar alguém a fornecer os informes e as informações que possui em determinada área.

É uma técnica de comunicação direta entre duas pessoas que possuem alguns interesses em comum. Forma de pesquisa realizada através de diálogo estudado e preparado dentro de um plano e sequência previamente analisados, levando, sutilmente, o entrevistado a se manifestar sobre assuntos de seu conhecimento." (NOGUEIRA, A. *Processamento da entrevista*.)

Como se pode observar, o texto didático apresenta definições, detalhes do tema tratado. Nesse caso, o que o autor pretende é que o leitor aprenda a realizar uma entrevista.

23.1.4.4.2. Texto preditivo

É o texto que se utiliza de deduções com base em informações prévias. O texto preditivo lida com probabilidades, não com certezas. São as previsões meteorológicas, os textos de astrologia, as previsões na economia.

Ex.: "Noventa e sete por cento das espécies vivas, 80.000 proteínas produzidas pelo corpo e bilhões de galáxias ainda não foram identificadas. Quase nada sabemos da natureza do Universo, da origem da Vida, do funcionamento dos climas, do desenvolvimento do embrião e do cérebro.

Provavelmente não se descobrirá ainda no século XXI de onde surgiu o Universo, nem como começou a vida na Terra, nem como o cérebro engendra o pensamento e a consciência, nem se outras formas de vida existem em outros lugares. Em compensação, outras questões que hoje não são formuladas serão resolvidas, pois se descobrirá que certas respostas consideradas definitivas estavam totalmente equivocadas."

Aqui, o autor parte de dados sobre o assunto — "Noventa e sete por cento das espécies vivas, 80.000 proteínas produzidas pelo corpo e bilhões de galáxias" — para, na sequência, estabelecer um discurso preditivo — "... pois se descobrirá que certas respostas consideradas definitivas estavam totalmente equivocadas". Eis a marca do texto preditivo: informação aliada a previsão.

23.1.4.4.3. Texto polêmico

Neste texto, o objetivo do autor é demonstrar ao leitor mais de um ponto de vista sobre um assunto, mesmo que em alguns textos se observe claramente a opinião do autor. O texto polêmico permite ao leitor o contato com mais de um posicionamento sobre o tema explorado, o que normalmente não ocorre no texto argumentativo.

Ex.: "O budismo faz tanto sucesso no Ocidente porque possui características que correspondem às tendências da pós-modernidade neoliberal. Num mundo em que muitas religiões se sustentam em estruturas autoritárias e apresentam desvios fundamentalistas, o budismo apresenta-se como uma não religião, uma filosofia de vida que não possui hierarquias, estruturas nem códigos canônicos. No budismo não há a ideia de Deus, nem de pecado. Centrado no indivíduo e baseado na prática da yoga e da meditação, o budismo não exige compromissos sociais de seus adeptos, nem submissão a uma comunidade ou crença em verdades reveladas. Há, contudo, muitos budistas engajados em lutas sociais e políticas. Nessa cultura do elixir da eterna juventude, em que o envelhecimento e morte são encarados, não como destinos, mas como fatalidades, o budismo oferece a crença na reencarnação." (BETTO, Frei. Por que o Budismo encanta o Ocidente?)

Ainda que o autor emita seu juízo de valor ao longo do texto, seu objetivo é contrapor o budismo às outras religiões, utilizando-se de uma comparação baseada no contraste entre as características de ambos os elementos.

23.1.4.4.4. Texto injuntivo

É o texto que exprime instruções ao leitor com a finalidade de que ele execute ou não determinada tarefa. Apresenta normalmente verbos no imperativo e pressupõe uma ação por parte do interlocutor.

Ex.: "Quer manter a postura sempre perfeita? De manhã, antes de se vestir, amarre um fio de linha em volta da cintura, sem deixar folga. Ele não deve apertar, mas precisa estar justo. Ao longo do dia, ao sentir a presença do fio, coloque a barriga para dentro e endireite as costas."

Esse texto é retirado de uma revista sobre saúde e bem-estar. Logo no início, apresenta-se o tema – a busca de uma postura perfeita. Na sequência, enumeram-se ações que deverão ser realizadas pelo leitor ("amarre", "coloque", "endireite"). Tem-se, portanto, o perfil do texto injuntivo – apresentar instruções, em uma linguagem imperativa, que pressupõe consequentes ações por parte do leitor.

23.1.5. Tipologia textual – resumo

Quanto às modalidades textuais e os diferentes tipos de textos, podemos sistematizar as seguintes características:

TIPOLOGIA	OBJETIVO	TEMPO	CARACTERÍSTICAS
Narrativo	Relatar acontecimentos.	SIM. Antes e depois. Marca fundamental.	Verbos de ação. Conectores temporais.
Descritivo	Caracterizar, qualificar cenas, personagens etc.	NÃO. Tempo congela. Fatos ocorrem ao mesmo tempo.	Substantivos. Adjetivos.
Dissertativo	Discutir, abstrair, discorrer, conceituar. Não descrever.	Não é relevante.	Relações de subordinação. (Causa e Efeito). Aparecimento de testemunhos de autoridade, dados estatísticos, exemplos.

Finalidade de cada tipo de texto

1. **Informativo:** Informar, veicular conhecimento que o leitor desconhece. É mais específico do que expositivo. Ex.: jornal, bula de remédio etc. Tem por marcas linguísticas frequentes a clareza e a precisão. Procura meios de atrair a atenção

do leitor para o que é veiculado. Traz implícita a ideia de que o conteúdo do texto é de interesse dos leitores.

2. **Didático:** Ensinar, também são informações que o leitor desconhece. Ex.: livros didáticos.
3. **Expositivo:** Expõe o que se sabe, sem opinar. Ex.: questões discursivas em concursos públicos.
4. **Opinativo:** Também chamado de **argumentativo**. Diferente do expositivo, há a colocação da opinião do autor. Ex.: os editoriais dos jornais.
5. **Polêmico:** Nesse texto aparecem, ao menos, dois pontos de vista sobre um assunto. Ex.: artigos que tratam de temas polêmicos – aborto, o sistema de reserva de cotas para negros nas universidades etc.
6. **Injuntivo:** Tem por objetivo instruir em vista de uma ação. Ex.: manuais.

23.1.6. Enunciados de tipologia textual

A seguir, os enunciados mais comuns de provas de concursos públicos sobre o assunto:

"O texto deve ser classificado de forma mais adequada..."; "Os textos narrativos / informativos / didáticos caracterizam-se por..."; "O texto lido poderia ser classificado como..."; "Quanto ao modo de organização do discurso, pode-se afirmar que o texto lido é..."; "O texto lido deve ser considerado prioritariamente como..."; "A finalidade principal desse texto é a de..."; "O objeto maior do texto é...", entre outros.

Os alunos costumam nos relatar que a maior dificuldade, diante de uma questão de prova, ocorre quando existe mais de uma modalidade discursiva em um mesmo texto.

Um texto que considero um clássico de concursos públicos veio de uma prova elaborada pelo NCE e é emblemático de tudo isso sobre o que estamos conversando. Além de tudo, é de nosso tão saudoso Saramago. Observe:

VIOLÊNCIA NO CAMPO

José Saramago

No dia 17 de abril de 1996, no estado brasileiro do Pará, perto de uma povoação chamada Eldorado dos Carajás (Eldorado: como pode ser sarcástico o destino de certas palavras...), 155 soldados da polícia militarizada, armados de espingardas e metralhadoras, abriram fogo contra uma manifestação de camponeses que bloqueavam a estrada em ação de protesto pelo atraso dos procedimentos legais de expropriação de terras, como parte do esboço ou simulacro de uma suposta reforma agrária na qual, entre avanços mínimos e dramáticos recuos, se gastaram já cinquenta anos, sem que alguma vez tivesse sido dada suficiente satisfação aos gravíssimos problemas de subsistência (seria mais rigoroso dizer sobrevivência) dos trabalhadores do campo. Naquele dia, no chão de Eldorado dos Carajás ficaram 19 mortos, além de umas quantas dezenas de pessoas feridas.

Passados três meses sobre este sangrento acontecimento, a polícia do estado do Pará, arvorando-se a si mesma em juiz numa causa em que, obviamente, só poderia ser a parte acusada, veio a público declarar inocentes de qualquer culpa os seus

155 soldados, alegando que tinham agido em legítima defesa, e, como se isto lhe parecesse pouco, reclamou procedimento judicial contra três dos camponeses, por desacato, lesões e detenção ilegal de armas. O arsenal bélico dos manifestantes era constituído por três pistolas, pedras e instrumentos de lavoura mais ou menos manejáveis. Demasiado sabemos que, muito antes da invenção das primeiras armas de fogo, já as pedras, as foices e os chuços haviam sido considerados ilegais nas mãos daqueles que, obrigados pela necessidade a reclamar pão para comer e terra para trabalhar, encontraram pela frente a polícia militarizada do tempo, armada de espadas, lanças e albardas. Ao contrário do que geralmente se pretende fazer acreditar, não há nada mais fácil de compreender que a história do mundo, que muita gente ilustrada ainda teima em afirmar ser complicada demais para o entendimento rude do povo.

1. O texto é mais adequadamente classificado como:

A) descritivo.

B) narrativo.

C) argumentativo.

D) expositivo.

E) informativo.

Comentários: Veja que o texto começa com uma narração entremeada de descrições. As ações se sucedem no tempo (*155 soldados...abriram fogo; Naquele dia, no chão de Eldorado dos Carajás ficaram 19 mortos...)*, o que caracteriza o primeiro parágrafo como predominantemente narrativo. Por outro lado, vemos muitos trechos cujo objetivo é caracterizar cenas e personagens (*155 soldados...armados de espingardas e metralhadoras...umas quantas dezenas de pessoas feridas...)*. Assim, devemos classificar o primeiro parágrafo como predominantemente narrativo, com aspectos descritivos.

Entretanto, no segundo parágrafo, percebemos que a narração evolui para uma discussão. Sentimos que o autor utilizou a história relatada ao longo do texto como pretexto para apresentar sua tese: *não há nada mais fácil de compreender que a história do mundo*. Se você reparar bem, é só na segunda metade do segundo parágrafo que o autor deixa transparecer sua real intenção: ele pretende discutir um assunto, abstrair, dissertar. É a defesa de uma tese – o texto é predominantemente dissertativo-argumentativo com aspectos narrativos e descritivos. E o mais interessante é que, apesar de a dissertação só ter tomado forma mesmo ao final do texto, é ela que predomina. Porque essa é a intenção do autor.

Gabarito: C

Aqui, vale um recado:

> Toda vez que a banca pedir que se classifique um texto em sua predominância, lembre-se de que esse critério não tem a ver com o número de linhas como se, supostamente, forem dez linhas de narração e seis de dissertação, o texto seria predominantemente narrativo??? Se fosse assim, classificar um texto seria algo mais perto da matemática... Classificar um texto significa identificar a intenção do autor, seu objetivo ao produzir o texto.

Veja mais uma prova:

O MEDO SOCIAL

Jurandir Freire Costa

No Rio de Janeiro, uma senhora dirigia seu automóvel com o filho ao lado. De repente foi assaltada por um adolescente, que a roubou, ameaçando cortar a garganta do garoto. Dias depois, a mesma senhora reconhece o assaltante na rua. Acelera o carro, atropela-o e mata-o, com a aprovação dos que presenciaram a cena. Verídica ou não, a história é exemplar. Ilustra o que é a cultura da violência, a sua nova feição no Brasil.

Ela segue regras próprias. Ao expor as pessoas a constantes ataques à sua integridade física e moral, a violência começa a gerar expectativas, a fornecer padrões de respostas. Episódios truculentos e situações-limite passam a ser imaginados e repetidos com o fim de caucionar a ideia de que só a força resolve conflitos. A violência torna-se um item obrigatório na visão do mundo que nos é transmitida. Cria a convicção tácita de que o crime e a brutalidade são inevitáveis. O problema, então, é entender como chegamos a esse ponto. Como e por que estamos nos familiarizando com a violência, tornando-a nosso cotidiano.

Em primeiro lugar, é preciso que a violência se torne corriqueira para que a lei deixe de ser concebida como o instrumento de escolha na aplicação da justiça. Sua proliferação indiscriminada mostra que as leis perderam o valor normativo e os meios legais de coerção, a força que deveriam ter. Nesse vácuo, indivíduos e grupos passam a arbitrar o que é justo ou injusto, segundo decisões privadas, dissociadas de princípios éticos válidos para todos. O crime é, assim, relativizado em seu valor de infração. Os criminosos agem com consciências felizes. Não se julgam fora da lei ou da moral, pois conduzem-se de acordo com o que estipulam ser o preceito correto. A imoralidade da cultura da violência consiste justamente na disseminação de sistemas morais particularizados e irredutíveis a ideais comuns, condição prévia para que qualquer atitude criminosa possa ser justificada e legítima.

2. "No Rio de Janeiro, uma senhora dirigia seu automóvel com o filho ao lado. De repente foi assaltada por um adolescente..."; a passagem do pretérito imperfeito para o pretérito perfeito marca a mudança de:
   A) um texto descritivo para um texto narrativo.
   B) a fala do narrador para a fala do personagem.
   C) um tempo passado para um tempo presente.
   D) um tempo presente para um tempo passado.
   E) a mudança de narrador.

3. O texto pode ser classificado, de forma mais adequada, como:
   A) narrativo moralizante.
   B) informativo didático.
   C) dissertativo opinativo.
   D) normativo regulamentador.
   E) dissertativo polêmico.

Comentários:

Questão 2: Observe que o parágrafo começa com uma descrição de uma cena (*No Rio de Janeiro, uma senhora dirigia seu automóvel com o filho ao lado*). Logo em seguida, observa-se um conector temporal *(de repente)*, que indica uma ruptura: uma passagem da modalidade descritiva para a narrativa. Do conector temporal em diante, o que se observa é a evolução de uma história.

Gabarito: A

Aqui, vale uma dica:

> Em geral, a narração utiliza verbos no pretérito perfeito, já que seu objetivo é relatar acontecimentos que evoluem em uma sequência cronológica. Já na descrição, a tendência é a de que os verbos apareçam no pretérito imperfeito.

Questão 3: Quanto à letra A, o texto seria narrativo moralizante se seu objetivo fosse contar uma história e, ao seu final, apresentasse uma moral, um conselho. Não foi o caso. Se fosse a letra B, o seu objetivo teria sido o de informar o leitor, aumentar seu conhecimento sobre um determinado assunto. Mais do que isso: sendo didático, teria como meta ensinar o leitor.

Normativo regulamentador, que é o que se diz na letra D, ele não é: seu objetivo não é estabelecer normas, regulamentar relações. Isso é meta dos estatutos, das leis que vocês estudam por aí...

Normalmente, o aluno fica em dúvida entre as letras C e E. Dissertativo polêmico (letra E) ele não é: seria polêmico se o seu objetivo fosse apresentar duas visões a respeito de determinado assunto. Não foi isso o que o autor procurou desenvolver – sua meta foi utilizar-se de uma narração, entremeada de aspectos descritivos, que serviria de pretexto para uma discussão. O mote do texto era falar da *cultura da violência, sua nova feição no Brasil*. Ora, se o objetivo do autor era discutir um assunto, do seu ponto de vista, pode-se dizer que o texto é predominantemente dissertativo-opinativo (ou argumentativo), com aspectos narrativos e descritivos.

Você deve estar se perguntando: quantas modalidades de texto dissertativo existem? Qual é a diferença entre texto dissertativo-opinativo e expositivo? Texto opinativo é sinônimo de argumentativo? Dizer que um texto é dissertativo-informativo é dizer que ele também é expositivo?

Em textos de concursos públicos, costuma-se subdividir os textos dissertativos em duas modalidades – o texto dissertativo-expositivo e o texto dissertativo opinativo-argumentativo. O primeiro tem por objetivo discutir um assunto, expor o que se sabe sobre ele sem defesa de ponto de vista do autor. Já a segunda modalidade tem como meta a persuasão, o convencimento – neste tipo de texto o autor utiliza estratégias argumentativas que visam defender sua tese.

O texto dissertativo-expositivo expõe ideias, explana, discute, revela o que o autor sabe sobre determinado assunto. Sua linguagem é objetiva, clara, impessoal. Traz abordagem abrangente sobre um tema, permitindo que o leitor desenvolva sua própria opinião sobre o assunto. Nesse texto, o autor não manifesta, ao menos explicitamente, suas opiniões sobre o tema tratado. Ainda que em alguns momentos do texto ele opine, sua intenção não é defender seu ponto de vista sobre o tema em questão.

Neste tipo de texto, o autor simplesmente expõe aquilo que sabe sobre determinada matéria, sem a preocupação de julgar, emitir opinião em relação ao assunto sobre o qual discorre. São fatos, e não julgamentos.

Além de revelar tudo o que sabe sobre determinado assunto, você percebeu que o texto tem como objetivo aumentar o seu conhecimento sobre o tema? Trazer novidades, acrescentar conhecimento para o leitor?

O texto dissertativo-informativo é uma modalidade de texto dissertativo--expositivo. É que há textos expositivos que apresentam informações sobre um objeto ou fato específico, sua descrição, a enumeração de suas características, com o objetivo de aumentar o conhecimento do leitor sobre determinado assunto. Esse tipo de texto é chamado de informativo. Com linguagem objetiva e impessoal, ele pressupõe acréscimo de informação para quem o lê. O texto dissertativo-informativo é o tipo de texto que procura tratar de assunto de interesse do leitor e busca a novidade, algo que o público não conheça.

Por meio de dados estatísticos e exemplos e de uma linguagem objetiva, o autor atinge seu objetivo – apresentar possíveis novidades ao seu leitor. O que se tem é um texto em que o autor não só expõe o que sabe sobre determinado assunto (daí ser chamado de expositivo), mas também acrescenta informações a quem o lê (por isso, é informativo). Assim, poderíamos resumir:

> Todo texto informativo é também expositivo, pois o autor expõe o que sabe sobre um assunto com a intenção de aumentar o conhecimento do leitor. No entanto, nem todo texto expositivo é informativo – o texto será apenas expositivo se o autor pretender unicamente expor o que sabe sobre determinada matéria sem a pretensão de acrescentar informações a quem o lê.

De qualquer forma, sendo o texto unicamente expositivo ou também informativo, o que se observa é que nesses textos não há intenção de se defender uma tese, ou apresentar argumentos do autor. O que se vê são fatos. Se o objetivo do texto for defender opinião, julgamentos, ele será dissertativo-opinativo – ou argumentativo.

O **texto dissertativo-opinativo**, também chamado de argumentativo, difere do dissertativo-expositivo, pois, além de expor o que se sabe sobre um assunto – e, muitas vezes, também informar –, o texto dissertativo argumentativo tem por finalidade principal persuadir o leitor sobre determinado assunto, modificar seu comportamento.

Percebem-se, ao longo deste tipo de texto, palavras que indicavam o posicionamento do autor. Muitas vezes, o autor, com o intuito de transparecer sua opinião, utiliza-se de algumas marcas linguísticas capazes de persuadir o leitor, tais como verbos na 1ª pessoa do singular ou plural e expressões de modalidade – são os chamados modalizadores (vocábulos indicativos da opinião do autor, que podem ajudar você a diferenciar no texto o fato do julgamento).

Gabarito: C

23.2. EXEMPLOS COMENTADOS

I. Faça transposição do discurso direto para o indireto e vice-versa.

1. Entre imediatamente – gritei sem paciência.

   Gabarito: Ordenei que entrasse imediatamente.

2. O que você quer para o café?

   Gabarito: Perguntei o que ele(a) queria para o café.

3. Disse-lhe que naquele momento aquela conversa não me interessava.

   Gabarito: Nesse momento, essa conversa não me interessa – eu disse.

4. A governanta perguntou se o casal voltaria para o jantar.

   Gabarito: *Vocês voltarão para o jantar?* – perguntou a *governanta ao casal.*

5. A nossa reunião se reduziu a dois minutos de diálogo – reclamou o estagiário.

   Gabarito: O estagiário lamentou que sua reunião se reduzira a dois minutos de diálogo.

6. Mande que as crianças entrem imediatamente.

   Gabarito: "Entrem imediatamente!"

7. Eu me chamo João. E você?

   Gabarito: Disse que meu nome era João e perguntei o seu nome.

8. O professor pediu que o aluno anotasse todas as suas dúvidas.

   Gabarito: Anote todas as suas dúvidas – o professor disse ao aluno.

II. Analise os trechos a seguir, classificando-os quanto ao modo de organização do discurso (NARRAÇÃO, DESCRIÇÃO, DISSERTAÇÃO).

1. *Na manhã seguinte o seu primeiro desejo foi voltar à casa; mas não teve coragem; via o rosto colérico da mãe, faces contraídas, narinas dilatadas pelo ódio, o olho direito saliente, a penetrar-lhe até o fundo do coração.*

   Comentários: O autor começa o seu texto por uma narração, mas logo em seguida se atém à descrição, objetivo maior do texto. Predominância de caracterizações (faces contraídas, narinas dilatadas pelo ódio).

   Gabarito: texto descritivo.

2. *Uma das maiores manifestações linguísticas na fronteira entre os séculos XX e XXI é a ideia de globalização como um processo de internacionalização. O fato é que existe um vasto mercado para exportação na América do Sul que não pode ser desconsiderado. Politicamente, esse é o mercado do Brasil, e o Brasil é o mercado para sua viabilização.*

   Comentários: O autor deixa clara a sua intenção de discutir um assunto – a globalização.

   Gabarito: texto dissertativo.

3. *"No Antigo Egito, o gato foi honrado e enaltecido. Sendo considerado como um animal santo. Nesta mesma época, a gata transformou-se na representação da deusa Bastef, fêmea do deus sol Rá. [...] Na Europa, o gato se desenvolveu com as conquistas romanas. Ele foi admirado por sua beleza e dupla personalidade (ora um selvagem independente, ora um animal doce e afável), e apreciado ainda no século XI quando o rato negro invadiu a Europa. No século XIII desenvolveram-se as superstições e o gato passou de criatura adorada a infernal, associada aos cultos pagãos e a feitiçaria. A Igreja lhe virou as costas. [...] No Século XVIII ele voltou majestoso e em perfeito*

acordo com os poetas, pintores e escritores que prestam homenagem à sua graça e à beleza de seu corpo."

Comentários: O autor expõe o que sabe a respeito de um tema – a importância dos gatos na sociedade, no decorrer da história. Apesar de parecer que se está narrando, contando uma história, o que se vê é a análise de um tema, ao longo do tempo.

Gabarito: texto dissertativo.

4. *Há poucos dias, assistindo a um desses debates universitários que a gente pensa que não vão dar em nada, ouvi um raciocínio que não me saiu mais da cabeça. Ouvi-o de um professor – um professor brilhante, é bom que se diga.*

   Comentários: O conector temporal – há poucos dias –, além da presença de verbos no pretérito perfeito (ouvi, saiu) indicam que o autor pretende relatar acontecimentos. Entretanto, com a caracterização do professor (um professor brilhante) percebe-se a presença de características descritivas no texto.

   Gabarito: texto narrativo, com aspectos descritivos.

5. *Vários historiadores têm procurado entender a originalidade da monarquia brasileira vinculando-a à chegada da família real ao Brasil em 1808. De fato, é no mínimo inusitado pensar numa colônia sediando a capital de um império.*

   Comentários: O autor anuncia a análise de um tema: a originalidade da monarquia brasileira. Trata-se, portanto, de discussão, dissertação.

   Gabarito: texto dissertativo.

6. *"Para um modesto país de Terceiro Mundo, temos algumas realizações na tecnologia. Nossos aviões voltam a vender bem. Há ônibus da empresa brasileira Marcopolo rodando em Washington. O último número da revista Shooting Times mostra uma nova pistola Taurus que vai dar trabalho aos concorrentes. Exportamos insulina. Continuamos a exportar máquinas-ferramentas e agora exportamos parte da programação de robôs da Brown Boveri. Provavelmente construiremos com êxito algum pedacinho da nova estação espacial (quem sabe, a churrasqueira). Tudo isso vai na direção certa, mas precisamos de mais. E, acima de tudo, não podemos esmorecer nesse esforço de inventar modas, tão próximas quanto possível da fronteira tecnológica. Mas quando focalizamos a tecnologia do cotidiano descobrimos que a situação é calamitosa. O botão salta da camisa. A calça encolhe ou desbota. A saia justa rasga, o tijolo esfarinha na mão, a torneira vaza e a laje infiltra. A água limpa mareja no meio da parede, a água usada não vai a lugar nenhum. A fechadura trava. O fio dá choque. A cadeira desaba, o verniz se desgasta. O pastel dá dor de barriga. E o maldito envelope não fecha com a cola que vem de fábrica. [...] É preciso que se ponha inteligência e atenção na tecnologia do cotidiano. É essa tecnologia que permite aumentar a qualidade de vida do povão. Temos um programa espacial. Quando tentamos, a coisa anda. [...]"*

   Comentários: Observa-se como intenção maior do texto a defesa de um julgamento do autor: "é preciso que se ponha inteligência e atenção na tecnologia do cotidiano". E, para a defesa de sua tese, o autor se utiliza de caracterizações da nossa rotina (O botão salta da camisa, a saia justa rasga, a cadeira desaba), o que confere ao texto aspectos descritivos.

   Gabarito: texto dissertativo, com características descritivas.

7. *Toda interação pressupõe uma relação de reciprocidade, uma relação mútua entre dois ou mais objetos, entre duas ou mais pessoas. Multiplicam-se, atualmente, os programas interativos nos espetáculos de variedades da TV, surgem os primeiros filmes e as primeiras peças de teatro interativas, exigindo do espectador uma atitude crítica ao lidar com as diversas questões apresentadas e uma postura mais ativa ao intervir no desdobramento do que é visto nas telas, nos palcos e nos salões.*

   Comentários: O autor se propõe a defender uma tese – a multiplicidade de relações que a arte pode estabelecer. E, para defender sua tese, utiliza-se da exposição de exemplos de manifestações artísticas, o que garante ao texto características descritivas.

   Gabarito: texto dissertativo, com aspectos descritivos.

8. *Tente imaginar esta cena: homens, animais e florestas convivendo em harmonia. Os homens retiram das plantas apenas os frutos necessários e cuidam para que elas continuem frutificando; não matam animais sem motivo, não sujam as águas de seus rios e não enchem de fumaça seu ar. Em outras palavras: as relações entre os seres vivos e o ambiente em que vivem, bem como as influências que uns exercem sobre os outros, estão em equilíbrio. (...)*

   Comentários: O objetivo do autor é de fato caracterizar uma cena, como ele mesmo propõe no início do texto. Por meio de suas impressões ("Os homens retiram das plantas apenas os frutos necessários, não sujam as águas de seus rios"), fica evidente sua intenção de descrição. Deve-se atentar ao fato de que as ações que ocorrem são simultâneas, daí não podermos considerar esse texto narrativo.

   Gabarito: texto descritivo.

9. *Uma ideia muito difundida atualmente é a associação da violência à pobreza. Justificando ou acusando, acredita-se que são as pessoas mais pobres que praticam os crimes, elas são os suspeitos em potencial. Tal associação revela a concepção de criminalidade e os mecanismos de criminalização presentes na nossa sociedade. É esse o assunto que vamos discutir agora.*

   Comentários: O autor abstrai, trata de ideias, conceitos (a associação da violência à pobreza). Vale observar que, ao final do trecho, o próprio autor deixa evidente sua intenção de dissertar, ao anunciar: É esse o assunto que vamos discutir agora.

   Gabarito: texto dissertativo.

10. *"Durante os piores momentos do apartheid, a África do Sul teve uma única moeda, tanto para os brancos como para os negros. O Brasil, durante algumas décadas, teve duas moedas, uma para os pobres e outra para os ricos e pessoas de classe média. A primeira desvalorizava enquanto a outra era corrigida diariamente. A correção monetária é um monumento à brutalidade da elite brasileira, capaz de imaginar com genialidade a possibilidade de uma nação ter duas moedas, separando suas classes sociais. Graças a ela, sucessivos governos puderam investir mais do que arrecadavam em subsídios para investimentos, exportações, infraestrutura, provocando inflação e jogando o seu peso concentrado sobre a parcela pobre que não tinha acesso aos mecanismos de correção da poupança ou do salário."*

    Comentários: O autor inicia seu texto por uma narração entremeada de descrições ("Durante os piores momentos do apartheid, a África do Sul teve uma única moeda, tanto para os brancos como para os negros. O Brasil, durante algumas décadas, teve duas moedas, uma para os pobres e outra para os ricos e pessoas de classe média. A primeira desvalorizava enquanto a outra era corrigida diariamente"). Entretanto, logo a seguir deixa claro que sua intenção é a de defender a tese de que "A correção monetária é um monumento à brutalidade da elite brasileira". Daí poder-se afirmar que a narração inicial serviu apenas como ponto de partida para a discussão que iria se desenrolar no texto.

Gabarito: texto dissertativo, com aspectos narrativos/descritivos.

11. *"Como uma ilha azul que se avista a distância, pouco a pouco ela ia ganhando contorno e detalhes, e, já próxima, revelava formas originais e intrigantes – a silhueta elegante, forte, que eu já vira outras vezes. Um certo ar de quem percorreu grandes distâncias em paz, e marcas de beleza que só as viagens e o tempo trazem. Não era íntima conhecida, mas uma paixão que me perseguia havia um bom tempo. A escuna azul, um veleiro viajante de dois mastros que de tempos em tempos aparecia no Brasil, e que eu nunca deixava escapar sem uma pequena abordagem. Rapa Nui, nome polinésio da Ilha da Páscoa, lindo nome para um barco azul e cheio de histórias."*

    Comentários: Observa-se que o autor tem como objetivo textual a caracterização de um barco. Por meio de muitos substantivos e adjetivos ("A escuna azul, uma espécie de máquina de viajar por mar, lindo nome para um barco azul e cheio de histórias"), o texto gira em torno de uma única intenção – a de qualificar, caracterizar um objeto.

    Gabarito: texto descritivo.

12. *"A exigência da perfeição física para as modelos profissionais é apenas o sintoma mais visível de uma ansiedade que também massacra a mulher e o homem comuns. Para onde quer que se olhe – televisão, publicidade, revistas femininas –, a pessoa vê rostos perfeitos e corpos deslumbrantes, magros e nos lugares certos. Nem na rua a dona-de-casa pode andar em paz. Do alto dos outdoors, moças e rapazes impecáveis estão olhando para ela. Pouco a pouco cria-se um sentimento de insatisfação com o próprio corpo. [...] Não espanta que 90% das mulheres e 60% dos homens se confessem tão aborrecidos com o rosto ou o corpo que não hesitariam em recorrer a uma cirurgia embelezadora."*

    Comentários: Ainda que o texto apresente descrições ("rostos perfeitos e corpos deslumbrantes, magros e nos lugares certos"), constata-se que seu objetivo maior foi o de discutir um assunto, claramente delineado no início do texto – "A exigência da perfeição física para as modelos profissionais é apenas o sintoma mais visível de uma ansiedade que também massacra a mulher e o homem comuns".

    Gabarito: texto dissertativo, com aspectos descritivos.

13. *Na manhã seguinte o seu primeiro desejo foi voltar à casa; mas não teve coragem; via o rosto colérico da mãe, faces contraídas, narinas dilatadas pelo ódio, o olho direito saliente, a penetrar-lhe até o fundo do coração.*

    Comentários: O texto inicia-se por uma narração – "Na manhã seguinte, o seu primeiro desejo foi voltar à casa" –, mas se atém à descrição da personagem (o rosto colérico da mãe, faces contraídas, narinas dilatadas pelo ódio, o olho direito saliente). Fica evidente que o objetivo maior do texto era a caracterização de uma pessoa.

    Gabarito: texto descritivo, com aspectos narrativos.

14. *Quando começa a modernidade? A escolha de uma data ou de um evento não é indiferente. O momento que elegemos como originário depende certamente da ideia de nós mesmos que preferimos, hoje, contemplar. E vice-versa: a visão de nosso presente decide das origens que confessamos (ou até inventamos). Assim acontece com as histórias de nossas vidas que contamos para os amigos e para o espelho: os inícios estão sempre em função da imagem de nós mesmos de que gostamos e que queremos divulgar. As coisas funcionam do mesmo jeito para os tempos que consideramos "nossos", ou seja, para a modernidade.*

    Comentários: A intenção única do autor é a de defender sua linha de raciocínio – o momento que elegemos como data de início da modernidade está relacionado à ideia de nós mesmos que preferimos, contemplar. E, para defender sua tese, utiliza-se inclusive da estratégia de comparação ("Assim acontece com as histórias de nossas vidas que contamos para os amigos e para o espelho").

    Gabarito: texto dissertativo.

15. *A chuva caía meticulosamente, sem pressa de cessar. A palha do rancho porejava água, fedia a podre, derrubando dentro da casa uma infinidade de bichos que a sua podridão gerava.*

    Comentários: As ações ("A chuva caía meticulosamente. A palha do rancho porejava água, fedia a podre") são simultâneas, não vêm caracterizar uma narração. A intenção do autor é a de caracterizar uma cena, uma paisagem.

    Gabarito: texto descritivo.

16. *Perdoar alguém é renunciar ao ressentimento, à ira ou a outras reações justificadas por algo que essa pessoa tenha feito. Isso levanta um problema filosófico: essa pessoa é tratada de forma melhor do que ela merece; mas como pode exigir-se, ou mesmo como permitir-se, tratar alguém de uma maneira que não merece? Santo Agostinho aconselhava-nos a detestar o pecado, mas não o pecador, o que também indica uma atitude objetiva ou impessoal para com o pecador, como se o caráter do agente estivesse apenas acidentalmente ligado ao caráter detestável de suas ações.*

    Comentários: O autor, por meio de uma frase interrogativa – "mas como pode exigir-se, ou mesmo como permitir-se, tratar alguém de uma maneira que não merece?" –, anuncia seu objetivo de discutir um assunto, abstrair, discorrer. Vale observar o recurso de utilização de um testemunho de autoridade para embasar tal discussão – as palavras de Santo Agostinho.

    Gabarito: texto dissertativo.

17. *"Há muito tempo, os deuses navajos organizaram uma grande cerimônia de cura. 'Que caminhemos na beleza', cantavam todos, pedindo que estivessem em harmonia com a terra onde viviam. Mas alguma coisa andava errada: duas canções soavam ao mesmo tempo, duas canções em idiomas diferentes. Ao perceber o que acontecia, a Mãe-Terra resolveu congelar a cerimônia. Transformou todos os deuses em rochas e os aprisionou para sempre no espaço e no tempo. E tudo caiu no silêncio."*

    Comentários: A intenção textual é evidentemente a de relatar acontecimentos ("os deuses navajos organizaram uma grande cerimônia de cura / a Mãe-Terra resolveu congelar a cerimônia / transformou todos os deuses em rochas"). Os verbos no pretérito perfeito, a evolução cronológica – as ações se sucederam no tempo –, marcam o objetivo da narração. Ao longo do relato, puderam-se observar caracterizações (duas canções soavam ao mesmo tempo, duas canções em idiomas diferentes), o que confere aspectos também descritivos ao texto.

Gabarito: texto narrativo, com aspectos descritivos.

18. *Embora não vejamos um comercial promovendo explicitamente o consumo de cocaína, ou de maconha, ou de crack, a verdade é que os meios de comunicação nos bombardeiam, durante 24 horas por dia, com a propaganda não de drogas, mas do efeito das drogas.*

    Comentários: O autor externa suas opiniões em torno da defesa de uma tese – "a verdade é que os meios de comunicação nos bombardeiam... com a propaganda... do efeito das drogas".

    Gabarito: texto dissertativo.

19. *As novas descobertas e as novas invenções demonstram a incapacidade da ciência de atingir a verdade, pois estão sempre corrigindo o caminho percorrido.*

    Comentários: O autor se utiliza de constatações ("as novas descobertas e as novas invenções demonstram...") para defender seu ponto de vista – "a incapacidade da ciência de atingir a verdade".

    Gabarito: texto dissertativo.

20. *Aqui até os mais pobres moram de rosto voltado para a maravilha da natureza que a incúria dos governos ainda não conseguiu desfigurar. As favelas têm por fundo a Serra dos Órgãos.*

    Comentários: O texto tem como meta a caracterização de uma paisagem – a da cidade do Rio de Janeiro. Ainda que ele opine, vale observar que não se trata de uma dissertação – o autor não pretende defender uma tese. Sua intenção é a de descrever o Rio de Janeiro, externando sua opinião.

    Gabarito: texto descritivo.

21. *Boaventura lembra a incapacidade de redistribuição da riqueza, permitindo que o capitalismo opere contra o pobre e não a favor dele. Chama essa situação de fascismo social.*

    Comentários: Por meio da exposição da opinião de outro autor sobre um assunto, o texto vem discutir a questão da má distribuição de renda do capitalismo.

    Gabarito: texto dissertativo.

22. *"As águas do Oceano Pacífico cobrem um terço do planeta. No meio dessa vastidão azul, nos mares da Polinésia, desponta uma pequena ilha conhecida como Ofu. Embora formada por imponentes blocos de rochas vulcânicas, Ofu é recoberta pelo verde intenso de uma exuberante vegetação tropical. Os contornos da ilha são um tanto suavizados pelas brumas que rondam o alto das montanhas, de onde rompem cataratas em direção ao mar. [...]"*

    Comentários: O objetivo do autor é caracterizar uma ilha de nome Ofu. Por meio de grande quantidade de substantivos e adjetivos (verde intenso / exuberante vegetação tropical), torna-se evidente a intenção do autor de descrever. Vale observar que as ações que ocorrem são simultâneas (brumas que rondam o alto das montanhas / de onde rompem cataratas em direção ao mar), não caracterizando, assim, uma narração.

    Gabarito: texto descritivo.

23. *Deita-se com a cabeça na areia e confusamente ouve a conversa de uma barraca perto, gente discutindo uma fita de cinema. Murmura, baixo, um palavrão para eles.*

Comentários: Ainda que se apresentem características descritivas (barraca perto / gente discutindo uma fita de cinema), observa-se que a intenção do autor do texto é a de relatar acontecimentos que se desenrolam em um lapso temporal (Deita-se / ouve a conversa / murmura um palavrão).

Gabarito: texto narrativo, com aspectos descritivos.

24. *"Quando a democracia surgiu na Grécia, por volta de 500 a.C., os atenienses fizeram questão de traçar uma linha nítida entre as esferas pública e privada. O poder do Estado terminava onde começava a privacidade do lar. No âmbito doméstico, reinava a vontade do patriarca, que tinha o poder de determinar os direitos e deveres de seus filhos, mulher e escravos. Para os gregos, não havia atividade mais apaixonante e gloriosa do que participar da condução da pólis. A política era a maneira civilizada de decidir os destinos da nação por meio do diálogo e da persuasão. O cidadão revelava sua grandeza de espírito e sua importância para a comunidade no debate de ideias, na defesa de proposições e nas vitórias no âmbito público. Um homem que levasse uma vida exclusivamente privada não passava de um insignificante animal doméstico, incapaz de participar da elaboração das decisões políticas que afetavam os destinos da nação. Se Aristóteles ressuscitasse no final do século XX, ficaria horrorizado com a interferência do Estado na privacidade do cidadão. A sociedade moderna sequestrou a intimidade do indivíduo. É inimaginável uma atividade pública ou privada que não seja regulamentada por lei, por estatuto ou por norma. (...)"*

Comentários: O autor inicia seu texto com a utilização de um relato sobre o surgimento da democracia, com características descritivas (atividade mais apaixonante e gloriosa, o cidadão revelava sua grandeza de espírito e sua importância). Entretanto, ao longo do texto, induz-se o leitor a descobrir sua verdadeira intenção – criticar a interferência do Estado na privacidade do indivíduo. Em termos argumentativos, a narração serviu como estratégia de defesa da tese do autor.

Gabarito: texto dissertativo, com características narrativas e descritivas.

25. *Vovô Tomé era um desses casos raros do artista que passa veloz e diretamente da primeira à terceira categoria. Atribuem a sua proeza e a sua maestria no ofício ao sofrimento, que é uma das vias para se atingir o absoluto e a glória.*

Comentários: A intenção do autor do texto é a de descrever Vovô Tomé, por meio de qualificações (um desses casos raros do artista / a sua proeza e a sua maestria no ofício).

Gabarito: texto descritivo.

26. *A solidariedade proclamada no texto constitucional deve ser espontânea, colhida na consciência de cada um e, pelo menos, da população mais aquinhoada em favor dos que têm pouco.*

Comentários: O autor procura defender sua linha argumentativa no texto – a de que a solidariedade prevista na Constituição deve vir espontaneamente do povo.

Gabarito: texto dissertativo. Defesa de tese.

27. *O processo atual de globalização se diferencia do iniciado há centenas de milhares de anos porque o mundo se tornou um só e instantâneo.*

    Comentários: O objetivo do texto é analisar a globalização em suas feições atuais. Estabelecimento de relação de causa e efeito porque o mundo se tornou um só e instantâneo.

    Gabarito: texto dissertativo. Análise de um tema.

28. *O estrangeiro provoca a nossa desconfiança, às vezes o nosso medo. Nem sempre entendemos os seus gestos e certamente não compreendemos a sua língua. Ele não se veste como nós, a sua fisionomia pode ser diferente da nossa e não adora os nossos deuses.*

    Comentários: O objetivo do trecho é caracterizar, qualificar, descrever o estrangeiro. Trata-se de uma descrição subjetiva, em que o autor qualifica o estrangeiro com base em suas impressões pessoais. Importante não confundir essa descrição subjetiva com o texto dissertativo.

    Gabarito: texto descritivo.

29. *A loja de antiguidades tinha o cheiro de uma arca de sacristia com seus panos embolorados e livros comidos de traça. Com as pontas dos dedos, o homem tocou numa pilha de quadros. Uma mariposa levantou voo e foi chocar-se contra uma imagem de mãos decepadas.*

    Comentários: O texto inicia-se com uma descrição ("A loja de antiguidades tinha o cheiro de uma arca de sacristia com seus panos embolorados e livros comidos de traça"). Entretanto, logo na sequência, observam-se ações que evoluem em um lapso de tempo (o homem tocou numa pilha de quadros / uma mariposa levantou voo e foi chocar-se contra uma imagem). Assim, ainda que apareçam trechos descritivos, o objetivo do autor é evidentemente relatar o que aconteceu em uma loja de antiguidades.

    Gabarito: texto narrativo, com aspectos descritivos.

30. *Para psicanalistas, o projeto que propõe acabar com a prisão de usuários e dependentes de drogas é um avanço. O psicanalista Eduardo Losicer diz que a nova resolução não restringe a liberdade do cidadão de usar pequenas quantidades de drogas — em muitos casos para fins medicinais, como a maconha para glaucoma e certas dores — e reduz as relações de corrupção entre a polícia e o usuário. — O projeto ainda não retira o consumo de drogas do âmbito policial. O consumidor ainda é flagrado pela polícia e deve ser apresentado a um juiz. Mas, pelo menos, não vai preso. A indicação de um tratamento, se ele for um usuário compulsivo, é sem dúvida melhor que a exclusão social numa prisão — diz Losicer.*

    Comentários: Por meio de uma linguagem objetiva, o autor trata de um assunto de forma neutra, sem opinar. Seu objetivo é informar o leitor sobre o projeto que pretende acabar com a prisão de usuários e dependentes de drogas.

    Gabarito: texto dissertativo.

31. *Rádio é mesmo uma coisa misteriosa. Começou fazendo sucesso na sala de visitas, acabou na cozinha. Cedeu lugar à televisão, que já vai pelo mesmo caminho.*

    Comentários: A intenção do autor do texto é de contar a história do rádio. Ainda que ele se inicie com uma descrição ("Rádio é mesmo uma coisa misteriosa"), observa-se que a predominância é da narração. Destaquem-se os verbos no pretérito perfeito (começou fazendo sucesso, acabou na cozinha, cedeu lugar à televisão), que caracterizam a estrutura narrativa.

Gabarito: texto narrativo, com aspectos descritivos.

32. *Uma entrevista de Jean-Claude Carrière a propósito da morte de dois grandes cineastas, o sueco Ingmar Berman e o italiano Michelangelo Antonioni, coincidentemente mortos no mesmo dia 30 de julho inspira este comentário. São desaparecimentos que acentuam os paralelismos de concepção de vida, pois tanto Bergman quanto Antonioni fizeram filmes sobre a inevitável solidão, os permanentes recomeços, a dolorosa consciência de finitude e o orgulho humano de enfrentar a morte a cada dia...*

Comentários: Iniciando o texto com um breve relato de acontecimentos (a morte de dois grandes cineastas), o autor volta sua atenção para a análise de uma questão – os paralelismos de concepção de vida. Trata-se, portanto, de ênfase ao objetivo dissertativo.

Gabarito: texto dissertativo, com aspectos narrativos.

33. *A primeira liberdade moderna é o transporte próprio. BMW ou bicicleta, o que conta é a sensação de poder sentar-se ao veículo e resolver em que direção partir.*

Comentários: Por meio da apresentação de sua opinião, o autor desenvolve o seguinte tema: os objetos de consumo e a liberdade moderna.

Gabarito: texto dissertativo.

34. *Mas nesse ínterim chegava suado, gordo e ofegante ao recinto uma personagem bastante próxima da realidade... Vinha imbuído de formalismo, dignidade e prerrogativas do seu cargo, além de premido pelo medo de perdê-lo.*

Comentários: Embora esse texto inicie-se por passagem narrativa ("mas nesse ínterim, chegava..."), o que indica que ele se origina de uma narração, observa-se neste caso a ênfase à descrição. O objetivo do autor do texto é o de qualificar um personagem, por meio de grande quantidade de substantivos e adjetivos ("suado, gordo e ofegante, ..., imbuído de formalismo, dignidade e prerrogativas").

Gabarito: texto descritivo, com aspectos narrativos.

35. *Uma desconfiança incômoda me obrigou a olhar melhor e então deparei com um sujeito igual a mim mesmo, apenas um pouco mais novo. Sacudido por uma espécie de insulto, experimentei o tremor de estar sendo sorrateiramente substituído.*

Comentários: Transparece-se o relato de acontecimentos (Uma desconfiança me obrigou a olhar / e então deparei com um sujeito / experimentei o tremor). Ênfase aos verbos no pretérito perfeito e às ações que evoluem no tempo. Importa observar também que o autor entremeia sua narrativa com passagens descritivas (um sujeito igual a mim mesmo / um pouco mais novo).

Gabarito: texto predominantemente narrativo, com características descritivas.

36. *O farol dos automóveis apagava nas águas da Lagoa o reflexo das últimas estrelas. Um casal abraçava-se debaixo de uma amendoeira. Sentia-se só. A vida era para os outros.*

Comentários: Ações que ocorrem ao mesmo tempo (o farol dos automóveis apagava/ um casal abraçava-se/sentia-se só). Impressões do autor em relação a uma paisagem – a Lagoa Rodrigo de Freitas.

Gabarito: texto descritivo.

37. *O combate à fome e à pobreza foi adotado pelo governo federal, a partir de 2003, como política de governo. Dentro dessa política, por exemplo, foi criado o Programa Bolsa-Família que beneficia mais da metade das famílias pobres do país. O programa é de responsabilidade do Ministério do Desenvolvimento Social e Combate à Fome, que tem hoje o maior orçamento já investido no Brasil para combater a fome e promover o desenvolvimento Social – R$ 17 bilhões.*

Comentários: Ainda que o autor inicie seu texto por meio de um relato (o combate à fome e à pobreza foi adotado pelo governo federal, a partir de 2003), observa-se que sua intenção é a de expor o que se sabe sobre um assunto – o Programa Bolsa-Família. Trata-se, portanto, de uma dissertação que se desenvolve por meio de uma linguagem simples e objetiva.

Gabarito: texto dissertativo, com características narrativas.

38. *Quando alguém começa a frase com "Eu não sou racista, mas...", você pode estar certo de que o que se segue será uma declaração racista que desmentirá espetacularmente o seu preâmbulo. Ninguém é mais racista do que quem começa dizendo que não é.*

Comentários: Importa ao autor, nesse caso, defender sua tese de que "Ninguém é mais racista do que quem começa dizendo que não é". Presença de expressões que indicam a opinião do autor (você pode estar certo / espetacularmente).

Gabarito: texto dissertativo.

39. *O Estatuto do Desarmamento, aprovado no fim do ano, e ainda em fase de regulamentação, surgiu por uma questão de sobrevivência. O contexto que deflagrou o movimento político pelo endurecimento da legislação sobre armas é no mínimo dramático. Em 20 anos, de 1980 a 2000, conforme estudo do IBGE, 600 mil brasileiros foram assassinados, uma média de 30 mil por ano.*

Comentários: Observa-se a exposição do contexto social que deflagrou a aprovação do Estatuto do Desarmamento. O autor discorre sobre o assunto transparecendo também ao leitor sua opinião ("o contexto... é no mínimo dramático").

Gabarito: texto dissertativo.

40. *O meu pai dizia não saber bem o porquê da existência e vivia mudando de trabalho, de mulher e de cidade. A característica mais marcante do meu pai era a sua rotatividade. Dizia-se filósofo sem livros, com uma única fortuna: o pensamento.*

Comentários: A intenção do autor é a de caracterizar um personagem – "vivia mudando de trabalho, a sua rotatividade. Dizia-se filósofo sem livros".

Gabarito: texto descritivo.

41. *Eu olhava para a janela e tinha a impressão de que jamais na vida chegaríamos a Nhuporã. Que pedaço brabo. O camaleão se esfregava no chassi e o pai praguejava.*

Comentários: Presença de ações que ocorrem ao mesmo tempo (eu olhava para a janela / o camaleão se esfregava / o pai praguejava), o que se destaca é a intenção do autor de caracterizar uma paisagem. Destaque à frase nominal – Que pedaço brabo – que acaba por enfatizar ainda mais a descrição.

Gabarito: texto descritivo.

42. *Mas o caminho era do diabo, ele mesmo tinha dito. A pouco mais de légua de Nhuporã, o caminhão derrapou, deu um solavanco e tombou de ré.*

Comentários: Presença de verbos no pretérito perfeito (o caminhão derrapou / deu um solavanco / tombou de ré), que caracterizam a evolução dos acontecimentos no tempo. Relação de anterioridade e posterioridade.

Gabarito: texto narrativo.

43. *Eu amo meu marido. De manhã à noite. Mal acordo, ofereço-lhe café. Ele suspira exausto da noite sempre maldormida e começa a barbear-se. Bato-lhe à porta três vezes antes que o café esfrie.*

Comentários: Ainda que a autora inicie seu texto com a exposição de um ponto de vista, observa-se logo a seguir sua intenção de relatar acontecimentos, que evoluem no tempo ("acordo", "ofereço-lhe café", "ele suspira exausto", "começa a barbear-se").

Gabarito: texto narrativo.

44. *Aos poucos, a camada de pintura branca que cobria a casa de Jeffrey entrou em entendimento definitivo com o sol e com a chuva, fundindo sua obediência a ambos numa única tonalidade cinzenta. Começou a descascar.*

Comentários: Ainda que o autor apresente algumas ações que evoluem no tempo ("entrou em entendimento", "começou a descascar"), vê-se que seu objetivo é caracterizar, por meio de uma linguagem figurada, a deterioração da pintura da parede de uma casa.

Gabarito: texto descritivo.

45. *Para se fazer uma revista de divulgação científica hoje, três diretrizes devem ser observadas. A primeira é o que queremos dizer e o que temos para dizer em uma revista. A segunda, se temos os meios humanos e financeiros para realizar o projeto. A terceira se refere à necessidade urgente de ampliar a "infraestrutura" de conhecimentos necessários para que a educação encontre raízes profundas em nossa sociedade, nos laboratórios de pesquisa, na natureza e na história que vivemos.*

Comentários: A intenção do autor é a de discutir um assunto — os pré-requisitos necessários para se fazer uma revista de divulgação científica.

Gabarito: texto dissertativo.

46. *Calou-se e notei que os olhos do velho se tinham orvalhado. Enxugou discretamente os olhos e perguntou-me se queria ver o tal livro. Respondi-lhe que sim. Chamou o criado, deu-lhe as instruções e explicou-me que perdera todos os filhos, só lhe restando uma filha casada, cuja prole, porém, estava reduzida a um filho, débil de corpo e de saúde frágil e oscilante.*

Comentários: Eis uma característica comum ao texto narrativo: o aparecimento de aspectos descritivos ao longo do relato. Aqui o objetivo do autor é o de reproduzir acontecimentos — "calou-se", "enxugou discretamente os olhos", "chamou o criado". Entretanto, o texto não deixa de transparecer características descritivas — "os olhos do velho orvalhados", "um filho débil de corpo e de saúde frágil e oscilante".

Gabarito: texto narrativo.

47. *É engraçado que eu entenda tanto de peixe e quase não pesque, mas entendo. Os peixes miúdos de moqueca são: o carapicu, o garapau, o chicharro e a sardinha.*

Comentários: A intenção do autor é falar sobre um assunto — os tipos de peixe.

Gabarito: texto dissertativo.

48. *Na minha cabeça zumbem moscas, não as vejo porque voam internamente, mas as suponho coloridas, são varejeiras, mil, batem na parte interna do crânio, enchem-me a cabeça de som, cascalho e loucura.*

Comentários: Ainda que apresente ações, o texto evidencia sua intenção de caracterizar uma cena imaginária – moscas que zumbem em uma cabeça doente.

Gabarito: texto descritivo.

49. *Sempre que se reúnem para lamuriar, os empresários falam no Custo Brasil, no preço que pagam para fazer negócios num país com regras obsoletas e vícios incrustados.*

Comentários: Nesse trecho, pretende-se discorrer sobre um tema – o Custo Brasil.

Gabarito: texto dissertativo.

50. *Baleia assustou-se. Que faziam aqueles animais soltos de noite? A obrigação dela era levantar-se, conduzi-los ao bebedouro. Franziu as ventas, procurando distinguir os meninos. Estranhou a ausência deles.*

Comentários: Ações que evoluem no tempo – "assustou-se", "franziu as ventas", "estranhou a ausência" – caracterizam esse texto narrativo.

Gabarito: texto narrativo.

51. *Baleia respirava depressa, a boca aberta, os queixos desgovernados, a língua pendente e insensível. Não sabia o que tinha se sucedido. O estrondo, a pancada que recebera no quarto, e a viagem difícil do barreiro ao fim do pátio desvaneciam-se no seu espírito.*

Comentários: Interrupção da passagem do tempo. Caracterização do personagem não só quanto aos aspectos externos (boca aberta, queixos desgovernados), mas também em relação às suas características psicológicas ("O estrondo, a pancada, ..., desvaneciam-se no seu espírito.").

Gabarito: texto descritivo.

52. *E enquanto o humilde lavrador sussurra a sua indignação, o homem, que antes era apenas vulto, já avança pela quinta fila, agora de lado, da direção do diretor e de sua assistente, que só o veem quando já está a algumas poltronas deles.*

Comentários: Ainda que haja um breve lapso temporal, a intenção do autor é a de caracterizar uma cena – um humilde lavrador, um diretor e sua assistente, bem como um estranho que deles se aproxima.

Gabarito: texto descritivo.

53. *Peri lançou um olhar de desespero para as margens que se destacam alguma distância sobre a corrente plácida do rio. Quebrou o laço que prendia a canoa, impeliu-a para a terra com toda a força do remo que fendeu a água rapidamente.*

Comentários: Ações que se sucedem no decorrer do tempo – "lançou um olhar", "quebrou o laço", "impeliu-a para a terra", "fendeu rapidamente". Presença de características descritivas – "um olhar de desespero", "o laço que prendia a canoa".

Gabarito: texto narrativo.

54. *Geminiano era um preto risonho, manso por fora mas espinhento por dentro. Quando alguém lhe dizia alguma coisa que não caía bem, ele parava o riso no meio e virava o avesso do pano.*

Comentários: O objetivo do autor é o de descrever, caracterizar uma personagem – Geminiano. Qualificações não só externas – "preto risonho", "manso por fora" –, mas também psicológicas – "espinhento por dentro".

Gabarito: texto descritivo.

55. *O patriotismo é a dedicação a tudo que diz com a sorte do país natal e deve ser sincero como uma religião.*

Comentários: Nesse caso, o que se pretende é discorrer sobre um determinado assunto – o patriotismo. O autor não só discute o assunto, como também expõe seu ponto de vista ("deve ser sincero como uma religião").

Gabarito: texto dissertativo.

56. *Somos um povo impetuoso e generoso, capaz de disciplina e de indocilidade. Somos um povo carnavalesco, mas um povo sofrido: um povo com senso de humor e com repentes de ira sagrada.*

Comentários: Intenção de caracterizar – somos um povo impetuoso e generoso. Presença de substantivos e adjetivos.

Gabarito: texto descritivo.

57. *O Custo Brasil dos lamentos empresariais existe, como existem empresários responsáveis que pelo menos reconhecem a pilhagem, mas muito mais lamentável e atrasado é o Desperdício Brasil.*

Comentários: O autor tem como intenção argumentar em relação ao Desperdício Brasil. Presença de aspectos opinativos – muito mais lamentável e atrasado.

Gabarito: texto dissertativo.

58. *Para entender a sua soberania até os confins da vontade, último termo da evolução mental, para subjugar os corações, há de a religião exercitar as suas forças sublimes no terreno da igualdade e da tolerância...*

Comentários: O autor se posiciona acerca de um tema – a religião. Objetivo de discutir, discorrer sobre determinado assunto.

Gabarito: texto dissertativo.

59. *Ela entrou na ponta dos pés. Tirou os sapatos para subir a escada. O terceiro degrau rangia. Pulou-o apoiando-se no corrimão.*

Comentários: O texto trabalha com o tempo: os fatos se sucedem (Ela entrou na ponta dos pés / Tirou os sapatos / Pulou-o...). Aparecimento de características de descrição (O terceiro degrau rangia).

Gabarito: texto narrativo.

60. *Quando minha prima e eu descemos do táxi, já era quase noite. Ficamos imóveis diante do velho sobrado de janelas ovaladas, iguais a dois olhos tristes, um deles vazado por uma pedrada.*

Comentários: Ainda que se inicie com um relato, observa-se que o autor interrompe sua narrativa para se ater à caracterização de um velho sobrado. Presença de substantivos e adjetivos (velho sobrado, janelas ovaladas, olhos tristes).

Gabarito: texto descritivo.

61. *A saleta era escura, atulhada de móveis velhos, desparelhados. No sofá de palhinha furada no assento, duas almofadas que pareciam ter sido feitas com os restos de um antigo vestido, os bordados salpicados de ladrilhos.*

Comentários: Não há lapso temporal. Impressões do autor (almofadas que pareciam ter sido feitas com os restos de um vestido antigo). Predominância de substantivos e adjetivos (saleta escura, móveis velhos). Aparecimento de frases nominais, cuja base é de verbo na forma nominal (atulhada de móveis velhos, bordados salpicados de ladrilho).

Gabarito: texto descritivo.

62. *Eis o dilema do homem atual: ou se curva à moral e renuncia à felicidade, ou busca a felicidade e deixa de lado a moral.*

Comentários: Discussão de um assunto — o dilema do homem atual, no confronto entre a moral e a felicidade.

Gabarito: texto dissertativo.

Selecionamos algumas questões para que você perceba a aplicabilidade desses conceitos em provas de concursos públicos. Aproveite os comentários!

23.3. QUESTÕES DE CONCURSOS COMENTADAS

1. (IBFC - 2024 - Correios - Engenheiro)

Focar numa pegada com resiliência (Ruy Castro)

Mas só se você "subir o sarrafo", for "assertivo" e tiver uma visão "imersiva" da coisa

Já reparou que, a todo momento, lê-se ou se escuta que alguém "bateu o martelo"? Um desavisado achará que, pela quantidade de gente que "bate o martelo", vivemos sob uma sinfonia de marteladas. Mas é claro que, ao "bater o martelo", o sujeito apenas se decidiu por isto ou aquilo. É um martelo simbólico. E quando se diz que fulano "apostou todas as suas fichas" em alguma coisa? Significa somente que o cidadão botou suas esperanças nessa alguma coisa. Não é como no tempo dos cassinos, em que se garantia que eles tinham uma sala dos suicidas, um lugar discreto onde o jogador que perdera de verdade suas últimas fichas podia dar um tiro no ouvido sem ser incomodado. "Apostar as fichas" sem meter a mão no bolso é mole.

E "subir o sarrafo"? Até há pouco, usava-se "baixar o sarrafo" — ou seja, dar uma surra em alguém. O sarrafo podia ser um porrete, uma vara, um relho, quem sabe até uma cadeira. Hoje, ao contrário, o normal é "subir o sarrafo", ou seja, estabelecer uma meta mais difícil do que a que se vinha praticando. O curioso é que, quando se "sobe o sarrafo" numa prova de salto em altura, e o atleta não consegue saltá-lo, o sarrafo cai lá de cima e ninguém diz que ele "baixou o sarrafo". [...]

(Disponível em: https://www1.folha.uol.com.br/colunas/ruycastro/2024/10/focarnuma-pegada-com-resiliencia.shtml. Acesso em 09/10/2024)

Embora não possua uma estrutura muito explícita, é possível inferir que o texto possui um caráter _______. Assinale a alternativa que preencha corretamente a lacuna.

A) argumentativo.

B) injuntivo.

C) narrativo.

D) descritivo.

Comentários: O autor, em algumas passagens do texto, apresenta reflexões críticas, usando a ironia como forma de expressar sua opinião. O objetivo principal é argumentar criticamente.

Gabarito: A

2. **(Instituto Consulplan - 2024 - Prefeitura de Cacoal - RO - Auditor Clínico)**

As Paralimpíadas e a inclusão

As Paralimpíadas, que se estendem até o próximo 8 de setembro, oferecem uma oportunidade única para uma reflexão profunda sobre a Inclusão Social e seus inúmeros benefícios. Os esportes, com sua capacidade ímpar de criar vínculos emocionais, nos ajudam a enxergar com mais clareza questões que, de outra forma, poderiam passar despercebidas. Quando nos conectamos emocionalmente com uma causa, ela se torna mais presente em nossas vidas e, assim, catalisadora de mudanças tanto individuais quanto coletivas.

Cada indivíduo possui uma combinação única de características, que incluem tanto pontos fortes quanto limitações. A partir da interação destas limitações com o ambiente é que surgem as deficiências. Isso vale dizer: a deficiência nunca é da pessoa; deficiente é o ambiente, é a estrutura social. A pessoa não tem uma deficiência, não porta uma deficiência; a pessoa enfrenta deficiências no seu dia a dia, enfrenta deficiências na sua inclusão social.

Repetindo: é a interação das limitações individuais com o ambiente, com a estrutura social, que produz as deficiências.

A diversidade é inerente à condição humana e deve ser celebrada. Ambientes plurais, onde as diferenças são valorizadas, permitem que os pontos fortes de uns complementem as limitações de outros. Este é o verdadeiro valor da pluralidade.

Além disso, essa singularidade de cada pessoa faz com que suas interações com o mundo sejam igualmente únicas. As experiências individuais, moldadas por essa interação particular entre as características pessoais e o ambiente, são um terreno fértil para a criatividade. E é justamente do contato entre essas diversas experiências, em ambientes que acolhem a pluralidade, que surgem as inovações.

Uma sociedade mais inclusiva, onde todos os seus membros participam em plena igualdade, é também uma sociedade mais criativa e inovadora. As inovações geradas nesse contexto não se limitam aos avanços econômicos, mas se estendem à capacidade de interação e organização social. Em resumo, sociedades que abraçam a inclusão não apenas experimentam crescimento econômico, mas também desenvolvem estruturas sociais que promovem o bem-estar, incluindo o psicológico, tanto individual quanto coletivo.

As Paralimpíadas são, portanto, mais do que uma celebração do esporte; são um convite para repensarmos nossa sociedade. Ao promover a inclusão, estamos pavimentando o caminho para um futuro mais justo, criativo e inovador, onde todos têm a oportunidade de contribuir e prosperar.

(André Naves. Disponível em: https://www.hojeemdia.com.br/opiniao/as-paralimpiadas-e-a-inclusao. Acesso em: agosto de 2024.)

Considerando a tipologia textual apresentada, marque V para as afirmativas verdadeiras e F para as falsas.

( ) Utiliza argumentos como recursos linguísticos.

( ) Tem como principal objetivo persuadir o interlocutor acerca do ponto de vista do enunciador.

( ) Os procedimentos de contra-argumentação apresentados fortalecem a argumentação apresentada.

A sequência está correta em

A) V, V, F.

B) F, F, F.

C) V, F, V.

D) F, V, V.

Comentários: O texto apresenta argumentos, como a importância da inclusão, justificando sua visão sobre as Paralimpíadas e a inclusão social. Com isso, tem como objetivo principal persuadir o leitor a adotar uma visão mais inclusiva da sociedade, tenta convencer o leitor sobre os benefícios da inclusão. No texto, não se contrapõem ideias opostas, não há, portanto, contra-argumentação.

Gabarito: A

3. **(FGV - 2024 - Prefeitura de Macaé - RJ - Professor)** Leia o fragmento textual a seguir.

Praga é uma cidade belíssima. Não só a velha arquitetura boêmia e os surpreendentes acréscimos em art nouveau que foram poupados da guerra como tudo foi restaurado e é conservado com cuidado exemplar.

VERÍSSIMO, Luís Fernando.

O texto acima deve ser classificado como

A) dissertativo-argumentativo.

B) dissertativo-expositivo.

C) narrativo.

D) descritivo.

E) Injuntivo.

Comentários: O texto descritivo é um tipo de texto que tem como principal objetivo apresentar o retrato de um objeto, lugar, personagem ou acontecimento. Nesse período, o que prevalece é a descrição da cidade de Praga ("belíssima", "velha arquitetura boêmia", "acréscimos em *art nouveau*").

Gabarito: D

4. **(FGV - 2024 - Prefeitura de São Lourenço da Mata - PE - Professor de Língua Portuguesa)** Atenção! Leia o trecho da obra O alienista (1882), de Machado de Assis, para responder à próxima questão.

As crônicas da vila de Itaguaí dizem que em tempos remotos vivera ali um certo médico, o Dr. Simão Bacamarte, filho da nobreza da terra e o maior dos médicos do Brasil, de Portugal e das Espanhas. Estudara em Coimbra e Pádua. Aos trinta e quatro anos regressou ao Brasil, não podendo el-rei alcançar dele que ficasse em Coimbra, regendo a universidade, ou em Lisboa, expedindo os negócios da monarquia.

— A ciência, disse ele a Sua Majestade, é o meu emprego único; Itaguaí é o meu universo.

Dito isso, meteu-se em Itaguaí, e entregou-se de corpo e alma ao estudo da ciência, alternando as curas com as leituras e demonstrando os teoremas com cataplasmas. Aos quarenta anos casou com D. Evarista da Costa e Mascarenhas, senhora de vinte e cinco anos, viúva de um juiz de fora, e não bonita nem simpática. Um dos tios dele (...) admirou-se de semelhante escolha e disse-lho. Simão Bacamarte explicou-lhe que D. Evarista reunia condições fisiológicas e anatômicas de primeira ordem, digeria com facilidade, dormia regularmente, tinha bom pulso, e excelente vista; estava assim apta para dar-lhe filhos robustos, sãos e inteligentes. Se além dessas prendas, únicas dignas da preocupação de um sábio, D. Evarista era mal composta de feições, longe de lastimá-lo, agradecia-o a Deus, porquanto não corria o risco de preterir os interesses da ciência na contemplação exclusiva, miúda e vulgar da consorte.

ASSIS, Machado de. *O alienista*. Porto Alegre: L&PM, 1998. Adaptado.

No que se refere ao modo de organização discursiva, é correto afirmar que o trecho é

A) predominantemente narrativo, com alguns trechos descritivos.

B) exclusivamente narrativo, com foco nas ações do protagonista.

C) predominantemente argumentativo, com alguns trechos narrativos.

D) exclusivamente expositivo, com apresentação de ideias de forma objetiva.

E) predominantemente injuntivo, com alguns trechos expositivos.

Comentários: O que predomina nesse texto é a narração, com passagens descritivas. Há progressao temporal das ações ("regressou", "meteu-se", "entregou-se", "casou") e descrições de personagens (a descrição do médico e de D. Evarista).

Gabarito: A

5. (FGV - 2024 - Prefeitura de Caraguatatuba - SP - PEB II - Língua Portuguesa) Assinale a frase abaixo que **não** exemplifica um texto injuntivo.

A) Quando ouvir falar bem de um amigo, conte isso a ele.

B) Nunca ajude uma criança a fazer a sua tarefa enquanto ela sentir que pode ser bem-sucedida sozinha.

C) Se não puder abraçar as crianças, guarde-as em seu coração.

D) Faço plástica só no corpo. Meu rosto já é lindo por natureza.

E) Trate seus amigos como você faz com seus quadros: coloque-os em um lugar mais iluminado.

Comentários: O texto injuntivo tem como característica recomendar, instruir, aconselhar o leitor a realizar algo. É o que ocorre nas opções A (conte), na B (nunca ajude), na C (guarde-as) e na E (Trate / coloque-os). Na opção D, isso não ocorre, há uma afirmação seguida de argumento.

Gabarito: D

6. (FGV - 2024 - AL - SC - Analista Legislativo) Num diálogo teatral, um dos personagens diz a seguinte frase:

— Só sairei daqui amanhã de manhã.

Essa frase, em discurso indireto, seria:

A) Ele disse que só sairia daquele lugar no dia seguinte, pela manhã.
B) Ele disse que só saía de lá amanhã pela manhã.
C) Ele disse que só sairia de lá na manhã do amanhã.
D) Ele disse que só saía daquele lugar na manhã do dia seguinte.
E) Ele disse que só sairia daqui na manhã do dia seguinte.

Comentários: Na transposição do discurso direto para o indireto, o verbo, aparecendo no futuro do presente (sairei), passa a futuro do pretérito (sairia). Os advérbios "daqui" e "amanhã", para "daquele lugar" e "no dia seguinte", respectivamente.

Gabarito: A

7. **(FGV - 2025 - PC - MG - Perito Criminal)** Assinale a opção que apresenta a frase que se insere entre os textos de tipo argumentativo.

A) Após a vitória, afie sua faca!
B) Amigo, oculta a tua vida e propaga teu espírito.
C) Goste de quem o aconselhe e não de quem o elogie.
D) Não se deve imitar somente um, ainda que seja o mais sábio.
E) O que busco, antes de mais nada, é a grandeza: o que é grande sempre é belo.

Comentários: Na opção E, aparece a tese (O que busco é a grandeza), seguida de argumento que justifica esse ponto de vista, sua explicação (porque o que é grande sempre é belo). É isso o que se entende dessa passagem.

Gabarito: E

8. **(FGV - 2024 - PC - MG - Investigador de Polícia)** Assinale a opção que indica o texto classificado como descritivo.

A) Seja feliz!
B) A riqueza é a felicidade na Terra.
C) Trabalhe sempre e muito e ficará rico.
D) Nunca deixe para hoje o que pode fazer amanhã.
E) Trabalhei muito, economizei bastante, fiquei rico.

Comentários: A única opção em que se descreve algo é a B, ao se afirmar que "riqueza" é "felicidade", caracterizando o que seria "riqueza". Nas opções A, C e D, injuntivo. Na E, dissertativo-argumentativo.

Gabarito: B

9. **(CESPE/CEBRASPE - 2025 - TRF - 6ª Região - Analista Judiciário)**

O Poder Judiciário brasileiro tem em torno de 80 milhões de processos judiciais. Esse número é estarrecedor quando comparado com a população do país, cuja estimativa é de 203 milhões de brasileiros. Sendo assim, para pouco mais de dois brasileiros, há um processo judicial, o que representa uma situação praticamente insustentável sob o aspecto econômico, gerencial e jurídico.

Já houve redução no tempo e no custo do processo judicial com a implantação do processo eletrônico, mas há muito o que fazer quando se depara com o tempo de *resolutividade e os gastos para a manutenção do serviço de prestação jurisdicional: estima-se que, no ano de 2022, tenham sido gastos, só na justiça federal, R$ 12.369.100.765. Em relação ao custo processual, no ano de 2015, por exemplo, cada brasileiro desembolsou R$ 387,00 para manter o Poder Judiciário, o que equivalia a 1,3% do PIB. Se avaliarmos de 2009 a 2015, o crescimento foi de 31%. Em 2020, os gastos foram de R$ 479,16 por habitante.*

MOURA, Grégore Moreira. Um sonho de desjudicialização. *Revista do Tribunal Regional Federal da Sexta Região*, v. 1, n. 1, p. 10-11, 2023 (com adaptações).

Para atingir seu propósito comunicativo, o autor constrói o texto com base nas tipologias textuais expositiva e argumentativa.

CERTO

ERRADO

Comentários: Ao citar o número de processos judiciais, o número da população do país e dizer que já houve redução no tempo e no custo do processo, por exemplo, a base é de texto expositivo (fornece informações sobre um determinado tema, e não tem como intuito convencer o leitor). Já ao usar modalizadores textuais como "estarrecedor", "situação praticamente insustentável", "há muito o que fazer", o autor expõe seu ponto de vista a respeito do tema apresentado.

Gabarito: CERTO

10. (CESPE/CEBRASPE - 2025 - InoversaSul - Professor de Redação)

O repórter conta antes do memorialista, e o torna inútil. Sabemos hoje de cada literato o que ele come e bebe, o clube esportivo a que se consagrou, o número de seus sapatos e de suas camisas, se é supersticioso, se ajuda a mulher em casa, se fila cigarros ou os compra, se tem medo de morrer e se ronca. O escritor deixa-se fotografar de pijama, brincando com os netos ou soltando pandorga na praia.

É visível que tais circunstâncias não deixam margem à sobrevivência dos gêneros clássicos da biografia, da autobiografia, do diário íntimo e das memórias. A fórmula jornalística superou a calma atitude do homem que sacava da pena de pato para confiar ao papel de boa fibra um segredo da juventude a ser revelado aos pósteros.

Essa contínua e imediata exposição do presente retira ao homem uma de suas dimensões essenciais, que é o passado. Inibe-o de recordar, porque ele já não acumula no esquecimento, para depois reviver. Sua vida vai desfilando ao alcance e à mercê de seus olhos e dos alheios, e, se está enfastiado de se assistir viver em todo o impudor dessa publicidade, só lhe resta apertar um botão e desfigurar essa espécie de aparelho supersônico em que, como num filme falado, nossa vida moderna se desenrola.

E, mais do que nenhum outro ser, o escritor precisaria de retraimento que o reconduzisse à intimidade consigo mesmo e às raízes da vida, que lhe cabe pesquisar e interpretar. Sua pessoa devia ser objeto de clausura perfeita, só interrompida pelos surtos naturais de sua avidez de comunicação, ou pelas atividades peculiares ao ofício.

Nem se chame a isto de solidão orgulhosa ou inumana, prejudicial às fontes da criação. O melhor ou o único, porque específico, do escritor é o que ele escreve; o mais se dilui nas condições comuns a todo cidadão. Já é tempo de o escritor voltar a seu ofício.

Carlos Drummond de Andrade. Memórias. *A manhã; suplemento letras e artes*, 15 mar. 1953. Fonte: memoria.bn.gov.br (com adaptações).

Após o primeiro parágrafo, predomina no texto a tipologia textual descritiva.

CERTO

ERRADO

Comentários: Após o primeiro parágrafo, o que predomina é texto dissertativo-argumentativo, há exposição de ponto de vista do autor sobre o ofício do escritor, que se desviou do retraimento, da intimidade consigo mesmo.

Gabarito: ERRADO

Agora é com você! Selecionamos algumas questões para que você verifique se realmente fixou os conteúdos. Ao final, você terá um gabarito com comentários. Boa sorte!

23.4. QUESTÕES DE CONCURSOS PROPOSTAS (COM GABARITO COMENTADO NO FINAL)

Texto I

PROTESTO TÍMIDO

Fernando Sabino

Ainda há pouco eu vinha para casa a pé, feliz da minha vida e faltavam dez minutos para a meia-noite. Perto da praça General Osório, olhei para o lado e vi, junto à parede, antes da esquina, algo que me pareceu uma trouxa de roupa, um saco de lixo. Alguns passos mais e pude ver que era um menino.

Escurinho, de seus seis ou sete anos, não mais. Deitado de lado, braços dobrados como dois gravetos, as mãos protegendo a cabeça. Tinha os gambitos também encolhidos e enfiados dentro da camisa de meia esburacada, para se defender contra o frio da noite. Estava dormindo, como podia estar morto. Outros, como eu, iam passando, sem tomar conhecimento de sua existência.

Não era um ser humano, era um bicho, um saco de lixo mesmo, um traste inútil, abandonado, sobre a calçada. Um menor abandonado.

Quem nunca viu um menor abandonado? A cinco passos, na casa de sucos de frutas, vários casais de jovens tomavam sucos de frutas, alguns mastigavam sanduíches. Além, na esquina da praça, o carro da radiopatrulha estacionando, dois boinas-pretas conversando do lado de fora. Ninguém tomava conhecimento da existência do menino.

Segundo as estatísticas, como ele existem nada menos que 25 milhões no Brasil, que se pode fazer? Qual seria a reação do menino se eu o acordasse para lhe dar todo o dinheiro que trazia no bolso? Resolveria o seu problema? O problema do menor abandonado? A injustiça social?

(...)

Vinte e cinco milhões de menores – um dado abstrato, que a imaginação não alcança. Um menino sem pai nem mãe, sem o que comer nem onde dormir – isto é um menor abandonado. Para entender, só mesmo imaginando meu filho largado no mundo aos seis, oito ou dez anos de idade, sem ter para onde ir nem para quem apelar. Imagino que ele venha a ser um desses que se esgueiram como ratos em torno aos botequins e lanchonetes e nos importunam cutucando-nos de leve – gesto que nos desperta mal contida irritação – para nos pedir um trocado. Não temos disposição sequer para olhá-lo e simplesmente o atendemos (ou não) para nos livrarmos depressa de sua incômoda presença. Com o sentimento que sufocamos no coração, escreveríamos toda a obra de Dickens. Mas estamos em pleno século XX, vivendo a era do progresso para o Brasil, conquistando um futuro melhor para os nossos filhos. Até lá, que o menor abandonado não chateie, isto é problema para o juizado de menores. Mesmo porque são todos delinquentes, pivetes na escola do crime, cedo terminarão na cadeia ou crivados de balas pelo Esquadrão da Morte.

Pode ser. Mas a verdade é que hoje eu vi meu filho dormindo na rua, exposto ao frio da noite, e além de nada ter feito por ele, ainda o confundi com um monte de lixo.

1. Uma crônica, como a que você acaba de ler, tem como melhor definição:

A) registro de fatos históricos em ordem cronológica.
B) pequeno texto descritivo geralmente baseado em fatos do cotidiano.
C) seção ou coluna de jornal sobre tema especializado.
D) texto narrativo de pequena extensão, de conteúdo e estrutura bastante variados.
E) pequeno conto com comentários, sobre temas atuais.

2. O Texto I começa com os tempos verbais no pretérito imperfeito – vinha, faltavam – e, depois, ocorre a mudança para o pretérito perfeito – olhei, vi etc; essa mudança marca a passagem:

A) do passado para o presente.
B) da descrição para a narração.
C) do impessoal para o pessoal.
D) do geral para o específico.
E) do positivo para o negativo.

3. O uso da primeira pessoa na crônica tem um efeito de:

A) construir uma narrativa impessoal, já que o cronista é observador neutro.
B) seguir o modelo típico de um texto jornalístico, como este.
C) manifestar no discurso a opinião dos leitores.
D) expressar o ponto de vista do narrador.
E) transformar o texto em algo objetivo e popular.

4. O tom predominante na crônica é o de:

A) comiseração.
B) remorso.
C) revolta.
D) desprezo.
E) tristeza.

5. Dentre as perguntas abaixo, aquela que poderia ser considerada como pergunta retórica é:

A) "Quem nunca viu um menor abandonado?".
B) "Segundo as estatísticas, como ele existem nada menos que 25 milhões no Brasil, que se pode fazer?".
C) "Qual seria a reação do menino se eu o acordasse para lhe dar todo o dinheiro que trazia no bolso?".
D) "Resolveria o seu problema?".
E) "(Resolveria) A injustiça social?".

Texto II

DA "LIVRE MANIFESTAÇÃO" AO VANDALISMO

João Mellão Neto

[...] Recordo-me de um bar, no centro de São Paulo onde, na década de 60, nos toaletes, aparecia a seguinte inscrição: "Não risque as paredes. Se você acredita que seu pensamento seja tão original a ponto de merecer sua inscrição aqui, não se constranja. Procure a gerência e nós mesmos nos encarregamos de autorizá-lo".

O mesmo raciocínio vale para os pichadores. Se o que eles têm a manifestar tem algum valor artístico ou filosófico, sem dúvida existirão proprietários de muros dispostos a permitir-lhes a inscrição. Agora, pichação de bens públicos ou de muros particulares, à revelia do proprietário, não é manifestação artística, é vandalismo. E, como tal, deve ser coibido.

O dever do Estado é proteger a propriedade de todos da sanha de cada um e a propriedade de cada um da sanha de todos. A pichação dos bens públicos ou particulares viola ambos os princípios e, portanto, é dever da autoridade competente tomar medidas coercitivas. Eu, como milhões de cidadãos, gosto de ver a minha cidade limpa. Faço minha parte, de um lado mantendo meu muro pintado e de outro pagando impostos para que a Prefeitura faça o mesmo com os nossos monumentos. Se os pichadores têm seus "direitos" de expressarem-se livremente, eu também tenho os meus de querer minha cidade em ordem e bonita. Com uma diferença: eu pago impostos para exercer a minha cidadania e eles, tão somente, adquirem uma lata de aerossol.

1. No título do Texto II, a expressão "livre manifestação" aparece entre aspas para:

A) distinguir uma citação do resto do contexto.
B) fazer sobressair termos não peculiares à linguagem normal.
C) acentuar o valor significativo de uma palavra ou expressão.
D) realçar ironicamente uma palavra ou expressão.
E) destacar o termo de maior valor do texto.

2. No título, os termos "livre manifestação" e "vandalismo":

A) representam duas maneiras de encarar o mesmo fato.
B) falam, respectivamente, do aspecto ilegal e legal das pichações.
C) são argumentos favoráveis ao aparecimento de pichações.
D) indicam o pensamento das autoridades sobre as pichações.
E) mostram duas realidades que ocorrem simultaneamente.

3. O Texto II deve ser classificado, de forma mais adequada, como:

A) descritivo.
B) narrativo.
C) dissertativo expositivo.
D) dissertativo polêmico.
E) dissertativo informativo.

Texto III

SAIBA MAIS SOBRE O PROBLEMA

Recente documento, elaborado pelo IBGE (Instituto Brasileiro de Geografia e Estatística), revela que o Brasil é um país mergulhado na sujeira: metade dos municípios não têm serviço de esgoto sanitário, 70% do lixo das cidades são jogados em lixões e alagados (rios, lagos, mar, etc.) e apenas poucos municípios fazem coleta seletiva de lixo.

Os brasileiros produzem todos os dias mais de 125.000 toneladas de lixo, além dos 14,5 milhões de metros cúbicos de esgoto. O destino inadequado de todo esse lixo e esgoto ajuda a explicar por que ainda sofremos com doenças do século XIX, como a febre amarela, as hepatites, as diarreias, os vermes e mesmo as recentes epidemias de Dengue.

Outros fatos preocupantes são:

- *o grande volume de lixo encontrado nas ruas, o que segundo a COMLURB demonstra a falta de educação da população que joga lixo de todos os tipos nas vias públicas;*
- *as milhares de crianças que trabalham revirando lixo nos lixões, disputando com moscas, ratos e urubus, os restos de comida ou objetos que podem ser reaproveitados ou vendidos;*
- *o chorume, líquido contaminado liberado pelo lixo em decomposição, atinge rios, lagos e a Baía de Guanabara, dentre outros, contaminando peixes, aves e o próprio Homem, gerando graves doenças, problemas sociais e ambientais.*

1. O Texto III foi retirado de um pequeno jornal de um colégio do Rio de Janeiro e seu valor está no assunto que aborda: o lixo. Para dar valor ao que nele é expresso, o autor procurou destacar dois aspectos, manifestados na primeira linha do texto:

A) atualidade e credibilidade.
B) objetividade e cientificismo.
C) autoridade e sentimentalismo.
D) suspense e negativismo.
E) verdade e nacionalismo.

2. A finalidade principal do Texto III deve ser a de:

A) criticar as autoridades governamentais.
B) denunciar a poluição ambiental.
C) procurar aumentar o conhecimento do assunto.
D) mostrar soluções para o problema do lixo.
E) indicar os principais problemas do país.

3. O documento elaborado pelo IBGE tem valor prioritário de:

A) conselho.
B) denúncia.
C) acusação.
D) crítica.
E) elogio.

Texto IV

A MARCA DA MORTE NOS CIGARROS

A partir de 1º de fevereiro, começa a circular no Brasil a nova safra de maços de cigarros impressos de acordo com a resolução da Agência Nacional de Vigilância Sanitária. A regra diz que as sessenta marcas vendidas no país devem estampar no verso da embalagem uma entre nove imagens associadas aos malefícios do cigarro. A iniciativa foi copiada de uma experiência bem-sucedida no Canadá. Com imagens explícitas, agressivas até – uma boca com dentes podres e a gengiva inflamada, um coração infartado ou um cérebro com as artérias estouradas – a campanha do Canadá provocou uma primeira reação negativa da sociedade, principalmente entre os não tabagistas. É que muita gente não queria ser obrigada a conviver com as cenas repugnantes. O saldo final, no entanto, foi ótimo. Uma pesquisa realizada pela Sociedade Canadense do Câncer, com mais de 2000 pessoas, revela que a contrapropaganda surtiu efeitos positivos. Por causa das ilustrações, cerca de 45% dos fumantes ficaram motivados a abandonar o cigarro.

Veja, ed. 1735.

1. O título do Texto IV se justifica porque:

A) o vício do fumo provoca doença em milhares de pessoas.
B) a maioria dos fumantes não sabe os riscos que corre.
C) as embalagens de cigarro vão aludir aos males que provoca.
D) fabricantes vão esconder dos fumantes os riscos que correm.
E) o vício do fumo está aumentando os óbitos por câncer.

2. O fato de vir por extenso a denominação "Agência Nacional de Vigilância Sanitária" em lugar da forma abreviada ANVISA, mostra que:

A) o texto não pretende apresentar-se em forma resumida.
B) em textos informativos não se usam abreviaturas.
C) o público a que se dirige o texto não é da classe culta.
D) o texto pretende enfatizar o poder legal.
E) para o jornalista, nem sempre as abreviaturas são claras.

3. A resolução da ANVISA e o texto-imagem dos maços de cigarros são respectivamente representantes de textos dos tipos:

A) didático / informativo.
B) informativo / normativo.
C) normativo / publicitário.
D) publicitário / expressivo.
E) expressivo / didático.

4. Os textos informativos, como o Texto IV, só NÃO se caracterizam por:

A) objetividade e precisão.
B) abordagem de algo desconhecido do leitor.
C) reduzida participação do autor do texto no enunciado.
D) conteúdo de hipotético interesse de leitores.
E) profunda interação com o leitor.

Texto V

TENTE LER ESTE ANÚNCIO DIRIGINDO

O anúncio de revista é rico em informações. Pode dar toda a literatura necessária sobre um produto. Explicar o que é, como funciona, a forma de pagamento, enfim, pode dar todos os detalhes tintim por tintim.

Ele é fantástico para um sujeito que dispõe desse tempo que você está tendo agora. Para folhear calmamente, lendo artigos e anúncios.

Já no trânsito, para passar a mensagem a quem está passando, aí o outdoor é imbatível.

Ele é rápido, telegráfico, gigante. Ótimo para anúncios institucionais ou promocionais de qualquer produto ou serviço.

O outdoor também apresenta um dos recalls mais elevados, dentro de uma relação custo/benefício bem atraente.

Dependendo do produto e seu mercado, você pode utilizar o outdoor para cercar o Brasil inteiro, um estado, uma cidade ou simplesmente um bairro. E vender tanto para o Brasil quanto para um bairro com a mesma eficiência, é uma versatilidade que nenhum outro veículo tem.

Além do quê, o outdoor é seu último apelo ao consumidor antes da compra. Porque ele está ali, na rua, bem próximo ao seu ponto de venda. E, você há de concordar, num mercado tão competitivo quanto o nosso, isso pode ser decisivo.

São detalhes como esse que você, anunciante, não pode deixar de levar em conta na hora de programar sua mídia. Principalmente se você quiser atingir um público como esse nosso, dirigido.

1. O anúncio de revista pode ser rico em informações porque:

A) o leitor dispõe de tempo para lê-lo.
B) todo produto a ser anunciado requer isso.
C) o leitor precisa ser convencido a comprar o produto.
D) apela para o gosto estético do leitor.
E) o anunciante exige que isso assim seja.

2. "Explicar o que é, como funciona..."; os dois tipos de textos a que se alude nesse segmento são, respectivamente:

A) jornalístico, publicitário.
B) publicitário, informativo.
C) informativo, instrucional.
D) instrucional, didático.
E) didático, jornalístico.

3. O quarto parágrafo do Texto V mostra que este texto é:

A) publicitário, pois anuncia o próprio outdoor.
B) informativo, pois explica as qualidades do cartaz de rua.
C) didático, pois ensina o que é um outdoor.
D) jornalístico, pois destaca o surpreendente de um outdoor.
E) poético, pois apela para o bom-gosto do leitor.

4. "O anúncio de revista é rico em informações"; assinale o item abaixo em que a relação expressa pelos elementos sublinhados é INADEQUADA:

A) o horóscopo é rico em previsões.
B) o livro didático é rico em ensinamentos.
C) o dicionário é rico em definições.

D) a bula de remédio é rica em informações.

E) o outdoor é rico em detalhes.

Texto VI

PROCESSAMENTO DA ENTREVISTA

A Nogueira de Faria

A entrevista consiste em inquirir tecnicamente, de forma hábil, dentro de um plano e sequência previamente estudados, levando o interrogado ou entrevistado a se pronunciar sobre aquilo que desejamos saber e a emitir sua opinião, muitas vezes sem que formulemos a pergunta diretamente. É a maneira racional de levar alguém a fornecer os informes e as informações que possui em determinada área.

É uma técnica de comunicação direta entre duas pessoas que possuem alguns interesses em comum. Forma de pesquisa realizada através de diálogo estudado e preparado dentro de um plano e sequência previamente analisados, levando, sutilmente, o entrevistado a se manifestar sobre assuntos de seu conhecimento.

Pode ser entendida como sendo uma conversa planejada, capaz de conduzir à transmissão de uma mensagem, em que o entrevistador orientou a produção e codificação das próprias mensagens por parte do entrevistado, para obter as informações que deseja.

Trata-se de um processo interpessoal de comunicação, com numerosas limitações no tempo e no e no espaço, pois o comportamento das pessoas varia muito. As entrevistas devem ser personalizadas e adaptadas às características do entrevistado, sua cultura, posição social, conhecimento técnico, etc.

Existe uma grande diferença entre a entrevista e a conversa informal entre duas pessoas. É necessário saber distinguir quando o diálogo informal é uma introdução e quando ele perde as características, acabando por se transformar numa palestra inconsistente, tomando tempo e prejudicando o processamento da entrevista propriamente dita.

Organização e métodos. Rio de Janeiro: Livros Técnicos e Científicos Edit., 1982.

1. O parágrafo do Texto VI que apresenta uma estrutura distinta da dos demais é o:

A) 1º.

B) 2º.

C) 3º.

D) 4º.

E) 5º.

Texto VII

OS NÚMEROS

George Ifrah

Houve um tempo em que o ser humano não sabia contar. A prova: atualmente existem ainda homens incapazes de conceber qualquer número abstrato e que não sabem nem que dois e dois são quatro.

Inúmeras hordas "primitivas" se encontram, ainda hoje, nesse "grau zero" — se assim podemos dizer — quanto ao conhecimento dos números. É, por exemplo, o caso dos zulus e dos pigmeus, da África, dos aranda e dos kamilarai, da Austrália, dos aborígenes das Ilhas Murray e dos botocudos, do Brasil. "Um", "dois" e... "muitos" constituem as únicas grandezas numéricas desses indígenas que ainda vivem na Idade da Pedra.

Eles só conhecem dois "nomes de números" propriamente ditos: um para a unidade e um outro para o par. Dentre eles, os melhores em aritmética chegam certamente a exprimir os números 3 e 4 articulando algo como dois-um e dois-dois. Mas não avançam mais. Além daí é a imprecisão, a confusão: empregam então palavras ou expressões que poderíamos traduzir por muitos, vários, uma multidão. E é tão difícil para eles imaginar um número superior ou igual a 5 quanto é para nós representar quantidades como um trilhão de bilhões. De tal modo que, quando se trata de mais de 3 ou 4, alguns deles se contentam em mostrar a cabeleira, como se dissessem: "É tão inumerável quanto os cabelos da cabeça!"

1. A finalidade principal do Texto VII é:

A) ensinar.
B) comprovar.
C) informar.
D) contradizer.
E) protestar.

Texto VIII

BRASIL E O MUNDO PODEM PREJUDICAR A SUA SAÚDE

Minha profissão é ver o mal do mundo. Um dia, a depressão bate. Não aguento mais ver a cara do Bush ostentando rugas na testa de preocupação com o nosso destino (que ele azedou), não aguento mais o Lula de boné dançando xaxado, não aguento ver o Sarney feliz, mandando no país, guardando o PT no bolso do jaquetão, enquanto os petistas, comunistas, tucanistas e fascistas discutem para ver quem é mais de esquerda ou de direita, enquanto o país afunda em violência e miséria, com o Estado sendo loteado entre esquerdistas sem emprego; não dá mais para ouvir que há transgênicos de esquerda ou de direita, principalmente quando ninguém consegue impedir as queimadas na Amazônia; passo mal também quando vejo a cara dos oportunistas do MST, com a bênção da Pastoral da Terra, liderando pobres diabos para a revolução contra o capitalismo; não aguento secretários de Segurança falando em forças-tarefa, em presídios perfeitos que não conseguem nem bloquear celulares; não suporto ver que o Exército se recusa a ajudar na repressão ao crime, com generais tão eficazes para arrasar a guerrilha urbana nos anos setenta.

Texto da internet falsamente atribuído a Arnaldo Jabor.

1. A melhor caracterização do Texto VIII o define como:

A) narrativo de tema político.
B) expositivo de tom crítico.
C) informativo de base argumentativa.
D) descritivo de situação.
E) argumentativo de tema social.

Texto IX

DO MUNDO VIRTUAL

Carlos Heitor Cony

Insisto em comentar as vantagens e desvantagens do mundo virtual. Não perderei tempo em lembrar as vantagens, elas entram pela cara da gente, tornam-se dia a dia mais indispensáveis e mais fáceis de manuseio.

Fico então com as desvantagens, e uma delas me remete ao processo de pensar, de refletir. Desde que Aristóteles criou o método peripatético, os melhores pensamentos da humanidade vieram quando filósofos, inventores, matemáticos, músicos e poetas obedeciam àquele processo de pensar caminhando, ou de caminhar pensando.

Beethoven passeava na floresta quando voltou correndo, com a Sexta Sinfonia inteira na cabeça. Kant era metódico, todos os dias saía para seu passeio à tarde, os vizinhos podiam acertar o relógio pela hora em que ele percorria o bosque de Konigsberg. E foi assim que ele criou seu monumental sistema dedicado à razão pura.

Strauss compunha suas valsas passeando pelos bosques de Viena e Anchieta escreveu seu poema nas areias de uma praia. Ficar "plugado" a uma tomada pode ser prático, mas não é criador. (...)

Viver "plugado" a uma corrente de pessoas e informações pode ser divertido e útil. Mas agride o que o ser humano tem de melhor e mais insubstituível: o seu gosto, o seu erro, a sua miséria e sua glória.

1. O segmento do Texto IX que mostra interferência do autor no seu conteúdo é:

A) "Mas agride o que o ser humano tem de melhor".
B) "Viver "plugado" a uma corrente de pessoas e informações pode ser divertido e útil".
C) "Strauss compunha as suas valsas passeando pelos bosques de Viena".
D) "Fico então com as desvantagens".
E) "Desde que Aristóteles criou o método peripatético".

2. A melhor classificação do texto lido o enquadra entre os textos:

A) conversacionais.
B) descritivos.
C) narrativos.
D) dissertativos expositivos.
E) dissertativos argumentativos.

Texto X

FRONTEIRAS

Heloisa Seixas

Tenho refletido sobre fronteiras. Sobre a linha tênue e imprecisa que divide realidade e sonho, sanidade e loucura. E me vem à mente história narrada por Otto Friedrich em seu livro Going Crazy (Enlouquecendo). Ele diz que andava um dia pelas ruas de Nova York a caminho do trabalho – como fazia todas as manhãs – quando de repente, diante de um cruzamento, parou, assaltado por uma sensação desconhecida. Era algo avassalador, a impressão exata de que algo se rompera, seguida de uma sensação de impotência e pânico. Ficou ali na calçada, paralisado, sem saber o que se passava. Demorou alguns segundos até compreender. Como fazia o mesmo percurso todos os dias, costumava andar totalmente desligado, imerso em seus pensamentos, o "piloto automático". Ocorre que, naquele dia, se deparava de repente com um sinal de trânsito quebrado – um elemento estranho à sua rotina. E aquela "ruptura" provocara uma espécie de curto-circuito em seu cérebro, justamente por estar num estágio de semiconsciência, tal a sua disposição. O sinal quebrado provocara uma pane em seu sistema de percepção. Fora coisa rápida, não mais do que alguns segundos. Mas o que perturbava era perceber que, naqueles instantes, vivera numa fronteira: estivera à beira do que se convencionou chamar "loucura".

1. A história narrada no Texto X, da autora Heloísa Seixas, tem o papel de:

A) ilustrar um pensamento da autora.
B) demonstrar a correção do pensamento da autora.
C) mostrar que a preocupação da autora é universal.
D) indicar que sua preocupação é válida.
E) testemunhar algo narrado pela própria autora.

Texto XI

DIAGNÓSTICO

O Globo, 15/10/2004

Em oito anos, o número de turistas no Rio de Janeiro dobrou, enquanto os assaltos a turistas foram multiplicados por três, alcançando hoje a média de dez casos por dia. Considerando a importância que o turismo tem para a cidade – que anualmente recebe 5,7 milhões de visitantes de outros estados e do estrangeiro, destes, aliás, quase 40% dos que chegam ao Brasil têm como destino o Rio – é alarmante esse grau crescente de insegurança. Por maior que tenha sido a indignação manifestada pelo governo federal, são números que reforçam o alerta do Departamento de Estado americano a agências de turismo dos Estados Unidos, divulgado no início do mês, a respeito do perigo que apresentam o Rio e outras grandes cidades brasileiras.

Não é exagero classificar de urgente a tarefa de fazer o turista se sentir mais seguro no Rio, considerando que os visitantes movimentaram 13% da economia da cidade e que dentro de três anos teremos aqui o Pan.

Parte da solução é simples: reforçar o policiamento ostensivo. A Secretaria de Segurança do Estado informa que há quase duas centenas de policiais patrulhando a orla, do Leblon ao Leme, mas não é o que vê – nem é o que percebem os assaltantes.

Muitos destes, aliás, são menores de idade com que o poder público simplesmente não sabe lidar, por falta de ação integrada entre autoridades estaduais e municipais, empenhadas num jogo de empurra sobre a responsabilidade por tirá-los das ruas. O que lhes confere uma percepção de impunidade que só faz piorar a situação. Impunidade é também a sensação que resulta do deficiente trabalho de investigação policial: se não se consegue impedir o crime, sua gravação pelas câmeras da orla de pouco serve, pois não há um esquema eficaz de inteligência nem estrutura técnica adequada para seguir pistas. É fácil atribuir todos os problemas à falta de verbas. Mas é mais justo falar em dinheiro mal aplicado. As próprias autoridades anunciam fortes investimentos em aparato tecnológico contra o crime; o retorno que deveria produzir a aplicação eficiente desse dinheiro seria o que não está acontecendo: a redução a níveis mínimos dos assaltos a turistas.

1. O Texto XI, por sua estrutura e características, deve ser prioritariamente classificado como:

A) expositivo.
B) narrativo.
C) informativo.
D) argumentativo.
E) descritivo.

Texto XII

RACISMO, DISCRIMINAÇÃO, PRECONCEITO... COLOCANDO OS PINGOS NOS "IS"

Maria Aparecida da Silva

Recentemente assisti ao programa esportivo Cartão Verde, da TV Cultura, no qual se discutia, de maneira tímida, a discriminação racial que um jogador branco do Palmeiras (Paulo Nunes) teria praticado contra dois jogadores negros, Rincón (Corinthians) e Wagner (São Paulo), em momentos distintos. Havia controvérsias quanto à veracidade dos fatos, quanto à sinceridade dos protagonistas, quanto à oportunidade ou oportunismo das denúncias. Mas o que de fato despertou minha atenção foi a relativização do racismo presente no futebol brasileiro. Os cronistas utilizavam a todo tempo a expressão preconceito, quando as situações em foco constituíam, na verdade, práticas de discriminação racial. Depois de feita essa constatação, procurei explicar para mim mesma porque existe tanta confusão em torno das palavras preconceito, discriminação racial e racismo. É preciso entender exatamente o significado de cada uma dessas expressões.

Estabelecendo diferenças

O preconceito *é basicamente um sentimento negativo (é necessário que haja alguma possibilidade de comparação), um estado de espírito negativamente determinado com relação a um grupo ou pessoa. Ele é fruto da ignorância, de opiniões inexatas e de estereótipos. Os preconceitos são muito genéricos e disseminados. Em todas as épocas e em todo o mundo, os grupos humanos alimentaram preconceitos uns em relação aos outros. Diariamente, enfrentamos inúmeros preconceitos. O racial é um deles.*

A discriminação é a materialização dos preconceitos. São as atitudes práticas que dão corpo e ação à disposição psicológica dos preconceitos. No caso específico da discriminação racial são as atitudes de vetar, impedir, dificultar, preterir pessoas (predominantemente negras, no caso brasileiro) em seu processo de desenvolvimento pleno como seres humanos.

O racismo. Ah, o racismo... tão presente em nossas vidas, nas instituições, na cultura e nas relações pessoais e tão ausente do rol de preocupações da intelectualidade brasileira e dos veículos formadores de opinião. A dificuldade de defini-lo — e assumir sua existência entre nós — vem do fato de o racismo constituir-se numa prática social negativa, cruel, humanamente repreensível, com a qual, ninguém, em sã consciência (afora os racistas declarados), deseja se identificar.

Revista Raça Brasil. São Paulo: Símbolo, ano 4, n. 39, nov. 1999, p. 51.

1. O texto lido deve ser considerado prioritariamente:

A) narrativo.
B) publicitário.
C) didático.
D) informativo.
E) normativo.

Texto XIII

Vários historiadores têm procurado entender a originalidade da monarquia brasileira vinculando-a à chegada da família real ao Brasil em 1808. de fato, é no mínimo inusitado pensar numa colônia sediando a capital de um império. Chamada por Maria Odila Leite da Silva Dias de a "internacionalização da metrópole", a instalação no

Brasil da corte portuguesa, que fugia das tropas napoleônicas, significou não apenas um acidente fortuito, mas um momento angular da história nacional e de um processo singular de emancipação. Fuga ou golpe político, o fato é que com D. João e sua família, e contando com a ajuda inglesa, transferiram-se para o país a própria corte portuguesa – cujo número estimado de pessoas chegava a 20 mil, sendo que a cidade do Rio possuía apenas 60 mil almas – e várias instituições metropolitanas. Mas não era só: comerciantes ingleses e franceses, artistas italianos e naturalistas austríacos vinham junto com os baús. Difícil imaginar choque cultural maior.

Transformado em Reino Unido já em 1815, o Brasil passou a distanciar-se, aos poucos, de seu antigo estatuto colonial, ganhando uma autonomia relativa jamais conhecida naquele contexto. A partir de então, o Rio de Janeiro tornou-se capital de Portugal e de suas possessões na África e na Ásia, e os portos brasileiros se abriram ao comércio britânico (seguindo o acerto feito com a Inglaterra, que assegurou o transporte da corte, mas o trocou por esse acordo comercial). Tais fatos alteraram radicalmente a situação da colônia portuguesa na América.

(Adaptado de SCHWARCZ, Lilia Moritz. *As barbas do imperador: D. Pedro II, um monarca nos trópicos.* São Paulo: Companhia das Letras, 1999, p. 35-36.)

1. Quanto à organização, afirma-se corretamente que o Texto XIII:

A) mescla narração e dissertação, mas dá relevo àquela, uma vez que, para a autora, devem ser destacados os acontecimentos e não os comentários avaliativos que eles suscitaram.

B) descreve o modelo administrativo e a organização hierárquica da corte que se transferiu para o Brasil, oferecendo detalhado panorama dos aspectos burocráticos que redundaram no específico feitio da nação brasileira.

C) restringe-se à narração do episódio da fuga da família real para a América, destacando suas causas, os meios pelos quais se efetivou e seu impacto sobre a pátria que aqui se formara.

D) reúne as datas e os acontecimentos tomados como mais relevantes no processo de emancipação do país, para defender a ideia de que, na configuração de um dado quadro político, o mais importante são os antecedentes históricos imediatos.

E) mobiliza dados históricos e outros trabalhos que se debruçam sobre o tema, com o fito de comprovar a hipótese apresentada sobre a formação da monarquia brasileira.

Texto XIV

SECRETÁRIA

Luís Fernando Veríssimo

O teste definitivo para você saber se está ou não integrado no mundo moderno é a secretária eletrônica. O que você faz quando liga para alguém e quem atende é uma máquina.

Tem gente que nem pensa nisso. Falam com a secretária eletrônica com a maior naturalidade, qual é o problema? É apenas um gravador estranho com uma função a mais. Mas aí é que está. Não é uma máquina como qualquer outra. É uma máquina de atender telefone. O telefone (que eu não sei como funciona, ainda estou tentando entender o estilingue) pressupõe um contato com alguém e não com alguma coisa. A secretária eletrônica abre um buraco nesta expectativa estabelecida. É descon-

certante. Atendem – e é alguém dizendo que não está lá! Seguem instruções para esperar o bip e gravar a mensagem.

É aí que começa o teste. Como falar com ninguém no telefone? Um telefonema é como aqueles livros que a gente gosta de ler, que só tem diálogos. É travessão você fala, travessão fala o outro. E de repente você está falando sozinho. Não é nem monólogo. É diálogo só de um.

– Ahn, sim, bom, mmm... olha, eu telefono depois. Tchau.

O "tchau" é para a máquina. Porque temos este absurdo medo de magoá-la. Medo de que a máquina nos telefones de volta e nos xingue, ou pelo menos nos bipe com reprovação.

Sei de gente que muda a voz para falar com secretária eletrônica. Fica formal, cuida a construção da frase. Às vezes precisa resistir à tentação de ligar de novo para regravar a mensagem porque errou a colocação do pronome.

Outros não resistem. Ao saber que estão sendo gravados, limpam a garganta, esperam o bip e anunciam:

– De Augustín Lara...

E gravam um bolero.

Talvez seja a única atitude sensata.

1. Considerando o Texto XIV como um todo, podemos classificá-lo predominantemente como:

A) narrativo.

B) descritivo.

C) expositivo.

D) argumentativo.

E) conversacional.

Gabarito comentado:

Texto I

1. D. O texto "Protesto tímido" é um exemplo de crônica, por ser narrativo, com aspectos dissertativos. O autor vem relatar o que lhe aconteceu certo dia ao se deparar com um menor abandonado. Ao longo do texto, ele descreve características do menor, bem como das cenas em que se envolveu, tecendo também comentários sobre o problema que a narração ilustra. A letra A, portanto, é eliminada, já que se trata de narração, e não de registros históricos; a letra B não deve ser considerada, já que o estilo a predominar é o narrativo. Quanto à letra C, não se trata necessariamente de uma coluna de jornal. No entanto, a letra D diz que este é um pequeno conto, fato que pode se perceber pela extensão do texto, que não é verdadeiro.

2. B. Os tempos verbais – pretérito imperfeito e pretérito perfeito – são características dos modos descritivo e narrativo, respectivamente. A descrição indica ações contínuas, duradouras – representadas pelo pretérito imperfeito. Já o pretérito perfeito evidencia ações que se sucederam em uma evolução cronológica – característica do texto narrativo.

3. D. O uso da primeira pessoa do plural é uma forma de o narrador se incluir no texto, manifestar sua opinião. Nesse caso, eliminam-se automaticamente as outras opções da questão.

4. B. Ainda que o narrador manifeste comiseração ("escurinho, de seis ou sete anos, não mais"), certa revolta ("vinte e cinco milhões de menores — um dado abstrato, que a imaginação não alcança"), desprezo ("Imagino que ele venha a ser um desses que se esgueiram como ratos em trono aos botequins e lanchonetes e nos importunam cutucando-nos de leve — gesto que nos desperta mal contida irritação") e tristeza ("Para entender, só mesmo imaginando meu filho largado no mundo..."), o tom predominante no texto, que aparece fortemente ao final dele, é o de remorso ("Mas a verdade é que hoje eu vi meu filho dormindo na rua, exposto ao frio da noite, e além de nada ter feito por ele, ainda o confundi com um monte de lixo.").

5. A. Pergunta retórica é aquela que não busca resposta por parte do interlocutor, muitas vezes por ser esta óbvia, que é o que ocorre com a letra A. As outras perguntas não são retóricas por suscitarem reflexão por parte do leitor do texto — suas respostas são importantes para a compreensão da mensagem do texto.

Texto II

1. D. O título do texto apresenta tom irônico. O autor, com o uso das aspas, já indica sua opinião — o ato de pichar é mais um comportamento vândalo do que um ato de livre manifestação.

2. A. O texto IV é dissertativo-polêmico, pois apresenta duas formas de se encarar a mesma questão: o ato de pichar como resultado da liberdade de expressão ou como vandalismo. Quanto à letra B, o que se tem é a inversão das características: a liberdade de expressão é legal e o vandalismo é ilegal. Já a letra C não está correta porque só o primeiro argumento é a favor do aparecimento das pichações, não os dois. No entanto, a letra D extrapola o texto, pois não se tratou do pensamento das autoridades sobre as pichações. E a letra E está errada, pois não são duas realidades que ocorrem simultaneamente: pelo contrário — elas se excluem.

3. D. Ainda que o autor manifeste claramente sua crítica a respeito do tema, o texto é dissertativo-polêmico, pois apresenta duas visões do mesmo assunto.

Texto III

1. A. A primeira linha do texto é reescrita na letra A, pois, ao se falar em "recente documento", refere-se a "atualidade", e, ao mencionar "elaborado pelo IBGE", quer-se dizer "credibilidade".

2. C. As letras A e D são eliminadas por falarem em "criticar" e "mostrar soluções", características do texto argumentativo, e não informativo. A letra B extrapola o problema apresentado pelo texto ao mencionar "poluição ambiental". Da mesma forma, a letra E extrapola, pois o texto não trata dos principais problemas do país. Por ser informativo, o texto tem como meta aumentar o conhecimento do leitor sobre o assunto em questão — o lixo.

3. B. O texto é informativo, tem como função prioritária denunciar um grave problema. As outras alternativas devem ser eliminadas, pois o texto não é argumentativo, com valor de conselho, acusação, crítica ou elogio.

Texto IV

1. C. Ao se falar da "marca da morte", alude-se aos males produzidos pelo fumo; além disso, a expressão "marca nos cigarros" alude às embalagens do cigarro. A letra A omite a informação sobre as embalagens dos cigarros, presente no título. A letra B extrapola o título. A letra D contradiz o texto. A letra E, embora seja condizente com o texto, não é a reescritura do seu título.

2. E. O que se depreende do texto é que o jornalista, ao citar por extenso o significado da forma abreviada ANVS, pretendia esclarecer eventuais dúvidas por parte de algum leitor. A letra A não é verdadeira porque a tradução de uma abreviatura não transforma um texto algo mais ou menos resumido. A letra B é uma generalização excessiva – os textos informativos podem ou não usar abreviaturas. A letra C é uma extrapolação, pois explicitar uma abreviatura não significa direcionar um texto para uma classe não culta. Já a letra D vai além do objetivo do autor do texto, pois esclarecer uma abreviatura não pode significar a intenção do autor de enfatizar o poder de uma lei.

3. C. A resolução da ANVS é um texto normativo, pois estabelece regulamento, norma. Já o texto-imagem é publicitário, pois procura convencer o leitor a aderir a uma ideia: fumar prejudica a saúde.

4. E. Todas as alternativas representam características do texto informativo, exceto a última: o autor procura ser objetivo e impessoal, daí não serem comuns trechos interativos com o leitor.

Texto V

1. A. O início do 2º parágrafo é a chave para essa resposta, pois afirma que o anúncio de revista é "fantástico para um sujeito que dispõe desse tempo...". A letra B apresenta uma generalização excessiva. Quanto à letra C, o texto não afirma que somente o texto rico em informações é capaz de convencer o leitor a comprar um produto; no entanto, a letra D confunde quantidade de informações com gosto estético e a letra E extrapola o texto.

2. C. O texto que explica, expõe dados, é o texto informativo. Já aquele que trata do funcionamento de algum objeto é o texto instrucional, que instrui o leitor a realizar algum tipo de ação. Eliminam-se, portanto, as outras alternativas.

3. A. Mais explicitamente no quarto parágrafo, o autor deixa clara a sua intenção de "vender uma ideia" – o outdoor ("Ótimo para anúncios institucionais ou promocionais de qualquer produto ou serviço"). Excluem-se automaticamente as outras opções.

4. E. O horóscopo, por ser um texto preditivo, é rico em previsões; o livro didático possui como meta ensinar; o dicionário é um texto que apresenta definições, conceitos; a bula de remédio, por ser um texto informativo, é rica em informações. Entretanto, o outdoor possui como característica principal a ausência de detalhes. A letra E contradiz o texto.

Texto VI

1. E. O texto deve ser classificado como dissertativo-didático – seu objetivo é ensinar o leitor como se processa uma entrevista. O único parágrafo que não apresenta tal tom didático, por veicular uma opinião do leitor, é o último: ele é o único parágrafo com características argumentativas.

Texto VII

1. C. O texto XIII é informativo, sua principal finalidade é informar sobre uma época em que o ser humano não sabia contar.

Texto VIII

1. B. O texto XIV é expositivo – ele expõe fatos, problemas. Além disso, o autor manifesta, ao longo de sua exposição, um tom de crítica. Entretanto, não podemos considerar o texto argumentativo, pois ele não vem defender uma tese – ele somente expõe evidências.

Texto IX

1. D. Ao solicitar segmento do texto em que o autor interfira no seu conteúdo, o que se pretende é um trecho que seja responsável pela organização da argumentação do texto, que é "fico então com as desvantagens". Aqui, o autor organiza o conteúdo textual, anunciando que a base argumentativa do texto é falar sobre as desvantagens do mundo virtual.

2. E. O texto é dissertativo-argumentativo. Sua meta é defender a tese, devidamente explicitada em seu último parágrafo do texto: "Viver plugado a uma corrente de pessoas e informações...agride o que o ser humano tem de melhor e insubstituível...".

Texto X

1. A. O texto é dissertativo – nele o autor utiliza-se de abstrações, conceitos. Sua meta é falar sobre "a linha tênue e imprecisa que divide realidade e sonho, sanidade e loucura". Sendo assim, sua narrativa caracteriza-se como uma estratégia de discurso – seu objetivo é ilustrar o pensamento do autor.

Texto XI

1. D. Ainda que o texto apresente muitas informações – dados estatísticos resultantes de pesquisas –, sua meta é defender a urgência de "fazer o turista se sentir mais seguro no Rio".

Texto XII

1. C. O objetivo da autora é ensinar a diferença entre racismo, discriminação e preconceito. Atente aos detalhamentos do texto e à apresentação de definições – tudo isso confere um tom didático ao texto lido. Assim, eliminam-se as outras alternativas. A letra D é falsa, pois o texto vai além da tarefa de informar – ele pretende ensinar.

Texto XIII

1. E. O texto deve ser classificado como dissertativo, pois discorre sobre um assunto apresentado no início e retomado ao final do texto: a originalidade da monarquia brasileira. Seu objetivo não é contar a história sobre a vinda da família real ao Brasil, mas de apresentar fatos que ilustrem essa hipótese. Dessa forma, eliminam-se as letras A e C. A letra B, ao utilizar o verbo "descreve", a banca insinua que o texto é descritivo, fato que não é verdadeiro. A letra D é falsa, pois o texto não defende a ideia de que "o mais importante são os antecedentes históricos imediatos".

Texto XIV

1. D. O objetivo do texto é o de discorrer sobre as transformações do mundo moderno e o autor utiliza a secretária eletrônica como um símbolo de modernidade. Sendo assim, o texto deve ser caracterizado como predominantemente dissertativo opinativo. A narração é uma estratégia utilizada para ilustrar sua tese — uma maneira de ilustrar o seu pensamento.

23.5. QUESTÕES DE CONCURSOS PROPOSTAS (COM GABARITO NO FINAL)

1. (IBFC - 2024 - Correios - Agente de Correios)

Amor com cabeça de oito

Seu Manéu era o carroceiro da nossa rua e também o único carroceiro que eu conhecia. Quando eu tinha oito, não entendia que quando um pai de família é carroceiro isso quer dizer que ele não tem muita escolha de sustento. Na minha cabeça de oito, ser carroceiro era algo incrível, uma profissão de controle, um ser dono de uma carruagem própria, mas é claro que eu também não pensava na malvadeza que era pro coitado do jumento, que puxava no espinhaço um monte de tijolo, de mudança, de terra, de qualquer coisa empilhada que obrigassem o jumento a puxar.

Feito um pai de família sem opção de sustento, o jumento era condenado a sustentar um peso que não era seu. Mas eu, com minha cabeça de oito, achava a carroça maravilhosa, rangendo rua acima e rua abaixo, contando histórias de onde vinha. [...]

(ARRAES, Jarid. *Redemoinho em dia quente*. 1. ed. Rio de Janeiro: Alfaguara, 2019)

Um mesmo texto pode agregar diferentes sequências tipológicas. Nesse sentido, assinale a alternativa que apresenta como o primeiro período do texto deve ser entendido.

A) Narrativa.

B) Descritiva.

C) Injuntiva.

D) Argumentativa.

2. (Instituto Consulplan - 2024 - Prefeitura de São João Nepomuceno - MG - Auditor Fiscal Municipal)

As ideias de um pensador indígena para adiar o fim do mundo

Em livro, Ailton Krenak reflete sobre o "mito da sustentabilidade" e desafia a visão sobre humanidade.

Ansiedade climática. Este é apenas um dos males que acometem tanta gente em tempos de enchentes, onda de calor, secas e tantos outros desastres que são consequência, sobretudo, da devastação ambiental levada a cabo por nós mesmos. Mas diante de tal aflição, um dos maiores pensadores indígenas da atualidade questiona "por que nos causa tanto desconforto a ideia de que estamos caindo? A gente não fez outra coisa nos últimos tempos senão despencar". Longe de fazer pouco caso do iminente colapso do planeta, Ailton Krenak quer chamar a atenção para algo que às vezes nos escapa: a destruição que hoje assusta a humanidade começou há séculos. Essa é uma das considerações centrais em "Ideias para adiar o fim do mundo".

O livreto de cem páginas é uma adaptação de duas palestras e uma entrevista concedida por Krenak entre 2017 e 2019. Mas contrariando — e criticando — o cientificismo ocidental, o autor não fornece uma fórmula ou um passo a passo para evitar o fim do mundo que conhecemos. Ele provoca com reflexões que colocam em xeque a base do pensamento ocidental. [...]

Para adiar o fim do mundo, é preciso deixar de insistir no que Krenak chama de "mito da sustentabilidade", defendido inclusive por instituições como a ONU (Organização das Nações Unidas). É mito porque afirma ser possível salvar o planeta com ações que, na verdade, só abrandam minimamente o problema, mas não agem na raiz dele. Para piorar, essas ações muitas vezes sequer saem do papel. O Brasil, por exemplo, aumentou em 21,4% sua emissão de gases do efeito estufa nos últimos sete anos, e com isso está distante de cumprir a meta assumida no Acordo de Paris, em 2015.

De acordo com o pensador indígena, é preciso, antes de tudo, mudar a forma como concebemos a natureza: deixar de enxergá-la como um "recurso natural", a ser explorado, e aceitar que somos parte dela. Nos desapegarmos da ideia de que somos uma única humanidade, mas que há vivências múltiplas.

Recorrendo a outros grandes nomes como Eduardo Viveiros de Castro, Davi Kopenawa e Eduardo Galeano, Krenak nos lembra da resistência secular dos povos indígenas, recorda crimes ambientais, questiona as corporações e instituições ocidentais e sentencia: "se pudermos dar atenção a alguma visão que escape a essa cegueira que estamos vivendo no mundo todo, talvez ela possa abrir a nossa mente para alguma cooperação entre os povos, não para salvar os outros, mas para salvar a nós mesmos".

(Por: Taís Ilhé. Em: 19/06/2024.)

De acordo com a organização estrutural e o conteúdo do texto, pode-se afirmar que há, predominantemente, características da tipologia textual:

A) Injuntiva.
B) Descritiva.
C) Expositiva.
D) Dissertativa.

3. (FCC - 2024 - TRT - 11ª Região - AM e RR - Técnico Administrativo)

— Mas o aparelho que vocês tinham avariou?

Adaptado para o discurso indireto, o trecho assume a seguinte redação:

A) Perguntaram à viúva se o aparelho que eles tinham avariara.
B) Perguntaram à viúva: o aparelho que eles tinham estava avariado?
C) — Mas o aparelho que vocês tinham avariou? — perguntaram à viúva.
D) Quis saber: "Mas o aparelho que vocês tinham avariou?"
E) — Mas o aparelho estava avariado? — perguntaram à viúva.

4. (FGV - 2024 - PC - MG - Investigador de Polícia) Assinale a frase que está expressa em discurso indireto.

A) O capital é trabalho roubado.
B) Fazer bons negócios é ver primeiro que os demais.
C) Quer que seus negócios continuem bem? Faça-os você.
D) Já foi dito que dinheiro disponível é uma lâmpada de Aladim.
E) Quando o assunto é dinheiro, todos os homens pertencem à mesma religião.

5. (FGV - 2024 - DATAPREV - Advocacia)

O uso excessivo de telas faz mal à saúde da mente e do corpo e os efeitos podem ser ainda mais danosos nas duas primeiras décadas de vida:

- Como tudo, o problema está no excesso e na falta de controle adequado, afirma o psicólogo Thiago Viola, do Instituto do Cérebro do Rio Grande do Sul.

bbc.com (adaptado)

Sobre o uso do discurso direto, é incorreto afirmar que este procedimento:

A) cria o efeito de realidade, já que a fala busca reproduzir o momento da enunciação.

B) atribui o sentido de verdade, tendo em vista que prevalece o teor de preservação do discurso citado.

C) delimita a fronteira entre o discurso do narrador e o discurso citado por meio de aspas, travessão e verbos de elocução.

D) demarca a soberania do narrador, pois ele interpreta a fala citada, absorvida no fio de seu discurso.

E) precisa transpor as palavras do discurso citado, tal qual foram enunciadas originalmente.

6. **(FGV - 2024 - Câmara Municipal de São Paulo - SP - Procurador Legislativo)** Assinale o segmento textual abaixo que mostra a presença de um segmento em discurso indireto livre.

A) Era frágil, magrinho, quase nada, criaturinha de escasso fôlego.

B) Imaginava a moça, os olhos tímidos, a boca cerrada, o véu que lhe cobriria a linda carinha, a delicadeza dele, as palavras que diria entrando em casa.

C) Viu o imenso espaço que aquele amor lhe tomara na vida, e a terrível influência que poderia exercer nela... Qual seria o meio de escapar a esse desenlace, pior que tudo?

D) Em todos esses sonhos andávamos unidinhos.

E) A pobre Clarinha, que havia ideado um paraíso no casamento, viu desfazer-se em fumo a sua quimera.

7. **(FGV - 2024 - CGE - PB - Auditor de Contas Públicas)** Observe o período abaixo, em discurso direto:

"Eu perguntei ao ministro: — V. Exª trouxe consigo o dinheiro que lhe emprestei ontem?"

Se passarmos esse mesmo período para o discurso indireto, a única modificação NÃO cabível é:

A) "S. Exª" em lugar de "V. Exª".

B) "com ele" em lugar de "consigo".

C) "trouxera" em lugar de "trouxe".

D) "na véspera" em lugar de "ontem".

E) a conjunção "se" em lugar dos dois-pontos e do travessão.

8. **(FGV - 2024 - Prefeitura de Vitória - ES - Analista em Gestão Pública)** Observe o texto descritivo e assinale a opção em que a característica apontada se refere a um texto narrativo e não a um texto descritivo:

Na praça havia um camponês com uma enxada, um lavrador, em todos os tipos de atitudes, duas vezes um semeador, duas vezes uma menina com uma vassoura. A seguir, uma mulher com uma roupa branca, descascando batatas, e um pastor apoiado em seu bastão, e enfim um velho camponês doente, sentado numa cadeira perto do fogão, a cabeça entre as mãos e os cotovelos sobre os joelhos.

– Van Gogh

A) Os elementos descritos no texto são apresentados num só momento temporal, sem sucessividade.

B) Há predominância textual de substantivos designativos e adjetivos.

C) Ordenação dos elementos no espaço como mostram as palavras "a seguir" e "enfim".

D) Predominância de orações coordenadas.

E) Formas verbais no passado com evolução cronológica.

9. **(FGV – 2024 – Prefeitura de Caraguatatuba – SP – PEB II – Língua Portuguesa)** Assinale a frase que deve ser incluída entre os textos argumentativos.

A) Ando vivendo a tamanha distância de minha renda, que estamos quase separados.

B) Filho de rico é boy. Filho de pobre é motoboy.

C) Um falso amigo e a sombra só aparecem quando o sol brilha.

D) Estou vivendo a experiência de ficar sem dinheiro.

E) O ouro não é tudo. Também existem diamantes.

10. **(FGV – 2025 – TCE – RR – Auditor Substituto de Conselheiro)** Assinale a frase que se enquadra entre os textos injuntivos.

A) Muitas pessoas são dotadas de razão, poucas de bom senso.

B) Com a razão tudo se prova e tudo se impugna.

C) Nós estamos sempre com a razão, o destino está sempre errado.

D) A razão do melhor é sempre a mais forte.

E) Procuremos ter sempre razão.

11. **(CESPE/CEBRASPE – 2025 – InoversaSul – Professor de Língua Portuguesa)**

Cléber de Souza, empresário e ex-garçom, acordou mais cedo que de costume. Cumpriu sua rotina matinal, se vestiu e partiu para uma das raras lojas que ainda revelam fotografias em Jaraguá do Sul (SC), onde mora. Pagou por uma única foto, tirada 21 anos atrás. Nela, aparece de camisa branca e gravataborboleta ao lado de um sorridente senhor de barbas brancas, que vestia uma camisa rosa estampada com coqueiros. Era Francis Ford Coppola. O cineasta americano visitou Curitiba em 2003, ano da foto. Em uma estada de três semanas, passou cinco vezes no restaurante italiano onde Souza trabalhava. Foi tietado pelos funcionários e até criou uma pizza personalizada, feita em massa grossa com muçarela, molho de tomate fresco, azeite e manjericão. O sabor é servido até hoje, com seu nome.

Coppola circulava pela capital do Paraná, naquele ano, em busca de inspirações para o filme que vinha tentando produzir desde a década de 1980: Megalópolis. A película acaba de ser lançada e por isso o diretor resolveu retornar à cidade, que o atraiu anos atrás graças a seus dotes urbanísticos. Desta vez, permaneceu por apenas um dia. Souza, ansioso por reencontrar o antigo freguês na estreita janela de 24 horas, pegou a fotografia e percorreu, na tarde de 31 de outubro de 2024, os 160 quilômetros que conectam Jaraguá do Sul a Curitiba.

Plínio Lopes. O poderoso busão. *Revista Piauí*. Fonte: piaui.folha.uol.com.br (com adaptações).

A narração é composta de sequências mescladas com outras tipologias textuais, como a descritiva.

CERTO

ERRADO

12. (CESPE/CEBRASPE - 2025 - InoversaSul - Analista Administrativo)

Recordou-se do que lhe sucedera anos atrás, antes da seca, longe. Num dia de apuro recorrera ao porco magro que não queria engordar no chiqueiro e estava reservado às despesas do Natal: matara-o antes do tempo e fora vendê-lo na cidade. Mas o cobrador da prefeitura chegara com o recibo e atrapalhara-o. Fabiano fingira-se desentendido: não compreendia nada, era bruto. Como o outro lhe explicasse que, para vender o porco, devia pagar imposto, tentara convencê-lo de que ali não havia porco, havia quartos de porco, pedaços de carne. O agente se aborrecera, insultara-o, e Fabiano se encolhera. Bem, bem, Deus o livrasse de história com o governo. Julgava que podia dispor de seus troços. Não entendia de imposto. — Um bruto, está percebendo? Supunha que o cevado era dele. Agora se a prefeitura tinha uma parte, estava acabado. Pois ia voltar para casa e comer a carne. Podia comer a carne? Podia ou não podia? O funcionário batera o pé agastado e Fabiano se desculpara, o chapéu de couro na mão, o espinhaço curvo: — Quem foi que disse que eu ia brigar? O melhor é a gente acabar com isso. Despedira-se, metera a carne no saco e fora vendê-la noutra rua, escondido. Mas, atracado pelo cobrador, gemera no imposto e na multa. Daquele dia em diante não criara mais porcos. Era perigoso criá-los.

Graciliano Ramos. *Vidas secas*. Rio de Janeiro: Record, 1977. p. 100-101.

Predomina no texto o tipo textual narrativo.

CERTO

ERRADO

13. (CESPE/CEBRASPE - 2024 - TSE - Analista Judiciário)

Aprendemos desde cedo que a linguagem verbal serve para comunicar e frequentemente dizemos que o importante é a comunicação. Quando se fala em comunicação, muitas vezes, pensamos que se está falando na transmissão de informações. Comunicar não se limita, entretanto, a transmitir informações. Realmente, há momentos em que desejamos apenas fornecer uma informação, mas, muito frequentemente, temos outros objetivos, como: dar uma ordem, expressar um sentimento, fazer um pedido, exercer algum tipo de influência, fazer o outro mudar de opinião...

O ser humano vive em sociedade, isto é, fazemos parte de grupos sociais e agimos em conjunto com nossos semelhantes, interagimos. Na verdade, é para interagir que nos comunicamos, falamos e escrevemos. Por isso, não podemos nos esquecer de que a comunicação, ou a interação, envolve mais do que simplesmente informação; envolve, sobretudo, alguma forma de ação sobre o outro.

Ana Lúcia Tinoco Cabral. *A força das palavras*.
São Paulo: Editora Contexto, 2010. p. 10-11 (com adaptações).

Para atingir o seu propósito comunicativo, a autora constrói seu texto combinando as tipologias expositiva e narrativa.

CERTO

ERRADO

14. (CESPE/CEBRASPE - 2024 - TCE - AC - Técnico de Controle Externo)

Existem desde previsões de que a inteligência artificial (IA) substituirá os seres humanos e eliminará uma lista de profissões até alegações de que ela contribuirá para "o uso humano dos seres humanos" (parafraseando-se o subtítulo do livro de 1954 do matemático considerado fundador da cibernética, Norbert Wiener), liberando-os para usarem melhor o tempo enquanto assume as tarefas repetitivas.

Um grupo de pesquisadores de diversos países produziu a publicação Inteligência Liberada — um argumento para a IA na educação, para demonstrar os benefícios da IA para a educação.

É importante, nesse ponto, definir o que é a IA aplicada na educação — algo que vem sendo estudado no meio acadêmico há mais de três décadas. Para os autores da publicação mencionada, IA corresponde a "sistemas de computador que foram projetados para interagir com o mundo por meio de capacidades (por exemplo, percepção visual e reconhecimento de fala) e comportamentos inteligentes (por exemplo, avaliar as informações disponíveis e, em seguida, tomar a ação mais sensata para atingir um objetivo declarado) que seriam considerados essencialmente humanos".

Um dos objetivos do uso da IA na educação é abrir a chamada "caixa-preta do aprendizado", ou, em outras palavras, contribuir para uma compreensão mais profunda e detalhada de como o aprendizado realmente acontece (por exemplo, como é influenciado pelo contexto socioeconômico e físico dos alunos ou por tecnologia).

Nesse contexto, a IA na educação oferece a possibilidade de uma aprendizagem mais personalizada, flexível, inclusiva e envolvente. Além disso, as ferramentas fornecem informações não apenas sobre o que está sendo aprendido, mas também como está sendo aprendido e como os alunos estão se sentindo. Ainda, a IA pode ajudar os professores a criar ambientes de aprendizagem colaborativa e a atender as necessidades de seus alunos por meio de técnicas de mineração de dados educacionais para "rastrear" o comportamento dos alunos.

Fonte: observatoriodeeducacao.institutounibanco.org.br (com adaptações).

O texto é, essencialmente, informativo.

CERTO

ERRADO

15. (CESPE/CEBRASPE - 2024 - ANATEL - Especialista em Regulação de Serviços Públicos de Telecomunicações)

De todas as inovações óbvias que surgiram no século XXI, poucas são tão invisíveis como a mudança na maneira de perceber o tempo.

O controle do tempo na comunicação até o final do século XX decorria especialmente de uma característica: a programação. Com o controle dos meios de produção e distribuição da informação, fosse ela qual fosse, o cenário temporal dispunha também de uma estrutura hierárquica de controle. Era possível traçar e agenciar cronogramas complexos e prazos de entrega. O que basicamente mudou?

A comunicação não mudou. Mudaram os meios. Todos têm acesso às redes. Nelas a produção de conteúdo é incessante. O conteúdo é produzido por todos. A estrutura não é mais regida por uma lógica de programação, mas por uma lógica de fluxo. Nesse novo ecossistema, impera uma economia da atenção e, sendo a atenção um recurso escasso, é preciso a todo tempo escolher algo a que dedicar a atenção e, dedicada a atenção, devemos reagir rapidamente com as mudanças necessárias. Aqui aparecem claramente as diferenças do tempo em um ecossistema em fluxo permanente. As mudanças também devem ser permanentes. Isso em comunicação se traduz em não esperar mais longos prazos para dar respostas. Até o século passado, o furo de um veículo de comunicação só poderia ser ultrapassado 24 horas depois: na próxima edição. Hoje um furo de reportagem é imediatamente absorvido em rede, compartilhado, respondido e repercutido por todos os concorrentes. Em uma sociedade que se comunica em fluxo, é preciso avaliar diariamente onde estão os impedimentos e o que deve ser priorizado, e redefinir foco e estratégia. A comunicação também passa a lidar com o provisório, com o possível e com o impermanente.

Saber como equilibrar o tempo nessa pressão imediatista é o grande desafio do século XXI. Há saberes que só se atingem com reflexão, laços que só se formam com experiências reais compartilhadas. Saber desligar o celular, parar de responder emails para completar uma tarefa, ler um livro inteiro e principalmente saber conversar com os outros são habilidades cada vez mais valorizadas em uma sociedade digital, exatamente por serem habilidades capazes de dilatar o tempo em que vivemos, formas de transformar o fluxo que consome nossa atenção em momento no qual nós consumimos o mundo.

Margot Pavan. O tempo e a comunicação digital no século XXI.
Fonte: www.jornaldocomercio.com (com adaptações).

O texto classifica-se como dissertativo-argumentativo e, no parágrafo de conclusão, são apresentados exemplos de ações que representam possíveis respostas ao que a autora identifica como "o grande desafio do século XXI".

CERTO

ERRADO

GABARITO:

1. B	2. C	3. A	4. D	5. D
6. C	7. B	8. E	9. C	10. E
11. CERTO	12. CERTO	13. ERRADO	14. CERTO	15. CERTO

Acesse o material suplementar

uqr.to/20vh6

Estruturação Argumentativa 24

Muitas provas de concursos públicos, além de buscarem do aluno seu conhecimento acerca da classificação dos textos, como narrativos, descritivos ou dissertativos, esperam que o candidato esteja apto a achar a tese de um texto dissertativo, resumir seus parágrafos, buscar uma assertiva que seja capaz de concluir tal texto, entre outros conceitos. Para isso, é preciso que o aluno domine as técnicas de estruturação argumentativa. Para esse tipo de questão, é preciso que você esteja apto a desvendar a estruturação de um texto dissertativo: achar sua **tese**, buscar em cada parágrafo o seu **tópico frasal**, entender como foram estruturados sua **introdução**, **desenvolvimento** e **conclusão**. Enfim, agregar conhecimentos que ajudarão você inclusive a redigir melhor, pois, ao observar os textos das provas, será possível entender as técnicas que se utilizam em produção textual. **Redigir é ato que deriva da leitura.**

Nosso próximo passo é ensinar você a desvendar as artimanhas de um texto dissertativo, que é a modalidade que mais aparece nas provas de concursos públicos. A partir daí, você estará apto a resolver questões que são as *preferidas* de bancas como Cebraspe, FGV e FCC. Vamos lá?

Compreender um texto é muito mais que juntar palavras, frases. É depreender da leitura seu sentido maior, ultrapassando sua superfície. Uma boa maneira de interpretar um texto é buscar nele suas principais ideias, observando como foram estruturadas na argumentação.

Inicialmente, deparamo-nos com o **TEMA** sobre o qual repousa a discussão do texto. Caracteriza-se, portanto, por ser o assunto, o motivo da argumentação. Eis aí a diferença entre tema e tese. **A TESE** caracteriza-se por ser a tomada de posição do autor em relação ao tema e aparece, em um texto padrão, no 1º parágrafo. Será ela não só a ideia central do 1º parágrafo, ou **INTRODUÇÃO**, mas também do texto em sua totalidade, o qual terá como compromisso desenvolver argumentos que a comprovem.

Nos parágrafos seguintes – que estruturarão o **DESENVOLVIMENTO** –, observa-se a presença dos **TÓPICOS FRASAIS**, que são os argumentos centrais de cada parágrafo. Serão eles desenvolvidos das mais variadas formas: apresentação de relações de causa e efeito, utilização de exemplos, comparações, analogias, dados estatísticos, testemunhos de autoridade etc.

Por fim, o último parágrafo, ou **CONCLUSÃO**, surge no texto representando a retomada da tese. É nesse momento que, em geral, o autor externa suas opiniões, críticas, ou ainda sugestões sobre a discussão desenvolvida em sua dissertação, finalizando-se, assim, o ciclo textual.

Veja, agora, algumas questões comentadas que diferenciam tema e tese:

1. (Instituto Consulplan - 2024 - Prefeitura de Miracema - RJ - Advogado Creas)

Quem paga a conta? O retrato da crise climática é a desigualdade

Era agosto de 2019, por volta das 15h30, o céu do país todo ficou encoberto, transformando o que era para ser dia em noite. Todos sem entender o que estava acontecendo. Agora, novembro de 2023, calor extremo com sensação térmica de até 60°C em alguns estados. Chuvas torrenciais com ventos que ultrapassavam 10 km/h. Infelizmente, esses acontecimentos têm como causa uma resposta que já é praticamente automática: crise climática.

Há pouco mais de 30 anos, com o início na ECO-92, que posteriormente culminou na COP (Conferência das Nações Unidas sobre Mudanças Climáticas), as primeiras agendas globais sobre mudanças climáticas eram construídas. Empresas e países têm buscado formas de reduzir as emissões de gases do efeito estufa para diminuir o ritmo do aquecimento global.

Entretanto, o alarde justo e necessário sobre as mudanças climáticas demanda uma reflexão que não pode ficar encoberta como o céu cheio de fumaça daquele agosto de 2019. Para alguns menos imediata, ela vai além dos fenômenos da natureza e está muito mais relacionada à distribuição de renda. Uma parcela da população ainda é esquecida, tanto pelo setor público quanto pelo privado, ao falarmos nos impactos da ação do homem no planeta: os mais pobres. [...]

Mesmo as queimadas ocasionadas pelo desmatamento ilegal na Amazônia, que encobriram diversos estados do país em 2019, dão um exemplo de como as populações mais vulneráveis são potencialmente mais afetadas por um problema que é de todas as pessoas. Ao retornar em forma de fumaça e fuligem para as periferias, as queimadas contribuem para o desenvolvimento de doenças respiratórias que, somadas às longas filas nos serviços públicos, se tornam problemas graves para essas populações.

Por sua vez, o calor extremo que vivenciamos nas últimas semanas transforma os "barracos" em verdadeiros fornos, por ainda utilizarem materiais mais baratos que contribuem para a retenção do calor no recinto. Sem mencionar a junção do calor com a falta de abastecimento contínuo de água em algumas regiões, que obriga essas famílias a armazenar água em garrafas PET para beber.

Os dias de frio e chuva também não são amenos em termos de problemas climáticos acentuados. Além dos alagamentos e queda de encostas que drasticamente vitimam pessoas, os danos persistem com regiões periféricas inteiras que são "esquecidas" sem água e luz por semanas.

Nessa matemática do acúmulo, as parcelas mais privilegiadas da sociedade são também as mais beneficiadas o que acaba aumentando o abismo da desigualdade social. Isso destinou à população mais pobre um retrato doloroso de desigualdade, uma realidade que infelizmente acompanho diariamente com as famílias que atendemos na ONG PAC. [...]

Entre as guias dos ODS, temos a "educação de qualidade", que considero uma das principais ferramentas para o enfrentamento da crise climática. Explico: investir na educação significa promover oportunidades e, mais ainda, atuar para a conscientiza-

ção sobre a sustentabilidade desde a infância. Além disso, é por meio do incentivo à educação que podemos pensar em novas tecnologias sustentáveis que tenham como pressuposto o uso de materiais de baixo custo e que de fato atendam a populações mais vulneráveis.

O impacto positivo do investimento na educação e formação profissional vai além, especialmente quando pensamos nas periferias. Contribuir com o desenvolvimento pessoal e profissional desses novos talentos significa promover uma mudança de vida estrutural, já que esse jovem retornará para a comunidade esses conhecimentos e se tornará espelho para os demais.

Para que isso ocorra, é fundamental a construção de políticas públicas de incentivo, em que empresas apoiem projetos educacionais, a partir da percepção de sua urgência e de que não há possibilidade de um futuro sem impactos da crise climática sem investir na educação.

O que não dá mais é para esperar, o planeta já se cansou faz tempo. Do contrário, continuaremos remando contra a maré, em uma conta que só cresce a cada dia e continua sendo paga por quem tem menos.

(Rosane Chene. Disponível: https://www.hojeemdia.com.br/opiniao/. Adaptado.)

A partir da leitura do texto, pode-se afirmar que o tema sobre o qual as ideias e informações são estruturadas está corretamente indicado em:

A) O desenvolvimento da humanidade mediante a realidade atual climática.

B) As queimadas e o desmatamento ilegal na Amazônia, uma questão climática.

C) Crise climática: efeitos econômicos e sociais provocados e agravados pelo atual contexto climático.

D) Possibilidades de convivência em sociedade em meio ao caos enfrentado por situações climáticas adversas.

Comentários: A finalidade da autora do texto é alertar sobre a crise climática, como ela afeta as populações mais vulneráveis, especialmente os mais pobres, e como ela está ligada à desigualdade social. Além disso, mostra o impacto da crise climática em áreas como saúde, infraestrutura e distribuição de renda, com efeitos econômicos e sociais provocados e agravados pela situação climática de hoje.

Gabarito: C

2. (CESGRANRIO - 2024 - IPEA - Técnico de Planejamento e Pesquisa)

A infraestrutura inadequada, seja em termos de estoque ou qualidade, é atualmente uma das principais barreiras ao crescimento e ao desenvolvimento econômico brasileiro. No Brasil, investimentos públicos e privados em infraestrutura econômica corresponderam, respectivamente, a 0.75% e 1.1% do PIB a.a. em média na última década, perfazendo um total de menos de 2% do PIB a.a. na média. Tal volume situa-se bem abaixo da meta, estimada entre 4% e 5% do PIB a.a., para um crescimento sustentável, o que enseja uma lacuna de no mínimo 2% do PIB ao ano.

Esse panorama ilustra o senso de urgência do Brasil, que precisa aprimorar a eficiência do investimento público e, ao mesmo tempo, mobilizar o capital privado em escala e ritmo, tendo, portanto, de gerar as condições necessárias para incentivar substancialmente o investimento privado em infraestrutura. *Dada a limitação fiscal do Estado Brasileiro, a participação dos investidores privados aparece como uma importante fonte de recursos de longo prazo para o setor de infraestrutura* *nas próximas décadas. O desafio requer ação simultânea em várias frentes, seja no equilíbrio macroeconômico, no arcabouço regulatório, no planejamento institucional e nas políticas de financiamento.*

A primeira frente sobre equilíbrio macroeconômico é condição básica para crescimento econômico e social de toda economia, afetando principalmente o usuário final, que, em última instância, financia a infraestrutura via tarifas indexadas à inflação. A segunda frente sobre arcabouço regulatório abrange o fortalecimento constante das agências reguladoras, estabilidade regulatória com segurança jurídica, transparência nos reequilíbrios econômicos e financeiros dos contratos. ***A terceira frente sobre aprimoramentos no planejamento institucional reforça o papel das parcerias público-privadas no plano nacional de infraestrutura e desenvolvimento estratégico nacional de longo prazo, incentivando maior integração dos projetos com as prioridades de investimento do governo, reforçando os mecanismos de responsabilização das instituições e dos gestores públicos.*** *Finalmente, a quarta frente relaciona-se a estruturas de financiamentos dos projetos, e abrange melhorias quanto à repactuação de contratos de concessão, visando sua transferência de controle e continuidade na prestação dos serviços públicos (step in right/step in technical), mecanismos para desenvolvimento e ampliação da base de investidores, do mercado de debêntures de infraestrutura, incluindo questões sobre emissões internacionais e estímulos fiscais para investidores institucionais.*

ROCHA, K. *Risco regulatório e estimativa do impacto financeiro potencial do PDL no 94/2022 nos investimentos em infraestrutura.* Nota técnica n. 99. Brasília, DF: Ipea, 2022. p. 5. Adaptado. Disponível em: https://repositorio.ipea.gov.br/bitstream/11058/11207/3/NT_Risco_Regulatorio_Publicacao_Preliminar.pdf. Acesso em: 28 nov. 2023.

A passagem que expressa plenamente a tese defendida no texto é:

A) "A infraestrutura inadequada, seja em termos de estoque ou qualidade, é atualmente uma das principais barreiras ao crescimento e ao desenvolvimento econômico brasileiro." (parágrafo 1)

B) "No Brasil, investimentos públicos e privados em infraestrutura econômica corresponderam, respectivamente, a 0.75% e 1.1% do PIB a.a. em média na última década, perfazendo um total de menos de 2% do PIB a.a. na média." (parágrafo 1)

C) "Tal volume situa-se bem abaixo da meta, estimada entre 4% e 5% do PIB a.a., para um crescimento sustentável, o que enseja uma lacuna de no mínimo 2% do PIB ao ano." (parágrafo 1)

D) "Esse panorama ilustra o senso de urgência do Brasil, que precisa aprimorar a eficiência do investimento público e, ao mesmo tempo, mobilizar o capital privado em escala e ritmo, tendo, portanto, de gerar as condições necessárias para incentivar substancialmente o investimento privado em infraestrutura." (parágrafo 2)

E) "A terceira frente sobre aprimoramentos no planejamento institucional reforça o papel das parcerias público-privadas no plano nacional de infraestrutura e desenvolvimento estratégico nacional de longo prazo, incentivando maior integração dos projetos com as prioridades de investimento do governo, reforçando os mecanismos de responsabilização das instituições e dos gestores públicos." (parágrafo 3)

Comentários: Tese é uma proposição que alguém expõe, propondo-se discuti-la ou defendê-la. Nesse texto, a ideia que se pretende discutir aparece logo no primeiro período: "a infraestrutura inadequada ser, atualmente, uma das principais barreiras ao crescimento e ao desenvolvimento econômico brasileiro", apresentando na sequência argumentos que corroboram essa visão.

Gabarito: A

3. (FGV – 2024 – TJ – RJ – Mediador Judiciário)

"Aquecimento global: Causa natural ou fenômeno provocado?

Por que a Terra esquenta? O bióxido de carbono e outros contaminantes do ar se acumulam na atmosfera formando uma capa cada vez mais grossa, prendendo o calor do sol e causando o aquecimento do planeta. A principal fonte de contaminação pela emissão de dióxido de carbono são as fontes de geração de energia à base de carvão, pois emitem 2500 de toneladas por ano. No ano de 2003, ondas de calor extremo causaram mais de 20.000 mortes na Europa e mais de 1500 mortes na Índia.

O aquecimento global não está ocorrendo por causas naturais, mas sim pela ação humana. Em suma, somos nós que devemos trabalhar para a redução da temperatura de nosso planeta."

Sobre esse fragmento textual argumentativo, a tese defendida é a de que:

A) as fontes de geração de energia à base de carvão são as principais fontes causadoras do aquecimento global.

B) o aquecimento global deve ser combatido urgentemente, antes que cause mais mortes na Terra.

C) as mortes da Europa e na Índia, em 2003, demonstram que o aquecimento global já atingiu estágio perigoso.

D) os homens devem trabalhar pela redução da temperatura em nosso planeta.

E) as causas naturais só são parcialmente responsáveis pelo aquecimento global.

Comentários: Aqui, diferentemente do texto anterior, a tese aparece no final, o fato de o homem ser o principal responsável pelo aquecimento global, devendo, por isso, trabalhar para reduzir a temperatura de nosso planeta. E, no primeiro parágrafo, informa-se o leitor sobre os fenômenos causadores do aquecimento global.

Gabarito: D

24.1. O PARÁGRAFO ARGUMENTATIVO

Segundo Othon M. Garcia, "o parágrafo é uma unidade de composição constituída por um ou mais de um período, em que se desenvolve determinada ideia central, ou nuclear, a que se agregam outras, secundárias, intimamente relacionadas pelo sentido e logicamente decorrente dela". O parágrafo seria, portanto, uma espécie de minitexto em que se poderia destacar — exatamente como se faz no texto argumentativo padrão — ao menos dois momentos: introdução (apresentação do argumento) e desenvolvimento (fundamentação do argumento), sendo a conclusão, portanto, facultativa.

Conhecer o parágrafo-padrão seria fundamental ao leitor, já que diante de um texto curto — de apenas um parágrafo — poder-se-ia analisá-lo como um texto argumentativo padrão. E, na hipótese de o aluno estar diante de um texto composto de mais de um parágrafo, analisar cada um separadamente lhe garantiria o método necessário para a intelecção do que está escrito.

24.1.1. O tópico frasal

Inicialmente, vale lembrar que **tópico frasal** é a ideia ou o argumento central do parágrafo, apresentada de forma genérica. É a ideia-chave, a síntese do pensamento, a essência do parágrafo. Tudo o que se afirma no parágrafo girará, portanto, em torno da fundamentação do tópico frasal.

No texto padrão, o tópico frasal inicia o parágrafo e na sequência vem a sua fundamentação. Esse é o *método dedutivo* de raciocínio, em que o autor parte da generalização para o seu detalhamento (GERAL → ESPECÍFICO).

Ex.: Conclui-se, sem esforço e sem exagero, que, **no Brasil, registram-se duas grandes falhas**: a) há um excesso na importação de produtos culturais; b) falta discernimento na escolha, havendo uma preferência, da parte dos empresários e, em consequência, da parte do consumidor — na TV, nos livros, na música — por coisas de nível inferior, pelo lixo cultural da época.

Pode também o parágrafo apresentar seu argumento principal no início ou no fim da argumentação. Aqui, o autor parte das definições, exemplos, comparações, dados estatísticos, para, na sequência, apresentar o tópico frasal. São parágrafos menos comuns, pautados pelo *método indutivo* de raciocínio (ESPECÍFICO → GERAL).

Ex.: Pesquisa da CNTE (Confederação Nacional dos Trabalhadores em Educação), realizada em 2003, mostrou que 51,1% dos professores em atividade estavam na faixa dos 40 aos 59 anos, e 38,4% tinham entre 25 e 39 anos. Só 2,9% se encontravam na categoria entre 19 e 24 anos. A pergunta inescapável é: **quem vai substituir os atuais mestres à medida que eles forem se aposentando?**

Além disso, o tópico frasal pode não ser explicitado claramente no texto. Ele pode estar diluído ao longo da argumentação, cabendo ao leitor juntar-lhe os segmentos e dar-lhe forma.

Ex.: As estimativas variam, mas podemos arriscar que há 50 milhões de brasileiros **abaixo da linha da pobreza**, cerca de 21,3 milhões de indigentes (com renda abaixo de R$ 60,00 por mês). Quarenta e cinco por cento deles são menores de 16 anos. E mais de 3 milhões de crianças até 6 anos não contam com alimentação adequada. Trinta e três por cento dos pobres das regiões urbanas têm até 4 anos de idade.

Nesse exemplo, o objetivo do parágrafo era criticar a situação de pobreza em que vive grande parte dos brasileiros. Os dados estatísticos apresentados seriam, portanto, capazes de induzir o leitor a compreender tal mensagem.

24.1.2. A estruturação do parágrafo argumentativo

De modo geral, o parágrafo de dissertação deve ser uma unidade completa de informação, sendo, portanto, constituído de:

1. uma ideia-núcleo (ou tópico frasal) — em geral apresentada no início do parágrafo;
2. desenvolvimento dessa ideia, que é então devidamente especificada, fundamentada, justificada logo a seguir;
3. conclusão, a qual se caracteriza por ser facultativa, representada, em geral, pela retomada do tópico frasal ou a apresentação da ideia-núcleo do parágrafo seguinte.

Ex.: "O governo federal foca seus esforços no aumento das exportações brasileiras e na direção certa, mas há um alvo maior e possível: a América do Sul. **(1)** Há uma agenda aguardando definição e atos, particularmente no que diz respeito aos juros. Espera-se também uma maior disponibilidade de recursos nos programas de fomento às exportações; uma reforma tributária, que é urgente e um aperfeiçoamento da legislação trabalhista. (...) **(2)** Esse conjunto de fatores – enquanto não definidos ou implementados – é que torna as empresas brasileiras vulneráveis no jogo do comércio internacional. Mas a questão da América do Sul merece uma análise especial. **(3)**"

24.1.3. Análise da estruturação do parágrafo

(1) Introdução do parágrafo com apresentação do tópico frasal:

O governo federal foca seus esforços no aumento das exportações brasileiras e na direção certa, mas <u>há uma agenda aguardando definições e atos</u>.

(2) Desenvolvimento do parágrafo enumeração de detalhes:

(...) particularmente no que diz respeito aos juros – que precisam ser reduzidos a patamares compatíveis com os praticados nos lugares do mundo onde nossos concorrentes se financiam. Espera-se também uma maior disponibilidade de recursos nos programas de fomento às exportações; uma reforma tributária, que é urgente; um aperfeiçoamento da legislação trabalhista e uma ampliação e melhoria da infraestrutura nacional, principalmente no setor de transportes.

(3) Conclusão do parágrafo com reafirmação do tópico frasal e apresentação de consequências:

Esse conjunto de fatores – enquanto não definidos e implementados – é que torna as empresas brasileiras vulneráveis no jogo do comércio internacional.

24.1.4. Como expandir o parágrafo

Desenvolver o parágrafo significa expandir sua ideia-núcleo, de modo a torná-lo claro e bem fundamentado. Tal fundamentação pode ocorrer por diversos critérios, lembrando que, em um único parágrafo, o autor pode utilizar mais de um artifício na busca da maneira mais convincente de se expressar.

A seguir, observaremos algumas formas de se desenvolver o tópico frasal (a ideia-núcleo)

1. Enumeração ou descrição de detalhes

Nesse caso, a ideia-núcleo é especificada por meio de detalhes, pormenores. Estabelece-se, portanto, uma explanação da ideia-núcleo, que é então desenvolvida, de modo a aprofundar a discussão iniciada pelo tópico frasal.

Ex.: Quem caminha pelos mais de 70 quilômetros de praia da Ilha Comprida, no litoral sul de São Paulo, pode perceber uma paisagem peculiar **(tópico frasal).** Em meio às dunas da restinga, onde deveria existir apenas vegetação rasteira, grandes pinheiros brotam por toda parte. A sombra das árvores é um bem-vindo refresco para os moradores da região, mas a verdade ecológica é que elas não deveriam estar ali — assim como os pombos não deveriam estar nas praças das cidades, nem as tilápias nas águas dos rios, nem o mosquito da dengue picando pessoas dentro de casa ou as moscas varejeiras rondando raspas de frutas nas feiras.

2. Estabelecimento de comparação (paralelo e contraste)

É o estabelecimento de um contraste (que enfoca as diferenças) ou um paralelo (que destaca as semelhanças) entre ideias, seres, fatos etc.

Ex.: Mas os saberes científicos têm uma característica inescapável: os enunciados que produzem são necessariamente provisórios, estão sempre sujeitos à superação e à renovação **(tópico frasal)**. Outros exercícios do espírito humano, como a cogitação filosófica, a inspiração poética ou a exaltação mística poderão talvez aspirar a pronunciar verdades últimas; as ciências só podem pretender formular verdades transitórias, sempre inacabadas.

3. Apresentação de causas e/ou consequências

Aqui, ou o tópico frasal é a causa e seu desenvolvimento expõe suas consequências, ou será ele a consequência e o restante do parágrafo desenvolverá suas causas.

Ex.: A educação é uma função tão natural e universal da comunidade humana que, pela própria evidência, **(tópico frasal)** leva muito tempo a atingir a plena consciência daqueles que a recebem e praticam, sendo, por isso, relativamente tardio o seu primeiro vestígio na tradição literária **(consequências)**.

4. Apresentação de explicação ou esclarecimento

Nesse caso, elucida-se o tópico frasal, quando este apresenta certa obscuridade, uma necessidade de maior clareza.

Ex.: As discussões sobre a liberdade assentam necessariamente e em princípio na negação de suas próprias bases possibilitadoras **(tópico frasal)**. Quero dizer que o único pressuposto histórico viável para que se possa instaurar a inteireza do entendimento da questão está na ausência de liberdade.

5. Utilização de exemplos

Os exemplos caracterizam-se como uma maneira bem elucidativa de concretizar o que há de abstrato no tópico frasal. Seguindo esse critério, o parágrafo se desenvolve por meio da ilustração da ideia-núcleo, constituindo-se em uma das formas mais simples de se demonstrar aquilo que se afirma.

Ex.: Dependendo das circunstâncias, as espécies invasoras podem ser meras "imigrantes" inofensivas ou invasoras altamente nocivas **(tópico frasal).** Dentro do sistema produtivo, por exemplo, o búfalo e o pinus são apenas espécies exóticas. Quando escapam para a natureza, entretanto, muitas vezes tornam-se organismos nocivos aos ecossistemas "naturais".

6. Divisão ou explanação das ideias em cadeia

Nesse tipo de fundamentação de tópico frasal, o autor divide sua ideia inicialmente apresentada em duas ou mais partes, e, na sequência, as explana, cada uma a seu momento. Essa explanação em cadeia pode durar o parágrafo inteiro ou pode avançar ao longo do texto, dependendo da dimensão da discussão.

Ex.: As cidades em processo rápido de crescimento no Brasil indicam pelo menos três modalidades de crescimento dos organismos urbanos **(tópico frasal)**: um crescimento horizontal por partilha de espaços de antigas chácaras ou glebas congeladas para especulação, de dinâmica similar a uma mancha de óleo em expansão; um crescimento vertical, à custa de edifícios de muitos andares, aproveitando as facilidades aparentes dos espaços centrais e subcentrais das cidades de porte médio, acumulando funções residenciais em uma área de permanência duvidosa para tais funções; e, por fim, mecanismo de maior gravidade, a partilha de glebas situadas em posições descontínuas, a quilômetros de distância da área central, inicialmente semi-isoladas no meio de sítios e fazendas, os quais, por sua vez, são espaços potenciais para loteamentos ulteriores e instalações de unidades industriais, com eliminação quase total das funções agrárias que responderam pelo crescimento e a riqueza iniciais da própria cidade.

7. Citação de testemunhos de autoridade

Nesse caso, utilizam-se depoimentos de outro autor respeitado sobre o assunto discutido, para reforçar, para dar credibilidade ao que é defendido no tópico frasal.

Ex.: "A exploração de recursos naturais em áreas sensíveis representa uma ameaça significativa ao equilíbrio ambiental global **(tópico frasal)**. Segundo o Greenpeace, a perfuração do Ártico, por exemplo, pode ocasionar um prejuízo irreversível para o planeta."

8. Apresentação de dados estatísticos

Aqui, o autor fundamenta o tópico frasal com informações, dados retirados de pesquisas.

Ex.: "Em geral, há desprezo pelos alunos e seus esforços **(tópico frasal)**. Os professores faltam ao trabalho uma enormidade. Mesmo quando há aula, o tempo é desperdiçado. Uma pesquisa do ano passado do Banco Mundial mostrou só 64% do tempo previsto de aula é gasto com tarefas de ensino — um terço dele é perdido em outras atividades ou sem atividade alguma."

Veja algumas questões em que a banca solicitou que o candidato identificasse a estratégia de fundamentação utilizada no texto:

1. **(FGV - 2024 - TJ - RJ - Mediador Judiciário)** Observe o texto abaixo, dividido em dois segmentos:

   1. Um dos problemas que apresenta o ensino superior na Guatemala é a reduzida formação de pessoal científico e tecnológico no nível de doutorado.

   2. A Guatemala só forma quatro doutores por cada um milhão de habitantes, enquanto México forma oito, a Argentina forma onze e o Brasil, dezoito.

Sobre o segmento 2, pode-se afirmar corretamente que:

A) expressa a tese defendida pelo enunciador.

B) mostra uma conclusão sobre o que dito anteriormente.

C) utiliza a narração como estratégia expositiva.

D) mostra fatos que respaldam a tese.

E) indica uma consequência da causa citada em 1.

Comentários: O segmento 2 mostra, por meio de fatos (argumento), a comprovação da tese apresentada no segmento anterior: a formação reduzida de profissionais das áreas científica e tecnológica.

Gabarito: D

2. (FGV - 2024 - TJ - RR - Técnico Judiciário)

Minha mãe não deixou de fumar durante a gravidez, por isso tenho um organismo fraco e pouco peso.

A argumentação, no caso deste trecho, é raciocínio por:

A) comparação.

B) causa e efeito.

C) generalização.

D) testemunho de autoridade.

E) simplificação exagerada.

Comentários: A relação que ocorre nesse período é de causa e consequência, pois foi pela razão de a mãe não ter deixado de fumar na gravidez que ele tem um organismo fraco e pouco peso.

Gabarito: B

3. (CESGRANRIO - 2024 - BNDES - Analista)

O consumo como forma de expressão e de pertencimento

Você é o que você consome, queira ou não, sendo consumista ou não. Dentro da lógica capitalista, a exemplo da frase dita pelo poeta Paulo Leminski "Repara bem o que eu não digo", você é até aquilo que deixa de consumir. Quem faz essa afirmação é o antropólogo Everardo Rocha, que, há cerca de 40 anos, estuda a Antropologia do Consumo e da Mídia. Em seu livro "O Paraíso do Consumo: Émile Zola, a magia e os grandes magazines", Rocha avalia os impactos socioculturais do principal personagem do livro, que é o "grande magazine" - tradução de "grand magasin", como são chamadas as lojas de departamentos na França. Ele faz uma análise da expansão das lojas de departamentos no século XIX e explica como ocorreu a consolidação do consumo na modernidade. "Os grandes magazines foram, de fato, a virada fundamental que reuniu diversas potencialidades para fazer do consumo um fenômeno central da nossa cultura", afirma o antropólogo.

De acordo com Rocha, passados mais de um século e meio desde a inauguração do primeiro grande magazine em Paris, diversas características desse modelo de negócios continuam atuantes na cultura de consumo que vivemos hoje. Por exemplo, as lojas de departamentos do século XIX impulsionaram inovações no comércio da época que permanecem no nosso cotidiano presente, tais como: a exposição dos produtos em vitrines, a fixação e a exibição de preços em etiquetas, a criação de datas comemorativas e promocionais, a incorporação de feriados religiosos e cívicos ao calendário de compras e a transformação das visitas às lojas em momentos de entretenimento. "Esses empreendimentos contribuíram para dar forma ao sistema de consumo moderno. Criaram espaços de sociabilidade e ciclos que ritualizam as práticas dos consumidores, fomentando datas especiais como o 'dia das mães', 'dia dos namorados', as liquidações, a Black Friday, e assim por diante", explica o antropólogo. O pesquisador lembra ainda que "as atividades de consumo, até mesmo as compras corriqueiras, são revestidas de carga simbólica. Expressam afeto, materializam status e hierarquias sociais, estabelecem relacionamentos e a obrigação de reciprocidade".

Para o antropólogo, na vida moderna, as pessoas são identificadas e se reúnem, em larga medida, de acordo com suas práticas de consumo. "Fazemos parte de grupos urbanos que se formam de acordo com gostos, estilos e poder aquisitivo; os bens de consumo podem ser uma ponte ou um muro entre as pessoas. Nossas escolhas e possibilidades de consumo, por exemplo, as marcas de roupas que costumamos usar, o tipo de carro que dirigimos, dentre outras, tanto refletem quanto viabilizam nossas relações sociais", diz o antropólogo. "Pessoas podem ser classificadas pelas roupas que estão vestindo ou pela decoração de suas casas, pelos serviços que contratam, pelas comidas de que gostam, pelas viagens que fazem durante as férias".

O porquê disso pode ser resumido a uma só questão: a vontade de pertencer a um nicho social diferente. Não basta ser, é preciso ter, e, se possível, mostrar que tem.

Se consumir é importante para ser e se estabelecer na sociedade moderna, dispositivos que tornam isso particularmente evidente são as mídias sociais, que servem como vitrines das vivências e experimentações de cada um. "Nas redes sociais, o ritual é esse: usuários editam a sua própria imagem, de forma mais ou menos consciente, para construir e manter relações naquele ambiente virtual. Em conjunto, as fotos e os status compartilhados devem significar aquilo que, em sociedade, geralmente se considera adequado e interessante. Inclusive, é comum ouvir alguém da 'vida real' se queixar do excesso de felicidade que todos parecem exibir ali. Essa aparente perfeição é elaborada através de recorrentes posts de pés descalços na praia, reuniões com família e amigos, festas, infinitas viagens, shows de música, check-in em restaurantes, cinemas, pontos turísticos, aeroportos, e assim por diante. Retratos e selfies existem para o outro e, em certo sentido, todas essas publicações são um prolongamento da 'vitrinização' da vida social levada a efeito pelos grandes magazines do século XIX".

[...]

Na defesa da tese a respeito da cultura de consumo, a palavra "vitrinização" (parágrafo 5) estabelece, no texto, uma analogia entre:

A) datas comemorativas e visitas às lojas.

B) celeridade tecnológica e mudança cultural.

C) grupos urbanos e inovações comerciais.

D) redes sociais e grandes magazines do século XIX.

E) felicidade da vida real e compartilhamento de fotos.

Comentários: O vocábulo "vitrinização" tem relação com "vitrine" (mostrador ou armário, normalmente envidraçado (feito em vidro), através do qual objetos são expostos à venda). Ou seja, há uma analogia, nesse parágrafo, entre rede social e vitrine, pois as redes sociais são como uma vitrine, em que as pessoas se exibem para construir e manter relações no ambiente virtual.

Gabarito: D

Elaboramos um exercício que tem como meta ensinar você a desvendar a estruturação de um parágrafo argumentativo. Com ele, você não só aprenderá a ler com mais técnica, como também desenvolverá técnicas de redação. Todos os trechos foram retirados de textos de concursos públicos. Constitui cada qual uma única linha de raciocínio que apresenta as frases organizadas em torno de um tópico frasal, voltadas para um único fim: desenvolver ou retomar a ideia-núcleo, aumentando-lhe a compreensão.

Dessa forma, destaque suas **ideias-núcleo**, indicando o seu **desenvolvimento** e, caso haja, sua **conclusão**. Analise também a(s) forma(s) como foram desenvolvidos os tópicos frasais ao longo dos parágrafos.

1. "Os seres humanos não vivem juntos, não vivem em sociedade, apenas porque escolhem esse modo de vida, mas porque a vida em sociedade é uma necessidade da natureza humana. Assim, por exemplo, se dependesse apenas da vontade, seria possível uma pessoa muito rica isolar-se em algum lugar, onde tivesse armazenado grande quantidade de alimentos. Mas essa pessoa estaria, em pouco tempo, sentindo falta de companhia, sofrendo a tristeza da solidão, precisando de alguém com quem falar e trocar ideias, necessitar e dar afeto."

Na introdução do parágrafo, tem-se a apresentação do tópico frasal: "Os seres humanos não vivem juntos, não vivem em sociedade, apenas porque escolhem esse modo de vida, mas porque a vida em sociedade é uma necessidade da natureza humana".

A seguir, desenvolve-se o argumento inicial com a enumeração de exemplos: "Assim, por exemplo, se dependesse apenas da vontade, seria possível uma pessoa muito rica isolar-se em algum lugar, onde tivesse armazenado grande quantidade de alimentos".

Observe que, na conclusão, o autor não só retomou o tópico frasal, mas optou também por acrescentar consequências: "Mas essa pessoa estaria, em pouco tempo, sentindo falta de companhia, sofrendo a tristeza da solidão, precisando de alguém com quem falar e trocar ideias, necessitar e dar afeto"

Trata-se, assim, de um parágrafo-padrão, com introdução, desenvolvimento e conclusão.

2. "No início deste período, o homem inventou a escrita, graças à qual os conhecimentos venceram o tempo e o espaço. Venceram o tempo, pois as experiências acumuladas puderam, sob a forma escrita, ser transmitidas com precisão às gerações seguintes. Venceram o espaço, pois os conhecimentos passaram a ser transportados de um lugar para o outro em papiros, papéis e demais materiais desenvolvidos para a fixação da escrita. Com o registro e com a circulação da informação, o homem se beneficiou de um crescente repertório de experiências, as quais lhe permitiram inventar mais, e mais facilmente."

Mais uma vez, introduz-se o parágrafo por meio da apresentação do tópico frasal: "No início deste período, o homem inventou a escrita, graças à qual *os conhecimentos venceram o tempo e o espaço*".

A seguir, desenvolve-se o argumento inicial por meio da apresentação de explicações: "*Venceram o tempo*, pois, as experiências acumuladas puderam, sob a forma escrita, ser transmitidas com precisão às gerações seguintes. *Venceram o espaço*, pois os conhecimentos passaram a ser transportados de um lugar para o outro em papiros, papéis e demais materiais desenvolvidos para a fixação da escrita".

Novamente, conclui-se o parágrafo com a retomada do tópico frasal e acréscimo de consequências: "Com o registro e com a circulação da informação, o homem se beneficiou de um crescente repertório de experiências, as quais lhe permitiram inventar mais, e mais facilmente".

> 3. "Liderança é um aspecto da personalidade, uma característica que alguns indivíduos têm e outros não. Por definição, bons líderes são pessoas diferentes da média. Eles têm mais determinação do que outros. Sua presença é tão marcante que ficam na memória das pessoas. Por isso, liderança não é para qualquer um, é um dom."

Outro parágrafo organizado de forma padrão. Apresenta-se, de início, o tópico frasal: "Liderança é um aspecto da personalidade, uma característica que alguns indivíduos têm e outros não". A seguir, fundamenta-se o argumento central por meio de sua definição, que nada mais é que seu *esclarecimento*: "Por definição, bons líderes são pessoas diferentes da média. Eles têm mais determinação do que outros. Sua presença é tão marcante que ficam na memória das pessoas".

Ao final do parágrafo, o autor retoma o tópico frasal inicial, que vem antecedido de um conector conclusivo: "Por isso, liderança não é para qualquer um, é um dom".

Bom de ler e de copiar em uma futura redação, não é?

> 4. "Há muitos tipos de líder, e gosto de destacar três. A primeira categoria é dos líderes que marcam diferença por serem grandes estrategistas, objetivos e com visão de futuro. O legado deles é o método. O segundo tipo tem forte poder intelectual, mergulha com intensidade nas questões teóricas, disseca e diagnostica problemas como ninguém. São líderes que deixam ideias originais, com marca própria. E um terceiro tipo chamo de líderes inspiradores. Eles entendem as demandas do povo, suas paixões, conseguem entender emocionalmente as pessoas. Os maiores líderes da história têm força porque reúnem método, intelecto e habilidade de tocar nos sentimentos de seus liderados."

Introduz-se o parágrafo com apresentação do tópico frasal: "Há muitos tipos de líder, e gosto de destacar três".

Logo a seguir desenvolve-se o parágrafo com a enumeração dos *três tipos de líder* citados na primeira linha do texto: "A primeira categoria é dos líderes que marcam diferença por serem grandes estrategistas, objetivos e com visão de futuro. O legado deles é o método. O segundo tipo tem forte poder intelectual, mergulha com intensidade nas questões teóricas, disseca e diagnostica problemas como ninguém. São líderes que deixam ideias originais, com marca própria. E um terceiro tipo chamo de líderes inspiradores. Eles entendem as demandas do povo, suas paixões, conseguem entender emocionalmente as pessoas".

Observe que, na conclusão, o autor retoma o tópico frasal acrescentando sua opinião: "Os maiores líderes da história têm força porque reúnem método, intelecto e habilidade de tocar nos sentimentos de seus liderados."

5. "Em oito anos, o número de turistas no Rio de Janeiro dobrou, enquanto os assaltos a turistas foram multiplicados por três, alcançando hoje a média de dez casos por dia. Considerando a importância que o turismo tem para a cidade – que anualmente recebe 5,7 milhões de visitantes de outros estados e do estrangeiro, destes, aliás, quase 40% dos que chegam ao Brasil têm como destino o Rio –, é alarmante esse grau crescente de insegurança."

Você consegue perceber que esse parágrafo está estruturado de forma diferente dos parágrafos anteriores? É que ele se inicia pelos dados estatísticos, e não pelo tópico frasal. Esse é o *parágrafo indutivo*, que foge ao padrão: ele vai da fundamentação à ideia, e não o contrário. Vai do concreto ao abstrato. Somente ao final do parágrafo é que se descobre qual é o argumento que o enseja: é alarmante esse grau crescente de insegurança.

Resumindo:

Parágrafo dedutivo é aquele que vai do tópico frasal à sua fundamentação: do abstrato ao concreto. Parágrafo indutivo é aquele que se inicia pela fundamentação do tópico (exemplos, dados estatísticos etc.) e só a seguir é que se apresenta o argumento que motivou o parágrafo.

Para se ter uma ideia da importância que o tópico frasal possui em relação a tudo o que se enuncia no restante do parágrafo, observemos um dos sermões de Padre Antônio Vieira:

> (...) O sermão há de ser duma só cor, há de ter um só objeto, um só assunto, uma só matéria.
>
> Há de tomar o pregador uma só matéria, há de defini-la para que se conheça, há de dividi-la para que se distinga, há de prová-la com a Escritura, há de declará-la com a razão, há de confirmá-la com o exemplo, há de amplificá-la com as causas, com os efeitos, com as circunstâncias, com as conveniências que se hão de seguir, com os inconvenientes que se há de evitar, há de responder às dúvidas, há de satisfazer às dificuldades, há de impugnar e refutar com toda a força da eloquência os argumentos contrários, e depois disto há de colher, há de apertar, há de concluir, há de persuadir, há de acabar. Isto é sermão, isto é pregar, e o que não é isto, é falar de mais alto. Não nego nem quero dizer que o sermão não haja de ter variedade de discursos, mas esses hão de nascer todos da mesma matéria, e continuar e acabar nela.

(Sermão da Sexagésima. In: *Os sermões*. São Paulo: Difel, 1968. VI, p. 99.)

Ter uma só cor, um só objeto significa abordar a mesma ideia, ter um argumento como central, que em geral se apresenta no início do parágrafo. Posteriormente a essa introdução, vem a fase do desenvolvimento em que o autor utiliza artifícios para comprovar seu argumento: definições ("há de defini-la para que se distinga"), testemunhos de autoridade ("há de prová-la com a Escritura"), explicações e esclarecimentos ("há de declará-la com a razão"), utilização de exemplos ("há de confirmá-la com o exemplo"), apresentação de causas ou efeito e outras relações semânticas – finalidade, tempo, concessão, condição. Por fim, surge a conclusão, em que o autor retoma o argumento que iniciou o parágrafo, optando ou não por acrescentar seu juízo de valor ("e depois disto há de colher, há de apertar, há de concluir, há de persuadir").

Conhecer a estruturação de um texto argumentativo constitui, portanto, uma forma de o aluno ir além da estrutura superficial do texto, compreendendo-o de fato. Com isso, o tempo de resolução de prova também diminui, pois o candidato não precisaria reler todo o texto a cada questão objetiva.

24.1.5. Como resolver questões de estruturação argumentativa

A seguir, as etapas de intelecção de um texto de prova aqui propostas:

1. Ler o texto do início ao fim para saber do que se trata.
2. Ir às questões objetivas, procurando resolver primeiramente aquelas que se refiram exclusivamente à gramática.
3. Voltar ao texto, sublinhando suas principais ideias – tese, argumentos.
4. Evidenciar as relações entre as ideias no texto – vincular por meio de setas cada exemplo, testemunho de autoridade, comparação etc. ao seu tópico frasal.
5. Voltar às questões da prova, agora com as ideias do texto já relacionadas entre si, podendo recorrer a elas com mais rapidez.

Bem, hora de treinar... Vamos verificar se você já consegue analisar os parágrafos, desvendando a forma como foram estruturados na argumentação. Assim, você não só aprenderá a ler os textos dissertativos com mais técnica, como também já estará se preparando para fazer redações. Aproveite os comentários!

24.2. EXEMPLOS COMENTADOS

Os trechos a seguir foram retirados de textos concursos públicos. Constitui cada qual uma única linha de raciocínio que apresenta as frases organizadas em torno de um tópico frasal, voltadas para um único fim: desenvolver ou retomar a ideia-núcleo, aumentando-lhe a compreensão.

Dessa forma, destaque suas **ideias-núcleo**, indicando o seu **desenvolvimento** e, caso haja, sua **conclusão**. Analise também a(s) forma(s) como foram desenvolvidos os tópicos frasais ao longo dos parágrafos.

1. Os seres humanos não vivem juntos, não vivem em sociedade, apenas porque escolhem esse modo de vida, mas porque a vida em sociedade é uma necessidade da natureza humana. Assim, por exemplo, se dependesse apenas da vontade, seria possível uma pessoa muito rica isolar-se em algum lugar, onde tivesse armazenado grande quantidade de alimentos. Mas essa pessoa estaria, em pouco tempo, sentindo falta de companhia, sofrendo a tristeza da solidão, precisando de alguém com quem falar e trocar ideias, necessitar e dar afeto.

   Comentários: Introdução do parágrafo com apresentação do tópico frasal: "Os seres humanos não vivem juntos, não vivem em sociedade, apenas porque escolhem esse modo de vida, mas porque a vida em sociedade é uma necessidade da natureza humana". Desenvolvimento do parágrafo com enumeração de exemplos: "Assim, por exemplo, se dependesse apenas da vontade, seria possível uma pessoa muito rica isolar-se em algum lugar, onde tivesse armazenado grande quantidade de alimentos". Conclusão do parágrafo com retomada do tópico frasal e acréscimo de consequências: "Mas essa pessoa estaria, em pouco tempo, sentindo falta de companhia, sofrendo a tristeza da solidão, precisando de alguém com quem falar e trocar ideias, necessitar e dar afeto".

2. No início deste período, o homem inventou a escrita, graças à qual os conhecimentos venceram o tempo e o espaço. Venceram o tempo, pois, as experiências acumuladas puderam, sob a forma escrita, ser transmitidas com precisão às gerações seguintes. Venceram o espaço, pois os conhecimentos passaram a ser transportados de um lugar para o outro em papiros, papéis e demais materiais desenvolvidos para a fixação da escrita. Com o registro e com a circulação da informação, o homem se beneficiou de um crescente repertório de experiências, as quais lhe permitiram inventar mais, e mais facilmente.

   Comentários: Introdução do parágrafo com apresentação do tópico frasal: "No início deste período, o homem inventou a escrita, graças à qual os conhecimentos venceram o tempo e o espaço". Desenvolvimento do parágrafo com apresentação de explicações: "Venceram o tempo, pois as experiências acumuladas puderam, sob a forma escrita, ser transmitidas com precisão às gerações seguintes. Venceram o espaço, pois os conhecimentos passaram a ser transportados de um lugar para o outro em papiros, papéis e demais materiais desenvolvidos para a fixação da escrita". Conclusão do parágrafo com retomada do tópico frasal e acréscimo de consequências: "Com o registro e com a circulação da informação, o homem se beneficiou de um crescente repertório de experiências, as quais lhe permitiram inventar mais, e mais facilmente".

3. Algumas pessoas refugiam-se nas drogas na tentativa de esquecer seus problemas. Em função disso, acabam tornando-se dependentes dos psicotrópicos dos quais se utilizam e, na maioria das vezes, transformam-se em pessoas inúteis para si mesmas e para a comunidade.

   Comentários: Introdução do parágrafo com apresentação do tópico frasal: "Algumas pessoas refugiam-se nas drogas na tentativa de esquecer seus problemas". Desenvolvimento do parágrafo com apresentação consequências: "Em função disso, acabam tornando-se dependentes dos psicotrópicos dos quais se utilizam e, na maioria das vezes, transformam-se em pessoas inúteis para si mesmas e para a comunidade". Parágrafo sem conclusão.

4. Só o esforço conjunto de toda a nação brasileira conseguirá vencer os gravíssimos problemas econômicos, por todos há muito conhecidos. Quaisquer medidas econômicas, por si sós, não são capazes de alterar a realidade, se as autoridades que as elaboram não contarem com o apoio da opinião pública, em meio a uma comunidade de cidadãos conscientes.

   Comentários: Introdução do parágrafo com apresentação do tópico frasal: "Só o esforço conjunto de toda a nação brasileira conseguirá vencer os gravíssimos problemas econômicos, por todos há muito conhecidos". Desenvolvimento do parágrafo com apresentação de esclarecimento: "Quaisquer medidas econômicas, por si sós, não são capazes de alterar a realidade, se as autoridades que as elaboram não contarem com o apoio da opinião pública, em meio a uma comunidade de cidadãos conscientes". Parágrafo sem conclusão.

5. Liderança é um aspecto da personalidade, uma característica que alguns indivíduos têm e outros não. Por definição, bons líderes são pessoas diferentes da média. Eles têm mais determinação do que outros. Sua presença é tão marcante que ficam na memória das pessoas. Por isso, liderança não é para qualquer um, é um dom.

   Comentários: Introdução do parágrafo com apresentação do tópico frasal: "Liderança é um aspecto da personalidade, uma característica que alguns indivíduos têm e outros não". Desenvolvimento do parágrafo com apresentação de definição/esclarecimento: "Por definição, bons líderes são pessoas diferentes da média. Eles têm mais determinação do que outros. Sua presença é tão marcante que ficam na memória das pessoas". Conclusão do parágrafo com retomada do tópico frasal: "Por isso, liderança não é para qualquer um, é um dom".

6. Há muitos tipos de líder, e gosto de destacar três. A primeira categoria é dos líderes que marcam diferença por serem grandes estrategistas, objetivos e com visão de futuro. O legado deles é o método. O segundo tipo tem forte poder intelectual, mergulha com intensidade nas questões teóricas, disseca e diagnostica problemas como ninguém. São líderes que deixam ideias originais, com marca própria. E um terceiro tipo chamo de líderes inspiradores. Eles entendem as demandas do povo, suas paixões, conseguem entender emocionalmente as pessoas. Os maiores líderes da história têm força porque reúnem método, intelecto e habilidade de tocar nos sentimentos de seus liderados.

   Comentários: Introdução do parágrafo com apresentação do tópico frasal: "Há muitos tipos de líder, e gosto de destacar três". Desenvolvimento do parágrafo com apresentação de enumeração de detalhes: "A primeira categoria é dos líderes que marcam diferença por serem grandes estrategistas, objetivos e com visão de futuro. O legado deles é o método. O segundo tipo tem forte poder intelectual, mergulha com intensidade nas questões teóricas, disseca e diagnostica problemas como ninguém. São líderes que deixam ideias originais, com marca própria. E um terceiro tipo chamo de líderes inspiradores. Eles entendem as demandas do povo, suas paixões, conseguem entender emocionalmente as pessoas". Conclusão do parágrafo com retomada do tópico frasal e acréscimo de opinião do autor: "Os maiores líderes da história têm força porque reúnem método, intelecto e habilidade de tocar nos sentimentos de seus liderados".

7. O homem hoje em dia desenvolveu para tudo que costumava fazer com o próprio corpo, extensões ou prolongamentos desse mesmo corpo. A evolução de suas armas começa pelos dentes e punhos e termina com a bomba atômica. Indumentária e casas são extensões dos mecanismos biológicos de controle da temperatura do corpo. A mobília substitui o acocorar-se e sentar-se no chão. Instrumentos mecânicos, lentes, televisão, telefones e livros que levam a voz através do tempo e do espaço constituem exemplos de extensões materiais. Dinheiro é meio de estender os benefícios e de armazenar trabalho. Nosso sistema de transporte faz agora o que costumávamos fazer com os pés e as costas. De fato, podemos tratar de todas as coisas materiais feitas pelo homem como

extensões ou prolongamentos do que ele fazia com o corpo ou com alguma parte especializada do corpo.

Comentários: Introdução do parágrafo com apresentaçao do tópico frasal: "O homem hoje em dia desenvolveu para tudo que costumava fazer com o próprio corpo, extensões ou prolongamentos desse mesmo corpo". Desenvolvimento do parágrafo com apresentação de exemplos: "A evolução de suas armas começa pelos dentes e punhos e termina com a bomba atômica. Indumentária e casas são extensões dos mecanismos biológicos de controle da temperatura do corpo. A mobília substitui o acocorar-se e sentar-se no chão. Instrumentos mecânicos, lentes, televisão, telefones e livros que levam a voz através do tempo e do espaço constituem exemplos de extensões materiais. Dinheiro é meio de estender os benefícios e de armazenar trabalho. Nosso sistema de transporte faz agora o que costumávamos fazer com os pés e as costas". Conclusão do parágrafo com reafirmação do tópico frasal: "De fato, podemos tratar de todas as coisas materiais feitas pelo homem como extensões ou prolongamentos do que ele fazia com o corpo ou com alguma parte especializada do corpo".

8. Existe uma grande diferença entre a entrevista e a conversa informal entre duas pessoas. É necessário saber distinguir quando o diálogo informal é uma introdução e quando ela perde as características, acabando por se transformar numa palestra inconsistente, tomando tempo e prejudicando o processamento da entrevista propriamente dita.

   Comentários: Introdução do parágrafo com apresentação do tópico frasal: "Existe uma grande diferença entre a entrevista e a conversa informal entre duas pessoas". Desenvolvimento do parágrafo com apresentação de esclarecimento: "É necessário saber distinguir quando o diálogo informal é uma introdução e quando ela perde as características". Conclusão do parágrafo com apresentação de consequências: "acabando por se transformar numa palestra inconsistente, tomando tempo e prejudicando o processamento da entrevista propriamente dita".

9. Estudo do Pacific Institute of Oakland, na Califórnia, prevê que 76 milhões de pessoas morrerão de doenças relacionadas à água até 2020. As crianças serão as mais afetadas por males causados pelo uso e ingestão de água contaminada. No mesmo período, serão registrados 65 milhões de casos fatais em consequência da Aids em todo o mundo.

   Comentários: Introdução do parágrafo com apresentação do tópico frasal: "Estudo do Pacific Institute of Oakland, na Califórnia, prevê que 76 milhões de pessoas morrerão de doenças relacionadas à água até 2020". Desenvolvimento do parágrafo com enumeração de detalhes e estabelecimento de comparação: "As crianças serão as mais afetadas por males causados pelo uso e ingestão de água contaminada. No mesmo período, serão registrados 65 milhões de casos fatais em consequência da Aids em todo o mundo". Parágrafo sem conclusão.

10. O Estatuto do Desarmamento, aprovado no fim do ano, e ainda em fase de regulamentação, surgiu por uma questão de sobrevivência. O contexto que deflagrou o movimento político pelo endurecimento da legislação sobre armas é no mínimo dramático. Em 20 anos, de 1980 a 2000, conforme estudo do IBGE, 600 mil brasileiros foram assassinados, uma média de 30 mil por ano.

Comentários: Introdução do parágrafo com apresentação do tópico frasal: "O Estatuto do Desarmamento, aprovado no fim do ano, e ainda em fase de regulamentação, surgiu por uma questão de sobrevivência". Desenvolvimento do parágrafo com apresentação de esclarecimento e dados estatísticos: "O contexto que deflagrou o movimento político pelo endurecimento da legislação sobre armas é no mínimo dramático. Em 20 anos, de 1980 a 2000, conforme estudo do IBGE, 600 mil brasileiros foram assassinados, uma média de 30 mil por ano". Parágrafo sem conclusão.

11. O resultado foi a banalização do uso e do porte de armas e, como consequência, milhares de tragédias no cotidiano. Essa banalização impulsionou as estatísticas sobre violência: o número de homicídios, nesse período de vinte anos, aumentou 130%. E pior: a grande maioria das vítimas tem sido de jovens de 15 a 24 anos. Assim, famílias se desestabilizam e o futuro é cortado pela raiz.

    Comentários: Introdução do parágrafo com apresentação do tópico frasal: "O resultado foi a banalização do uso e do porte de armas e, como consequência, milhares de tragédias no cotidiano". Desenvolvimento do parágrafo com apresentação de dados estatísticos: "O resultado foi a banalização do uso e do porte de armas e, como consequência, milhares de tragédias no cotidiano". Conclusão do parágrafo com apresentação de consequências: "Assim, famílias se desestabilizam e o futuro é cortado pela raiz".

12. Inúmeras hordas "primitivas" se encontram, ainda hoje, nesse "grau zero" – se assim podemos dizer – quanto ao conhecimento dos números. É, por exemplo, o caso dos zulus e dos pigmeus, da África, dos aranda e dos kamilarai, da Austrália, dos aborígenes das Ilhas Murray e dos botocudos, do Brasil. "Um", "dois" e... "muitos" constituem as únicas grandezas numéricas desses indígenas que ainda vivem na Idade da Pedra.

    Comentários: Introdução do parágrafo com apresentação do tópico frasal: "Inúmeras hordas 'primitivas' se encontram, ainda hoje, nesse 'grau zero' – se assim podemos dizer – quanto ao conhecimento dos números". Desenvolvimento do parágrafo com apresentação de exemplos: "É, por exemplo, o caso dos zulus e dos pigmeus, da África, dos aranda e dos kamilarai, da Austrália, dos aborígenes das Ilhas Murray e dos botocudos, do Brasil". Conclusão do parágrafo com correlação entre o exemplo fornecido e o tópico frasal: "'Um', 'dois' e... 'muitos' constituem as únicas grandezas numéricas desses indígenas que ainda vivem na Idade da Pedra".

13. Pois bem. Observemos como se transformou a vida humana. Em 99% desses 500 mil anos, alterou-se relativamente pouco. O homem aprendeu a fazer algumas ferramentas e armas com paus e pedras, a pintar na parede das cavernas e a plantar e colher. A partir de um grito primordial, conseguiu ainda desenvolver a fala, graças à qual pôde conversar, exprimir sentimentos e melhor compartilhar experiências com os membros do grupo. De qualquer modo, foi ainda bem pouco para quase cinco centenas de milhares de anos.

    Comentários: Introdução do parágrafo com apresentação do tópico frasal: "Pois bem. Observemos como se transformou a vida humana". Desenvolvimento do parágrafo com apresentação de exemplos, bem como relação de causa e efeito: "O homem aprendeu a fazer algumas ferramentas e armas com paus e pedras, a pintar na parede das cavernas e a plantar e colher. A partir de um grito primordial, conseguiu ainda desenvolver a fala, graças à qual pôde conversar, exprimir sentimentos e melhor compartilhar experiências com os membros do grupo". Conclusão do parágrafo com reafirmação do tópico.

14. A favor da mesma tese, poderíamos dizer que, muitas vezes, a publicidade tenta e não consegue mudar os hábitos do público. Inúmeros esforços publicitários não resultam em nada. Continuemos no campo das substâncias ilícitas. Existem insistentes campanhas antidrogas nos meios de comunicação, algumas um tanto soporíferas, outras mais terroristas, e todas fracassam. Moral da história? Nem que seja para consumir produtos químicos ilegais, ainda somos minimamente livres diante do poder da mídia. Temos alguma autonomia para formar nossas decisões.

    Comentários: Introdução do parágrafo com apresentação do tópico frasal: "A favor da mesma tese, poderíamos dizer que, muitas vezes, a publicidade tenta e não consegue mudar os hábitos do público". Desenvolvimento do parágrafo com apresentação de esclarecimento e exemplos: "Inúmeros esforços publicitários não resultam em nada. Continuemos no campo das substâncias ilícitas. Existem insistentes campanhas antidrogas nos meios de comunicação, algumas um tanto soporíferas, outras mais terroristas, e todas fracassam". Conclusão do parágrafo com correlação entre o exemplo fornecido e o tópico frasal: "Moral da história? Nem que seja para consumir produtos químicos ilegais, ainda somos minimamente livres diante do poder da mídia. Temos alguma autonomia para formar nossas decisões".

15. O terceiro e o quarto objetivos fundamentais, previstos no artigo 3º, são projetos de um sonho estratosférico. Erradicar a pobreza e a marginalização e reduzir desigualdades sociais e regionais é trabalho para séculos. Não há nação do mundo sem faixas de miserabilidades – nem as mais ricas. A promoção do bem de todos, sem preconceito de origem, raça, sexo, cor, idade e quaisquer outras formas de discriminação carece de remédio forte, como criminalização das condutas contrárias. Sem a ameaça grave de sanções, a cobra raivosa do preconceito continuará agindo no coração de muitas pessoas.

    Comentários: Introdução do parágrafo com apresentação do tópico frasal: "O terceiro e o quarto objetivos fundamentais, previstos no artigo 3º, são projetos de um sonho estratosférico". Desenvolvimento do parágrafo por esclarecimento: 3º objetivo – "Erradicar a pobreza e a marginalização e reduzir desigualdades sociais e regionais é trabalho para séculos. Não há nação do mundo sem faixas de miserabilidades – nem as mais ricas". 4º objetivo – "A promoção do bem de todos, sem preconceito de origem, raça, sexo, cor, idade e quaisquer outras formas de discriminação carece de remédio forte, como criminalização das condutas contrárias. Sem a ameaça grave de sanções, a cobra raivosa do preconceito continuará agindo no coração de muitas pessoas". Parágrafo sem conclusão.

16. No outro extremo, o estrangeiro provoca a nossa desconfiança, às vezes o nosso medo. Nem sempre entendemos os seus gestos e certamente não compreendemos a sua língua. Ele não se veste como nós, a sua fisionomia pode ser diferente da nossa e não adora nossos deuses. Entre os primitivos, o estrangeiro passava por uma complexa cerimônia, destinada a afastar os malefícios que trouxesse de seus demônios; ao voltar de uma viagem, as pessoas deveriam permanecer isoladas por algum tempo, até que delas se afastassem os demônios estranhos, acaso encontrados pelos caminhos.

Comentários: Introdução do parágrafo com apresentação do tópico frasal: "No outro extremo, o estrangeiro provoca a nossa desconfiança, às vezes o nosso medo". Desenvolvimento do parágrafo com apresentação de esclarecimento e exemplos: "Nem sempre entendemos os seus gestos e certamente não compreendemos a sua língua. Ele não se veste como nós, a sua fisionomia pode ser diferente da nossa e não adora nossos deuses. Entre os primitivos, o estrangeiro passava por uma complexa cerimônia, destinada a afastar os malefícios que trouxesse de seus demônios; ao voltar de uma viagem, as pessoas deveriam permanecer isoladas por algum tempo, até que delas se afastassem os demônios estranhos, acaso encontrados pelos caminhos". Parágrafo sem conclusão.

17. Vários fatores criaram o espaço social necessário para transformar certo número de pessoas associadas a certas práticas sociais em leitores: o individualismo da sociedade burguesa, a visão de mundo antropocêntrica estimulada pela Renascença e difundida pela filosofia humanista, o progresso tecnológico que facultou o desenvolvimento da imprensa, a expansão da escola e do pensamento pedagógico apoiado na alfabetização, o fortalecimento de instituições culturais como as universidades, as bibliotecas e as academias de escritores.

Comentários: Introdução do parágrafo com apresentação do tópico frasal: "Vários fatores criaram o espaço social necessário para transformar certo número de pessoas associadas a certas práticas sociais em leitores". Desenvolvimento do parágrafo com apresentação de exemplos: "o individualismo da sociedade burguesa, a visão de mundo antropocêntrica estimulada pela Renascença e difundida pela filosofia humanista, o progresso tecnológico que facultou o desenvolvimento da imprensa, a expansão da escola e do pensamento pedagógico apoiado na alfabetização, o fortalecimento de instituições culturais como as universidades, as bibliotecas e as academias de escritores".

18. Disso resultaram duas noções: de um lado, a noção de público, massa coletiva e anônima que, não obstante o anonimato, pode ter vontade própria e direção definida, incidindo em linhas de ação que a literatura, em parte ou no todo, acata ou não; de outro, a noção de leitor, indivíduo habilitado à leitura, com preferências demarcadas, figura que o escritor busca seduzir, lançando mão de técnicas e de artifícios contabilizados pela crítica e história da literatura.

Comentários: Introdução do parágrafo com apresentação do tópico frasal: "Disso resultaram duas noções". Desenvolvimento do parágrafo com enumeração de detalhes: "de um lado, a noção de público, massa coletiva e anônima que, não obstante o anonimato, pode ter vontade própria e direção definida, incidindo em linhas de ação que a literatura, em parte ou no todo, acata ou não; de outro, a noção de leitor, indivíduo habilitado à leitura, com preferências demarcadas, figura que o escritor busca seduzir, lançando mão de técnicas e de artifícios contabilizados pela crítica e história da literatura". Parágrafo sem conclusão.

19. Comemoramos o nosso dia (8 de dezembro) sob o fogo cruzado da má vontade e da desinformação. O Judiciário não pode ser culpabilizado pelo que a mídia chama com exagero de impunidade. A polícia não prende, não investiga e nós, presos à aplicação da lei, pagamos o pato. Além disso, há um cipoal de leis, medidas provisórias e atos normativos que acabam por atravancar nossos corredores.

Comentários: Introdução do parágrafo com apresentação do tópico frasal: "Comemoramos o nosso dia (8 de dezembro) sob o fogo cruzado da má vontade e da desinformação". Desenvolvimento do parágrafo com enumeração de detalhes: "A desinformação – O Judiciário não pode ser culpabilizado pelo que a mídia chama com exagero de impunidade. A polícia não prende, não investiga e nós, presos à aplicação da lei, pagamos o pato. A má vontade: Além disso, há um cipoal de leis, medidas provisórias e atos normativos que acabam por atravancar nossos corredores". Parágrafo sem conclusão.

20. Dinheiro é um facilitador das transações, mas não é a única forma de relação comercial. O mundo moderno não pode menosprezar a sabedoria de nossos antepassados, que sobreviveram séculos fazendo trocas. Um bom exemplo de alinhamento entre estratégias empresariais e apoio governamental, que resultou em uma equação, é o caso da Odebrecht em Angola: esta construtora constrói a hidrelétrica de que o país africano necessita, e o governo angolano paga com petróleo, produto abundante naquele país.

    Comentários: Introdução do parágrafo com apresentação do tópico frasal: "Dinheiro é um facilitador das transações, mas não é a única forma de relação comercial". Desenvolvimento do parágrafo com apresentação de esclarecimento e exemplos: "O mundo moderno não pode menosprezar a sabedoria de nossos antepassados, que sobreviveram séculos fazendo trocas. Um bom exemplo de alinhamento entre estratégias empresariais e apoio governamental, que resultou em uma equação, é o caso da Odebrecht em Angola: esta construtora constrói a hidrelétrica de que o país africano necessita, e o governo angolano paga com petróleo, produto abundante naquele país". Parágrafo sem conclusão.

21. Em oito anos, o número de turistas no Rio de Janeiro dobrou, enquanto os assaltos a turistas foram multiplicados por três, alcançando hoje a média de dez casos por dia. Considerando a importância que o turismo tem para a cidade – que anualmente recebe 5,7 milhões de visitantes de outros estados e do estrangeiro, destes, aliás, quase 40% dos que chegam ao Brasil têm como destino o Rio – é alarmante esse grau crescente de insegurança.

    Comentários: Parágrafo indutivo. Fundamentação do tópico frasal com apresentação dos dados estatísticos: "Em oito anos, o número de turistas no Rio de Janeiro dobrou, enquanto os assaltos a turistas foram multiplicados por três, alcançando hoje a média de dez casos por dia. Considerando a importância que o turismo tem para a cidade – que anualmente recebe 5,7 milhões de visitantes de outros estados e do estrangeiro, destes, aliás, quase 40% dos que chegam ao Brasil têm como destino o Rio". Apresentação do tópico frasal: "é alarmante esse grau crescente de insegurança".

22. Quando começa a modernidade? A escolha de uma data ou de um evento não é indiferente. O momento que elegemos como originário depende certamente da ideia de nós mesmos que preferimos, hoje, contemplar. E vice-versa: a visão de nosso presente decide das origens que confessamos (ou até inventamos). Assim acontece com as histórias de nossas vidas que contamos para os amigos e para o espelho: os inícios estão sempre em função da imagem de nós mesmos de que gostamos e que queremos divulgar. As coisas funcionam do mesmo jeito para os tempos que consideramos "nossos", ou seja, para a modernidade.

    Comentários: Introdução do parágrafo com apresentação do tópico frasal, sob forma de pergunta/resposta: "Quando começa a modernidade? A escolha de uma data ou de um evento não é indiferente". Desenvolvimento do parágrafo com apresentação de esclarecimento e comparação por semelhança: "O momento que elegemos como originário depende certamente da ideia de nós mesmos que preferimos, hoje, contemplar. E vice-versa: a visão de nosso presente decide das origens que confessamos (ou até inventamos). Assim acontece com as histórias de nossas vidas que contamos para os amigos e para o espelho: os inícios estão sempre em função da imagem de nós mesmos de que gostamos e que queremos divulgar". Conclusão do parágrafo com reafirmação do tópico frasal: "As coisas funcionam do mesmo jeito para os tempos que consideramos 'nossos', ou seja, para a modernidade".

23. A consciência universal sobre a importância dos direitos humanos chegou a uma nitidez nunca antes atingida. Entende-se: já comemoramos o cinquentenário da Declaração Universal dos Direitos do Homem (aprovada pela Assembleia Geral das Nações Unidas, de 10 de dezembro de 1948, em Paris).

    Comentários: Introdução do parágrafo com apresentação do tópico frasal: "A consciência universal sobre a importância dos direitos humanos chegou a uma nitidez nunca antes atingida". Desenvolvimento do parágrafo com apresentação de esclarecimento: "Entende-se: já comemoramos o cinquentenário da Declaração Universal dos Direitos do Homem (aprovada pela Assembleia Geral das Nações Unidas, de 10 de dezembro de 1948, em Paris)". Parágrafo sem conclusão.

24. Talvez não haja algum fenômeno social que assalte de forma tão brusca os direitos humanos como a pobreza o faz, por desgastar ou anular os direitos econômicos e sociais, como: direito à alimentação, à água potável, à saúde, à educação, à habitação, à segurança pessoal, à justiça e à dignidade. Embora todos esses direitos sejam interligados e interdependentes, observa-se que, para as pessoas que vivem na pobreza, talvez eles não passem de um sonho muito distante de se tornar realidade.

    Comentários: Introdução do parágrafo com apresentação do tópico frasal: "Talvez não haja algum fenômeno social que assalte de forma tão brusca os direitos humanos como a pobreza o faz". Desenvolvimento do parágrafo com apresentação de causas: "por desgastar ou anular os direitos econômicos e sociais, como: direito à alimentação, à água potável, à saúde, à educação, à habitação, à segurança pessoal, à justiça e à dignidade". Conclusão do parágrafo com reafirmação do tópico frasal: "Embora todos esses direitos sejam interligados e interdependentes, observa-se que, para as pessoas que vivem na pobreza, talvez eles não passem de um sonho muito distante de se tornar realidade".

25. Lagartixas são excelentes alpinistas: escalam paredes com uma velocidade que pode atingir um metro por segundo. O mecanismo usado por esses répteis para se fixarem às superfícies foi descrito pela equipe do biólogo Kellar Autumn, professor em Portland (EUA). Quando a lagartixa sobe pela parede, a geometria especial de seus dedos produz forças de Van der Waals, interações eletromagnéticas fracas que garantem adesão segura entre as patas do réptil e a superfície.

    Comentários: Introdução do parágrafo com apresentação do tópico frasal: "Lagartixas são excelentes alpinistas". Desenvolvimento do parágrafo com apresentação de esclarecimento, seguido de testemunho de autoridade: "escalam paredes com uma velocidade que pode atingir um metro por segundo. O mecanismo usado por esses répteis para se fixarem às superfícies foi descrito pela equipe do biólogo Kellar Autumn, professor em Portland (EUA). Quando a lagartixa sobe pela parede, a geometria especial de seus dedos produz forças de Van der Waals, interações eletromagnéticas fracas que garantem adesão segura entre as patas do réptil e a superfície". Parágrafo sem conclusão.

> ANÁLISE DOS ENUNCIADOS DAS PROVAS
>
> No estudo das técnicas de compreensão e interpretação de textos, assim como em outras disciplinas, faz-se necessário estabelecer um método de análise dos enunciados que comumente aparecem em provas de concursos públicos. É importante, por esse motivo, que o aluno perceba que há uma técnica por trás da elaboração das questões e que, portanto, será a aplicação dessa técnica na resolução de provas que irá garantir uma boa preparação para o seu concurso.
>
> Enunciados mais comuns:
>
> "O texto se estrutura..."; "Os argumentos do autor se fundamentam em..."; "Ao se distribuir o texto adequadamente em parágrafos..."; "O parágrafo que expressa a ideia geral do texto..."; "No texto, o autor defende, sobretudo, a tese de que..."; "O tema do texto é..."; "O trecho a seguir tem a função textual / a utilidade textual de..."

24.3. QUESTÕES DE CONCURSOS COMENTADAS

1. **(VUNESP – 2024 – Prefeitura de Lins – SP – Diretor Escolar)**

Creio, logo é!

Quando as informações conflitam com as nossas crenças, reinterpretamos os fatos de acordo com nossas convicções. Se uma previsão falha, em vez de abandonarmos a crença, buscamos explicações, muitas vezes, irracionais para justificar ou atenuar o erro e alimentar a crença na previsão. É como desenhar o alvo em torno da flecha e acreditar na pontaria do arqueiro.

É comum tomarmos decisões baseadas em preferências inconsistentes, com consequências reais, simplesmente por rejeitarmos informações e evidências contrárias às nossas crenças. O autoengano é uma forma de proteger a autoestima e evitar o confronto com a possibilidade de que nossas certezas estejam erradas.

Quando temos uma opinião positiva sobre uma questão, buscamos mensagens positivas a respeito de tal fato; quando a visão é negativa, buscamos mensagens negativas sobre a questão. De maneira tendenciosa, escolhemos informações ou desinformações consistentes com as nossas ideologias.

A formação ou modificação de uma opinião envolve reestruturação cognitiva, um processo de aprendizagem. Todos nós temos alguma dificuldade em reconhecer nossos erros e reconfigurar nossas ideias. Não é tranquilo desconstruir concepções antigas, porém reafirmadas, o tempo todo, na contemporaneidade, por força dos grupos aos quais pertencemos.

Temos a percepção equivocada de que apenas as nossas crenças são úteis ou corretas. Torturamos os fatos e as evidências contrárias até que eles confessem o que pretendemos.

Mas tudo isso é muito antigo. "Uma vez que o entendimento de um homem se baseia em algo, seja porque é uma crença já aceita ou porque o agrada, isso atrai tudo a sua volta para apoiar e concordar com a opinião adotada. Mesmo que um número maior de evidências contrárias seja encontrado, ele as ignora ou desconsidera, ou faz distin-

ções sutis para rejeitá-las, preservando a autoridade de suas primeiras concepções" (Bacon, 1620).

(Mara Lúcia Madureira. Painel de ideias. *Diário da Região*, 28/03/2024. Adaptado)

A citação do filósofo Francis Bacon, no último parágrafo, é empregada pela autora como argumento que:

A) leva a uma revisão dos argumentos já expostos, graças à apresentação de novas ideias.

B) retoma afirmações feitas no texto, reiterando-as e conferindo a elas maior credibilidade.

C) aponta ao leitor lacunas na abordagem do tema, sugerindo que procure mais informações.

D) expressa sua vasta cultura, embora a citação se mostre anacrônica para abordar o tema.

Comentários: Uma das estratégias de argumentação para convencer, persuadir o leitor, é a do argumento de autoridade, a citação de especialista no assunto para reforçar os argumentos do autor do texto, aqui apresentados nos parágrafos anteriores, dando-lhes credibilidade. Foi essa a estratégia empregada no último parágrafo.

Gabarito: B

2. (Instituto Consulplan – 2024 – Prefeitura de Além Paraíba – MG – Auxiliar de Biblioteca)

Fazer nada

Como a visita de um pássaro nos fez pensar no tempo.

Conseguimos uns dias de folga e fomos passar um tempo cuidando um do outro. No hotel, em Itatiba, deram-nos o quarto 37, que se abre para um mar de morros verdes, com plantações, pastos, florestas. Fica no piso superior, tem pé-direito alto e uma varanda abraçada por árvores repletas de pássaros. À noite, entrou pela janela um passarinho. Minúsculo, branco no peito e na parte inferior da face, preto no dorso e na metade de cima da cabeça. Entrou pelo quarto, acelerado. Voava junto ao teto e não conseguia baixar até a altura da porta por onde havia entrado. Temíamos que se machucasse. Apagamos as luzes. Ele se acalmou e parou para descansar no toucador. Pulou em pé, no chão. Caminhou um pouco, ofegante. Usamos um chapéu para levá-lo à varanda, onde ficou ainda um tempo, refazendo-se.

Depois, vimos que deixou de lembrança um cocozinho na nossa cama. De onde teria vindo essa ave? Qual o significado do carimbo de passarinho sobre o lençol? Resisti à ideia de lembrar que excremento de pássaro é sinal de boa fortuna em antigas tradições. Augúrio? Sinal? Ali não havia mistério. Era apenas um bichinho assustado, acelerado demais. Talvez apenas apavorado por haver entrado em um lugar de onde parecia impossível sair. Mais do que um significado oculto, sua visita pode é nos inspirar, quem sabe, uma analogia. Quantas vezes o homem não se debate, na ilusão de que está acuado? Quantas vezes sofre sem perceber que está saturado por estímulos que ele próprio foi buscar? A sensação de que seu tempo é estrangulado, sem se dar conta de que é ele quem cultiva desassossego para si. Um amigo, sobrinho de um sábio do interior, costuma usar a imagem da trajetória errática e vã das formigas para ilustrar a ilusão que acomete o homem em movimentos inócuos e sem sentido, o esforço inútil. Não é à toa que se fale tanto na necessidade de ir com mais calma.

Afinal, nós nunca aceleramos tanto. Na ilusão de anteciparmos o futuro, roubamos o momento seguinte e deixamos de vivê-lo. Convivemos sem prestar atenção no outro, respiramos com sofreguidão, comemos sem sentir o sabor. Fugimos do presente, o único tempo que existe e sobre o qual criamos a referência para um passado reconstruído na memória e um futuro sonhado. Como parar e fazer nada? Como apenas ser, sem se debater por ter entrado em uma porta estranha? Há quem não consiga relaxar e, simplesmente, fazer nada. Alguém já disse que fazer nada não é a completa falta de ação, mas a ação feita com desapego, sem visar resultado para si mesmo. Há algo de bom em atingir esse momento em que só se é parte da paisagem e não um observador separado. Se ainda quiséssemos procurar um significado para a visita da pequena ave, poderíamos dizer que ela veio trazer o tema para estas linhas que você lê agora. Como se nos dissesse: que bom que vocês conseguiram uns dias de folga e vieram aqui, cuidar um do outro. Sejam bem-vindos a este momento e esqueçam o resto. Fui.

(NOGUEIRA, Paulo. *Vida Simples*. 37. ed. São Paulo: Abril, 2006.)

Um texto argumentativo apresenta um ponto de vista sobre o mundo, defende uma tese. Assinale, a seguir, a alternativa que apresenta a tese defendida pelo autor.

A) Expor que a sociedade valoriza o excesso de trabalho e, atualmente, trabalhar demais é sinônimo de sucesso.

B) Evidenciar que o passado é fundamental, pois as memórias fazem parte do que somos, da construção da nossa identidade e cultura.

C) Compreender que o presente é real, e é nele que devemos nos concentrar para encontrar a paz interior e a felicidade verdadeira.

D) Enfatizar que, antecipando o futuro, encontramos ferramentas para fazer de nossos projetos uma realidade, pois, se assim não o fazemos, os projetos existirão sempre como possibilidades e não realidades.

Comentários: A tese do texto é a importância de viver o presente para encontrar paz e felicidade. O valor do presente e a necessidade de se concentrar nele pode ser depreendido pelo último parágrafo, principalmente nos trechos: "Convivemos sem prestar atenção no outro, respiramos com sofreguidão, comemos sem sentir o sabor. Fugimos do presente, o único tempo que existe e sobre o qual criamos a referência para um passado reconstruído na memória e um futuro sonhado", "Sejam bem-vindos a este momento e esqueçam o resto".

Gabarito: C

3. (FCC - 2024 - TRF - 3ª Região - Analista Judiciário)

Enquanto as leis dos homens buscam ordenar o comportamento dos indivíduos e da sociedade como um todo, de modo a tornar a vida comunal mais segura, as leis da Natureza são deduzidas de observações de toda uma variedade de fenômenos. Da mesma forma, enquanto as leis dos homens são baseadas em valores morais que variam de cultura para cultura e conforme o decorrer do tempo, as leis da Natureza buscam uma universalidade, tentando descrever comportamentos concretos - e verificáveis — que ocorrem no espaço e no tempo.

No trecho lido, argumenta-se em favor da ideia de que:

A) as leis humanas potenciam as leis da Natureza quando imbuídas de um propósito de universalidade.

B) a vigência temporal das leis dos homens é o que essencialmente as distingue das leis naturais.
C) os códigos das leis humanas buscam organizar e disciplinar toda uma variedade de fenômenos.
D) o caráter verificável de comportamentos concretos é um componente característico das leis naturais.
E) nas diferentes culturas variam os valores morais com base na variação mesma dos valores naturais.

Comentários: A passagem "as leis da Natureza buscam uma universalidade, tentando descrever comportamentos concretos — e verificáveis — que ocorrem no espaço e no tempo" confirma exatamente o que aparece na opção D.

Gabarito: D

4. **(FGV - 2024 - Câmara Municipal de São Paulo - SP - Técnico Legislativo)**

"Eu queria que o país tivesse personalidade, autonomia e buscasse soluções próprias, inteligentes, realistas, mas somos fracos na elaboração de nossas ideias; quase se poderia sustentar que temos uma vocação de submissão intelectual."

Sabendo que a tese de um texto argumentativo é a ideia defendida ou atacada por alguém com a finalidade de que seja aceita, assinale a opção que apresenta a tese desse pequeno texto.

A) Um país deve ter personalidade, autonomia.
B) As soluções para um país devem ser inteligentes e realistas.
C) Nosso país é fraco na elaboração de ideias próprias.
D) As ideias próprias devem ser criadas por nós mesmos.
E) Temos uma vocação de submissão intelectual.

Comentários: Estruturalmente, a tese aparece ao final, o início é a justificativa, são argumentos da ideia geral (temos uma vocação de submissão intelectual). Esse é o problema central.

Gabarito: E

5. **(FGV - 2024 - TJ - RR - Técnico Judiciário)** Observe o seguinte fragmento textual argumentativo:

Cerca de 40% dos caminhões nas estradas mostram problemas mecânicos. O caminhão multado ontem estava com problemas nos freios. O envelhecimento da frota é um grave problema nos transportes.

Assinale a observação correta sobre a estruturação desse texto argumentativo.

A) Estruturação sequencial: o acúmulo de argumentos a favor de uma tese.
B) Estruturação sequencial dedutiva: apresentação do tema seguido de comprovações que a justificam.
C) Estruturação sequencial indutiva: apresentação do tema e dos argumentos que apoiam a tese mostrada ao final do texto.
D) Estruturação lógica causa / efeito: indicação das causas de algo identificado a seguir.

E) Estruturação dialética em que se apresentam simultaneamente uma tese e sua oposição.

Comentários: Aqui, temos mais um caso em que parte-se dos argumentos para a tese (texto indutivo). A ideia central é "O envelhecimento da frota ser um problema nos transportes". Os dois primeiros períodos são exemplificações dessa tese.

Gabarito: C

6. **(FGV - 2024 - TJ - RR - Técnico Judiciário)** Os argumentos são os pensamentos que demonstram a tese. Eles se apoiam em valores universais, valores de uma maioria, exemplos concretos, dados estatísticos, etimologias, analogias, relações de causa e consequência, fatos etc.

Assinale a opção em que o argumento utilizado está corretamente identificado.

A) Faz parte de uma sociedade democrática e justa a igualdade de oportunidades, tanto na educação como no emprego. / argumento apoiado numa generalização.

B) Cerca de 80% dos estudantes brasileiros mostram deficiência na compreensão de textos. / argumento apoiado em dados estatísticos.

C) A poluição é tão grave como a pobreza. / argumento apoiado em dedução falsa.

D) A televisão é incentivadora de violência, bastando ver-se o aumento de homicídios entre jovens. / argumento apoiado em uma atitude da maioria.

E) O ano de 2024 mostra alguns problemas novos, que serão superados pela inteligência dos ministros.

Comentários: Claramente, na opção B, o argumento usado é baseado em dados estatísticos (80%). Nas outras opções, argumentos apoiados em opinião pessoal (A), analogia (C) e causa e consequência (D). Na E, houve erro de revisão, não apareceu o argumento.

Gabarito: B

7. **(FGV - 2024 - Prefeitura de São José dos Campos - SP - Agente de Serviços Gerais)**

Crescimento Zero

Alex Grijelmo

Parece difícil que nos resignemos a não crescer. O crescimento de qualquer de nossas posses forma parte das ideias positivas. Hão de crescer as crianças, os músculos, os seios, nossos negócios e, obviamente, também a economia. Este caso é, porém, o mais transcendental, porque mesmo quando a economia não cresce, dizemos que cresceu: porque "cresceu zero".

O eufemismo que está presente em "crescimento zero" consegue unir um conceito positivo (crescimento) com outro negativo (o não-crescimento), para neutralizar o efeito deste (e, além disso, se apela a um número que não é exatamente negativo: o zero).

Os economistas e os políticos empregam muito bem esses vocábulos para contentar-nos, mesmo quando a economia decresce, porque então falam de "crescimento negativo".

Vejamos o lado bom da coisa, porque devemos agradecer o fato de que as pessoas das ciências tenham sabido escolher muito bem as palavras, ainda que seja para esconder os números.

O texto tem a finalidade de:

A) criticar o emprego de uma expressão.
B) defender mais clareza na comunicação.
C) elogiar o bom emprego das palavras pelos cientistas.
D) mostrar a má-fé de políticos e cientistas.
E) explicar a origem de uma expressão.

Comentários: O último parágrafo confirma a intenção do autor: a de criticar o uso de um vocábulo inadequado, mascarando a real intenção, ou seja, usar "zero" em relação à economia para dizer que ela cresceu.

Gabarito: A

8. (FGV - 2024 - EPE - Advogado) Leia o texto a seguir.

Não há dúvida de que nosso currículo escolar está defasado, obrigando professores e alunos a estudarem temas completamente distantes de nossas necessidades culturais; essa foi uma das conclusões a que chegou o "Congresso Escolar: suas necessidades", recomendando uma urgente atualização, o que traria o aumento de motivação por parte dos alunos.

Sobre esse texto, assinale a afirmativa correta.

A) Trata-se de texto argumentativo, cuja tese é a de que o currículo escolar está defasado e necessitando de mudanças.
B) Exemplifica um texto argumentativo que apresenta uma tese sem o apoio de argumentos.
C) Mostra uma tese apoiada em uma opinião (e não uma certeza) por parte do argumentador.
D) Apresenta um texto argumentativo misturado a um texto narrativo.
E) Traz uma tese que se opõe a uma outra também enunciada no texto.

Comentários: O assunto a ser tratado, a tese, aparece logo no início: o currículo escolar está desatualizado e precisando de mudanças, reforçada pela recomendação do congresso, apoiada em argumento (baseia-se na conclusão de necessidade de atualização de currículo a que o Congresso Escolar chegou).

Gabarito: A

9. (CESPE/CEBRASPE - 2024 - CTI - Pesquisador Associado)

Alguns problemas éticos com a inteligência artificial (IA) não são específicos dela. Por exemplo, existem paralelos com outras tecnologias de automação. Considere os robôs industriais que são programados e não são considerados IA, mas que, no entanto, acarretam consequências sociais quando levam ao desemprego. Não só isso, alguns dos problemas da IA estão relacionados às tecnologias com as quais ela está conectada, como mídias sociais e Internet, que, quando combinadas com a IA, nos apresentam novos desafios. É o caso das plataformas de mídia social que usam IA para saber mais sobre seus usuários, o que gera preocupações com a privacidade.

Essa ligação com outras tecnologias também significa que muitas vezes a IA não é visível. Isso é assim em primeiro lugar porque já se tornou uma parte arraigada de nossa vida cotidiana. A IA é frequentemente anunciada em aplicativos novos e espe-

taculares. Mas não devemos nos esquecer da IA que já alimenta plataformas de mídia social, mecanismos de busca e outras mídias e tecnologias que se tornaram parte de nossa experiência cotidiana. A IA está em todo lugar. A linha entre a IA propriamente dita e outras formas de tecnologia pode ser confusa, tornando-se a IA invisível: se os sistemas de IA estão incorporados à tecnologia, tendemos a não os notar. E, se sabemos que há IA envolvida, é difícil dizer se é a IA que cria o problema ou o impacto, ou se é a outra tecnologia conectada à IA.

Em certo sentido, não há IA em si: a IA sempre depende de outras tecnologias e está inserida em práticas e procedimentos científicos e tecnológicos mais amplos. Embora ela também levante problemas éticos próprios e específicos, qualquer ética da IA deve estar conectada à ética mais geral das tecnologias de informação e comunicação digital, ética computacional, e assim por diante.

Mark Coeckelberg. *Ética na inteligência artificial*. São Paulo: Ubu Editora, 2023, p. 78 (com adaptações).

A argumentação no texto é desenvolvida no sentido de relativizar o papel da IA na geração dos problemas éticos relacionados à tecnologia na atualidade.

CERTO

ERRADO

Comentários: No texto, a ideia de relativizar, ou seja, de negar um valor absoluto, o papel da IA na geração dos problemas éticos não é exclusivo dela. Isso fica claro nas passagens "Alguns problemas éticos com a inteligência artificial (IA) não são específicos dela", "E, se sabemos que há IA envolvida, é difícil dizer se é a IA que cria o problema ou o impacto, ou se é a outra tecnologia conectada à IA", "Em certo sentido, não há IA em si: a IA sempre depende de outras tecnologias e está inserida em práticas e procedimentos científicos e tecnológicos mais amplos".

Gabarito: CERTO

10. (CESPE/CEBRASPE – 2025 – InoversaSul – Professor de Redação)

Por que estimam os homens o ouro e a prata, mais que os outros metais? Porque têm alguma coisa de luz. Por que estimam os diamantes e as pedras preciosas mais que as outras pedras? Porque têm alguma coisa de luz. Por que estimam mais as sedas que as lãs? Porque têm alguma coisa de luz. Pela luz avaliam os homens a estimação das coisas, e avaliam bem, porque, quanto mais têm de luz, mais têm de perfeição. Vede o que notou Santo Tomás: neste mundo visível, umas coisas são imperfeitas, outras perfeitas, outras perfeitíssimas. E nota ele, com sutileza e advertência angélica, que as perfeitíssimas têm luz e dão luz; as perfeitas não têm luz, mas recebem luz; as imperfeitas nem têm luz, nem a recebem. Os planetas, as estrelas e o elemento do fogo, que são criaturas sublimes e perfeitíssimas, têm luz e dão luz; o elemento do ar e o da água, que são criaturas diáfanas e perfeitas, não têm luz, mas recebem luz; a terra e todos os corpos terrestres, que são criaturas imperfeitas e grosseiras, nem têm luz, nem recebem luz, antes a rebatem e deitam de si. Ora, não sejamos terrestres, já que Deus nos deu uma alma celestial; recebamos a luz, amemos a luz, busquemos a luz e conheçamos que nem temos, nem podemos, nem Deus nos pode dar bem nenhum que seja verdadeiro bem, sem luz.

Padre Antônio Vieira. Sermão do nascimento da Virgem Maria. *In*: *Sermões*. Erechim: Edelbra, 1998.

A observação de Santo Tomás, citada no oitavo período do texto, é apresentada como um elemento de apoio à tese defendida no texto, na medida em que exemplifica a ideia de que as coisas, quanto mais têm de luz, mais têm de perfeição.

CERTO

ERRADO

Comentários: A observação do oitavo período não é um elemento de apoio à tese. Ao dizer que as coisas "quanto mais têm de luz, mais têm de perfeição", o autor se refere aos metais e às coisas. A tese se resume ao fato de o homem não poder viver sem luz, que aparece ao final do texto.

Gabarito: ERRADO

24.4. QUESTÕES DE CONCURSOS PROPOSTAS (COM GABARITO NO FINAL)

1. (VUNESP - 2024 - Prefeitura de Lins - SP - Fiscal de Tributos)

Sapato 36

Eu calço é 37
Meu pai me dá 36
Dói, mas no dia seguinte
Aperto meu pé outra vez

Pai eu já tô crescidinho
Pague prá ver, que eu aposto
Vou escolher meu sapato
E andar do jeito que eu gosto

Por que cargas d'águas
Você acha que tem o direito
De afogar tudo aquilo que eu
Sinto em meu peito
Você só vai ter o respeito que quer
Na realidade
No dia em que você souber respeitar
A minha vontade
Meu pai

Pai já tô indo-me embora
Quero partir sem brigar
Pois eu já escolhi meu sapato
Que não vai mais me apertar

(Raul Seixas)

O tema da letra da música gira em torno de:

A) busca da independência econômica devido às brutais agressões verbais.

B) afirmação da própria identidade frente a imposições familiares.

C) afinidade de gostos nas escolhas das diferentes gerações.
D) brigas violentas na infância, resultando em quebra dos vínculos afetivos.

2. (VUNESP - 2024 - Prefeitura de Lins - SP - Professor de Educação Básica)

Governo da Flórida proíbe TikTok e Instagram para menores de 14 anos

O estado americano da Flórida se tornou nesta segunda-feira (25.03) o primeiro estado a efetivamente proibir cidadãos com menos de 14 anos de terem contas em serviços como TikTok e Instagram, promulgando um rígido projeto de lei de mídia social que provavelmente vai revolucionar a vida de muitos jovens.

A lei assinada pelo governador Ron DeSantis é uma das medidas mais restritivas que um estado americano promulgou em meio a um crescente esforço nacional para proteger os jovens de possíveis riscos à saúde mental e oferecer segurança em plataformas de mídia social.

O estatuto proíbe certas redes sociais de conceder contas a crianças menores de 14 anos e exige que os serviços encerrem contas que a plataforma sabia ou acreditava pertencer a usuários menores de idade. Também exige que as plataformas obtenham permissão dos pais antes de conceder contas a jovens de 14 e 15 anos.

Em uma coletiva de imprensa na segunda-feira, DeSantis elogiou a medida, dizendo que ela ajudará os pais a navegar por um "terreno difícil" online. Ele acrescentou que "ficar enterrado" em dispositivos o dia todo não é a melhor maneira de crescer.

"A mídia social prejudica as crianças de várias maneiras", disse DeSantis em um comunicado. O novo projeto de lei "dá aos pais uma maior capacidade de proteger seus filhos".

(DIsponível em: https://www1.folha.uol.com.br/, 27.03.2024. Adaptado)

A notícia tem como tema:

A) o uso consciente das redes sociais na Flórida, agora geridas pelos responsáveis.
B) a proibição de redes sociais na Flórida, com o objetivo de proteção aos jovens.
C) a eliminação das redes sociais na Flórida, a pedido do governador desse estado.
D) o uso generalizado das redes sociais na Flórida, independentemente de idade.

3. (Instituto Consulplan - 2024 - Câmara de Cotia - SP - Agente Contábil)

Geração Z: não podemos ser 100% digitais o tempo todo

Certa vez ouvi a máxima de que a tecnologia aproxima quem está distante e afasta quem vive próximo. Isso lembra uma história olímpica. Ainda na escola, o queniano Julius Yego se interessou por arremesso de dardos. Sem um centro de treinamento da modalidade perto de casa, deu os primeiros passos assistindo a vídeos no Youtube, antes de encontrar um técnico e engatar uma carreira internacional. Yego foi ouro no Mundial de Pequim em 2015 e prata nas Olimpíadas de 2016, no Rio.

A tecnologia, no entanto, nem sempre gera ganhos. Uma das principais discussões na escola das crianças é o quanto nossos filhos têm se conectado a aplicativos para se desconectar de suas habilidades de relacionamento, como se a rotina se resolvesse no toque da tela. O detalhe é que, há milhares de anos, nossa evolução depende tanto de condições climáticas adequadas quanto da criação de laços coletivos e da confiança em quem está ao nosso lado.

Não à toa o debate sobre sustentabilidade passa por respeito à vida humana, saúde mental e, especialmente, qualidade dos laços entre as pessoas. Sem isso, fica insus-

tentável. Também passa pelo relacionamento construído pela Geração Z, em que pesa o "fator Whatsapp", responsável por diminuir a interação ao vivo, a comunicação olho no olho ou até via telefone.

A dinâmica da revolucionária ferramenta nem sempre funciona. Tenho visto profissionais que, diante de uma dúvida sobre algo importante, enviam mensagens e adiam a solução de determinado problema enquanto a resposta não chega.

Nossos áudios e textos são encaminhados assim, como se suficientes para nos livrarmos de preocupações. Um envio de mensagens, no entanto, não é fim. É meio para realizar o trabalho. Exatamente porque as mensagens podem correr despercebidas ou não chegarem ao destinatário a tempo, vale lembrar que em todas as situações a responsabilidade continua sendo do remetente. Se a resposta que precisou não veio, cabe a ele tentar outro caminho.

Ou seja: caso o campeão dos dardos Julius Yego ficasse na dependência de uma resposta no início de sua carreira, talvez estivesse esperando até agora. No campo das empresas, quem nunca ouviu que, apesar de a tarefa ainda não ter sido concluída, "a mensagem já foi enviada ao time"? A questão, contudo, não é se a mensagem foi enviada. E sim se a demanda foi solucionada ou se a etapa em questão foi vencida.

A história de como um dos maiores nomes da propaganda brasileira, Washington Olivetto, conquistou seu primeiro estágio é famosa. Em uma época em que nem se falava de internet, Olivetto estava indo de carro para a faculdade, quando o pneu furou. Ao sair do veículo, percebeu que tinha parado às portas de uma agência de propaganda. Adiou a troca do pneu e entrou para avisar que estava em busca de um emprego. Aproveitou a coincidência e, pouco depois, estava contratado.

Nossas soluções estão menos nas mensagens enviadas e mais nas ações que escolhemos praticar. Embora a tecnologia impulsione o relacionamento humano, não dá para sermos 100% digitais o tempo todo. De um lado, somos servidos por inteligência de dados, plataformas, aplicativos, avatares, softwares. Do outro, por conhecimento, espontaneidade, experiência, emoção, proximidade, aprendizados em equipe, presença.

Precisamos de um perfil "digital raiz". Uma visão que nos conecte a grandes inovações e, ao mesmo tempo, nos mantenha em contato com os benefícios da base construída e alimentada até agora.

(Disponível em: https://www.hojeemdia.com.br/. Acesso em: setembro de 2024)

De acordo com a estrutura e o conteúdo apresentados, pode-se afirmar que:

A) Trata-se de um texto argumentativo em que o enunciador optou, estrategicamente, por utilizar apenas um tipo de argumento

B) A tese apresentada apoia-se em comentários e opiniões de pessoas diferentes que são citados como exemplos para o assunto apresentado.

C) A opção pela escrita na primeira pessoa do plural retrata uma estratégia de impessoalização da linguagem adequada aos textos da tipologia apresentada.

D) Pode-se reconhecer no texto apresentado um exemplo de texto de divulgação científica tendo em sua vista sua estrutura composicional e conteúdo apresentados.

E) Trata-se de texto argumentativo, cuja tese aponta a necessidade de um modo de vida sustentável em que a tecnologia seja substituída pela criação e fortalecimento de vínculos afetivos e coletivos.

4. (CESGRANRIO - 2024 - Banco da Amazônia - Técnico Científico)

A fala vegetal

Não é mistério para os entendidos que há uma linguagem das plantas, ou, para ser mais exato, que a cada planta corresponde uma linguagem. Como a variedade de plantas é infinita, faz-se impossível ao entendimento, por muito atilado que seja, captar todas as vozes de vegetais. E só os mais perspicazes entre os humanos conseguem entender a conversa entre duas plantas de espécies diferentes: cada uma usa o seu vocabulário, como por exemplo num diálogo em que A falasse em espanhol e B respondesse em alemão.

Levindo, jardineiro experiente, chegou a dominar as linguagens que se entrecruzavam no jardim. Um leigo diria que não se escutava nada, salvo o zumbir de moscas e besouros, mas ele chegava a distinguir o suspiro de uma violeta, e suas confidências ao amor-perfeito não eram segredo para os ouvidos daquele homem.

Até que um dia as plantas desconfiaram que estavam sendo espionadas e planejaram a conspiração de silêncio contra Levindo. Passaram a comunicar-se por meio de sinais altamente sigilosos, renovados a cada semana. Em vão o jardineiro se acocorava a noite inteira no jardim, na esperança de decifrar o código. Enlouqueceu.

Perdendo o emprego, as coisas não voltaram à normalidade. As plantas haviam esquecido o hábito de conversar direito. Já não se entendiam, brigavam de haste contra haste, muitas se aniquilaram em combate. O jardim foi invadido pelas cabras, que pastaram o restante da vegetação.

ANDRADE, Carlos Drummond de. *Contos plausíveis*. São Paulo: Companhia das Letras, 2012.

O tema central desse texto pode ser assim resumido:

A) As fofocas resultam em discórdia.
B) A devoção extrema leva à loucura.
C) Os segredos destroem as amizades.
D) O trabalho é a chave para o sucesso.
E) O desentendimento fragiliza as relações.

5. (FGV - 2024 - TJ - RJ - Mediador Judiciário) Observe o seguinte fragmento argumentativo:

"A tristeza patológica, o desânimo, a irritabilidade ou a limitação de atividade vital e cognitiva são sintomas inequívocos de uma depressão."

O tipo de argumento lógico racional que se aplica neste caso, é:

A) raciocínio por analogia.
B) emprego de generalização.
C) apelo a citações.
D) citação de exemplos.
E) relação causa / consequência.

6. (FGV - 2024 - Prefeitura de Macaé - RJ - Professor) Um jornalista moderno escreveu:

Nossa juventude está mal preparada para a sociedade civilizada se insistirmos em uma educação que produz uma competência linguística pouco expressiva.

Assinale a opção que apresenta a tese do autor desse texto.

A) A linguística ainda não se desenvolveu plenamente como ciência.

B) A competência inexpressiva de nossa juventude, no terreno da linguagem, se deve a maus professores.

C) A juventude está mal preparada para nossa civilização por problemas de ensino.

D) A competência linguística de nossa juventude está além das expectativas.

E) O mau preparo de nossa juventude para a civilização atual é visível na comunicação social.

7. (FGV – 2024 – TJ – AP – Técnico Judiciário) Todas as frases abaixo mostram marcas do modo argumentativo de organização discursiva; a frase em que a tese defendida é acompanhada de um argumento é:

A) Quanto menos tempo se tem, mais tempo se encontra.

B) Como dizem os sábios latinos, a vida é breve.

C) O tempo perdido não se encontra nunca mais.

D) Sempre temos tempo suficiente se dele fazemos bom uso.

E) As pessoas que não fazem nada nunca têm tempo.

8. (FGV – 2025 – TCE – PI – Auditor de Controle Externo) Todo texto argumentativo mostra uma tese e os argumentos que a defendem.

Assinale a frase em que o argumento apresentado é caracterizado como testemunho de autoridade.

A) Não deixe para amanhã o que pode fazer depois de amanhã.

B) Se quiser consertar o país, basta fazer com que todos creiam em Deus.

C) Sigo tomando o ônibus em lugar do metrô, pois assim faz a maioria dos cidadãos.

D) Já dizia meu pai que o samba brasileiro ia perder espaço para a música estrangeira.

E) Ontem choveu e as ruas ficaram alagadas; hoje, choveu de novo, logo as ruas ficarão alagadas.

9. (FGV – 2024 – TRF – 1ª Região – Analista Judiciário) Todos os textos abaixo mostram argumentos em defesa de uma tese.

O argumento utilizado está corretamente identificado em:

A) Como já sabe a grande maioria da população, o poder público não está resolvendo o problema de saúde do povo / argumento de autoridade.

B) A Prefeitura distribuiu lixeiras pela cidade para que melhore a limpeza urbana / argumento estatístico.

C) Alguns empresários estão evitando investimentos na Argentina em função da inflação alta / argumento apoiado em um estereótipo.

D) Todos os empregados da empresa receberão assistência de saúde para que tenham melhor rendimento, diz o atual diretor / argumento apoiado em opinião pessoal.

E) Os prefeitos de pequenas cidades devem imitar os das grandes cidades, pois os problemas são os mesmos / argumento apoiado numa relação defeituosa de causa-efeito.

10. (FGV – 2024 – TJ – RJ – Mediador Judiciário) Assinale a opção que exemplifica uma tese e não um argumento.

A) 80% dos alunos brasileiros mostram conhecimento deficiente de Matemática.

B) O transporte público é o principal agente causador da poluição ambiental em São Paulo.
C) Os foguetes estourados nos estádios de futebol são um signo de violência.
D) A poluição ambiental é tão grave quanto a pobreza, como já disse o prefeito da cidade.
E) Os que ajudarem a combater o desemprego terão redução de impostos.

11. (FGV – 2024 – ADAB – Fiscal Estadual Agropecuário) Observe o seguinte trecho de um texto argumentativo: "Não se deve dirigir após ingerir bebida alcoólica...".

Assinale a opção em que o argumento apresentado na defesa dessa tese está corretamente identificado.

A) as estatísticas mostram que grande parte das mortes no trânsito são causadas por motoristas bêbedos / argumento apoiado na maioria das pessoas.
B) os médicos dizem que a ingestão de bebidas alcoólicas faz com que haja perda de reflexos nos motoristas / argumento apoiado na autoridade profissional dos médicos.
C) como se pôde ver no acidente ocorrido no centro da cidade na última semana / argumento apoiado na opinião do enunciador.
D) muitas famílias perdem entes queridos e muito importantes para a segurança familiar / argumento apoiado na intimidação dos possíveis motoristas que insistem em beber.
E) todo mundo sabe que a bebida deve ser condenada pelos males que causa em todas as áreas / argumento apoiado na evidência de fatos citados.

12. (FGV – 2024 – Câmara Municipal de São Paulo – SP – Procurador Legislativo) Observe um pequeno texto do filósofo John Locke:

"Pois, tendo resolvido examinar o entendimento humano e os caminhos do conhecimento, não pelas opiniões dos outros, mas pelo que pudesse reunir eu mesmo com base em minhas próprias observações, eu deliberadamente evitei a leitura de todos os livros que tratassem de alguma maneira do meu tema, de modo que nada pudesse enviesar-me de alguma forma."

A afirmação correta sobre o tema principal desse fragmento é:

A) a leitura de livros pode propiciar a presença de erros em nossos trabalhos.
B) em nossos textos devemos evitar a presença de opiniões alheias.
C) as leituras de outros textos podem provocar a perda de originalidade de nossos pensamentos.
D) a escrita sobre algum tema deve ser previamente preparada pela leitura de livros sobre esse tema.
E) os livros publicados estão cheios de informações falsas, o que pode tirar outras mentes do caminho correto.

13. (CESPE/CEBRASPE – 2024 – SEFAZ – AC – Contador)

De acordo com as narrativas convencionais, a matemática europeia originou-se com os gregos entre as épocas de Tales e de Euclides, foi preservada e traduzida pelos árabes no início da Idade Média e, depois, levada de volta para seu lugar de origem, a Europa, entre os séculos XIII e XV, quando chegou à Itália pelas mãos de fugitivos vindos de Constantinopla. Esse relato parte do princípio de que a matemática é um saber único, cujos longínquos precursores foram os mesopotâmicos e egípcios, mas que se originou com os gregos. Ora, com base nas evidências, não é possível sequer estabelecer uma continuidade entre as matemáticas mesopotâmica e grega. Com raras exceções, a matemática mesopotâmica parece ter desaparecido por volta da mesma época em que os primeiros registros da matemática grega que nos chegaram foram produzidos; logo, não podemos relacionar essas duas tradições. Isso indica que talvez não possamos falar de evolução de uma única matemática ao longo da história, mas da presença de diferentes práticas que podemos chamar de "matemáticas" segundo critérios que também variam.

A partir do século XVI, a história foi escrita, muitas vezes, com o intuito de mostrar que os europeus são herdeiros de uma tradição já europeia, desde a Antiguidade. Nesse momento, construiu-se o mito da herança grega, que serviu também para responder a demandas identitárias dos europeus. Entender o como e o porquê de sua construção nos ajuda a compreender que o papel da história não é acessório na formação de uma imagem da matemática: sua função é também social e política.

Tatiana Roque. *História da matemática*. Uma visão crítica, desfazendo mitos e lendas. Rio de Janeiro: Zahar, 2012, p. 20-21 (com adaptações).

No texto, a referência ao desaparecimento da matemática mesopotâmica e a menção aos primeiros registros da matemática grega integram o argumento de que:

A) a história da matemática é plural e descontínua.

B) a origem da matemática ocorreu na Mesopotâmia.

C) a matemática grega suplantou a matemática mesopotâmica.

D) a origem da notação matemática é grega.

E) a história da matemática deve ser entendida de forma linear.

14. (CESPE/CEBRASPE - 2024 - BACEN - Analista)

A Conferência Geral da Organização das Nações Unidas para a Educação, a Ciência e a Cultura (UNESCO), em sua 41ª sessão, reconhece os impactos profundos e dinâmicos, positivos e negativos da inteligência artificial (IA) nas sociedades, no meio ambiente, nos ecossistemas e nas vidas humanas, inclusive na mente humana, em parte devido às novas formas como seu uso influencia o pensamento, a interação e a tomada de decisões e afeta a educação, as ciências humanas, sociais e naturais, a cultura, a comunicação e a informação.

A Conferência considera que as tecnologias de IA podem ser de grande utilidade para a humanidade e podem beneficiar todos os países, mas também suscitam questões éticas fundamentais, por exemplo, em relação às distorções que podem incorporar e exacerbar, o que resultaria potencialmente em discriminação, desigualdade, exclusão digital, exclusão em geral e ameaça à diversidade cultural, social e biológica, além de divisões sociais ou econômicas. Suscitam, ainda, questões relativas à necessidade de transparência e compreensibilidade do funcionamento dos algoritmos e dos dados com que eles foram alimentados, além de seu potencial impacto sobre, entre outros aspectos, a dignidade humana; os direitos humanos e as liberdades fundamentais; a igualdade de gênero; a democracia; os processos sociais, econômicos, políticos e culturais; as práticas científicas e de engenharia; o bem-estar dos animais; o meio ambiente e os ecossistemas.

A Conferência reconhece, ainda, que as tecnologias de IA podem aprofundar as divisões e as desigualdades existentes no mundo, dentro dos países e entre eles, e que a justiça, a confiança e a equidade devem ser defendidas para que nenhum país e nenhum indivíduo sejam deixados para trás, seja em razão do acesso justo às tecnologias de IA e de seus benefícios, seja em razão de medidas de proteção contra suas implicações negativas. Reconhecem-se as diferentes circunstâncias de diferentes países e respeita-se o desejo de algumas pessoas de não participar de todos os desenvolvimentos tecnológicos.

Com base nas considerações acima, entre outras, a UNESCO aprova a presente Recomendação sobre a Ética da Inteligência Artificial.

UNESCO. Recomendação sobre a Ética da Inteligência Artificial (com adaptações).

No texto, são apresentados argumentos que justificam a aprovação da Recomendação sobre a Ética da Inteligência Artificial na 41ª sessão da Conferência Geral da UNESCO.

CERTO

ERRADO

15. (CESPE/CEBRASPE - 2024 - TSE - Analista Judiciário)

O sofista e o ignorante ocupam mais o pensamento de Platão que o mentiroso, e <u>quando ele distingue entre o erro e a mentira — quer dizer, entre "involuntário e voluntário" — é, de modo significativo, mais duro em relação àqueles que "chafurdam na ignorância de porcos" que em relação aos mentirosos</u>. Terá isso acontecido porque era ainda desconhecida a mentira organizada, que domina a coisa pública, à diferença do mentiroso privado que tenta a sua sorte por sua própria conta?

A mentira tradicional implicava apenas particulares e nunca visava enganar literalmente toda a gente; dirigia-se ao inimigo e só a ele queria enganar. Como os fatos se produzem sempre num contexto, uma mentira particular — quer dizer, uma falsificação que não se esforça por alterar todo o contexto — faz, por assim dizer, um buraco no tecido dos fatos. Como todo o historiador sabe, pode-se detectar uma mentira observando-se incongruências, buracos, ou junturas dos espaços consertados. Enquanto a textura no seu todo for conservada intacta, a mentira mostrar-se-á imediatamente de modo espontâneo.

Se as mentiras políticas modernas são tão grandes que requerem um completo rearranjo de toda a textura factual — o fabrico de uma outra realidade, por assim dizer, na qual se encaixam sem costuras, fendas nem fissuras, exatamente como os fatos encaixavam no seu contexto original —, o que é que impede estas histórias, imagens e não fatos novos de se tornarem um substituto adequado da realidade e da factualidade?

Hannah Arendt. *Verdade e política*. Fonte: https://www.academia.edu/12221386/ARENDT_Hannah_1967_Verdade_e_pol%C3%ADtica (com adaptações).

O trecho "quando ele distingue entre o erro e a mentira — quer dizer, entre 'involuntário e voluntário' — é, de modo significativo, mais duro em relação àqueles que 'chafurdam na ignorância de porcos' que em relação aos mentirosos" (primeiro período do texto) é utilizado pela autora como argumento de autoridade para defender sua tese, expressa no primeiro período do segundo parágrafo.

CERTO

ERRADO

GABARITO:

1. B	2. B	3. C	4. E	5. D
6. C	7. B	8. D	9. D	10. B
11. B	12. C	13. A	14. CERTO	15. ERRADO

24.5. RESUMO

Vamos sistematizar os pontos mais importantes deste capítulo?

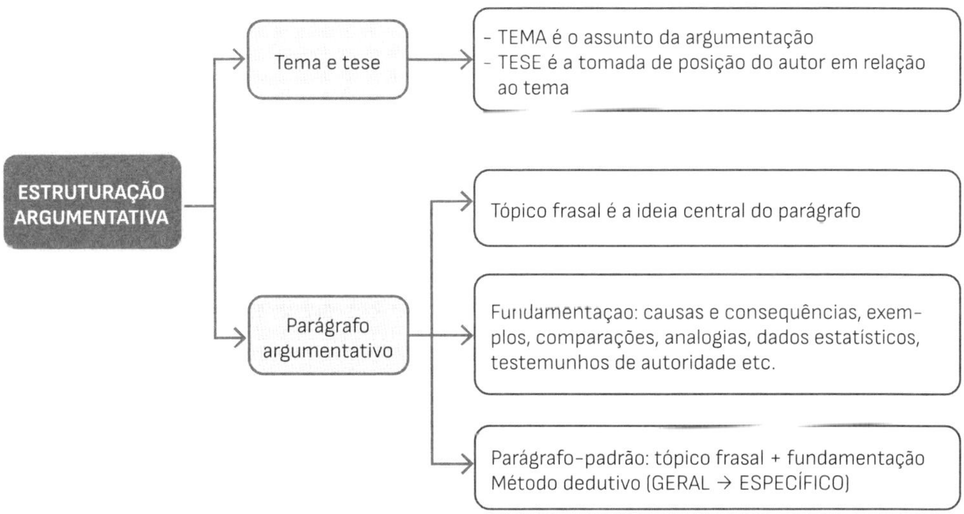

Acesse o material suplementar

uqr.to/20vh7

Coesão e Coerência 25

25.1. COESÃO E COERÊNCIA

Agora que você já conhece um parágrafo de dissertação e já consegue ler com mais técnica, vamos falar de coesão e coerência?

Diante de um texto bem construído, percebemos que as informações não se colocam de forma caótica entre si – pelo contrário, um texto de qualidade apresenta suas informações interligadas, conectadas. A essa conexão dá-se o nome de **coesão**. A coesão textual é o resultado da realização de recursos semânticos, por meio dos quais uma informação do texto se conecta à outra. O conceito de coesão textual está, portanto, relacionado aos elementos que estabelecem ligações linguísticas na superfície do texto.

No entanto, para que um texto faça sentido, é necessário que as informações se encaixem de modo que a mensagem não se torne desconexa, ilógica. A essa correlação entre os conceitos de um texto dá-se o nome de **coerência**. Enquanto a coesão se relaciona aos elementos explícitos no texto, a coerência cuida do seu *sentido*, do seu *aspecto conceitual*.

Resumindo:

Coesão → Elementos de ligação explícitos no texto → Superfície textual

Coerência → Conexão harmônica entre as informações do texto → Lógica textual

Você deve estar se perguntando: é possível haver coerência sem coesão?

Sim. É possível construir um texto coerente sem coesão, um texto cujas informações produzam sentido, mas que não se concatenem por meio de articuladores textuais:

Pedro estudou bastante. Pedro passou em 1º lugar.

Você consegue entender a informação veiculada, mas o texto não tem qualidade: bastaria utilizar-se uma conjunção e o segmento estaria mais bem elaborado (*Pedro estudou bastante,* logo passou em 1º lugar).

Em sentido contrário, é possível haver coesão que não produza coerência?

Sim. Pode-se ter um texto que apresente conectivos, só que mal utilizados, incapazes de produzir lógica, concatenação entre seus enunciados – *um texto com coesão e sem coerência:*

Pedro estudou bastante. Outrossim, o Botafogo ganhou o campeonato.

Utilizou-se um belíssimo conector de acréscimo (*outrossim*), que, no entanto, une orações que não fazem sentido quando relacionadas. Trata-se de *um trecho com coesão, mas sem coerência.*

Agora, você deve estar se fazendo mais uma pergunta: então, por que, quando se fala em coesão, fala-se também de coerência? Porque, para que um texto *seja de fato um texto* – para que ele apresente textualidade – é preciso que ele alie coesão a coerência. A utilização de elementos coesivos fornece ao texto clareza e maior legibilidade e contribui para que ele se torne mais facilmente compreendido pelo leitor. Daí ser a coesão tão desejável à produção de um texto coerente.

Assim:

COESÃO + COERÊNCIA = TEXTUALIDADE

Identifique o valor lógico entre os pares de frases a seguir e as reescreva inserindo uma conjunção adequada.

1. O filme é digno de todos os elogios feitos. O começo da trama se desenrolou lentamente.

   Comentários: Há uma relação de oposição entre as duas frases. Assim, uma conjunção com valor opositivo faria a ligação entre as orações de maneira adequada. Nesse caso, há duas possibilidades: inserir uma conjunção adversativa (mas, porém, todavia...) ou uma conjunção concessiva (embora, ainda que...), pois as duas trazem ideia de oposição. A diferença entre elas é que, com as conjunções adversativas, a direção argumentativa (ênfase) recai na oração que vem imediatamente após a conjunção. Por outro lado, com a concessiva, a ênfase recai na outra oração, que é a principal. Além disso, deve-se atentar para o tempo verbal: com uma concessiva, o verbo fica no subjuntivo, e com a adversativa, no indicativo.

   Gabarito: O filme é digno de todos os elogios feitos, *mas* o começo da trama se desenrolou lentamente. / Embora o começo da trama tenha se desenrolado lentamente, o filme é digno de todos os elogios feitos.

2. A telemedicina é um grande avanço. Uma junta médica pode discutir, rapidamente e pela internet, casos de pacientes.

   Comentários: Nessa frase temos uma informação e, em seguida, sua explicação, sua justificativa. Assim, a conjunção adequada seria alguma de valor explicativo (porque, uma vez que, visto que...).

   Gabarito: A telemedicina é um grande avanço, porque uma junta médica pode discutir, rapidamente e pela internet, casos de pacientes.

3. João está doente. Não foi à escola.

   Comentários: Há uma relação de causa e consequência: o primeiro segmento é a causa do segundo (então, o segundo segmento é a consequência do primeiro). Nesse caso, também temos duas possibilidades: fazer a união com conjunções causais (porque, visto que, como...) ou consecutivas (de modo que, tão... que...). O cuidado que se deve ter é para não confundir a causa e a consequência, ou seja, deve-se iniciar a causa com uma conjunção causal ou a consequência com uma conjunção consecutiva.

Gabarito: *Como* João está doente, não foi à escola. / João está doente, *de modo que* não foi à escola.

> Lembre-se de que a conjunção atribui o valor semântico à oração que ela inicia. Veja:
>
> Atrasou-se de modo que perdeu o voo.
>
> Nesse caso, "de modo que" tem valor consecutivo, atribuindo à oração que inicia (perdeu o voo) o valor de consequência.
>
> Perdeu o voo porque se atrasou.
>
> Agora, "porque" tem valor causal, de forma que a oração iniciada por essa conjunção (se atrasou) tem valor de causa.

4. A fronteira com o Brasil estava fechada. O grupo cruzou para o lado brasileiro pela mata.

   Comentários: Novamente, há uma relação de causa e consequência: o fato de a fronteira estar fechada fez com que o grupo cruzasse pela mata. Aqui vale um recado: é comum que as bancas considerem que uma ideia de consequência é equivalente a uma ideia de conclusão. Desse modo, seria possível também inserir uma conjunção conclusiva.

   Gabarito: *Uma vez que* a fronteira com o Brasil estava fechada, o grupo cruzou para o lado brasileiro pela mata. / A fronteira com o Brasil estava fechada, *por isso* o grupo cruzou para o lado brasileiro pela mata.

5. A fabricante de refrigerantes vai retirar um ingrediente de seus produtos. Comprovou-se que o ingrediente pode causar danos à saúde.

   Comentários: Agora, temos o segundo segmento como causa do primeiro. Ora, o fato de ter-se comprovado que o ingrediente pode causar danos à saúde fez com que a fabricante decidisse retirá-lo de seus produtos.

   Gabarito: A fabricante de refrigerantes vai retirar um ingrediente de seus produtos, *porque* se comprovou que o ingrediente pode causar danos à saúde.

6. Sempre gostei de ler e sempre li muito. Somente agora conheci os livros de Lya Luft.

   Comentários: A relação entre os segmentos é de contraste. Ora, seria esperado que uma pessoa que gosta de ler já conhecesse os livros da referida autora. Nesse caso, há uma quebra de expectativa.

   Gabarito: Sempre gostei de ler e sempre li muito, *mas* somente agora conheci os livros de Lya Luft.

7. As pessoas estavam apavoradas. Eu não tinha medo algum.

   Comentários: A relação entre os segmentos é de oposição, contraste.

   Gabarito: As pessoas estavam apavoradas, *mas* eu não tinha medo algum.

8. Fugiram para longe. Sofriam muito na fazenda.

   Comentários: Mais uma vez uma relação de causa e consequência: o fato de sofrerem muito na fazenda fez com que fugissem para longe. A causa está no segundo segmento.

   Gabarito: Fugiram para longe, *porque* sofriam muito na fazenda.

9. Eu não quero ser curado. Eu estou bem assim.

   Comentários: Há aqui uma afirmação, seguida da sua explicação.

   Gabarito: Eu não quero ser curado, *porque* estou bem assim.

Agora veja como as bancas costumam cobrar esse assunto.

1. **(CESPE/CEBRASPE - 2024 - CAGEPA - PB - Analista de Sistemas)**

   No entanto, o país mantém com seus rios uma relação ambígua: as cidades os abraçam para crescer e se desenvolver, criando importante laço para o desenvolvimento urbano e agrícola, mas também os destroem, ao torná-los o principal meio de escoamento de esgoto. Os rios sofrem com a poluição, o assoreamento, o desvio de seus cursos e a destruição das matas ciliares; a beleza da paisagem fica obstruída por mau cheiro, mudança de coloração da água, incapacidade de uso original de seus recursos.

   Seria mantida a coerência do trecho lido caso se empregasse, logo após o ponto e vírgula no segundo período do segundo parágrafo, a expressão:

   A) com isso, seguida de vírgula.

   B) a despeito disso, seguida de vírgula.

   C) por outro lado, seguida de vírgula.

   D) entretanto.

   E) mas também.

   Comentários: A paisagem ficar obstruída por mau cheiro, mudança de coloração da água, incapacidade de uso original de seus recursos é a consequência/conclusão de tudo o que se afirmou na oração anterior (Os rios sofrem com a poluição, o assoreamento, o desvio de seus cursos e a destruição das matas ciliares). A expressão "com isso" estabelece corretamente essa ideia.

   Gabarito: A

2. **(CESPE/CEBRASPE - 2025 - InoversaSul - Auxiliar de Apoio Operacional)**

   Pesquisadores da Universidade Raboud, na Holanda, analisando cerca de 5.000 participantes de 358 tarefas cognitivas, chegaram à conclusão de que pensar dói. Não ria. A análise foi feita com o auxílio de um programa especial da NASA. Pelo que entendi, certas atividades cerebrais, como fazer cálculos matemáticos, ler Gertrude Stein ou tomar decisões que envolvam um sim ou não de vida ou morte, provocam sensações orgânicas que podem ser classificadas como dolorosas.

   Segundo o estudo, quanto maior o esforço mental, maior o desconforto físico. Não é preciso pensar muito para se chegar a este óbvio, por definição, ululante. A pesquisa não considera a hipótese de todo esforço mental ser relativo — para muitos, calcular uma reles raiz quadrada será uma tarefa intransponível, enquanto, para outros, discutir a conjectura de Poincaré com Alfred North Whitehead pode ser tão simples como falar de futebol no botequim.

   O que me espanta é que a conclusão de que pensar dói tenha vindo de uma instituição da Holanda, país admirado por produzir pensadores em tantos ramos. Eram holandeses Erasmo de Roterdão (1466-1536) e Spinoza (1632-1677), dois pilares da filosofia, atividade cuja única ferramenta é o pensamento. E não há registro de que os filósofos sofressem de lombalgia ou dor de dentes por pensar.

Os holandeses inventaram também a fita cassete, o CD e o DVD, e temos de lhes ser gratos por isso. Mas depois os desinventaram — e pensar nisso, sim, dói.

Ruy Castro. *Pensar dói?* Fonte: folha.uol.com.br (com adaptações).

Dado seu papel na organização argumentativa do texto, o terceiro parágrafo poderia ser iniciado pela conjunção "Portanto", da seguinte forma: Portanto, o que me espanta (...).

CERTO

ERRADO

Comentários: Em relação ao que foi dito nos parágrafos anteriores, o terceiro parágrafo traz ideia de ressalva, contraste. A conjunção usada poderia ser "mas".

Gabarito: ERRADO

25.2. COESÃO SEQUENCIAL E COESÃO REFERENCIAL

A coesão sequencial está relacionada à organização lógica das ideias no texto. Ela garante a progressão textual por meio do uso de conectivos e expressões que indicam relações de tempo, causa, consequência, oposição, entre outras. É exatamente o que vimos na seção anterior.

A coesão sequencial pode ocorrer por meio de:

- Conjunções

Ex.: Não quis opinar, **mas** participou da reunião.

- Preposições

Ex.: Comprou enfeites **para** adornar o interior de sua casa.

- Advérbios

Ex.: Estudou bastante; **depois**, fez a prova com tranquilidade.

A coesão referencial ocorre quando palavras ou expressões são usadas para **retomar** ou **antecipar** informações dentro do texto, evitando repetições desnecessárias e garantindo a continuidade da comunicação. Isso pode ocorrer por meio de:

- Pronomes

Ex.: Ana comprou um livro novo. **Ela** adora literatura.

- Sinônimos

Ex.: O professor explicou a matéria com clareza. O **educador** sempre busca maneiras didáticas de ensinar.

- Hiperônimos

Ex.: Saiu para comprar bananas, mas não encontrou a **fruta** no mercado.

- Elipse

Ex.: João pegou a mochila e saiu.

Resumindo:

Enquanto a **coesão sequencial** assegura a conexão entre ideias por meio de conectivos e expressões que estruturam a progressão do texto, a **coesão referencial** mantém a continuidade textual ao substituir ou retomar informações.

Identifique o referente dos termos sublinhados nos segmentos a seguir:

1 É importante observar, na embalagem da goma de mascar, se ela contém açúcar.

Comentários: Nessa frase, o pronome pessoal "ela" está no feminino e no singular, indicando que o seu referente é uma palavra no feminino e singular. Há dois "candidatos" a referente: "embalagem" e "goma de mascar". Em situações como essa, leia o que vem depois, pois a progressividade do texto vai ajudar a dizer o que o pronome retoma. Em "ela contém açúcar", quem contém açúcar, a "embalagem" ou a "goma de mascar"? Claramente é a segunda opção. Portanto, o referente do pronome "ela" é "goma de mascar".

Gabarito: goma de mascar.

Atenção! Para identificar o referente de um termo no texto, leia o que vem depois, pois a progressividade do texto é que vai ajudar a dizer o que o pronome retoma. Guarde este mantra: "o que vem depois salva!".

2. A ideia não é substituir pessoas, mas conferir-lhes poder para que suas tomadas de decisões sejam ainda melhores.

   Comentários: O pronome "lhes" está substituindo pessoas: conferir às pessoas poder...

   Gabarito: pessoas.

3. Aprenda as regras das jogadas e depois as esqueça.

   Comentários: Mais uma frase em que há dois "candidatos" a referente: "regras" e "jogadas". Na primeira oração "Aprenda as regras das jogadas", o núcleo da expressão "regras das jogadas" é "regras" ("das jogadas" é adjunto adnominal, termo acessório; isso quer dizer que poderia ser retirado da frase: aprenda as regras). Por isso, na segunda oração, "depois as esqueça", o pronome substitui "regras", que é núcleo: aprenda as regras e depois esqueça as regras.

   Gabarito: regras.

4. A virada do século foi marcada pela relevância que a tecnologia adquiriu no nosso dia a dia.

   Comentários: O pronome relativo "que", como não tem indicação de gênero ou de número, pode retomar qualquer substantivo na frase. Lembre-se de ler a progressão textual para saber qual é o referente. Nesse exemplo, os "candidatos" a referente são "virada", "século" e "relevância". Leia o que vem depois: que a tecnologia adquiriu no nosso dia a dia. O que a tecnologia adquiriu? A tecnologia adquiriu *relevância* no nosso dia a dia.

   Gabarito: relevância.

5. Outra tecnologia já presente é a telemedicina, que descentraliza a realização de consultas e exames.

   Comentários: Agora, o pronome relativo "que" tem dois "candidatos" a referente: "tecnologia" e "telemedicina". Fica claro que o pronome "que" está substituindo o vocábulo "telemedicina", quando se lê o que vem depois: é a telemedicina que descentraliza a realização de consultas e exames.

   Gabarito: telemedicina.

6. O que mais violentamente repudiamos está em nós mesmos.

Comentários: Agora, o pronome relativo "que" retoma o pronome demonstrativo "o".

Gabarito: o.

7. A notícia falou sobre os barris de petróleo que foram negociados.

Comentários: Você viu acima exemplos em que o pronome relativo "que" retomava vocábulos que vinham imediatamente antes dele. Mas não será sempre assim. Nessa frase, o pronome tem como "candidatos" a referente "notícia", "barris" e "petróleo". Siga o mesmo raciocínio das frases anteriores: o que foram negociados? Ora, os barris foram negociados. Assim, o pronome retoma "barris", e não "petróleo".

Gabarito: barris.

8. O relatório clama por uma agenda econômica centrada em seres humanos, especialmente em uma ampliação em suas capacidades.

Comentários: Os pronomes possessivos substituem termos do texto e, ao mesmo tempo, atribuem ideia de posse. Ao contrário dos pronomes pessoais, que, em sua maioria, concordam em gênero e número com o seu referente, os pronomes possessivos concordam com o substantivo que ele acompanha (termo "possuído"), mas esse substantivo não é o seu referente. O referente do pronome possessivo é "quem possui". No exemplo acima, você deve perguntar: em "suas capacidades", de quem são as capacidades? Ora, as capacidades são dos seres humanos.

Gabarito: seres humanos.

9. "A primeira vez que ouvi falar no fim do mundo, o mundo para mim não tinha nenhum sentido, ainda; de modo que não me interessava nem o seu começo nem o seu fim". (Cecília Meireles)

Comentários: Mais uma vez, leia o texto e pergunte quem é que possui o termo que acompanha o possessivo (termo "possuído"): começo e fim de quem / do quê? Do mundo! Veja: não me interessava nem o começo do mundo nem o fim do mundo.

Gabarito: mundo.

10. Percebe-se no Brasil um persistente discurso de negativação da atividade fiscal, do Estado fiscal, ainda marcado por figuras arcaicas como a do "leão" do imposto de renda, a tão repetida expressão "carga tributária", entre outras. Nesse cenário, percebe-se, com linhas mais nítidas, um fenômeno que acompanha toda a história tributária do homem: o da oposição social aos tributos.

Comentários: Até agora, você viu pronomes que retomam vocábulos. Os pronomes demonstrativos, em geral, retomam ideias, trechos anteriores do texto. Nesse segmento, por exemplo, a expressão "Nesse cenário" está retomando toda a ideia que foi dita anteriormente.

Gabarito: Todo o período anterior.

11. Não sei por que motivo nós desenhamos tão objetivamente as coisas. Para isso já existe há muito tempo a fotografia.

Comentários: Nessa frase, o procedimento para identificar o referente é o mesmo: leia o que vem depois do pronome, a progressividade do texto vai ajudar a dizer o que o pronome retoma. Já existe há muito tempo a fotografia para o quê? Ora, para "desenhar" objetivamente as coisas.

Gabarito: desenhar objetivamente as coisas.

12. Maquiavel dissecou a anatomia do poder de sua época, preocupado com o fato de que na política não existem regras fixas. Essa preocupação do filósofo, por incrível que pareça, torna-se um bom instrumento para repensarmos a ética.

    Comentários: Agora, o que temos nessa frase é um vocábulo, "filósofo", retomando outro termo da frase: Maquiavel. Nesse caso, aquele é hiperônimo deste. Essa é uma estratégia muito comum para fazer retomadas e evitar a repetição.

    Gabarito: Maquiavel.

Selecionamos algumas questões de concursos que versam sobre esse assunto. Veja:

1. **(FGV - 2025 - TCE - RR - Auditor Substituto de Conselheiro)** Abaixo há um texto com vários termos sublinhados:

    Para quem escreve memórias, onde acaba a sua lembrança? Onde começa a ficção? Talvez elas sejam inseparáveis. Os fatos da realidade, estes são como pedra, tijolo – argamassados, virados parede, casa, pelo saibro, pela cal, pelo reboco da verossimilhança – manipulados todos eles pela imaginação criadora daquele que escreve.

    Os termos sublinhados mostram coesão com elementos anteriores.

    Entre eles, assinale aquele que apresenta um antecedente erradamente.

    A) sua / quem.
    B) que / daquele.
    C) estes / fatos da realidade.
    D) todos eles / fatos da realidade.
    E) elas / memórias.

    Comentários: O pronome "elas" retoma "lembranças" e "ficções".

    Gabarito: E

2. **(CESPE/CEBRASPE - 2025 - InoversaSul - Professor de Língua Portuguesa)**

    Cléber de Souza, empresário e ex-garçom, acordou mais cedo que de costume. Cumpriu sua rotina matinal, se vestiu e partiu para uma das raras lojas que ainda revelam fotografias em Jaraguá do Sul (SC), onde mora. Pagou por uma única foto, tirada 21 anos atrás. Nela, aparece de camisa branca e gravataborboleta ao lado de um sorridente senhor de barbas brancas, que vestia uma camisa rosa estampada com coqueiros. Era Francis Ford Coppola. O cineasta americano visitou Curitiba em 2003, ano da foto. Em uma estada de três semanas, passou cinco vezes no restaurante italiano onde Souza trabalhava. Foi tietado pelos funcionários e até criou uma pizza personalizada, feita em massa grossa com muçarela, molho de tomate fresco, azeite e manjericão. O sabor é servido até hoje, com seu nome.

    Coppola circulava pela capital do Paraná, naquele ano, em busca de inspirações para o filme que vinha tentando produzir desde a década de 1980: Megalópolis. A película acaba de ser lançada e por isso o diretor resolveu retornar à cidade, que o atraiu anos atrás graças a seus dotes urbanísticos. Desta vez, permaneceu por apenas um dia. Souza, ansioso por reencontrar o antigo freguês na estreita janela de 24 horas, pegou a fotografia e percorreu, na tarde de 31 de outubro de 2024, os 160 quilômetros que conectam Jaraguá do Sul a Curitiba.

Plínio Lopes. O poderoso busão. In: *Revista Piauí*. Fonte: piaui.folha.uol.com.br (com adaptações).

Um dos recursos utilizados para a manutenção da progressão textual é a coesão referencial, que, no texto em apreço, é caracterizada pela substituição dos nomes completos dos dois personagens principais por diversos referentes.

CERTO

ERRADO

Comentários: "Cleber de Souza" é retomado, na sequência textual, pela elipse do sujeito (cumpriu, se vestiu, partiu, pegou...), pelo sobrenome (Souza). E "Francis Ford Coppola" é retomado por "cineasta americano", pela elipse do sujeito em "passou", "foi", "criou", "resolveu retornar", "permaneceu", pelo sobrenome "Coppola", por "o diretor".

Gabarito: CERTO

25.3. QUESTÕES DE CONCURSOS COMENTADAS

1. (FCC - 2024 - TRT - 20ª Região - SE - Analista Judiciário)

A lembrança de Torre di Venere evoca uma atmosfera desagradável. Torre fica a cerca de quinze quilômetros de Portoclemente, uma das cidades de veraneio prediletas à margem do mar Tirreno, com uma colorida avenida à beira-mar repleta de hotéis e lojas, gente bronzeada e uma estrondosa indústria da diversão. Margeada de pinhos, a praia mantém ao longo de toda a costa a sua cômoda amplidão de areia fina, portanto não admira que não muito adiante tenha-se aberto uma concorrente mais sossegada. Torre é, como destino turístico, uma ramificação do balneário vizinho e já foi um idílio. Mas, como costuma acontecer com lugares assim, a paz foi há muito obrigada a deslocar-se um trecho mais adiante; ***o mundo, como se sabe, busca-a e expulsa-a****. Foi assim que Torre, ainda que mais introspectiva e modesta que Portoclemente, caiu no gosto de italianos e estrangeiros.*

Torre ganhou um Grand Hôtel (onde havíamos reservado quartos). Surgiram inúmeras pensões, luxuosas e mais simples. Em julho, agosto, fervilham berros, brigas, gritos de júbilo de banhistas, cuja pele da nuca se descasca por causa de um sol esturricante. Tal era o aspecto da praia de Torre quando chegamos.

Na noite de nossa chegada ao Grand Hôtel, quando aparecemos para o jantar, fomos guiados até uma mesa pelo garçom responsável. Não havia nenhuma objeção a fazer a essa mesa, mas nos cativou a vista da varanda de vidro contíguo, que dava para o mar ***e sobre cujas mesinhas cintilavam lamparinas de abajur vermelho****. Os pequenos se mostraram encantados com essa magnificência, e manifestamos de forma singela a decisão de que preferíamos fazer a nossa refeição na varanda – uma declaração de ignorância, como restou claro, pois nos fizeram entender com uma cortesia algo constrangida que aquele aconchegante ambiente era destinado "aos nossos clientes". [...]*

(MANN, Thomas. *Mário e o mágico*: uma experiência trágica de viagem.
Trad. José Marcos Macedo. Companhia das Letras, edição digital. Adaptado)

O mundo, como se sabe, busca-a e expulsa-a. (1º parágrafo)

e sobre cujas mesinhas cintilavam lamparinas de abajur vermelho. (3º parágrafo)

Os pronomes sublinhados referem-se, respectivamente, a:

A) Torre e mesinhas.

B) paz e lamparinas.

C) paz e varanda.

D) praia e mesinhas.

E) praia e varanda.

Comentários: Entende-se, na primeira passagem, que o mundo busca e expulsa a paz. Na segunda, "cujas" é pronome relativo, portanto se refere a antecedente. Pelo sentido, se refere a "varanda" (sobre as mesinhas da varanda).

Gabarito: C

2. **(FCC – 2024 – TRT – 7ª Região – CE – Analista Judiciário)** Atente para estas duas afirmações:

I. A rotina e a quimera podem ser complementares.

II. Alguns funcionários alternam a rotina e a quimera.

Essas afirmações integram-se com clareza, correção e coerência neste período único:

A) Sendo alternadas, não se excluem completamente a rotina e a quimera dos funcionários.

B) Alguns funcionários, diante de tal alternativa, tornam complementares a rotina e a quimera.

C) Podendo ser complementares, a rotina e a quimera se alternam para alguns funcionários.

D) Conquanto alternadas, alguns funcionários complementam-se com a rotina e a quimera.

E) O uso de alguns funcionários da rotina e da quimera mostra que bem podem suprir-se.

Comentários: Há entre os dois períodos uma relação de causa e consequência. Pelo fato de serem complementares, a rotina e a quimera se alternam. Na opção C, essa relação está presente.

Gabarito: C

3. **(FGV – 2025 – SEFAZ – RS – Auditor do Estado)** Observe as frases a seguir.

1. Comprei um casaco de veludo em São Paulo.

2. O preço do casaco foi alto.

Se juntarmos as duas frases com o auxílio de um pronome relativo, a forma adequada será:

A) Comprei um casaco de veludo em São Paulo cujo preço foi alto.

B) Foi alto o preço do casaco de veludo comprado em São Paulo.

C) Comprei, em São Paulo, um casaco de veludo em que o preço foi alto.

D) Em São Paulo, comprei por um preço alto, um casaco de veludo.

E) Comprei um casaco de veludo em São Paulo por um preço baixo.

Comentários: O pronome relativo evita a repetição do termo anterior. Aqui, o vocábulo "casaco" aparece repetido. A opção A junta os períodos de forma adequada, pois o relativo "cujas" evita a repetição de "casaco" e aparece entre dois substantivos (casaco / preço).

Gabarito: A

4. (FGV – 2025 – TCE – RR – Analista Administrativo) Observe o seguinte texto:

É necessária a criação de novas leis, como, por exemplo, uma que permita a mudança do nome próprio, pois, às vezes, as pessoas carregam nomes que se tornaram esquisitos, nomes dados por pais idiotas porque as leis não lhes permitem o direito de escolha.

O termo sublinhado no texto acima que não estabelece coesão com algum termo anterior, é:

A) uma.

B) que.

C) nomes.

D) lhes.

E) escolha.

Comentários: Claramente, o vocábulo "escolha" não remete o leitor a nenhuma informação anterior, é apresentada no texto sem referente.

A) uma = lei;

B) que = uma (lei),

C) nomes = nomes;

D) lhes = pessoas.

Gabarito: E

5. (CESPE/CEBRASPE – 2025 – TRF – 6ª Região – Técnico Judiciário)

Tudo está interconectado. Na Amazônia, que abrange uma área comparável à dos 48 estados contíguos aos Estados Unidos da América, nenhum detalhe é por acaso. Portanto, não se trata da necessidade de focar uma área específica ou certas espécies. Os ciclos naturais alterados causam a oscilação de um delicado equilíbrio, que afeta os níveis local, regional e até global e que se aproxima cada vez mais de um ponto de não retorno. No cenário atual, isso significa menos de 20 anos.

A floresta amazônica produz pelo menos metade de sua própria chuva. Quando chove, as raízes das árvores e demais plantas absorvem a água, que satura a superfície das folhas. Depois, há o processo de evapotranspiração: as árvores transpiram umidade, ou seja, a água que caiu como chuva retorna à atmosfera. Até que chove novamente, e todo o ciclo se reinicia.

Esse "rio gigante no céu" fornece água (em forma de chuva) para os países andinos e também ao Uruguai, ao Paraguai, ao centro e ao sul do Brasil e ao norte da Argentina. Em suma, influencia uma região que gera 70% do PIB da América do Sul, de acordo com a The Nature Conservancy, organização não governamental que trabalha em escala global para a conservação do meio ambiente. No entanto, esses padrões de chuva estão ameaçados, tanto na América do Sul quanto na América do Norte.

Da mesma forma, flora e fauna estão em perigo. É importante lembrar que a Amazônia é o lar de 10% da biodiversidade mundial. E aqui também temos um ciclo: quando as árvores são cortadas, muitos predadores desaparecem, e o comportamento de pássaros e insetos polinizadores é alterado. Assim, há menos plantas, menos chuva, mais emissões de carbono, mais secas, menos água, desequilíbrio e ameaças à nossa saúde e qualidade de vida. Tudo está conectado. Para toda ação há uma reação.

Fonte: tnc.org.br (com adaptações).

Os dois últimos períodos do texto retomam, por coesão lexical, o período inicial do texto.

CERTO

ERRADO

Comentários: O texto, em seu período inicial, diz que "Tudo está interconectado (encadeado, associado, concatenado)". Os dois últimos períodos, ao dizer que "Tudo está conectado" e "Para toda ação há uma reação", retoma por coesão lexical (uso de palavras com sentido aproximado ou que pertencem a um mesmo campo) a afirmação feita no primeiro período, portanto.

Gabarito: CERTO

6. (CESPE/CEBRASPE - 2025 - InoversaSul - Analista Administrativo)

Recordou-se do que lhe sucedera anos atrás, antes da seca, longe. Num dia de apuro recorrera ao porco magro que não queria engordar no chiqueiro e estava reservado às despesas do Natal: matara-o antes do tempo e fora vendê-lo na cidade. Mas o cobrador da prefeitura chegara com o recibo e atrapalhara-o. Fabiano fingira-se desentendido: não compreendia nada, era bruto. Como o outro lhe explicasse que, para vender o porco, devia pagar imposto, tentara convencê-lo de que ali não havia porco, havia quartos de porco, pedaços de carne. O agente se aborrecera, insultara-o, e Fabiano se encolhera. Bem, bem, Deus o livrasse de história com o governo. Julgava que podia dispor de seus troços. Não entendia de imposto. — Um bruto, está percebendo? Supunha que o cevado era dele. Agora se a prefeitura tinha uma parte, estava acabado. Pois ia voltar para casa e comer a carne. Podia comer a carne? Podia ou não podia? O funcionário batera o pé agastado e Fabiano se desculpara, o chapéu de couro na mão, o espinhaço curvo: — Quem foi que disse que eu ia brigar? O melhor é a gente acabar com isso. Despedira-se, metera a carne no saco e fora vendê-la noutra rua, escondido. Mas, atracado pelo cobrador, gemera no imposto e na multa. Daquele dia em diante não criara mais porcos. Era perigoso criá-los.

Graciliano Ramos. *Vidas secas*. Rio de Janeiro: Record, 1977. p. 100-101.

São distintos os referentes das formas pronominais "lhe" (primeiro período) e "o" (segundo período).

CERTO

ERRADO

Comentários: Pelos sentidos do texto, o pronome "lhe" se refere a "Fabiano", e o pronome "o", a "porco".

Gabarito: CERTO

7. (CESPE/CEBRASPE - 2025 - InoversaSul - Analista Administrativo)

Retardei o passo. A tarde estava brilhante, mas o calor era o do inferno, os transeuntes a desfilarem pela fornalha com uma expressão de condenados, os rostos lustrosos, o olhar pesado. Um homem de terno branco esbarrou em mim. Caiu-lhe a pasta. Resmungou enquanto se inclinava para apanhá-la. A culpa fora minha e por isso pensei em voltar-

-me para pedir-lhe desculpas, mas prossegui preguiçosamente pela rua afora. Para que desculpas? Fazia calor e era cansativo ser amável num calor assim. A vontade queria o ócio. O corpo queria nudez. Voltei a cara para o céu ardente. Havia poucas nuvens, mas a tempestade já conspirava no ar. Melhor escolher um outro dia, não? Afinal, tio Samuel não me esperava mesmo, talvez fosse até aborrecê-lo com a minha presença, os loucos estranham às vezes a invasão nos seus mundos.

Lygia Fagundes Telles. *Verão no Aquário*. Rio de Janeiro: Livraria José Olympio Editora, 1978. p. 100 (com adaptações).

A forma pronominal "lhe", em "Caiu-lhe a pasta" (quarto período), refere-se ao termo "homem" (terceiro período).

CERTO

ERRADO

Comentários: Nessa passagem, o pronome "lhe" é entendido como "dele" (Caiu a pasta dele). Ou seja, no texto, "dele" é "o homem".

Gabarito: CERTO

8. (CESPE/CEBRASPE - 2024 - MPE - TO - Analista Ministerial Especializado)

Não negueis jamais ao crário, à administração, à União os seus direitos. São tão invioláveis, como quaisquer outros. O direito dos mais miseráveis dos homens, o direito do mendigo, do escravo, do criminoso, não é menos sagrado, perante a justiça, que o do mais alto dos poderes. Antes, com os mais miseráveis é que a justiça deve ser mais atenta, e redobrar-se de escrúpulo, porque são os mais mal defendidos, os que suscitam menos interesse, e os contra cujo direito conspiram a inferioridade na condição com a míngua nos recursos.

Estaria mantida a coerência de sentido do texto caso o seu terceiro período fosse introduzido por elemento coesivo de contraste, como **contudo**, por exemplo — Contudo o direito (...).

CERTO

ERRADO

Comentários: O terceiro período introduz uma ressalva, um contraste em relação aos períodos anteriores. A ideia é a de que o direito dos mais miseráveis dos homens, o direito do mendigo, do escravo, do criminoso, não é menos sagrado, perante a justiça, que o do mais alto dos poderes citado nos parágrafos anteriores, ou seja, há um contraste: o direito do mais alto dos poderes (do erário, da administração, da União) X o direito dos mais miseráveis dos homens.

Gabarito: CERTO

9. (CESPE/CEBRASPE - 2025 - InoversaSul - Professor de Redação)

Como se deve ler um livro?

Quero enfatizar, antes de tudo, o ponto de interrogação no fim do meu título. Ainda que eu pudesse responder à pergunta, a resposta só se aplicaria a mim, não a você. De fato, <u>o único conselho sobre leitura que uma pessoa pode dar a outra é não aceitar conselho algum</u>, seguir os próprios instintos, usar o próprio bom senso e tirar suas próprias conclusões. Se estamos de acordo quanto a isso, sinto-me então em condições de apresentar algumas ideias e lhe fazer sugestões, pois assim você não permitirá que elas restrinjam a característica mais importante que um leitor pode ter: sua independência.

Afinal, que leis se podem formular sobre livros? A Batalha de Waterloo foi, sem dúvida, travada em certo dia; mas será Hamlet *uma peça melhor do que* Rei Lear*? Ninguém o pode dizer; cada um deve decidir por si mesmo essa questão. Admitir autoridades em nossas bibliotecas, por mais embecadas e empelicadas que estejam, e deixar que elas nos digam como ler, o que ler e que valor atribuir ao que lemos é destruir o espírito de liberdade que dá alento a esses santuários. Em qualquer outra parte, podemos ser limitados por convenções e leis — mas lá não temos nenhuma.*

Virginia Woolf. *O valor do riso e outros ensaios*. Trad. Leonardo Fróes. São Paulo: Cosac Naify, 2014 (com adaptações)

A afirmação de que "o único conselho sobre leitura que uma pessoa pode dar a outra é não aceitar conselho algum" (terceiro período) constitui uma ideia contraditória que compromete a consistência do texto e, consequentemente, sua coerência.

CERTO

ERRADO

Comentários: A ideia contraditória não acarreta inconsistência e incoerência. O paradoxo é usado com a intenção de contrariar os princípios básicos e gerais que costumam orientar o pensamento humano, ou desafiar a opinião conhecida, a crença compartilhada pela maioria.

Gabarito: ERRADO

10. (CESPE/CEBRASPE - 2024 - TSE - Analista Judiciário)

Em uma de suas entrevistas aos jornais italianos, Umberto Eco ressaltou o perigo que se esconde nas chamadas "conspirações falsas", pelo seu alto grau de manipulação e dada a dificuldade em desmenti-las. "A característica de uma conspiração verdadeira é que ela é invariavelmente descoberta", analisa. "Hitler e o nazismo propagaram a falsa conspiração dos judeus como verdadeira e tiraram proveito dos Protocolos."

<u>Mas</u> por que as pessoas ainda consomem essa farsa? Será por ignorância? Por curiosidade? Os Protocolos, afinal, seguem sendo oferecidos e vendidos em uma dezena de idiomas, em formato de livro, com circulação livre na Internet.

A supressão do vocábulo "Mas", no início do trecho anterior, prejudicaria sua coerência, seu sentido e sua correção gramatical, ainda que feitos os devidos ajustes de maiúsculas e minúsculas

CERTO

ERRADO

Comentários: A retirada do vocábulo "mas" não traria qualquer prejuízo para o entendimento do texto, sentido e correção, pois iniciando com o advérbio interrogativo a frase fica correta e coerente. Esse "mas", nesse período, é uma palavra denotativa, sua retirada não altera em nada sua compreensão.

Gabarito: ERRADO

25.4. QUESTÕES DE CONCURSOS PROPOSTAS (COM GABARITO NO FINAL)

1. (Instituto Consulplan - 2025 - Prefeitura de Carangola - MG - Técnico em Enfermagem)

O menino está fora da paisagem

O menino parado no sinal de trânsito vem em minha direção e pede esmola. Eu preferia que ele não viesse. A miséria nos lembra que a desgraça existe e a morte também.

Como quero esquecer a morte, prefiro não olhar o menino. Mas não me contenho e fico observando os movimentos do menino na rua. Sua paisagem é a mesma que a nossa: a esquina, os meio-fios, os postes. Mas ele se move em outro mapa, outro diagrama. Seus pontos de referência são outros.

Como não tem nada, pode ver tudo. Vive num grande playground, onde pode brincar com tudo, desde que "de fora". O menino de rua só pode brincar no espaço "entre" as coisas. Ele está fora do carro, fora da loja, fora do restaurante. A cidade é uma grande vitrine de impossibilidades. O menino mendigo vê tudo de baixo. Está na altura dos cachorros, dos sapatos, das pernas expostas dos aleijados. O ponto de vista do menino de rua é muito aguçado, pois ele percebe tudo que lhe possa ser útil ou perigoso. Ele não gosta de ideias abstratas. Seu ponto de vista é o contrário do intelectual: ele não vê o conjunto nem tira conclusões históricas – só detalhes interessam. O conceito de tempo para ele é diferente do nosso. Não há segunda-feira, colégio, happy hour. Os momentos não se somam, não armazenam memórias. Só coisas "importantes": "Está na hora do português da lanchonete despejar o lixo..." ou "estão dormindo no meu caixote...".

Se pudéssemos traçar uma linha reta de cada olhar do menino mendigo, teríamos bilhões de linhas para o lado, para baixo, para cima, para dentro, para fora, teríamos um grande painel de imagens. E todas ao rés-do-chão: uma latinha, um riozinho na sarjeta, um palitinho de sorvete, um passarinho na árvore, uma pipa, um urubu circulando no céu.

Acha natural sair do útero da mãe e logo estar junto aos canos de descarga pedindo dinheiro. Ele se acha normal; nós é que ficamos anormais com a sua presença.

Antigamente não o víamos, mas ele sempre nos viu. Depois que começou o medo da violência, ele ficou mais visível. Ninguém fica insensível a ele. Mesmo em quem não o olha, ele nota um fremir quase imperceptível à sua presença. Ele percebe que provoca inquietação (medo, culpa, desgosto, ódio). Todos preferiam que ele não estivesse ali. Por quê? Ele não sabe.

Evitamos olhá-lo; mas ele tenta atrair nossa atenção, pois também quer ser desejado. Mas os olhares que recebe são fugidios, nervosos, de esguelha.

[...]

"Evitamos olhá-lo; mas ele tenta atrair nossa atenção, pois também quer ser desejado." O termo grifado nessa frase se refere ao:

A) Menino mendigo.

B) Grande playground.

C) Palitinho de sorvete.

D) Português da lanchonete.

2. **(FCC - 2024 - TRT - 20ª Região - SE - Técnico Judiciário)** Considere as seguintes orações:

I. Aprecio muito o gênero da crônica.

II. Rubem Braga se destacou no gênero crônica.

III. É incontestável o talento de Rubem Braga.

As ideias presentes nas três orações articulam-se com coerência, correção e clareza, neste período:

A) É incontestável o talento de Rubem Braga, destacado nas crônicas pelas quais tenho grande apreço.
B) o gênero da crônica, ao qual aprecio muito, foi onde se destacou o talento do incontestável Rubem Braga.
C) O talento de Rubem Braga, manifestou-se no gênero da crônica, por cujo tenho muita admiração.
D) É incontestável o talento de Rubem Braga, no gênero da crônica, do qual rendo meu apreço.
E) Destacou-se no gênero da crônica, pelo talento apreciável de Rubem Braga, aliás incontestável.

3. (FCC - 2024 - TRT - 7ª Região - CE - Analista Judiciário)

Monstro, não tens a minha religião, então não tens religião nenhuma.

A frase acima segue correta e explicita seu sentido coerente nesta outra forma:

A) Foste um monstro, não tendo minha religião, posto que nenhuma outra.
B) Sendo o monstro que és, não tens a minha religião e, portanto, nenhuma outra.
C) Ainda és um monstro, por que não tens minha religião, visto que não tens nenhuma.
D) Por monstro que sejas, ao não leres religião, nenhuma religião virá a ler.
E) Se és um monstro, não terás minha religião, nem terás nenhuma outra.

4. (FGV - 2025 - TCE - RR - Analista Administrativo) As frases abaixo mostram uma nova forma de escritura que evita a presença de um pronome relativo.

Assinale a frase em que essa nova forma se mostra inadequada.

A) Santos Dumont, que criou o avião, é brasileiro / Santos Dumont, criador do avião, é brasileiro.
B) Guimarães Rosa, que escreveu esse romance, é mineiro / Guimarães Rosa, autor desse romance, é mineiro.
C) O político, que perturbou o debate, foi advertido / O político, destruidor do debate, foi advertido.
D) Aquele aluno, quo observe bem os fatos, se destaca na turma / Aquele aluno, bom observador dos fatos, se destaca na turma.
E) Os professores, que teceram elogios a Churchill, se arrependeram / Os professores, admiradores de Churchill, se arrependeram.

5. (FGV - 2024 - AL - TO - Analista Legislativo) As opções a seguir apresentam frases que mostram diferentes mecanismos de coesão.

Assinale a frase em que esse mecanismo não está identificado de forma adequada.

A) Popó, o lutador que se acha o mais forte do país, está de novo nas manchetes dos jornais / coesão por paráfrase "o lutador que se acha o mais forte do país".
B) O gato miava, miava, miava enquanto o cachorro o cerçava no canto da cozinha / coesão por meio da repetição de termos idênticos.
C) O carro lhe trazia muitos gastos e isso o levou a uma situação economicamente difícil / coesão por substituição de termos "isso", "o", além de coesão sequencial com a última oração.

D) Os visitantes apreciaram a educação e a solidariedade da população: ali estavam em paz / substituição pelo pronome adverbial "ali" e a elipse do sujeito de "estavam".

E) O conferencista comunicou à plateia que a palestra só levaria meia hora / coesão por substituição "que" e a coesão sequencial com a complementação do verbo comunicar com uma oração.

6. (FGV - 2025 - PC-MG - Perito Criminal) As opções a seguir apresentam cinco formas diferentes de redigir o mesmo período.

Assinale a opção em que a forma indicada corresponde ao período de melhor redação, considerando correção, clareza, concisão e elegância.

A) Sem a companhia dos tolos, ficaria sempre muito desajeitado um homem de espírito.

B) Um homem de espírito ficaria sempre muito desajeitado sem a companhia dos tolos.

C) Sem a companhia dos tolos um homem de espírito ficaria sempre muito desajeitado.

D) Um homem de espírito, sem a companhia dos tolos, ficaria muito desajeitado sempre.

E) Ficaria sempre muito desajeitado, um homem de espírito, sem a companhia dos tolos.

7. (FGV - 2025 - TCE - PI - Auditor de Controle Externo) Assinale a frase em que termo sublinhado **não** mantém coesão com um termo anterior.

A) Jogo imbecil é aquele <u>em que</u> ninguém ganha.

B) Se eu morresse em um hospital, eu <u>o</u> processaria.

C) Um pouco de incenso queimado é bom remédio para deixar <u>lá</u> com ela.

D) Os médicos creem que, encontrada a causa da enfermidade, <u>sua</u> cura está descoberta.

E) Por quatro gerações estamos fazendo remédios como se a vida das pessoas dependesse <u>deles</u>.

8. (CESPE/CEBRASPE - 2025 - TRF - 6ª Região - Técnico Judiciário)

Esse "rio gigante no céu" fornece água (em forma de chuva) para os países andinos e também ao Uruguai, ao Paraguai, ao centro e ao sul do Brasil e ao norte da Argentina. Em suma, *influencia uma região que gera 70% do PIB da América do Sul, de acordo com a The Nature Conservancy, organização não governamental que trabalha em escala global para a conservação do meio ambiente. No entanto, esses padrões de chuva estão ameaçados, tanto na América do Sul quanto na América do Norte.*

A expressão "Em suma" (destacada no segundo período) introduz, no texto, uma explicação.

CERTO

ERRADO

9. (CESPE/CEBRASPE - 2025 - InoversaSul - Analista Administrativo)

Seja qual for o caminho que nos faça regressar ao princípio, sempre chegaremos à mesma conclusão: que o pacto social estabelece entre os cidadãos uma tal igualdade que todos ficam obrigados às mesmas condições e todos devem gozar dos mesmos direitos. ***E assim****, pela natureza do pacto, todo ato de soberania,* ***isto é****, todo autêntico ato de uma vontade geral, obriga ou favorece igualmente todos os cidadãos;* ***de tal modo que*** *o soberano apenas conhece a nação e não distingue ninguém entre aqueles que a compõem. O que é isto, senão um ato de soberania? Não é um acordo entre o superior e o inferior, mas um pacto entre o todo e cada um dos seus membros: pacto legítimo, pois tem por base o contrato social; equitativo, por ser comum a todos; útil, porque só pode ter como finalidade o bem geral; e sólido, uma vez que tem por garantia a força pública e o poder supremo.*

Jean-Jacques Rousseau. *O contrato social*. Trad. Mário Franco de Sousa. Oeiras, Portugal: Editorial Presença, 2010. p. 46 (com adaptações).

No segundo período, o emprego dos elementos coesivos "E assim", "isto é", "de tal modo que" forma uma sequência textual que se conclui com a noção de que, para o soberano, todos são iguais no conjunto da nação.

CERTO

ERRADO

10. (CESPE/CEBRASPE - 2025 - TRF - 6ª Região - Analista Judiciário)

O Poder Judiciário brasileiro tem em torno de 80 milhões de processos judiciais. Esse número é estarrecedor quando comparado com a população do país, ***cuja*** *estimativa é de 203 milhões de brasileiros. Sendo assim, para pouco mais de dois brasileiros, há um processo judicial, o que representa uma situação praticamente insustentável sob o aspecto econômico, gerencial e jurídico.*

No segundo período do texto, a forma pronominal "cuja" é um elemento de coesão textual que tanto se refere a um antecedente quanto estabelece a conexão entre orações.

CERTO

ERRADO

11. (CESPE/CEBRASPE - 2025 - PC - DF - Gestor de Apoio as Atividades Policiais Civis)

O renomado linguista e filósofo Noam Chomsky e outros dois especialistas em linguística, Ian Roberts e Jeffrey Watumull, escreveram um artigo para o jornal The New York Times, *em março de 2023,* ***compartilhando*** *sua visão sobre os avanços que vêm ocorrendo no campo da inteligência artificial (IA).*

A correção e a coerência do texto seriam mantidas caso a forma verbal "compartilhando" (parágrafo anterior) fosse substituída por a fim de compartilharem.

CERTO

ERRADO

12. (CESPE/CEBRASPE - 2025 - PC - DF - Gestor de Apoio as Atividades Policiais Civis)

Nesse sentido, os autores detalharam que, diferentemente de mecanismos de aplicativos como o ChatGPT, que operam com base na coleta de inúmeros dados, a mente humana pode funcionar com ***pequenas quantidades de informação, por meio das quais*** *"não busca inferir correlações abruptas entre pontos (...), mas, sim, criar explicações".*

No texto, o pronome relativo empregado no segmento "por meio das quais" faz referência a "pequenas quantidades de informação".

CERTO

ERRADO

13. (CESPE/CEBRASPE - 2025 - InoversaSul - Professor de Redação)

Como se deve ler um livro?

Quero enfatizar, antes de tudo, o ponto de interrogação no fim do meu título. Ainda que eu pudesse responder à pergunta, a resposta só se aplicaria a mim, não a você. De fato, o único conselho sobre leitura que uma pessoa pode dar a outra é não aceitar conselho algum, seguir os próprios instintos, usar o próprio bom senso e tirar suas próprias conclusões. Se estamos de acordo quanto a isso, sinto-me então em condições de apresentar algumas ideias e lhe fazer sugestões, pois assim você não permitirá que elas restrinjam a característica mais importante que um leitor pode ter: sua independência. Afinal, que leis se podem formular sobre livros? A Batalha de Waterloo foi, sem dúvida, travada em certo dia; mas será ***Hamlet*** *uma peça melhor do que* ***Rei Lear****? Ninguém o pode dizer; cada um deve decidir por si mesmo essa questão. Admitir autoridades em nossas bibliotecas, por mais embecadas e empelicadas que estejam, e deixar que elas nos digam como ler, o que ler e que valor atribuir ao que lemos é destruir o espírito de liberdade que dá alento a esses santuários. Em qualquer outra parte, podemos ser limitados por convenções e leis — mas lá não temos nenhuma.*

Virginia Woolf. *O valor do riso e outros ensaios*. Trad. Leonardo Fróes. São Paulo: Cosac Naify, 2014 (com adaptações)

No último período do texto, observa-se o emprego da elipse como estratégia de coesão referencial

CERTO

ERRADO

14. (CESPE/CEBRASPE - 2025 - TRF - 6ª Região - Analista Judiciário)

Analisando-se a literatura produzida sobre justiça restaurativa desde o final da década de 70 do século passado, verifica-se que há diferentes abordagens, produzidas por estudiosos dos mais diversos campos do conhecimento (filosofia, psicologia social, antropologia, ciências jurídicas, pedagogia, assistência social, entre outros), incluídos acadêmicos, facilitadores de justiça restaurativa, servidores públicos e entusiastas da ***justiça restaurativa*** *que buscam disseminar e fortalecer a* ***sua*** *implementação em nível institucional.*

No trecho lido, o referente da forma pronominal "sua" é "justiça restaurativa".

CERTO

ERRADO

15. (CESPE/CEBRASPE - 2025 - TRF - 6ª Região - Técnico Judiciário)

Tudo está interconectado. Na Amazônia, que abrange uma área comparável à dos 48 estados contíguos aos Estados Unidos da América, nenhum detalhe é por acaso. Portanto, não se trata da necessidade de focar uma área específica ou certas espécies. Os ciclos naturais alterados causam a oscilação de um delicado equilíbrio, que afeta os níveis local, regional e até global e que se aproxima cada vez mais de um ponto de não retorno. No cenário atual, ***isso*** *significa menos de 20 anos.*

No último período do texto, o pronome "isso" retoma a ideia referente ao período de tempo restante até o ponto de não retorno.

CERTO

ERRADO

GABARITO:

1. A	2. A	3. B	4. C	5. E
6. B	7. C	8. ERRADO	9. CERTO	10. CERTO
11. CERTO	12. CERTO	13. CERTO	14. CERTO	15. CERTO

25.5. RESUMO

Veja a seguir um esquema com aquilo que é mais importante.

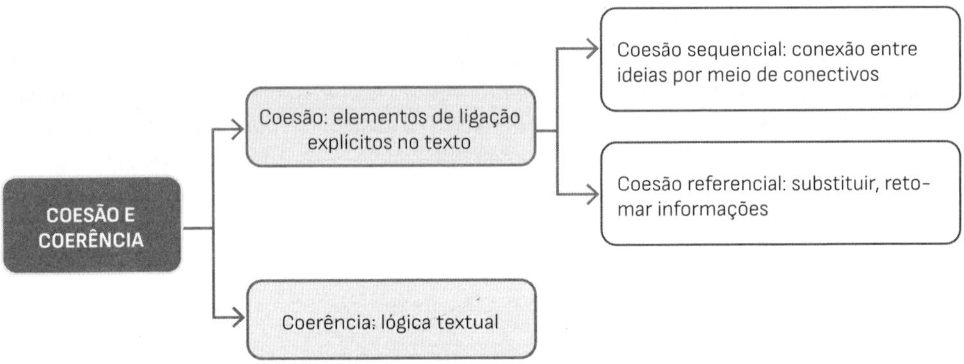

Acesse o material suplementar

uqr.to/20vh8

Compreensão e Interpretação de Textos 26

Nas provas de concursos públicos, em média, 30% a 40% são questões de compreensão e interpretação de textos. Geralmente, são textos longos, algumas vezes até filosóficos, que demandam técnica e experiência do concurseiro.

Quem nunca teve de ler várias vezes um texto em uma prova, ou se perdeu na leitura? Quem nunca teve a sensação de olhar para um enunciado e nem saber como proceder, por onde começar? Há até casos de quem levou tanto tempo na prova de Língua Portuguesa e acabou por prejudicar completamente as questões de outras disciplinas.

Entender as técnicas de **compreensão e interpretação de textos**, além de ser importante para responder às questões específicas, com técnica e no tempo certo, é fundamental para que você compreenda o enunciado das questões de direito, de matemática, raciocínio lógico, por exemplo. Muitos candidatos, ainda que dominem tais disciplinas, acabam se prejudicando nas provas por não entenderem o que se pede no enunciado. Já pensou, nadar, nadar e morrer na praia? Nem pensar... O que se quer é dominar o conteúdo e saber fazer prova!

Pensando nisso, trouxe um passo a passo para você resolver a prova de Língua Portuguesa, otimizar seu tempo e solucionar as questões com técnica. É claro que sempre devemos considerar as particularidades de cada aluno, mas, de modo geral, existe uma metodologia, sim, para se resolver as questões relativas ao texto. Não se pode apenas "deixar fluir", ou "ver no que vai dar"... O que queremos é que você resolva a prova de Português com assertividade e ganhe tempo também para resolver as provas das outras disciplinas.

Vamos lá?

26.1. COMPREENSÃO DE TEXTOS

Compreender um texto é identificar a ideia central de cada parágrafo. É conseguir resumi-lo. É também identificar o que é principal e o que é secundário, bem como estabelecer a correlação das informações entre si.

Entender um texto é ser capaz de dividi-lo em partes. Todo texto é feito seguindo um esquema lógico de pensamento. Sublinhar o que é mais importante em cada parágrafo e colocar setas, indicando ideias que se repetem e que se relacionam, é essencial para que você domine e compreenda efetivamente o que você está lendo.

Sempre digo que texto que não está sublinhado não é confiável. Após essa leitura "esquemática" do texto, com a identificação de suas ideias centrais, parte-se para a resolução das questões. A modalidade mais comum é a questão de Compreensão de Textos (ou Intelecção ou Recorrência), em que o candidato é convidado pela banca a localizar informações que estão lá no texto.

Você deve estar se perguntando... Se estão lá, por que eu não as encontro??? Bem, muitas vezes o candidato tem dificuldade de responder a esse tipo de questão, porque não entendeu muito bem o texto, não consegue encontrar as informações lá.

Ao responder a uma questão de recorrência, você deve estar apto a identificar a paráfrase. Paráfrase é o mesmo que reescritura. Isso porque a resposta que você vai marcar não estará lá no texto com as mesmas palavras com que está na alternativa. Parafrasear é dizer o mesmo que se disse, só que com outras palavras...

Outro problema muito comum é que o candidato acaba querendo interagir com o texto, responder às questões com base em suas experiências pessoais... Costumo dizer que, nessa hora, tem-se que ter frieza mesmo, esquecer o que se pensa, suas convicções...

Selecionei uma bateria de questões de recorrência, de variadas bancas de concursos públicos, para que você treine bastante o reconhecimento de paráfrases!

Antes, quero ensinar direitinho como deve ser seu raciocínio diante de cada alternativa da questão. Vou, então, comentar algumas questões para você depois resolver as outras sozinho!

Vamos lá?

Texto – Democracia refém (José Roberto de Toledo)

Desde 2008, o Ibope pergunta à população em idade de votar quão satisfeita ela está com o funcionamento da democracia no Brasil. Os resultados nunca foram brilhantes ainda menos se comparados com países latino-americanos como Uruguai e Argentina, mas jamais haviam sido tão chocantes quanto agora. Só 15% dos brasileiros se dizem "satisfeitos" (14%) ou "muito satisfeitos" (1%) com o jeito que o regime democrático funciona no país.

(*Estado de S. Paulo*, 04/09/2015)

1. **(Codemig - Analista de Desenvolvimento Econômico - FGV)** O jornalista autor do texto lido informa que os resultados da pesquisa foram muito chocantes, isso porque:
   A) deixaram de ser brilhantes pela primeira vez.
   B) mostraram concentração de respostas positivas.
   C) indicaram reprovação do governo.
   D) apontavam mais de 80% de reprovação.
   E) destacaram insatisfação da população.

   Como saber que essa questão é de recorrência?

   Ao dizer "O autor do texto informa", tem-se a indicação de um enunciado de recorrência. É como se a banca estivesse batendo no seu ombro e dizendo assim: vá ao texto e localize o trecho em que o jornalista autor fale que os resultados da pesquisa foram muito chocantes e depois ache o porquê dessa informação.

O porquê deve vir logo depois da informação. O "porquê" que a banca pede está nos arredores, no contexto. Depois de localizar tal informação e ler o que vem ao redor dela, você irá voltar às alternativas e procurar aquela que seja a sua paráfrase, a sua reescritura, entende?

No texto, diz-se "os resultados da pesquisa jamais haviam sido tão chocantes quanto agora". Localizou a informação? Pois bem. O porquê vem logo depois disso. Continue lendo. Há um momento em que se diz "Só 15% dos brasileiros se dizem satisfeitos...". Esse é o porquê!

Então, primeiro ele afirma que os resultados nunca haviam sido tão chocantes quanto agora, e logo depois ele explica: só 15% dos brasileiros... Pronto, achamos o porquê!

Por fim, você vai voltar às assertivas que a banca oferece e vai buscar aquela que mais bem reescreva o que você acabou de ler.

A resposta é letra D ("apontavam mais de 80% de reprovação"). Isso é o mesmo que se dizer que "só 15% se dizem satisfeitos ou muito satisfeitos". A letra D é paráfrase do que você acabou de ler no texto, entendeu?

A letra A diz assim: "deixaram de ser brilhantes pela primeira vez", foi isso que você acabou de ler no texto? Vou repetir, a banca quer saber por que o autor disse que os resultados nunca foram tão chocantes quanto agora. Não, o autor não disse que foi "pela primeira vez", ele disse que "nunca foram tão chocantes quanto agora", mas não disse "pela primeira vez". Os resultados já podem ter sido pouco brilhantes, só que agora foram mais chocantes, entende?

Na letra B, diz-se que os resultados mostraram concentração de respostas positivas. O texto diz isso? Não, pelo contrário, 80% de reprovação. A letra "B" contradiz o texto.

Quanto à letra C, diz-se que os resultados indicam reprovação do governo? De fato, a maioria reprova, mas a letra C está generalizando excessivamente; a letra C é uma generalização excessiva; quando ela diz "indicaram reprovação do governo", está-se generalizando, dizendo que todos reprovaram. Não, mais de 80% reprovaram, mas não foram todos que reprovaram. Portanto, a letra C vai além, extrapola o resultado da pesquisa.

Na letra E, fala-se que os resultados "destacaram insatisfação da população". Não, eles não destacaram insatisfação, eles vieram falar daqueles que estão satisfeitos, que realmente são poucos! Mas não se pode afirmar "insatisfação" da população, pois, ao se falar assim, está-se também generalizando excessivamente. Você entendeu a diferença entre D e E? A letra D é a que mais bem reescreve o que veio logo depois da frase do enunciado, a letra E extrapola.

Você entendeu como se deve resolver uma questão de recorrência? Você tem que ir à frase do enunciado, depois localizá-la no texto, então olhar os arredores da informação (contexto) e marcar a alternativa que mais bem reescreva o que você acabou de ler, está bem?

É cruel, eu sei, porque dá vontade de marcar outra, mas você tem que se ater ao que está no texto, é assim que se resolve uma questão de recorrência. Tenha sempre cuidado com as extrapolações (ir além do texto), contradições (dizer o contrário do que diz o texto) e as generalizações excessivas (tomar algo que é particular e ampliar excessivamente).

Gabarito: D

Texto — A conquista do Brasil

Por gerações, o brasileiro se acostumou a ver o seu país, sua história e sua cultura como exemplos de paz e confraternização sem paralelo entre as nações. A imagem do brasileiro como um povo cordial que aceita melhor a miscigenação e é mais tolerante com as diferenças sociais e políticas, num país conciliador, que não se envolve em guerras e se mantém neutro diante de conflitos, se sobrepõe como traço cultural, sem grandes traumas nem contestações.

Os brasileiros se orgulham de pensar que o Brasil não precisou de uma guerra como a que separou os Estados Unidos da Inglaterra, nem passou por conflitos internos sangrentos como a Secessão. Manteve-se afastado das conflagrações, a começar pelas duas guerras mundiais que marcaram a primeira metade do século XX – na segunda delas, meio pró-forma, enviou expedicionários à Itália, numa fase em que o conflito já se encaminhava para o fim. O país manteve-se neutro na maioria dos grandes conflitos passados, recentes e contemporâneos.

E saiu pacificamente de uma ditadura militar de 21 anos, em 1985, com o restabelecimento do governo civil e, depois, da democracia. Ao construir um modelo de concórdia, que combina com a fachada do povo pobre, mas alegre, que se expressa pelo carnaval, o samba e o futebol, o Brasil esqueceu muita coisa. Foi o último país do mundo a abolir a escravidão, em 13 de maio de 1888. Um dos seus maiores heróis nacionais, Tiradentes, foi esquartejado. O Brasil dizimou a população masculina de um país vizinho na Guerra do Paraguai. Deixou uma esteira de mortos nos porões do regime militar, que pela via do golpe havia derrubado em 1964 o presidente João Goulart.

Aliviaram-se tensões sociais latentes e sepultou-se o passado beligerante sobre o qual foi construída uma nação homogênea, mesmo em meio a tanta diversidade. O Brasil acomodou-se à versão oficial de sua história, em que foram escondidas as rupturas, as questões sociais e os fatos que não interessam tanto a sua autoimagem dentro do mundo civilizado.

(Thales Guaracy)

2. (Prefeitura de Cuiabá - Nutricionista - FGV) Em certa passagem do texto, o autor diz que "o Brasil esqueceu muita coisa". Segundo o texto, essa "muita coisa" que nosso país esqueceu:

A) demonstra a ignorância da população em relação ao seu passado histórico.

B) indica razões que se contrapõem à imagem de "país cordial".

C) mostra a semelhança entre nossa história e a dos países vizinhos.

D) ironiza a atitude intelectual de nossos historiadores.

E) comprova uma diferença entre a visão oficial e a visão dos historiadores.

A banca diz "em certa passagem do texto o autor diz...". Pronto! Questão de recorrência.

Como agir? Você não vai ficar lendo as opções que a banca dá, não (a, b, c, d, e), senão você vai se apaixonar por todas... Você vai fazer exatamente como eu fiz na questão anterior. Primeiro, você vai localizar esse trecho no texto, ler os arredores (contexto), e depois, sim, aí você vai ler cada uma das cinco alternativas e vai buscar a que mais bem reescreva o que você leu no texto.

Bom, no texto, diz-se "o Brasil esqueceu muita coisa" e a banca quer saber o que que quer dizer esse "muita coisa", então isso está lá no penúltimo parágrafo, vamos lá!

Lá, ao ler o contexto, o autor diz: "Ao construir um modelo de concórdia, que combina com a fachada do povo pobre, mas alegre, que se expressa pelo carnaval, o samba e o futebol, o Brasil esqueceu muita coisa". Pronto! Perceba que antes desse trecho, estava-se falando de coisas positivas do Brasil, e que agora só vai se falar do negativo. Continue lendo... Porque o que você vai ler agora é o que você vai marcar como resposta.

É a reescritura do que vem depois desse trecho que será a resposta. Você entendeu como é que você vai agir na hora da questão? Você vai continuar lendo. Perceba que, na sequência, você vai ler: "...Foi o último país do mundo a abolir a escravidão, um dos seus maiores heróis nacionais Tiradentes foi esquartejado, o Brasil dizimou uma população masculina de um país vizinho...". Entendeu? Pois bem!

Agora você vai buscar a alternativa que mais bem reescreva o que você acabou de ler. A resposta é letra B. Por que que a resposta é a letra B? Porque a letra B reescreve o que veio no contexto. A letra B, olha que perfeição, ela reescreve o que veio antes e o depois, indica razões que se contrapõem à imagem de país cordial. Por que se contrapõe? Você acabou de ler, esse *muita coisa* é o quê? É tudo de ruim que o Brasil fez, quer dizer, Tiradentes foi esquartejado, dizimou a população... A letra B é a paráfrase do que você acabou de ler, entendeu?

Vamos ver as outras opções?

A letra A fala em "ignorância da população em relação ao seu passado histórico". Quem marcou letra A pensou mais ou menos assim, "ah realmente esse povo é muito ignorante, não sabe do seu passado...". Trata-se de uma extrapolação.

Na letra C, menciona-se uma "semelhança entre nossa história e os países vizinhos". O autor não veio falar isso, ele veio contrapor aspectos positivos e negativos da imagem do brasileiro. A letra C extrapola.

Quanto à letra D, fala-se em ironia à atitude intelectual dos historiadores. O texto tem esse objetivo? Volte ao texto, releia aquele trecho que indiquei, se necessário, e você verá que temos aqui mais uma extrapolação.

Na letra E, diz-se "...Comprova uma diferença entre uma visão oficial e a visão dos historiadores...". Não, realmente há uma diferença entre duas visões, mas a visão oficial do texto é a visão dos historiadores... Fala-se da mesma coisa duas vezes!

Gabarito: B

Enunciados mais comuns de Compreensão de Textos:

De acordo com o texto...
Segundo o texto...
O texto diz...
O texto fala...
Ideia presente no texto...
Segundo o autor...
Compreende-se no texto...

26.2. INTERPRETAÇÃO DE TEXTOS

Bem, o mais importante é que você entenda que interpretar um texto é diferente de compreender. Até aqui, você viu que as questões de compreensão de textos são aquelas em que você precisa estar apto para localizar informações no texto, com técnica e agilidade. E precisa treinar o reconhecimento de paráfrases (reescrituras do texto).

Agora, vamos ver como são as questões de Interpretação de Textos. Interpretação é o mesmo que inferência, dedução. Nesse caso, você precisa ir um pouco além do que diz o texto, concluir com base no que se leu.

Você deve estar aí pensando... E se eu extrapolar? E, se na hora de eu responder, acabar indo muito além do que o texto permite?

Sim, esse é o cuidado que se deve ter! Como nas questões de inferência, você é convidado a sair "um pouquinho" do texto, o grande perigo é você *viajar* demais...

Por isso, sempre digo que, na hora de inferir, você deve buscar uma pista textual que permita tal inferência, tal dedução. É como se fosse uma discussão em uma relação. Você discute com seu(sua) parceiro(a), mas, quando analisa a fundo os motivos, acaba pensando que não há por quê... Nesse caso, você extrapolou!

Agora, se a discussão tem base em uma pista, algo que se disse ou que se fez, aí sim... Nesse caso, você tem um pressuposto textual.

Implícitos textuais são informações que se deduzem a partir do que foi lido. E normalmente haverá palavras ou expressões do texto que ensejam conclusões, inferências. Gosto de chamá-las de pistas textuais – são os pressupostos!

Veja exemplos. Ao dizer a uma pessoa que ela é a amiga mais querida que você tem, há aí uma pista para uma inferência. O vocábulo "mais" é a pista para que se deduza que "há outras amigas".

Ao se falar "Eu prefiro ficar aqui hoje", o verbo "preferir" é um pressuposto para que se deduza que há outras opções, mas a pessoa escolheu a alternativa de estar ali.

Quando se diz, por exemplo, que o Brasil ainda não alcançou certo grau de desenvolvimento, tem-se aí uma mensagem otimista. Pode-se deduzir, com base no pressuposto textual "ainda", que é certo que o país atinja esse nível.

Bem, vamos às questões de inferência?

Primeiro, vou dar exemplos, vou comentar duas questões, assertiva por assertiva, para você. Depois é a sua vez, ok?

1. (TCE - Sergipe - Analista T.I. - Desenv. - FGV)

Normose, um distúrbio da vida moderna

> *A sociedade moderna, com o corre-corre, a falta de tempo para o cuidado espiritual e o imediatismo fez com que as pessoas desenvolvessem com mais facilidade algumas doenças psicossomáticas. O pânico e a depressão são duas delas, assim como a normose. A última é uma "prima" menos conhecida e, por isso mesmo, menos identificada, segundo especialistas. "Ela (normose) surge quando o sistema no qual nós existimos encontra-se dominantemente doente, desequilibrado, corrompido, e quando predomina a violência, a competição e o egocentrismo. Uma pessoa adaptada a esse sistema está doente", explica o eminente psicólogo e antropólogo Roberto Crema, um dos especialistas do assunto no Brasil.*

Pode-se inferir do segmento "A sociedade moderna, com o corre-corre, a falta de tempo para o cuidado espiritual e o imediatismo fez com que as pessoas desenvolvessem com mais facilidade algumas doenças psicossomáticas" que:

A) algumas doenças psicossomáticas são originadas do descuido geral com a saúde, por falta de tempo e dinheiro;
B) o corre-corre da vida moderna é a causa do distanciamento do espiritual e do imediatismo;
C) atualmente há mais possibilidade do desenvolvimento de doenças psicossomáticas do que anteriormente;
D) a falta de cuidado espiritual traz como consequência o relaxamento com os valores materiais;
E) as doenças psicossomáticas surgiram a partir das atribulações da vida moderna.

Comentários: No trecho, tem-se a seguinte informação: "a sociedade moderna com o corre-corre, a falta de tempo para o cuidado espiritual e o imediatismo fez com que as pessoas desenvolvessem com mais facilidade".

E a banca quer que você assinale uma possível dedução. O que fazer? Primeiramente, resuma mentalmente o que você entendeu desse trecho. Resumir é organizar sintaticamente a frase, extraindo dela somente o que é essencial: sujeito, verbo, complemento.

Depois disso, busque, nas alternativas que a banca oferece, apenas aquela que tenha uma pista, um pressuposto para ela. Lembre-se de que só será uma possível inferência aquela que tiver um pressuposto no texto. Caso contrário, não será inferência, será extrapolação.

"A sociedade moderna fez com que as pessoas desenvolvessem com mais facilidade...". Já se consegue visualizar aqui um pressuposto textual... Ao se usar o vocábulo "mais", está se dizendo que na modernidade algo ficou mais fácil do que era... Está se querendo dizer que há uma facilidade na modernidade maior do que no passado. Por que eu deduzi isso?

Pressuposto textual. Quando o autor disse "a sociedade moderna fez com que as pessoas desenvolvessem com mais facilidade", então eu posso deduzir que atualmente é mais possível que isso aconteça do que anteriormente. Você entendeu o que é que é uma dedução? A dedução diz um pouco mais do que diz o texto, mas ela não viaja, não é uma extrapolação... Ela se atém ao que está no texto, só que se baseia em um pressuposto, em uma pista, que, nesse caso, foi "mais facilidade". Pense comigo: se eu tenho mais facilidade numa sociedade moderna é porque antigamente era mais difícil isso.

Por isso, a resposta foi letra C. A palavra "anteriormente" na letra C não está no texto, mas é a inferência a partir do que se leu.

A letra A cria uma falsa relação de causa e efeito, que não está no texto. Pode até ser uma verdade da vida, mas o texto nem fala de falta de dinheiro... Extrapolação, portanto.

A letra B cria também uma falsa relação de causa e efeito entre ideias que estavam paralelas, coordenadas no texto. Observe que há uma enumeração nas primeiras linhas do texto (coordenação, portanto) entre o corre-corre, a falta de tempo para o cuidado espiritual e o imediatismo, mas essas ideias não se relacionam por causa e efeito.

A letra D cria também uma relação de causa e efeito falaciosa. O texto não diz que a falta de cuidado espiritual gera distanciamento dos valores materiais. Isso pode ser uma verdade da vida também, mas vai além do que se leu.

E, na letra E, há uma generalização excessiva. Não se pode dizer que todas as doenças psicossomáticas surgiram a partir das atribulações da vida moderna. O texto só nos permite dizer que "algumas surgiram" daí.

Todas extrapolam, portanto, somente a letra C é uma inferência possível a partir do que se leu.

Gabarito: C

2. **(Prefeitura Cuiabá - Administrador Hospitalar - Superior - FGV)**

> *A Prefeitura de São Paulo vai criar um manual para orientar funcionários de empresas de limpeza urbana sobre como proceder ao se depararem com grafites e pichações em muros públicos. Uma lei municipal proíbe inscrições em espaços públicos sem autorização. O problema é que obras autorizadas já foram apagadas por servidores da limpeza. Previsto para outubro, o documento tentará esclarecer funcionários da limpeza sobre o que deve ou não ser apagado. Os agentes passarão por um treinamento. A limpeza de grafites gerou constrangimento nas últimas duas gestões municipais.*

Deduz-se do texto que:

A) os funcionários de limpeza urbana apagam todas as pichações.

B) os servidores da Prefeitura de São Paulo seguem a lei.

C) algumas pichações constrangedoras foram apagadas.

D) nem toda inscrição deve ser considerada vandalismo.

E) o treinamento vai ensinar como apagar as inscrições de rua.

Comentários: Mais uma questão de inferência... Inicialmente, vamos resumir o que entendemos do texto (repare que a banca não destacou nenhum trecho do texto, as alternativas poderão se referir a qualquer parte do texto).

Bem, entendemos que haverá um manual para orientar funcionários para como se proceder diante de pichações em espaços públicos. E que há espaços públicos que têm autorização para pichação e há espaços sem autorização.

Vamos agora buscar a assertiva que possa ser deduzida com base em um pressuposto do texto. Lembre-se: somente uma poderá ser deduzida, as outras irão além do que permite o texto ou o contradirão.

A resposta é letra D. Por que eu posso deduzir que nem toda inscrição deve ser considerada vandalismo? A letra D diz que "nem toda inscrição deve ser considerada vandalismo". Tem-se aqui uma informação com pressupostos no texto. Um deles é quando se diz "o problema é que obras autorizadas já foram apagadas por servidores da limpeza". Ao se referir a "obras autorizadas", está-se falando indiretamente que há obras não autorizadas.

Outro pressuposto presente no texto é quando se diz que "o documento tentará esclarecer funcionários da limpeza sobre o que deve ou não ser apagado". Ao se dizer isso, subentende-se que nem toda pichação é vandalismo.

Vamos às outras?

A letra A contradiz o texto, dizendo que os funcionários apagam todas as pichações. Não todas.

A letra B mistura informações do texto. O texto fala em lei, mas, ao falar de lei, não diz que os funcionários da prefeitura a seguem. Apenas diz que a lei municipal proíbe inscrições em espaços públicos sem autorização. Além disso, percebeu que há também uma extrapolação? A letra B fala em "servidores da prefeitura" e o texto fala em "servidores de empresas de limpeza urbana". Não são todos os funcionários.

A letra C fala em "pichações constrangedoras", mas, segundo o texto, houve um constrangimento nas "gestões municipais".

A letra E também extrapola... O treinamento não vai ensinar a "apagar as inscrições", mas vai ensinar os funcionários a como "proceder ao se depararem com grafites e pichações em muros públicos".

Gabarito: D

3. (FGV – 2022 – TJ – TO – Contador – Distribuidor)

Uma carta de um leitor dizia o seguinte:

"A Psiquiatria luta por atribuir ao alcoólatra o status de doente. A lei considera o alcoolismo como uma circunstância agravante, em caso de delito ou crime, ao passo que o reconhecimento de um status de doença deveria ter o papel de atenuante. O alcoólatra acusado se sente mais e mais excluído da sociedade. Se você toma drogas tranquilizantes, você é tão perigoso ao volante quanto um alcoólatra; ora, se ocorre um acidente, o fato de ser submetido a um tratamento médico terá um papel de atenuante.

Se você é um alcoólatra, se dirá que você é semelhante a um criminoso armado. Que campanha publicitária foi feita para proibir a condução de veículos para os que tomam calmantes?"

A conclusão do texto pode ser expressa do seguinte modo:

A) Por que há campanhas publicitárias contra os que dirigem após a ingestão de bebida alcoólica e não contra os que ingeriram calmantes.

B) O alcoolismo deveria ser considerado como uma doença e não como um vício.

C) O alcoolismo não deveria ser rejeitado pela sociedade, já que se trata de uma doença e não de um vício.

D) Os que tomam calmantes deveriam ser impedidos de dirigir porque também são vítimas de vício.

E) Os julgamentos deveriam tratar do mesmo modo os alcoólatras e os que tomam calmantes.

Comentários: No texto, o autor argumenta que a tendência da sociedade é a de enxergar o alcoólatra como se fosse um criminoso; quando o mesmo não ocorre com quem usa calmante. Por isso, o questionamento ao final do texto. Depreende-se, com isso, que o autor considera que o alcoólatra deveria ser enxergado como uma pessoa que precisa de ajuda. O que justifica a afirmação da opção C. Nas questões sobre compreensão e interpretação de texto, temos que ter o cuidado de distinguir as informações acessórias das informações essenciais. Observa-se que os examinadores jogam muito com essa questão, além de, nas opções apresentadas, fazerem afirmações que não condizem com o que realmente se expõe no texto. A letra A é um bom exemplo disso, pois o objetivo da pergunta do texto não é questionar as campanhas, e sim o tratamento diferenciado. Na B, o que se observa é que a pergunta é sobre a conclusão. Essa ideia não estava na conclusão, assim como na letra D, essa afirmação também não está na conclusão. Na letra E, ao usar a palavra "julgamentos", há extrapolação, pois a questão é falar do tratamento que não é igualitário, e não julgamento.

Gabarito: C

Enunciados mais comuns de inferência:

Depreende-se / infere-se / conclui-se do texto que...
O texto permite deduzir / inferir que...
É possível subentender do texto que...
Qual a intenção do autor quando afirma que...
O texto possibilita o entendimento de que...
O autor pretende mostrar que...

26.3. OITO DICAS DE COMPREENSÃO E INTERPRETAÇÃO DE TEXTOS

1. Leia o texto do início ao fim, para saber do que se trata.
2. Resolva primeiramente as questões de gramática. Reserve as de compreensão e interpretação de textos.
3. Leia o texto pela segunda vez. Na segunda leitura, marque em cada parágrafo o que representa a sua ideia central. Na introdução, a ideia central é chamada de tese. Nos parágrafos de desenvolvimento, é o tópico frasal. Na conclusão, a tese volta novamente.
4. Quando encontrar algum trecho que suscite dúvidas no texto, marque-o, faça uma interrogação na margem da folha para chamar sua atenção. Não perca muito tempo com ele. Desapegue-se. Ao longo das questões, "sua ficha vai caindo" e muito provavelmente você entenderá o que não lhe pareceu claro inicialmente.
5. Muita atenção aos enunciados! Muitas vezes o candidato perde uma questão por não entender exatamente o que pede o enunciado. Sempre destaque as palavras-chave do enunciado.
6. Existem dois tipos de questão de interpretação: recorrência (compreensão de textos) e inferência (interpretação de textos). Na recorrência, você recorre ao texto e encontra a resposta, que não virá exatamente com as mesmas palavras do texto, mas sob a forma de paráfrase.
7. INFERÊNCIA é aquela em que você é levado a inferir, deduzir, concluir algo sobre o que leu, com base em pressupostos textuais.
8. O erro da recorrência e da inferência são as extrapolações: extrapolar é ir além do que diz o texto, normalmente com base em experiência e opiniões próprias.

26.4. QUESTÕES DE CONCURSOS COMENTADAS

Agora é a sua vez...

TEXTO I (para as questões 1 a 3)

A ditadura do algoritmo

Recentemente, durante uma reunião com o time de marketing *digital que assessora minha empresa, ouvi a expressão "o algoritmo[1] não ficou feliz com esse* post[2]*". Por ser jurássico na área de tecnologia, tendo iniciado há quase 40 anos como programador, sei muito bem o que é um algoritmo. Desenvolvi vários, mas, até hoje, nunca esperei que algum deles ficasse feliz ou triste com algo que eu declarasse, publicasse ou apresentasse.*

Provoquei, perguntando como deixar o sensível algoritmo "feliz". Ouvi uma sequência de ações para que qualquer informação das redes sociais seja publicada para um número significativo de pessoas. Em outras palavras, é necessária uma série de ações para que o algoritmo fique "feliz" e lhe conceda, magnanimamente, um espaço no ambiente no qual é soberano.

Considerando-se que, na política, uma ditadura caracteriza-se por um governo autoritário ou totalitário, não vejo diferença entre a ditadura política e viver num mundo onde um robô ou uma inteligência artificial interpreta, aprende e provoca contínua e quase naturalmente emoções humanas a partir de um volume monstruoso de informações publicadas a cada segundo. É a ditadura do algoritmo. Por sinal, nunca a expressão "escravo do sistema" fez tanto sentido.

No caso das redes sociais, o objetivo do "ditador algoritmo" é apresentar a melhor experiência possível a quem estiver navegando, disponibilizando algum conteúdo que seja agradável à pessoa e bloqueando o que não a agrade, garantindo fidelidade ao aplicativo e a todas as suas variantes. Mas isso vai além de proporcionar uma boa experiência, pois o perfil de consumo também é mapeado, facilitando a oferta de produtos e serviços aderentes aos anseios da pessoa.

Essa ditadura do "soberano algoritmo" chega a ser até mais cruel que a ditadura política, pois é camuflada por imagens agradáveis, frases de incentivo e áudios que tornam o pensamento dos que consomem tudo isso alinhado aos anseios daqueles que criam armadilhas que levam a uma interpretação equivocada do mundo, conduzindo a decisões irracionais que atendam às expectativas do "algoz algoritmo". Que triste estar num mundo em que tudo é feito para que se leia, ouça ou veja somente aquilo que queremos ler, ouvir e ver. A ausência do contraditório, da discrepância e do discordante infantiliza qualquer relação e impede que se mantenha a visão sobre o mundo e sobre a vida em evolução contínua.

[1] Algoritmo: conjunto das regras e procedimentos lógicos que levam à solução de um problema.

[2] Post: postagem, conteúdo publicado em plataformas de comunicação ou sites da internet.

(Edson S. Moraes. https://www1.folha.uol.com.br/opiniao/2021/08/a-ditadura-do-algoritmo.shtml. 21.08.2021. Adaptado)

1. **(VUNESP - 2022 - Prefeitura de Jundiaí - SP - Farmacêutico)** Conforme os dois primeiros parágrafos do texto, a necessidade de "deixar o algoritmo feliz" vincula-se ao objetivo de:

A) desenvolver estratégias que viabilizem o uso de plataformas de comunicação digital inclusive por pessoas sem afinidade com a internet.

B) inovar radicalmente um ambiente tecnológico ainda orientado por programas que passaram por poucas inovações nas últimas décadas.

C) conquistar visibilidade no ambiente digital, conseguindo que conteúdos sejam direcionados ao maior número possível de pessoas.

D) propiciar a usuários de redes sociais interações mais significativas e menos determinadas pelos interesses das empresas de comunicação.

E) simplificar a sequência de ações que os usuários precisam realizar para ter acesso às informações de *sites* da internet.

Comentários: Questão simples de recorrência, pois o segundo período do segundo parágrafo diz literalmente o que aparece na opção C. Nesse período, fala-se que para deixar o algoritmo feliz tem de ocorrer uma sequência de ações para que qualquer informação das redes sociais seja publicada para um número significativo de pessoas.

Gabarito: C

2. **(VUNESP - 2022 - Prefeitura de Jundiaí - SP - Farmacêutico)** O aspecto ditatorial a que se refere o autor do texto "A ditadura do algoritmo" diz respeito ao fato de os algoritmos:

   A) lançarem um enorme volume de informações no ambiente das redes sociais sem um objetivo definido quanto ao efeito que se deseja produzir com elas.
   B) criarem ambientes de comunicação que, pela sua complexidade, impossibilitam que um grande número de pessoas possa interagir por meio deles.
   C) ainda operarem de forma extremamente rígida, inviabilizando a possibilidade de se ajustarem os conteúdos veiculados ao perfil dos usuários.
   D) bloquearem indiscriminadamente alguns conteúdos, impedindo que os usuários possam ter na interação via rede social uma experiência agradável.
   E) influenciarem a nossa percepção da realidade, a partir da seleção e do direcionamento de informações que se ajustam a objetivos preconcebidos.

   Comentários: O último parágrafo mostra essa influência na percepção da realidade em meio a uma seleção e direcionamento de informações que se ajustam a objetivos preconcebidos, quando se afirma que a ditadura do soberano algoritmo é até mais cruel do que a ditadura política, pois é camuflada por imagens agradáveis, frases de incentivo, áudios. Tudo isso está alinhado aos anseios daqueles que criam armadilhas, levando a uma interpretação equivocada do mundo. Com isso, tudo acaba sendo feito com a intenção de mostrar só o que queremos ver, ler e ouvir, sem chance para o contraditório, o que caracteriza o aspecto ditatorial dos algoritmos.

   Gabarito: E

3. **(VUNESP - 2022 - Prefeitura de Jundiaí - SP - Farmacêutico)** Conforme conclui o autor do texto "A ditadura do algoritmo", o aspecto mais danoso da ditadura por ele analisada diz respeito:

   A) à ideia equivocada de que uma pessoa possa efetivamente ser manipulada pelo que é sugerido por um programa de computador.
   B) à forma dissimulada como as estratégias para induzir a uma determinada interpretação da realidade são colocadas em prática.
   C) ao estado incipiente da tecnologia, incapaz de proporcionar experiências de comunicação à altura dos anseios das pessoas.
   D) às barreiras que a tecnologia ainda encontra para propiciar experiências de comunicação que reproduzam aspectos da realidade.
   E) à imaturidade dos usuários que os impede de vivenciar plenamente as experiências de comunicação oferecidas pelas redes sociais.

   Comentários: No início do último parágrafo, o autor usa a palavra "camuflada" exatamente com esse sentido, de dissimular, para mostrar que o aspecto mais cruel dessa ditadura dos algoritmos é uma forma dissimulada que leva a induzir a uma determinada interpretação da realidade que lhe convém, direcionada por meio de imagens agradáveis, frases de incentivo, áudios, alinhando, com isso, o pensamento de quem consome tudo aos anseios dos que criam armadilhas que levam a interpretações equivocadas do mundo. Isso acaba não dando chance à discordância, a uma visão de mundo em evolução contínua.

Gabarito: B

TEXTO II (para as questões 4 e 5)

Tempos muito novos

O melhor conselho que eu poderia dar a um jovem de quinze anos enfiado numa escola desatualizada em algum lugar do mundo de hoje é: não confie demais nos adultos. A maioria deles tem boas intenções, mas eles não compreendem o mundo. No passado, era relativamente seguro apostar em seguir os adultos, porque eles conheciam as coisas bastante bem, e o mundo se transformava lentamente. Mas o século xx1 será diferente. Devido ao ritmo cada vez mais acelerado das mudanças, você nunca terá certeza se aquilo que os adultos estão lhe dizendo é fruto de uma sabedoria atemporal ou de um preconceito ultrapassado.

A tecnologia não é uma coisa ruim, mas é uma aposta arriscada. Ela pode ajudá-lo muito, mas se ela exercer demasiado poder em sua vida, você pode acabar como um refém. Se você souber o que deseja na vida, ela pode ajudá-lo a conseguir. Mas se você não sabe, será muito fácil para a tecnologia moldar por você seus objetivos e assumir o controle de sua vida. E, à medida que a tecnologia adquire uma melhor compreensão dos humanos, você poderia se ver servindo a ela cada vez mais, em vez de ela servir a você. Você já viu esses zumbis que vagueiam pelas ruas com o rosto grudado em seus smartphones? Você acha que eles estão controlando a tecnologia ou é a tecnologia que os está controlando?

Neste exato momento, os algoritmos estão observando você. Estão observando aonde você vai, o que compra, com quem se encontra. Logo vão monitorar todos os seus passos, todas as suas respirações, todas as batidas de seu coração. Estão se baseando em Big Data e no aprendizado da máquina para conhecer você cada vez melhor. Se você quiser manter algum controle sobre sua existência pessoal e o futuro de sua vida, terá de correr mais rápido que os algoritmos. Para correr tão rápido, não leve muita bagagem consigo. Deixe para trás suas ilusões. Elas são pesadas demais.

(Adaptado de: HARARI, Yuval Noah. *21 lições para o século 21*. São Paulo: Companhia das Letras. 2018. p. 328-329)

4. (FCC - 2024 - TRT - 20ª Região - SE - Analista Judiciário) Na conclusão do texto, o autor insiste em nos lembrar que:

A) a expansão atual dos algoritmos permite a multiplicação de suas interferências sobre nós.

B) as ilusões dos algoritmos não devem ser abandonadas como simples cargas inúteis.

C) a esperança da nova geração está em tirar vantagem da máxima velocidade dos algoritmos.

D) a rapidez da escalada tecnológica fará com que os algoritmos se tornem obsoletos.

E) é ilusório imaginar que os algoritmos possam de fato nos prejudicar como sujeitos que somos.

Comentários: No parágrafo conclusivo, o autor diz que "os algoritmos estão observando você. Estão observando aonde você vai, o que compra, com quem se encontra. Logo vão monitorar todos os seus passos, todas as suas respirações, todas as batidas de seu coração.... Se você quiser manter algum controle sobre sua existência pessoal e o futuro de sua vida, terá de correr mais rápido que os algoritmos", ou seja, a expansão dos algoritmos multiplica suas interferências sobre nós.

Gabarito: A

5. **(FCC - 2024 - TRT - 20ª Região - SE - Analista Judiciário)** No 2º parágrafo, a tecnologia é vista como uma aposta arriscada:

A) devido ao embate cada vez maior entre as diferentes tecnologias computacionais.

B) na medida em que seu usuário possa converter-se no objeto de que ela será o sujeito.

C) porque a sedução dos poderes tecnológicos torna-os inúteis para quem deles dependa.

D) quando ocorre uma parceria mutuamente nociva entre os jovens e os técnicos programadores.

E) toda vez que os jovens confiarem menos na sua capacidade do que na das máquinas.

Comentários: A aposta arriscada é você virar refém da tecnologia se ela exercer demasiado poder em sua vida. A passagem "E, à medida que a tecnologia adquire uma melhor compreensão dos humanos, você poderia se ver servindo a ela cada vez mais, em vez de ela servir a você", ou seja, o usuário se transforma em objeto e a tecnologia em sujeito.

Gabarito: B

TEXTO III (para a questão 6)

Questão de horário

Walcyr Carrasco

Eu sou um chato, do tipo que faz questão de chegar na hora certa. Há países em que o horário é um rito religioso. Ninguém se atrasa. Uma vez, na Holanda, demorei cinco minutos extras para descer de elevador e fui recebido de cara feia. Mas aqui, entre nós, brasileiros, é muito diferente. Certa vez, pertencia a uma associação. Marcou-se uma reunião às 19 horas no Rio de Janeiro. Meia hora depois, ninguém. O primeiro membro só apareceu às 20h30. O diretor, às 21. A reunião começou às 22, quando eu, exausto, só queria ir embora. Todos os outros ostentavam sorrisos, bom humor. Óbvio, nunca mais fui a encontro algum dessa associação.

Hoje, trabalho com pessoas muito pontuais, e as reuniões on-line *nos tornaram mais pontuais ainda. Horário é horário, ninguém suportaria permanecer 45 minutos olhando a tela em branco, aguardando o ingresso na reunião. Somos exceção. Tenho um amigo, por exemplo, capaz de marcar algo às 10 da manhã, um novo compromisso às 10h15, outro às 10h30. Dá errado, sempre. Ou certo, porque as pessoas com quem ele marca também se atrasam, e ele teria de ficar esperando. É uma pessoa agradável e simpática. Não é nem por má vontade. Parece que há uma inabilidade de calcular o tempo. Sempre na última hora surge algo para fazer e ele corre.*

Quinze minutos é o máximo que se deve esperar, segundo aprendi. Mas se a gente quer muito o encontro, seja por motivo pessoal ou profissional, por que não dar mais um tempinho na esperança de, enfim, resolver? O pior é ter de continuar simpático, sorridente, após um chá de cadeira. Mas se é para ficar de cara feia, melhor nem esperar. Tenho um amigo que conta cada instante. E diz: "Você chegou quinze segundos atrasado". Também é um exagero. Gasta-se meia hora apenas para acalmá-lo. Aí, a alegria do encontro já foi embora.

Perder o timing pode mudar uma vida inteira. O horário do Enem ou da prova de vestibular, por exemplo, é rígido. Quem chega depois, chora. Há restaurantes que seguram a reserva só quinze minutos. Em compensação, nada mais injusto que os horários de voos. Aviões atrasam, são cancelados, a gente passa horas no aeroporto e fica por isso mesmo. Eu nunca posso me atrasar, mas eles sim.

Formigas e abelhas têm estruturas organizacionais sólidas. E nenhuma usa relógio. Assim como os pássaros que sabem a hora de migrar. Nós, humanos, é que nos atrapalhamos. Confesso: já fui a festa no dia seguinte ao marcado. Um desastre. Há noivos que esperam horas no altar, e noivas que aguardam anos para o pedido de casamento. Em Minas há uma cidade, no interior, chamada Espera Feliz. Mas é possível existir felicidade em uma espera? Só fico feliz quando aguardo o vaivém dos pratos de um bom jantar. A gula estimula a paciência. Já quando se está com fome e o menu demora é o fim do mundo.

Horário também é questão de empatia. O que se tem de mais precioso é o tempo. Por que alguém se acha no direito de deixar o outro esperando?

Disponível em: https://veja.abril.com.br/coluna/walcyr-carrasco/questao-de-horario/ (Adaptado) Acesso em: 07 jan. 2023.

6. **(FUMARC - 2023 - AL - MG - Analista Legislativo - Consultor do Processo Legislativo)** Ao comparar as estruturas organizacionais sólidas das formigas e a sabedoria dos pássaros ao migrar com os humanos, revela-se que, EXCETO:

A) a organização das formigas deve ser um exemplo a ser seguido.

B) os animais são mais eficientes em relação à administração do horário que os homens.

C) os humanos são inábeis em relação ao horário.

D) os relógios não servem para administrar horários.

Comentários: Embora o autor diga que as formigas e abelhas são organizadas temporalmente, sem fazer uso de relógio, ele não afirma que este não serve para administrar o horário humano. A questão é que os seres humanos é que são desorganizados e/ou não valorizam o compromisso com o tempo. Por isso, a alternativa D não pode ser depreendida do texto.

Gabarito: D

7. **(FGV - 2022 - TCU - Auditor Federal de Controle Externo)** Observe a charge a seguir.

A interpretação de texto refere-se à decodificação dos significados dos componentes textuais, enquanto a compreensão diz respeito aos processos geradores de significação.

A pergunta abaixo que diz respeito à interpretação, e não à compreensão, é:

A) O que mostra na charge a intenção de viajar da família?

B) Como se pode notar que a família está em um lugar alto?

C) De que forma a pandemia está presente na charge?

D) O que demonstra o laço na mão do chefe da família?

E) Qual a expectativa da família representada na charge?

Comentários: O comando da questão explica a diferença entre compreensão e interpretação. Na primeira, teríamos dados concretos, literais. Na interpretação não teríamos esses elementos concretos, literais, mas podemos inferir. O que se mostra na charge é uma família esperando o asteroide passar com um laço na mão, possivelmente para ir junto. Dito isso, como o enunciado pede interpretação, a resposta correta é a letra E, pois "expectativa" não está representada concretamente nessa charge, é algo que pode vir a acontecer, conseguir laçar o asteroide e seguir com ele. Isso estaria no campo da interpretação. Em relação às outras opções, podemos esquematizar da seguinte forma:

A) malas = compreensão (concreto);

B) alto do morro/prédios abaixo = compreensão (concreto);

C) máscara = compreensão (concreto);

D) laço = compreensão (concreto);

E) expectativa = interpretação (não há elementos concretos que mostram a expectativa).

Gabarito: E

8. **(FGV – 2025 – SEEC – RN – Professor de Língua Portuguesa)**

"As lisonjas vãs têm porta aberta nos ouvidos".

Com essa frase, o escritor Martin de Roa quer mostrar que:

A) todos os elogios que nos dirigem devem ser levados em conta.

B) nossos ouvidos se habituam a ouvir lisonjas inúteis.

C) devemos guardar as lisonjas merecidas.

D) as lisonjas são livres para serem ou não consideradas

E) as falsas lisonjas não devem ser consideradas por quem as escuta.

Comentários: Se as lisonjas são vãs (sem valor, vazias, inúteis), não devem ser consideradas. O enunciado deixa claro que se quer o entendimento dessa frase, o que ela quer dizer, e não possíveis inferências.

Gabarito: E

9. **(FGV – 2025 – SEEC – RN – Professor de Arte)** Inferências são as informações que deduzimos da leitura de um texto qualquer assinale a inferência incabível, entre as que foram feitas das frases abaixo.

A) Cuidado com as pessoas bem-intencionadas / Não são só os mal-intencionados que nos trazem danos.

B) Nenhum caminho de flores conduz à glória / A glória é algo obtido com dificuldade.

C) O invejoso emagrece com a gordura alheia / a inveja produz sofrimento mental e físico.
D) O sapato que serve a um aperta o outro / não há uma receita de vida igual para todos.
E) Os paradoxos de hoje são os preconceitos de amanhã / as coisas mudam com o tempo.

Comentários: Na opção C, não se pode inferir que a inveja produz sofrimento mental e físico, e sim que, quanto mais inveja no que o outro tem, menos você tem. A relação "gordura" e "emagrece" é no sentido figurado, para caracterizar exatamente essa relação de inveja (mais / menos).

Gabarito: C

10. (VUNESP - 2024 - Prefeitura de Santo André - SP - Técnico de Informática)

(Bill Waterson. *O melhor de Calvin*. www.estadao.com.br, 29.05.2023)

A partir da leitura da tira, é correto afirmar que:

A) a vontade do garoto de não ir mais para a escola destoa da decisão expressa à mãe.
B) o garoto relata ao tigre um sonho que teve com sua mãe obrigando-o a ir à escola.
C) os professores do garoto reprovaram a atitude da mãe de não ligar para o relato do filho.
D) a visão do garoto sobre viver em perigo é para sua mãe algo prazeroso e relaxante.
E) o garoto diz ansiar por ter uma vida com a qual sua mãe demonstra não estar de acordo.

Comentários: A mãe sabe que a atitude do filho de querer viver no limite é só uma desculpa para não ir à escola. E responde "não diga", de forma sarcástica, inferindo-se pela terceira tira que ela não concorda com esse pensamento, pois o filho está se dirigindo à escola.

Gabarito: E

TEXTO IV (para as questões 11 a 15)

O renomado linguista e filósofo Noam Chomsky e outros dois especialistas em linguística, Ian Roberts e Jeffrey Watumull, escreveram um artigo para o jornal The New York Times, em março de 2023, compartilhando sua visão sobre os avanços que vêm ocorrendo no campo da inteligência artificial (IA).

Para os intelectuais, os avanços "supostamente revolucionários" apresentados pelos desenvolvedores da IA são motivo "tanto para otimismo como para preocupação".

No primeiro caso, porque as ferramentas de IA podem ser úteis para resolver certas problemáticas, ao passo que, no segundo, "tememos que a variedade mais popular e em voga da inteligência artificial (aprendizado automático) degrade nossa ciência e deprecie nossa ética ao incorporar à tecnologia uma concepção fundamentalmente errônea da linguagem e do conhecimento".

Embora os linguistas reconheçam que as IA são eficazes na tarefa de armazenar imensas quantidades de informação, que não necessariamente são verídicas, elas não possuem uma "inteligência" como a das pessoas. "Por mais úteis que esses programas possam ser em alguns campos específicos (como na programação de computadores, por exemplo, ou na sugestão de rimas para versos rápidos), sabemos, pela ciência da língua e pela filosofia do conhecimento, que diferem profundamente do modo como os seres humanos raciocinam e utilizam a linguagem", alertaram. "Essas diferenças impõem limitações significativas ao que podem fazer, que pode ser codificado com falhas inerradicáveis".

Nesse sentido, os autores detalharam que, diferentemente de mecanismos de aplicativos como o ChatGPT, que operam com base na coleta de inúmeros dados, a mente humana pode funcionar com pequenas quantidades de informação, por meio das quais "não busca inferir correlações abruptas entre pontos (...), mas, sim, criar explicações".

Nessa linha, manifestam que esses aplicativos não são realmente "inteligentes", pois carecem de capacidade crítica. Embora possam descrever e prever "o que é", "o que foi" e "o que será", não são capazes de explicar "o que não é" e "o que não poderia ser".

Fonte: ihu.unisinos.br (com adaptações).

11. (CESPE/CEBRASPE - 2025 - PC - DF - Gestor) Ao afirmarem que "imensas quantidades de informação (...) não necessariamente são verídicas" (primeiro período do quarto parágrafo), os intelectuais mencionados no texto sugerem que as ferramentas de IA podem se tornar grandes propagadores de fake news em um futuro próximo.

CERTO

ERRADO

Comentários: Essa afirmação extrapola o conteúdo do texto de que faz parte esse trecho, pois, quando se diz que "embora os linguistas reconheçam que as IA são eficazes na tarefa de armazenar imensas quantidades de informação, que não necessariamente são verídicas", não quer dizer que as ferramentas de IA possam se tornar grandes propagadoras de fake news em um futuro próximo, isto é, não tratam as ferramentas de IA como possíveis propagadores de *fake news.*

Gabarito: ERRADO

12. (CESPE/CEBRASPE - 2025 - PC - DF - Gestor) As diferenças entre os programas de IA e a mente humana mencionadas no quarto parágrafo — "esses programas (...) diferem profundamente do modo como os seres humanos raciocinam e utilizam a linguagem" — são explicitadas nos parágrafos seguintes do texto.

CERTO

ERRADO

Comentários: Nos dois parágrafos seguintes, fala-se da diferença entre o volume de dados a partir dos quais os programas de IA e a mente humana operam (quinto parágrafo) e, no sexto parágrafo, menciona-se a ausência de capacidade crítica das ferramentas de IA como ponto de distinção entre esses programas e a inteligência humana.

Gabarito: CERTO

13. **(CESPE/CEBRASPE - 2025 - PC - DF - Gestor)** Segundo os autores do artigo publicado no The New York Times, a possibilidade de "armazenar imensas quantidades de informação" pode ser considerada um aspecto positivo dos programas de IA.

CERTO

ERRADO

Comentários: No terceiro parágrafo, a afirmação de que "as ferramentas de IA podem ser úteis para resolver certas problemáticas" mostra o reconhecimento de que esses programas têm um aspecto eficaz. O que se confirma no quarto parágrafo com essa passagem contida no enunciado da questão.

Gabarito: CERTO

14. **(CESPE/CEBRASPE - 2025 - PC - DF - Gestor)** Infere-se da leitura do texto que os linguistas que escreveram o artigo para o jornal americano são contrários ao uso de ferramentas de inteligência artificial.

CERTO

ERRADO

Comentários: Claramente no texto os autores falam dos aspectos positivos e negativos da IA. Não há um posicionamento favorável ou contrário a seu uso.

Gabarito: ERRADO

15. **(CESPE/CEBRASPE - 2025 - PC - DF - Gestor)** Um aspecto negativo da IA mencionado pelos pesquisadores citados no texto diz respeito aos princípios éticos, uma vez que, segundo eles, as descobertas e criações científicas nem sempre serão adequadamente atribuídas a seus autores.

CERTO

ERRADO

Comentários: A depreciação da ética é citada no texto como um aspecto negativo da IA. No entanto, conforme o terceiro parágrafo, o problema está relacionado à possibilidade de a IA incorporar à tecnologia uma concepção fundamentalmente errônea da linguagem e do conhecimento.

Gabarito: ERRADO

26.5. QUESTÕES DE CONCURSOS PROPOSTAS (COM GABARITO NO FINAL)

TEXTO I (para as questões 1 e 2)

Amor com cabeça de oito

Seu Manéu era o carroceiro da nossa rua e também o único carroceiro que eu conhecia. Quando eu tinha oito, não entendia que quando um pai de família é carroceiro isso quer dizer que ele não tem muita escolha de sustento. Na minha cabeça de oito, ser carroceiro era algo incrível, uma profissão de controle, um ser dono de uma carruagem própria, mas é claro que eu também não pensava na malvadeza que era pro coitado do jumento, que puxava no espinhaço um monte de tijolo, de mudança, de terra, de qualquer coisa empilhada que obrigassem o jumento a puxar.

Feito um pai de família sem opção de sustento, o jumento era condenado a sustentar um peso que não era seu. Mas eu, com minha cabeça de oito, achava a carroça maravilhosa, rangendo rua acima e rua abaixo, contando histórias de onde vinha. [...]

(ARRAES, Jarid. *Redemoinho em dia quente*. 1. ed. Rio de Janeiro: Alfaguara, 2019)

1. **(IBFC - 2024 - Correios - Agente de Correios)** Ao afirmar que "ele não tem muita escolha de sustento" (1º§), assinale a alternativa que apresenta a percepção acerca da situação do carroceiro.

A) Limitação.

B) Fraqueza.

C) Indecisão.

D) Imparcialidade.

2. **(IBFC - 2024 - Correios - Agente de Correios)** No primeiro parágrafo do texto, o narrador:

A) expressa uma preocupação bem maior com o jumento do que com os humanos.

B) aponta percepções distintas, em razão da idade, sobre uma mesma situação.

C) revela que todas as profissões são dignas embora algumas sejam desvalorizadas.

D) mostra que a situação de um carroceiro não se compara a de todos os demais.

TEXTO II (para as questões 3 e 4)

Ao contrário da maioria dos humanos, eu me conectaria à "máquina da felicidade", descrita no célebre experimento mental de Robert Nozick. Para quem não conhece, o filósofo pede que imaginemos uma engenhoca capaz de gerar estímulos prazerosos tão perfeita que, se nos ligássemos a ela, viveríamos uma vida de júbilos, que não teríamos como distinguir da realidade, e pergunta se escolheríamos a máquina ou a realidade.

Nozick criou seu experimento para refutar o hedonismo ético, isto é, a ideia de que o prazer é o fim que todos perseguimos. Se a maioria prefere a realidade à máquina, está provado que o prazer não é tudo que importa. Embora Nozick nunca tenha submetido seu experimento a testes, outros autores o fizeram, constatando maiorias a favor do real que ficam entre 70% e 85%.

Por um bom tempo, a conclusão de Nozick foi considerada válida, mas filósofos começaram a questioná-la e a demonstrar que não é tanto que desejemos o real, mas sim que rejeitemos mudanças. Isso fica claro se modificarmos o experimento. Em vez de perguntar ao sujeito se ele quer ser ligado à máquina, nós o informamos de que passou a vida conectado a uma e o questionamos se deseja permanecer nessa condição ou passar a viver "na realidade". Nesse caso, a proporção dos que preferem o real cai para 13%.

Minha opção pessoal pela máquina é mais singela. Ainda que exista uma realidade objetiva ou mesmo transcendente, somos prisioneiros daquilo que estamos equipados para perceber como real. Nesse contexto, o experimento se torna só uma pergunta sobre ter mais ou menos prazer. E não vejo razão para ter menos, já que, para todos os efeitos, essa seria nossa realidade.

(Hélio Schwartsman. Disponível em: https://www1.folha.uol.com.br/colunas/helioschwartsman/2023/06/a-felicidade-num-clique.shtml)

3. (VUNESP - 2024 - Prefeitura de Santo André - SP - Procurador Autárquico) Segundo o texto, filósofos procuraram provar que, em relação ao experimento mental proposto por Nozick, a maioria das pessoas:

A) prefere permanecer na situação em que se encontra.

B) refuta a ideia de ser ligada para sempre a uma máquina.

C) gostaria de ter uma vida com mais prazeres e alegrias.

D) demonstra receio de mudanças repentinas ou superficiais.

E) aceita a contragosto e com dificuldade a vida que leva.

4. (VUNESP - 2024 - Prefeitura de Santo André - SP - Procurador Autárquico) De acordo com o texto, Nozick:

A) surpreendeu-se ao saber que o experimento mental que propusera estava sendo questionado por alguns filósofos.

B) pesquisou a razão pela qual a maioria das pessoas têm grande receio de permanecer ligadas a uma máquina.

C) não obteve autorização para construir uma máquina capaz de desligar as pessoas da realidade em que vivem.

D) chegou a conclusões muito distintas daquelas a que chegaram autores que testaram seu experimento.

E) tinha a intenção de demonstrar que as pessoas preferem a realidade em que vivem a uma existência jubilosa.

TEXTO III (para as questões 5 e 6)

Um filme revolucionário

Para muitos, a época do Natal é o momento da suprema hipocrisia. Durante 24 horas, ou talvez 48, os sorrisos são forçados, os sentimentos são de plástico e a gentileza, se merece o nome, não consegue esconder completamente a profundidade do ressentimento contra amigos ou familiares.

Mas será que os mortais ainda se lembram do sorriso franco, dos sentimentos limpos e de uma gentileza genuína? Será que sentem saudades?

Para esses nostálgicos, aconselho o filme "A Menina Silenciosa", de Colm Bairéad, inspirado no livro "Foster", de Claire Keegan. É o meu filme do ano, para usar a linguagem gasta dos balanços jornalísticos.

A história é simples, ou parece simples: Cáit (espantosa Catherine Clinch) é uma criança de nove anos que sobrevive (é o termo) numa família que a ignora e despreza. O seu método de sobrevivência é o silêncio, a quietude e a observação. Para usar uma palavra clássica, Cáit é uma "enjeitada". A mãe é uma figura exausta e ausente. O pai alcoólatra tem a delicadeza própria das bestas. E as irmãs mais velhas são espectros sem rosto e sem voz.

Mas então os pais, que esperam uma nova criança e não têm tempo para Cáit, decidem enviá-la para a casa de Eibhlín e Seán, familiares distantes, só para passar o verão, e a garota é assim levada para um ambiente estranho. Decisão milagrosa, pois eles acolhem-na e, logo nos primeiros momentos, entendemos que algo mudou. Uma diferença nos gestos, digamos assim. Gestos de quem cuida.

Naquele verão, Cáit conhece essa coisa extraordinária: uma família, partilhando com ela as suas alegrias e tristezas, as suas rotinas, as suas conversas. Lentamente, a "menina silenciosa" vai saindo do seu casulo. "A Menina Silenciosa" é um filme revolucionário por tratar do mais revolucionário dos temas: a bondade humana.

Não é uma daquelas virtudes mentirosas para ser exibida nas redes sociais e que apenas serve para alimentar a vaidade do suposto virtuoso. Também não é uma mera proclamação ideológica, abstrata, ideal, própria de quem ama a humanidade, mas despreza o ser humano comum.

Como lembrava Emmanuel Levinas, a bondade é uma virtude interpessoal. Ela só acontece face a face. A bondade nada exige, nada espera, nada impõe. É pura hospitalidade. É abertura e reconhecimento. E, como no filme, talvez seja um dia reciprocidade.*

(João Pereira Coutinho. 'A Menina Silenciosa' é um filme revolucionário ao tratar da bondade humana. www.folha.uol.com.br/colunas, 22.12.2023. Adaptado)

**Emmanuel Levinas: filósofo francês (1906-1995)*

5. (VUNESP - 2024 - Câmara de Campinas - SP - Analista Legislativo) Com base nas informações do texto, é correto afirmar que:

A) os textos jornalísticos têm, para Pereira Coutinho, o mérito de pôr os leitores em contato com uma linguagem permanentemente inovadora e destituída de clichês.

B) Cáit se sente temerosa quando os pais, inicialmente avessos à ideia, permitem que ela passe o verão na casa dos parentes Eibhlín e Seán.

C) Eibhlín e Seán, que conheciam de antemão a situação humilhante vivida por Cáit, redobram a atenção e o carinho dedicados à menina.

D) a recordação contínua de momentos que ficaram marcados por sentimentos puros e gentileza desinteressada é comportamento inerente aos seres humanos.

E) indivíduos, movidos pelo narcisismo, usam a internet para ostentar as supostas virtudes, outros são hipócritas quando dizem gostar da humanidade.

6. (VUNESP - 2024 - Câmara de Campinas - SP - Analista Legislativo) Segundo a descrição que o autor faz das personagens:

A) a mãe é uma mulher obstinada; Eibhlín e Seán são pessoas solícitas.

B) o pai é uma pessoa doente; Eibhlín e Seán vivem reclusos.

C) a mãe é negligente com os filhos; as irmãs agridem fisicamente a caçula.

D) a mãe é uma mulher pretensiosa; o pai é um homem ignorante.

E) o pai age com agressividade; as irmãs não interagem com Cáit.

TEXTO IV (para as questões 7 e 8)

O amor não acaba, nós é que mudamos

Um homem e uma mulher vivem uma intensa relação de amor, e depois de alguns anos se separam, cada um vai em busca do próprio caminho, saem do raio de visão um do outro. Que fim levou aquele sentimento? O amor realmente acaba?

O que acaba são algumas de nossas expectativas e desejos, que são substituídos por outros no decorrer da vida. As pessoas não mudam na sua essência, mas mudam muito de sonhos, mudam de pontos de vista e de necessidades, principalmente de necessidades. O amor costuma ser amoldado a nossa carência de envolvimento afetivo, porém essa carência não é estática, ela se modifica à medida que vamos tendo novas experiências, à medida que vamos aprendendo com as dores, com os remorsos e com nossos erros todos. O amor se mantém o mesmo apenas para aqueles que se mantêm os mesmos.

Se nada muda dentro de você, o amor que você sente, ou que você sofre, também não muda. Amores eternos só existem para dois grupos de pessoas. O primeiro é formado por aqueles que se recusam a experimentar a vida, para aqueles que não querem investigar mais nada sobre si mesmo, estão contentes com o que estabeleceram como verdade numa determinada época e seguem com esta verdade até os 120 anos. O outro grupo é o dos sortudos: aqueles que amam alguém, e mesmo tendo evoluído com o tempo, descobrem que o parceiro também evoluiu, e essa evolução se deu com a mesma intensidade e seguiu na mesma direção. Sendo assim, conseguem renovar o amor, pois a renovação particular de cada um foi tão parecida que não gerou conflito.

O amor não acaba. O amor apenas sai do centro das nossas atenções. O tempo desenvolve nossas defesas, nos oferece outras possibilidades e a gente avança porque é da natureza humana avançar. Não é o sentimento que se esgota, somos nós que ficamos esgotados de sofrer, ou esgotados de esperar, ou esgotados da mesmice. Paixão termina, amor não. Amor é aquilo que a gente deixa ocupar todos os nossos espaços, enquanto for bem-vindo, e que transferimos para o quartinho dos fundos quando não funciona mais, mas que nunca expulsamos definitivamente de casa.

(MEDEIROS, Martha. *Almas gêmeas*. out. 2022.)

7. **(Instituto Consulplan – 2025 – Prefeitura de Carangola – MG – Auxiliar de Consultório Dentário)** Em "*Amor é aquilo que a gente deixa ocupar todos os nossos espaços, enquanto for bem-vindo, e que transferimos para o quartinho dos fundos quando não funciona mais, mas que nunca expulsamos definitivamente de casa.*" (4º§), a expressão em destaque:

A) Indica que o amor possui um lugar privilegiado em nossas vidas.
B) Infere que o amor nunca é deixado de lado; sempre estará visível.
C) Denota que o amor é algo sólido, assim como os cômodos de uma casa.
D) Expressa que o amor não é esquecido, apenas o deixamos "adormecido".

8. **(Instituto Consulplan – 2025 – Prefeitura de Carangola – MG – Auxiliar de Consultório Dentário)** Após a leitura do texto de Martha Medeiros, é possível afirmar que:

A) Devido às mudanças de concepções sobre a vida o amor se encerra.
B) Assim como há tantas modificações no decorrer da vida, o amor também chega ao fim.
C) Mesmo com o decorrer do tempo, as pessoas, as vontades e os objetivos são os mesmos.
D) O amor é algo que não se finda, porém sua intensidade é transformada ao longo do tempo.

TEXTO V (para as questões 9 e 10)

Hollywood dentro de nós

A cultura norte-americana, mais do que qualquer outra, vive e pensa a coletividade como um conjunto de indivíduos. Para um europeu ou um sul-americano, comemorar, explicar e mesmo narrar um acontecimento é, no mínimo, problemático sem explorar sua dimensão propriamente social: o encontro ou a luta de ideias, classes, nações, grupos, grandes interesses econômicos, etc.

Hollywood, com a força de seu cinema, só podia nascer numa cultura em que, seja qual for a dimensão social dos fatos, toda experiência toma a forma de uma história de aventuras. Nesse tipo de cultura, qualquer história de vida promete um roteiro de filme.

Criticamos ou desprezamos Hollywood pelas simplificações, pelos silêncios e pelas ignorâncias, talvez inevitáveis, ao reduzir a complexidade da história às andanças singulares dos indivíduos. Mas, no fundo, essa crítica se endereça a nós mesmos. Defendemos um entendimento do mundo em que causas e conflitos coletivos são mais importantes que a epopeia dos indivíduos. No entanto, a crítica do reducionismo de Hollywood é a maneira que encontramos para reprimir uma dimensão crucial da nossa própria experiência: o mundo nos interessa só porque constitui o cenário da aventura das nossas vidas. Hollywood, desprezada, cativa-nos e fascina-nos porque glorifica um individualismo que é o nosso. Portanto, mesmo envergonhados, entremos no cinema.

(Adaptado de: CALLIGARIS, Contardo. *Terra de ninguém*. São Paulo: Publifolha, 2008. p. 322-323)

9. (FCC – 2024 – TRT – 20ª Região – SE – Técnico Judiciário) Os filmes produzidos em Hollywood:

A) consolidam a tradição épica e complexa dos movimentos revolucionários.
B) contestam e criticam com firmeza valores viciosos da cultura norte-americana.
C) promovem de modo envolvente a discussão política sobre grandes temas sociais.
D) exaltam a força e o sentido aventureiro das trajetórias individuais.
E) afirmam a superioridade dos interesses nacionais sobre os individuais.

10. (FCC – 2024 – TRT – 20ª Região – SE – Técnico Judiciário) A razão pela qual o cinema de Hollywood é tão influente está no segmento:

A) causas e conflitos coletivos são mais importantes (3º parágrafo).
B) explicar e mesmo narrar um acontecimento é, no mínimo, problemático (1º parágrafo).
C) Criticamos ou desprezamos Hollywood pelas simplificações (3º parágrafo).
D) Mas, no fundo, essa crítica se endereça a nós mesmos (3º parágrafo).
E) glorifica um individualismo que é o nosso (3º parágrafo).

TEXTO VI (para as questões 11 e 12)

Há algum tempo venho percebendo que as recordações começam a falhar. Os fatos do passado se embaralham e embaçam minha compreensão. Por isso, antes de sumirem por completo, tomei coragem para reviver as histórias que povoaram minha infância e adolescência. Aqui, na cidade de Paris, em que vivo há mais de cinquenta anos, distante cerca de 7,5 mil quilômetros do bairro Paripiranga, decidi escrever o que aconteceu comigo até o dia de minha partida, no final de 1960, quando os tropeços com a realidade me obrigaram a entrar, sem volta, no mundo dos adultos. Não que minha vida mereça um romance, não, eu vivi uma vida feijão com arroz, uma vida simplória, sem glamour, sem feitos nem confeitos. Não fui protagonista. Fui testemunha. Prometi para mim mesma que, se um dia descobrisse alguma lasca de talento, escreveria um livro contando minha história. Como o estalo de Vieira nunca se manifestou, cansei de esperar o surto de genialidade e resolvi simplesmente contar alguns fatos que presenciei ou ouvi. Dispensei o computador porque o texto só ganhou fluência quando passei a escrevê-lo à mão. Descobri que, apesar da distância espacial e temporal, o bairro onde titia enterrou meu umbigo continuava vivo dentro de mim. Bastou iniciar o registro das primeiras reminiscências e me vi transportada para um tempo que ficou grudado nas bordas da lembrança. Então cavouquei ainda mais e raspei do tacho da memória histórias que eu nem sabia que havia guardado. Um assunto puxava outro e às vezes bastava uma palavra para os casos brotarem da raiz da minha cabeça.

(Adaptado de: CORREIA, Tina. *Essa menina*. Editora Alfaguara, 2016)

11. (FCC – 2024 – TRT – 20ª Região – SE – Técnico Judiciário) A mencionar que possui uma vida feijão com arroz, uma vida simplória, sem glamour, sem feitos nem confeitos, a narradora:

A) reflete sobre o quanto gostaria de ter vivido uma vida mais sofisticada e cheia de luxo.

B) desvaloriza completamente sua vida, afirmando que não há nada de interessante para contar.

C) reconhece uma vida simples e comum, sem grandes eventos ou realizações extraordinárias.

D) demonstra frustração por não ter vivido uma vida cheia de aventuras e conquistas.

E) tenta convencer o leitor de que sua vida é mais interessante do que aparenta ser.

12. (FCC – 2024 – TRT – 20ª Região – SE – Técnico Judiciário) De acordo com o trecho "Os fatos do passado se embaralham e embaçam minha compreensão", depreende-se que a narradora:

A) acredita que o passado não tem importância para sua vida e não se preocupa com ele.

B) enfrenta dificuldades em lembrar claramente eventos de sua vida passada.

C) está confusa com o presente e não consegue entender o que acontece ao seu redor.

D) nunca teve uma memória clara de sua infância e adolescência, como um bloqueio.

E) distorce intencionalmente as memórias do passado para criar uma narrativa interessante.

13. (FGV – 2025 – Prefeitura de Cuiabá – MT – Auditor Público Interno) Nosso grande pensador Rui Barbosa declarou:

"O direito não se impõe somente com o peso dos exércitos. Também se impõe, e melhor, com a pressão dos povos."

A respeito desse pensamento, assinale a afirmativa correta.

A) O direito também pode, segundo Rui Barbosa, ser imposto pela força.

B) O direito, segundo esse pensamento, só é imposto pela força popular.

C) O direito é um bem abstrato, sem interferência do poder dos homens.

D) os termos "dos exércitos" e "dos povos" representam os pacientes dos termos anteriores.

E) o termo "e melhor" mostra a correção de um erro anterior.

14. (FGV – 2024 – TJ – RR – Analista Judiciário) Cada frase abaixo mostra uma inferência (algo deduzido do que foi expresso).

Assinale a frase em que a inferência é inadequada.

A) Se meu médico me disser que tenho somente um dia de vida, não vou ficar remoendo. Redigirei as obras mais rapidamente. Inferência: o emissor é escritor.

B) Pretendo viver para sempre. Até agora, tudo bem. Inferência: o emissor já morreu.

C) É praticamente impossível olhar para um pinguim e sentir raiva. Inferência: a imagem do pinguim é agradável.

D) Queria ter 25 ou 32 anos. Como não tenho, não digo a minha idade. Inferência: o emissor da frase é mais velho.

E) O limão é uma laranja de mau humor. Inferência: o gosto do limão é amargo.

15. (FGV – 2024 – TJ – MT – Técnico de Judiciário) Assinale a frase abaixo que mostra a sabedoria como algo socialmente útil.

A) Quanto menos inteligente um homem é, menos misteriosa a existência lhe parece.

B) Sabedoria escondida e tesouro invisível, para que servem ambos?

C) O aumento da sabedoria pode ser medido com exatidão pela diminuição do mau humor.

D) Nada induz tanto o homem a duvidar muito como o saber pouco.

E) Não sei mais o que aprendi. O pouco que ainda sei, adivinhei.

16. (FGV – 2025 – Prefeitura de Cuiabá – MT – Auditor Público Interno) O grande filósofo grego Platão disse: "A punição que os bons sofrem, quando se recusam a tomar parte do governo, é viver sob o governo dos maus".

Com essa frase, Platão valoriza.

A) a solidariedade com os mais pobres.

B) a bondade mesmo em relação aos inimigos.

C) a vigilância constante dos atos governamentais.

D) a participação política na sociedade.

E) a revolta contra os maus.

17. (FGV – 2025 – TCE – RR – Auditor Substituto de Conselheiro)

Observe a charge a seguir.

O humor é normalmente obtido por uma quebra de expectativa. Nesse caso, a quebra é a de esperar-se:

A) uma redução de uso do computador e ela não acontecer.
B) um computador desligado e ele permanecer ligado todo o tempo.
C) um blogueiro acomodado e ele aparecer em atividade constante.
D) um blogueiro em atividade constante e ele mostrar-se parado.
E) um computador desligado por 4 dias e ele só aparecer ligado no último dia.

TEXTO VII (para as questões 18 a 21)

Tudo está interconectado. Na Amazônia, que abrange uma área comparável à dos 48 estados contíguos aos Estados Unidos da América, nenhum detalhe é por acaso. Portanto, não se trata da necessidade de focar uma área específica ou certas espécies. Os ciclos naturais alterados causam a oscilação de um delicado equilíbrio, que afeta os níveis local, regional e até global e que se aproxima cada vez mais de um ponto de não retorno. No cenário atual, isso significa menos de 20 anos.

A floresta amazônica produz pelo menos metade de sua própria chuva. Quando chove, as raízes das árvores e demais plantas absorvem a água, que satura a superfície das folhas. Depois, há o processo de evapotranspiração: as árvores transpiram umidade, ou seja, a água que caiu como chuva retorna à atmosfera. Até que chove novamente, e todo o ciclo se reinicia.

Esse "rio gigante no céu" fornece água (em forma de chuva) para os países andinos e também ao Uruguai, ao Paraguai, ao centro e ao sul do Brasil e ao norte da Argentina. Em suma, influencia uma região que gera 70% do PIB da América do Sul, de acordo com a The Nature Conservancy, organização não governamental que trabalha em escala global para a conservação do meio ambiente. No entanto, esses padrões de chuva estão ameaçados, tanto na América do Sul quanto na América do Norte.

Da mesma forma, flora e fauna estão em perigo. É importante lembrar que a Amazônia é o lar de 10% da biodiversidade mundial. E aqui também temos um ciclo: quando as árvores são cortadas, muitos predadores desaparecem, e o comportamento de pássaros e insetos polinizadores é alterado. Assim, há menos plantas, menos chuva, mais emissões de carbono, mais secas, menos água, desequilíbrio e ameaças à nossa saúde e qualidade de vida. Tudo está conectado. Para toda ação há uma reação.

Fonte: tnc.org.br (com adaptações).

18. (CESPE/CEBRASPE - 2025 - TRF - 6ª Região - Técnico Judiciário) Entende-se da leitura do texto que 70% do PIB da América do Sul advém de atividades direta ou indiretamente relacionadas à floresta amazônica.

CERTO
ERRADO

19. (CESPE/CEBRASPE - 2025 - TRF - 6ª Região - Técnico Judiciário) O ciclo de chuva descrito no segundo parágrafo caracteriza uma particularidade da floresta amazônica.

CERTO
ERRADO

20. (CESPE/CEBRASPE - 2025 - TRF - 6ª Região - Técnico Judiciário) Segundo o texto, o ponto de não retorno da floresta amazônica ocorrerá antes de 2045, caso a situação atual não seja alterada.

CERTO
ERRADO

21. **(CESPE/CEBRASPE – 2025 – TRF – 6ª Região – Técnico Judiciário)** Da leitura do texto depreende-se que o restabelecimento do equilíbrio da floresta amazônica, que tem reflexos em todo o planeta, envolve um sistema complexo que deve ser considerado como um todo, e não em cada uma de suas partes, de forma isolada.

    CERTO

    ERRADO

TEXTO VIII (para as questões 22 a 25)

Embora as instituições nacionais ligadas à soberania venham atuando nas últimas décadas em suporte às políticas ambientais brasileiras, a relação entre as duas esferas nem sempre se deu em bases cooperativas. Partindo-se de uma compreensão estreita da segurança, a preservação do meio ambiente foi vista, durante certo tempo, não como uma precondição para se garantir a segurança nacional e humana, mas como uma ameaça à integridade territorial e aos interesses nacionais brasileiros. Temia-se, nesse sentido, que as inestimáveis riquezas naturais do Brasil despertassem a cobiça internacional, de forma a representar riscos às fronteiras nacionais e ao direito soberano do país de gerenciar seus recursos naturais de maneira autônoma, em busca do desenvolvimento.

Vigorava, portanto, a compreensão de que assumir compromissos de cooperação na arena ambiental implicaria o decréscimo da soberania nacional. O posicionamento defendido pela delegação brasileira durante a Conferência das Nações Unidas sobre Meio Ambiente Humano (CNUMAH), realizada em Estocolmo em 1972, seria sintomático desse entendimento: "Na área do aproveitamento de recursos naturais, os interesses nacionais, em termos econômicos e de segurança, são de tal monta, que qualquer fórmula que, sob o pretexto ecológico, impusesse uma sistemática de consulta para projetos de desenvolvimento seria simplesmente inaceitável para o Brasil."

Nas décadas posteriores, as interpretações relativas às preocupações ambientais foram gradualmente transformadas, tanto no âmbito da sociedade quanto em meio às instituições de defesa. O processo de redemocratização, o fortalecimento de organizações da sociedade civil, o avanço dos estudos científicos e a consolidação de uma estrutura federal de governança ambiental favoreceram essas novas percepções e, sobretudo, a aproximação desses dois setores.

Fonte: soberaniaeclima.org.br (com adaptações).

22. **(CESPE/CEBRASPE – 2025 – PC – DF – Analista de Apoio às Atividades Policiais Civis)** Conclui-se do último parágrafo do texto que processos positivos para o país, como o fortalecimento de organizações da sociedade civil e o avanço dos estudos científicos, resultaram da mudança de interpretação quanto às questões ambientais.

    CERTO

    ERRADO

23. **(CESPE/CEBRASPE – 2025 – PC – DF – Analista de Apoio às Atividades Policiais Civis)** De acordo com o texto, no passado as autoridades brasileiras consideravam auspiciosa a atuação de Estados estrangeiros em território brasileiro, dado o interesse que demonstravam pela preservação das riquezas naturais nacionais.

    CERTO

    ERRADO

24. (CESPE/CEBRASPE - 2025 - PC - DF - Analista de Apoio às Atividades Policiais Civis)
Depreende-se do texto que, nas últimas décadas, órgãos nacionais de segurança têm cooperado para a preservação do meio ambiente no Brasil.

CERTO

ERRADO

25. (CESPE/CEBRASPE - 2025 - PC - DF - Analista de Apoio às Atividades Policiais Civis)
De acordo com o texto, a participação da delegação brasileira na CNUMAH realizada em Estocolmo, em 1972, comprometeu a eficácia dos acordos de preservação ambiental então estabelecidos pelos Estados participantes do evento.

CERTO

ERRADO

GABARITO:

1. A	2. B	3. A	4. E	5. E
6. E	7. D	8. D	9. D	10. E
11. C	12. B	13. A	14. B	15. B
16. D	17. B	18. ERRADO	19. ERRADO	20. CERTO
21. CERTO	22. ERRADO	23. ERRADO	24. CERTO	25. ERRADO

26.6. RESUMO

Vamos sistematizar a diferença entre compreensão e interpretação de textos?

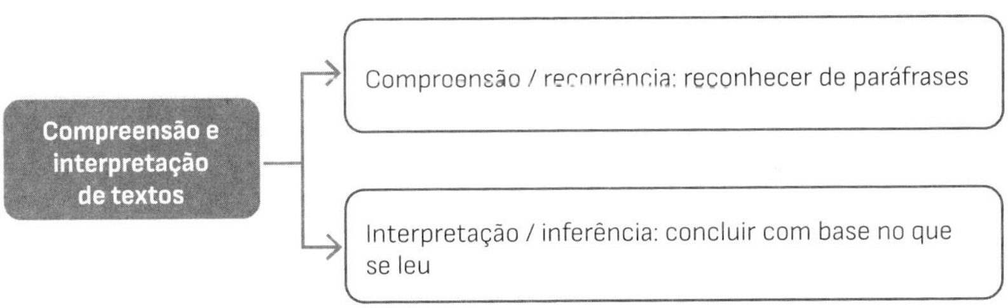

Acesse o material suplementar

uqr.to/20vh9

Referências

BECHARA, Evanildo. *Gramática escolar da língua portuguesa*. Rio de Janeiro: Lucerna, 2003.

CARNEIRO, Agostinho Dias. *Redação em construção*. 2. ed. São Paulo: Moderna, 2001.

CUNHA, Celso Ferreira da; CINTRA, Luís Filipe Lindley. *Nova gramática do português contemporâneo*. 2. ed. Rio de Janeiro: Nova Fronteira, 1985.

FÁVERO, Leonor Lopes. *Coesão e coerência textuais*. 9. ed. São Paulo: Cortez, 1994.

FIORIN, José Luiz; SAVIOLI, Francisco Platão. *Para entender o texto*. 12. ed. São Paulo: Ática, 1996.

GARCIA, Othon Moacyr. *Comunicação em prosa moderna*. 20. ed. Rio de Janeiro: Ed. FGV, 2001.

HOUAISS, Antônio. *Dicionário Houaiss da língua portuguesa*. Rio de Janeiro: Objetiva, 2001.

KOCH, Ingedore Villaça. *A coesão textual*. 11. ed. São Paulo: Contexto, 1999.

LUFT, Celso Pedro. *Dicionário prático de regência verbal*. 3. ed. São Paulo: Ática, 1995.

NEVES, Maria Helena de Moura. *Gramática de usos do português*. São Paulo: Unesp, 2000.

NEVES, Maria Helena de Moura. *Ensino de língua e vivência da linguagem*: temas em confronto. São Paulo: Contexto, 2010.

NEVES, Maria Helena de Moura. *A gramática do português revelada em textos*. São Paulo: Unesp, 2018.

RIBEIRO, Manoel Pinto. *Nova gramática aplicada da língua portuguesa*. 16. ed. Rio de Janeiro: Metáfora, 2006.

RYAN, Maria Aparecida. *Conjugação dos verbos em português*. 9. ed. São Paulo: Ática, 1993.

TERRA, Ernani. *Curso prático de gramática*. 5. ed. São Paulo: Scipione, 2007.

2025
1 2 3 4 5 6 7 8 9 10